日本史史料 [4] 近代

日本史史料

[4] 近代

歴史学研究会編

岩波書店

はしがき

近年、日本史研究は飛躍的な発展を遂げている。戦後早くから求められていたアジア史・世界史の中に日本史の展開を位置づけるという課題、民衆の立場から日本史像の見直しを徹底し、明治以来形成されてきた国家中心の歴史像を克服するという課題なども急速に具体化され、深められるようになった。アジア太平洋戦争・戦後改革が広い視野から見直されたり、生活文化史・女性史・社会史など民衆史の諸側面が多角的に追究されたりしているのもそのあらわれである。

そうした状況の中で、どの時代についても、新たな問題関心に基づいて設定されたテーマへの多様な接近方法が工夫され、基本史料の読み直しとともに、これまで史料としての価値をほとんど与えられていなかった類いのさまざまの文字・非文字史料が積極的に掘りおこされ、活用されるようになった。それにともなって、史料論・史料学的基礎研究も本格的に進められるようになった。

歴史学研究会は、日本史研究のこのような新しい段階への到達を確認し、一九九三年六月の委員会において、『日本史史料』の編纂・刊行の方針を決定し、その内部に企画小委員会を設置した。研究の新しい水準を具体的にあとづける基本的な史料集が、広く利用しやすい形で提供されることは歴史教育にとって欠かせないものであり、さらに一般の人びとの日本史理解の深化・歴史意識の研磨のためにも重要であると考えたのである。それはたしかに、戦後一貫して、歴史学研究と歴史教育の相関関係を重視し、教育と学問の分離という方向を強く批判してきた歴史学研究会の仕事にふさわしいものといえるであろう。

翌九四年七月、企画小委員会での討議をふまえ、この計画を実現するための、独立の「日本史史料編集委員会」が発足した。そのメンバーには、各時代責任者として、古代＝石上英一、中世＝村井章介、近世＝高埜利彦、近代＝宮地正人、現代＝小林英夫、それに全体の取りまとめ役として永原慶二、幹事役として当時会の委員であった海老沢衷、保立道久の合計八名が歴史学研究会委員会から委嘱された。

第一回の編集委員会は企画小委員会での討議を受け継ぎ、『日本史史料』の基本的性格、枠組みを次のように決定した。

（一）『日本史史料』は、高校・大学一般教育の基本的教材として活用されることを主目標とし、併せて、一般読者の日本史認識にも役立つことができるようなものとする。

（二）そのため史料の選択は、各時代の発展の道筋や特質を明らかにする基本史料を諸分野に目配りしつつ精選するとともに、新しい研究水準のなかでとくに注目すべき新史料を極力多く採用する。

（三）採用する史料には、読点を打ち、必要に応じ読み下しもつける。また、難読、難解語、人名・地名などをはじめ必要とする注をつける。さらに、その史料の注目点・意義・歴史的背景などについて、新しい研究水準をふまえた解説を一点ごとに加える。

（四）『日本史史料』は、古代・中世・近世・近代・現代、各一巻、全五巻の編成とし、各巻ともA5判四〇〇ページ程度を目安とする。

（五）刊行出版社は、先に本会が編集して多くの利用者を得ている『新版　日本史年表』と同様、岩波書店に依頼する。

およそ以上のような基本方針を歴史学研究会委員会に報告、了承を得た上、引きつづき岩波書店に提案、幸いにその快諾を得た。そして、それに基づき九四年秋以降、編集委員会は各巻の分担執筆メンバー（計三二名）を決定し、内容についての責任は各巻ごとにこれらメンバーが負うこととし、編集の仕事を本格的に開始した。これらのメンバーはみな、今日の研究の第一線にあって多忙をきわめる人びとであるため、予定日程通りに進めることには困難が少なくなかったが、諸氏ともこの仕事の重要性を認識され、予想以上に順調に原稿がつくられていった。

さらに、この種の史料集のような本つくりは細部にわたる注意と手間とを予想以上に必要とするものであるが、それを短期集中的に乗り越えることができたのは岩波書店側の編集担当者となった沢株正始・富田武子氏のおかげである。厚く御礼申し上げたい。

『日本史史料』はこのような経過で世に送られることとなった。この上は、本史料集が歴史教育や一般の方々の歴史学習の場で少しでも多く利用され、広い人びとの自分の目、自分の頭による主体的な日本史認識に役立つことができることを願うものである。

一九九七年二月

『日本史史料』編集委員会

代表　永　原　慶　二

凡　例

本書に収録した史料は、各史料末尾に出典として掲げた原典に出来る限り忠実に掲載したが、読者の便宜を考え、左記のような整理を行った。

一、史料の中略箇所は（中略）と記したが、法律・条約などの条文においては煩雑を避けるため、逐一（中略）を記さなかったものもある。

一、史料はほとんどが原史料の一部であり、煩雑を避けるため、前(上)略・後(下)略はこれを省いた。

一、漢字は原則として新字体に改めた。異体字等は通行の字体に改めた。

一、必要に応じて句読点を付した。また適宜、改行や字下げを行った。

一、必要に応じて注を付した。また疑わしい文字にはその傍に適切と思われる文字を［　］で掲げ、難読の地名や文字には同じく［　］でふりがなを付した。依拠した原典にあるふりがなや（ママ）などは、原則としてそのままとした。

一、明治六年以降の史料、および外国新聞や国際条約は、新暦で年号を表記した。

本書の執筆については以下の四名が分担した。

序　章……宮地正人
第一章……宮地正人
第二章……田﨑公司
第三章……櫻井良樹
第四章……大門正克

目次

はしがき

凡　例

序章　近代史史料について　1

第一章　維新変革と近代日本の成立　9

第一節　開国と開港　11

1　開国に向けて

1　ペリー艦隊遠征計画への新聞論評　一八五二年三月二六日　11
2　オランダ別段風説書　嘉永五年六月　12
3　福岡藩主黒田斉溥建白書　幕府宛　嘉永五年一二月　12
4　米国大統領親書　日本皇帝宛　一八五二年一一月一三日署名・嘉永六年六月九日幕府受領　14

2　ペリー来航と国内の対応

5　松代藩士佐久間象山書翰　望月主水宛　嘉永六年六月六日　15
6　蘭方医坪井信良書翰　家兄宛　嘉永六年六月一三日　16
7　ペリー来航諷刺狂歌　嘉永六年六月直後　17
8　日米和親条約　嘉永七年三月三日調印　18
9　百姓菅野八郎箱訴状　嘉永七年四月二日　20

3　開港と条約勅許問題

10　ハリス演説書　安政四年一〇月二六日　21
11　福井藩士橋本左内書翰　村田氏寿宛　安政四年一一月二八日　23
12　萩藩士吉田松陰書翰　月性宛　安政五年一月一九日　23
13　彦根藩主井伊直弼書翰　長野主膳宛　安政五年二月二六日　25
14　朝廷御沙汰書　安政五年三月二〇日　26
15　日米修好通商条約　安政五年六月一九日調印　27

4　安政の大獄に向けて

16　無勅許調印諷刺ちょぼくれ　安政五年六月頃　29
17　日英修好通商条約への新聞論評　一八五八年九月四日　30
18　彦根藩士長野主膳書翰　宇津木六之丞宛　安政五年九月五日　31

第二節　攘夷運動から倒幕へ　33

1　貿易開始と社会不安

19　欧米の侵略意図を訴える越前屋上書　安政六年一一月　33

20 桜田門外の変「斬奸趣意書」 万延元年三月三日 34
21 桜田門外の変諷刺ちょぼくれ 万延元年三月 35
22 物価騰貴批判ないもの尽し 万延元年末 37
23 坂下門外の変「斬奸趣意書」 文久二年一月一五日 39
24 開市開港延期に関するロンドン覚書 一八六二年六月六日調印 41

2 奉勅攘夷と更なる外圧

25 「聖策三ヶ条」 大原勅使宛 文久二年五月二〇日 43
26 萩藩士久坂玄瑞「廻瀾条議」 文久二年八月二日提出 44
27 参勤交代制度改革の老中達書 文久二年閏八月二二日 47
28 幕府に攘夷を命ずる勅書 文久二年一二月 48
29 生麦事件に関する英国代理公使ニール書翰 老中宛 一八六三年四月六日 49
30 八・一八クーデタ関係史料 文久三年八—一〇月 52
31 幕府に庶政委任の朝廷御沙汰書 元治元年四月二〇日 53
32 下関事件に関する英仏米蘭四国代表者覚書 一八六四年七月二二日調印 54

3 条約勅許と新たな対応への模索

33 鹿児島藩士西郷隆盛書翰 大久保利通宛 元治元年九月一六日 57
34 摂海進入に際し英米仏蘭四国代表者覚書 一八六五年一〇月三〇日調印 59
35 一橋慶喜他三名条約勅許要請書 慶応元年一〇月五日 61
36 第二次長州征伐に対する長防士民檄文 慶応元年一一月 62
37 土佐脱藩浪士中岡慎太郎書翰 土佐国同志宛 慶応元年冬 64
38 薩長同盟箇条書 慶応二年一月二二日 68
39 再討出兵拒絶鹿児島藩上申書 幕府宛 慶応二年四月一四日 70
40 改税約書 慶応二年五月一三日調印 71

4 世直し一揆と大政奉還

41 武州世直し一揆見聞記 慶応二年六月 72
42 鹿児島藩主父子連署建言書 朝廷宛 慶応二年七月九日 74
43 福沢諭吉『西洋事情』抄 慶応二年一〇月 76
44 前高知藩主山内容堂大政奉還建白書 幕府宛 慶応三年一〇月三日提出 77
45 将軍徳川慶喜大政奉還上表 慶応三年一〇月一四日 78

第三節　王政復古と廃藩置県　79

1　王政復古

46　王政復古布告　宮堂上宛　慶応三年一二月九日　79
47　王政復古への新聞論評　一八六八年三月四日　80
48　祭政一致・神祇官再興布告　明治元年三月一三日　81
49　五箇条の誓文　明治元年三月一四日　82
50　億兆安撫の宸翰　明治元年三月一四日　83
51　政体書　明治元年閏四月二一日　84

2　版籍奉還から廃藩置県へ

52　版籍奉還に関する薩長土肥四藩上表　明治二年一月二〇日　85
53　キリシタン弾圧に関する各国代表宛日本政府説明　明治二年一二月一八日　87
54　廃藩を危惧する諷刺小話　明治四年初頭　88
55　維新政府諷刺薬引札　明治四年前半　89
56　廃藩置県の詔　明治四年七月一四日　90
57　廃藩置県への新聞論評　一八七一年一〇月一七日　91

第四節　明治初年の諸改革と外交　93

1　国家の抱負と現実

58　日清修好条規　明治四年七月二九日調印　93
59　条約改正の為の米欧遣使に付諮問書　明治四年九月　94
60　学制頒布に付布告　明治五年八月二日　96
61　琉球国王を藩王とする詔書　明治五年九月一四日　98
62　徴兵に関する詔書及び太政官告諭　明治五年一一月二八日　99
63　財政の前途に関する大蔵大輔井上馨他一名建議書　一八七三年五月七日　101
64　地租改正条例　一八七三年七月二八日　103

2　征韓論と台湾出兵

65　京都府何鹿郡農民強訴箇条　一八七三年七月　105
66　征韓論に関する西郷隆盛書翰　板垣退助宛　一八七三年八月一七日　106
67　征韓論反対の大久保利通意見書　一八七三年一〇月頃　108
68　日清紛争に付　海外出師の議　一八七四年七月九日　109
69　漸次立憲政体樹立の詔　一八七五年四月一四日　110

3　政府主導による外交問題の決着

70　樺太千島交換条約　一八七五年五月七日調印　111
71　讒謗律　一八七五年六月二八日　112

72 日朝紛争に付司法省七等判事増田長雄他二名建議書　一八七五年一〇月八日　113
73 日朝修好条規　一八七六年二月二七日調印　115
74 番付「近世珍奇くらべ」　一八七六年四月二六日届　116
75 小笠原諸島帰属に関する寺島外務卿書翰　一八七六年一〇月七日　118

4 権力と士族・農民

76 政策転換を求める木戸孝允意見書　一八七六年一二月二二日頃　120
77 地租軽減につき大久保利通建議書　一八七六年一二月二七日　121
78「伊勢暴動見聞記」　一八七六年一二月　122
79 西郷隆盛政府尋問出兵届　一八七七年二月一三日　123

第二章　資本主義の成長と明治憲法体制の成立　125

第一節　自由民権運動の成長　127

1 自由民権運動の勃興

80 橋爪幸昌の建白　一八七三年一〇月一四日　127
81 民撰議院設立建白　一八七四年一月一七日　128
82 愛国社合議書　一八七五年二月二二日　130
83 浜松県民会設立　一八七六年七月　131

2 国会開設運動の展開

84 立志社の国会開設建白書　一八七七年六月　133
85 明治前期政社・政党一覧表　134
86 桜井静「国会開設懇請協議案」　一八七九年六月　136
87 国会期成同盟規約　一八八〇年三月　137
88 福島県下有志総代による国会開設請願書／農民の民権運動参加状況　一八八〇年一一―一二月　137
89 伊藤欽亮「私擬憲法案註解」　一八八一年五月六日／私擬憲法草案一覧　一八七九―一八八七年　139

3 明治十四年の政変

90 大隈重信の憲法意見書　一八八一年三月　143
91 井上毅の民権運動対策意見　一八八一年七月一二日　144
92 国会開設に関する詔勅　一八八一年一〇月一二日　145

4 政党の結成

93 自由党盟約・規則　一八八一年一〇月　146
94 立憲改進党主義綱領　一八八二年三月一四日　147

5　激化事件と民権運動の挫折
95　秩父事件の指導者田代栄助の訊問書　一八八四年一一月／激化事件の民権・民衆運動　一八八一―一八八四年　149
96　自由党解党大意　一八八四年一〇月二九日　149
6　都市民権運動の活動
97　田口卯吉「東京論」　一八八〇年八月一六日　152
98　末広重恭の演説会　一八八一年一二月一三日　153
99　婦人束髪運動　一八八五年七月一二日　154
7　その他の民衆運動
100　丸山教　一八八四年　155
101　神代復古誓願書　一八八五年　156
第二節　松方デフレと対外緊張　158
1　大隈財政下のインフレーションの進行
102　大久保利通「経世遺言」　一八七八年五月一四日　158
103　インフレーションの状況　159
104　大隈重信「通貨制度改正についての建議」　一八八〇年五月　160
2　紙幣整理と松方デフレ
105　松方正義「財政議」　一八八一年九月　161
106　紙幣整理の進展　一八七七―一八九〇年　163
107　田口卯吉の租税減少による富国論　一八八四年一月　163
108　工場払下概則　一八八〇年一一月五日／払下げ工場・鉱山等一覧表　165
109　福地桜痴「開拓使官有物払い下げに対する批判」　一八八一年八月　165
3　在地の「富国構想」と農村の疲弊
110　荻原鐐太郎「在来産業の振興と富国構想」　一八七九年七月　167
111　林遠里「勧農社拡張旨意見」　一八九一年　168
112　マイエット「日本農民の疲弊及び其救治策」　一八九一年　170
4　さまざまな経済構想
113　前田正名「直輸出奨励策の提言」　一八七九年一〇月　171
114　生糸荷預所事件についての新聞論説　一八八一年一〇月　172
115　徳富蘇峰「田舎紳士論」　一八八七年二月　173
5　政商と財閥
116　岩崎弥太郎の三菱会社社制改革に際しての告諭

一八七五年五月　175
117 渋沢栄一「本邦工業の現状」講演　一八九〇年一二月　176

6　資本主義の本格的進展

118 日本銀行創立の議　一八八二年三月一日　178
119 企業勃興　一八八五年・八九年　179

7　対外問題と対外緊張

120 琉球司法官からオランダ公使への書簡(『ノース・チャイナ・ヘラルド』一八七九年一月三一日)一八七九年一月二八日　180
121 井上馨外務卿の花房公使宛訓令　一八八二年八月二〇日　181
122 朝鮮公使竹添進一郎の請訓　一八八四年一一月一二日　182
123 天津条約　一八八五年四月一八日　184

8　対外観とナショナリズム

124 沼間守一の朝鮮内政干渉の反対　一八八二年八月九日　185
125 福沢諭吉「脱亜論」　一八八五年三月一六日　186

9　条約改正問題

126 欧米にむけた共存同衆の条約改正意見　一八八〇年二月一八日　187
127 井上馨外務卿より英国公使宛「条約改正に関する意見書」　一八八四年八月　188

第三節　明治憲法公布と初期議会　190

1　統帥権の独立と軍備増強

128 参謀本部条例　一八七八年一二月五日　190
129 軍人勅諭　一八八二年一月四日　191
130 山県有朋の外交政略論　一八九〇年三月　193

2　天皇制的身分制の確立

131 不敬罪前夜の「不敬」事件　一八八一年一〇月八日　194
132 岩倉具視の皇室財産に関する意見書　一八八二年二月　及び明治初期の皇室財産　195
133 栄爵授与の詔勅と華族令　一八八四年七月七日　196

3　天皇制教育体制の確立

134 小学校唱歌「蛍の光」　一八八二年五月　198
135 森有礼文相の教育理念　一八八七年八月　199
136 教育に関する勅語　一八九〇年一〇月三〇日　200

4　名望家的地方自治制度の整備

137 地方制度改正に関する大久保利通の上申書　一八七八年三月一一日　201

138 市制・町村制理由　一八八八年四月一七日　202

5 憲法制定の準備と内閣官制の制定

139 憲法調査出張中の伊藤博文報告　一八八二年八月一一日　203
140 内閣官制制定に関する元田永孚手記　一八八五年一二月　204
141 枢密院憲法制定会議における伊藤博文の演説　一八八八年六月一八日　205

6 大同団結運動と保安条例

142 大同団結運動の展開　一八八七年一〇月　206
143 保安条例　一八八七年一二月二六日　207

7 大日本帝国憲法の発布

144 大日本帝国憲法　一八八九年二月一一日　209
145 中江兆民の憲法批評　一八八九年二月　210

8 帝国議会の開設

146 黒田清隆首相の超然主義演説　一八八九年二月一二日　211
147 初期議会衆議院議員党派別数及び職業別数　一八九〇年　211

9 藩閥政府と民党

148 高知県下選挙干渉の実態　一八九二年一月二〇日　213
149 星亨の「自由党方針転換」意見　一八九三年一月七日　214
150 和衷協同の詔勅を請う内閣上奏文　一八九三年二月九日　215

第三章　植民地帝国への変身と政党勢力の成長　217

第一節　日清戦争と北清事変　219

1 日清戦争

151 朝鮮に関する日清共同内政改革提案　一八九四年六月一五日　219
152 清国に対する宣戦の詔勅　一八九四年八月一日　220
153 福沢諭吉「日清の戦争は文野の戦争なり」　一八九四年七月二九日　221
154 「文明」の銃撃　一八九四年八月八日　222
155 日清講和条約　一八九五年四月一七日　222

2 三国干渉と日清戦後経営

156 日本の遼東半島獲得に対するロシア新聞論調　一八九五年　224

157 三国干渉受諾に関する廟議摘要 一八九五年四月二九日 225
158 閔妃暗殺事件後の対韓方針 一八九五年一〇月 225
159 山県有朋「軍備拡充意見書」 一八九五年四月一五日 226
160 海軍省「製鉄所設立費要求書説明」 一八九一年 227
161 内村鑑三の日清戦後経営批判 一八九六年八月一五日 229
162 松方正義の金本位制採用理由 一八九七年三月三日 229
3 台湾統治と北清事変
163 台湾総督の立法権(六三法) 一八九六年三月三一日 230
164 台湾総督府官制 一八九七年一〇月二一日 230
165 児玉源太郎「台湾統治ノ既往及将来ニ関スル覚書」 一八九九年六月 231
166 北清事変出兵に関する閣議決定 一九〇〇年七月六日 232
第二節 日清戦後の政治と社会 234
1 憲政党から政友会へ
167 地租増徴の必要 一八九八年六月七日 234
168 憲政党宣言 一八九八年六月二二日 235
169 第二次山県内閣と憲政党の提携 一八九八年一一月二九日 236
170 代議士の腐敗 236
171 憲政党の積極主義 237
172 立憲政友会趣旨書 一九〇〇年八月二五日 238
2 産業革命の影響
173 綿糸の生産と輸出入量 240
174 鉄道の営業キロ数 240
175 電気産業の動向 240
176 工場労働者数の動向 240
177 横山源之助『内地雑居後の日本』 一八九九年五月 242
178 松原岩五郎『最暗黒の東京』 一八九三年一一月 243
3 社会運動の勃興
179 労働組合期成会設立趣旨 一八九七年七月四日 244
180 治安警察法 一九〇〇年三月一〇日 246
181 工場法 一九一一年三月二九日 247
182 社会民主党の宣言 一九〇一年五月一八日 248
183 普通選挙期成同盟会「普通選挙を請願するの趣意」 一九〇〇年一月 249
184 田中正造「直訴文」 一九〇一年一二月一〇日 250
185 鉱毒地の被害 252

4　北と南
186　アイヌ民族同化政策の推進　一八九九年　253
187　琉球「旧慣温存」政策の転換　一八九五年　254
第三節　日露戦争と韓国併合　256
1　日露対立の激化
188　日英同盟　一九〇二年一月三〇日　256
189　対露同志会宣言　一九〇三年八月九日　257
190　山口義三「開戦論を駁す」　一九〇三年一二月　259
2　日露戦争
191　露国に対する宣戦の詔勅　一九〇四年二月一〇日　260
192　非常特別税収入確定案　261
193　日露戦争臨時軍事費特別会計決算　261
194　非戦論――「戦争の結果」　一九〇四年二月一四日　261
195　日露講和談判全権に対する訓令案　一九〇五年六月三〇日　263
196　山県有朋筆「日露媾和内議に関する閣議要領」　一九〇五年八月二八日　263
197　日比谷焼打事件の光景　一九〇五年九月五日　264
198　アジア諸国への影響　265
3　韓国植民地化への道
199　韓国保護権確立実行に関する閣議決定　一九〇五年一〇月二七日　267
200　第二次日韓協約　一九〇五年一一月一七日　267
201　朝鮮土地調査　268
202　義兵闘争の状況　一九〇七年―一九〇八年　269
203　韓国併合に関する条約　一九一〇年八月二二日　270
204　韓国に対する施政方針閣議決定　一九一〇年六月三日　270
205　朝鮮における教育方針　一九一一年一一月一日　271
4　満州問題と日米対立
206　列強の満州開放要求に関する伊藤博文意見　一九〇六年五月二二日　272
207　高平・ルート協定による日米対立の緩和　一九〇八年　273
208　第二次日露協約中の秘密協約　一九一〇年七月四日　274
209　日本帝国の国防方針　一九〇七年四月一九日　274
210　国防に要する兵力量　一九〇七年四月一九日　275
211　無理に一等国の仲間入りをしようとする日本　一九〇九年　276

第四節　日露戦後の政治と社会　277
1　桂園体制
212　西園寺公望へ政権を譲る理由　一九〇五年一二月推定　277
213　情意投合　一九一一年一月　278
214　立憲国民党の創立　一九一〇年三月一三日　280
215　「内に立憲、外に帝国」　一九〇五年一〇月　280
2　社会運動の動向と地方改良運動
216　農村の疲弊　一九〇六年　281
217　「米と人間との相場表」　一九一二年六月一日　282
218　全国商業会議所聯合会の悪税廃止建議書　一九〇八年一月　283
219　電車賃値上反対市民大会宣言・決議　一九〇六年九月五日　284
220　大逆事件　一九一〇年　285
221　地方改良運動　287
222　町村是制定の目的　288
223　在郷軍人の役割　289
3　天皇制の浸透と新思潮
224　学生生徒に対する文部大臣訓令　一九〇六年六月九日　290
225　南北朝正閏論争　一九一一年　291
226　河上肇の国民道徳論批判　一九一一年三月　291
227　明治の終焉　一九一二年七月三一日　293
228　美濃部達吉の天皇機関説　一九一二年　293
229　平塚らいてう「元始女性は太陽であった——青鞜発刊に際して」　一九一一年九月　295
第五節　大正政変と第一次憲政擁護運動　296
1　辛亥革命の影響
230　辛亥革命に対する閣議決定　一九一一年一〇月二四日　296
231　四国借款団への条件付加入に付訓令　一九一二年三月四日　297
232　中国革命援助論　一九一一年　298
233　対支聯合同志会の対中強硬論　一九一三年九月　298
234　内田良平の満蒙独立論　一九一三年七月　299
2　大正政変
235　二個師団増設問題覚書　一九一二年　300
236　海軍軍備充実貫徹の必要　一九一二年一二月　302
237　国民党分裂・立憲同志会創設　一九一三年二月　303

3　第一次憲政擁護運動

238「閥族打破憲政擁護」　一九一二年一二月―一九一三年二月　303
239 尾崎行雄の桂内閣不信任演説　一九一三年二月五日　304
240 街頭の民衆　一九一三年二月　306

4　大正政変の終結

241 第一次山本内閣の成立　一九一三年二月二〇日　307
242 陸軍の政変に処すべき態度　一九一三年　308
243 憲政擁護会総会の廃税宣言・決議　一九一四年一月五日　309
244 シーメンス事件　一九一四年　310
245 大隈内閣推薦理由　一九一四年四月　311

第四章　大正デモクラシーから金融恐慌へ　313

第一節　第一次世界大戦と世界の日本　315

1　日本の参戦と対華二十一カ条要求

246 井上馨の提言　一九一四年八月　315
247 石橋湛山「青島は断じて領有すべからず」　一九一四年一一月　316
248 二十一カ条要求　一九一四年一二月三日　317
249 二十一ヵ条要求に対する外国からの批判　一九一五年二月　318

2　人種差別撤廃問題とヴェルサイユ講和

250 国際連盟委員会最終会合に於ける人種差別撤廃問題　一九一九年四月一一日　320
251 人種差別撤廃提案への外国からの批判　一九一九年三月　323
252 国際連盟規約　一九一九年六月二八日　323

3　シベリア干渉戦争

253 吉野作造「所謂出兵論に何の合理的根拠ありや」　一九一八年四月　324
254 シベリア出兵宣言　一九一八年八月二日　326
255 シベリア干渉戦争への批判　一九一八年九月　327

4　アジアの民族独立運動

256 三・一独立宣言　一九一九年三月一日　328
257 宣教師団の報告　一九一九年　331
258 独立運動弾圧への批判　一九一九年四月九日　332
259 柳宗悦「朝鮮人を想ふ」　一九一九年五月　332
260 五四運動に関する社説　一九一九年五月六日　333

261 「北京学生団の行動を漫罵する勿れ」 一九一九年六月 335

5 ワシントン体制

262 「イギリスの世界政策」 一九二一年七月 336
263 太平洋における島嶼たる属地・領地に関する四国条約 一九二一年一二月一三日 339
264 海軍軍備制限に関するワシントン条約 一九二二年二月六日 340
265 中国に関する九国条約 一九二二年二月六日 341
266 パリ不戦条約 一九二八年八月二七日 342

6 大戦景気と日本資本主義

267 賀川豊彦『貧民心理の研究』 一九一五年一〇月 344
268 河上肇『貧乏物語』 一九一六年 346
269 内田信也「三井を飛び出してから」 一九一八年三月 347
270 多額納税者の激変 一九一八年五月 347
271 西原借款の概要 348
272 最盛期の地主経営 349

第二節　大正デモクラシーと民衆の意識 350

1 米騒動

273 高岡新報「女軍米屋に薄る」 一九一八年八月四日 350
274 投書「俺等は穢多だ」 一九一八年九月 351

2 普選運動

275 吉野作造「憲政の本義を説いて其有終の美を済すの途を論ず」 一九一六年一月 352
276 普選要求の宣言・決議 一九一九年二月 353
277 石橋湛山「社説」 一九一九年三月 354
278 原敬日記 一九二〇年二月二〇日 355
279 西日本普選大連合の参加団体一覧 一九二二年五月 356

3 労働者と農民の動き

280 福田龍雄「少年の工場生活問題」 一九一七年 357
281 友愛会七周年大会宣言・主張 一九一九年 358
282 社会における小作問題の「発見」 一九二四年 359
283 農民自治会創立趣意と綱領 一九二五年一二月 361
284 中部日本農民組合第三回大会宣言 一九二五年一二月 362

4 差別撤廃の主張

285 全国水平社の綱領・宣言・決議 一九二二年三月 363

5 女性たちの運動
286 平塚らいてう「母性保護の主張は依頼主義か」一九一八年 365
287 治安警察法第五条修正の請願書 一九二〇年二月七日 366
288 新婦人協会 綱領・宣言 一九二〇年三月二八日 368
289 婦選獲得同盟宣言 一九二五年四月 369
6 社会改造のひろがり
290 大山郁夫「社会改造の根本精神」一九一九年八月 370
291 権田保之助「民衆の文化か、民衆の為めの文化か」一九二〇年六月 371
292 児童自由画趣意書 一九一九年三月 372
293 信濃自由大学趣意書 一九二一年七月 374
7 護憲三派内閣
294 加藤高明首相の普通選挙法提案理由 一九二五年一月 376
295 治安維持法 一九二五年四月二二日 376
296 治安維持法改正 一九二八年六月二九日 377
297 清瀬一郎「治安維持法を論ず」一九二六年 378

第三節 関東大震災と都市化・大衆文化 379

1 関東大震災
298 震災日誌 一九二三年九月 379
299 臨時震災救護事務局警備部打合せ 一九二三年九月 381
300 中国人虐殺について発禁となった新聞報道 一九二三年一一月 382
301 朝鮮人虐殺への『東亜日報』批判 一九二三年 383
2 都市化と大衆文化
302 権田保之助「労働者および小額俸給生活者の家計状態比較」一九二六年 384
303 第一次世界大戦期からその後の余暇調査 一九一七年—一九二三年 386
304 室伏高信「ラジオ文明の原理」一九二五年七月 389
305 風刺漫画二題 一九一七年・一九二六年 390
3 教育と国民教化
306 青年団指導に関する件 一九一八年五月三日 391
307 本間久雄「国定教科書に現われた軍国主義を批評す」一九二二年七月 393
308 国民精神作興ニ関スル詔書 一九二三年一一月一〇日 395

309 土田杏村「国民精神振作の大詔と大臣の訓示」一九二四年 396
310 女子青年団体に対する訓令 一九二六年一一月一一日 398

第四節　金融恐慌と中国問題 399

1 震災後の日本資本主義
311 日本銀行震災手形割引損失補償令 一九二三年九月二七日 399

2 金融恐慌
312 震災手形善後処理法 一九二七年三月三〇日 400
313 日本銀行「昭和二年三月の金融界動揺について」一九二七年三月二八日 401
314『金融恐慌秘話』一九二八年 402

3 中国侵略への道
315「対支非干渉運動」の呼びかけ 一九二七年五月 403
316 東方会議「対支政策綱領」一九二七年七月七日 404

第五節　外からの視点 407

1 外からみた日本
317 タゴールの見た帝国日本 一九一六年 407
318 第一次世界大戦後の日本に対する国際的評価 一九二〇年一〇月 408
319 洪秉三『朝鮮人の癖に』一九二七年 409

2 移民・沖縄
320『海外各地在留本邦人職業別表』一九一九年六月 410
321 伊波普猷「琉球民族の精神分析」一九二四年三月 410
322 柳田国男『海南小記』一九二五年 412
323 広津和郎「沖縄青年同盟よりの抗議書――拙作『さまよへる琉球人』について」一九二六年五月 413

出典文献

序章　近代史史料について

ここでは、近代史史料に関する網羅的な紹介と解説をおこなうことを意図してはいない。本史料集が編纂した諸史料が、どのような性格の各種史料集に依拠しているのか、また、本史料集所収史料よりもさらに詳しい史料を調べるには、どのような手掛りがあるのか、ということに狙いを絞っている。

そして、本史料集の章別構成に対応し、一(幕末維新)、二(自由民権と初期議会)、三(日清戦争から大正政変)、四(第一次大戦と一九二〇年代)の四項に区分し、それぞれの主要な史料集と史料のありかたを述べる形式をとることとする。

一

幕末期から西南戦争までの史料に関しては、戦前における史料編纂事業の流れをおさえておく必要があるだろう。戦前の国家の正統性の証明の課題とその事業は深くかかわっていたからである。

今日でも戊辰戦争期研究の根幹的史料集となっている『復古記』は、太政官修史局・修史館において、厖大な原文書や全旧大名家提出史料(「家記」)をもとに編纂されたものであった。

明治二〇年代に入り、貴衆両院の帝国議会が機能するようになると、明治維新に功績のあった薩長土三家と水戸徳川家に対し「国事鞅掌」事績編纂が宮内省から下命され、各大名華族家でも家史編纂が開始される。また孝明天皇の伝記や勲功公家の史料も編纂されるようになった。『孝明天皇紀』『岩倉公実記』『中山忠能履歴資料』『防長回天史』『水戸藩史料』『鍋島直正公伝』『鹿児島県史料　忠義公史料』『山内家史料』などがその成果である。

日露戦後の大きな社会変化や社会主義思想の普及の中で、天皇制国家は、功績のあった個々人や各華族家の維新史料編纂にとどまらず、明治維新総体の史料収集を開始する。維新史料編纂会の発足(一九一一年)である。

同会は文部省内に維新史料編纂事務局を置き、精力的に各方面からの史料収集を推進するとともに、編纂を促進するため、外郭団体日本史籍協会を組織して、幕末維新期の重要諸史料の早急な活字化を図った。『木戸孝允日記』『大久保利通文書』『大隈重信関係文書』等のいわゆる日本史籍協会叢書とよばれる大部の史料集がこれである。

維新史料編纂会の編纂成果は、「大日本維新史料稿本」四二〇〇〇余冊に結実し、現在東京大学史料編纂所で公開されており、検索用データベースもインターネットを介して利用が可能である。また戦時中、「稿本」の内、弘化三年、安政元年、安政五年の部分は『大日本維新史料』として活字化され、通史『維新史』も同時期に刊行された。

この時期の史料編纂のあと一つの流れは外交史料編纂事業である。幕末期、外国奉行所内部で執務上の道具として「通信全覧」が作られ、それを引き継ぐ形で明治前半期、外務省で「続通信全覧」が編纂された。日露戦後、外務省内の幕末外交史料編纂事業は東京大学史料編纂所に移され、今日まで『幕末外国関係文書』編纂作業が継続されている。他方、外務省は昭和初頭『旧条約彙纂』を編纂、その後一九三六年より、明治元年以降の『日本外交文書』編纂事業を開始し、今日に至っている。

以上、戦前における編纂と史料集との関連を見て来たが、ここではそれを前提に他の史料集をおさえておこう。

吉野作造等の明治文化研究会の編集した『明治文化全集』は、明治初年の諸史料の宝庫であり、政治・外交・教育・宗教・軍事・社会等、諸般の材料を探すには、まず第一にあたるべき史料集である。これと可能な限り重複を避け、日清戦前までの諸史料を、最新の研究をもとに編集した『日本近代思想大系』(岩波書店)を併用すれば、ほとんどの疑問にこたえる各種史料が見つけられるはずである。また『日本思想大系』(岩波書店)にも、幕末期に関するものが数冊編集されており、参考となる。

法令に関しては、編纂物である『法令全書』がきわめて便利であり、また詳細な索引もその利用価値をたかめているが、ただし、発布された時の体裁と若干異なっている場合がある。

外交に関しては、英米をはじめ、日本の相手国側の動きと思惑をきちんとおさえる必要がある。幕末期から一八七〇年代の各国(ロシアを除く)の対日関係外交文書のマイクロフィルムは、万国学士院との協力のもと、東京大学史料編纂所に収集されており、検索目録も現在まで一五冊刊行されている。活字史料としては、英国のものでは *Blue Book* (衛藤瀋吉編の日本国内所在目録あり)、米国のものでは *Papers relating to the Foreign Relations of the United States* が存在する。また『ペリー提督日本遠征記』『ハリス日本滞在記』、オールコックの『大君の都』、サトーの『一外交官の見た明治維新』(以上岩波文庫)や雄松堂の『新異国叢書』等に収められた外国人の各種日本見聞記も欠くことはできない。

なお、外からの目の問題では、各国新聞の日本関係記事も重要な史料となるが、開国前から一八七三年までのものは『外国新聞に見る日本』第一巻の本文編・原文編に手際よく編集されている。

宗教問題は、上述の『日本近代思想大系』シリーズの中の『宗教と国家』が一応のカヴァーをおこなっているが、明治初年の実態の全体を把握するためには、辻善之助編『神仏分離史料』にまで手を伸ばす必要があるだろう。

幕末維新期の新聞は、戦前期に出された『新聞薈叢』『幕末明治新聞全集』『新聞集成明治編年史』などであたることができるが、最近では『明治ニュース事典』第一巻が一八七七年までの記事を収めており、詳細な索引も便利である。

二

自由民権運動の成長期から日清戦争前夜における民党の藩閥政府との妥協・提携の過程を包括する時期全般をカヴァーする資料としては、古くは『明治文化全集』『明治文化資料叢書』があるが、最近の成果としては、開港から半世紀の近代日本の揺籃期ともいうべきこの時代について、学界の総力を結集した本格的な史料集として、『日本近代思想大系』があげられる。本シリーズは「1開国、2天皇と華族、3官僚制／警察、4軍隊／兵士、5宗教と国家、6教育の体系、7法と秩序、8経済構想、9憲法構想、10学問と知識人、11言論とメディア、12対外観、13歴史認識、14科学と技術、15翻訳の思想、16文体、17美術、18芸能、19都市／建築、20家と村、21民衆運動、22差別の諸相、23風俗／性」等と多岐にわたっている。また、この時期に社会的に大きな影響力を有するメディアとしての新聞関係の資料集としては『新聞集成明治編年史』や『明治ニュース事典』の第二巻から第四巻がこの時期をカヴァーしている。また外からの目は、『外国新聞に見る日本』第二巻の本文編・原文編に紹介されている。

政治関係では、まず一八八三年五月一〇日付太政官達第二十二号をもってその発行が達せられ、七月二日の創刊号から今日まで発行を続けている『官報』がある。また、『法令全書』は、明治前半期の法令を見るのに便利である。自由民権運動関係史料としては、『明治建白書集成』や『自由党史』等があり、国家側の自由民権及び民衆への対処を知る手掛りとして、『明治十五年 明治十六年 地方巡察使復命書』があげられる。政治家の資料としては『伊藤博文関係文書』『秘書類纂』『伊藤博文秘録』『井上毅伝 史料篇』『大隈重信関係文書』『大隈文書』等が代表的なものであろう。軍事関係では、山県有朋の意見書を収録した『山県有朋意見書』や『明治天皇御伝記史料 明治軍事史』がある。

教育関係では、わが国で国民教育制度が確立された「学制」(一八七二年)頒布以降の制度の変遷を法令を中心として記述した『明治以降教育制度発達史』があり、代表的人物として『森有礼全集』がある。

地方自治関係の資料としては、『近代日本地方自治立法資料集成』が関係資料を丹念に発掘している。

次に外交関係としては、明治以降の外交関係の主要文書を各年ごとに分類してまとめた『日本外交文書』や金正明編『日韓外交資料集成』がある。

最後に経済分野では、『明治前期財政経済史料集成』『明治財政史』『日本金融史資料　明治大正編』『日本産業資料大系』等があり、企業家個人としては、世界最大の伝記資料でもある『渋沢栄一伝記資料』や、エコノミストとして、『東京経済雑誌』を刊行し、自由主義経済論を展開した田口卯吉の『鼎軒田口卯吉全集』がある。統計を含む史料に関しては、Ⅰ長期統計、Ⅱ時期別資料、Ⅲ近代日本経済史年表、Ⅳ参考文献、Ⅴ一覧表から成っている、『近代日本経済史要覧』が恰好の手引書である。

三

明治時代後半から大正時代にかけての史料については、とくにこの時代のみを対象とした簡便な叢書や史料集はなく、『明治百年史叢書』のなかに、いくつか関係するものがあるくらいであろう。ただし前の時代に引き続いて『明治文化全集』や『明治文化資料叢書』が、明治後半における社会主義運動の勃興をはじめとする社会状況を描き出すことのできる資料を収めている。また『明治文学全集』にも「社会主義文学」や「明治新聞人文学集」をはじめとして数多くのジャーナリスト・評論家の文学作品や評論が含まれており、欠くことのできないものであろう。また『続・現代史資料』の教育編にも、明治後半の教育思潮を見るのに見逃せない史料が収められている。

編纂物が少ない反面、この時期の政治・外交関係については、官公庁やさまざまな団体による出版物が復刻され、容易に手に取ることが可能になりつつある。条約や条約締結の方針を知るには『日本外交年表竝主要文書』が簡便である。当時の外交案件については『日本外交文書』および同別冊(たとえば日露戦争・清国事変など)が重要であり、最近では同文書の索引も出版された。ただし韓国併合については文書が焼却されたため、ほとんど情報は掲載されていない。『日韓外交資料集成』『朝鮮統治史料』などで補う必要があろう。

議会については、『帝国議会衆議院議事速記録』および『帝国議会貴族院議事速記録』が本会議における演説を知るための基本史料である。ただし審議経過については委員会議事録を見なければならない。なお枢密院の議事録も出版されている。法令の公布を役割として一八八三年に創刊された『官報』には、法令だけでなく、人事異動や各種統計・地方状況報告が掲載されている場合があり、今後もっと利用されてしかるべき史料と考えられる。植民地関係についても『朝鮮総督府官報』・同『施政年報』が復刻され、さらに台湾総督府の文書目録も出され始めるなど、ようやく史料状況が改善されつつある。

以上の官公庁史料とは若干異なるが、『明治天皇紀』は接することの難しい侍従や宮内省高官の日録類を用いて編纂され、天皇を中心とする政治の動きを把握することができるものであり、史料的価値は高い。また天皇の軍事に関するものとしては『明治天皇御伝記史料　明治軍事史』があり、明治後半の宮内省を窺うことのできるものとして『渡辺千秋関係文書』がある。

徐々に重みを増しつつあった政党の基本的史料でこの時期もっとも重要なものは、『原敬日記』であろう。ただし当然のことであるが、原の見方を反映しており、その魅力ある文章に引きずられてはならない。憲政党の『党報』と『政友』も他党の状況も含めて豊富な情報を提供しているが、同様な偏りをもっているから、あわせて復刻された他政党の機関誌類を見る必要があろう。なお非政友勢力については、『大石正巳日記』がある。藩閥勢力については、『大正初期山県有朋談話筆記』『山県有朋意見書』『伊藤博文関係文書』『品川弥二郎関係文書』や『寺内正毅関係文書』、公刊されてはいないが「山県有朋関係文書」「桂太郎関係文書」が、この時期の藩閥・官僚・軍の代表的考え方を知る基本史料であり、『財部彪日記』が海軍の、「田健治郎日記」が貴族院の状況を的確に伝えている。対外硬派に関する史料としては、『小川平吉関係文書』や『内田良平関係文書』が様々な書類を掲載しており、最近復刻された『日本』新聞や『近衛篤麿日記』とともに重要な史料といえよう。なお『原敬関係文書』は、原のもとに届けられた様々な書類、特に内務大臣としての仕事に関するものが収められており、貴重な史料が含まれている。

政治家の伝記類には、顕彰を目的としながらも書簡や手記・文書を利用して手堅く書かれているものがあり、『伊藤博文伝』『公爵山県有朋伝』や『後藤新平』などは大部かつ利用価値の高いものである。『第二次大隈内閣関係史料』は、『世外井上公伝』に一部利用されている望月小太郎の文書を用いて編纂されている。

財政・経済・産業については、『明治財政史』『明治大正財政史』が基本的な編纂物であるが、『松方正義関係文書』にもそれらの原典史料は使用されている。『現代日本産業発達史』は各商工分野ごとの重要な史料を掲載しており、金融については『日本金融史資料』がある。また財界の様子については、『東洋経済新報』や『東京経済雑誌』の復刻版が便利である。

思想状況や社会運動の状況を知るためには、『近代民衆の記録』や『日本労働運動史資料』『明治社会主義史料集』があるが、運動の中心となった人物や当時の代表的言論人の全集や著作集を見ることも大切である。第三章では日清戦争観を福沢諭吉や内村鑑三の言論によって検討し、日露戦後の国家主義批判では河上肇の文章を利用した。また田中正造や幸徳秋水・平塚らいてうなどの文章も全集あるいは著作集となっている。また新聞史料も、民衆の動向を知るために便利であり、『新聞集成明治編年史』や同『大正編年史』は比較的容易に見ることができる。復刻版としては『時事新報』『東京朝日新聞』や『万朝報』『都新聞』があり、また明治期に人気を博した画報雑誌である『東京パック』や『風俗画報』『団々珍聞』も庶民感覚を知る上で役に立つ。さらに『外国新聞に見る日本』第三巻は、日本の拡大を諸外国がどのように見ていたかを知る上で興味深い情報を与えてくれる。なお同時代を生きた個人の貴重な証言集として『現代日本記録全集』『現代日本思想体系』がある。

その他、各自治体史に附属する史料編に数多くの公文書や雑誌・新聞記事が掲載されており、これらの中には貴重なものがある。第三章では『沖縄県史』を用いた。

四

大正デモクラシーから金融恐慌までの史料については、まず『現代史資料』をあげておきたい。本編・続編あわせて五八巻からなる『現代史資料』には、政治・外交から文化・教育・社会運動に至るまで幅広い史料が収録されており、多様な視点からの利用が可能である。『現代史資料』は近年完結をみたものであり、第四章に関連した内容には「関東大震災と朝鮮人」「台湾」「朝鮮」「治安維持法」「社会主義沿革」「教育」などがある。また別巻には丁寧な索引がつけられている。

政治・外交に関して基本となる史料には、『帝国議会衆議院議事速記録』や『帝国議会貴族院議事速記録』など議会史料のほかに、『原敬全集』や『世外井上公伝』『宇外一成日記』など政治家の日記・伝記などがあり、また外務省編纂『日本外交文書』には外交関係の詳細な史料が収録されている。経済関係としては、『日本金融史資料　明治大正編』と『日本金融史資料　昭和編』が役に立つ。

社会運動に関しては、法政大学大原社会問題研究所編『覆刻シリーズ　日本社会運動史料』が無産運動に関する史料をまとめて復刻している。ここには建設者同盟の機関誌『建設者』や友愛会機関誌『労働及産業』をはじめ、『友愛婦人』『労働婦人』『労働』『労働同盟』『マルクス主義』『無産者新聞』『土地と自由』など各社会運動団体の機関誌や、『大衆』『労農』『前進』『農民運動』など無産運動の評論雑誌、労働農民党や日本労農党など無産政党の原資料が含まれている。なお法政大学大原社会問題研究所からは、一九二一年に創刊され、労働者の生活と運動を包括的にとらえた『日本労働年鑑』も復刻されている。

女性に関しては何よりも『日本婦人問題資料集成』が基本的な史料集であろう。本集成では、人権、政治、労働、教育、家族制度、保健・福祉、生活、思潮の各テーマごとに史料が編まれており、これとは別に詳細な年表も刊行されている（第一〇巻）。部落問題の基本史料には、『部落問題・水平運動資料集成』や『近代部落史資料集成』があり、生活関係の史料集には『生活古典叢書』がある。『古典叢書』には、第四章に関連したものとして「月島調査」「家計調査と生活研究」「余暇生活の研究」が収録されており、詳細で丁寧な解説とともに研究に役立つ。

この時期の新聞史料については、テーマ別に編纂され、詳細な索引が付された『大正ニュース事典』をあげておきたい。また『外国新聞に見る日本』第四巻には、この時期の外国新聞に掲載された日本関係記事が掲載されていて、当時の日本観を知ることができる。この二つの事典によって、国内外の基本的な新聞記事を把握することができるだろう。この時期の個人全集としては、石橋湛山、柳宗悦、賀川豊彦、河上肇、大山郁夫、伊波普猷、柳田国男らのものがあり、平塚らいてうについては著作集が、吉野作造については選集がそれぞれある。これらの人びとのうち、石橋、柳、河上、柳田、平塚、吉野については、主要な著作を岩波文庫で読むことができる。なお、近年刊行された史料集『思想の海へ』は、全三一巻からなり、「近代文明批判」「愛と性の自由」「土民の思想」など多様な視点から史料が収録されていて、この時期の史料について見当をつけるうえで役に立つ。

第一章　維新変革と近代日本の成立

世界資本主義に日本が包摂されることは、アヘン戦争の大敗による清国の開国(一八四二年)、米国西海岸のゴールド・ラッシュ(一八四八年)等によって必然的なものとなり、一八五三年のペリー来航も、すでに前年に幕府は知らされていた。だが、幕府は何らの対処的措置も執ることは出来なかった。

日本全国はペリー浦賀来航情報を瞬時に把握した。国内市場の確立は豪農商を主体とする民衆のレヴェルをその段階にまで成熟させており、彼らはその後一貫して幕府の一挙手一投足を凝視しつづける。

日米和親条約締結段階では、幕府においても、有志諸大名の合意のもと、講武所や蕃書調所の開設、長崎海軍伝習等、安政改革を実行することが可能であった。だが、ハリスの主張する自由貿易への日本の全面開放の段階に入ると、条約への朝廷合意の獲得、幕府の根本的改革等による幕府権威の再確立なしには内政的前進はもはや不可能となってきた。そして条約不勅許という幕府にとっての意外な結果は、幕府に外交面では無勅許開国路線を、内政面では安政大獄という衆人を峻慄せしめる粛清路線を執らせることとなる。

自由貿易の開始は国内市場の大変動と物価騰貴を引きおこし、豪農商以外の民衆をも政治批判にめざめさせ、外圧への屈服は、戦士としての自己の存在意義を喪失させると憤激する急進派武士層は、脱藩して政治行動に立ち上がり始めた。強制的に編入された世界市場からの強力を以ての離脱＝「奉勅攘夷」のスローガンが、桜田門外・坂下門外両事件で自信を喪失した幕府をも一時期つつみ込み、将軍上洛を強要する。

しかし、欧米列強は、この民族的規模での攘夷主義運動の展開を決して許さなかった。世界資本主義にとっては、より完全なる編入のみが日本に執らせるべき唯一の方向だったのである。薩英戦争(一八六三年)、下関戦争(一八六四年)、そして連合艦隊摂海進入(一八六五年)が攘夷運動への彼らの断乎とした回答であった。

予想を越える絶大な西洋軍事力に直面し、対外強硬派・攘夷派は、幕府を軍役発動の主体とする近世的国家に見切りをつけ、外圧に抗し国民の力量を結集しうる統一した新国家形成の方向に動き始める。キーワードは、万人を納得させる論理＝「条理」と「公議輿論」となる。そして軍事力の圧迫の下に条約を結局勅許し、権威を失墜させた朝廷を如何に立て直すかが、岩倉具視を中核とする王政復古派公卿の焦眉の課題となるのである。

王政復古クーデタ後、維新政府は、奥羽越列藩同盟や函館にたてこもる旧幕軍を撃破する一方、府藩県三治一致体制を敷くなかで、新国家建設をおこなおうとした。だが、戊辰戦争に参加する過程で長州諸隊的軍隊に自藩の軍事力を改変した諸藩と維新政府の対立は容易には解消せず、また旧幕領地のみを支配し財政基盤の脆弱な政府の強硬な収税政策は、一揆等による各地農民の広汎な反撥をよびおこした。ここに、諸藩協力ではなく、薩長土三藩数千の兵力を親兵として大挙上京させ、藩の存在そのこと自体が万国対峙体制づくりの障害になっている、との単純・明解な理由のもと、一八七一年廃藩置県が断行される。

廃藩置県を決行し、政府権力を掌握した薩長土肥旧四藩連合の人々が、今度は早急に万国対峙の実を挙げるべき立場に立たされる。その端的な目標こそが、幕末以降、日本の国威を失墜させ、日本人の自尊心を日々傷つけつづける不平等条約の廃棄であり、万国対峙の実現であった。外に向けては岩倉遣米欧使節団の派遣が、内に向けては条約改正を要求するに足る、法制を始めとする社会全般の上からの近代化＝文明開化、殖産興業の強行策が試みられる。だが、国のトップレヴェルの使節団派遣も何らの成果を産まず、国内では新政反対一揆が空前の規模で続発し、しかも常職を失った士族層の不満がたかまるなかで、一八七三年政府は征韓論をめぐって大分裂する。政権を握った岩倉・大久保政権が、綱渡り政策のなかで、政府主導により、一八七六年までに、琉球・台湾・樺太・朝鮮・小笠原諸島等、創世期国家の固有の課題だった東アジア地域での国境・国交問題を処理し去り、その自信の上に、士族・農民に対し高圧的に臨んだまさにその時、全国的な地租改正反対の一揆と運動、西南戦争を頂点とする各地の士族反乱が勃発するのである。

第一節　開国と開港

1　開国に向けて

1　ペリー艦隊遠征計画への新聞論評　一八五二年三月二六日

遠征目的は、完全に平和的な性格のものであり、しかもその一方では、正義の実行を尊重させるのに十分で、正当な要求には断固従わせるだけの力を持っているのだ。（中略）われわれは、世界の海岸線の一部を占有している国には、他の諸国との通商をいっさい拒否するような権利は絶対にないと考える。そういう振舞が通商や人類の福祉を妨げない限り、文明国は寛容な態度をとるかもしれない。だが、このような諸国の野蛮人たちに対して、一般的な国際法に従うことや、一定の交流を行うことを強制するのは、文明国、キリスト教国の権利だ、というのが、われわれの主張である。（中略）

　賢明な保護制度のもと、われわれが日本に綿製品や鉄などを多量に送り、日本からその見返りに、金、銀や染料の取れる木材を受け取る日が間近に迫っていること、同時にこの地上で最も人口の多い王国の一つが、世界の通商に対して、現在のような野蛮な姿勢をとる代わりに、その数多い港を、安全で快適な避難所とする日が間近に迫っていることを、われわれは希望し、また確信している。

（出典）『外国新聞に見る日本』第一巻、二七―二九ページ。

【解説】　この新聞記事は、もと米国の『ニューヨーク・クーリエ』に載ったものを、英国の最も権威あるタイムズ紙が全文を転載したものである。クーリエ紙の主張とタイムズ紙の考え方が、この問題に関しては同一であったことを物語っている。

　全世界を資本主義的に大量生産された諸商品のための世界市場に転化すること、抵抗する国家や諸集団には、この要求を軍事力をもって強要し得ること、という考え方は産業革命を経由した欧米諸国の共通した発想であった。「野蛮人たちに対して、一般的な国際法に従うことや、一定の交流を行うことを強制するのは、文明国、キリスト教国の権利だ、というのが、われわれの主張である」と、記事の中ではきわめて明白な形で定式化されている。

　日本に開国を強いる米国の遠征計画は、一八五〇年から欧米諸国の知るところとなり、以前から日本の開国を望んでいたロシアはすぐさまプチャーチン遠征艦隊を組織する。中国問題で手の抜けなかった英国は、ペリー艦隊の成果に期待していたが、自由貿易の権利までは獲得できなかったことに失望、クリミア戦争終結後の一八五七年、第二次アヘン戦争指揮の全権を授けたエルギン伯に対し、同時に対日通商航海条約締結全権委員の資格をも賦与したのだった。

2 オランダ別段風説書　嘉永五年六月

一爰に又一説有之候、北アメリカ共和政治の政府、日本国に使節を送り、日本国と通商遂度由ニ有之候、
一右一件左之通ニ有之候、
一右使節は共和政治の「プレシテント」（共和政治の司）より日本ケイツル」（帝の事）に書翰并日本漂民送り越候由ニ有之候、
一右使節は、日本港の内二三ヶ所北アメリカ人交易の為開度、且日本港之内都合宜敷所ニ石炭を貯置、「カリホルニヤ」（地名）と唐国と蒸気船の通路に用ひ度願立候よしニ有之候、
（中略）
一風聞書には上陸囲軍の用意もいたし、諸道具積入有之由ニ候、併右船は第四月下旬（当三月初旬ニ当る）前には出帆難成、若《もしく》は今少し延引可致由ニ有之候、

（出典）「洋邦彙事　三」所収、東大史料編纂所蔵。

【解説】　日本の開国を求めてアメリカが遣日艦隊を派遣するとのニュースは、オランダにも伝わっていた。オランダは、これを機会に対日貿易の改善を図るため、条約締結の任務をも帯びた新商館長クルチウスを一八五二年日本に送った。彼は六月、長崎奉行に、例年の如く別段風説書を提出するが、その中に、ここに示す米国艦隊来日情報を含ませたのである。これにつづいて彼は、八月には、明年米国使節が来日するので、日本は開国に備えるべきだとのオランダジャワ総督書翰を、さらに九月には、日本の対米交渉の受け皿となるべき通商条約草案を提出するのであった。クルチウスはこの草案において、貿易のため長崎のみの開港、日本人と外国人との間の自由貿易は禁止、犯罪をおかした外国人は日本の法権のもとにおかれること、石炭囲場所の設定等、自国のイニシアチブのもと、日本を漸次的に開国させることを狙っていた。しかしながら、幕府内の多数の役人は、米国艦隊のニュースは、オランダが通商を自国に有利になるようにするためにいっているにすぎないとか、イギリスの意向をうけているのではないかとか、あるいは国内の人心を動揺させてはいけないという理由で、真剣にとりあげて対処策を検討することをしなかったのである。

3 福岡藩主黒田斉溥建白書　幕府宛　嘉永五年一二月

取留候儀とハ不相聞候得共、兼て風説書之儀ニ付ては申上候次第も御座候ニ付、密々為心得《こころえのため》御達被仰付候旨、世上え流布致し候ては、只々人気に而已相拘、不可然筋ニ付、其段厚相含御備向之儀ハ随分無油断可申付、乍併事ヶ間敷《ことがましく》(1)用意等致し候儀ハ無之様可取計と、段々御委細被仰付難有仕合奉存候、長崎表御備向之儀ハ尚又肥前守(2)え重畳申合弥御厳重相勤候心得ニ御座候、然処御内達之内、前段之ケ条和蘭国王より使節

差上候節、御返翰之趣(3)、私えも拝見被仰付置候ニ付、愚考仕候得ハ、此節アメリカ通商相願候共御許容可被仰付御次第共不奉存候、然時ハ軍船引連居候ニ付、必戦争にも可及、近年海防之儀、段々御懇達(4)も有之候に付、相応ニハ何方も相整居可申候得共、万一ハ伊豆諸嶋、殊大島等夷人手に入レ、大炮等備付候ハヽ、如何様に御取計可有之哉、容易ニ嶋々御取返し六ヶ敷御儀歟と奉存候、且又右之通ニ相成候得ハヽ、江戸え上方より船路絶可申(5)、江戸中之騒動如何可有之哉、又戦争に及候得ハ、焼玉等打掛何方迄焼失可致哉、右等之事情定て宜敷御評議も可被為在《あらせらるべく》候得共、右御内達拝承仕候てハ日夜心痛無限、長崎御用ニ無之候得共、海防之儀ハ何方も同様ニ付、奉恐入候得共、此段奉申上候、尤交易御免被仰付候得ハ、一時ハ子細も無之、然時ハ諸州より通商相願候節如何可被仰付哉、至て御面倒之御事可至、且又御返翰之趣も御座候ニ付、今更御免被仰付候御事とハ不奉存候、然ハ如何様被仰付候共、黒船ニ対用致候軍船無之てハ必勝之道別ニ無之、只今通り之日本船ニてハ異船に勝候事無覚束、不残夷人の為ニ死亡可仕、右何れも討死仕候事厭可申次第ハ無之候得共、犬死同様ニ相成候てハ残念至極ニ御座候、右等之事、得と只今之内御評議可被為在御事奉存候、

(出典)「阿風説」、徳川林政史研究所蔵。

(1)ここまでが、老中阿部正弘が九州の対外警備を担当する福岡・佐賀・鹿児島三藩主に対し、米国艦隊来航情報をもたらした嘉永五年六月のオランダ別段風説書の抄出書を同年一一月に示した際の注意書である。来航情報は疑わしいこと、人心が動揺するため、この情報を世間に流布させてはならないこと、各自の担当警備を油断なく、しかし世間にそれと判るような仕方では無くおこなうこと、等のことに関し念を押している。(2)肥前守とは佐賀藩主鍋島直正を指す。福岡・佐賀両藩は長崎警備の役を幕府から課せられ、そのため江戸警備の性格をもつ参勤交代は百日間と短縮させられていた。(3)弘化元年七月、オランダ軍艦が来航、日本の開国を勧告するオランダ国王書翰を幕府に呈したが、翌弘化二年六月、幕府は開国勧告を拒絶する書翰を、日蘭間には国交がなく通商関係だけがあるとの理由で、国王宛ではなく、出島のオランダ商館長宛に送った。従って黒田斉溥は、今回も通商要求を幕府は許容しないだろう、と建白書中で推察するのである。(4)嘉永二年閏四月、英国軍艦マリナー号が浦賀に来航したこともあり、幕府は同年一二月、海防厳修令を全国に発している。(5)大坂より江戸に至る太平洋沿岸航路は、江戸に必需品を搬入する基本的な航路であり、この航路が杜絶することは、江戸にとって致命的な性格を有していた。

【解説】　老中首座阿部正弘は、通商を求めて米国艦隊が来日するとのオランダよりの報知に危惧し、福岡・佐賀・鹿児島三藩主に、別段風説書の要旨を示した。本史料は、それに対する福岡藩主の嘉永五年一二月付建白書である。彼は要求拒絶の場合、戦争となり、伊豆大島を占領されると江戸大坂間の航路が切断され、またいかなる海岸地帯も砲撃され、焼失する可能性がでてくること、かといって許容すれば諸外国が同様の要求をもって来航するのは必至となるだろう、その際はどうするのか、さらに現在のままでの海戦では日本に勝算は無く、「犬死同様」

の死に方となる、今の内に根本的な方針を幕府は樹てておくべきだ、と的確に指摘する。だが、来航情報は威しにすぎず、国内を動揺させてはならないとの幕府内の強い意見に押され、阿部はなんらの処置をもとらず、ペリー来航を迎えることとなる。なお本史料に関しては、岩下哲典「開国前夜の政局とペリー来航予告情報」(『日蘭学会会誌』一五巻二号所収)を参照されたい。

4 米国大統領親書 日本皇帝宛 一八五二年一一月一三日署名・嘉永六年六月九日幕府受領

余はペルリ提督に命じて、余が陛下と陛下の政府とに対して極めて懇切の情を抱き居ること、及び余が提督を遣したる目的は、合衆国と日本とが友交を結び、相互に商業的交通を結ばんことを陛下に提案せんがために他ならずと、陛下に確言せしめんとす。(中略)

余はペルリ提督に命じて、陛下に他の事を告げしむ。吾が船舶にして毎年カリフォルニアより支那に赴くもの多く、又吾が人民にして、日本沿岸に於て捕鯨に従事するもの甚だ多し。荒天の際には、吾が船舶中の一艘が貴国沿岸に於て難破することも屢ゝなり。かかる場合には悉く、吾等が他の船舶を送りてその財産及人民を運び去るまでは、吾が不幸なる人民を親切に遇し、その財産を保護せられんことを願ひ又期待するものなり。余はこのことを熱望するものなり。

余は又ペルリ提督に命じて、陛下に次のことを告げしむ。即ち余等は日本帝国内には、石炭及び食糧が豊富なることを聞知し居ることこれなり。吾が諸汽船が太洋を横ぎるに当りては多量の石炭を焚く。又それを遥にアメリカより持ち来るは便利ならず。願はくは吾が汽船及びその他の船舶が日本に停船して、石炭、食糧及び水の供給を受くることを許されよ。

(出典) 土屋喬雄・小野道雄編『ペルリ提督日本遠征記』第二冊、岩波文庫、一九四八年、二四〇―二四二ページ。

【解説】 旗艦サスケハンナ号、ミシシッピー号(以上蒸気船)、サラトガ号、プリマウス号(以上帆船)の四艦からなるペリー艦隊が浦賀沖に碇泊したのは一八五三年六月三日の夕刻であった。同艦隊は拒絶された際の拠点づくりと貯炭所設置のため、来日以前、琉球と小笠原諸島に既に寄港・調査していたのである。幕府は、艦隊が長崎に赴くよう説得したが、当然のこととしてペリーは聞く耳をもたなかった。四艦を戦時態勢においた彼は、親書は受取れないとの回答に対し、その場合には十分な武力を以て上陸し、親しく捧呈すると応酬し、幕府に圧力をかけるため、測量船を江戸湾奥深く進入させ、更に来訪期間中に結着しない場合には、来春もっと大きな艦隊を率いて再来すると威圧した。この結果、幕府は六月九日、大統領親書、ペリーへの信任状、日本皇帝宛ペリー提督書翰を久里浜で受領せざるを得なくなる。ここに示す大統領親書は、一八五二年一一月一三日付の米国大統領ミラード・フィルモア書翰であり、ペリー派遣の目的を、米日修好と自由貿易、石炭と食糧の供給、遭難米国民の保護であると、明白に述べていた。またペリー書翰では、「和約の儀御承知無御座候ハヾ、来年大軍船を取揃ひ、早速渡来可致候」と軍事的圧力が明記されていた。そして六月一二日、明春答書を受取るため再来することを約して浦賀を退去した。日本国内は騒然たる情況の中に残されることとなった。七月ロシア艦隊長崎来航が国内の雰囲気をさらに重苦しいものにする。

2　ペリー来航と国内の対応

5 松代藩士佐久間象山書翰　望月主水宛　嘉永六年六月六日

浦賀に着仕候刻限は夜四ツ半ばかりにて御座候ひき、かねて知る者に御座候故、小泉屋と申に止宿、先あるじを呼出し、昨日異船渡来の様子承候に、蒸気船の神速なる事言語に断えたる由に御座候、（中略）

是迄渡来の船と総て品替り候て、乗組居候者共も殊の外驕傲の体にて、是までは異船渡来の度ごと与力同心乗入見分する事旧例に候処、此度は同心与力の類身分軽きもの一切登る事を許さず、奉行に候はゞ登せ可申との事にて、其船の側へ参り候をも、手まねにて去らしめ候由、夫を強て近寄り候へば鉄砲を出し打放し候べき勢に御座候、（中略）夷人申候は、若此度国書受取らず候など申事に候はゞ、屹と乱妨致し候て引取可申と打出し申候よし（中略）、

いづれにも此度は容易に事済み申まじく被相考候、渠《かれ》の申に任せ願ひ筋御許容候義御座候はゞ、夫を例として其他の国よりも兵威を盛にして請ふ所可有之、夫をもく御許容御座候はゞ、本邦はやがて四分五裂可仕候、其事目前に有之事に候へば、よも此度御許容は有之まじく、去りとて軍艦を四艘も八艘も致用意、渡来の上、品次第は乱妨も致し候はんと打出し申程に候へば、御許容無之候はゞ唯は得帰り申間敷、畢竟此度様の事出来り候は、全く真の御武備無之、近年江戸近海新規御台場等御取立御座候へども、かねても申上候通、一つとして法に叶ひ、異船の防禦に聢《しか》と成候もの無之、事を弁へ候ものよりは一見して其伎倆の程を知られ候義に御座候故の事にも可有之、且大船も無之、砲道も極めて疎く候と見込候て仕候事と被存候へば、如何様の乱妨に及び候はんも難計、浦賀の地等の乱妨は如何程の事にても高の知れたる事に候へども、自然内海に乗入、御膝元へ一発も弾丸を放ち候事御座候はば大変申ばかりも無之候、

（出典）信濃教育会編『象山全集』第四巻、信濃毎日新聞社、一九三五年、一四九―一五三ページ。

【解説】佐久間象山（一八一一―六四）は松代藩士で著名な兵学者。吉田松陰も彼のもとで学んだことがある。ペリー浦賀来航の報を受け、四日直ちに発足、大森から船で金沢に赴こうとし

たが、強風のため陸路神奈川に至り、同所より船で浦賀近辺に着、深夜浦賀の旅宿にたどりついた。翌五日は、浦賀沖碇泊の四艦を偵察した上で、手筋を求め浦賀奉行所諸役人から詳細に事の経緯を聞出し、六日に同藩士望月主水に宛てしたためたのが、この書翰である。軍艦の迅速性、米軍側の強硬姿勢、軍事力をもっての威圧方針、幕府のジレンマ、そして従来の幕府の無為無策などが的確に指摘されている。象山はすぐ江戸に戻り、松代藩の軍議役に任ぜられた。この新事態に対処するには、直接アメリカを知るしかないと、翌年三月の吉田松陰密航計画を支援したため、幕府によって投獄され、六二年まで松代に蟄居させられることとなる。

6 蘭方医坪井信良書翰　家兄宛　嘉永六年六月一三日

凡二百五十余年来平世安全之御代ナルニ、近来折々浦賀表へ異国船渡来イタシ、毎時多少為騒《さわがせ》候義有之ニ付、御手当モ有之候様子之処、去年蘭船長崎表え到着之刻、又候《またぞろ》翌年為交易願《こうえきねがいのため》亜墨利加船指向可申旨注進仕候由、何カ事遅タルニ似タレ共、当三月之頃、伊豆之国韮山ニ於テ武芸殊ニ炮術ニテ有名之士江川太郎左衛門ト申旗本有之、浦賀台場等之御固メ万事此人ニ被仰付、依テ大炮数百挺且ツ諸入用トシテ数万金御下シニ相成、追々其用意可有之内、当六月三日暁天、異国船数艘渡来イタシ候ニ付、相糺候処、弘化三年同処ニ渡来スル北亜墨利加バシムン国ネウヨルグト申処之船大ナル者二艘、長サ五十間余幅二十八九間、人数凡ソ七八百、大炮七八十挺厳重ニ相備、又鉄張リ蒸気船二艘、是モ大炮四十挺余、外ニ「バッテイラ」ト申小船七八艘、是又鉄張リニテ都合十二三艘、小船ナドニ於テハ艫楲不相用候得共、進退迅速ニシテ転廻自在、実ニ奇トスベキ者ナリ、是迄トハチガヒ、江戸近ク侵入仕候ニ付、浦賀近辺ハ申ニ及バズ、都市抔之騒動大方ナラズ、評議紛々、タシカノ処ハ分リ兼候得共、矢張交易願ト申コトニテ、何分是迄右之願数度ニ及候へ共、御聞入無之故カ、此度ハ異人モ大ニ奮激致、其勢アタルベカラサル由ニテ、応接之者ト雖共、寄附不申候、漸ク相論シノリ込候処、既ニ先年江戸表え大略相達置候得共、尚此度国王之書翰護送致候ニ付、直ニ奉行え相渡申度旨申聞、組ノ者談合等一切引請不申候、尚類船数艘追々渡来可仕候間、暫時応対相断申度トテ、泰然自若トシテ罷在候旨御達ニ相成候由、最御国法ハ長崎ヲ以テ異国応対之所地ニ相定候へバ、他処ニ於テハ難ク被禁置候、依テ彼所え着船致、願之趣可申上旨申出候得[ママ]処、異人曰、此度国君之命令ニテ是迄数千里外、雑費ヲモ省ズ態《わざ》ト船仕立相願候コト数度ニ及候へ共、毎事空《むなし》ク帰帆仕候コト甚感激ニ堪ヘズ、依テ今般御国法ニ背キ候得共、江戸表え着船致、右之趣急度相達可申様厳重ニ申付候、

（出典）「異国船入港小記」、金沢市立図書館蔵（蒼龍館文庫）。

【解説】ペリー来航情報に関心をもったのは幕府・大名・武士

階級にとどまらなかった。当時の国民全体がその動向と幕府の対処を凝視していた。そしてニュースは江戸にいる者から全国各地の関係者にまたたく間に伝えられていった。ここに示す書翰は、当時江戸町中で開業していた蘭方医坪井信良（一八二五―一九〇四）が、兄で実家の産婦人科をついでいた越中高岡の佐渡養順に事態を詳細に報告した時のものである。艦隊の規模や海上行動の迅速さ、幕府に対する強硬姿勢、支援艦隊の更なる来着の可能性等、事態を相当正確に把握している。文中にいう「弘化三年同処ニ渡来」云々は、弘化三（一八四六）年閏五月に浦賀に来航した米国のビッドル艦隊を指すが、その際は軍事的圧力をかける方針を有しておらず、幕府の指示に従い引きあげたため、大きな混乱をおこさずにすんだ。書翰発信者の坪井信良は、慶応年間幕府奥医師、明治初年には静岡藩の駿府病院の責任者となった。日本で最初の人類学者坪井正五郎の父親である。

7 ペリー来航諷刺狂歌　嘉永六年六月直後（→図7）

毛唐人なそと茶にして上きせん(1)
　四はいばかりで寝つかれもせず
唐舟かくると江戸中からさわき
　見定めもせづ咄す鉄炮(2)
あめりかの米の願をもちにつき
　御備へ(3)計りたんと出来ます
細川(4)の水で入たる上きせん
　四はいくらいはたつた一トのみ
おあいたで(5)ねへというのかはじまつて
　よかつたねへは当時具足し[師]
じん羽をりそつといこくへあらひはり
　ほといて見れは浦がたいへん(6)
あめりかをあげればすぐにおろしやせん(7)
　はなすはなしはさてもながさき
なかき御代なまけたぶしのみなめさめ
　たしなみあるはここちよきかな

（出典）「あさぶくろ」所収摺物、東京大学史料編纂所蔵。

（1）ペリー率いる四艘の蒸気船と上等の茶の銘柄であった正喜撰の語呂合せ。（2）鉄砲には、ほら、大言の意味もある。（3）幕府の命をうけ、江戸湾各地域に諸大名が築いた防禦陣地や砲台をさす。（4）ペリー来航に対し在府の諸大名にも江戸湾各所の防備が命ぜられたが、その中でも、熊本細川藩の対応の迅速さと軍備の十分さが高い評判となった。（5）おあいだとは暇なこと、ペリー騒動で武具商い以外の諸商売が一挙に不振情況に陥ったことへの諷刺である。（6）米国艦隊が碇泊した浦賀沖の浦と陣羽織の裏をかけたもの。（7）六月の米国艦隊浦賀来航に続いて、七月にはロシア艦隊が長崎に入港し、日本の開国を要求したことをいう。西日本では長期碇泊のこともあり、ペリー以上に大問題となった。

【解説】　本史料は、原題が「当世流行どふ化狂歌」とつけられた木版の一枚摺からとったものである。ペリー来航に対しては、漢文・漢詩や百人一首のパロディー、野馬台詩とよばれた謎文

図7　ペリー来航諷刺狂歌

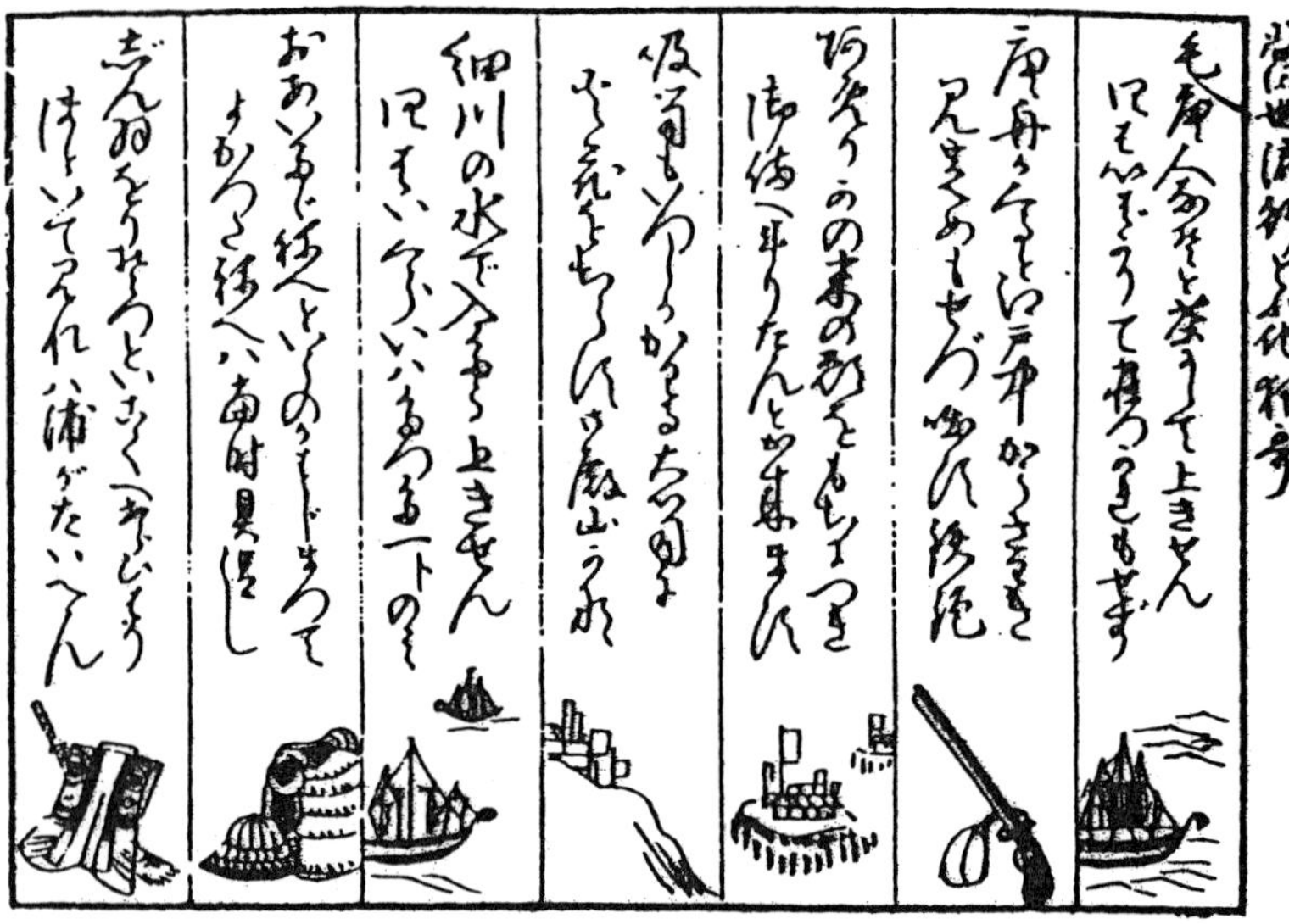

字、チョボクレ、苗売り、謡曲や大津絵節などの流行歌のつくりかえ、狂歌・川柳等々、日本人の有していたあらゆる種類の文芸形態をもっての鋭い政治諷刺が続出した。ここに示したほかにも、「武具馬具屋アメリカ様とそっと云」、「アメリカが来ても日本はつつがなし」とか「あべかわはきなこをやめてみそをつけ」といった秀句が多数つくられた。但し、作者の中には、武士身分のものが多くいたと思われ、単純に民衆的立場からのものと断定することは危険である。

8　日米和親条約　嘉永七年三月三日調印

第一ヶ条

一日本と合衆国とは、其人民永世不朽の和親を取結ひ、場所人柄の差別無之事、

第二ヶ条

一伊豆下田松前地箱館の両港は、日本政府ニ於て、亜墨利加船薪水食料石炭欠乏の品を、日本にて調候丈は給候為メ、渡来之儀差免《ゆる》し候、尤下田港は、約条書面調印之上即時にも相開き、箱館は、来年三月(1)より相始候事、

一給すへき品物直段《ねだん》書之儀は、日本役人より相渡し可申、右代料は、金銀銭を以て可相弁候事、

第三ヶ条

一合衆国の船日本海浜漂着之時扶助いたし、其漂民を下田又は箱館に護送し、本国の者受取可申、所持の品物も同様に

可致候、尤漂民諸雑費は、両国互に同様之事故、不及償候事、

第四ヶ条

一漂着或は渡来の人民取扱之儀は、他国同様緩優に有之、閉籠メ候儀致間敷、乍併正直の法度(2)には服従いたし候事、

第五ヶ条

一合衆国の漂民其他の者とも、当分下田箱館逗留中、長崎に於て、唐和蘭《オランダ》人同様閉籠メ窮屈の取扱無之、下田港内の小島周り凡七里の内は、勝手に徘徊いたし、箱館港之儀は、追て取極め候事、

第六ヶ条

一必用の品物其外可相叶事は、双方談判之上取極候事、

第七ヶ条

一合衆国の船右両港に渡来の時、金銀銭並品物を以て、入用の品相調ひ候を差免し候、尤日本政府の規定に相従可申、且合衆国の船より差出候品物を、日本人不好して差返候時は、受取可申候事、

第八ヶ条

一薪水食料石炭並欠乏の品を求る時ニは、其地の役人にて取扱すへし、私に取引すへからさる事、

第九ヶ条

一日本政府外国人え当節亜墨利加人え不差免候廉相免し候節は、亜墨利加人えも同様差免し可申、右に付談判猶予不致候事、

第十ヶ条

一合衆国の船若し難風に逢さる時は、下田箱館の港之外猥りに渡来不致候事、

第十一ヶ条

一両国政府に於て無拠儀(3)有之候模様ニより、合衆国官吏之もの下田に差置候儀も可有之、尤約定調印より十八ヶ月後ニ無之候ては不及其儀候事、

第十二ヶ条

一今般の約条相定候上は、両国の者堅く相守可申、尤合衆国主に於て、長公会大臣と評議一定之後、書を日本大君に致(4)し、此事今より後十八ヶ月を過き、君上許容之約条取替し候事、

（出典）　東京帝国大学文学部史料編纂掛編『大日本古文書　幕末外国関係文書之五』一九一四年、四五二―四五五ページ。

（1）蝦夷地は当時松前氏の私領だったので、幕府は翌年二月、居城付近を除き同地を収公し三月よりの箱館開港に備えた。（2）英文では just law とあり、日本の排他的な法律の否定を意味した。（3）無拠儀《よんどころなきぎ》という言葉は英文及び蘭文には存在していない。（4）西暦一八五五年二月、下田に来航した米国使節アダムスとの間で批准書を交換した。

【解説】　一八五四年一月一四日再来したペリーに対し、幕府は長崎で欠乏品の供給を開始し、開港は五年後との鎖国体制維持

の日本案を提示する。だがペリーは現地当局の束縛をきらって長崎を拒否、他の三港の即時開港と領事の駐劄を強く要求した。ペリーの圧力下、幕府は交渉の過程で下田、箱館の開港、薪水・食料・石炭その他の必需品の供給、漂流民の保護と来日米人の公正な取扱いを認める条約案を承認せざるを得なくなった。他方、ペリー側でも直ちに通商条約を締結するのは不可能と判断し、それへのステップとして第六条と第七条を設けさせた。また、日本の開国を知るや各国が来日して条約を締結するだろうことを念頭に、第九条で無条件的片務的な最恵国条款を明記させた。そして第一一条に規定された領事駐劄条項を利用して一八五六年七月下田に来航した米国総領事ハリスは、通商条約を幕府からかちとる大任を帯びていたのである。

9 百姓菅野八郎箱訴状　嘉永七年四月二日

霊夢之趣乍レ恐奉二箱訴一候

御代官藤方彦市郎様御支配所
奥州伊達郡金原田《かなはらだ》村
箱訴人百姓　八郎

右八郎奉二申上一候は、私家代々申伝へ有レ之候趣意、乍レ恐左に奉二申上一候。

一　東照太神君御座《ゴザマシマス》在故に、天下泰平に治り、万民豊楽《ほうらく》之御代に生れ居ながら、信心不レ為《セズンバ》者不レ可《アルベカラズ》レ有。其信心《しんじん》之仕方と申は、第一親に孝を尽し、主人有《ある》身は忠を尽し、家業を出精して、御年貢諸役を無レ恙《つつがなく》相勤め、仮初《かりそめ》にも人を偽り諂《へつら》ふ事をせず、理非《りひ》善悪を能弁《よくわきま》へ、弱《ヨハキ》を助《タス》け強《ツヨ》きを制《セイ》すの旨を含《ふく》み、少したり共《とも》曲心《キヨクシン》を出さず、正直を□として、義と信の二つには一命も不レ可レ惜《ム》。譬《タトヘ》其身は泥中《デイチウ》に□とゐへ共《ども》、其一身猶泥《ドロ》に不レ染《そまず》、唯寝《タヾネ》ても起《ヲキ》ても泰平之御代　東照太神君之尊《と》ふとき事を不レ忘《わすれず》して、荒したる田畑を開発し、一粒なり共《とも》実のりを取あげ、世の中の宝とせよ。是実《これまこと》の信心にして、少しは　神恩を　奉レ報《むくいたてまつる》端共《はしとも》ならん歟《か》。

右之趣、信心怠る事なかれと、先祖より申伝へ候に付、信心罷有《まかりあり》候処、当正月二日、同五日、同九日しめて三夜、白髪之老翁、忽然《こつぜん》と顕れ曰様《ノタマウよう》、「如何《いか》に汝卑《ひ》賤匹夫《せんひっぷ》なり迚《とて》、長く国恩を乍レ頂《いただきながら》、此節安楽之体《てい》何事成哉《なるか》」と怒りの御声に、はつと平伏して、其由を奉レ問《ニ》、老翁の曰《いわく》、「近くは三ヶ月歟《か》三ヶ年、遠くは三拾ヶ年歟《か》三百年之間に、異国之夷《エビス》、予《ヨ》が国を犯《おかさ》んとす。是を防《ふせぐ》に必定《ひつじょう》勝利之備《そなえ》有り、其術左に曰、

此処へ本書には防方十ヶ条并に図書有レ之候得共《えども》、密事之御告げに候へば、此書に不レ顕《あらわさず》候。

右之趣、名将良将之聞へ有《ある》御殿様え奉二申上一候はゞ、天下泰平、(万)民豊楽之基《もとい》となり、御国恩報之端共《はしとも》ならん」と被二仰聞一候(中略)(何《なに》)卒《とぞ》　御公儀様、格別之御慈悲を以《もって》、右之段御聞済被二成下置《[なしくだしおかれ]》一、日本国中下民に至る迄、弥増《いやましに》　東照太神君之尊き事を相弁へ、益《ますます》信心仕《つかまつり》候様、乍レ恐《おそれながら》　御賢

慮之程奉ニ願上一候。衆人敬ふを以《もって》、神之御威光奉レ増と及レ承《うけたまわりおよび》候故に、東照太神君之御威光奉レ増におゐては、永く天下泰平、万民豊楽、疑なしと奉ニ愚考一候。依レ之、右願《ねがい》之通り御賢慮被ニ成下置一候はゞ、重々難レ有仕合《ありがたきしあわせ》に奉レ存候。已上。

（出典）庄司吉之助・林基・安丸良夫校注『民衆運動の思想　日本思想大系58』岩波書店、一九七〇年、九二―九四ページ。

【解説】ペリー来航は、日本の対外的あり方を、支配階級である武士身分以外の民衆にも深く考えさせ、政治的に行動させる契機を創り出した。ここに示す奥州伊達郡金原田村の石高二〇石の精農菅野八郎（一八一〇―八八）はその一例である。ペリー再来への憂慮から、一八五四年一月、三度の霊夢を見た八郎は、神奈川沖再航の報を得て同月下旬出府、江戸の大混乱とペリー艦隊をまのあたりにする。二月二〇日老中阿部正弘の行列に駕籠訴をおこなった八郎は、勘定奉行の指図により、四月二日、評定所門前の目安箱に箱訴した。ここに引用した史料は、五月、八郎が帰郷してからの回想記からとったものなので、具体的な海防策十カ条は残念ながら不詳だが、彼の他の記述から推測するに、中国を師匠としアメリカを逆賊とする対外強硬策であったと考えられる。八郎は、一八五九年には安政大獄にかかわって八丈島に遠島となり、六六年六月には奥州伊達信夫両郡における世直し大一揆の指導者的存在とみなされる人物となった。対外的には先鋭な危機意識にあふれ、国内的には政治腐敗と商業高利貸資本への激しい政治批判意識を有するという、当時全国的に存在した農民や在村知識人の典型がここにみられるのである。

3　開港と条約勅許問題

10　ハリス演説書　安政四年一〇月二六日

一西洋各国ニては、世界中一族ニ相成候様いたし度心得ニ有之、右は蒸気船相用候故ニ御座候、

一右故遮《［さえぎっ］》て外と交を不結国は、世界一統いたし候ニ差障候間、取除候心得ニ御坐候、

一何れ之政府ニても、一統いたし候義を拒み候権は有之間敷、右一統いたし候に付、二ツ之願御座候、

一其一は、使節同様之事務宰相ミニストル一名アゲントを、都下え置附候様致し度義ニ有之候、

一一方之願は、国々之もの勝手ニ商売いたし候義相成候様いたし度候、（中略）

一合衆国政府之別府として罷越候、船も筒も無之私と、条約御取結相成候はゝ、御国之誉を落し候儀は有之間敷奉存候、

一壱人と条約御結被成候と、品川沖え五十艘之軍船引連参候ものと条約被成候とは、格別之相違ニ御座候、（中略）

一私儀、日本え渡来いたし候節、於香港、英吉利之惣督ション、ボウリングニ面会いたし候処、日本え之使節被申付候

由、内々話聞候、其後御国ニ参り候てより、書翰四通差越申候、

一勿論右面会は、私ニ出会候儀ニ御座候、右差越候書翰中、日本政府え係り候事認有之候、

一右之内、日本え渡来之節は、日本人之是迄不及見程之軍船を率ひ、江戸表え罷出、御談判仕候心得之由ニ御座候、

一江戸より外ニ可罷越処無之よし申越候、

一右願之一は、ミニストル、アゲント之官人を、都府ニ留置候儀、第二は、日本数ヶ所え、英船参、自国之品を賖《うり》候通勝手次第ニ、日本之品物を買調候様いたし度心願ニ有之、若右之願成就不致候はゝ、直ニ干戈ニ及ひ候心組之よし、尤唐国之争戦ニて、渡来いたし候期遅延いたし候よし申越候、

一最前同人之見込ニては、当三月、江戸ニ参り候筈ニ有之候、全唐国之戦争故、延引およひ候事と奉存候、

一仏蘭西《フランス》も、同様ニ付、参り候節は、一同ニ可罷越候、

一当時之処ニては、最前より船数相殖候事ニ可有之候、

一終り之書翰ニ申越候趣ニては、蒸気船計五拾艘余ニ可致よしニ候、

一余事ニは無之、唐国之戦争故、遅延ニ及ひ候事ニ候、左も無之候はゝ、疾ニ参り候事ニ可有之候、

一唐国戦争相止み候はゝ、直様参候段、聊相違無之候、

（出典）東京帝国大学文学部史料編纂掛編『大日本古文書　幕末外国関係文書之十八』一九二五年、一〇七―一一三ページ。

【解説】　一八五六年七月、下田に着任した米国総領事ハリスは、条約改訂の全権をも委ねられており、自由貿易、公使の江戸駐劄、開港場の増加を実現させるため、まず自分の江戸出府を認めさせる交渉に全力を傾けた。五七年六月の老中阿部正弘死去は、閉された扉を開かせることとなり、同年一〇月一四日、江戸に到着、二一日、将軍家定に謁見してピアス大統領の親書を上呈、そして二六日、老中首座堀田正睦邸において、中国で進行している第二次アヘン戦争をふまえて世界の大勢を論じ、通商の急務を力説する。ここに示す演説書はその際のものである。ハリスの日記（岩波文庫）によれば、「諸外国は強力な艦隊を日本に派遣し、通商を要求するだろう。日本は屈服か戦争を選ばねばならない。譲歩をするなら適当な時期にする必要がある。平和の外交使節に対して拒否したものを艦隊に対して屈服的に譲歩することは、日本の全国民の眼前に政府の威信を失墜し、その力を弱めることになる」と演説を展開した、とある。この圧力のもと、一二月一一日からハリスと目付岩瀬忠震、下田奉行井上清直との間で日米条約談判が開始されるが、幕府は独断で条約を決定する自信がなく、孝明天皇から条約の勅許を得るため、老中首座堀田自身が翌年一月二一日、京都に向け江戸を出発するのであった。

11 福井藩士橋本左内書翰　村田氏寿宛　安政四年一一月二八日

依レ之交易ミニストル指置之二ヶ条相許、其中交易は矢張官府交易ニ致度候間、勝手交易は相断申度候事」阿片並借地之事は断り、港は堺・神奈川・箱館・長崎之四個所位ニ極置申度事」何分亜を一ヶ之東藩ト見、西洋を我所属と思ひ、魯を兄弟唇歯となし、近国を掠略する事、緊要第一と奉レ存候」偖右様大変革相始候ニ就ては、内地之御処置、此迄之旧套ニては不ニ相済一、第一建儲、第二我公・水老公・薩公位を国内事務宰相の専権にして、肥前公を外国事務宰相の専権にし、夫に川路・永井・岩瀬位を指添、其外天下有名達識之士を、御儒者と申名目ニて、陪臣処士ニ不レ拘撰挙致し、此も右専権之宰相ニ派別ニ致し附置、尾張・因州を京師之守護ニ、其指添ニ彦根・戸田位、蝦夷へは伊達遠州・土州侯位相遣し、其外小名有志之向を挙用候はは、今之勢ニても随分一芝居出来候半歟ト奉レ存候。其上魯西亜《ロシア》・亜墨利加《アメリカ》より、諸芸術之師範役五十人計借受、諸国ニ学術稽古所相起、物産之道を手広に始め、内地之乞児・雲介之類ニ頭を立、相応之賄遣し蝦夷へ遣し、山海之営為レ致、往来は重に海路より致し候はは、蝦夷も忽開墾可ニ相成一、航海術も直ニ可レ熟奉レ存候。

（出典）滋賀貞編『橋本景岳全集』上巻、岩波書店、一九三九年、五五四ページ。

【解説】ハリスの要請に応じ、貿易を認め、各国の公使を江戸に駐劄させることにするとすれば、新たな国内体制の形成が不可避となってくる。子のない一三代将軍徳川家定の継嗣を、その能力故に一橋慶喜とするのか、その血統の近き故に幼い紀州藩主徳川慶福とするのかという将軍継嗣問題に象徴された幕府・諸大名内の対立は、正にこのことをめぐって激しく争われたのである。

　有志大名の代表者である福井藩主松平慶永の腹心橋本左内（一八三四―五九）は、この改革構想を誰よりも明示的な形で提示しえた人物であった。ここに示す同藩士村田氏寿宛書翰がそれである。彼は、対英警戒論の立場から米露との提携を説き、内政改革としては慶喜の継嗣化と、譜代中小藩藩主からなる老中制度にかえて、親藩・外様大名も含みこんだ有志大名を政権のトップに据え、その下に有能な幕臣と全国からの優れた陪臣・処士を登庸するというラディカルな構想を仕立て、京都をふくめ関係各方面に精力的に入説するのであった。だが井伊直弼の大老就任によって、改革構想は破綻し、安政六年一〇月七日、安政大獄に連座して斬罪に処せられた。

12 萩藩士吉田松陰書翰　月性宛　安政五年一月一九日

拙者は近来は丸に慷慨は打止《や》め、時務も論ぜず、上人(1)の不興を蒙り候程に有レ之候処、此節の衷情(2)にては中々黙々難レ仕、今は死生も毀誉も不レ拘、一向に皇国君家へ一身差上申候。而して道太・松如(3)不同心にては僕は孤立狗死《いぬじに》に相違無レ之、夫も不レ恨候へ共、吾死せば本藩は悉く淪胥《りんしょ》(4)と覚候。仍レ是《これにより》来原生至極慕わしく存候処、来原の書中には委曲無レ之候へ共、墨夷に吾国を開いて貰ふを愉快とするに似たり。此所吾師象山甚活眼あり。大意、吾国より人を開くは妙、左候へば通信通市も心の儘なり、人に開かれ涙出《デ》妻《めあはス》レ呉《ニ》分にて迚も国は持こたへ得ざるとなり。僕服二其説一。又此内の伊娑菩喩言《イソップゆげん》(7)得《とく》と見候へば一々今日の夷情尽せり。いかんせん。左候へば僕が一身は不レ足レ申候へ共、神国も吾藩も今日限りに相成申候。上人何卒金革(8)の事は去喪(9)の義も有レ之事に候間、早速御決策御出府は出来申間布哉。左候はゞ天下の大計一夕の話に決度奉レ存候。若《もし》上人御憐愍無レ之候得ば、僕誠に可レ耻の至に候得共、徒然の死を遂げ、天下の士に憫笑《びんせう》せらるゝなり。悲夫《かなしいかな》。慷慨極り語《ニ》無《ク》二倫次《りんじ》(10)一候。御推読御垂察奉レ頼候。(11)応接書二巻差出申候。ミニストルを江都におき、万国の通商、政府に不レ拘勝手に出来候へば、神州も実に是きりに御座候。何とも一措置なくて相済可レ申哉。幾重に思かへ候ても、此時大和魂を発せねば最早《もはや》時は無レ之様覚申候。

(出典)　吉田常吉・藤田省三・西田太一郎校注『吉田松陰　日本思想大系54』岩波書店、一九七八年、二二二－二二三ページ。

(1)上人とは書翰の宛先の周防国遠崎一向宗妙円寺の僧侶月性(一八一七－五八)を指す。松陰と親交を結んでいた。(2)ハリスの出府と条約交渉を指す。(3)中村道太郎と土屋松如(通称矢之介)は松陰と親密に交っていた萩藩士。(4)ともどもに滅びること。(5)来原《くるはら》良蔵のこと。松陰と親交をもつ萩藩士。(6)『孟子』離婁上にある故事。斉の景公が強国呉の侵略を避けるため、涙を流して娘を呉にとつがせたことをいう。(7)一八四〇年漢訳されたイソップ寓話『意拾喩言』をいう。(8)戦争をいう。(9)月性は前年末に母を失っていた。(10)順序。(11)ハリス幕府間の日米通商条約交渉に関する記録書。

【解説】　吉田松陰(一八三〇－五九)は、ペリー来航から日米通商条約締結にいたる幕末の激動期を、主体性をもって如何に生きぬくかを模索した武士層の典型である。安政元年三月の海外への密航計画が破れ、翌月江戸伝馬町獄舎に投獄、本国に送還されて同年一〇月萩の野山獄に入れられ、翌安政二年一二月免獄、実家の杉家に禁錮処分となり、安政四年一一月、松下村塾を主宰することとなる。有志大名の腹心として幕臣等と親密な交流をもつことのできた橋本左内と全く立場が異なったため、幕政改革の具体的構想を立てることができなかった彼は、朝廷を国家権力の根軸とした対外強硬策を主唱する。史料中の「吾国より人を開くは妙……人に開かれ涙出妻呉《なみだいでこにめあはす》分にて迚も国は持こたへ得」ずの一句は、攘夷論と一般にいわれているもののエートスをみごとに言いあらわしている。受動的な開国は国家を死に至らすとする危機意識は、高杉晋作や久坂玄瑞等の村塾の若き門弟に向かっては、如何にして国家の主体性を創出することが出来るのかの鋭い問いかけとなるのであった。幕府によって京都手入れの主謀者の一人とみなされ、安政六年五月江戸に送られ、間部暗殺計画を正直に供述したため、同年一〇月二七日、斬罪に処せられた。

13 彦根藩主井伊直弼書翰　長野主膳宛　安政五年二月二六日

我等見込と申は兼々咄置候通り、赤坂(1)より外ニは致方も無之、此節柄ニ付、明君ヲ立可申と下より上ヲ撰み候は全く唐風之申もの、況ヤ我身之為ニ勝手ケ間敷御撰出可申訳曾て無之事、不忠之至りニ候、右は堀田ニも初より同意之義、然ル処今時小石川之一党(2)・御役人ニも歴々昏々人気集まり候節ニは、是又失望致し人気散し候ても一大事、如何可有哉と堀田申聞候間、我等申候ニは、明君ヲ撰み出候からは、直ニ御代ニ不致ては其詮も無キ事、是眼前之義、然ル時は乍恐
公方様ニは大御所様と申訳ニ相成可申、右様之義出来候ては、累代御厚恩之者共彼ヲ失望候より人気立可申、是は誠ニ目前之義より御大事ニ無之哉と申候処、堀田ニも至極尤之義、何レニも下より上ヲ撰み候と申事、何国迄も道ならぬ事、兎角ニ此比之人気合、又御続キ柄はケ様〳〵と申事言上ニ及、上之御英断ヲ伺候より外は無之、其上思召之処何国迄も貫通いたし候様心配いたし候より外は無之、未た老中一同厚談も無之、近日是非相談之上言上ニ可及と申事ニ付、（中略）正月十六日　御前ニて御養君之義不遠取極ニ相成可然段言上ニ及候処、上意ニは此一義兼て深く心配致居、可申出とも存候所、今日迄其義ニ不及、右は彼是申立候者共有之候とも、一橋ニては決て不相成義、御先々代様御続(3)も御近之紀家と兼て御心ニ御取極被置候由、（中略）猶又土岐丹波守・鵜殿民部少(4)等正月八日比御前へ被召出、アメリカノ一義御直ニ御尋之砌、右両人御養君之義御進メ申上候由、御目代とは申せと事柄ニも依り候所、彼等之身分として御直々右御大事ヲ己か勝手ニ宜敷様御進メ申上候と申は、以之外《もってのほか》成事と風聞も有之、右之人物如何ニも右様之義申出候も難計、如何哉と存居候処、此節御側衆(5)之内ニて右両人御前へ出候節、自然右辺之義申上不申哉之段相伺候処、上意ニ如何にもアメリカノ事済て養子之義申聞候得共、聊も取合不申との御沙汰之由、誰々とても気ニ不入事なと申セは先は黙止難キものニ候所、御心ニ御納メ被遊、御伺申上候迄は御沙汰も無之と申も、中〳〵世上ニて恐多キ事申上候様成訳ニては決て無之(6)、感服仕候義ニ御坐候、何と成《ナク》右両人ニも　思召ニ不叶と申事ひゝき候事哉、元来軽卒人(7)之事ニ付、気味悪敷思ひ居候と申咄も有之候、猶又越前(8)ニは是非〳〵一印ニ致度と種々骨折、田安殿抔へも申込、毎々ノ催促ニて御困りと申風聞も有之候、

（出典）東京大学史料編纂所編『大日本維新史料　類纂之部　井伊家史料』第五巻、東京大学出版会、一九六七年、四六七―四六九ページ。

(1)和歌山藩上屋敷所在地、藩主徳川慶福を指す。(2)水戸藩上屋敷所在地、前藩主徳川斉昭を指す。老中堀田正睦は、斉昭派になっている多くの幕臣が慶福の将軍継嗣化に失望するのを危惧している。直弼は血統論から慶福を強く押す。(3)御先々代様とは第一一代将軍家斉のこと。第一三代将軍家定と慶福はいとこの間柄。(4)土岐は大目付、

鵜殿は目付、将軍の目代《もくだい》の役目である。（5）側衆とは将軍に近侍して諸用を達する役職。将軍の信頼を得、機密に接することが多い。（6）直弼は、家定の能力を疑う世評をここで否定しているのである。（7）福井藩主松平慶永。（8）田安家家主徳川慶頼。

【解説】譜代藩筆頭の彦根藩主井伊直弼は、条約勅許奏請のための老中堀田正睦自らの上京と将軍継嗣問題の成行き（福井藩主松平慶永と鹿児島藩主島津斉彬が家臣を派遣して一橋慶喜の将軍継嗣化にむけ工作していた）に危惧をいだき、腹臣の長野主膳（一八一五―六二）を上京させ、関白九条尚忠に働きかけさせた。この書翰は、在京の長野に継嗣問題の内情を極秘に報じたものである。将軍家定自身が、はっきりと慶福を継嗣に決めており、条約勅許不可の経緯と朝廷の内情を、帰府（四月二〇日）した堀田が家定に言上（四月二一日）した直後の二三日、事態の重大さに危機感をつのらせた家定は、直接直弼を大老に任命、局面突破を図るのであった。

14 朝廷御沙汰書　安政五年三月二〇日

墨夷之事、
神州之大患、国家之安危ニ係リ、誠不容易、奉始
神宮、御代々へ被為　対、恐多被思召、
東照宮已来之良法ヲ変革之儀ハ、闔国《こうこく》人心之帰向ニモ相拘リ、
永世安全難量、深被悩
叡慮候、尤往年下田開港之条約(1)、不容易之上、今度仮条約(2)之
趣ニテハ、
御国威難立被
思召候、且諸臣群議ニモ、今度之条々、殊ニ
御国体ニ拘リ、後患難測之由言上候、猶三家以下諸大名ヘモ、
被下
台命、再応衆議之上、可有言上被　仰出候事、

（出典）維新史料編纂会編『大日本維新史料』第三編ノ三、明治書院、一九三九年、七八八ページ。

（1）日米和親条約のこと。（2）幕府とハリスとの間で仕上げた日米修好通商条約案のこと。

【解説】ハリスとの交渉に当った目付の岩瀬忠震は、通商条約が日本の将来を変える極めて重大な条約であることを的確に認識し、勘定奉行で開明派の川路聖謨とともに、条約勅許を獲得しなければならないことを力説した。この結果、安政五年一月二一日、老中首座堀田正睦は岩瀬と川路をブレインとして上京、朝廷と公家への説得に当るのであった。世界の大勢は説くけれども、なんらの内政改革案の提示もなく、また京都と伊勢神宮の防禦問題を考えていない幕府に、朝廷側は、孝明天皇を先頭として、強い不信感をいだいた。ハリス一人のために、ここまで譲歩を強いられるとすれば、強力な軍事力の圧力を受けたら、どこまで幕府は後退するのかとの疑念は彼等の共有するものであった。この結果、二月二三日、諸大名の赤心を糺せ、との実質的な拒否の勅答が出された。堀田は人心の折合は関東で請負うことを約束、一時は幕府に委任との動きも出てきた。しかしながら、八八名の公家の示威行動により、結局、三月二〇日、

条約は勅許せず、との御沙汰書が下った。さらに二二日には、内勅を以て、「政務御扶助」のため将軍継嗣を定めるべし、との天皇の意思が示されたのである。予想外の朝廷の強硬姿勢に驚いた堀田・岩瀬・川路等は、慶喜の継嗣化と幕政改革が国内の統合のために不可欠だとの認識をかためることとなった。

15　日米修好通商条約　安政五年六月一九日調印

第一条

向後日本大君と、亜墨利加《アメリカ》合衆国と、世々親睦なるへし、

日本政府は、華盛頓《ワシントン》に居留する政事に預る役人を任し、又合衆国の各港の内に居留する諸取締の役人、及ひ貿易を処置する役人を任すへし、其政事に預る役人及ひ頭立たる取締之役人は、合衆国に到着の日より、其国の部内を旅行すへし、

合衆国の大統領は、江戸に居留するチフロマチーキ、アケント(1)を任し、又此約書に載る、亜墨利加人民貿易のために開きたる、日本の各港の内に居留するコンシユル(2)又はコンシユライル、アケント(3)等を任すへし、其日本に居留するチフロマチーキ、アケント幷にコンシユル、セネラール(4)は、職務を行ふ時より、日本国の部内を旅行する免許あるへし、(中略)

第三条

下田箱館港の外、次にいふ所の場所を、左之期限より開くへし、

神奈川　午三月より凡十五ヶ月の後より、西洋紀元千八百五十九年七月四日、
長崎　同断、同断
新潟　同断、凡二十ヶ月の後より、千八百六十年一月一日、
兵庫　同断、凡五十六ヶ月の後より、千八百六十三年一月一日、

若し新潟港を開き難き事あらは、其代りとして、同所前後に於て、一港を別に撰ふへし、

神奈川港を開く後六ヶ月にして、下田港は鎖すへし、此ヶ条の内に載たる各地は、亜墨利加人に居留を許すへし、居留の者は、一箇の地を、価を出して借り、又其所に建物あれは、是を買ふ事妨なく、且住宅倉庫を建る事をも許すへしといへとも、是を建るに託して、要害の場所を取建る事は、決して成《なさ》さるへし、此掟を堅くせんために、其建物を新築改造修補なとする事あらん時には、日本役人是を見分する事当然たるへし、

亜墨利加人建物のために借り得る一箇の場所幷に港々の定則は、各港の役人と、亜墨利加コンシユルと議定すへし、若議定しかたき時は、其事件を、日本政府と亜墨利加チフロマチーキ、アケントに示して、処置せしむへし、其居留場の周囲に、門墻を設けす、出入自在にすへし、

江戸　午三月より凡四十四ヶ月の後より、千八百六十二年一月一日、
大坂　同断、凡五十六ヶ月の後より、千八百六十三年一月一日、

右二ヶ所は、亜墨利加人、唯商売を為す間にのみ、逗留する

事を得へし、此両所の町に於て、亜墨利加人建家を価を以て借るへき相当なる一区の場所、并に散歩すへき規定は、追て日本役人と亜墨利加のチフロマチーキ、アケントと談判すへし、

双方の国人品物を売買する事、総て障りなく、其払方等に付ては、日本役人これに立合はす、諸日本人亜墨利加人より得たる品を売買し、或は所持する、倶に妨なし、（中略）

第四条

総て国地に輸入輸出の品々、別冊の通、日本役所へ、運上を納むへし、（中略）

第六条

日本人に対し、法を犯せる亜墨利加人は、亜墨利加コンシユル裁断所にて吟味の上、亜墨利加の法度を以て罰すへし、亜墨利加人へ対し、法を犯したる日本人は、日本役人糺の上、日本の法度を以て罰すへし、日本奉行所亜墨利加コンシユル裁断所は、双方商人逋債(5)等の事をも、公けに取扱ふへし、

都《すべ》て条約中の規定、并に別冊に記せる所の法則を犯すに於ては、コンシユルへ申達し、取上品并に過料は、日本役人へ渡すへし、

両国の役人は、双方商民取引の事に付て、差構ふ事なし、

第七条

日本開港の場所に於て、亜墨利加人遊歩の規程、左の如し、

神奈川　六郷川筋を限とし、其他は、各方へ凡十里、

箱館　各方へ凡十里

兵庫　京都を距る事十里の地へは、亜墨利加人立入さる筈に付、其方角を除き、各方へ十里、且兵庫に来る船々の乗組人は、猪名川より海湾迄の川筋を越へからす、

都て里数は、各港の奉行所又は御用所より、陸路の程度なり、一里は、亜墨利加の四千二百七十五ヤールト、日本の凡三十三町四十八間一尺二寸五分に当る、

長崎　其周囲にある御料所を限とす、

新潟は、治定の上、境界を定むへし、（中略）

第十二条

安政元年寅三月三日、即千八百五十四年三月三十一日、神奈川に於て取替したる条約の中、此条々に齟齬せる廉は、取用ゐす、同四年巳五月廿六日、即千八百五十七年六月十七日、下田に於て取替したる約書は、此条約中に悉せるに依りて取捨へし、（中略）

第十四条

右条約の趣は、来る未年六月　日即千八百五十九年七月四日より執行ふへし、此日限或は其以前にても、都合次第に、日本政府より使節を以て、亜墨利加華盛頓府に於て、本書を取替すへし、もし無余儀子細ありて、此期限中本書取替し済すとも、条約之趣は、此期限より執行ふへし、

（出典）東京帝国大学文学部史料編纂掛編『大日本古文書　幕末外国

関係文書之二十』一九三〇年、四七五—四八四ページ。
(1)外交官の蘭語名。(2)領事の蘭語名。(3)代理領事の蘭語名。
(4)総領事の蘭語名。(5)債務不履行。

【解説】 条約勅許を得ることができなかった老中堀田正睦は、帰府後の四月二四日、約束していた条約調印期日の延期をハリスに申入れ、七月二七日まで延期することとなった。しかし、事態を動かしたのは、またしても外圧であった。一八五六年末から開始した英仏連合軍と清国との間の第二次アヘン戦争は、連合軍の圧勝のもとに結着し、五月一六日(西暦一八五八年六月二六日)清英間に、翌日清仏間に天津条約が締結された。六月一三日、下田港に入津したミシシッピー号は、同地に滞在していたハリスの許に、連合軍が圧勝して条約が結ばれ、英仏連合艦隊はその勢いを駆って来日する、ロシア艦隊も来日する、との情報をもたらした。五六年七月下田渡来以降の自分の努力が水泡に帰すことを恐れたハリスは、一五日入港したポーハタン号に急遽搭乗、一七日神奈川沖に来航して幕府に事態を告げ、危難の到来する前に公正で妥当な条約を締結し、諸大国をこれに倣わせた方が賢明であると説得した。この結果、ポーハタン号において日米条約が調印された。日本側の代表は、ハリスとの条約交渉にたずさわった岩瀬忠震と井上清直の二人である。本条約は第一条で、外交代表の江戸駐劄と開港場への領事駐在を、第三条で、神奈川・箱館・長崎・新潟・兵庫の開港、江戸・大坂の開市及び居留地の設定と自由貿易を、第四条で協定税率(自主的に関税を課せられない)を、第六条で領事裁判権・治外法権を認めたものである。また第一二条により、日米和親条約中の最恵国条款はそのまま引きつがれることとなった。第一四条において批准書交換はワシントンでおこなうことが定められ、この規定に従って、一八六〇年遣米使節が派遣され、また咸臨丸が太平洋横断航海をなしとげることとなるのである。

4　安政の大獄に向けて

16　無勅許調印諷刺ちょぼくれ　安政五年六月頃

ちょぼくれ

やれ〳〵今度の調印(1)きひてくやしい、六月中には合衆国から二艘の蒸気が、下田の湊へ着とすぐさま、官吏(2)が飛乗り、度々のつたで勝手はしつたる江戸の近海、小柴(3)へのり込、おどしているうち、オロシヤの渡来に時を得たりと、官吏がいふにはエギリス、フランス、支那に打勝、数百の軍艦勢ひ強大、今に渡来し、願書を差出しお聞でなければすぐさま戦争、左様になつては御為におわるい、わつちにまかして調印なさつて御渡なされば、わるくはしなひとおどして、すかしてだましにのせられ、馬鹿の役人元よりこわがるエギリス、フランス、軍《いくさ》になつてはいかぬと、佐倉(4)と上田が諸人をだしぬき、二人(5)に言付調印したのを渡した上にて、廿二日外様に御普代残らず御城へ揃つた上にて、渡した書付(6)サマヲみやれ、天下の政事が是で立かへ、御養子様さへ天下こぞつて望だお方をよそになしおき、御血筋近ひのなんとかのとて、おちいさいのを直した(7)心はにくひじやねいかい、常の時ならどうでもいゝわな、こんな時には子供じやいけねい、御発明でも十二や十三(8)、諸人の信仰大将軍にはとてもたゝねい、こんなことなら急にきめても何にもならない、国のおためや君の御為をおもふ御人はひとりもねいかい、ものけつらでは政事は出来ぬぞ、オラガやうなるいやしいものでも、今度の調印くやしくおもふに、慶長このかた大禄領して妻子を安楽衣食にことたり、十分おごつて安く暮した御恩を思へば、国の御ためや君の御為に死る命はなんでもないのに、夫を惜て異人にへつらい、機嫌とり〱調印するのは不忠であらふか、不届だろふか、今と成ては応接役人首を切てもおつくものかへ、彦根懸川(9)しつかりしねいといかねい所だ、わるくやつたら恐多くも違勅になるぞへ、謀反に成ぞへ、なぜに御隠居(10)だまつておひでだ、日本国中おまへ一人を力とおもへば、早く出かけて手際の所望をたのみますぞい〱〱〱ホ、ヤレ〱〱

（出典）　桜木章『側面観幕末史』上巻、啓成社、一九〇五年／東京大学出版会復刻、一九八二年、二六七―二六九ページ。

（1）六月一九日の日米条約調印を指す。（2）現在の横浜市金沢区の沖合。（3）実際には、プチャーチンの来航は六月二〇日のこと。（4）佐倉藩主の堀田正睦と上田藩主の松平忠固。共に老中。（5）井上清直と岩瀬忠震を指す。（6）六月二二日、幕府は登城した諸大名に条約調印の事実を告げた。（7）直すとは正しい位地にすえること。徳川慶福を将軍継嗣とする旨が公表されたのは六月二五日のこと。（8）慶福は一八四六年閏五月の生れ。（9）彦根藩主で大老の井伊直弼と掛川の前藩主で六月二三日老中に任命された太田道醇を指す。（10）水戸前藩主徳川斉昭のこと。

【解説】　六月一九日の条約調印に対する批判はさまざまな形であらわれたが、ここに示すものはその一例で、当時の諸史料によく写されているものである。調印の背景がよくとらえられており、また三月二〇日の御沙汰書との間の矛盾が違勅と意識されている。作られたのは調印直後と考えられ、斉昭と直弼とのぬきさしならない対立がまだ理解されていない時期のものである。

17 日英修好通商条約への新聞論評　一八五八年九月四日

通商取決めは、これ以上はないと言えるほど気前のよい規模のものだ。数種の禁制品を除き、すべての輸出品に対して五%の関税がかけられる。輸入品に対する課税は二〇%だ。しかしトン税その他の税金はないので、これは法外なものとは思われない。この全般的規定の例外として、輸入税わずか五%の品目リストがある。われわれが入手した情報によると、エルギン卿が獲得した最も重要な譲歩の一つは、綿製品および羊毛製品をこのリストに入れさせたことだった。われわれが日本人について聞くところでは、わが国の製造業者のためにこのようにして作り出された日本市場は、最近天津条約で開放された広大な帝国の市場に匹敵するものではない、とするなら、それは大間違いである。もう一つの重要な規定で、アメリカとの条約には含まれていないのは、五年を終わった時点で関税率の見直しをすることで合意を見た点である。まだ生まれていない、未知の通商の場合、これは予め最も必要とされる措置なのである。

（出典）『外国新聞に見る日本』第一巻、一〇八ページ。

【解説】六月一九日の日米条約調印にひきつづき、七月一〇日日蘭条約、七月一一日日露条約、七月一八日日英条約、九月三日日仏条約と、英仏連合軍の対清国完勝という圧力をテコに、次々と条約が成立し、ここに日本は世界資本主義の中に完全に編入された。蘭露英仏とも、ハリスの米日条約を基本としたが、当時世界の最先進資本主義国であった英国は、自国にさらに有利となるように条約を変更させた。ここに示す『ノース・チャイナ・ヘラルド』紙の論評は変更の意味を的確にとらえている。また領事裁判に関する規定も日米条約よりはるかに精密なものとされた。なお、同紙は上海で発行されていた英字新聞。在華英国商人層の利害を代弁していた。

18 彦根藩士長野主膳書翰　宇津木六之丞宛　安政五年九月五日

八ツ半時過、若州侯(1)より旅宿迄御使として三浦七兵衛(2)ヲ被遣、対面之上、昨日申上候梅田源次郎(3)事之咄し出候ニ付、右は如何相成候哉と尋候処、一昨日内藤殿(4)と御対話ニ、梅田は召捕可然との事ニて、豊後殿御帰路岡部土佐守方(5)へ御立寄ニて被仰出候処、承知之旨申上、翌五日朝御岡部諸司代へ参被申候ニは、今度　殿下(6)は内覧御免ニ相成、以来近衛殿之御取扱可相成、左候へはその御手先之人々ヲ召捕、御気ヲ立候ては如何成大変可相成も難計間、梅田召捕之儀は御見合可然と申候ニ付、任其意候との事、拙者申候ニは、然らは此上左府公内覧ニて、弥　関東之御趣意は通り不申、間部侯(7)御上京ニても其甲斐なく相成、行々水老・一橋へ　勅命出候ても其儘ニ御随ひ可被成思召ニ候哉、関東ニては右様之儀有之候て　勅命出候上ニ、朝敵と相成候事は恐多思召候ニ付、精々事穏便治メ度思召候処より、先梅田ヲ召捕、其口ニより其徒四五人も御召捕ニ相成候はゝ、悪謀之御方々(8)自然と前非ヲ悔鎮り可申哉、よし左なくて一騒動ニ相成候共、国家之為
朝廷之為不義不忠之反逆人ヲ御罰し相成候事ハ、左而已御恐《オソレ》可有之筋とも不存、只々無体之
勅命ヲ恐レ被成候事と奉存候、

（出典）東京大学史料編纂所編『大日本維新史料　類纂之部　井伊家史料』第一〇巻、東京大学出版会、一九七七年、一七ページ。

(1)小浜藩主酒井若狭守忠義、京都所司代。(2)小浜藩士。(3)元小浜藩士で在京の儒者。条約勅許不可、慶喜擁立等で在京志士の中心人物として奔走、八月の水戸藩宛密勅降下の画策にも深くかかわった。

(4)岩村田藩主内藤豊後守正縄、伏見奉行。(5)岡部豊常、旗本、京都東町奉行。(6)関白九条尚忠。機密文書内見が認められる内覧の職を免ぜられ、かわって左大臣近衛忠熙が内覧に任じられたのは九月四日のことである。(7)老中間部詮勝。条約調印の次第を奏聞し、あわせて反幕公卿・志士を取締るため、九月三日出府、九月一七日に着京する。(8)左大臣近衛忠熙、前関白鷹司政通、右大臣鷹司輔熙、前内大臣三条実万、青蓮院宮等、関白九条尚忠と対立し、密勅降下にかかわった人々を指す。

【解説】　六月一九日の日米条約の無勅許調印と、それを非難する徳川斉昭・松平慶永・一橋慶喜等の処分は、孝明天皇をはじめとする朝廷の人々を激怒させた。八月八日には、幕府を詰問し、幕政補佐を命ずる勅諚が、関白九条尚忠のあずからぬ形で朝廷から直接水戸藩に下されるという異例の事態が出現する。更に老中間部詮勝の上京を前に、幕府と内通する関白を排除し、態勢を整えておこうとする朝廷上層部の動きが活発化した。九月一日と二日に、三度にわたって辞任を求める勅書が尚忠に下され、関白職にはとどまり得たものの、政務権限に直接かかわる内覧職を彼は罷免されるのである。幕府を経由せず、朝廷と大名の直接結合が発生しはじめ、他方朝幕関係を媒介するカナメの九条尚忠が実権を喪失するという未曾有の危機的事態を如何に立て直すのかが、大老の腹心であり、間部の上京前に段取りをつける使命を帯び再度上京する長野主膳に課せられた課題であった。ここに示すのは、入京直前、大津宿において江戸の彦根藩公用人に宛てた書翰である。

朝幕関係の安定的な維持という課題は、所司代や京都町奉行に課せられた基本的任務であった。それをあえて破壊することへの躊躇を両者共にいだいていたことが文面からよく読みとれる。他方、長野はまず第一に悪謀の張本人梅田源次郎を捕縛、それを糸口に関係者を徹底的に追及し、尚忠と対立する朝廷上層部に恐怖感をひきおこさせることが事態を突破する唯一の途だとする。このまま放置しておけば、斉昭や慶喜に勅命が次々と下り、幕府が朝敵になりかねない。このような認識の上に、主膳は、もし所司代が梅田の捕縛をためらうのであれば、彦根藩の力を以てしても同人を召捕えるが、それでいいのかと、鋭く圧力をかけるのであった。伏見奉行所による梅田の捕縛は九月七日、これ以降堰を切ったように京都と江戸において関係者の逮捕が続き、安政大獄とよばれる恐怖政治が展開しはじめるのである。

第二節

攘夷運動から倒幕へ

1　貿易開始と社会不安

19　欧米の侵略意図を訴える越前屋上書　安政六年一一月

夷国存込《ぞんじこみ》の処承知仕候丈ケ[1]左に申上候

一夷国役人存込は、イキリス国の女王歟の存念を継候由にて、夷人存寄は、初発亜墨利加国の役人を日本国え渡し候て、日本国の強弱為試《こころみさせ》み候処、兼々承り居候と違ひ、思ひの外弱き国にて御座候由、

一兼々承知の通、日本国の金銀大方掘尽し、当時は国々払底に相成、其上日本奢侈増長いたし、政府・大名共困窮に及ひ居候間、此時日本を奪ひ候機会と存込、種々謀をもつて七八分は仕寄候よし。（中略）

一町人は沢山金銀を所持候者有之候得共、欲深き町人共故、夷国より利潤を得させ候へは、手に付候事はいと安く候、其上にて日本金銀外国へ不残奪ひ取候へば、日本は骨と皮計に可致候由、（中略）

一私共同し存込にて、外国宗旨難有存じ居候者有之故[2]、此度御本丸御焼失[3]も右の余類仕業にも可有御座と被存候、夷人存寄は、御城焼払ひ、次第々々に大名方をも焼払候得は、万端入用金銀、政府・大名より出、其金銀大方は町人の手に渡候間、町人さへ手に付候へは、日本の金銀は皆外国のものと存居候由、（中略）

一日本は欲深き国故致易、支那は日本程欲深くは無之候へ共、夫さへ廿年程にて大方手に付候間、夫とは日本は謀安有之由、

一日本は神国・武国抔といへ共、当時は上下奢侈に及ひ、武は薄く、戦争を殊の外嫌居候間、尚以謀安く、其上火術の業未熟、取能き国のよし、

一日本は四方海に候へは、我同盟の国々より四方海面へ軍艦を居置候得は、日本に軍艦無之故、海面通路を不為致《いたさせず》、諸方の運送陸路計に有之間、人力次第次第に疲申候間、戦争に及候へは、尚以早く奪候事いたし易く有之由、

一第一日本人を進メ込候様子は、神国と雖、いか程神様を祈候ても、金銀の出来ると申事は無之、外国の宗旨は神様より尊く、金銀は居ながら自由に手に入、思ふ事不叶といふ事なし、是夷国の宗旨の尊き処也、夫を日本人は役に立ぬものを神様〳〵と難有がり、智恵のなき日本人也と申居、

次第々々に日本人民、夷宗え引込申候、（中略）

安政六未年十一月

（出典）「南梁年録」第三七巻、国立国会図書館蔵。

（1）本史料は、横浜交易の中で夷人と親しくなり、彼等の考えを聞込んだ江戸商人が、改心して出訴したという設定をとった偽書である。
（2）夷人と交る中で、キリスト教に入信したが、同様の人は二四、五人、江戸表住居の者は二、三人で、その外は近郷の者と文中にある。
（3）安政六年一〇月一七日のこと。

【解説】 本史料は、祖父が越前から江戸に出てきたと文中にあることより、一般に「越前屋上書」とよばれている偽書である。当時は非常に多くの風説留が日本各地で作成されたが、その中に頻繁に写されているのがこの史料である。横浜交易開始直後の段階で、日本に交易にやってくる外国人の意図を推量し、交易の目的は日本の漸次的奪取にあると断じている。文中で特徴的なことは、商人は欲がふかく外国人に手なずけられやすい、とくりかえし主張されている点であり、この偽書の作者は武士身分のものである可能性が高い。またキリスト教は日本を奪い取ろうとする外国人が日本人を引込む手段だとの、幕府によってつくられ、民衆に強制されていた伝統的邪教観も明白にみてとれる。但し、この史料のような見方を受容したのは、武士身分のものだけではなく、広く民衆の中にも浸透していたことは留意する必要がある。

20 桜田門外の変 「斬奸趣意書」 万延元年三月三日

墨夷浦賀へ入港以来、征夷府之御処置仮令時勢之変革も有之、随て御制度も変革なくては難相成事情有之候とは乍申、当路之有司専ら右を口実として、一時偸安(1)畏戦之情より、彼が虚喝之勢焰(2)ニ恐怖致し、貿易和親登城拝礼(3)をも指許し、条約を取替(4)し、踏絵を廃し、邪教寺を建、ミニストルを永住為致候事等、実ニ神州古来之武威を穢し、国体を辱しめ、祖宗之明訓孫謀(5)ニ戻り候のみならず、第一勅許も無之儀を被指許候段、奉蔑如(6)天朝候儀ニ有之、重々不相済事ニ候。追々大老井伊掃部頭《かもんのかみ》所業を致洞察候ニ、将軍家御幼少之御砌ニ乗じ、自己之権威を振はん為、公論正議を忌憚り候て、天朝公辺之御為筋を深く存込候御方々、御親藩を始公卿衆・大小名・御旗本に不限讒誣(7)致し、或は退隠或は禁錮等被仰付候様取計候儀(8)、夷狄跋扈(9)不容易砌と申、内憂外患追日指迫候時勢ニ付、恐多くも不一方被悩宸襟、御国内治平、公武御合体、弥長久之基を被為立《たたせられ》、外夷之侮を不受様被遊度との叡慮に被為在《あらせられ》、公辺之御為勅書(10)御下ゲ被遊候歟ニ奉伺候処、違背仕、尚更諸大夫始有志之人を召捕(11)、無実を羅織(12)し、厳重之処置被致、甚敷ニ至候ては、三公御落飾御慎、粟田口親王をも奉幽閉(13)、勿体なくも天子御譲位之事迄奉醸候件々、奸曲莫所不至矣。豈天下之巨賊にあらずや。右罪科之儀は、委細別紙(14)に相認候通ニ候。斯る暴横之国賊、其儘指置候はゝますます公辺之御政体を乱り、夷狄之大害を成し候儀、眼前にて実ニ天下之安危存亡ニ拘り候事故、痛憤難黙止、京師へも及奏聞(15)、今般天誅ニ代り候心得にて令斬戮候。申迄には無之、公辺へ御敵対申上候儀には毛頭無之、何卒此上聖明之勅意ニ御基き、公辺之御政事正道に御復し、尊王攘夷正誼明道、天下万民をして富嶽の安ニ処せしめ給はん事を希ふのみ。

聊殉国報恩之微衷を表し、伏して天地神明之照覧を奉仰候也。

（出典）　水戸徳川家編『水戸藩史料』上巻坤、一九一五年、八一六―八一七ページ。

(1)一時の安楽をぬすむこと。(2)おどすいきおいの意。(3)下田駐在の米国総領事ハリスが安政四年一〇月二一日、江戸城に登城し、将軍家定に大統領親書を提出したことを指す。(4)日米修好通商条約にこれらのことが規定された。(5)子孫のために謀ることの意。(6)他人をいやしみ軽んずること。(7)そしったり事実を曲げていうこと。(8)安政五年七月五日、幕府が徳川斉昭に謹慎を、徳川慶恕・松平慶永に隠居・謹慎を、徳川慶喜に登城停止を命じたことを指す。(9)わがままにふるまうこと。(10)安政五年六月一九日の日米条約調印を軽率と批判し、内を整え、外夷の侮を受けないよう、徳川家を扶助せよ、との孝明天皇の勅諚が安政五年八月八日、水戸藩に下り、一〇日には幕府にも発せられた。(11)色々な理屈をつけて罪におとし入れること。具体的には安政大獄を指す。(12)安政六年四月二二日、鷹司政通・同輔熙・近衛忠熙・三条実万は謹慎・落飾処分をうけた。(13)安政六年一二月七日、青蓮院宮は退隠・永蟄居処分をうけた。(14)本史料に添えて、水戸浪士は長文の別紙存意書を所持し、幕府の失政を具体的に列挙した。(15)安政六年九月、水戸藩士関鉄之介と鹿児島藩士高崎五六は上京、青蓮院宮や近衛忠熙等を介し、幕府の失政に関し上奏することを試みた事実を指す。

【解説】　本史料は、安政七年三月三日、登城途中の大老井伊直弼を暗殺した水戸浪士の内、斎藤監物が、自らの行為の正当性を主張するため襲撃直後、老中脇坂安宅邸に提出したものである。水戸藩に下った孝明天皇の勅諚を朝廷に返納するよう、幕府の圧力が強まり、水戸藩内は分裂、高橋多一郎と金子孫二郎を指導者とする激派は、鹿児島藩の同志と連携して幕政を改革することを図るに至った。その計画は、脱藩した水戸浪士が大老を暗殺し、鹿児島藩の同志は兵を上京させて京都を守衛、暗殺成功の場合は条約撤回の勅を朝廷に要請して列藩に布告、幕府に改革を強要するというものであった。三月三日の桜田門外の変には、水戸浪士一七名の外に鹿児島藩士有村次左衛門（大老の首級を挙げた人物）が参加した。暗殺成功を確認した金子は上京して後図を策そうとしたが、途中伏見奉行に捕えられ、また決行前に大坂に赴き薩兵の到着を待っていた高橋父子は捕吏に襲われ、大坂天王寺に父子共自刃した。鹿児島藩兵の上京は藩主の圧力により実現しなかったのである。しかし、桜田門外の変は、幕府の強圧的な無勅許開国路線を完全に挫折させるとともに、政治的雰囲気を一挙に転換させる契機となった。

21　桜田門外の変諷刺ちょぼくれ　万延元年三月

大雪弥生の千代ほくれ

やんれ〱、花の御江戸の霞か関なる、其又隣の桜田門外、三月節句に花見と雪見の新板ちよほくれ、世上の皆さん御聞なましよ、小人集り国家を治めりや、災害ならひに至るといふこと、孔子の教へに有てはないかい、彦根の主しが大老職をは勤て以来、掟はまもらす、家中はきまらす、市中はたまらす、成程さうだよ（中略）親玉[1]死ぬ時、賄賂を取りたる蘭家の医師共、御上へ召出し、薬の功能少しもないのに、奥いしや抔とは似合ぬ事だよ、

神君様ても、代々様ても、畜生同様の夷人の弟子なる薬を差上、生たるためしは是まてないそへ、畢竟是等も魯西亜、墨夷か、英吉す、仏良す、是等の山師の鉄砲玉にて、きん玉つつぱり、蘭家の医者とも、近頃挙て夷人を尊ひ、御役人をばこわからせる故、ます〳〵へこたれ、夷国の畜生師匠と頼んて、大名旗本西洋流儀の軍学調練、見付〳〵の備の鉄砲、西洋筒にて飾る抔とは、片腹痛ゐぞ、日本開闢御当家様迄、鉄砲なけれと、夷国に負たるためしはないそへ、御存んしなければ教へてやろうとおつしやる御方は、御邪魔に成るゆゑ、取上ヶなければ、流石の隠居[2]かくやしゐ紛れに、京都へ登つて、堂上判して綸旨[3]を貰つて、忠義を尽して、勇気を振つて、夷人を殺して、交易停止て、五穀を殖して、諸人を助けて、国家を治めて、世柄を能して、安楽させんと計略したれは、彦根の大老ひつくり仰天、夫ては是からもふけか出来ない、設けかなければは屋敷かまわらぬ、廻りかわるけりや、妾と酒盛十分出来ない、昨年焼たる御国の御城[4]の普請も出来ない、大事な場所だと鯖江[5]を談じて、上京致させ、禁裏をだまして反逆者だと名付て召捕り、副将軍をば御国へ押込[6]、家来は切腹、獄門、死罪に成たる迷惑、御役人にも嫌ひな人をポカントほり投、岡さんなんどは親玉病気に粉骨尽して療治をすれ共、蘭家の医師とも讒言用ひて閉門させたり、立派な人をば切腹させたり、堂上方をば押込させたり、言語同断あきれた物だよ、（中略）大老亡ひて御米も少しは相場が下つて、下モ〳〵ちつとは元気が能くつて、天気も漸々此頃直つて、年号万延改元[7]ゴザッテ、是から追々世直し〳〵

（出典）桜木章『側面観幕末史』上巻、啓成社、一九〇五年／東京大学出版会復刻、一九八二年、二九八―三〇二ページ。

（1）安政五年七月六日に没した将軍家定を指す。（2）水戸前藩主の徳川斉昭のこと。（3）安政五年八月八日、水戸藩に発せられた勅諚のこと。（4）このことは事実ではない。（5）孝明天皇に対し条約調印を弁明し、同時に京都の反幕府勢力を弾圧するため、老中で越前鯖江藩主の間部詮勝が上京の途につくのは安政五年九月三日のことである。（6）安政六年八月二七日、徳川斉昭は国許永蟄居、水戸藩士安島帯刀は切腹、鵜飼幸吉は獄門、茅根伊予之介・鵜飼吉左衛門は死罪、幕臣川路聖謨・岩瀬忠震等に差控が命じられた。将軍家定の治療に当った漢方の奥医師岡櫟仙院は、将軍死去の日、隠居・慎を命じられた。また、将軍が重態となったので、七月三日蘭方医の伊東玄朴と戸塚静海が奥医師に任命された。（7）万延改元は事件直後の三月一八日のことである。

【解説】 桜田門外の変の直後には、非常に多くの諷刺が巷間にひろまった。ここに示すちょぼくれもその一つである。井伊直弼は積極的な開国論者でも、また洋式軍制の支持者でもなかっ

たのだが、このちょぼくれの中では、外国の圧力に屈し、反対派を弾圧したものとして描かれている。作者は開国反対・洋式化反対論者だと思われる。蘭方医学に対しても強硬な批判的立場をとっている。

22 物価騰貴批判ないもの尽し　万延元年末

ないものづくし
またもないないぜひ《是非》がない
ばんこく《万国》みとめたものがない
とかく《兎角》にしもじも《下々》もぜに《銭》がない
よこはまあきんど《商人》もうからない
ぐわいこくがかり《外国掛》(1)にひまがない
日本《にっぽん》ふそく《不足》なことがない
かうゑき《交易》せずともこまらない
ゐこく《異国》のあとぶね《後船》ほうづ《方図》がない
入《にう》せん《船》いしびや《石火矢》たま《玉》がない
のりこむみなとにせき《関》がない
きやつらのわがままとめどがない
きどつたとうじん《唐人》ひげがない
りよしゆく《旅宿》のてらでら《寺々》とく《得》がない(2)
このせつ《節》ひとりであるかない
おふれのおもむきそつがない
おしこみころしてかまハない
こどもにいしをなげさせない
あめりかふじん《婦人》ハであるかない
ゐじんのかほにハしるしがない
どれがどれだかわからない
ほうろく《焙烙》てうれん《調練》(3)(4)かたでない
せいようけいこハはゆらない(5)
おおづつ《大砲》ふきたて《吹立》かぎり《限》がない
さんざんねあげ《値上》ハためしがない

(出典)「風刺行列附等」所収摺物、東京大学史料編纂所蔵。

当時流行ないものづくし　二へん(→図22)
四里と四方の大江戸ハ
ものごとばんたん《万端》ふそく《不足》がない
されどもじせつ《時節》ハぜひ《是非》がない
しよしき《諸色》ハいまだにさがらない
武家方すこしもゆだん《油断》がない
御百姓かやく《課役》でひまがない
しよくにんこのせつしごと《仕事》かない
あきんどさつぱりもうからない
ほねをりぞんハうまらない
くたびれもうけハつまらない

金持ねつ[根]からほとこ[施]さない
かねかしにぎつてはなさない
高利でなけれバかして[貸手]がない
じつい[実意](6)でかりてもかへさない
さいそくされてもしかたがない
五こく[穀]ハますますやすくない
あぶらハめつたにとぼ[点]されない
もちもたくさんつか[搗]れない
おさけもたらふくのまれない
のんでもすこしもまハらない
ころばぬ(7)げいしや[芸者]ハはやらない
女郎しゆハ上きやく[客]ねつからない
あつてもこすくてぬけめがない
とうじ[当時]のむすめハじよさい[如才]がない
男ぶりにハさてほれない
金でなければなびかない
だんなをとらぬハひとりもない
あめりか人でもいやがらない
ゑいり[栄利](8)につか[就]ねバとく[得]がない
てくだハ女郎もかなハない
ときよ[時世]ときよ(9)ハしかたがない
かせぐ[稼]にびんぼうおいつかない

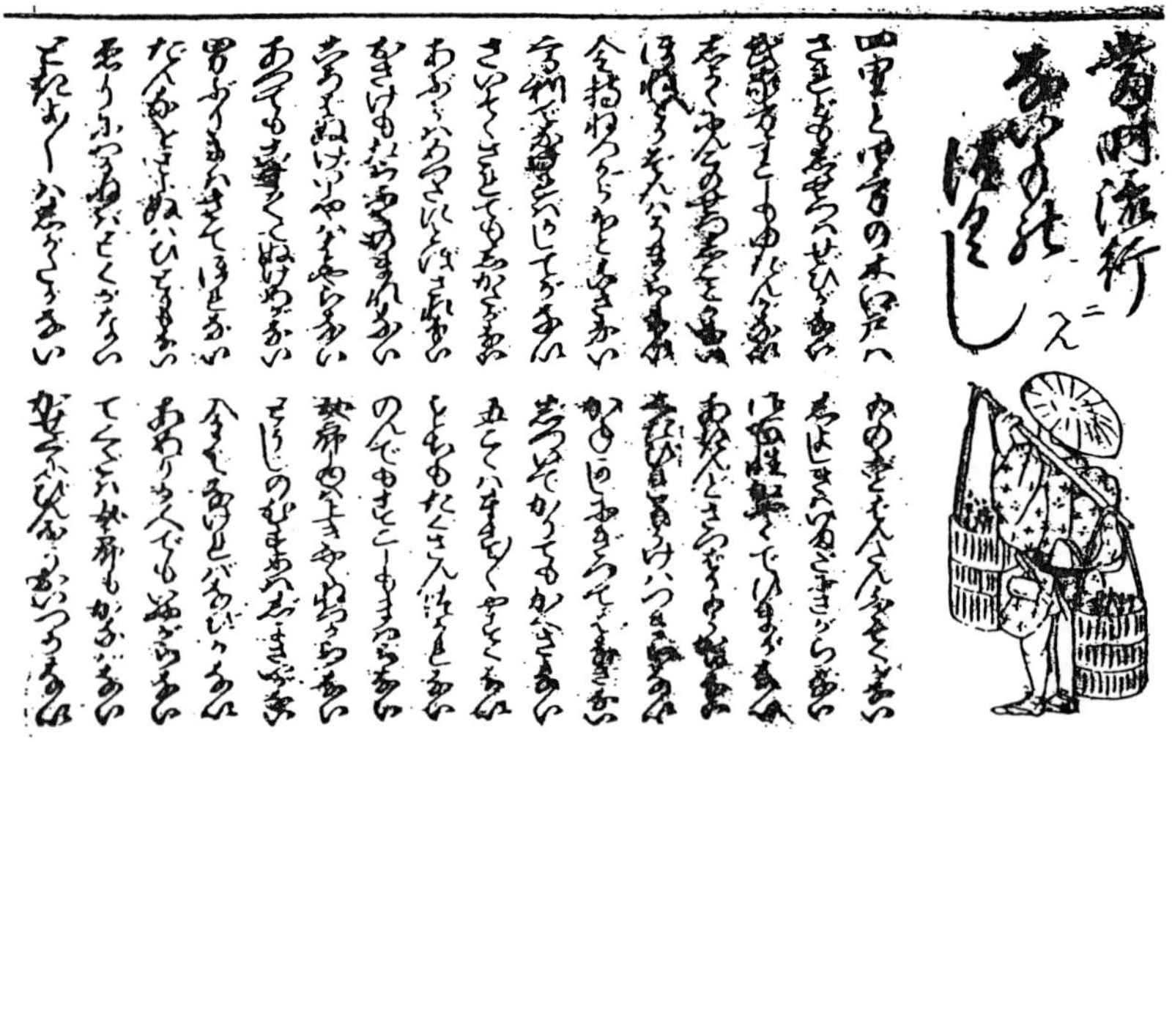
図22

（出典）「見聞雑録」第二一冊所収摺物、国立国会図書館蔵。

（1）安政五年七月、従来の海防掛を廃して新設された、外国奉行所の役人を指す。（2）外国公使館のおかれた寺院が、それまでの仏事をおこなうのを妨げられて、損失を蒙った事実を指すものか。（3）素焼きの平たい土鍋をかぶって互いに打合い、われた方が負けとする仕合。（4）「かたで」は、まったくの意。（5）ここでの「はゆ」は、見た目に美しいの意。（6）誠実の意。（7）「ころぶ」は、かくれて売春するの意。（8）栄誉と利益の意。（9）「時世」は、その時代の風潮の意。

【解説】　ここに収めた二史料は、ともに万延元年の末頃摺られたものと考えられるものである。安政六年七月からの自由貿易の開始により、日本の国内市場は世界市場に対応する形に変革させられ始め、物価上昇がひきおこされた。それ以上に影響を与えたのは、世界市場と日本国内との間での金銀比価の大きな差異であった。外国商人は、銀貨をもって日本の金貨を買い込み、多大の利益を得た。これに対抗するため、幕府は万延元年、金の含有量を大幅に減らした万延二分判とよばれる金貨の鋳造を開始し、これが明治初年までの主要金貨となっていった。この改鋳により金の価値が三倍前後に引上げられ、また通貨量が三倍となった。当然のこととしてインフレーションと物価騰貴がひきおこされることとなる。また、この動きに連動して一般民衆の使用通貨であった銅銭も、品位を落して改鋳されることとなり、物価高が民衆を直撃することとなった。摺物でみる限り、物価騰貴への不満と批判、それと連動した外国貿易への非難がはっきりとあらわれるのは、万延元年の末頃のことである。

23　坂下門外の変「斬奸趣意書」　文久二年一月一五日

対馬守殿罪状は一々枚挙に不堪候へ共、今其端を挙て申候。此度皇妹御縁組之儀(1)も、表向は天朝より被下置候様ニ取繕、公武御合体之姿を示し候得共、実は奸謀威力を以て奉強奪候も同様之筋ニ御坐候故、此後必定皇妹を枢機として、外夷交易御免之勅諚を推て申下し候手段ニ可有之、其儀若し不相叶節は、窃ニ天子之御譲位を奉醸候心底ニて、既ニ和学者共へ申付、廃帝之古例を為調《しらべさせ》候始末(2)、実ニ将軍家を不義ニ引入、万世之後迄、悪逆之御名を流し候様取計候所行ニて、北条・足利にも相越候逆謀は、我々共切歯痛憤之至、可申様も無之候。扨又外夷取扱之儀は、対馬守殿弥増慇懃丁寧を加へ、何事も彼等か申処ニ随ひ、日本周海測量之儀、夫々指許し(3)、皇国之形勢悉く彼等ニ相教へ、近頃品川御殿山を不残彼等ニかし遣し(4)、江戸第一之要地を外夷共ニ渡し候類は、彼等を導き我国をとらしめんも同然之儀ニ有之、其上外夷応接之儀は段々指向ニて、密談数刻ニ及ひ、骨肉同様に親睦致候て、国中忠義憂憤之者を以て、却て仇敵之如くニ忌嫌ひ候段、国賊と申も余りなる事に御坐候故、対馬守殿長く執政被致候はゝ、終ニは天朝を廃し、幕府をたおし、自分封爵を外夷ニ請候様相成候儀、明白之事ニて、言語同断、不届之所行と可申候。既ニ先達てシイホルト(5)と申醜夷ニ対し、日本之政務に携り呉候様相頼候風評も有之候間、対馬守殿存命ニては、数年を不出して、我国神聖之道を廃し、耶蘇教を奉して、君臣父子之大倫を忘れ、利慾を尊ひ候筋而已ニ落入、外夷同様禽獣之群と相成候事疑なし。微臣共痛哭流涕大息之余り、無余儀奸邪之小人を令殺戮、上は奉安天朝・幕府、下は国中之万民共夷狄に成果候所之禍を防き候儀に御坐候。毛頭奉対公辺異心を存候儀は無之候間、伏て願くは、此後之所、井伊・安藤二奸之遺轍を御改革被遊、外夷を掃攘し、叡慮を慰め給ひ、万民之困窮を御救ひ被遊候て、東照宮以来之御主意ニ基き、真実ニ征夷大将軍之御職を御勤被遊候様仕度、若も只今之儘ニて、弊政御改革無之候はゝ、天下之大小名各幕府を見放し候て、自己之国のみ相固め候様成行候は、必定之事ニ有之、外夷之御扱さへ御手に余り候折柄、如何御処置被遊候哉。当時日本国中之人心、市童走卒迄も夷狄を悪み不申もの壱人も無之候間、万一夷狄誅戮を名として、旗を挙候大名有之候はゝ、大半其方へ心なびき候事疑無之、実ニ危急之御時節と奉存候。且皇国之風俗は、君臣上下之大義を弁ひ、忠烈節義を守り候風習に御坐候故、幕府之御処置、段々天朝之叡慮ニ相背き候処見受候はゝ、忠臣義士之輩、一人も幕府之御為に身命を投候もの有之間敷、幕府は孤立之勢ニ御成果可被遊候。夫故此御改心之有無は、幕府之興廃ニ相係り候事ニ御坐候、何卒此度御勘考被遊、傲慢無礼之外夷共を疎外し、神州之御国体も、幕府之御威光も相立、大小之士民迄も一心合体仕候て、尊王攘夷之大典を正し、君臣上下之義を明にし、天下と死生を倶に致候様御処置希度、是則臣等身命を投ち、奸邪を殺戮して、幕府要路之諸有司ニ懇願愁訴仕候所之微忠ニ御坐候。恐惶謹言。

（出典）水戸徳川家編『水戸藩史料』下巻、一九一五年、一五五―一五七ページ。

(1)幕府は、桜田門外の変直後から、幕府と朝廷との関係を深めるため、孝明天皇の妹和宮と将軍家茂の結婚を図る方針を固め、正式の交渉に入った。難色を示す天皇に、幕府は七、八年ないし一〇年をかけての外交交渉で諸外国との条約を廃棄するか、武力で撃攘する、と約束し、そのための国内一致には和宮降嫁が必要だ、と強く要請、その結果、万延元年八月天皇は降嫁を認め、同年一一月、幕府は正式にこのことを布告した。和宮が江戸に向けて京都を出るのは文久元年一〇月二〇日のことである。(2)幕府が孝明天皇の譲位を図っているとの流言は、文久元年五月頃より、和宮降嫁の具体化とともに、攘夷派の人々によってひろめられていった。そして和学者の塙次郎や前田夏蔭が幕命によって廃帝の典故を調査している、とみなされ、塙は文久二年一二月、暗殺される。(3)英国の強い要請をうけ、幕府が英国軍艦に日本の沿岸測量を許可するのは、文久元年七月のことである。(4)諸外国は浪士の襲撃に備え、また横浜の自国軍艦とも連絡がいい場所を公使館用地として幕府に求めたため、文久元年七月、幕府は品川御殿山に各国公使館の設置を決定した。(5)一八二九年、日本を追放されたシーボルトは一八五九年、長崎に再来し、文久元年五月、幕府より顧問として招聘されて江戸に来た。しかし種々の事情と情況から思うように活動することができずに解職され、同年一二月長崎に戻り、文久二年三月離日した。

【解説】　大老井伊直弼横死の後をついだ老中安藤信正は、外交面では五ヵ国条約に規定された江戸・大坂の開市や新潟・兵庫の開港を延期するよう必死の努力を重ね、文久元年一二月には延期交渉のため遣欧使節を派遣するに至った。また内政面では和宮降嫁を図って公武合体を実現しようとした。しかし、対外屈従路線をとっていると幕府を非難する声は、ロシア艦の対馬占領事件や物価騰貴もからみ増大する一方であり、万延元年一二月のヒュースケン暗殺や、文久元年五月の東禅寺襲撃事件等がひきおこされた。さらに和宮降嫁による公武合体政策は、幕府が自己の政策貫徹のため朝廷を利用する手段だ、との批判を強めさせることとなった。江戸の儒学者大橋訥庵とその門下生、水戸藩内の激派や宇都宮藩士は、事態の転換を図るため、幕政の中心人物安藤信正の暗殺を計画、謀議を重ねた。ところが、大橋は他方で一橋慶喜を擁立して義兵を挙げようとする別の動きにも関係、その事が漏れたため、文久二年一月一五日、少人数ながら平山兵助等四名の水戸藩士、宇都宮の河野顕三、越後十日町の河本杜太郎の六名が坂下門外において登城途中の安藤の行列を襲撃、警備を厳重にしていた安藤家家中のために全員が闘死した。この「斬奸趣意書」は、この六名が共に懐中にしていたものである。この事件によって負傷した安藤は四月、老中を辞職したが、残りの幕府の老中には、彼ほどの能力と胆力を持つものは存在しなかった。これ以降、政治の中心は幕府と江戸から急速に去っていくのである。

24　開市開港延期に関するロンドン覚書　一八六二年六月六日調印

日本国内に外国との交際を害せる一党あり(1)、其逆意の為め大君及其執政は日本と条約を結ひし外国との交誼を保護し難しと思へは、是を日本在留の英国女王のミニストルへは大君の執政より告け、女王の政府へは大君より英国へ遣せる使節より報告したり、女王の政府は此報告を熟考し、下に記したる取極を以て、千八百五十八年第八月二十六日大不列顚《ブリテン》と日本と取締たる条約の第三箇条中の事を施行するを、千八百六十三年第一月一日より算し五年の間延す事を承諾せんと預定せり、各条約第三箇条中に不列顚人の為千八百六十年第一月一日より新潟或は日本の西岸に在る他の相当の一港を開き、千八百六十三年第一月一日より兵庫を開き、且不列顚人居留の為千八百六十二年第一月一日より江戸府を開き、千八百六十三年第一月一日より大坂府を開く事を定めしなり、英国政府、日本の執政に現今其国に在る逆意の者を鎮むる為め要せる時限を得せしめんか為、条約上当然の理を枉て此大事を容允せんと思へり、然れ共英国政府は大君及其執政に長崎箱館神奈川港に於て右の外(2)条約中の取極を厳重に施行し、且外国人を擯斥する古法を廃し、就中左の件々を取除くへし、

第一　千八百五十八年第八月二十六日の条約第十四箇条(3)に基き、商物の諸種を日本人より外国人に売渡すに員数価

の事に付是を拒む事、

第二　諸職人殊に工匠船夫船艇傭夫事を指南する人及従僕等其名に拘らす是を傭ふ事に付是を拒む事、

第三　諸大名其産物を市場に送り及其自家の人を以て直に是を売るを拒む事、

第四　運上所の役人及他の士人の中賞(4)を取る存意ありて彼是事に付拒む事、

第五　長崎箱館神奈川港に於て外国人と交易する人に身分の限程を立て之を許すを拒む事、

第六　日本人と外国人の間に懇親の徒勝手に交るを拒む事、

(出典)『旧条約彙纂』第一巻第二部、三八—四〇ページ。

(1)英文では、「外国人とのあらゆる交際に敵対する党派」とある。(2)「五ヶ年の延期を認めはするが、他のすべての点においては」云々の意。(3)日英条約第一四条では、自由貿易の原則が規定され、日本役人の立会無く双方の国人は自由に売買できる、とされている。(4)謝礼の意、原文ではfee。

【解説】本史料は、幕府の遣欧使節と英国外務大臣との間で、一八六二年六月六日(文久二年五月九日)、ロンドンで調印された覚書(メモランダム)の日本文である。貿易開始以降の急激な物価騰貴、排外意識の高揚、幕府権威の失墜といった事態は、幕閣の自信を喪失させた。政治的支持を回復するため、文久元年三月、将軍家茂は仏・蘭・米・英・露五国元首に直書を送り、新潟・兵庫と江戸・大坂の開港開市延期を要請した。米国は当初より好意的であったため、ヨーロッパ各国政府を説得することとなり、幕府は遣欧使節の正使に外国奉行竹内保徳、副使に外国奉行松平康直と目付京極高朗を任命、彼等に関係諸国において開港開市の延期、カラフトの国境確定交渉、不開港場繋船禁止、英仏公使館駐屯兵の撤去等の交渉をおこなうことを命じた。三人の全権使節をはじめとする遣欧使節が横浜を出発するのは、文久元年一二月のことであったが、一行の中には通弁として福沢諭吉も加わっていた。使節は渡欧後、最初にフランスと交渉に入ったが、日本側が一〇カ年の延期を主張したのに対し、フランス側は三カ年以上の延期を認めず、またフランスがイギリスにさきだって、この問題で決着させる考えのないことを見た全権使節は、英国との交渉を先に進めることとし、渡英後、一八六二年五月一六日、英国外相ラッセルとの交渉を開始し、六月六日覚書に調印する。内容は史料にみられる通りであるが、遣欧使節が出発に際し使命として託された不開港場繋船禁止等の諸項目のほとんどは、英国の認めるところとはならなかった。またヨーロッパの関係諸国もこの内容に同意した。その後使節は、オランダ・ドイツを経てロシアに入り、カラフト国境交渉をおこなったが、結局カラフト国境は、両国全権の実地踏査によって確定することとなった。遣欧使節は文久二年一二月に帰国するが、出発当時とは情況が激変しており、幕府は使節の帰国を内密にし、彼等に海外事情の口外を禁じたのである。なお、幕府は一八六四年一月、米国との間に延期問題に関する約定を結ぶこととなる。

2　奉勅攘夷と更なる外圧

25「聖策三ヶ条」　大原勅使宛　文久二年五月二〇日

第一、
大樹公(1)早ク諸大名ヲ率ヒ上洛アッテ、 朝廷ニオイテ、相共ニ国家ノ治平ヲ計議シ、万人ノ疑ヲ散セシメ、皇国一和ノ正気トナシ、速ニ蛮夷ノ患難ヲ攘ヒ、上ハ 祖宗ノ 神慮ヲ慰メ、下ハ義臣ノ帰嚮ニ従ヒ、万民ヲ化育シ、天下ヲ泰山(2)ノ安ニ比セラレ度事、
第二、
豊臣ノ故事ニヨリ、沿海五箇国ノ大藩ヲ以テ五大老(3)トシ、国政ヲ咨決(4)セシメ、夷戎ヲ防禦スルノ処置ヲ為サハ、環海ノ武備、堅固確然トシテ、必夷戎ヲ掃攘スルノ功アラント 思召候事、
第三、
一橋刑部卿(5)ヲ後見(6)トシ、越前前中将(7)ヲ大老トシテ、幕府ヲ扶ケ、政事ヲ計ラシメハ、 戎虜ノ慢ヲ受スシテ、衆人ノ望ニ協フヘクト 思食《おぼしめし》候事、

（出典）「大日本維新史料稿本」第一四二八冊、東京大学史料編纂所蔵。

(1)征夷大将軍の意。(2)中国山東省にある山。古来より名山として尊崇されてきた。(3)豊臣秀吉は晩年、徳川家康・前田利家・毛利輝元・小早川隆景・宇喜田秀家の五人を大老に任じ、合議のもとに政務をとらせた。それに倣い、仙台の伊達、薩摩の島津、土佐の山内、萩の毛利、加賀の前田が想定されていた。(4)そこに図って決めること。(5)一三代将軍家定の後継者として、開明派官僚や有志大名から強く支持されていた一橋慶喜は、安政六年八月、隠居・慎の処分を受けた。孝明天皇は彼に期待をかけたのである。(6)将軍家定の遺命により、安政五年八月田安家家主の田安慶頼が将軍後見職となった。天皇はそれを一橋慶喜に変更させようとするのである。但し、文久二年五月九日、将軍家茂が一七歳に達したことを理由として、慶頼は後見職を免ぜられた。(7)有志大名の中心として一橋慶喜の将軍後継者化を図り、安政五年七月、隠居・慎の処分を受けた前福井藩主松平慶永を指す。

【解説】　文久二年一月の坂下門外の変後は、幕府の権威は急速に衰えていった。鹿児島藩主の実父島津久光は、この機会に乗じ朝廷の力を借りて幕政に改革をおこなわせようと、同年四月、一千の兵をひきいて上京した。京都所司代酒井忠義はこの挙を抑止することができなかった。久光は、一方で過激な行動に走ろうとする藩内の激派を四月二三日伏見の寺田屋で殺害させ、他方で精力的に朝廷に入説した。この結果、大原重徳を勅使とし、幕府に①将軍上京、②五大老設置、③一橋慶喜を将軍後見職、松平慶永を政事総裁職とする、の「聖策三ヶ条」を示し、具体的には久光の主張を反映した第三策を幕府に承諾させるという方針が決定された。ここに示す史料は、五月二〇日、大原勅使に渡された「聖策三ヶ条」である。五月二二日、大原は久光並びに鹿児島藩兵を従えて京都を出発する。江戸に到着した大原は、抵抗する幕府を説得し、その結果、将軍家茂は七月一

日、慶喜を将軍後見職（任命は七月六日）、慶永を政事総裁職（任命は七月九日）にとの孝明天皇の勅意を御請するとの口上書を大原に提出した。幕府人事に朝廷と外様大名が介入することは、それ以前想像だにしえないことであった。これ以降、慶喜・慶永の指導のもとに、文久改革といわれる大規模な幕政改革が進行することとなる。

26 萩藩士久坂玄瑞「廻瀾条議」　文久二年八月二日提出

午年六月廿一日(1)、於二神奈川一、国辱ヲ思ハズ、国患ヲ慮《おもんぱか》ラズ、正大光明被二仰出一候勅諚(2)ヲモ顧ミズ、条約取結候幕吏ノ鴻罪、東溟ノ水(3)ヲ傾ルトモ洗尽スベカラズ。大義ヲ以テ論ジ候得バ、鳴レ罪討レ之、誅戮残滅、豈不可ナルコトアランヤ。依レ之先大樹公薨去ノ時、此後征夷職容易被レ為レ賜間敷ナド、天下ノ志士憤激切歯イタシ候程ノヨシ。然ルニ其年十二月朔日、将軍宣下被二仰付一候儀、偏ニ朝廷御寛容ニ被レ為レ在、違勅セシハ先大樹公ニテ、今大樹公所レ知ニアラズ。必ズ前非ヲ悔悟シ、勅諚其儘ニ打消申間敷ト被二思召一候事ニ可レ有レ之候得バ、大樹公今迄ハ御幼弱トモ被レ申候得共、最早御年頃(4)ニモ被レ為レ在候ニ付、急度天朝ノ大御心ヲ体シ奉リ、御雄断被レ為レ在度、且此度越前中将殿政事総裁、一橋刑部卿殿御後見候様、叡慮ヲ以被二仰出一候儀、全ク調印ノ時両公正義凜然被レ為レ在候ヲ、御依頼被二思召一候ヨリノ事ニ可レ有レ之候得バ、此度御出役(5)ニ相成候ニ付、幾重ニモ大樹公ヲ匡救シ、奸吏ヲ罰シ、午年ノ勅諚相貫候御実験無レ之テハ、重キ勅命ヲ辱シメラレ候儀ニ相当可レ申候。

然処、当六月朔日、諸大名ヘノ御達(6)ニテハ、大樹公今迄ノ失体ヲ御悔悟被レ為レ在候様相見エ、且越前・一橋ハ素ヨリ先年来ノ正義御撓《たわみ》被レ成間敷ニ付、此度ハ於二此御方一、叡慮ノ趣ヲ以、急度薩藩等被二仰合一、其御実功ヲ御督責不レ被レ為レ遊候デハ不二相叶一候。前後反覆申上候通、正邪ヲ厳重ニ相糺シ、奸吏ヲ明白ニ御処置有レ之度、井伊掃部頭既ニ誅伐ヲ蒙候得共、跡式如レ旧被二仰付一候。天下ノ人心承服仕ラズ候。堀田備中守・間部下総守・安藤対馬守・酒井若狭守等ヲバ、其軽重大小ニ随テ厳刑ニ御処置被レ為レ成候事、今日第御一着ニ可レ有レ之候。既ニ奸吏ヲ罰シ候上ハ、外国貿易ヲ長崎・下田・箱館ノ三港ニ引戻サズテハ不二相叶一、外夷ニ申諭ス大略ヲ言ハンニ、貴国我国ト貿易ヲ通ジ、和親ヲ結候儀、偏ニ両国輯睦、人民安寧ノ為ナリ。然ルニ安政五年六月、於二神奈川一調印致候事、全ク勅許未ダ無レ之内、奸吏某々共一己ノ了簡ヲ以取結候事ニ付、人心不穏、重役ヲモ刃傷ニ及ビ、物価騰貴、窮民飢餓ニ困候次第ニ候。於レ是人民安寧ヲ欲シテ得ベカラズ、両国輯睦ヲ欲シテ、却テ憤怨ヲ抱候事ニ付、貴国実ニ我国ノ為ニ謀ラントナラバ、下田条約ニ引戻スベシ。今般大樹公年頃ニ被レ為レ成トテモ、我国ハ叡慮ニ背《そむき》候テハ片時モ難二相立一ト決心被レ致、勅諚ニ背候モノ於二此度一ケ様々々ノ厳科ニ被レ為レ処候。貴国我情実ヲ察シ、我談判スル所ニ従ハヾ、永ク於二彼三港一貿易ヲ通ゼントノ御趣意ヲ以、断然御謝絶(被レ)為レ在度候。

然処、夷人共漸々噛込、食レ糠及レ米ノ黠謀、中々一朝一夕ノ事ニアラズ候得バ、今日ニ相成下田条約ニ引戻候事、万々承服仕間敷、夷人［テハが脱落か］ヨリシ兎モ角モ日本政府(7)ト於二神奈川一調印イタシ、且外国ヘモ御使被二差立一候程ノ事ニ付、今更勅諚ノ趣、又人心不二相合一等ヲ以御断候儀、西洋各国ニハ絶テ無レ之事ニテ、条約ニ相背候ト申者ナド、理不尽申募候事ニモ可二相成一候。従二此方一反復御諭有レ之、一向承服仕ラズバ、大勇猛断ヲ以決闘死戦ト御落着可レ被レ為レ遊候。畏モ午年ノ勅諚ハ、正大光明天照大御神ノ神慮ニモ叶マシマスコトニ付、大八州ノアラン限リ、青人草ノ尽ルキワミ、此勅夫成《それなりに》候テハ不二相叶一、今日ヨリ膺懲撻伐ノ御決心ニテ、士気ヲ振興シ、器械ヲ修繕候事、申モ疎ニ候。

万々一モ我論スニ従ヒ、三港ニ引戻候バ、則チ皇威更張ノ御始ニ付、此上ハ約束ヲ厳ニシ、規則ヲ正シ、耶蘇堂ヲ廃シ、踏絵ヲ興シ、ミニストルヲ府下ニ置ヲ禁ジ、御殿山ノ夷館ヲ取除クベシ。我命ノ儘承服候様相成候得バ、唐太《からふと》ノ境界ヲ改メ、千島ヲ論ジテ我版図ニ帰ス可シ。是等ノ事件談判ニモ及バル、程御国威相立候上ハ、朝鮮・満州・広東・呂宋［ルソン］・爪哇［ジャワ］・印度ヨリ初メ、亜墨利加・欧羅巴［ヨーロッパ］迄モ自由ニ往来シ、所々ニ館第ヲ建、将士ヲ置、宇内ノ形勢ヲ睥睨《へいげい》シ、万国ノ情態ヲ洞観シテ、我海軍ヲ練シ、我士気ヲ張候得バ、皇威恢復何ノ難カアラン。

雖レ然、金川調印ヲ破壊シ、三港ニ引戻候事、夷人万々承引仕間敷ニ付、撻伐膺懲ノ勇決猛断ナラデハ、迚モ不二相叶一候。癸丑八月廿二日御建白(8)ニ相成候御文中ニ、夷賊共ノ心胆ヲ打挫キ候程ニモ堅御断被二仰聞一、防禦ノ御手当厳重、後年外夷窺窬《きゆ》相絶候様被二仰付一候方、却テ万全ノ御策ト被二仰立一候事、即千歳ノ御確論ニ有レ之候間、此等ノ御夙志《しゅくし》(9)御撓無レ之、何レノ道戦争ト御決心被レ為レ遊、篤ト薩州ナドヘ御掛合被レ為レ成、越前・一橋ニ御実験御督責徹底仕候程、御尽力有レ之度奉レ存候。此度越前・一橋断然御勇決被レ為レ成、夷人ヲ三港ニ引戻候程ノ御運、急度相付不レ申デハ、政事総裁・後見等被二仰出一候勅諚、如何御答可レ被レ成候ヤ。於二大樹公一モ御年頃ニ被レ為レ成、今日御奮発無レ之候デハ、先大樹公御同轍ニ可レ有レ之、将軍宣下被二仰出一候寛洪ノ叡慮、如何御報可レ被レ為レ在候ヤ。大樹公ヲ匡救スルハ、越前・一橋ノ責ニシテ、越前・一橋ヲ督責スルハ、豈長・薩二藩及其他諸大名ノ任ニアラザルヲ得ンヤ。

（出典）　吉田常吉・佐藤誠三郎校注『幕末政治論集　日本思想大系56』岩波書店、一九七六年、二八二―二八五ページ。

(1)六月一九日の誤り。(2)日米条約を勅許しないとした安政五年三月二〇日の勅諚。史料14を参照のこと。(3)東海の水の意。(4)文久二年五月九日、幕府は将軍家茂が年頃になったという理由を以て、将軍後見職徳川慶頼を免じた。(5)七月二日、毛利慶親が入京し、一六日には、大原勅使が下向しているので、既に在京していた息子の定広と協力して叡慮貫徹に周旋すべきことの内勅が、二七日には父子の内一人は滞京、一人は出府して周旋すべきことの内勅が下った。(6)勅使を迎えるに当り、六月一日、幕府は諸大名に登城を命じ、将軍が上洛し、公武合体のうえ従来の弊風を一洗し、武威を振張し、皇国を世界第一等の強国にするところに将軍家茂の意があることを示した。(7)万延元年一月の、条約批准書交換のための遣米使節のことをいう。(8)ペリー来航直後の嘉永六年八月二二日、毛利慶親は、ここにあるような建白書を幕府に提出した。(9)早くから抱いていた志の意。

【解説】　本史料は、文久二年八月二日、長州藩士久坂玄瑞(一八四〇—六四)が、藩主の毛利慶親・世子の定広に、廻瀾条議と題し提出した策論(執筆は八月一日)の内の第四条である。廻瀾とは、大勢の傾いたのをもとの有様にかえすことの意である。

長州藩は、文久元年より藩士長井雅楽の航海遠略論という開国論をもって公武合体を図ろうとしていた。しかし攘夷論にかたむく朝廷は、文久二年四月一三日、入説中の長井を江戸に戻し、五月五日には、入京した毛利定広に対し、長井の上書中に朝廷を誹謗する言葉があった旨を詰問し、航海遠略論をもっての長州藩の公武合体の試みは完全に挫折することとなった。毛利慶親が入京した直後の七月六日、在京する長州藩士達は藩主父子の前で大会議を開き、航海遠略論を放棄し、鹿児島藩に対抗し国事周旋する対外強硬策をとることを決定した。長州藩内で反長井雅楽運動の先頭に立ち、尊王攘夷の大方針に藩論をもっていくことに尽力したのが久坂玄瑞であった。彼は、高杉晋作とともに吉田松陰門下の俊英であり、朝廷を根軸として対外的な強力国家を創出するという師の構想を実現することに全力を尽し、鹿児島・高知・水戸等の諸藩士と提携しつつ、長州藩急進派のリーダーとなっていった。八月三日、定広は安政大獄殉難者の収葬と赦免に関し勅旨を伝え、江戸にいる大原重徳・島津久光を助けるため出京するが、その直前、久坂は藩主父子にこの策論を提出した。全体は次の五条からなっていた。即ち、①「本藩正邪ノ弁ヲ明カニシ、士風ヲ興起シ、節義ヲ鼓舞スルコト、天勅ヲ貫キ夷狄ヲ制スルノ基本タルヲ論ズ」、②「幕吏夷狄ニ恐嚇セラレ、重キ勅諚ニ背候事、天地不可容大逆無道ニ付、断然明白ニ其罪ヲ糺スベキヲ論ズ」、③「天皇夷狄ノ大患ヲ御宸憂被為遊候大御心ヲ体シ奉リ、午歳被仰出候勅諚凜然相貫候様、何処マデモ尽力スベキヲ論ズ」、④「午歳ノ天勅ヲ貫キ、幕府ノ奸吏ヲ厳刑ニ処シ、下田条約ニ引戻ヲ以テ、越前・一橋ニ其実功ヲ督責スベキヲ論ズ」、⑤「戊午違勅ノ罪明ニ相成候上、二百余年寅恭被為欠候事ヲ相糺、皇室尊崇、君臣ノ分ヲ正フスルヲ論ズ」の五カ条である。彼は日米条約案を勅許せずとの安政五年三月二〇日の勅諚を対外政策の出発点にすえ、日米和親条約(但し長崎開港は安政四年五月の下田協約による)の段階に戻るよう諸外国と外交交渉をおこない、諸外国が拒否する場合には戦争に訴えてもこの方針を貫くべきだと主張する。そのため、一方では国内の臨戦体制の準備の必要性を強調するともに、他方では、この方針実現のため、将軍家茂、将軍後見職一橋慶喜、政事総裁職松平慶永を督責するのが毛利定広の使命とするのである。この当時の久坂には、慶喜・慶永とも、井伊大老の無勅許開国路線に反対して弾圧された志を同じくする者と映っていたのである。

27 参勤交代制度改革の老中達書 文久二年閏八月二二日

今度被㆓仰出㆒之趣(1)も有㆑之ニ付、参覲御暇之割、別紙(2)之通可㆑被㆓成下㆒旨、被㆓仰出㆒候、就ては在府中時々登城致し、御政務筋之理非得失を始、存付候儀も有㆑之候はゞ、十分被㆓申立㆒、且国郡政治之可否、海陸備禦之籌策等相伺、或は可㆓申達㆒、又は諸大名互ニ談合候様可㆑被㆑致候、尤右件々、御直に御尋も可㆑有㆑之候事、

一在府人数、別紙割合之通(3)被㆓仰出㆒候得共、御暇中たりとも、前条之事件、或は不㆑得㆑止事所用有㆑之、出府之儀は不㆑苦候事、

一嫡子之儀は、参府・在国・在邑、勝手次第之事、

一定府之面々在所え相越候儀、願次第御暇可㆑被㆑下候、尤諸役当之儀は、別紙在府之割合を以、可㆑被㆓仰付㆒候事、

一此表ニ差置候妻子之儀は、国邑え引取候共、勝手次第可㆑被㆑致候、子弟之輩形勢見知之為、在府為㆑致候儀、是又可㆑為㆓勝手次第㆒候事、

(出典) 黒板勝美編『新訂増補 国史大系第五十一巻 続徳川実紀 第四編』吉川弘文館、一九三六年、三七〇―三七一ページ。

(1)文久二年閏八月一五日、幕府は、国威更張・海軍振興・領国防禦のため、追て参勤交代制度の改革をおこなうと達した。(2)「諸大名参覲割合」と題した、大名ごとに何年の春夏秋冬に在府するかを示した一覧表が添えられている。(3)注(2)でいう一覧表によって、どの大名が在府しているかが明らかとなる。

【解説】 文久二年七月、徳川慶喜の将軍後見職、松平慶永の政事総裁職任命により、文久改革とよばれる幕政改革が年末までに断行される。その柱は、①参勤交代制改革、②幕府軍制改革、③学制改革、④幕府職制改革、⑤朝廷に対する旧慣の改善、⑥旧井伊政権担当者の追罰の六つからなっていた。この中でも、参勤交代制改革は、幕府と諸大名の関係を律する幕府の大法に直接かかわるものであった。参勤交代制は、起源的にみれば、諸大名が将軍と江戸を隔年に防禦するという軍事的要請から発生した。だが、ペリー来航以降は、大名の軍制改革と海岸防禦、そしてたび重なる対外的諸動員のための費用が急速に膨張し、その対策として参勤交代制の緩和が大名から提案されることとなった。しかしながら、阿部正弘を含む幕閣は、大名の自立化を恐れ、決して認めようとはしなかった。その案件に断を下したのが、文久二年閏八月二二日に達せられた本史料なのである。それによって、従来の隔年参勤・一年在府の制度が、三年一勤・一〇〇日在府に緩和されるとともに、人質の性格を帯びていた大名の妻子と嫡子の在府義務が解除され、更に一部大名を定府させる制度も廃止された。これによって、幕府は、大名と

の関係を維持し、その統帥者的立場を保持しつづけるためには、朝廷への接近と、それとの一体化を、従来以上に努めなければならないという立場におかれることになったのである。他の諸改革の内、②は①とペアになるものであり、歩兵(旗本知行地よりの兵賦による農兵隊)・騎兵・砲兵の三兵の創出と陸軍奉行の設置がおこなわれる。③により、オランダに留学生が派遣されるとともに、蕃書調所から改組された洋書調所の拡大・充実化が図られる。④の目的は不要となった諸職の廃止、⑤は朝廷尊崇に抵触する諸旧慣の改正、そして⑥は、彦根藩の一〇万石削封処分、旧老中安藤信正・久世広周・間部詮勝等の隠居・永蟄居・削封処分、旧京都所司代酒井忠義の隠居・削封処分等をはじめとする大々的なものであった。そして、これとの表裏一体の関係として、大獄処分者の名誉回復と赦免がおこなわれた。

28 幕府に攘夷を命ずる勅書　文久二年一二月

此度　勅書[1]之通被二　仰出一候ニ付ては、銘々之策略被レ為レ聞度被二　思召一候間、見込巨細相認、来二月御上洛[2]前迄ニ、早々可レ被二差出一候、依ては、　御国内之人心一致に無レ之ては難二相成一儀ニ付、兼ても申達置候得共、尚此上別て入レ念、武備厳重相整候様、可レ被二心掛一候、尤委細之義は、衆議之上、叡慮御伺に相成候間、方今無謀之所行無レ之様、銘々家来下々えも、屹度可レ被二申付置一候事、

勅書写

攘夷之念、先年来到二今日一不レ絶、日夜患レ之、於二柳営一各々変革、施二新政一、欲レ慰二朕意一、怡悦不レ斜、然挙二天下一於レ無二攘夷一定一、人心難レ到二一致一乎、且恐下人心不二一致一異乱起中於邦内上、早決二攘夷一、布二-告于大小名一、如二其策略一、武臣之職掌、速尽二衆議一、定二良策一、可レ拒二-絶醜夷一、是朕意也、

勅使持参御書附写

今般攘夷之儀決定有レ之、天下え布告ニも相成候上は、外夷何時海岸を却[刼]掠し、畿内闌入[3]之程も難レ測候間、禁闕之御守衛厳重被二　仰付一度被二　思召一候、然処海国は夫々防禦向も有レ之、海岸ニ引離候諸藩は、救援之手当等有レ之候事ニ付、辺鄙より畿内ニ警衛差出居候ては、自然不行届之筋も可二出来一、且自国之兵備手薄ニ相成、国力之疲弊ニも可レ至候間、京師守護之儀は、御親兵とも可レ称警衛之人数を不レ被レ置候ては、実以　宸襟をも不レ被レ安候間、諸藩より身材強幹、忠勇気節之徒を令二撰募一、時勢ニ随ひ、旧典を御斟酌ニ相成、御親兵と被レ遊度被二　思召一候、右御親兵被レ為レ置候に付ては、武器食料等准レ之候間、是亦諸藩え被二　仰付一、石高相応貢献致し候様被レ遊度候、但是等之儀は、制度ニ相渉候事ニ付、於二関東一取調、諸藩え伝達有レ之候様被二　仰出一候、最即今之急務ニ候間、早速評定可レ有レ之、御沙汰被レ為レ在候事、

（出典）黒板勝美編『新訂増補 国史大系第五十一巻 続徳川実紀 第四編』吉川弘文館、一九三六年、四六九－四七〇ページ。

（1）次にみえる「勅書写」を指す。（2）幕府は大原勅使の下向や幕政改革の動きの中で、既に九月七日、翌年二月上洛するとの旨を諸大名に達している。（3）ランニュウ、許しを得ずして入ることの意。

【解説】　本史料は、文久二年一二月一三日、諸大名に総登城を命じた幕府が、彼等に示した勅書並びに御沙汰書である。この際、幕府は翌年二月将軍家茂の上洛以前に、攘夷策を提出するよう諸大名に求める書付を渡している。

大原勅使や毛利定広の江戸下向以降、京都では長州・土佐両藩のとなえる攘夷論が盛んとなり、在京鹿児島藩士もこれに合流し、九月一八日には、三藩主の名をもって、勅使を下向させ、断然攘夷すべしとの勅命を幕府に下すことを奏請した。これをうけ、同月二一日、三条実美と姉小路公知が正副勅使に任じられ、土佐藩主山内豊範が随行することとなった。そして一〇月一二日、本史料中にある勅書と御沙汰書を前々日に授けられた勅使が出京する。一二月五日、勅使の圧力のもとに、将軍家茂は「勅書謹拝見仕候、勅諚之趣奉畏候、策略等之儀ハ御委任被成下候条、尽衆議、上京之上委細可奉申上候」との請書を提出、あわせて別紙において婉曲な形で親兵設置を拒んだのである。この請書を出したことにより、幕府は攘夷策に関し衆議を尽すことを形であらわすことを義務づけられ、一二月一三日の諸大名総登城の上の幕府達となるのであった。

29 生麦事件に関する英国代理公使ニール書翰　老中宛　一八六三年四月六日

私心のある顧問達の邪悪な企みにもかかわらず、知性的な大君の諸大臣は、日本との友好関係と通商とを保持したいとの英国の誠実な希望を熟知している。だが、自国の威信が消極的にでも無視されたり、正当な要求が拒絶されることを英国は耐え忍びはしないという認識によって大君政府が導かれるべきだということは、日本にとっては死活問題である。

しかし、もしも執政中の大君の諸大臣が、通常の慎重な配慮をはらわず、時間稼ぎの諸手段に没頭しながら、日本を、全く対抗することが不可能な偉大な国家との敵対関係に陥らせるとすれば、これらの大臣の頭上には、起りうる総ての災厄に対する重大な責任が降りかかるだろう。

以上のことを貴下に対し義務として述べた上で、私は以下の明白で断乎とした諸要求を日本政府に為すよう訓令されている。

第一、条約によって開かれた街道を通行中の英国臣民への残忍な攻撃を許した罪に関する十分で正式な謝罪。

第二、この罪に対し罰金一〇万ポンドを日本が支払うこと。謝罪の方法・形式及び賠償金支払方法に関しては、私と日本政府委員間で協議することとする。

今日より二〇日間が回答のため日本政府に与えられる。回答は、ここでなされた要求を受諾するか拒絶するかいずれかの明白なものでなければならない。

日本政府に与えられた二〇日間が経過した後、万が一、その回答が拒絶的、回避的もしくは要求された賠償を受けいれるようなものでなかった場合には、当地に大規模に集結中の英国海軍は、拒絶回答か無回答から二四時間以内に、要求している賠償を確保すべく必要な諸措置に入る。これらの措置を採ることは、その時以降、必然的に英国海軍司令長官の手中に委ねられる。

私は、九月一四日の暴行発生に関し、日本政府に、法律に叶った方法によって補償を為さしめたいと切望していたので、後程本国政府に完全に支持された慎重なる態度をとり続けてきたことを、日本の諸大臣に想起してもらわねばならない。しかしながら、この慎重な態度の結果、私は横浜居留外国人よりの多大の悪口を蒙ることとなった。

私は、訓令を遂行しつつも、無防備の住民への被害回避を切望しているので、この旨を提督に表明するつもりであることを、日本政府にお知らせする。しかし、必要となるだろう我々の強制作戦に対しての抵抗や妨害の試みは、このような総ての配慮を全く実行不可能としてしまうだろう。

それ故、以下のこと、即ち、必要となった際の予備的措置が進行している際、開港場に居留する英国臣民の身体ないし財産に対する日本政府や大名家臣等からの微細な侵害や暴行そのものが、事態の全性格を転換させ、敵対行動の迅速な展開に結果するだろうことを、日本の諸大臣に警告することは、私の絶対的に必要な義務となる。その規模、期間、結果は予測しえない。だが、その全責任は日本政府とその顧問達にかかってくるだろう。

英国政府の現在の要求は全く限定的かつ明白なものであり、また彼等へ同意することを拒んだ直接的な結果である。

私は、日本政府に対し、いやおうなく求められているところのもの、それへの不同意に不可避的に伴ってくる報復を、誠実に述べ且つ説明することで自分の義務を果したので、次に、本国政府の訓令に従い、その家臣によって犯された九月一四日の殺害に対し、薩摩侯から求めらるべき賠償という、遥かに重要な部分を強制すべく採られるだろう諸措置に関し、閣下にお伝えしたい。

日本の諸大臣は、日本政府は薩摩侯の領国内では犯人を追跡したり逮捕することはできない旨を、種々の機会に私に書通し言明してきたし、他国の諸大臣に対して率直に認めもした。実際の殺害者である薩摩侯の家臣がふさわしい処罰をまぬがれる理由は何処にも存在しない。大君政府を妨げている困難さを考慮し、英国政府自身が薩摩侯から謝罪と補償を求めることを余儀なくさせられている。

それ故、海軍は薩摩侯に属している港に入るよう指示され、そこにおいて同侯に対し以下のことが要求されるだろう。

第一、英国海軍士官一名以上の臨席のもと、リチャードソン殺害と彼に同行していた淑女・紳士への野蛮な攻撃の主謀者達の早急な裁きと死刑。

第二、被殺害者の親類及び、その場で暗殺者の剣から逃れた人々に分ち与えられるべき二万五千ポンドの支払い。

第三、薩摩侯が、これらの要求を直ちに実行することを拒絶するか遅延させるか回避した場合には、求めている賠償を獲得するため最善と提督が判断した強制手段がすぐさま同侯に対し採られるだろう。

私は、薩摩侯に対し採らるべき方針に関し、上述の通知をおこなう。それは大君政府への礼儀と配慮からであるとともに、大君政府が、何も犯してはいない英国臣民に対し、薩摩侯の父島津三郎が長である彼の家臣によって犯された野蛮な暴行によって余儀なくされた英国政府の要求に直ちに応じるよう、同侯へ勧告することが日本の利益に叶っていると見做すだろうことを考慮してのことである。

この件に関し、正当な理由のない危害への補償を強制する上での英国民の力量と決意を知らないが故に、薩摩侯がおこなうだろう頑固で無分別な行動がひきおこす結果に言及する任務を帯びた政府高官が、日本政府によって派遣されるべきである。

（出典）　Correspondence respecting Affairs in Japan, 1864.

【解説】　本史料は、一八六三年四月六日（文久三年二月一九日）、英国代理公使ニールが幕府に提出した、生麦事件に対する二〇日間の期限付要求書である。大原勅使に従って江戸に下向した鹿児島藩主の実父島津久光は、文久二年八月二一日（西暦一八六二年九月一四日）、使命を果して江戸を出立する。一行四百余人が東海道神奈川宿手前の生麦村にさしかかった時、婦人一人を含む騎馬のイギリス人四人が神奈川宿を発して行列にいき当り、従士の制止を無視して久光の乗物近くまで接近したため、供頭奈良原喜左衛門は先頭のリチャードソンを斬り、他の二人に傷を負わせた。ニールは幕府に犯人の逮捕処罰をくりかえし求めたが、幕府はなんら手を打てなかった。英国政府はニール宛に訓令を発し、イギリス臣民の殺害を放置したことに対する謝罪文と賠償金を幕府に、犯人の死刑と遺族への慰謝料を鹿児島藩に要求し、拒絶の場合は海軍に報復せしむべきことを命令、この訓令を受け、ニールは本要求書を幕府につきつけたのである。しかし、将軍家茂は上洛中であり、しかも攘夷期限を五月一〇日と朝廷に約束し、奉勅攘夷の体制を全国に敷かざるをえない立場にあったため、身動きのできない情況に追い込まれる。結局五月八日、老中格小笠原長行が、自己の独断をもって賠償金支払いの約束を果たす旨を神奈川奉行に告げ、翌日横浜運上所の銀貨をもって賠償金一一万ポンド（内一万ポンドは文久二年五月の第二次東禅寺事件の賠償金）をイギリス側に交付したのだった。ついで六月二二日、英国中国艦隊司令長官クーパーは、ニールとともに七艦を率い横浜を出航、同月二八日に鹿児島湾に投錨、処刑と賠償金を求める要求書を藩側に手交した。鹿児島藩は犯人の未逮捕を通告、あわせて被害者の国風無視を非難、ここにイギリス海軍は軍事攻撃を決意した。台風の下、七月二日・三日とつづいた薩英戦争において、鹿児島藩側は各砲台を破壊され、市街地は大火災となったが、英国側も旗艦艦長と同艦副艦長が戦死するなどの大打撃を受けたのである。交戦の結果、軍事力のあまりの懸隔に目を開かされ講和の有利さを理解した鹿児島藩は、英国側と数次にわたって交渉をおこない、一一月一日、慰謝料二万五千ポンドを幕府から借りて英国代理公使に交付、ここに生麦事件は解決した。

30　八・一八クーデタ関係史料　文久三年八―一〇月

(1)　大和行幸の詔　八月一三日

為二今度攘夷御祈願一、大和国行幸、神武帝山陵・春日社等御拝、暫御逗留、御親征軍議被レ為レ在、其上神宮行幸事

(2)　御前での中川宮演説　八月一八日

春来議奏並国事懸之輩(1)一同、長州入説之暴論相用、叡慮ニモ不レ被レ為レ在事件ヲ御沙汰之趣ニ申成候事共不レ少、就中御親征行幸之事ニ至テハ、即今未其思召不レ被レ為レ在ヲ矯テ叡慮之趣ニ施行致候段、逆鱗不レ少、一体右様過激疎暴之所置致候儀、全長州不二容易一企ニ、三条(2)始致二同意一、事々上ヘ奉レ迫候段不忠至極、追テ御取調ニ可二相成一、先三条中納言已下禁足、他人面会被レ止候

(3)　在京諸侯に拝見せしめし宸翰　八月二六日

是迄は彼是真偽不分明之儀有レ之候得共、去十八日以後申出儀は、真実之朕存意候間、此辺諸藩一同心得違無レ之様之事

(4)　京都守護職松平容保宛宸翰　一〇月九日

堂上以下疎暴論不正之所置増長ニ付、痛心難レ堪、下二内命一之処速ニ領掌、憂患掃攘、朕存念貫徹之段、全其方忠誠深感悦之余、右壱箱遣レ之者也(3)

（出典）維新史料編纂会編『維新史』第三巻、明治書院、一九四一年、五四九、五六五、六四二ページ。

(1)文久二年一二月に設置された国事御用掛、文久三年二月に新設された国事参政・国事寄人の三つの官職を指す。御用掛は摂家・親王も加わる比較的穏和なものだったが、後の二者は公家中の激派が占め、特に国事寄人は過激な少壮下級公卿の結集するところだった。八・一八政変で後の二者は廃止された。(2)三条実美は文久二年一〇月議奏、一二月国事御用掛に補せられ、尊攘派公卿の中心人物として活躍した。文久二年一〇月には幕府に攘夷決行を迫る勅使として下向した。(3)この時賜った御製は、「和らくもたけき心も相生のまつの落葉のあらす栄へむ」「武士とこころあはしていはほをもつらぬきてまし世々のおもひて」の二首。その詞書に「たやすからさる世に、武士の忠誠のこころをよろこひてよめる」と書かれていた。

【解説】　ここに示す四史料は八・一八クーデタに関連するものである。文久三年二月、将軍家茂の上洛後は、長州藩や諸国から集った浪士・草莽等によってますます攘夷運動が昂揚していった。そして三月の賀茂社、四月の石清水八幡への行幸、次に四月二〇日には、攘夷期限を五月一〇日とする旨上奏せざるを得ない事態に幕府は追い込まれる。さらにこの五月一〇日、形式的には幕府の朝廷への約束をうけて、長州藩は米国商船を砲撃、ついで仏艦・蘭艦にも攻撃を仕掛け、交戦状態に入るのであった。在京する激派は次なる政策として孝明天皇の大和行幸・攘夷親征策をかかげ、その旨を八月一三日に布告させることに成功する。しかしながら、天皇は激派の行動に強い不満をもち、対外戦争への勝算も持ちえないことから、激派の放逐を決意し、中川宮と極秘に協議する。そして長州藩のやり方に反対する京都守護職松平容保の会津藩及び鹿児島藩の武力を借り、八月一八日政変をおこし、過激派公家を罷免し、長州藩の堺町御門守衛を免じ、同藩兵を退京させたのであった。この結果、三条実美等の激派七卿は長州に下ることとなり、長州藩兵も七卿を守衛して帰国する。政変後の朝廷は、ただちに国事参政・国事寄人の官職を廃止し、激派集結の受け皿となる親兵を解体し、さらに在京する諸国からの浪人を追放することとなる。しかし、孝明天皇のこのような整合性を欠如したやり方は各方面から深い不信をまねくこととなり、天皇は諸大名に、(3)の史料にみるような手段をとらざるを得なくなった。天皇と朝廷の威信は大きく低下する。他方において、軍事力において中核的働きをなした松平容保への天皇の信頼は、史料(4)に見る如く従来にもまして大きなものとなった。五年後会津藩が奥羽越列藩同盟の中心となるのは、故なしとしないのである。

31　幕府に庶政委任の朝廷御沙汰書　元治元年四月二〇日

幕府之儀、内は　皇国を治安せしめ、外は夷狄を征伏可致職掌候処、泰平打続、上下遊惰ニ流れ、外夷驕暴、万民不安、終ニ今日之形勢とも相成候事故、癸丑年(1)以来深被悩　叡慮、是迄種々被　仰出候儀も有之候処、此度大樹上洛(2)、列藩より国是之建議(3)も有之候間、別段之
聖慮を以、先達て幕府ニ一切御委任被遊候事故(4)、以来政令一途ニ出、人心疑惑を不生候様被遊度　思召候、就ては別紙之通相心得、急度職掌相立候様可致候事、

但国家之大政大議は可遂　奏聞事、

(別紙)

横浜之儀は是非共鎖港之成功可有　奏上事、

但先達被　仰出候通(5)、無謀之攘夷は勿論致間敷候事、

一海岸防禦之儀は急務専一ニ相心得実備可致候事、

一長州所置之儀は、藤原実美(6)以下脱走之面々幷宰相之暴臣(7)ニ至迄、一切　朝廷より御差図は不被遊候間、御委任之廉を以十分見込之通所置可致候事、

但先達て被　仰出候奉御旨意所置可致候事、

一方今必用之諸品高価ニ付、万民難渋不忍次第早々致勘弁、
人心折合之所置可致候事、

（出典）「大日本維新史料稿本」第一九八五冊、東京大学史料編纂所蔵。

（1）嘉永六（一八五三）年、ペリー来航の年を指す。（2）将軍の第二次の入京は文久四年一月一五日、二一日に参内している。（3）将軍家茂は、一月二一日、二七日両度、国是と長州問題に関する宸翰を受け、三月に、在京の諸大名に、国是に関する建白書を提出させた。諸大名の答申は攘夷鎖港、武備充実、公武一和を主張するものが多かった。（4）文久三年三月五日、幕府は「征夷将軍之儀、総テ此迄通御委任可被遊候、攘夷之儀、精々可尽忠節事」との勅書を授っている。（5）一月二一日の宸翰には「無謀ノ征夷ハ実ニ朕カ好ム所ニ非ス」と述べられている。（6）三条実美を指す。（7）萩藩主毛利慶親を指す。

【解説】　本史料は、元治元年四月二〇日、参内した一橋慶喜、前尾張藩主徳川慶勝、政事総裁職松平直克及び老中等に対し、関白二条斉敬が授けた、幕府へ庶政を委任する御沙汰書である。但し、「国家之大政大議は可遂奏聞事」と念を押している。将軍再入京後の幕府の狙いは、朝廷と幕府の結合を強化し、他の諸集団の介入を排除することであった。このため、外交方針においては、八・一八政変前の奉勅攘夷に変えて、幕府の管轄する横浜のみの鎖港の方針を掲げ、他方、有志大名が政治に関与する動きに対しては圧力を加え、彼等を帰国させるようにしむけた。そして在京の徳川慶喜が三月二五日、禁裏守衛総督・摂海防禦指揮に任命され、ついで本史料に見るような、庶政一切幕府に委任との沙汰を得ることとなった。但し、幕府が朝廷に約した横浜鎖港は、もともと本気で遂行する気持はなく、七月の禁門の変以降は全くその方針を放棄するようになる。朝廷からの命といい、幕令といい、信をおく者は、その数を激減することとなった。

32　下関事件に関する英仏米蘭四国代表者覚書　一八六四年七月二二日調印

それ故、日本の政治情況は以下のように要約される。

大君は弱体であり、敵対的な多数の勢力の暴力的圧力への抵抗力は日益に無力化していること。

外国人との継続的関係に好意的党派(1)が存在しているが、現時点では、彼等には自己の見解を実現する力量が欠如していること。

最後に、総ての外国人を日本から追放するとの明白な意志表示のもと、あらゆる手段を以て軍備が増強されていること。

諸外国の外交代表の立場は、右に指摘した情況及び傾向の当然な結果に規制されている。

首都での居住は現実的には禁止されている。

瀬戸内海の航行は、この目的を以て建設された砲台によって禁じられている。

長崎の外国人へ商品を輸送しようとした和船の指揮官等は、この砲台を建設した大名の命令により殺害されてきた。(2)

人々は、条約遂行の結果生ずる架空の災厄について語りつつ、条約交渉をおこなった者達に怒っている。

地方政府の命令により、三港へ移出される生産物の量は恣意的に制限されている。日々、交易への障害が産み出され、時には長州が例を示したように、暴力的手段によって、突如として停止させられることがある。

国際法の最も基礎的な諸則が無視されている。

最後に、老中は、外国人が横浜から退去することを主張しており、日本の平和のため、就中、外国人の生命と財産の保障のため必要だとの理由で譲歩を要求している。彼等は、外国人がひきおこした憎悪に対し保護することは、まもなく不可能になるだろうといっている（中略）。

いかにして、そして何処において最初の打撃を加えるべきかは、現状分析により容易に決定される。条約に敵対する党派の内多数の人々は脅迫するだけであるが、長州侯は、全外国船の瀬戸内海航行を禁止し、長崎の領事達からの継続的報告が示しているように、和船が輸送する長崎市場向け生産物の供給を中止することによって、断乎たる攻撃に踏みきっているのである。そのような国際法の継続的侵犯と条約が与えている諸権利の否定は、彼等が享受することを許されている無処罰性によって鼓舞されてきている。この問題に関しては、条約締結諸国からの抗議が効力がないということは、敵対している諸大名にとっては、彼等の政策の最終的な成功への希望をかけている一つの論拠、彼等への追従者と党派の興奮と勇気を維持すべく思うが儘に利用している一つの論拠となっている。

それ故に、諸外国は、長州侯を懲罰することにより、彼等の地位の切迫性に対処することになるだろうし、また好戦的な大名に危害を加えられた諸外国の臣民の安全と幸福に最も貢献することになるだろう。

そこから攻撃されてきた砲台を破壊し、瀬戸内海の自由航行の障害を除去することは、攻撃者の威信を壊滅させ、我々の不行動によって欺かれていた敵対的諸大名の目を開かせ、彼等の脅迫行為が馬鹿げたものであり、条約締結諸国家の科学と軍事力の前には、彼等が立ちふさがることは不可能であることをはっきりと示すだろう。

我々は、行動が必要であり、どの方向に為さるべきかに関し同一の意見であるので、将来の共同行動の基礎として、いくつかの原則を定めることに同意した。そして、この諸原則は、各々の外交代表の将来計画に関し懐かれかねない疑念を除去することによって、一般的理解を強めることともなるだろう。

第一、我々は、日本より敵対的な性格を除去することを、自らの政策の一般的基礎に据える。そして、各々の本国政府から、この政策への支持が寄せられるのを待ちつつも、この原則を開港場に支配させることを約束する。

第二、我々は、条約による諸権利を完全な形で維持すべく採られる手段に関し合意する意志がある。とりわけ開港場での自由貿易は然りである。

第三、下関及び鹿児島遠征での経験により、三開港場が同時に攻撃されることはありえないと我々は考えるようになった。しかしながら、瀬戸内海での作戦との関連で、このような不測の事態には共同で対処する。とりわけ侵入や攻撃の危険に最もさらされている横浜港に関しては然りである。

第四、我々は、如何なる領土の割譲も、如何なる独占的利益も、開港場かそうでないかを問わず、日本に要求もせず、日本から受入れもしないことに同意する。

もしも、瀬戸内海や他の地域において、作戦の成功をより確実なものにするため、交戦している海軍司令官にとって、港・島その他陸地の一部を占領することが有利か、必要だと思われたならば、そのような占領は、占領した国家へ独占的権利を与えるものではなく、所期の目的が達成されるとともに終結することが、ここに明記される。

第五に、我々は更に、日本人に対する日本官憲の司法権への如何なる干渉、日本国内での対立する党派への如何なる介入にも関与しないことを、ここに明記する。

（出典）『旧条約彙纂』第一巻第一部、二三三―二三六ページ。

（1）四国の代表は、この党派として越前侯・肥後侯・会津侯・予州侯（伊達宗城）・薩摩侯をあげている。（2）文久三年一二月二四日薩摩藩が借用していた幕府汽船長崎丸が長州藩砲台によって撃沈された。

【解説】　本史料は元治元年六月一九日（一八六四年七月二二日）、幕府に二〇日間の回答期限をもって、下関通航の安全保障を要求した際作成された英仏米蘭四国代表の覚書（英文）である。文久三年五月一〇日以降の長州藩の外国船艦砲撃に対処するため、六月一〇日、英仏米蘭の代表は、瀬戸内海通航権の復活のため四国海軍による長州への報復を決議し、幕府にその旨を通告した。この決議は元治元年一月、開港開市延期交渉に協力するため帰国していたオールコックが帰任したことにより具体化されていく。彼は帰任に際し、各開港場の確保と貿易擁護のため積極的手段を講ずること、敵対行為報復のため海軍力を使用することとの指示を受けていた。彼は局面を打開するには、列国に対する敵対行為の無意味性を思い知らせる必要があり、そのためには敵対勢力の中心となっている長州侯に強力な一撃を与えなければならないとの方針をたて、各国と協議に入った。四月二五日会合した四国代表は、幕府の鎖港談判交渉に応じないことを確認し、また海峡通航の自由と長州侯の処分に関し厳重な警告を幕府に発することに合意し、要求がいれられない場合には不時の大危難が発生するだろうと幕府に通告したが、幕府は、長州処分は幕府に一任せよ、横浜鎖港は唯一の方策であるとのみ回答した。この回答を受け六月一九日、四国代表が作成した覚書が本史料である。そしていくつかの曲折を経た後、八月二日、英艦九艘、仏艦三艘、蘭艦四艘、米艦一艘、計一七艘、砲門三〇〇門弱、兵員五〇〇〇余の四国連合艦隊が姫島沖に集結した。七月一九日、主力部隊が禁門の変で壊滅したことにより朝敵となった長州藩は、二正面に敵を迎えることを避けるため連合艦隊との交戦を回避しようとしたが、強硬派の説得に失敗、八月五日から七日にかけ、四国連合艦隊は頑強に抗戦し続ける長州藩の諸砲台をアームストロング砲をもって沈黙させていき、陸戦隊を上陸させて砲台を破壊させた。完敗した長州藩は高杉晋作を正使、伊藤博文・井上馨を通訳として講和交渉をおこない、下関海峡通航の自由、新規砲台の不建造等のことを約束する五項目の約定を八月一四日、艦隊側と締結した。だが同時に彼等は、下関砲撃は前年の勅命ならびに幕命を奉じて行ったのであり、長州藩の独断行動ではないことをも強く主張した。

この後、四国代表は幕府と交渉をおこない、三〇〇万ドルを支払うか、下関かあるいは内海に在る貿易に適当な港を開港するかの二者択一を迫った。そしてこの選択を幕府に委ねた下関事件取極書が九月二二日調印された。だが、幕府は大名領内に開港場を設けることを好まず、翌年三月、三〇〇万ドルの支払いを四国に約束した。

3　条約勅許と新たな対応への模索

33　鹿児島藩士西郷隆盛書翰　大久保利通宛　元治元年九月一六日

両藩(1)より段々攻掛候処、幕府之内情も被二打明一候付、承候処、誠ニ手之附様も無レ之形勢と罷成候事ニ御坐候、畢竟幕吏之処、此度之一戦ニて暴客(2)恐縮いたし、もふは身之禍を免れ候心持ニて、太平無事之体と相成、奸威ほこり立候向と被二相聞一申候、左候て幕吏も余程老練いたし、何方ニ権之有るとは知れぬやうニいたし成し、一同して持合居候姿ニ御坐候、其内ニても諏訪因幡(3)と申者魁首と相聞得申候、色々正義を立込候へは、御尤と同意いたし、何となしニ正論之者を退け候付、迚も尽力之道無レ之との訳ニ御座候、然らは奸吏を遠け候策は無レ之哉問掛候処、一小人を退るニは訳もなき事なから、是を受取もの(4)無レ之、つまり議論を立候者之倒る外無レ之との事ニて、如何とも運之付模様は無レ之事ニ御坐候、乍二此上一も諸藩より力を尽し候儀は有レ之間敷哉と、今一段攻掛候処、是以受続ものゝあれこそ行れもいたし可レ申候得共、薩摩よりケ様之議論有レ之候と役人え持出候へは、直様薩摩え被レ欺候人と申成し、落し付候様子ニ御坐候、諸藩より尽力いたし候ても、無益之事ニ相成との説ニて、いたし方無レ之次第ニ御坐候、幸、阿部閣老(5)上坂之処ニて御坐候付、為人《ひととなり》相尋候処余程ほめられ、何歟計策を勝氏より被レ授候模様ニ御坐候処、一昨日京着相成申候、勝氏も上京之賦ニ御坐候間、此機会を見合候事ニ御坐候処、私ニも閣老え申入置候間、得と談判いたし候様、昨夜紙面を以被二申越一候付、是非拝謁を願、一問答は致し可レ申含ニ御坐候、いつれ阿部其人ニ候はゞ諸藩より相助、幕奸之四五輩は断然

勅命を以打落し候策ニて無レ之候ては、迚も埒明申間敷事と相考申候、それ程之気力も無レ之候はゞ(6)、必無策ニ踏候事に御坐候間、決て口を閉可レ申儀と相考居申候、勝氏え初て面会仕候処、実ニ驚入候人物ニて、最初は打叩賦ニて差越候処、頓と頭を下申候、とれ丈ヶか智略之有るやら知れぬ塩梅ニ見受申候、先英雄肌合之人ニて、佐久間(7)より事の出来候儀は一層も越候半《そうらわん》、学問と見識ニおひては、佐久間抜群之事ニ御坐候へ共、現時ニ臨候ては此勝先生と、ひとくほれ申候、〇摂海え異人相迫候時之策を相尋候処、如何にも明策御坐候、只今異人之情態ニおひても、幕吏を軽侮いたし居候間、幕吏之談判ニては迚も難レ受、いつれ此節、明賢之諸侯四五人も御会盟ニ相成、異艦を可二打破一之兵力を以、横浜并長崎之両港を開、摂海之処は筋を立て談判ニ相成、屹と条約を被レ結候はゝ、

皇国の恥ニ不二相成一様成立、異人は却て条理ニ服し、此末天下之大政も相立、国是相定候期可レ有二御坐一との議論ニて、実ニ感服之次第ニ御坐候、弥左様之向ニ成立候はゝ、明賢侯之御出揃迄は、受合て異人は引留置との説ニ御坐候、右ニ付ては今よりヶ様之議論を立候ては決て破ニ及可レ申、又離間之策を用ひ候儀無レ疑事ニ御坐候間、摂海え異人相迫候節、初て此策を唱出、急速ニ相決し候様不レ致候ては相成申間敷、一度此策を用ひ候上は、いつ迄も共和政治をやり通し不レ申候ては、相済申間敷候間、能々御勘考可レ被レ下候、若此策を御用無レ之候はゝ、断然と割拠の色を顕し、国を富すの策ニ不レ出候ては、相済申間敷儀と奉レ存候、乍レ然、次第して申さは、長征之処第一之訳ニ御坐候間、折角促し立、油断は不レ致候間左様御納心可レ被レ下候、

（出典）　大川信義編『大西郷全集』第一巻、平凡社、一九二六年、四九二―五〇〇ページ。

（1）鹿児島藩と福井藩。（2）長州藩を指す。（3）信州高島藩主で元治元年七月より慶応元年四月まで老中を勤めた諏訪因幡守忠誠のこと。（4）幕府の中に、提案に賛成し、協力して奸吏を遠ざけようと働く者がいないとの意。（5）奥州白河藩主で元治元年六月より慶応元年一〇月まで老中を勤めた阿部豊後守正外のこと。この時は朝廷より命ぜられた長州征伐に関し上京した。（6）阿部がそれほどの人物でないならばの意。（7）松代藩士で兵学者の佐久間象山。元治元年、在京中の将軍家茂にまねかれ上京、七月一一日、尊攘派によって暗殺された。

【解説】　本史料は在京中の西郷隆盛が元治元年九月一六日、国元の大久保利通にあてた書翰である。西郷は、元治元年三月、

二度目の島流しを許されて上京、禁門の変では鹿児島藩の代表者として活躍し、ひきつづいて第一次長州征伐の成功のために活動していた。その彼が、九月一一日、越前藩士とともに在坂中の勝海舟と面会した際のことを報告したのが、この史料である。勝は幕府の内情を率直に西郷に語っており、幕府の内部改革にほとんど期待をかけていなかったことがよく判る。注目すべきことは、両者ともに、前月の下関戦争を、連合艦隊が朝廷に圧力をかけるため大坂湾に進入する第一段階と正確にとらえていることである。勝は、この来るべき圧力に対抗するための国家構想として有志大名の連合体を想定している。西郷としても、この大問題への出来るだけ早急な対応策が必要だと考えており、そのためには、朝敵とされた長州藩問題に可能な限り早い結着(従って戦争ではなく政治的に解決させることが求められる)をつけた上で、国内の一致協力体制を創りあげなければならない。しかしながら、その後勝が処分されたことにみられるような、幕府改革の不可能性、長州藩激派と接触する中での彼等の思想と力量への理解の深まり等々により、西郷は、この年一一月、第一次征長の役に結着をつけた後は、反幕府・長州連携の方向性を次第に明白にしていくのである。

34　摂海進入に際し英米仏蘭四国代表者覚書　一八六五年一〇月三〇日調印

このため、米英仏蘭外交代表の我々は、第一に、我々にその力を与えてきた連合及び目的の共有ということをしっかりと守りつつ、各国政府の訓令を調整させることに関し、第二に、現状を可能な限り利用する諸手段に関し、相互の了解をうるため、会合が必要だと考えた。

すべての諸側面を検討した結果、以下の諸点を考慮し、我々は一時的に交渉の場を大坂に移動させる(1)ことに合意した。即ち、一方で兵庫港と大坂市を期限前に開くこと・ミカドによる条約批准・関税の改正を条件に、賠償金の一部を放棄するとの英国政府の提案は、一八六四年一〇月二二日の取極書(2)の精神に合致していること。他方で仏国政府の立場は、一部を除いては英国政府の提案からそれてはいないこと。日本の諸党派の情況、もし日本政府が英蘭両国政府の要求条件を自発的に与えたとしたら、仏国政府が憂慮するような強要の場合の危険(3)はなくなり、この要求条件は賠償金の三分の一(4)の支払いに関わる全員にとって望ましいものであり、そしてこの場合仏国は、一〇月二二日の取極書の精神に完全に合致したこの新協定に反対しないこと。周知のように列強及び日本の利害は、関係する諸問題のすみやかな解決を要求しており、賠償金の三分の二の放棄は、列強と日本との将来の良好な関係の最良の保証となるミカドによる条約批准を促進させることになり、しかも大君政府はミカドからそれを獲得すると約束していること(5)。大君と彼の主要な大臣の不在は、江戸での交渉を不可能ではないにしても、あまり現実的ではないものにしているが、協定や厳粛な取極めの遂行を然るべき時期にかちとることによって我々の権利を確認し、相互理解の結果として先期の獲得がもしも出来ないにしても、条約で決められている時点での兵庫・大坂の開放を実行させるべく断乎として我々が決意していることを、日本政府・ミカド・諸大名に確信させることが重要であること、の以上である。この措置は、外交代表が大君その人に信任状を提出していることにより、条約の精神と全く合致しているが、更に、大君の敵味方が目のあたりにする中でのこのような措置は、準備されている大事件の好結果に異常なほど影響を与えるという意義を持つだろう。

　実際の処、大君は、彼のまわりのミカドと大名の勧告に従い、長門侯を和平条件(それをこの反逆大名は約八ヵ月前(6)、大君軍隊の総督であった尾張侯より受けいれた)の受諾者としてむかえることに合意したが、この大名は種々の口実をあげてこの条件に従ってはいないとの情報を我々は得ている。しかし、大君は当然ながら、この臣下の性格に不信をいだき、一二月一三日(7)という期限を設け、そののちは、この反逆大名に積極的に与えた有利な条件が実現しなかったとして、ただちに懲罰のため進軍しようとしている。

　大君の大臣との友好的交渉のため、この決定的時点での、各国海軍を従えての列強外交代表の大坂到着は、敵対的情況の開始を阻止するだろう。それはおそらく内乱のきっかけとなり、その結果は、どのようなものになろうとも、日本における列強の政治的通商的利益を侵害せざるをえないものとなるだろう。要するに、我々の到着は、条約批准をミカドからかちとるという日本政府のおこなっていることの結論を促進する道徳的支援を彼等に与えることにほかならないだろう。

(出典)　*Papers relating to Foreign Affairs*, 1866.

(1)一八六二年六月六日のロンドン覚書(史料24)により、兵庫・新潟・大坂・江戸は一八六八年一月一日より開かれるとされた。英蘭両国は、それ以前の開放を求めたのである。(2)元治元年九月二二日の下関事件取極書を指す。(3)仏国政府は、ロンドン覚書で規定されている日付以前の開放を日本に押しつけることは危険だと、英蘭両国政府の見解に反対し、ただし、下関事件取極書では大君に賠償か開港かを迫っているので、日本側が先期に兵庫・大坂を開放した場合には反対する理由がなく、この問題は日本に駐在する仏英蘭米四ヵ国外交代表の協議に委ねるべきだと主張した。(4)下関事件取極書に従い、幕府は慶応元年三月一〇日、下関を開港せず、賠償金の三分の一に当る一〇〇万ドルを支払うが、のこりの三分の二の支払いは一年後に延期してほしいと関係四ヵ国に申入れた。四ヵ国はそれぞれ本国の指示を仰ぎ、英蘭は史料中にある三件の実現を条件に賠償の放棄ないし延期を認め、仏は無条件での延期を認めたため、この会合となったのである。なお、米国政府の指示は到着していなかった。(5)慶応元年五月、第二次征長のため将軍は大軍を率いて江戸を進発、大坂に赴いた。(6)長州藩は、元治元年一一月尾張の前藩主徳川慶勝を総督とする第一次征長軍に三家老の首級を献じて恭順謝罪した。(7)幕府は和暦九月二七日(西暦一一月一五日)迄の期限付で長州藩末家家臣の大坂出頭を命じていた。

【解説】　本史料は、英仏米蘭四ヵ国外交代表が、連合艦隊を率いて大坂湾に進入し、第二次征長の役で在坂中の将軍と京都の天皇への軍事的圧力のもと、条約勅許をかちとろうとした際、出航直前横浜で作成された覚書である。幕府は第二次征長の役の軍費に苦しみ、下関事件賠償金の内三分の二の支払いを一年後に延期したいとの申入れを慶応元年三月におこなった。英国政府は、この際長期にわたる条約紛争に決着をつけるべきだとの立場を固め、条約勅許、兵庫大坂の先期開放、関税率の五％への引下げ、の三条件を定め、オールコックにかわって閏五月一六日に横浜に到着するパークスに指示したのだった。そして、九月一一日、在日四ヵ国代表は横浜に会し、この三条件を日本側に強要することに合意し、また朝廷・将軍・諸大名を直接の交渉相手とするため、代表自身が強力な軍事力を擁して大坂湾に進入しなければならないと決したのである。四ヵ国代表は、英艦五艘、仏艦三艘、蘭艦一艘からなる連合艦隊をもって九月一六日兵庫沖に来航、翌日四ヵ国代表は、下関賠償金三分の二の放棄の代償として条約勅許、兵庫大坂先期開放、関税軽減を幕閣に強要し、回答なくば直ちに入京して直接朝廷と談判すると警告することとなる。

35　一橋慶喜他三名条約勅許要請書　慶応元年一〇月五日

此程不料外国船兵庫港え渡来、条約之儀改て
勅許有之候様申立、若幕府於て取計兼候はヽ、彼
闕下え罷出、直ニ可申立旨申張、種々力を尽し応接仕、来ル
七日迄(1)は為相扣《あいひかえ》候得共、何れニも御許容無之候ては退帆不
仕、去迚《さりとて》無謀ニ干戈を動し候得は必勝之利無覚束、仮令一時
は勝算有之候共西洋万国を敵ニ引受候時は幕府之存亡は姑《しばら》く
差置、終ニは　宝祚之御安危ニも拘り、万民塗炭之苦を受可
申、実以不容易儀(2)ニて
陛下万民を覆育被遊候　御仁徳ニも相戻り、仮ニも治国安民
之任を荷候職務(3)ニ於て如何様　御沙汰御座候共、施行仕候義
何分ニも難忍奉存候間、右之処篤と　思召被為分、早々　勅
許被成下候様仕度、左候得は如何様ニも尽力仕、外国船退帆
仕様取計可申奉存候、

十月五日

小笠原壱岐守(4)
松平越中守(5)
松平肥後守(6)
一橋中納言(7)

飛鳥井中納言殿(8)
野々宮中納言殿(9)

（出典）「大日本維新史料稿本」第二三八二冊、東京大学史料編纂所蔵。

（1）四ヵ国代表は慶応元年九月一七日、七日の期限を切って幕府に回答を要求（文書は一九日に送付）、九月二六日、幕府は回答一〇日の延期を求め承認された。従って九月は小の月だったので、一〇月七日が期限となった。（2）おおい育てること。（3）征夷大将軍の職掌をいう。

(4)老中格小笠原長行。(5)京都所司代で桑名藩主の松平定敬。(6)京都守護職で会津藩主の松平容保。(7)禁裏守衛総督の一橋慶喜。(8)武家伝奏の飛鳥井雅典。(9)武家伝奏の野々宮定功。

【解説】本史料は、四ヵ国外交代表の圧力をうけ、一〇月五日、勝算のない開戦を回避するためには条約勅許しかないと孝明天皇に求めた一橋慶喜他三名の言上書である。在坂老中の松前崇広と阿部正外は、四ヵ国に対し兵庫先期開港を文書で約束したため、一〇月一日、朝廷より官位剝奪・謹慎という前代未聞の処分をうけた。朝廷が老中人事に介入したのである。同日将軍家茂は条約勅許を奏請し、あわせて辞表を提出、三日、東帰のため大坂を出発した。朝廷はこれを差止め、四日、一橋・会津・桑名・小笠原長行及び在京諸藩の重臣数十人が御所によばれ、将軍上奏書について評議がおこなわれた。この四日、四ヵ国代表は、再度要求をくりかえし、予定の期限内に確定がなければ自由行動をとると通告する。五日、慶喜等はこの言上書を提出、条約勅許しか途がないと主張し、この日ついに、孝明天皇は安政五ヵ国条約を勅許せざるをえなかった。但し兵庫開港の件は禁止した。パークスは要求の一部しか実現できなかったことに強い不満をもったが、残された諸問題は江戸で交渉することとなり、連合艦隊は一〇月八日、横浜に向け出発することとなる。

　連合艦隊の軍事的圧力を背景とした条約勅許は、幕府の政治権威を更に低下させるとともに、朝廷と孝明天皇その人に対する批判を強めさせることとなった。幕府にとっての政治的活路は、第二次征長の役での軍事的勝利の一点に絞られてくるのである。

36　第二次長州征伐に対する長防士民檄文　慶応元年一一月

長防士民一統臣子之分無余義情実申談書取

我両君上(1)之思召は、元来　皇国一致、大義名分相立、忠節信義被為尽度との御素意ニ候、既ニ嘉永癸丑外夷御所置之儀ニ付、

幕府より列侯え御尋之節も、

叡慮御遵奉ニて待夷之御良策被為建度書面(2)を以て被仰出候儀も有之、畢竟　皇国一致不致候ては外侮防禦方難相成、皇国一致之根元ハ叡慮遵奉より外他事無之との御見込ニ被為在候処、乍恐於　幕府待夷之御処置振　叡慮御遵奉之筋にも参り兼候哉、上巳桜田一件上元坂下一件等種々之禍変も出来、此余如何様之内乱ニ可立至候哉と御煩念ニ不被為堪、兼て忠節信義被為尽候御誠心よりして、右等御傍観ニは難被為忍、何卒於幕府叡慮御遵奉被為在、公武御合体、皇国一致いたし候様ニと東西奔走御尽力被為成候処、(中略)京師変動之罪(3)已に帰着する所有之候(4)上は速に御冤罪明白ニ弁知候て、御踈[疎]外御咎等被遊候御事は無之筈と相考候、万一も此余御沙汰之筋ニ付両君上え御譴責様之儀有之候時は、決て叡慮・台旨(5)ニては無

之、其中間ニて罪名を羅織[6]いたし候者有之より起り候ニ相違無之、御互ニ先祖以来長防二州ニ生育仕、数百年莫大之高恩を荷ひ奉り候者、傍観座視する筋は無之、乍併右様罪名を羅織し、至誠之御心事を壅蔽《ようへい》し徹上不致、御冤罪ニ被為陥候ニ立至り候は、乍恐　幕府之御不所置ニも被為当、後来天下忠義之道を被為塞、自ら　皇国不一致儀ニ候得は、天下列侯方実に国家を被為憂候御方々は決て御傍観は被為在間敷候得共、此義は我々等預り知る処ニ無之、只々我々御互に臣子之分ニては、両君上積年　天朝及幕府え忠敬を被為尽候処、兼々観感欽慕罷在候得は、我々等は又両君上え至誠を以前後一貫終始不変御奉公申上候は、即臣子当然之分ニて、万一も御冤罪不晴候へは、是非雪き不申候ては不相済、然上は　天子及将軍え御直訴申上候外手段無之、左候得は不被為弁知儀は決て無之候、右様情実巨細申出候ても、讒誣之ため壅蔽御採用無之候節は、即雲雨晦冥、日月光を失ひ候義ニ付、不得止一同退て封境を鎖し、嶮阻ニ拠り防備を設け、雲雨開晴之時を相待可申候、其中万一兵力被差向候節は、仮令其名は
天朝及幕府を仮り候共、堂々たる王者之師に右様御不当之御所置無之筈、叡慮・台旨ニて無之は必然ニ候へは、飽迄も平生之忠義を相励し、及防禦候外手段無之事ニ候、昔し元禄赤穂之遺臣大石内蔵之介以下四十七人、其主君浅野内匠頭殿之為に吉良氏え讐を復し候、内匠頭殿事は　幕府大礼之節、自身大不敬之振舞有之候故、其起原を尋れは、畢竟吉良氏え之私怨候へは、　幕府より罪科被仰付候も当然之次第ニ可有之、左候得は一通り之常例を以て申候得は、主君之為とは乍申、内蔵助以下大法を犯し吉良氏え復讐するは、いかにも暴動之様相見へ可申、乍併主君吉良氏え之怨は私怨にもせよ、　幕府より之罪は当然にもせよ、臣子之分無余義情実より起り候得は不得止次第ニて、後世誰壱人ニても不感服者無之、演史ニ載せ劇場に伝へ、見るもの聞くもの感泣流涕し、忠臣烈士と為さるは無之、是天性彝倫[7]之根さす処、言語号令を不待して人々同きもの有ニより候、然処、今我　両君上は前ニ述る通り、積年之御忠誠終始一貫、一途に　皇国之御為を被為思召、乍恐
天朝及幕府信を天下後世に御失ひ不被遊候様為致度と忠節信義之御心事ニて、全以浅野内匠頭殿如き私怨より差起りたる訳ニては無之候、又京師変動は素より申迄も無之奉恐入候筋ニ候得共、其根元を尋れば、闔国《こうこく》之士民兼て　天朝幕府神明ニ被為誓候御精誠[8]ニ感奮仕居候故、其後之御沙汰ニ疑惑を生し、壮年之過激より事起り候事ニて、両君上ニは御心術と申、御処置と申、忠誠始終不被為変、唯多人数之御家来多端之御事務ニ付ては、思召寄せられさる所より之齟齬出来も致候へ共、畢竟御身上ニ被為取候ては、功績こそあれ御罪とては毫末も無之、さすれは国内一統決死防戦、七度人間ニ生れ

候ても此御冤罪を晴し奉らはては不相済、万世青史に載られ候ても、毛利氏数百年之高恩を蒙りなから、其主人之冤罪を傍観坐視致したりと口々に申触らるゝは、手足耳目を具し此世に生したる甲斐も無之次第ニ候、大石内蔵之介已下四十七人をして我々等の地位に居らしむる共、尤至極と同腹同心致し候ニ相違有之間敷候、此度合議衆決を遂け、士民一統相誓候処如件、天地照覧鬼神在旁抵死不渝(9)、依て天下後世我々等臣子之微志伝聞之謬誤なからん為め、各一本を懐にするものなり

(出典)　校訂者所蔵原本複写。

(1)萩藩主毛利慶親及び世子の毛利定広のこと。(2)嘉永六年八月二九日付の萩藩主建白書では、外夷拒絶・防備充実が主張されていた。(3)元治元年七月禁門の変で朝敵の名を蒙ったこと。(4)第一次征長の役において恭順謝罪したこと。(5)将軍の意を指す。(6)いろいろかまえて罰に陥れること。(7)人の常にふむべき道。(8)文久三年、孝明天皇が幕臣を率い賀茂社、石清水八幡宮に行幸して攘夷を祈願したことを指す。(9)死に抵《いた》るとも渝《かわ》らず、と訓ずる。

【解説】　本史料は、第二次征長軍を前にした長州藩当局が、嘉永六年以降の同藩の行動の正当性と徹底抗戦せざるをえない理由を、一方では領民全員に周知させ、他方では広く日本国民に呼びかけるため木版刷りで刊行した檄文(表紙の表題は「長防臣民合議書　完」となっており、「元治二年乙丑十有一月」と年月が入っている)である。ただし『防長回天史』には慶応二年三月刊行とされている。長州藩では元治元年末、保守派が一時権力を掌握したが、慶応元年一月高杉晋作が諸隊を決起させて藩政を握り、藩論を第二次征長軍への徹底抗戦に統一した。この檄文には、その際の論理がきわめて筋道だって述べられている。即ち、藩主とその世子は一貫して幕府に叡慮を遵奉させ、公武合体・皇国一致のうえ外敵に当るため尽力してきた。それについては何のやましいところもない。「壮年の過激」より禁門の変がおこったが、これは両君上が前年恭順謝罪したので既に結着している。このうえ征討の軍を向けられるとしても、それは決して天皇・将軍の意志ではない。防長二州の士民は、終始一貫日本のためを思い、朝廷と幕府の信を天下・後世に失墜させないように尽力してきた両君上の冤罪をはらすため、断乎として決死防戦するという宣言である。一方では封建的な主従の情誼、領主・領民の心情等を巧みに鼓吹しながら、他方では攘夷の叡慮を実践し皇国一致のうえ外国に当るべく尽力してきたという自藩の立場の正当性を全国的に訴えかけ、勅命といえども、理不尽なものは勅命とはみなさないとまで断言する。但し孝明天皇が前月、条約を勅許してしまった以上、長州藩の「激派」にとっては国内改革を促進する大義名分としての「奉勅攘夷」のスローガンは既に古いものとなっていた。防長二州の総力をあげた抗戦体制をとる中で、彼等はあらたな戦略を組み立てなおすこととなるだろう。

37 土佐脱藩浪士中岡慎太郎書翰　土佐国同志宛　慶応元年冬

天下の勢変遷不㆑一《いつならず》、有志の眼を着く可き所果して何所にあ

るか、都《すべ》て相分りかね候得共、当地辺りは四方の人傑往来仕候故、時に後《おく》れ兼申候。当時洛西の人物を論じ候得者《ば》、薩藩には西郷吉之助あり。為《ひととなり》レ人肥大にして後免《ごめん》の要石《かなめいし》(1)にも不レ劣、古の安倍貞任抔《など》は如レ斯者かと思はれ候。此の人学識あり、胆略あり、常に寡言にして最も思慮深く、雄断に長じ、偶々《たまたま》一言を出せば確然人の肺腑を貫く。且徳高くして人を服し、屢々艱難を経て事に老練す。其の誠実武市(2)に似て学識有レ之者、実に知行合一の人物也。是れ即ち洛西第一の英雄に御座候。

是れに次で有レ胆、有レ識、思慮周密、廟堂の論に耐ゆる者は長州の桂小五郎。

有二胆略一兵に臨みて不レ惑、機を見て動き、奇を以て人に勝つ者は高杉東行。是れ亦洛西の一奇才。其他諸藩の英傑に度々出合仕候。討論も仕候事故、愚昧の吾々と雖、時勢の万一を察知するを得たり。

抑々吾人熟々《つらつら》時勢を見聞仕候に、国勢の衰ふる其の来る事遠しと雖、外夷の起りしより天下擾々《ぜうぜう》、困難此秋《このとき》より甚しきはなく、且夫れ封建の勢たるや利害相反す。抑々国家苟安《こうあん》三百年、士気頗る惰弱、上下事を忘る。加ふるに封建の勢を以てして、各藩趣向を異にし、一旦強敗、大敵率然として我れに迫る。於レ茲《ここにおいて》大命攘夷の必戦に出づ。而して天下是《これ》を挙行すること能はず。議論百端、各異人の国体、於レ茲や不レ立、是れ則ち封建の害ある所也。而して其論の岐《わか》るゝ処、或は攘夷の論となり、又開国論となり、武備充実の論となる。開国の論なるものは、略々、海外諸国の情実を知るとは乍レ申、大旨苟安偸生《とうせい》の徒、所謂座上の空論にして頗る人情に害あり、固《もと》より取るに足らず。武備充実の論に至つては固陋の見にして事態に暗きあり、又は実の卓論上より出る英断あり。然るに其の見、或は異なりと雖、皆以て義を重んじ、死を軽んじ、利害を以て其の節を動かさゞる輩にして、天下をして慷慨義烈の風を生ぜしむるに足る。而して其の固陋に出づる者に至つては気を負ひ、敵を侮り、若一敗する時は或は惑ふ事あり。其の大卓識の者に至つては、機に臨みて勢に達し、百敗不レ挫《くじけず》と雖、敢て不レ惑、何ぞ一二の破敗を以て其の有為の志を屈せんや。且、夫れ国に兵権有て然る後可レ和、可レ戦、可レ開、可レ鎖、皆権は我に在りて而して其兵権なるものは武備に在り。其の気は士気にあり、故に卓見者の言に曰く、富国強兵と云ふものは、戦の一字にあり。是れ実に大卓見にして千載の高議、確乎として不レ可レ抜、則ち知能の事に処する者、且和し、且戦ひ、終始変化無窮極る者なり。吾は嘗て此の論を得て信ぜず、今にして其実に確論たるを知る。何ぞや丑年以来天下を救ふ者は悉く暴客の大功也。是れ暴客と雖、其事大抵大卓見有りて、然後能く断ずるものに似たり。嘗《かつ》て水藩の暴挙(3)壬戌の勢を醸《かも》し、薩州の暴客生麦に発し、長州は馬関に暴発(4)、且屡々兵を内地に動かし、其跡或は無略に似て国に益なき事ありと雖、時勢一層一層として運び、遂に天下を干戈《かんくわ》の世となし、自藩をして不レ可レ逃の死地に陥れ、天下大有為の基本始めて立てり。是れ則ち鬼神に通ぜざる者の能くする処に非らず。

第一、其の卓識なる者を久坂玄瑞と云ふ。此人吉田寅次郎の門弟にして英学も少々仕り、夷情も大に知れり。此人常に論じて曰く、西洋諸国と雖、魯王のペートル、米利堅《めりけん》のワシントン師の如き、国を興す者の事業を見るに、是非共百戦中より英傑起り、議論に定りたる者に非らざれば、役に立たざるもの也。是非共早く一旦戦争を始めざれば、議論計《ばか》りになりて事業は何時迄も運び不レ申と云ふ。実に名論と相考申候。其旨の証拠と云ふは大箇条二ツあり、一ツは生麦の挙也。是れは不レ計のものと雖、其の国に益ある事、実に夥《おびたゞ》し。是れより亥七月鹿児島の戦争を引出し、一旦の和は心外なれども、藩論の起る全くは戦争に基く。是れよりして一国大に憤り、是非々々此の大恥を雪ぐと云ふ者にて、人材登庸、武備充実の論となり、西郷吉之助を島(5)より引出して、忽ち執政の役を設けられ、其の三州(6)の中にも、人材なる者あれば軽輩にても執政にするとて国論定まり、海陸の実備、日々に出来、国政も大に一新し、実に目を醒《さま》し申候。

又左の一ヶ条は長の事也。

馬関の戦争を開き京師変動を生じ候より、内外の大難一時に迫り、外は夷に和し、内は天下の軍兵を引受け、遂に内輪の戦(7)迄に至り候得共、小五郎、東行(8)の如き、昨年英より帰りし井上聞太[多]、伊藤俊助等の如きもの、国君を補佐し所置を得候より、国論大に一定せし故、事益々一新し、二国の人民悉く必死不レ逃の地に入り、於レ是か士気益々真実に赴き、武備日々に整ひ、此の頃は議論なくして実行と相成り、悉く国中の大勢を一新し、鉄砲の一隊のみになし、銃はミネール(9)、砲は元込《もとごめ》、長玉等にて兵制全く改まり、又騎馬隊も頗る盛也。国中に毎日大隊調練有レ之、先づ一日に大抵四十六隊位は一度も断ちたる日なし。実に其勢不レ可レ当《あたるべからず》。此の一事は全く戦争の功にして、他にて如何様に仕度くも出来ぬ事に御座候。薩と雖茲《こゝ》に於ては閉口せざるを得ず、且国内諸所に水車場を築き、砲銃を製し、ミネールも日々製造し、海軍を亦盛んにせんとす。右の通り両藩の実地に運び候は、全く戦争の功にして、卓見家の事業如レ此、自今以後天下を興さん者は必ず薩長両藩なる可し。吾思ふに天下近日の内に二藩の令に従ふこと鏡に掛けて見るが如し。他日国体を立て外夷の軽侮を絶つも亦此の二藩に基くなる可し。是又封建の天下に功ある処なり。又士気と武備と如何程盛に相成候共、国体立たざれば敵国外患を待つ所以《ゆえん》にあらず。且国の大体は何を本《もと》とするや、吾曰く、内には名分大義を明にし、祭政一致と共に皆朝廷に帰し、天下の大基本を立つるを以て急務とす。今日の如きは天下の大機会にして上下勉強し候はゞ、禍を転じて福とし、今日の敵国外患、他日より見候得へば天下の名灸《めいきゅう》と相成り候へば、実に天下の大功、之に過ぎ不レ申と奉レ存候。然るに元弘の事柄思合せ候得者、上中下共に一通りの艱難にては思ひも寄らぬ事に御座候。何分当時勢の変に御先立被レ成、御活論御雄断有レ之度、実に此の節は最早や田舎の迂濶先生に偶々逢ひ、時勢に後れ候論承り候ては、何共気の毒に候間、諸君井蛙の見に御落不レ被レ成候様遥かに奉レ祈候。

其他可レ歎可レ悲事、如レ山御座候得共、今更一言不二仕申一、只々老婆心の様なる事、思出次第に乱筆仕候。取急候間清書不レ能、御推読奉レ願候。不宣。

夜已に四更　石川誠之助

(出典)　宮地佐一郎編『中岡慎太郎全集』全一巻、勁草書房、一九九一年、一九七―二〇〇ページ。

(1)高知城下より東方三里にある後免町に住んでいた剛力の宮角力取り。(2)土佐勤王党の指導者武市瑞山。藩命により慶応元年閏五月一一日切腹を命ぜられた。(3)万延元年三月三日の桜田門外の変を指す。(4)長州藩は攘夷決行期日の文久三年五月一〇日に、下関で米国商船ペムブローク号を砲撃した。(5)沖永良部島。(6)薩摩・大隅・日向の三カ国。(7)慶応元年一月に勃発した長州藩保守派と高杉晋作の指導する諸隊との内戦。諸隊の勝利により、長州藩の藩論は徹底抗戦に統一された。(8)高杉晋作の号。(9)施条後装銃の一種。

【解説】　本史料は慶応元年冬、太宰府の三条実美のもとで活動し、当時下関にいた中岡慎太郎(変名石川誠之助)が母国土佐藩同志に宛てた時勢論である。西郷隆盛・桂小五郎・高杉晋作、そして今は既にいない久坂玄瑞の人物を論じ、和戦開鎖の前提は日本の兵権の確立にあることを主張し、薩長両藩の今日あるは、生麦の変、下関戦争と禁門の変のたまものだと述べ、「自今以後天下を興さん者は必ず薩長両藩なる可し。吾思ふに天下近日の内に二藩の令に従ふこと鏡に掛けて見るが如し。他日国体を立て外夷の軽侮を絶つも亦此の二藩に基くなる可し」と結論する。中岡は土佐国安芸郡の大庄屋の家に生れ、文久元年武市が勤王党を結成するや、ただちにこれに参加、文久三年八・一八政変により藩論が激変、勤王党が弾圧されるや脱藩、長州諸隊に入り、元治元年七月禁門の変の戦いに参加、負傷して長州に敗走、ただちに下関戦争にも参加、その後、第一次征長の役の結果、太宰府に遷った三条実美の周辺にあって薩長連合のために尽力していた。中岡のこの手紙の中に、尊攘運動に参加して以降、そこでのあらゆる事件に遭遇する中で、どのように自己の政治見解を発展させてきたかの結論を見ることができる。尊王論にしても、この当時は長州藩が朝敵となっている以上、単純なる近世的な尊王論ではありえず、日本の独立という名分大義を担い、祭政を一致させた新たな統一国家の核に朝廷を据えるという、きわめて理念的なものとなっている。この理念に合致しないもの、矛盾するものが存在しているとすれば、朝廷と近世天皇制はドラスティックに改造・改変されていかねばならない。

38 薩長同盟箇条書　慶応二年一月二一日

拝啓、先以御清適大賀此事に奉レ存候。此度は無レ間また御分袂仕候都合に相成、心事半を不レ尽、遺憾不レ少奉レ存候。乍レ然終に行違と相成、拝顔も当分不レ得レ仕事歟と懸念仕居候処、御上京に付候ては、[1]折角之旨趣も小・西両氏[2]等へも得と通徹、且両氏どもよりも将来見込之辺も御同座にて、い曲了承仕、無二此上一、上は皇国天下蒼生之為め、下は主家之為におゐても感悦之至に御座候。他日自然も皇国之事、開運之場合にも立至り、勤王之大義も天下に相伸ひ、皇威更張之端も相立候節に至り候はゝ、大兄と御同様此事は滅せぬ様、後来之為にも明白分明に称述仕置申度、乍レ然今日之処にては、決て少年不羈之徒へ洩らし候はゝ、終に大事にも関係仕候事に付、必心は相用ひ居申候間、御安心は可レ被レ遣候。弟も二氏談話之事も呑込居候へ共、前申上候通、必竟［畢］は皇国之興復にも相係り候大事件に付、試に左に件々相認申候間、事其場に至り候時は、現場皇国之大事件に直に相係り、事そこに不レ及して平穏に相済候とも、将来之為には相残し置度儀に付、自然も相違之廉御座候はゝ、御添削被二成下一候て、幸便に御送り返し被二成遣一候様偏に奉二願上一候。

一戦[3]と相成候時は、直様二千余之兵を急速差登し、只今在京之兵と合し、浪華[5]へも千程は差置、京坂両処を相固め候事。[4]

一戦自然も我勝利と相成候気鋒有レ之候とき、其節朝廷へ申上、訖度尽力之次第有レ之候との事。

一万一戦負色に有レ之候とも、一年ヤ半年に、決て潰滅致し候と申事は無レ之事に付、其間には必尽力之次第訖度有レ之候との事。

一是なりにて幕兵東帰せしときは、訖度朝廷に申上、直様冤罪は従二朝廷一御免に相成候都合に訖度尽力との事。

一兵士をも上国之上、橋・会・桑等も如二只今一次第にて、勿体なくも朝廷を擁し奉り、正義を抗み、周旋尽力之道を相遮り候ときは、終に及二決戦一候外無レ之との事。

一冤罪も御免之上は、双方誠心を以相合し、皇国之御為に粋［砕］身尽力仕候事は不レ及レ申、いづれ之道にしても、今日より双方皇国之御為、皇威相暉き、御回復に立至り候を目途に誠心を尽し、訖度尽力可レ仕との事。

弟におゐては右之六廉之大事件と奉レ存候。為レ念前申上候様、戦不戦とも後来之事に相係り候皇国之大事件に付、御同様に承知仕候て、相違之儀有レ之候ては、終にかゝる苦身尽力も水の泡と相成、後来之青史にも難レ被レ載事に付、人には必しらせずとも、御同様には能くゝゝ覚置度事と奉レ存、御分袂後も得と愚按仕、毛頭無二御隔意一処を以、内ゝ大兄まで為レ念申上候儀に付、右六廉得と御熟覧被二成下一、自然も弟之承知仕候儀、相違之儀も有レ之候はゝ、必ゝ御存分に御直し被二成遣一候て、此書状之裏へ乍二失敬一御返書相認め被レ下候て、幸便に訖度無二御相違一御投し被二成遣一候様偏にゝゝ奉二願上一候。(6)実に此余之処は機会を不レ失が第一にて、いか様之明策良計にても機会を失し候ては、万之ものが一ッほども役に相立ち不レ申、事により候ては却て後害と相成候事も不レ少、兎角いつでも正義家は機会を失し候等の事は、其例し不レ少、終に姦物之術中に陥り候事、始終に御座候間、御疎も無レ之事に御座候へ共、此処は精ゝ御注目被レ為レ成候て、御論述皇国之大機必無二御失却一、御回復之御基本相立候処奉レ祈処に御座候。

（出典）　維新史料編纂会編『維新史』第四巻、明治書院、一九四一年、四六七—四七〇ページ。

(1)木戸孝允は慶応二年一月八日、上京して西郷と面会、一〇日以上鹿児島藩要人と対談したが、両者共なかなか核心には入らず、たまたま上京した坂本龍馬がこの事態に驚き、双方を説得した結果、薩長同盟は一月二一日に締結されることとなる。(2)小松帯刀と西郷隆盛のこと。(3)第二次征長戦争を指す。(4)鹿児島藩の行動予定を述べている。(5)長州を指す。(6)木戸の要請をうけ坂本龍馬は二月五日付で、本書簡紙背に、「表に御記被成候六条ハ、小・西両氏及老兄・龍等も御同席にて談論せし所にて、毛も相違無之候。後来といへとも決して変り候事無之ハ、神明の知る所に御座候」と、証人としての保証を与えた。

【解説】　本史料は、慶応二年一月二三日、長州藩士木戸孝允が、前々日に京都で締結した薩長同盟密約の要点を箇条書とし、立会人の土佐藩浪人坂本龍馬にあて、その内容保証を求めた書翰である。第一条は、幕府と長州藩とが開戦した場合、鹿児島藩は兵を京坂に上せて幕府を牽制する事、第二条は長州藩が勝利の場合、第三条は敗北の場合、第四条は不開戦の場合に、それぞれ鹿児島藩が周旋尽力すること、第五条はやむをえざる時は、鹿児島藩は断乎幕府と決戦すること、第六条は以後両藩は皇威回復のため協力することを約束したものである。あらゆる事態に備えた両藩の攻守同盟である。

事の経過は以下の如くである。第一次征長軍の参謀として活躍した西郷隆盛は、三条実美等五卿（七卿落の内一名病死、一名脱走）の太宰府移転問題に関し長州諸隊領袖と会見、長州藩激派をよく理解するようになり、また幕府の第二次征長準備をまったくの愚策とみなし、次第に将来の方針を長州藩急進派との提携、幕府との訣別の方向にかたむいていった。このような鹿児島藩論の変化をふまえて尽力したのが、勝海舟から鹿児島藩に預けられていた坂本龍馬、長州諸隊で活動し五卿のため当時周旋していた中岡慎太郎、五卿の側近としてずっと仕えてきた土方久元、いずれも土佐脱藩士の面々である。三人の尽力で慶応元年閏五月、鹿児島藩代表者西郷と長州藩代表者木戸との会談が設定されたが、この時は事情により実現できなかった。両藩の接近をさらに加速したのは、戦争に備え長州藩が長崎で大量の武器を購入しようとしたことであった。この時は、鹿児島藩の保護のもと、社中と称し同地で航海貿易業を営んでいた坂本龍馬が全面的に協力したのである。このような経過の上に、一〇月下旬、西郷と小松は上京し、両藩の提携を密にしようと黒田清隆を長州に派遣、黒田・坂本や長州側では高杉晋作・井上馨等の説得により、長州藩代表として木戸が入京するのが、慶応二年一月八日のことであった。

39　再討出兵拒絶鹿児島藩上申書　幕府宛　慶応二年四月一四日

即今内外危急ノ時節、長防御所置ノ儀、其当否ニ依リ皇国ノ御興廃ニ拘リ候重事ニテ、実以テ容易ナラザル儀ニ候、追々御達ノ趣モ在セラレ、猶又来ル廿一日マデニ大膳父子召呼バセラレ、若此度御請不仕候ハヾ、御討入相成候間、相心得テ御差図ヲ待チ候様、仰渡サレ承知仕候、一昨年尾張前大納言殿総督トシテ差向ハレ、伏罪ノ筋相立チ解兵マテ相成候処、却テ御譴責同様ノ御都合ニテ、就中神速御上洛ノ朝命(1)御請無之ノミナラズ、却テ容易ナラザル企有之ヲ以テ、御再討仰出サレ、御進発相成リ、終ニ今日ニ立至リ、御討入時日御達相成候ヘドモ、天下ノ乱階ヲ開カセラレ候事実明白ニ御座候(2)、朝廷ヨリ時世相応ノ御処置ヲ以テ、寛典ニ処セラレ候御達ノ御趣意モ在セラレ候処、御奉載[戴]無之由伝聞仕リ、天下ノ衆人物議喧々、恐懼ニ堪ヘザル次第ニ御座候、征伐ハ天下ノ重典国家ノ大事、後世青史ニ恥ザル名分大義判然ト相立チ、其罪ヲ鳴シ、令ヲ聞カズシテ響応イタシ候様ニ無之テハ、至当トハ申シ難候、尤モ凶器ハ妄リニ動スベカラズトノ大戒モ有之、当節天下ノ耳目相開ケ候ヘバ、無名ヲ以テ兵機ヲ作スベカラザルハ、顕然明著ナル訳ニ御座候、決シテ国人不可討之ト謂フニ、却テ撥乱済世(3)ノ御職掌ニテ、動揺ヲ醸シ出サレ候場合ニ相当リ候、前条天理ニ相戻リ候戦討ハ、大義ニ於テ御受ケ仕リ難候、仮令出兵ノ命令承知仕候トモ、止ムヲ得ズ御断申上候間、御聞届下サレ候様奉願候、京都重役共ヨリ申上候様申越候ニ付、此段申上候、以上

（出典）鹿児島県維新史料編纂所編『鹿児島県史料　忠義公史料』第四巻、一九七七年、一〇七ページ。

（1）朝廷は将軍上洛を促すため、慶応元年三月二六日、大老酒井忠績・老中諏訪忠誠に上京するよう命じた。これに対し幕府は四月一一日、両人とも上京不可能と返答した。（2）慶応二年一月二二日、朝廷は幕府の要請に応じ、長州藩一〇万石削封・藩主父子蟄居処分の方針を認めたが、その際「長防処置之儀、祖先ヨリ勤功モ有之候ニ付、寛典ヲ被行候思召候」との御沙汰書を下している。（3）撥とはおさめるとか除くとの意。乱を除き世の中を救うとの意。

【解説】　本史料は、慶応二年四月に入り、第二次征長軍萩口第一陣を命じられていた鹿児島藩に対し出兵督促の内容が下ったのを受け、自藩は出兵を拒否する旨を大久保利通がしたため、大坂留守居役木場伝内の名をもって、同月一四日、大坂城に詰めている老中板倉勝静宛に提出した鹿児島藩上申書である。勅許まで得ている征長の役に対し、天理に戻り大義に背くとして断乎として拒否したことは、全国の諸藩に多大の影響を与え、幕府を苦境に立たせることとなった。

40 改税約書　慶応二年五月一三日調印

日本安政五戊午(西洋千八百五十八年)日本政府と大貌利太泥亜《ブリタニア》、仏蘭西、亜米利加合衆国、荷蘭《オランダ》、四箇国と取結ひ条約に添たる交易規則第七則(1)に定め置し通り、其輸入輸出の運上目録を改むへき旨、右四箇国の名代人夫々の政府より一様の命令を受け、且又日本慶応元年乙丑十月(西洋千八百六十五年第十一月)四箇国の名代人大坂に赴きし折、日本政府より輸入輸出の諸品都《すべ》て価五分の運上を基本とし、右運上目録を猶予なく改むへき趣を約束し(2)、将日本政府は外国との交易を盛んにし和親の交際益篤からん事を欲するの証を更に顕はさんか為め、日本外国事務老中水野和泉守殿、大貌利太泥亜の名代人シル、ハルリー、エス、パークス、仏蘭西の名代人モッシュル、レオンロセス、亜米利加合衆国の名代人エ、ル、シ、ポルトメン、エスクワイル、荷蘭の名代人モッシュユル、ド、デ、ガラーフ、フアン、ポルスブルック合議の上、左の十二条を決定せり、

第一条

各政府の名代として此度約書を議定せし全権は此約書に添たる運上目録を採用し、各政府の臣民皆堅く之を遵奉すへき事とせり、

其運上目録は日本と右四箇国と取結たる条約に添たる元の運上目録に代るのみならす、又日本政府と大貌利太泥亜、仏蘭西、亜米利加合衆国政府、と是迄度々取結たる右運上目録に関係せる別約にも代れるものとす、右新運上目録取行ふ事、神奈川に於ては日本慶応二年丙寅五月十九日(西洋千八百六十六年第七月一日)より、長崎箱館に於ては同六月廿一日(第八月一日)よりとす、

第二条

此度の約書に添たる運上目録は調印の日より日本と右四箇国と取結たる条約の内に併せたれは、日本来壬申年中(西洋千八百七十二年第七月一日)に至り改むへしと雖も、茶生糸運上の分は此度の約書調印より二箇年の後、双方の内何れの方よりなりとも六箇月前に告知し、前三箇年中平均相場の五分に基き之を改る事を求むへし、又材木の運上は此度の約書調印より六箇月後に告知して、時相場に従ひ運上を納る事を改めて、品物に従ひ運上高を定むる事を得へし、

(出典)『旧条約彙纂』第一巻第一部、四五—四八ページ。

(1)貿易章程第七則では、輸出入品の税率が定めてあり、その末尾に、開港の五年後に至り税則を再議すべしとある。(2)一〇月七日、幕府は在摂海四ヵ国代表に対し、条約勅許を通告するとともに、「税改方の儀委細承諾せり」、江戸に連絡し、同地にて交渉せん、との書翰をおくった。

【解説】　本史料は慶応二年五月一三日(西暦一八六六年六月二五日)、老中水野和泉守と英仏米蘭四国外交代表との間に締結された「改税約書」である。

四国連合艦隊は大坂湾に進入し、慶応元年一〇月五日、ついに条約勅許を獲得したが、兵庫大坂の先期開放や輸入税率五%への引下げの二要求は認められなかった。幕府は関税率改訂は江戸でおこなう旨を一〇月七日四国外交代表に通告、年末より江戸で交渉が再開された。英国公使パークスは交渉の過程で、約書の中に、税率に関係のない諸事項をもりこむことを要求、認めない限り下関償金支払の延期を認めないとの強硬な態度を示し、結局約書の中に加えられることとなった。

最大の問題であった新税率は約書に付属する「運上目録」で決められた。大部分は原価の五%を基準とする従量税品に入れられた。これまでの従価税制度では輸出入品価格の最終的決定権は税関にあったが、従量税制にかわったことによって恒久的な課税の基準が決まり、官憲の介入の余地が狭まった。

その他の主要な条項は次のようなものであった。

①船舶出入手数料の廃止(第三条)
②保税倉庫の建設(第四条)
③貿易品の国内運送に対する課税廃止(第五条)
④造幣局を拡張し、内外人の提出する外国貨幣・地金を、改鋳費をさし引き、それと等価の日本貨幣と交換すること(第六条)
⑤税関事務の改正、貨物の船積陸揚げ・人夫雇傭等に関する改正を行う事(第七条)
⑥身分の如何にかかわらず、日本人は軍艦買入れ以外の船舶購入は自由たる事(第八条)
⑦日本商人は開港場において政府役人の立合なく通商を行い、または海外にて自由に貿易が出来る事、また諸侯やその使用人も現行法に従い、所定の税金を納める時は自由に貿易をなしうる事(第九条)
⑧日本人は自己の船舶又は外国船舶にて物資の輸送をなし、又旅券を受けて自由に海外に渡航し、又外国船に雇用されうる事(第一〇条)
⑨航海の安全を期するため、灯台・ブイ・浅瀬標識を設置する事(第一一条)

この約書は、日本を欧米資本主義諸国のための市場にしようとする要求が最高度にもりこまれたものであり、一八五八年の修好通商条約を補完するものとなった。なお、約書締結の口実とされた下関賠償金は、慶応元年七月五〇万ドル、同年一二月五〇万ドル、慶応二年四月五〇万ドルが支払われ、残りの一五〇万ドルは明治七年に支払われることとなった。

4　世直し一揆と大政奉還

41　武州世直し一揆見聞記　慶応二年六月

先《まず》その最寄《もより》(1)を手始として、常々貪欲《どんよく》無道の聞えある方へは、其前より其村長《むらおさ》へ懸りて、窮民《キウミン》を救ふや否《イナ》を懸合ふこと尤慇懃《インギン》也。可レ然《しかるべく》挨拶は其趣の通りそのかどへ札を立て去る。不相応の挨拶は直様《じきさま》打破り打毀《うちコハ》して、暴風の吹あるゝごとく也。如レ斯《かくのごとく》飯能迄の内類《たぐい》数多《あまた》にして、算《かぞ》ひがたければ略す。夫《それ》より飯能町に至り、穀店・酒造家・味噌・醬油・塩・干《ほし》鰯《か》・魚店・呉服屋・高利貸附・都《すべ》て物持の家何《いず》れに限らず、打毀し、打散し、家根へ上り、瓦を落し、斧 鋸《ノコギリ》を以て柱を伐倒《キリタフシ》し、俵は切崩して引出し、米・麦・大豆五穀一様に打交《うちま》ぜ、金銀は屋根へ振上《フリアゲ》、土中へ蒔散《マキち》らし、呉服屋は絹布《きぬぬの》の類を切きざみ、細かにして蒔散し、様〳〵の色をまじえて、嵐に花の散《ちる》がごとく、騒ぎの中にも見もの也。可レ憐《あわれむべし》儀左衛門、老や子供の飢《ウエ》たるを見るにしのびず、仁義一派を心とし秩父領の喉《ノド》をしめて、天をも恐れず、利徳を思ひ足る事知らずの飯能を、心の儘に打擭《うちコボ》ち、宿意を晴して後、在所へ引取、上《か》みの沙汰を待《まつ》のみと思へしに、途中より追々人数加《くわわ》り、不仁者を注進して先々へ案内する故、聞《きく》にしのびず思はずして深《ふか》入《いり》するといふなるべし。又後々加る枝葉の勢は、儀左衛門が根本の趣意をも忘れて、終には不良の所為も有べき歟《か》。恐るべきは大勢の中の差図なるべし。然るに此取沙汰に手廻しの富家《フカ》は、近隣《キンリン》の家々へ家財を預け、家の内空虚《から》にして逃去る者有り。徒党《トトウ》是を見て、預りたる貧家を憎み、最寄一円放火に逢也。され共《ども》、大将分出火の事は 悉《ことごとく》気を付け、大切に制したる由、いかゞして出来たるにや(2)。

夫《それ》より、青梅《ヲヽメ》・八王子・扇町谷《ヲヽギマチヤ》(3)・入間川(4)・多摩川(5)・黒《クロ》ス(6)・善能寺(7)・所沢・粂《クメ》(8)・野火留《ノブトメ》(9)等に至迄、地理の前後はあれ共 悉《ことごとく》 打毀し、土蔵弐拾三拾の物持、壱軒にて億《ヲク》万の損亡、種々の事がらあれ共略して記さず。夫より引又町(10)を打毀《コハ》す。家財諸道具、売買《バイバイ》の品、衣類、質物、金銀、米穀等、両側《カハ》の流へ打込《うちこみ》て、川水逆流をする。又質物は岡に積上、札を立て、「壱両以下は元金に及ばず、壱両已上《いじよう》は元半金持参にて、此質物早々可二請取一候《うけとるべく》」と書記したり。夫より与野町へ懸《かけ》あふ。当所は物持《ものもち》共申合せ、施《せ》行として出来(11)秋迄白米四合五(12)勺に売る。依て此町無事に済《すむ》也。所の婦女小童《こわらべ》等、「悪徒にあらず打毀《うちこわ》し様《さま》也」と云よし。然る処、此町にて何某と云者、余り貪欲《どんよく》のものなれば、其儘置べきにあらずと云者あり。然らば迚《とて》、其家に人数をまとめ、先焚出しをさせて弁当を遣ひ、暑中なれば惣人数へ町中の笠有たけ調《ととの》へ出すべし、茜《アカネ》の手襁《てぎよう》(13)を用意すべしと難題を云付《いいつけ》る。漸《ようやく》其品 調《ととのい》たる頃、「先《まず》仕度も出来たり。此家破るべし」と一同声を懸《かけ》るより蟻《アリ》のごとく群《むらが》りて、暫時の間に微塵《みじん》になし、家財小物満足たる物 聊《いささか》なし。此町にては此家壱軒の災難也。夫より道々にて郷士大家を破ること数ケ所なれば記し兼たり。

是より川越町の非道を打こらさんと、勇み進んで押寄る。

（出典）庄司吉之助・林基・安丸良夫校注『民衆運動の思想 日本思想大系58』岩波書店、一九七〇年、二九一―二九二ページ

（1）本史料によれば、事の発端は飯能町の西北山間部名栗村の富家杉山儀左衛門が、諸人困窮にもかかわらず、平野部より米穀を供給する飯能町米商人が不仁なるを憤り、自ら「頭取」となって「先飯能町に

て無慈悲の族を打毀し、諸人の見ごらしにして世上をゆるやかにすべし」と蜂起をよびかけた、とされている。(2)当初蜂起した集団は、放火を禁止し、人を傷つけるような武器を持たず、盗みを禁ずるなど、一定の規律を持っており、あとで参加したものと区別される。(3)扇町屋。現在入間市の一部。(4)現在狭山市の一部。(5)玉川。比企郡。(6)黒須。現在入間市の一部。(7)入間郡。現在坂戸町の一部。(8)条。現在所沢市の一部。(9)野火止。新座郡。高崎藩の陣屋があった。(10)志木の旧称。北足立郡足立町。(11)米が収穫される時。(12)百文に対してである。一揆勢は五合を要求していた。(13)たすきに使うおびひも。

【解説】 本史料は武蔵国の中山道鴻巣宿の北岡仙左衛門(一八一六—七五)が、武州世直し一揆に関し、自分の見聞を記したものである。仙左衛門は農民出身で、幼少から読書執筆を好み、俳句を孤山堂卓郎に、国学を井上淑蔭に学んだ。文政末年から寺子屋を開き維新後まで経営、弟子は千人以上におよんだといわれる。宿駅内でも指導的な立場にあったようである。

さて、慶応二年は凶作の年であるとともに、幕府の第二次長州戦争の年でもあり、この両側面が重なり、米価をはじめとする物価が高騰、武州では米価は前年の二倍半にもなり、百文につき二合しか購入できないようになった。このため五月には西宮・大坂・兵庫にうちこわし、越前・紀州・播磨・上総に一揆が、六月には越後・奥州・但馬などとともに、武蔵・上野両国にわたり、武州世直し一揆とよばれている大一揆が展開される。

事の経緯をみると、米価値下げと高利引下げを要求し、六月一三日外秩父上名栗村の子《ね》の権現に農民が集結し、翌一四日飯能宿の穀屋を打ちこわした。その後同地から南向した勢力は八王子・日野・五日市にまで向い、農兵隊に鎮圧される。飯能から東向した勢力は扇町屋・所沢を経て田無・引又で農兵隊や高崎藩兵に鎮圧される。他方、外秩父吾野谷から蜂起した農民は、一五日に高麗郷から坂戸・松山方面に向い、一六日には毛呂・小川を経て寄居に到り、ここで三手にわかれ、一手は熊谷に向い、青山で豪農根岸家の手勢と衝突、一手は本庄を経て藤岡・新町に至り、利根川べりで岩鼻代官所や高崎藩の手勢と衝突して鎮圧されている。他の一手は寄居から荒川べりを秩父盆地に向い、一六日から四日間にわたって盆地内を席捲、一九日にいたって大宮郷農民の自衛勢力と再衝突し、鎮圧される。

このような全国的な一揆・打毀しの同時的勃発は、幕府権威の失墜を白日のもとに曝すとともに、史料42に見るように方向転換を大名レヴェルにも認識させるに至ったのである。なお本解説は『民衆運動の思想』所収の解説森田雄一「秩父領飢渇一揆」によっている。

42 鹿児島藩主父子連署建言書　朝廷宛　慶応二年七月九日

方今内外大小之憂患四方百出仕、実に
皇国危急存亡此時ニ可有御座候、抑今日之形勢推遷いたし候義、一朝一夕之根由ニ無御座、於
幕府冠履倒置之義不少、就中十年来外夷御処置振より以往、天下人心痛怨離叛之姿ニ相成、憂国之士是か為に非命に斃るゝ者数を不知、勤

王之諸藩国力を不顧東西奔走仕候次第、偏に
皇運挽回之至誠を以
聖朝を輔弼し、幕府を扶助し、藩屛之任を竭度と之赤心ニ候
処、
幕府駕馭之術を失ひ、偏照(1)私親採択宜に不適候故、国是一定、衆議合論之場合にいたり兼、悉ク水泡画餅と成行候義、千載之遺憾ニ御座候、既に一昨年来大乱之機相顕(2)、屢干戈を動し、幾多之蒼生を殺し候上、眼前若州・信州辺之天災、及ひ丹波・大和之一揆、兵庫・大坂・江戸之騒動伝承仕候、即今兵庫・大坂之義
将軍家(3)御在陣中号令粛整、軍威四方ニ可輝之処、却て足本ニ卑商・賤民之如キ厳威を不憚大法を犯候義、所謂民不堪命之苦情ニ出候事ニて、不可忍之次第ニ御座候、最早鎮定之形ニは候得共、米価ハ勿論諸色未曾有之騰貴ニて、既ニ当年炎旱水溢之憂も不被図、此上兵端を開キ候ては、争乱日長シ、率土分崩、不可救之勢ニ及ひ候は案中ニて、其時ニ当り外患を受候節は、何を以防禦可仕哉、是卑臣等年来痛心慨歎する所ニ御座候、然は内政を変革し、
皇国を起ス之大策、一日も不可捨之急務ニて可有御座候得は、長防御征討之義御取掛之事ニは候得共、既ニ一昨年悔悟謝罪之道相立、尾張前大納言殿解兵之上、被遂
奏聞候義ニて、其節引続御所置振被　仰渡候得は、奉謹承候義案中ニ御座候処、時機を失ひ、
朝廷寛大之
御趣意ニ反し、御再討御進発と称し、更ニ御出軍御不審筋御糺明之処、御了解被為在候由(4)ニて、忽チ本ニ復し、御裁許之名目を以、尚大兵を国境ニ臨せ、御所置振被　仰渡候義、解兵后之御不審御晴相成候ても、御再討之兵御解キ不被成候ては、本ニ復し候事実不相顕、且不得止兵を用られ候御訳ニも不奉伺候得は、仮令　奏聞之上とは乍申、条理不相叶訳故、恐ながらも其筋ニ承服仕間敷、前文兵庫・大坂之商民共さへ、其令を不恐ほとの事候得は、数百年来譜代恩顧之長防士民之情義、尤無余義被察候処、歎願之筋をも御採用不被為在、御裁許之御沙汰相拒候とて、則問罪之師被差向候は、相当之御所置とも難申上候、

（出典）　鹿児島県維新史料編纂所編『鹿児島県史料　忠義公史料』第四巻、一九七七年、二一五―二一七ページ。

(1)かたよって照すの意。(2)元治元年京都の禁門の変、筑波の甲子騒乱を指す。(3)将軍家茂は大坂を本営として第二次征長の役を指揮していた。(4)慶応元年一一月、広島に赴いて長州藩に不審の条々を審問していた幕府担当者は、釈明を了解したとの書付を与え引揚げた。これが強硬論に転ずるのは、主として一橋慶喜の働きによるものであった。

【解説】　本史料は、慶応二年七月九日、鹿児島藩主島津忠義とその実父久光が、第二次征長の役における幕府軍の敗北と、全国的な世直し一揆、都市部の打毀しの動きを踏まえ、征長の役

を早急に中止させるため、朝廷より下命あるよう、朝廷宛に差出した建言書である。「皇国御浮沈にも相懸候切迫之機に当り、黙止罷在候に不忍、冒万死血涙涕泣言上仕候」と結ばれており、鹿児島藩主の危機感が如実にあらわれている建言書となっている。

43 福沢諭吉『西洋事情』抄　慶応二年一〇月

一、洋籍ノ我邦ニ舶来スルヤ、日既ニ久シ。其翻訳ヲ経ルモノ亦尠《すくな》カラズ。然シテ窮理、地理、兵法、航海術等ノ諸学、日ニ闢《ひら》ケ月ニ明ニシテ、我文明ノ治ヲ助ケ武備ノ闕ヲ補フモノ、其益豈亦《あにまた》大ナラズヤ。然リト雖ドモ、余窃《ひそか》ニ謂《おもえ》ラク、独リ洋外ノ文学(1)技芸ヲ講窮スルノミニテ、其各国ノ政治風俗如何ヲ詳《つまびらか》ニセザレバ、仮令《たと》ヒ其学芸ヲ得タリトモ、其経国(2)ノ本ニ反ラザルヲ以テ、啻《ただ》ニ実用ニ益ナキノミナラズ、却テ害ヲ招《まねか》ンモ亦計《はか》ルベカラズ。抑々《そもそも》各国ノ政治風俗ヲ観ルニハ、其歴史ヲ読ムニ若《し》クモノナシ。然レドモ世人、夫《か》ノ地理以下ノ諸学ニ於テ其速成ヲ欲スルガ為メニ、或ハ之ヲ読ムモノ甚稀《はなはだまれ》ナリ。実ニ学者ノ欠典ト云フベシ。余、頃日、英亜開版ノ歴史地理誌数本ヲ閲《けみ》シ、中ニ就テ西洋列国ノ条ヲ抄訳シ、毎条必ズ其要ヲ掲《かかげ》テ、史記、政治、海陸軍、銭貨出納ノ四目ト為シ、即チ史記以テ時勢ノ沿革ヲ顕ハシ、政治以テ国体ノ損失ヲ明ニシ、海陸軍以テ武備ノ強弱ヲ知リ、銭貨出納以テ政府ノ貧富ヲ示ス。蓋《けだ》シ此四者既ニ世人ノ眼目ニ触《ふる》レバ、コレニ由テ略々《ほぼ》外国ノ形勢情実ヲ了解シ、果シテ彼ノ敵視ス可キモノカ其友視ス可キモノカヲ弁別シ、友ハ即チ之ニ交ハルニ文明ヲ以テシ、敵ハ則チ之ニ接スルニ武経(3)ヲ以テシ、文武ノ両用其所ヲ錯《あやま》ルコトナキニ庶幾《ちかか》ラン乎。此レ余ガ是挙ノ目的トスル所ナリ。徒《いたずら》ニ世間海防家ノ口吻ニ云ヘルガ如キ、彼ヲ知テ後ニ彼ヲ伐《う》タントスルノミノ趣旨ニハ非ラザルナリ。

(出典)　田中彰・宮地正人校注『歴史認識　日本近代思想大系13』岩波書店、一九九一年、七三―七四ページ。

(1)学問のことをいう。(2)国を治めること。(3)兵法の書。

【解説】　本史料は福沢諭吉が慶応二年一〇月に刊行した『西洋事情』の序文冒頭部分であり、同年七月に執筆されている。福沢は文久二年の遣欧使節に随行した際、ヨーロッパの諸制度を詳細に調査・研究しており、帰国後、洋書をたよりにさらに深く研究を進めていた。帰国当初は奉勅攘夷の嵐の中にあり、西洋の諸事情を語ること自体が身の危険を招いたが、慶応元年一〇月には条約勅許となり、世の潮流は積極的な西洋文物導入の方向に転換しはじめた。福沢はこの動きを見逃さなかった。彼は政治改革の鍵を握っていた武士階級を対象に、西洋文明の有様を理解させることを目標におき、公務のかたわら、慶応二年三月から六月下旬の短期間に本書を執筆したのである。本書(初編)は偽版を入れると二〇―二五万部も売れ、日本人の西洋理解の土台を創りだした。福沢はその後外編を慶応四年に、二編を明治三年に出版する。

44 前高知藩主山内容堂大政奉還建白書　幕府宛　慶応三年一〇月三日提出

一天下ノ大政ヲ議定スルノ全権ハ朝廷ニアリ、乃我皇国ノ制度法則一切万機、必京師ノ議政所ヨリ出ヘシ、

一議政所上下ヲ分チ、議事官ハ上公卿ヨリ下陪臣・庶民ニ至ルマテ、正明純良ノ士ヲ撰挙スヘシ、

一庠序(1)学校ヲ都会ノ地ニ設ケ、長幼ノ序ヲ分チ、学術技芸ヲ教導セザルベカラス、

一一切外蕃ト之規約ハ、兵庫港ニ於テ新ニ朝廷ノ大臣ト諸蕃ト相議、道理明確之新条約ヲ結ヒ、誠実ノ商法ヲ行ヒ、信義ヲ外蕃ニ失セサルヲ以主要トスヘシ、

一海陸軍備ハ、一大至要トス、軍局ヲ京摂ノ間ニ築造シ、朝廷守護ノ親兵トシ、世界ニ比類ナキ兵隊ト為ン事ヲ要ス、

一中古以来政刑武門ニ出ツ、洋艦来港以後天下紛紜国家多難、於レ是政権稍動ク、自然ノ勢ナリ、今日ニ至リ古来ノ旧弊ヲ改新シ、枝葉ニ馳セス、小条理ニ止ラス、大根基ヲ建ルヲ以主トス、

一朝廷ノ制度法則従昔ノ律例アリトイヘトモ、方今ノ時勢ニ参合シ、間或《ままあるいは》当然ナラサル者アラン、宜其弊風ヲ除キ、一新改革シテ地球上ニ独立スルノ国本ヲ建ツベシ、

一議事ノ士大夫ハ、私心ヲ去リ公平ニ基キ、術策ヲ設ケス正直ヲ旨トシ、既往ノ是非曲直ヲ問ハス、一新更始、今後ノ事ヲ見ルヲ要ス、言論多ク実効少キ通弊ヲ踏ヘカラス、

（出典）山内家史料刊行委員会『山内家史料　幕末維新』第六編、一九八四年、六四四―六四五ページ。

（1）庠序《しょうじょ》も学校も共に今日の学校のこと。

【解説】　本史料は慶応三年一〇月三日、家臣の名をもって幕府に提出された前土佐藩主山内容堂の大政奉還建白書である。なお日付は九月となっている。鹿児島藩要人と協議していた後藤象二郎は七月上旬京より土佐に戻り、容堂を始めとする藩論を大政奉還建白路線で纏め、九月二日大坂に到着した。事態は二カ月前と大きく異なり、西郷・大久保は倒幕計画を具体化しつつあり、当初は、時期に遅れたとして、建白路線に同意を与えなかった。しかし後藤は広島藩家老辻将曹の賛成をかちとった上で再度薩藩の合意を求め、一〇月二日、建白書提出に異議なしとの通告を得た。また後藤は幕府にも政権返上の急務を語り、九月二〇日、若年寄格永井尚志は彼に建白書の提出を勧めていた。このような中で、一〇月三日、後藤は福岡とともに老中板倉勝静を訪い、容堂よりの大政奉還建白書並びに別紙一通を幕府に提出した。内容は六月二二日の薩土盟約とほぼ同一のものであるが、土佐藩がこの建白を幕府に対し決行したこと自体が重大な政治的意味を有していた。幕府の対応が否定的であったならば、土佐藩は薩長二藩の方向に踏みきることになるからで

ある。

45 将軍徳川慶喜大政奉還上表　慶応三年一〇月一四日

臣慶喜謹て
皇国時運之沿革ヲ考候ニ、昔
王綱紐ヲ解キ、相家(1)権ヲ執リ、保平之乱(2)政権武門ニ移てヨリ、
祖宗(3)ニ至リ更寵眷ヲ蒙リ、二百余年子孫相受、臣其職ヲ奉スト雖モ、政刑当ヲ失フコト不少、今日ノ形勢ニ至リ候モ、畢竟薄徳之所致不堪慙懼候、況ヤ当今外国之交際日ニ盛ナルヨリ、愈
朝権一途ニ出不申候ては、綱紀難立候間、従来之旧習ヲ改メ、政権ヲ
朝廷ニ奉帰、広ク天下ニ公議ヲ尽シ、
聖断ヲ仰キ、同心協力共ニ
皇国ヲ保護仕候得は、必海外万国ト可並立候、臣慶喜国家ニ所尽、是ニ不過ト奉存候、乍去猶見込之儀モ有之候得は、可申聞旨諸侯へ相達置候(4)、依之此段謹
奏聞仕候、以上、
十月十四日　　　　慶　喜

(出典)　藤井甚太郎他編『中山忠能履歴資料』第八巻、日本史籍協会、一九三四年、四五七―四五八ページ。

(1)摂政関白の家柄をいう。(2)保元の乱及び平治の乱を指す。(3)徳川家康。(4)一〇月一三日、在京諸藩の重臣を二条城に召集し、大政奉還の決意を明らかにした際、慶喜は意見があれば忌憚なく申し出でよと断言した。

【解説】　本史料は、一〇月一四日、徳川慶喜が高家大沢基寿を使として朝廷に上った大政奉還の上表文である。九月に入ると鹿児島藩兵が多数入京し、一触即発の情況となってきた。更に土佐藩からの大政奉還建白書を拒否すれば、同藩が鹿児島藩に同調することは疑いないところである。在京の幕府・会津(京都守護職)・桑名(京都所司代)の兵力で在京反幕勢力の決起を鎮圧できても、戦乱が全国に拡大した場合、幕府にはそれに堪えうる大義名分と軍事力が存在するのか？　このような中で、慶喜は結局土佐藩建白の線上で幕府を生かすことを決意した。一〇月九日、若年寄格永井尚志は建白を採用することを後藤に内報し、同日老中板倉勝静と所司代松平定敬は、土佐藩建白のことは群議に諮った上、至当の処置に及ぶべき旨を、江戸にいる老中に報告する。次いで一〇月一二日、老中以下諸有司を二条城に召し、その決意を述べ、翌一三日在京四〇藩の重臣を同城に召集し、決意を明らかにするとともに意見を徴した。この際、薩・土・広島・備前・宇和島五藩の重臣が直接にその英断を称え、速かに上奏すべきことを請うた。このような手続きを踏んで、一四日の上表となったのである。朝廷は一五日、この上表を勅許するとともに、諸大名上京のうえ、諸事決定するまでは、まず是迄の通りにすべしと幕府に達したのであった。

第三節

王政復古と廃藩置県

1　王政復古

46　王政復古布告　宮堂上苑　慶応三年一二月九日

一徳川内府、従前御委任大政返上、将軍職辞退之両条、今般断然被　聞食候、抑癸丑以来未曾有之国難、先帝頻年被悩　宸襟候御次第、衆庶之所知ニ候、依之被決叡慮、王政復古国威挽回之御基被為立候間、自今摂関・幕府等廃絶、即今先仮リニ総裁・議定・参与之三職ヲ置レ、万機可被為行、諸事神武創業ノ始ニ原ツキ、搢紳[1]・武弁・堂上・地下《じげ》之別ナク[2]、至当ノ公議ヲ竭シ、天下ト休戚ヲ同ク可被遊　叡念ニ付、各勉励、旧来驕惰ノ汙習ヲ洗ヒ、尽忠報国之誠ヲ以可致奉公候事、

一内覧[3]・勅問御人数[4]・国事御用掛・議奏・武家伝奏・守護職・所司代総テ被廃候事、

一三職人体

総裁　有栖川帥宮

議定　仁和寺宮　山階宮

中山前大納言　正親町三条前大納言

中御門中納言

尾張大納言　越前宰相

安芸少将　土佐前少将

薩摩少将

参与　大原宰相　万里小路右大弁宰相

長谷三位　岩倉前中将

橋本少将

尾藩三人　越前藩二人

芸藩二人　土藩二人

薩藩三人

一大政官始追々可被為興候間、其旨可心得居候事、

一朝廷礼式追々御改正可被為有候得共、先摂籙門流[5]之儀被止候事、

一旧弊御一洗ニ付、言語之道被洞開候間、見込有之向者不拘貴賤、無忌憚可致献言、且人材登庸第一之御急務ニ候故、心当ノ仁有之候ハヽ、早々可有　言上候事、

一近年物価格別騰貴、如何トモスヘカラサル勢、富者ハ益富ヲ累ネ、貧者益窘急《きんきゅう》ニ至リ候趣、畢竟政令不正ヨリ所致、

民ハ王者之大宝、百事御一新之折柄旁被悩　宸衷候、智謀遠識救弊之策有之候ハヽ、無誰彼可申出候事、

一和宮御方、先年関東ヱ降嫁被為在候得共、其後将軍薨去、且

先帝攘夷成功之　叡願ヨリ被為許候処、終始奸吏ノ詐謀ニ出、御無詮之上は、旁一日モ早ク御還京被為促度、近日御迎公卿被差立候間、其旨可心得居候事、

右之通御確定、以一紙被　仰出候事、

(出典)「復古記原史料」二二—一六—四八、ならびに三〇—一〇—九〇によりテキスト確定、東京大学史料編纂所蔵。

(1)笏を大帯にさしはさむ貴顕の人々、ここでは公卿を指す。(2)五位以上で昇殿を許された人々を堂上といい、六位以下で昇殿を許されない人々を地下という。そのような身分的差別無くの意。(3)摂政・関白または特に宣旨を受けた大臣で、天皇に奏上すべき公文書を内見し、政務を代行する資格を有している公卿のこと。(4)天皇の諮問を受ける資格を有している公卿のこと。(5)摂籙とは摂政・関白の異称、五摂家の各々を中心に、一門がまとまっている事態を指す。

【解説】　本史料は慶応三年一二月九日、朝廷が発した、いわゆる「王政復古の大号令」とよばれるものである。但しこの時は廷臣を対象に発せられ、諸藩には五日後、更に社寺・農・商への布告はそのまた二日後であった。ここでは「神武創業」の始めに復古することが名分とされ、幕府とともに摂政・関白を筆頭とする朝廷内の諸制度もすべて廃絶されたことに注意する必要がある。それは、総裁・議定・参与という三職の人々が天皇を擁して国政を決定する上で避けて通ることが出来ない課題であった。総裁には皇族が任ぜられるとともに、議定・参与には、公卿では中山忠能・正親町三条実愛・中御門経之・大原重徳・長谷信篤・岩倉具視・橋本実梁・万里小路博房等王政復古派の人々が据えられている。諸藩では尾張の徳川慶勝、福井の松平春嶽、広島藩世子の浅野茂勲、土佐の山内容堂、薩摩の島津久光が議定に、そして参与に右五藩の藩論代表者が登庸されることとされている。

大政奉還後、事態が慶喜ペースに流れることを憂慮した大久保・西郷は、「戦を決候て死中活を得るの御著眼最急務」と、岩倉と図って宮廷クーデタと王政復古大号令を計画した。そして一二月八日、岩倉は尾・越・薩・土・芸の各藩代表者をまねき、王政復古の叡慮が確定、その旨の内勅ありと伝え、明朝断行すべきクーデタ案と内裏守衛部署の割りあてをおこなった。翌朝、前日来の長州藩主父子有免をめぐっての大議論を終えた摂政等一同が退朝した後、恩赦の命をうけた岩倉が直ちに参内、五藩兵が宮門を固める中、岩倉は中山・正親町三条・中御門とともに御前にあって、自派の親王・公卿・藩主だけを召集、この大号令を示したのである。これ以降、慶喜の朝政参加のあり方をめぐって朝廷内で激しい対立がくりひろげられることとなる。

47 王政復古への新聞論評　一八六八年三月四日

ある人がはっきり述べているように「将軍、摂政、関白の廃

止が宣言されたのは、天皇《ミカド》の実権が回復された明白なしるしである。もはや兵馬の権は徳川家にはなく、勅令が無責任な摂政や関白の手で発せられることもない。大小を問わず、外様、譜代の別なくすべての大名は京都の議事堂に集まり、少なくともサムライ階級の者すべての願いをかなえることが可能となろう」。政治世界のこのような変化を観察すれば、一橋が大勢に従うだろうという結論を下さないわけにはいかない。一橋が大勢に従うなら、遠からず秩序と平安が回復すると期待できる。折悪しく動乱が発生して、諸港の開港に不吉な事件が重なったが、新しく開かれた港に貿易物資がほどなく流れ込むはずである。注目すべきことに、新しい権力者は皆外国人に対して友好的な態度をとっている。大坂で備前の家来が起こした不幸な事件は直ちに処断されることになり[1]、捕獲されていた汽船は返還された。われわれの推測では、この急激な変化は西洋諸国にとって有利な結果をもたらすのではないかと思われる。長崎は目下薩摩の支配下にある。新政権の手で兵庫の税関が再開された。横浜の税関も刷新されるのではないかという噂がある。こういう変革が実現すれば、新しい行政府は優位に立ち、確固とした自分たちの地位に自信を持つのではないか。強力な政府があってこそ、通商の拡大は可能となる。騒ぎが鎮まったのだから、貿易の再開をすぐにも期待できそうだ。

(出典)『外国新聞に見る日本』第一巻、四三三ページ。

(1)慶応四年一月一一日、神戸において備前藩兵と外国人間に衝突が発生(神戸事件)したが、二月九日(西暦三月二日)、責任者滝善三郎は兵庫永福寺に入り、内外検証人の面前で割腹した。

【解説】　本史料は在華英国商人の利害を代弁していた上海発行の『ノース・チャイナ・ヘラルド』の一八六八年三月四日(慶応四年二月一一日)付の日本情報論評記事であり、新たな政権を天皇を擁した大名議会政治となると予測している。ヘラルド紙の立場は、日本国内の争いが可能な限り早く終熄し通商が拡大することを期待するものであった。その意味で、「強力な政府があってこそ、通商の拡大は可能となる」との断言は、駐日公使パークスのモットーともなる。

48　祭政一致・神祇官再興布告　明治元年三月一三日

此度　王政復古神武創業ノ始ニ被為基、諸事御一新、祭政一致[1]之御制度ニ御回復被遊候ニ付テハ、先第一神祇官御再興御造立ノ上、追々諸祭奠モ可被為興儀被　仰出候、依テ此旨五畿七道諸国ニ布告シ、往古ニ立帰リ、諸家執奏配下[2]之儀ハ被止、普ク天下之諸神社神主・禰宜・祝・神部ニ至迄、向後右神祇官附属ニ被　仰渡候間、官位ヲ初事万端同官ヘ願立候様可相心得候事、

但尚追々諸社御取調幷諸祭奠ノ儀モ可被　仰出候得共、差向急務ノ儀有之候者ハ可訴出候事、

(出典)『法令全書』明治元年、六三ページ。

(1)王政復古直後の慶応四年一月、神祇事務科、二月神務事務局が設けられ、閏四月二一日に神祇官が再興された。(2)近世では、大きな神社には、神職の官位を始めとして諸事務を朝廷に取りつぐ公卿の家が固定していた。

【解説】　本史料は維新政府が展開した大改革の一つ神仏分離運動の出発点となった布告である。維新政府は自己の正統性を王政復古・天皇制の一元的支配においていたため、価値源泉としての天皇・天皇制をいかに拡大していくかは死活の問題であった。その第一の手段が、その価値を日本の各地で社会に浸透させるべき神社と神職の国家による直接掌握だったのである。そしてその次に来るのが、記紀神話に基いた神祇イデオロギーを神社に担わせるための神仏分離の徹底化であった。三月一七日には諸国神社の別当社僧に復飾を命じ、二八日には神社内の仏具仏像を除却せしめ、四月二四日には八幡大菩薩の称号を禁止するなど、神仏分離の嵐が日本の宗教界に荒れ狂うこととなる。

49　五箇条の誓文　明治元年三月一四日

御誓文之御写

一広ク会議ヲ興シ、万機公論ニ決スベシ、
一上下心ヲ一ニシテ、盛ニ経綸(1)ヲ行フベシ、
一官武一途庶民ニ至ル迄各其志ヲ遂ケ、人心ヲシテ倦マサラシメンコトヲ要ス、
一旧来ノ陋習ヲ破リ、天地ノ公道ニ基クベシ、
一智識ヲ世界ニ求メ、大ニ皇基ヲ振起スベシ、

我国未曾有ノ変革ヲ為ントシ、朕躬《みずから》ヲ以テ衆ニ先ンジ、天地神明ニ誓ヒ、大ニ斯国是ヲ定メ、万民保全ノ道ヲ立ントス、衆亦此旨趣ニ基キ協心努力セヨ、

年号　月日　御諱

勅意宏遠誠ニ以テ感銘ニ不堪、今日ノ急務永世ノ基礎此他ニ出ベカラズ、臣等謹テ叡旨ヲ奉戴シ、死ヲ誓ヒ黽《びん》勉《べん》(2)従事、冀クハ以テ宸襟ヲ安シ奉ラン、

慶応四年戊辰三月

総裁　名印
公卿　各名印
諸侯

(出典)『太政官日誌』明治元年第五号。
(1)治国済民の方策。(2)精出すこと。

【解説】　本史料は、慶応四年三月一四日、明治天皇が紫宸殿において天神地祇を祭り誓った国是五箇条と、群臣が署名した奉答書である。新政府は二月に徳川慶喜の恭順の立場を得たとはいえ、政権の基礎は不安定で、各方面から疑惑の目を向けられていた。それを解消し政治的合意を得るため、国是五箇条を発

表することが検討された。当初案では、列侯会議を興すこと、政府官僚には賢才を挙るため期限付きにすることがうたわれ、形式も天皇と諸大名が会盟する形が考えられていた。これを木戸孝允は、「広く会議を興し」と会議の位置を強めるとともに、官僚部分の言及は「旧来の陋習を破り」云々と抽象的なものに置きかえた。そして形式は、天皇が群臣を率いて国是を神明に誓うものにすべきだとし、これが採用された。従って、公卿・諸大名・帰順旗本の署名は当日にひきつづき明治四年五月にまで及び、その数も八百余名に上ったのである。

50 億兆安撫の宸翰　明治元年三月一四日

御宸翰之《ごしんかんの》御写《おんうつし》

朕幼弱《われようじやく》を以《もつ》て猝《にはか》に大統《だいとう》(1)を紹《つ》ぎ、尓来何《じらいなに》を以《もつ》て万国《ばんこく》に対立《たいりつ》し
列祖《れつそ》(2)ニ事《つか》へ奉《たてまつ》らんやと、朝夕恐懼《ちようせききようく》に堪《たへ》ざる也《なり》、窃《ひそか》に考《かんがふ》る
に、中葉《ちうよう》
朝政衰《ちようせいをとろへ》てより、武家権《ぶけけん》を専《もつぱ》らにし、表《おもて》は
朝廷《ちようてい》を推尊《すいそん》して、実《じつ》は敬《けい》して是《これ》を遠《とふざ》け、億兆《おくてう》の父母《ふぼ》として絶《たへ》
て赤子《せきし》の情《じやう》を知《し》ること能《あたは》ざるやふ計《はか》りなし、遂《つひ》ニ億兆《おくてう》の君《きみ》た
るも唯名《たゞな》のみニ成《な》り果《はて》、其《それ》が為《ため》に今日《こんにち》
朝廷《ちようてい》の尊重《そんちよう》は、古《いにし》へに倍《ばい》せしが如《ごと》くニて、
朝威《ちようい》は倍《ますます》衰《おとろ》へ、上下相離《じようげあいはな》るゝこと霄壌《せうじやう》(3)の如《ごと》し、
かゝる形勢《けいせい》にて何《なに》を以《もつ》て天下《てんか》に君臨《くんりん》せんや、今般《こんばん》
朝政一新《ちようせいいつしん》の時《とき》ニ膺《あた》り、天下億兆一人《てんかをくてふいちにん》も其処《そのところ》を得《ゑ》ざる時《とき》は、皆《みな》
朕《われ》が罪《つみ》なれば、今日《こんにち》の事《こと》
朕自《われみづから》身骨《しんこつ》を労《ろふ》し心志《しんし》を苦《くるし》め、艱難《かんなん》の先《さき》に立《たち》、古《いにしへ》
列祖《れつそ》の尽《つく》させ給《たま》ひし蹤《あと》を履《ふ》み、治蹟《ちせき》を勤《つと》めてこそ、始《はじめ》て
天職《てんしよく》を奉《ほう》じて億兆《をくてう》の君《きみ》たる所《ところ》ニ背《そむ》かざるべし、往昔《わふせき》
列祖万機《れつそばんき》を親《みづか》らし、不臣《ふしん》のものあれば、自《みづか》ら将《しやふ》としてこれを
征《せい》し玉《たま》ひ、
朝廷《ちようてい》の政《まつりごと》総《すべ》て簡易《かんい》にして此如《かくのごとく》尊重《そんちよう》ならざるゆへ、
君臣相親《くんしんあいした》しみて上下相愛《じようげあいあい》し、徳沢天下《とくたくてんか》に洽《あまね》く、国威海外《こくいかいくわい》に
輝《かゝや》きしなり、然《しか》るに近来宇内大《きんらいうだいおゝい》ニ開《ひら》け、各国四方《かくこくしほう》に相雄飛《あいゆうひ》す
るの時《とき》に当《あた》り、独我邦《ひとりわかくに》のみ世界《せかい》の形勢《けいせい》にうとく、旧習《きうしふ》を固守《こしゆ》
し、一新《いつしん》の効《しるし》をはからず、
朕徒《われいたづ》らに九重中《こゝのへうち》に安居《あんきよ》し、一日《いちにち》の安《やす》きを偸《ぬす》み、百年《ひやくねん》の憂《うれひ》を忘《わす》
るゝときは、遂《つひ》に各国《かくこく》の凌侮《あなどり》を受《う》け、上《かみ》は
列聖《れつせい》を辱《はづか》しめ奉《たてまつ》り、下《しも》は億兆《をくてう》を苦《くる》しめん事《こと》を恐《おそ》る、故《ゆへ》に
朕《われ》こゝに百官諸侯《ひやくくわんしよこう》と広《ひろ》く相誓《あいちか》ひ、
列祖《れつそ》の御偉業《ごいげう》を継述《けいじゆつ》(4)し、一身《いつしん》の艱難辛苦《かんなんしんく》を問《とは》ず、親《みづか》ら四方《しほう》を
経営《けいあい》し、汝億兆《なんぢをくてう》を安撫《あんぶ》し、遂《つい》には、万里《ばんり》の波濤《はとう》を拓開《たくかい》し、国《こく》
威《い》を四方《しほう》に宣布《せんぶ》し、天下《てんか》を富岳《ふがく》の安《やす》きに置《おか》んことを欲《ほつ》す、汝《なんぢ》
億兆旧来《をくてうきうらい》の陋習《ろふじう》に慣《な》れ、尊重《そんちよう》のみを
朝廷《ちようてい》の事《こと》となし、
神州《しんしう》の危急《ききう》をしらず、

朕《われ》一《ひと》たび足《あし》を挙《あぐ》れば、非常《ひじやう》に驚《をどろ》き、種々《さまぐ》の疑惑《ぎわく》を生《しやう》じ、万口《ばんこう》紛紜《ふんうん》として、朕《われ》が志《こゝろざし》をなさゞらしむる時《とき》は、是《これ》朕《われ》をして君《きみ》たる道《みち》を失《うしな》はしむるのみならず、従《したがつ》て列祖《れつそ》の天下《てんか》を失《うしな》はしむる也《なり》、汝億兆能々《なんぢおくてうよく〳〵》朕《われ》が志《こゝろざし》を体認《たいにん》し、相率《あいひきい》て私見《しけん》を去《さ》り、公義《こうぎ》を採《と》り、朕《われ》が業《げふ》を助《たすけ》て、神州《しんしう》を保全《ほぜん》し、列聖《れつせい》の神霊《しんれい》を慰《い》し奉《たてまつ》らしめは、生前《せいぜん》の幸甚《こうじん》ならん、

（出典）「復古記原史料」二―七―三一―三八、東京大学史料編纂所蔵。

（1）天皇の系譜。（2）歴代の祖先。（3）霄は天の上、壌は土のこと。天地ほど隔っているとの意。（4）先人の業を受けつぎ述べること。

【解説】　本史料は、天皇が神明に対し五箇条の国是を誓った当日の三月一四日、天皇の意思がどこにあるかを示した宸翰である。これは広く木版摺りにされて周知徹底させられた。そこでは天皇親政・万国対峙・国威宣揚という新政府の狙いが強調されるとともに、億兆安撫という仁政の側面でも民衆の心を掌握することが意図されていた。なお、振り仮名は木版摺りの宸翰そのものに付せられているものである。

51 政体書　明治元年閏四月二一日

一大ニ斯国是ヲ定メ、制度規律ヲ建ツルハ、御誓文ヲ以テ目的トス、（五箇条の誓文部分省略）

一天下ノ権力総テコレヲ太政官ニ帰ス、則政令二途ニ出ルノ患無ラシム、太政官ノ権力ヲ分ツテ、立法・行法・司法ノ三権トス、則偏重ノ患無ラシムルナリ、

一立法官ハ行法官ヲ兼ヌルヲ得ス、行法官ハ立法官ヲ兼ヌルヲ得ス、但シ臨時都府巡察ト、外国応接トノ如キ、猶立法官得《タリ》レ管《スル[ヲ]》レ之《ヲ》、

一親王・公卿・諸侯ニ非ルヨリハ、其一等官(1)ニ昇ルヲ得サル者ハ、親《ミ》レ親《ヲ》敬《スル》二大臣(2)《ヲ》一ノ所以ナリ、藩士・庶人ト雖ドモ徴士ノ法ヲ設ケ、猶其二等官ニ至ルヲ得ル者ハ、貴《フ》レ賢ノ所以ナリ、

一各府(3)・各藩・各県皆貢士(4)ヲ出シ議員トス、議事ノ制ヲ立ツルハ輿論公議ヲ執ル所以ナリ、

一官等ノ制ヲ立ツルハ、各其職任ノ重キヲ知リ、敢テ自ラ軽ンゼシメサル所以ナリ、

一僕従之儀、親王・公卿・諸侯ハ、帯刀六人・小者三人、其以下ハ帯刀二人・小者一人、蓋シ尊重ノ風ヲ除テ、上下隔絶ノ弊無カラシムル所以ナリ、

一在官人私ニ自家ニ於テ他人ト政事ヲ議スル勿レ、若シ抱議面謁ヲ乞者アラハ、之ヲ官中ニ出シ公論ヲ経ヘシ、

一諸官四年ヲ以テ交代ス、公選入札之法ヲ用ユヘシ(5)、但今後初度交代ノ時、其一部ノ半ヲ残シ、二年ヲ延シテ交代ス、断続宜キヲ得セシムルナリ、若其人衆望ノ所属アツテ難

レ去者ハ、猶数年ヲ延サヾルヲ得ズ、
一諸侯以下農工商各貢献ノ制ヲ立ツルハ、政府ノ費ヲ補ヒ、兵備ヲ厳ニシ、民安ヲ保ツ所以ナリ、故ニ位官ノ者亦其秩禄官給三十分ノ一ヲ貢スヘシ、
一各府・各藩・各県其政令ヲ施ス亦　御誓文ヲ体スヘシ、唯其一方ノ制法ヲ以テ他方ヲ概スル勿レ、私ニ爵位ヲ与フ勿レ、私ニ通宝ヲ鋳ル勿レ、私ニ外国人ヲ雇フ勿レ、隣藩或ハ外国ト盟約ヲ立ツル勿レ、是小権ヲ以テ大権ヲ犯シ政体ヲ紊ルヘカラサル所以ナリ、

(出典)「政体」東京大学史料編纂所蔵。

(1)政体書では官等を一等官の輔相・議定・知官事、一等海陸軍将より九等官の訳生・使部に至る九等に分った。(2)二等官には参与・副知官事・知府事・二等海陸軍将が相当した。(3)政体書によって地方行政機関として従来の裁判所にかわり府と県が設置された。(4)慶応四年二月諸藩貢士の制度が定められ、五月公務人、八月公議人と改称された。明治元年一〇月制定の藩治職制では、藩には執政・参政中より公議人を出だすべしとされた。(5)明治二年五月、三等官以上に輔相・議定・参与を公選させたが、それ以後はおこなわれなかった。

【解説】　本史料は、国是決定をうけて、太政官組織を定めた政体書(但し版本の表題は「政体」となっている)のうち、組織原則を述べた前半部分である。起草には土佐藩の福岡孝悌と佐賀藩の副島種臣が当った。後半部分は太政官内の七官、即ち立法官(議定官)である議定・参与(以上上局)、議長・議員(貢士)(以上下局)、行政官である輔相・弁事、行政を分掌する神祇官・会計官・軍務官・外国官の四官、司法を司る刑法官、次に地方官である府藩県知事、さらに官等が定められている。その要旨は、第一、一切の権力を太政官に集中し、第二、立法・行政・司法の三権に分ち、第三、議事の制度を樹て、第四、官吏公選の法を採用し、第五は、地方行政も誓文に基かせ、小権を以て大権を犯すことを厳禁したことであった。その内、第二の点は、立法官とされた議定・参与が行政の中心となっていくことで空文におわり、第四の点も共和政治を恐れ継続されなかった。但し、第三の点は維新政府が諸藩の合意をかちとる上で不可欠のものであったため、明治二年三月には東京に公議所が開設されることとなる。

2　版籍奉還から廃藩置県へ

52　版籍奉還に関する薩長土肥四藩上表　明治二年一月二〇日

臣某等頓首再拝謹テ案《アン》ズルニ、朝廷一日モ失フ可ラザル者ハ大体ナリ、一日モ仮《カ》ス可ラザル者ハ大権ナリ、天祖肇《ハジメ》テ(1)国ヲ開キ基《モトヒ》ヲ建玉ヒシヨリ、皇統一系万世無窮、普天率《ソッ》土其有ニ非ザルハナク其臣ニ非ザルハナシ、是大体トス、且与ヘ且奪《ウバ》ヒ、爵禄以テ下ヲ維持シ、尺土モ私ニ有スルコト能ハズ、一民モ私ニ攘《ヌス》ムコト能ハズ、是大権トス、在昔　朝廷海内ヲ統馭《ギョ》スル一ニコレニヨリ、聖躬之ヲ親《〔みづか〕》ラス、故ニ名実並立テ、天下無事ナリ、中葉以降綱維《カウキ》一タビ弛《ユル》ヒ、柄ヲ弄

シ柄ヲ争フ者、踵《ショウ》ヲ　朝廷ニ接シ、其民ヲ私シ其土ヲ攘《ヌス》ムモノ、天下ニ半シ、遂ニ搏噬攘奪《ハクゼイジョウダツ》(2)ノ勢成リ、　朝廷守ル所ノ体ナク、秉《ト》ル所ノ権ナクシテ、是ヲ制馭《ギョ》スルコト能ハス、姦雄《カンイウ》迭《タカ[ヒ]》ニ乗シ、弱ノ肉ハ強ノ食トナリ、其大ナル者ハ十数州ヲ幷《アハ》セ、其小ナル者猶士ヲ養フ数千、所レ謂幕府ナル者ノ如キハ、土地人民擅《ホシイマヽ》ニ其私スル所ニ頒《ワカ》チ、以テ其勢権ヲ扶植《フチヨク》ス、是ニ於テ乎　朝廷徒《イタヅラ》ニ虚器ヲ擁《イヨウ》シ、其視息《シソク》ヲ窺《ウカヾツ》テ喜戚《キセキ》(3)ヲナスニ至ル、横流(4)之極滔《カン》天(5)回ラザルモノ茲ニ六百有余年、然レ共其間往々天子ノ名爵《シャク》ヲ仮テ、其土地人民ヲ私スルノ跡《セキ》ヲ蔽《オホ》フ、是固ヨリ君臣ノ大義上下ノ名分、万古不抜ノモノ有ニ由ナリ、方今　大政新ニ復シ万機《キ》之ヲ親ラス、実ニ千歳ノ一機、其名アツテ其実ナカル可ラズ、其実ヲ挙《アグ》ルハ大義ヲ明ニシ、名分ヲ正スルヨリ先ナルハナシ、嚮《サキ》ニ徳川氏ノ起ル、古家旧《キウ》族《ゾク》天下ニ半ス、依テ家ヲ興スモノ亦多シ、而シテ其土地人民コレヲ　朝廷ニ受ルト否トヲ問ハス、因襲《インシユウ》ノ久シキヲ以テ今日ニ至ル、世或ハ謂ラク、是祖先鋒鏑《ハウテキ》(6)ノ経始スル所ト、吁《アヽ》何ゾ兵ヲ擁《ヨウ》シテ官庫ニ入リ、其貨《タカラ》ヲ奪《ウバ》ヒ、是死ヲ犯《オカ》シテ獲《ウル》所ノモノト云ニ異ナランヤ、庫ニ入ルモノハ人其賊タルヲ知ル、土地人民ヲ攘奪《ジヤウダツ》スルニ至ツテハ、天下コレヲ怪《アヤ》シマズ、甚《ハナハダシイカナ》哉名義ヲ紊壊《ブンクワイ》スルコト、今也丕《ヒ》新(7)ノ治ヲ求ム、宜シク大体ノ在ル所大権ノ繫《ツナガ》ル所、毫《ガウ》モ仮《カス》ベカラズ、抑臣等居ル所ハ即チ　天子ノ土、臣等牧《ボク》スル所ハ即チ　天子ノ民ナリ、安ンゾ私ニ有スベケンヤ、今謹テ其版籍《セキ》(8)ヲ収《ヲサ》メテ之ヲ上ル、願クハ　朝廷其宜ニ処シ、其与フ可キハ之ヲ与ヘ、其奪《ウバ》フ可キハコレヲ奪ヒ、凡列藩ノ封土更ニ宜シク　詔《シヨウ》命ヲ下シ、コレヲ改メ定ムベシ、而シテ制度典型《テンケイ》(9)軍旅ノ政ヨリ、戎服《ジウフク》器《キ》械《カイ》ノ制ニ至ルマデ、悉ク　朝廷ヨリ出テ、天下ノ事大小トナク皆一ニ帰セシムベシ、然后ニ名実相得、始テ海外各国ト並立ベシ、是　朝廷今日ノ急務《ム》ニシテ又臣子ノ責《サク》ナリ、故ニ臣某等不肖譾劣《センレツ》(10)ヲ顧《カヘリ》ミズ、敢テ鄙《ヒ》衷《チウ》ヲ献《ケン》ズ、天日ノ明、幸ニ照臨ヲ賜ヘ、臣某等誠恐誠惶頓首再拝、以表、

(出典)『太政官日誌』明治二年第九号。

(1)詩経に、普天の下王土に非ざるは莫《な》く、率土の浜王臣に非ざるは莫し、との語あり。天の遍く蔽う所の下、陸地の連続する際限は王土王民であるとの意。(2)つかみ食い、ぬすみ奪うこと。(3)喜んだり悲しんだりすること。(4)その道によらずして妄行すること。(5)天にまではびこること。正しい読みはトウテン。(6)ほことやじりのこと。(7)大いに新たなること。(8)版図と戸籍、即ち土地と人民の意。(9)掟の意。(10)才学浅くして人に劣れること。

【解説】　本史料は明治二年一月二〇日、薩摩長州土佐肥前四藩の在京都重臣が参内し、四藩主の名を以て上った版籍奉還の上表文である。直ちに二三日の『太政官日誌』に公表された。戊辰戦争の終った後、戦勝におごった各藩兵が帰国、割拠の勢いをなすことを憂慮した木戸孝允は、前年九月、大久保利通と両藩よりの版籍奉還の件を相談、明治天皇が東京行幸から京都に戻っていた時期の明治二年一月一四日、京都で大久保、長州の

広沢真臣、土佐の板垣退助が会合して最終的に本件に関し合意を見、直後に肥前を加えて四藩主連名の形式で上表したものである。列藩の自発的返上による太政官政府の全国掌握、そのもとであらためて列藩に封土を与えるべしという論理をとっている。四藩主上表に対し、政府は、（天皇）「東京御再幸の上、会議を経、公論を尽」した上で決定すると回答、その後、諸藩は続々と同様の出願をおこなった。政府は五月東京において、会議を開いて検討させ、また広く下問する手続きを経て、六月、諸藩の出願を認め、藩主を知藩事に任命したのである。これ以降、全国の土地と人民は天皇と中央政府の支配するものであり、知藩事以下藩の重臣は政府から任免される官吏であるという形式がととのえられることとなる。知藩事は従って、受領名や官職名を称することは禁止され、位階のみの称号となった。廃藩置県は論理的に可能となるのである。

53　キリシタン弾圧に関する各国代表宛日本政府説明　明治二年一二月一八日

岩倉　我々はキリスト教自体を排斥しているのではない。しかし我々はキリスト教の日本への導入を許可することはできない。信奉の是認は、深刻な国内亀裂を招来し、我国を分裂させるだろう。しかし今ではそれも和らげられたことはお認め頂きたい。従来キリシタンに対する処罰は磔刑であった。国民一般にキリスト教を信奉するのを許可する訳には絶対にいかない。（中略）

寺島　考慮すべきは、本件の宗教的な面のみではもちろんありませんが、しかしながら彼らは祖国の宗教を蔑視して大きな害悪をながしているのです。我国の政治制度とミカドの権威は、我国の宗教を土台に成り立っています。ミカドは国民が敬礼尊崇する天照大神ならびに天孫の御後裔であらせられます。キリシタンは、全ての国民が神聖なるものとして考えなければならない対象を公然と軽侮するのです。彼らは天照大神をまつる神社への参拝を拒否します。このことは、取りも直さずミカドを侮蔑し奉る所以であります。（中略）

岩倉　本件に関しては、日本国政府の機構と諸外国のそれとの違いを承知してもらいたい。外国では政府は世論にその基礎を置いているとすれば、我国の政府はミカド崇拝の上に基礎を置いている。それ以外の政府は日本では考えられない。先の政府、徳川幕府の場合も諸大名が、将軍はミカドの神権に充分な敬意を払っていないと見なし、将軍への服従を拒み、倒幕に至ったのだ。ミカドの権威は、国民の全階級によって擁護されるべきものである。

（出典）安丸良夫・宮地正人校注『宗教と国家　日本近代思想大系5』岩波書店、一九八八年、三〇八—三一〇ページ。

【解説】　本史料は、浦上キリシタン移送に抗議する英仏米独四カ国公使との明治二年一二月一八日の会談の際の日本政府側の発言部分である。岩倉具視は当時大納言で輔相三条実美に次ぐ高官、寺島宗則は外務大輔であった。

天孫降臨・万世一系の記紀神話を天皇制支配の正統性根拠とする維新政府にとっては、キリスト教は決して容認することの出来ないものであった。幕末以降、長崎の浦上でかくれキリシタンの人々が自己の信仰を公然化した問題に対し、政府は慶応四年五月、指導者百余名を配流することで対処したが、戊辰戦争期で政府が未だ安定していなかったことから、それ以上の弾圧を控えていた。しかし、全国統一をなしとげた直後の明治二年一二月初旬、三千余名のキリシタンを全国一九藩に移送する強行策を断行、この措置に反対する四カ国公使との会談が、一八日に開催されたのである。天皇制支配を国民に受容させるためには、キリスト教が決定的に対立するとの考えによって日本側答弁は貫かれている。しかし、このような直接的で露骨な形でのキリスト教弾圧は、列国の同意が前提となる条約改正実現の課題と衝突し、政府はその後、より複雑な形での天皇制イデオロギーの貫徹を図らなければならなくなる。慶応四年閏四月、切支丹宗門禁止の高札を全国に立てさせた政府は、明治六年二月、その撤去を命じ、各地に配流されていた浦上キリシタンの人々を釈放帰村させたのである。

54　廃藩を危惧する諷刺小話　明治四年初頭

郡県ノ話

昔東海ニ一ツノ小嶋アリ、其国主麒麟ナル者国ヲ開キ王タリ、中興獅子王ナル者出テ群虎ヲ伏従セシ上、麟ヲ容レ四海静謐ナルコト久シ、然ルニ獅子王、年老道廃レテ群虎ノ為ニ喰ルルコトアリ、既ニシテ群虎四方ニ割拠ス、于茲出没変化自在ナル一猛虎アリ、進テ諸虎ニ説テ曰ク、獅子既ニ尽ルトイヘドモ、麟力弱シ、若シ衆虎割拠スル時ハ麟又心ヲ傷ン、不如悉ク群羊トナラン、然ル上ハ麟モ憂ナク虎ノ怖レナカルヘシト云々、群虎実ニ是トシテ降テ嶋中皆羊トナル、其時先ノ猛虎忽チ変シ大虎トナル、群羊モ驚キテ虎ニ帰ラントスレドモ、変化ノ術ナク空敷死ス、然ルニ外国ヨリ大象来リテ流涎シテ其虎羊ノ争ヒヲ見、後又虎ノ傷ヲ受、衰病スルノ機ヲ見テ、虎ヲ喰ヒテ、己レ王トナレリ、

（出典）「尾張屋新聞」（旧史談会本）第二冊、東京大学史料編纂所蔵。

【解説】　本史料は、東京詰越後高田藩士のものと推定される御用留兼風説留中、明治四年初頭の箇所に記されている政治諷刺小話である。筆者は不明で、他の史料と同じく、この記者は誰かから借用して記録したものと思われる。文中、小嶋は日本、麒麟は天皇家、獅子王は徳川幕府、群虎は諸大名、猛虎は薩長、外国は欧米列強を意味している。寓意はきわめて明白であり、

維新政府が自己の権力を強化するため、藩を廃止する可能性をもっているとの強い危惧感を諸藩が抱いていたこと、その目的は政府の私的欲望に基づいており、その結果諸藩の協同が存在しないため国力が衰えて欧米列強に植民地化されてしまうだろうことが予測されている。廃藩を恐れ、藩が維新政府を支えている柱なのだ、と考える藩側の立場から、当然書かれて然るべき内容の諷刺なのである。

55 維新政府諷刺薬引札　明治四年前半（↓図55）

菊の紋章図	西洋真伝 一子不伝 月給丸	大才一剤代金 通三百両 達八百両 中才一剤代金 通百両 達三百両 小才一剤代金 通十両 達百両

抑此御薬之儀ハ西洋真伝にして、御一新後ニ遍く天下ニ布告し、堂上・華族・藩士・草莽《サウマウ》・卑賤の者多くとも、其才能に依り此御薬を用ゆれは、忽チ全身痿《シビ》れて因循《インジユン》姑息し、臆病腰抜となること不レ可ニ勝数《アゲテカソウ》一、其功不レ用して可レ知也、

第一癸《キ》丑甲寅《チウカウイン》以来尽忠報国美名の英雄たりとも、一度此良薬を服すれバ、大和魂確乎たる赤心をも忽チ蕩《トウ》し、内外の分を失し、大活眼と称して洋癖《ヨウヘキ》と成り、己の身《ミ》の卑《イヤシ》きを忘れて、猥ニ高位高官ニ歴《ヘ》昇り、恐多くも

図55

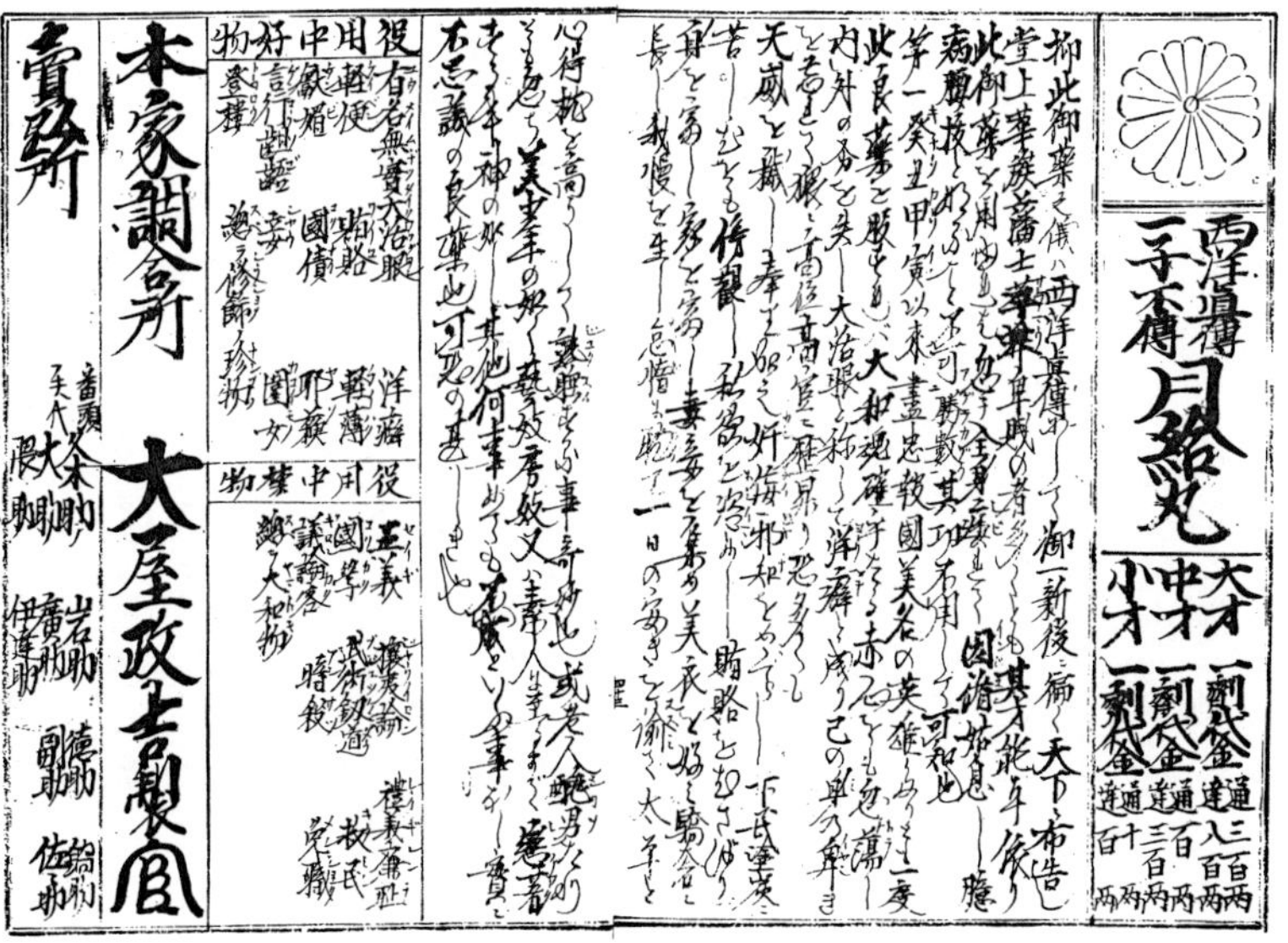

天威を穢し奉り、加之奸佞邪知《カンネイジヤチ》をめぐらし、下民塗炭ニ苦しむをも傍観し、私欲を恣《ホシイママ》にし賄賂をむさぼり、身を富し家を富し、妻妾を集め美衣を好ミ、驕奢ニ長し我慢を生し、怠惰《タイダ》に耽《フケ》り、一日の安きを偸《ヌスミ》て太平と心得、枕を高うして熟睡《ジユクスイ》する事奇妙也、或老人醜男《シコヲ》たりとも忽ち美少年の如く、芸妓房妓又ハ素人等に至るまで恋着《レンチヤク》する事神の如し、其他何事にても不レ成といふ事なし、実ニ不思議の良薬也、可レ恐の甚しき也

物好中用役

有名無実《ユウメイム》大活眼《ヂツダイクワツガン》　洋癖
軽便《ケイベン》　賄賂《ワイロ》　軽薄《ケイハク》
献媚《ケンビ》　国債《コクサイ》　邪蘇《ヤソ》
言行齟齬《ゲンコウソゴ》　妾《シヤウ》　囲女《カコイモノ》
登楼《トウロウ》　総《スベ》テ修飾《シウシヨク》ノ珍物《チンブツ》

物禁中用役

正義《セイギ》　攘夷論《ジヤウイロン》　礼義廉恥《レイギレンチ》
国学《コクガク》　武術剣道《ブジユツケンダウ》　救民《キウミン》
議論客《ギロンカク》　暗殺《アンサツ》　免職《メンシヨク》
総《スベ》テ大和物《ヤマトモノ》

本家調合所　大屋政吉製官

売弘所

番頭　条助　岩助　徳助　鍋助
手代　大助　広助　副助　佐助
隈助　伊達助

右ハ毎日第十時ヨリ第二時マテ開店　但一六ハ閉店

（出典）「玉晁雑記」第一〇冊、名古屋市立蓬左文庫蔵。

【解説】　本史料は廃藩置県直前の明治四年前半期の各種風説留に写されている薬引札形式の政治諷刺文である。末尾の売弘所番頭は、右大臣の三条実美、大納言の岩倉具視・徳大寺実則・鍋島直正をさし、また手代は参議の大久保利通・広沢真臣・副島種臣・佐々木高行・大隈重信、大蔵卿の伊達宗城をもじったものだが、この内広沢は明治四年一月九日に暗殺されているので、作成時期は明治三年後半から翌年初頭と推定される。冒頭の薬代金は太政官官員の月給額をもちいているように、政府の役人となった人々と維新政府そのものに対する痛烈な批判である。在野の人々、特に士族層は、政府要人の唱える「大活眼」なるものは「有名無実」の口実であり、従来の「言行齟齬」を糊塗するものにすぎない、その実は西洋カブレの「洋癖」家であり、妾を囲い、「登楼」して奢侈を尽し、「免職」をひたすら恐れて「正義」と「礼義廉恥」を顧りみない者達なのだ、という印象をもっていた。この反感が維新政府の基礎を崩していった。

56　廃藩置県の詔　明治四年七月一四日

朕惟フニ更始ノ時ニ際シ、内以テ億兆ヲ保安シ、外以テ万国ト対峙セント欲セハ、宜ク名実相副ヒ、政令一ニ帰セシムヘシ、朕曩ニ諸藩版籍奉還ノ議ヲ聴納シ、新ニ知藩事ヲ命シ、各其職ヲ奉セシム、然ルニ数百年因襲ノ久キ、或ハ其名アリテ其実挙ラサル者アリ、何ヲ以テ億兆ヲ保安シ、万国ト対峙スルヲ得ンヤ、朕深ク之ヲ慨ス、仍テ今更ニ藩ヲ廃シ県ト為ス、是務テ冗ヲ去リ簡ニ就キ、有名無実ノ弊ヲ除キ、政令多

岐ノ憂無ラシメントス、汝群臣其レ朕カ意ヲ体セヨ、

(出典)『太政官日誌』明治四年第四五号。

【解説】 本史料は、明治四年七月一四日、廃藩置県を断行した際の明治天皇の詔書である。万国対峙のために障害となっている藩を廃止し、政令を一元化し、万国対峙の実をつくりあげることを宣言している。

版籍奉還聴許の後、明治二年七月、太政官制を確立、府藩県三治一致体制のもとで政治をすすめようとした維新政府ではあったが、中央政府や藩の苛政からくる農民一揆は、政府の対外和親政策に反対する反政府士族の動きと結びつき、さらに明治二年一月横井小楠、九月大村益次郎、明治四年一月広沢真臣と、維新政府高官の暗殺が続発し、しかも政府部内にも、非薩長派の人々があなどりがたい勢力を有していた。このような情況のもとで、明治三年末には、政府首脳は、弱体化している中央政府を、王政復古の柱石藩であった薩長土三藩の力をもって立て直すしかないとの認識を持つようになった。明治三年一二月、岩倉具視はこの使命を受け、鹿児島に赴き西郷隆盛を引き出すことに成功、明治四年二月には、薩長土三藩の数千の歩兵・砲兵を「御親兵」として上京させ、六月までには、東京をかためるとともに、最も反政府運動の恐れのある東北の石巻・福島・盛岡、九州の小倉・博多・日田に兵力を配置した。

この三藩による中央政府強化政策は、当初廃藩置県そのものを目的としたものではなく、岩倉具視自身、直前になってその断行策を告げられたほどであった。このような軍事力集中のもとに、七月六日、一挙に断行すべきことを西郷隆盛と木戸孝允に献策したのは、山県有朋・鳥尾小弥太・井上馨・野村靖等の長州出身の官僚達であった。事は極秘裡に急速に進行し、七月一四日の詔書が出されるにいたったのである。この断行に当り最大の保証となったのは、もし朝命に抗するものがあったなら、自分がこれを鎮定し、敢て憂なからしめんと確言した西郷の断乎とした態度であった。

57 廃藩置県への新聞論評　一八七一年一〇月一七日

南部のいくつかの地方から、兵士の部隊が多数江戸に集まり、またこの国の指導的立場にある人物の間に注目すべき動きが見られたことから、われわれは、ここしばらくの間、重要な政治的変化が起こるという噂が全く根拠がないわけではないと信じるようになっていた。ただ今度ばかりは、噂の女神は、われわれだけでなく、国民全体を多少なりとも驚愕させたことを認めねばなるまい。というのも、真実は噂をはるかに上回っていたからだ。この変化の題目とその計り知れない重要性は、次の天皇《ミカド》の勅令に見ることができる。(中略)

ひとことで言うと、この勅令によって、数世紀の歴史を持ち、この国の政治状態を本質的に代表してきた封建制度が、一度にしてしかも最終的に廃止された。そして政府は、天皇《ミカド》の帝国統治のもとに集中されたということだ。反対意見は、どの方面からも聞こえてきていない。また信頼すべき情報に

よれば、新政府による統合の努力を、実質的に妨げるようなものが存在する可能性も全くないということだ。(中略)

諸侯の家臣たちに対処するという問題はこれに比べてはるかにむずかしい。彼らに、今まで主君の歳入によって保障されていた、横柄で怠惰な生活をやめさせ、生産に従事する大衆に対する優位の象徴として代々身に着けてきた二本の刀の代わりに、自らの糧を得るための農器具を持たせるようにしなければならないのだ。この階級は全人口の少なくとも十分の一を占め、新体制を新しく作り出し促進している人々が彼らを「国家の糧を食べる者たち」と呼ぶように、彼らは長い間この国の資源を使い果たしてきた。しかもそのお返しとして、大規模の常備軍が通常押し付ける国家的尊厳というものすら与えなかった。この国は、強力な敵から隔離されることによって守られているので、統合された政府には比較的小規模の軍隊しか必要とされないだろう。したがってこの家臣たちの大群は不要になるだろう。そこで先の問題に戻るが、彼らをどう処置すればよいだろう。あるいは彼らは自分たちをどう処置するのだろう。彼らはおとなしく服従するのだろうか、それとも革命的ゲリラ団になって国内を略奪し破壊して回るのだろうか。

(出典)『外国新聞に見る日本』第一巻、五四〇—五四一ページ。

【解説】 本史料は、一八七一年一〇月一七日、(旧暦九月四日)、『ニューヨーク・タイムズ』に掲載された廃藩置県を論ずる横浜発信記事である。発信日は九月一三日(旧暦七月二九日)だから、廃藩置県が断行されてから僅か二週間後に執筆されたものである。記者の目は鋭く、事態の全体をとらえている。引用箇所では、大転回の前提となった軍隊の東京集結、士族階級の今後の見通しにふれているが、削除した部分では諸侯の今後の動向、政府がクーデタを断行した旧四藩の人々によって独占されるだろうこと、天皇の政治的利用等々、その後数年間、日本の政局で争われる諸問題が的確に指摘されているのである。

第四節　明治初年の諸改革と外交

1　国家の抱負と現実

58　日清修好条規　明治四年七月二九日調印

第二条

両国好を通せし上は必す相関切[1]す、若し他国より不公及ひ軽藐[2]する事有る時、其知らせを為さは、何れも互に相助け、或は中に入り、程克く取扱ひ、友誼を敦くすへし、（中略）

第八条

両国の開港場には彼此何れも理事官を差置き、自国商民の取締をなすへし、凡家財産業公事訟訴に干係せし事件は都て其裁判に帰し、何れも自国の律例を按して糺弁すへし、両国商民相互の訴訟には何れも願書体を用ふ、理事官は先つ理解を加へ成丈訴訟に及はさる様にすへし、其儀能はさる時は地方官に掛合ひ、双方出会し公平に裁断すへし、尤盗賊欠落等の事件は両国の地方官より召捕り、吟味取上け方致す而已にして、官より償ふ事はなさゝるへし、

（出典）『旧条約彙纂』第一巻第一部、三九五―三九九ページ。

（1）気に懸けること。（2）軽蔑し軽んずること。

【解説】　本史料は、明治四年七月二九日、日本側の全権大臣伊達宗城（大蔵卿）と清国側全権大臣李鴻章との間で、天津において調印された日清修好条規である。本条規の批准書交換は、明治六年四月、外務卿副島種臣が渡清の際、天津でおこなわれた。

維新政府は条約改正を意図する一方で、朝鮮・清国との間の外交関係をつくろうと努力した。清国へは明治三年七月予備交渉の使節を派遣、翌年六月から七月にかけて日清両国の全権大臣が交渉をおこない、調印されたのが日清修好条規である。同時に通商章程三三款、海関税則も調印された。本条約は、それぞれ欧米列強と不平等条約を結んでいた日清両国が締結した平等条約で、治外法権や協定関税の規定は当然のことながら存在せず、相互に外交使節と領事を駐在させる、相互に制限的な領事裁判権を認める等、双務的な性格を有している。また最恵国条款をもりこまなかった。しかし第二条が攻守同盟を意味するのではないかとの疑惑を欧米列強に抱かせ、日本側は明治五年三月使節を渡清させ、条規修正の予備交渉をおこなわせたが、清国側の拒否にあい失敗した。本条約に基づき日本側では、明治七年七月柳原前光が二等特命全権公使に任命され渡清、征台の役での日清外交紛争に関与したが、清国側では、明治一〇年一二月、李鴻章の信頼あつかった何如璋が初代駐日公使として着任、琉球帰属問題の交渉に当ることとなる。

59 条約改正の為の米欧遣使に付諮問書　明治四年九月

対等ノ権利ヲ存シテ相互ニ凌辱侵犯スル事ナク、共ニ比例互格ヲ以テ礼際ノ殷勤ヲ通シ貿易ノ利益ヲ交ユ、此レ列国条約アル所以ニシテ、而テ国ト国ト固ヨリ対等ノ権利ヲ有スルコト当然ナレハ、其条約モ亦対等ノ権利ヲ存スヘキハ言ヲ待タサル事ナリ、

故ニ地球上ニ国シテ独立不羈ノ威柄ヲ備ヘ、列国ト相聯並比肩シテ昂低平均ノ権力ヲ誤ラス、能ク交際ノ誼ヲ保全シ貿易ノ利ヲ斉一ニスルモノ、列国公法アリテ能ク強弱ノ勢ヲ制圧シ衆寡ノ力ヲ抑裁シ天理人道ノ公義ヲ補弼スルニ由レリ、是以テ国ト国ト対等ノ権利ヲ存スルハ乃チ列国公法ノ存スルニ此レ由ルト云フヘシ、

今其国ノ人民其国ヲ愛スルハ亦自然ノ止ムヘカラサル所ナリ、既ニ其国ヲ愛スルノ誠アル、其国事ヲ憂慮セサルヘカラス、憂慮既ニ此ニ及フ、苟モ之ヲ実務上ニ徴シテ我国ニ存スル権利ノ何如ヲ審察セサルヘカラス、既ニ之ヲ審察スルニ於テ果シテ其権利我ニ存シテ失ハサルカ、或ハ之ヲ他ニ失シテ存セサルカ、能ク之ヲ認メ得ヘシ、之ヲ認メテ我国既ニ対等ノ権利ヲ失ヒ他ニ凌辱侵犯セラレ比例互格ノ道理ヲ得サレハ、勉励奮発シテ之ヲ回復シ、其凌辱ヲ雪キ侵犯セラレサル道ヲ講究スル事、其国人正ニ務ムヘキ職任ニシテ、其国人タルノ道理ヲ尽スト云フヘシ、而テ其凌辱侵犯ヲ受ケサル道ヲ講究スル、之ヲ列国公法ニ照シテ其条約ノ正理ニ適スルヤ否ヤヲ考察セサルヘカラス、

夫レ我国海外各邦ト条約ヲ結ヒシ始メ国内ノ形勢如何ソヤ、積世鎖国ノ習俗固結シテ開港ノ事ヲ拒ムモノ滔々皆是ナリ、攘夷ノ論ヲ発スルモノ比々皆然リ、此レ旧政府擅権ノ私断ヲ以テ此ノ全国ノ存亡ニ関係スル一大事件ヲ明白正大ナル輿論ト才智勇決ナル処置トヲ以テ其事件ヲ了局セス、其目的一時糊塗シテ因循歳月ヲ経過スルノ方略ニ出ツ、其事情止ヲ得サルノ勢ト雖、到底官吏ノ懶惰ト姑息トニ由テ交際上其当ヲ得サル事夥多ナルノミナラス、貿易上モ亦当然ノ理ヲ尽ス能ハサルモノ亦少カラス、而テ其間我国内ノ多事ニ由リ、強弱ノ勢ニ乗セラレ、彼我権利ノ際限紛乱シテ、或ハ主客地ヲ換ル事アルニ至リ、益至当ノ則ヲ失ヒ、窮極如何ヲ知ラサルニ至ラントセシニヨリ、政体変革ノ始ヨリ、既ニ失ヒシ権利ヲ回復シ、凌辱侵犯セラル、事ナク、比例互格ノ道ヲ尽サント欲スト雖、従前ノ条約未タ改マラス、旧習ノ弊害未タ除カス、各国政府及各国在留公使モ猶東洋一種ノ国体政俗ト認メテ別派ノ処置慣手ノ談判等ヲナシ、我国律ノ推及スヘキ事モ之ヲ彼ニ推及スル能ハス、我権利ニ帰スヘキ事モ之ヲ我ニ帰スル能ハス、我規則ニ従ハシムヘキ事モ之ヲ彼ニ従ハシムル能ハス、我税法ニ依ラシムヘキ事モ之ヲ彼ニ依ラシムル能ハス、我カ自在ニ処置スヘキ条理アルモ之ヲ彼ニ商議スヘキ事ニ至

リ、其他凡ソ中外相関係スル事々件々、彼是対等東西比例ノ通誼ヲ竭ス能ハス、甚キハ公使ノ喜怒ニ由テ公然タル談判モ困難ヲ受クルニ至ル、抑対等国ノ政府ハ在留公使ノ不可ナルモノアレハ公法ニ拠テ之ヲ其本国ニ逐ヒ還ス程ノ権ヲ有スルナルニ、其事体ノ此ノ如キノ凌辱侵犯ヲ受クルニ至テハ、毫モ対等並立ノ国権ヲ存スト云フヘカラス、比例互格ノ交際ヲナスト云フヘカラス、故ニ痛ク其然ル所以ヲ反顧シ、分裂セシ国体ヲ一ニシ、渙散[1]セシ国権ヲ復シ、制度法律駁雑ナル弊ヲ改メ、専ラ専断拘束ノ余習ヲ除キ、寛縦簡易ノ政治ニ帰セシメ、勉テ民権ヲ復スルコトニ従事シ、漸ク政令一途ノ法律同轍ニ至リ、正ニ列国ト並肩スルノ基礎ヲ立ントス、宜ク従前ノ条約ヲ改正シ独立不羈ノ体裁ヲ定ムヘシ、従前ノ条約ヲ改正セント欲セハ、列国公法ニ拠ラサルヘカラス、列国公法ニ拠ル、我国律、民律、貿易律、刑法律、税法等公法ト相反スルモノ之ヲ変革改正セサルヘカラス、之ヲ変革改正スルニ其方法処置ヲ考案セサル可ラス、之ヲ考案スルニ之ヲ実際ニ施行スル或ハ一年ヲ期シ乃至二三年ヲ期スヘキモノ有リテ一朝一夕ニ其事ヲ了スヘキニ非スト考ヘサルヲ得ス、而テ条約改正ノ期限来申年五月中即西暦千八百七十二年第七月一日ヨリ其議ヲ始ムヘキ明文アリ、我政府此際ニ当テ此事アル、頗ル盛業ヲ興スヘキ一大機会ヲ得タルモノト雖、現場ノ形勢ニ由リ其事ヲ督促サレ、順序及時限猶予ナク切迫ニ及フトキハ、亦困難ヲ受クルノ一大機会ニ当レリト云フヘシ、如何トナレハ各国公使ニシテ此改正ノ議ヲ考案スルモノ、各自其国ノ利益ヲ網羅セント目的シ、我国ノ政俗公法ニ当ラサルヲ以テ却テ自恣ノ所志ヲ逞フスル為メ、正大公明ノ理ニ託シ、制度法律教宗ヨリ百般ノ諸規則普通ノ公義ニ反セルヲ責メ、定期ノ時限ヨリ直ニ普通ノ公法ヲ施行スヘシト請求スヘシ、然ルニ事情急速行ヒ難キヲ以テ之ヲ拒辞スルトキハ、必ス之ニ換フルノ請求ヲナシ、終ニ威力ノ談判ニ渉リ其弊害ヲ招クモ量ルヘカラス、故ニ姑息ノ改正ハ益国ノ権利ヲ失フ基トナル事未来ニ考ヘテ判然タリ、此レ改正ノ機会困難ヲ受クルノ憂アリトスル所以ナリ、故ニ此困難ヲ受クヘキ機会ヲ転シテ盛業ヲ起スヘキ機会トスルハ枢機ノ一転間ニ在リテ、其関捩[2]ニ全権ノ使節ヲ各国ヘ差遣シ、一ハ我政体更新ニ由テ更ニ和親ヲ篤クスル為メ聘問ノ礼ヲ修メ、一ハ条約改正ニヨリ我政府ノ目的ト期望スル所トヲ各国政府ニ報告商議スルニ在リ、此報告ト商議ハ彼ヨリ論セントスル事件ヲ我ヨリ先発シ、彼ヨリ求ムル所ヲ我ヨリ彼ニ求ムル所以ナレハ、議論モ伸ル処アリ、必ス我論説ヲ至当ナル事トシ之ニ同意シ、相当ノ目的ト考案トヲ与フヘシ、其目的ト考案ヲ採リ商量合議セハ其事ヲ実地ニ施行スル時限ヲ大凡三年ヲ目的トス延フルノ談判ヲ整ヘ了ルモ至難ノ事ニアラサルヘシ、

此ノ報告ト商議ハ列国公法ニ拠ルヘキ改革ノ旨向ヲ報告シ、

且之ヲ商議シ実地ニ之ヲ我国ニ施行スルヲ要義トスルニ由リ、其実効ヲ験知スル為メ、欧亜諸州開化最盛ノ国体諸法律諸規則等、実務ニ処シテ妨ケナキヤヲ親見シ、其公法然ルヘキ方法ヲ探リ、之ヲ我国民ニ施設スル方略ヲ目的トスル、亦緊要ノ事務トス、故ニ全権ノ使節ハ全権理事ノ官員何人ヲ附従シ、之ニ書記官通弁官ヲ附属セシメ、右全権理事官員ハ之ヲ各課ニ分チ各其主任ノ事務ヲ担当スヘシ、

（出典）外務省調査部編『大日本外交文書』第四巻、一九三八年、六七―六九ページ。

（1）とけちること。（2）ネジ。

【解説】　本史料は、明治四年九月前半、太政大臣三条実美が外務卿岩倉具視に対し、条約改正交渉を延期させるため米欧に使節を派遣することに関し下した諮問書である。

安政五カ国条約の規定によれば、明治五年五月から七月より、条約改正交渉に入ると定められていた。廃藩置県を断行した政府は、在日各国公使との交渉は、彼等から一方的に要求をつきつけられ、国権を失うので好ましくないこと、各国と締結している条約は、あらゆる面で不平等であり、全面的に改正して「独立不羈」の体裁をつくらなければならないこと、このためには一大使節団を派遣して、交渉開始の延期を求めるとともに、日本の全面的条約改正の要求を直接各国政府首脳に訴え合意をかちとるべきこと、同時に条約改正に各国よりの合意をえられるような国内改革実行のため米欧諸国の制度・法律を調査すべきこと、他方国内では、万国公法に合致させるような諸制度の全般的改革を断行すべきこと、という基本方針を樹立し、この件を外務卿に諮問したのである。九月一五日、岩倉等外務省幹部は、三条の指摘する事由を異論なしとし、早急に使節人選をおこなうべきであると答申する。

これをうけ、締盟各国との修好、条約改正予備商議、条約に関係する諸制度調査の使命をおびた岩倉を特命全権大使とする一大使節団（参議木戸孝允、大蔵卿大久保利通、工部大輔伊藤博文、外務少輔山口尚芳が副使）が一〇月八日に任命され、一一月一二日横浜を出航した。また一〇月一四日に、日本政府は各国公使に、条約改正交渉を岩倉大使帰国まで延期する旨を通告した。一行は米国・英国・仏国・ベルギー・オランダ・ドイツ・ロシア・イタリア・オーストリア・スイス等を歴訪し、岩倉大使等は明治六年九月一三日横浜に到着した。だが、当初安易に考えていた条約改正の可能性は、早くもアメリカ滞在時につぶされてしまった。逆に各国からはキリスト教解禁問題を筆頭として、さまざまな改善要求をつきつけられることとなる。

60　学制頒布に付布告　明治五年八月二日

人々自《みづか》ら其身を立て其産《さん》《しんだい》を治《をさ》め其業《げふ》《とせひ》を昌《さかん》にして以て其生《せい》《いつしやう》を遂《とぐ》るゆゑんのものは他《た》なし身を脩《をさ》め智《ち》《ちへ》を開《ひら》き才《さい》芸《げい》《きりやうわざ》を長《ちやう》《ます》するによるなり而て其身を脩め智を開き才芸を長ずるは学《がく》《がくもん》にあらざれば能《あた》はず是れ学《がく》校《かう》《がくもんじよ》の設《もうけ》あるゆゑんにして日用常《にちようじやう》《ひびのみの》

行《こう》言《げん》語《ぎょ》書《しょ》算《さん》《おこないことばづかひてならいそろばん》を初《はじ》め士《し》官《くわん》農《のう》商《しやう》百《ひやく》工《こう》技《ぎ》芸《げい》《やくにんひやくしやうあきんどしよくにんげいにん》及び法《ほう》律《りつ》《おきて》政《せい》治《ぢ》天《てん》文《もん》医《い》療《れう》《やまひいやす》等に至る迄凡人の営《いとな》むところの事学《がくもん》あらさるはなし人能く其才のあるところに応《おう》《まかせ》し勉《べん》励《れい》《つとめはげみ》して之に従《じう》事《じ》《よりしたがひ》ししかして後初て生を治め産を興《おこ》し業を昌にするを得べしされは学《がく》問《もん》は身を立るの財《ざい》本《ほん》《もとで》ともいふべきものにして人たるもの誰《たれ》か学はずして可ならんや夫《か》の道《どう》路《ろ》《みち》に迷《まよ》ひ飢《き》餓《が》《くひものなき》に陥《おちひ》り家を破り身を喪《うしなふ》《なくする》の徒《と》《ともがら》の如きは畢《ひつ》竟《きやう》不《ふ》学《がく》《つまりがくもんせぬ》よりしてかゝる過《あやま》ちを生ずるなり従《じう》来《らい》《もとから》学校の設ありてより年を歴《ふ》ること久しといへども或は其道を得ざるよりして人其方《はう》向《かう》《めあて》を誤《あやま》《まちがひ》り学問は士《し》人《じん》《さむらひ》以上の事とし農工商及婦《ふ》女《じょ》子《し》《をんなこども》に至つては之を度《ど》外《ぐわい》《のけもの》におき学問の何《なに》物《もの》たるを弁《べん》ぜず又士人以上の稀《まれ》に学ふものも動《やや》もすれは国《こく》家《か》《くに》の為にすと唱《とな》へ身を立るの基《もとゐ》たるを知《しら》すして或は詞《し》章《しやう》記《き》誦《しよう》《ことばのあやそらよみ》の末に趨《はし》り空《くう》理《り》虚《きよ》談《だん》《むだりくつそらばなし》の途《と》に陥《おちい》《はまり》り其論《ろん》高《かう》尚《しやう》《りつぱ》に似たりといへども之を身に行《おこな》ひ事に施《ほどこ》すこと能《あたわ》ざるもの少からず是すなはち沿《えん》襲《しう》《しきたり》の習《しう》弊《へい》《わるきくせ》にして文《ぶん》明《めい》《ひらけかた》普《あま》ねからす才芸の長ぜすして貧《びん》乏《ばう》《まづししんだい》破《は》産《さん》喪《さう》家《か》《くつしいへをなくす》の徒《と》《ともがら》多きゆゑんなり是故に人たるものは学はずんはあるべからす之を学ふに宜しく其旨を誤るべからず之に依て今般文《もん》部《ぶ》省《しやう》に於て学《がく》制《せい》《がくもんのしかた》を定め追々教《きやう》則《そく》《をしへかた》をも改《かい》正《せい》し布告に及ぶべきにつき自《じ》今《こん》《いまより》以《い》後《ご》《のち》一《いっ》般《ぱん》《いちどう》の人民《ひとびと》華士族農工商及婦女子必ず邑《いふ》《むら》に不学の戸なく家に不学の人なからしめん事を期《き》《まつ》す人の父《ふ》兄《けい》《ちちあに》たるもの宜しく此意を体《たい》認《にん》《こころえ》し其愛《あい》育《いく》《かわいがる》の情《じやう》《こころ》を厚《あつ》くし其子弟をして必ず学に従事せしめざるべからざるものなり高上の学に至ては其人の材能に任かすといへども幼童の子弟は男女の別なく小学に従事せしめざるものは其父兄の越度たるべき事

但従《じう》来《らい》沿《えん》襲《しう》《これまでしきたり》の弊《へい》《くせ》学問は士人以上の事とし国家の為にすと唱ふるを以て学《がく》費《ひ》《けいこいりよう》及其衣《い》食《しよく》《きものくひもの》の用に至る迄多く官《くわん》《やくしよ》に依《い》《より》頼《らい》《もたれ》し之を給《きふ》《くださる》するに非されは学《まなば》ざる事と思ひ一生を自《じ》棄《き》《じぶんからすて》するもの少からず是皆惑《まど》へるの甚《はなはだ》しきもの也自今《いまから》以後《のち》此等の弊《へい》を改め一般《いちどう》の人民他《た》事《じ》《ほかのこと》を抛《なげう》《すてをき》ち自ら奮《ふるつ》《はげみ》て必ず学《がくもん》に従《じう》事《じ》《よりしたがい》せしむべき様心得べき事

（出典）　文部省内教育史編纂会『明治以降教育制度発達史』第一巻、一九三八年、二七六―二七七ページ。

【解説】　本史料は、明治五年八月二日、文部省が学制章程を頒布するに当って、新時代の教育目的を明らかにすることを目的として発せられた太政官布告である。

廃藩置県後、各省は条約改正をにらんだ大規模な国内改革案の樹立に全力をあげることとなるが、文部省は文部卿大木喬任のもと、フランスに範をとって学制を作成、八月三日、文部省布達として頒布する。それに関し政府は新時代の教育とは何かを広く民衆、特に小学校教育を受けさせる子供の父母にむけ説諭する太政官布告を発したのである。そこでは、封建的な差別教育が否定されて四民平等・機会均等がめざされ、教育目的が個人の完成におかれた開明的性格が強くうち出されたが、同時に、教育の自己負担原則がうたわれている。学制では、全国を八大学区、各大学区を三二中学区、各中学区を二一〇小学区に分け、各区一校(東京、愛知、石川、大阪、広島、長崎、新潟、青森)の大学、二五六中学校、五三七六〇小学校を開設する計画が示されたが、それは、文部省以下階層的に下部学区を統轄していく、きわめて中央集権的画一的性格の強烈なものであった。この結果、八月三日、旧幕期から、あるいは維新後に設立されていた全国府県の諸学校はすべて廃止され、また同月一五日には、公学・私塾の別なく、学生に対する官費支給が廃止された。事の成否は、一中学区に一〇名から一二、三名おかれることになっていた、土地の名望家から選出される学区取締にかかってくる。彼等は二〇から三〇の小学区を担当し、就学勧誘から学校財政等、受持小学区の学務一切の責任を負うことになるのであった。

集権的画一主義の学制は、明治一二年九月、地方の実情に即した寛大な処置を認める教育令が出されたことにより廃止された。

61 琉球国王を藩王とする詔書　明治五年九月一四日

朕上天ノ景命(1)ニ膺(2)リ、万世一系ノ帝祚(3)ヲ紹キ、奄(4)ニ四海ヲ有チ、八荒(5)ニ君臨ス、今琉球近ク南服ニ在リ、気類相同ク、言文殊ナル無ク、世々薩摩ノ附庸タリ、而シテ爾(6)尚泰(7)能ク勤誠ヲ致ス、宜ク顕爵ヲ予フヘシ、陞シテ琉球藩王ト為シ、叙シテ華族ニ列ス、咨(8)爾尚泰其レ藩屏ノ任ヲ重シ、衆庶ノ上ニ立チ、切ニ朕カ意ヲ体シテ、永ク皇室ニ輔タレ、欽(9)ヨ哉、

(出典)『太政官日誌』明治五年第七〇号。

(1)大なる命令。(2)膺はあたると訓ず。膺命とは命令をうけること。(3)天子の御位。(4)にわかにと訓ず。(5)八方の遠き土地。(6)なんじと訓ず。(7)琉球国王。(8)アアと訓ず。(9)つつしめよと訓ず。

【解説】本史料は、明治五年九月一四日、明治天皇の登極及び庶政一新を慶賀する琉球国王尚泰の使臣尚健・副使宜野湾親方朝保(慶賀使上京の命令は明治五年一月に出されていた)に対して発せられた詔勅であり、ここにおいて尚泰を華族に叙し、冊封して琉球藩王とした。廃藩置県までは、琉球は薩摩藩の附庸国であったが、廃藩後は琉球をどのように処遇するかで、完全な内地化を主張する大蔵省と、日清両属の継続を主張する左院との間で対立していた。これが置藩となるのは、前年一一月の台湾原住民の琉球人殺害事件がからんでいた。この報告をうけた鹿児島県参事大山綱良は、七月下旬、台湾討伐を上奏、樺山資紀を始めとする薩摩士族は八月上旬から東京で猛運動をおこなった。この結果、日本への帰属の方向を明確化し、台湾出兵を可能にする置藩手段がとられることとなった。同月、政府は琉球藩から外交権を接収し、西洋各国と締結した条約と交際事務の外務省管轄を達するのである。

62　徴兵に関する詔書及び太政官告諭　明治五年一一月二八日

詔書写

朕惟ルニ、古昔郡県ノ制、全国ノ丁壮ヲ募リ軍団ヲ設ケ、以テ国家ヲ保護ス、固ヨリ兵農ノ分ナシ、中世以降兵権武門ニ帰シ、兵農始テ分レ、遂ニ封建ノ治ヲ成ス、戊辰ノ一新ハ実ニ千有余年来ノ一大変革ナリ、此際ニ当リ海陸兵制モ亦時ニ従ヒ、宜ヲ制セサルヘカラス、今本邦古昔ノ制ニ基キ、海外各国ノ式ヲ斟酌シ、全国募兵ノ法ヲ設ケ、国家保護ノ基ヲ立ント欲ス、汝百官有司、厚ク朕カ意ヲ体シ、普ク之ヲ全国ニ告諭セヨ

明治五年壬申十一月廿八日

徴兵告諭

我
朝上古ノ制、海内挙テ兵ナラサルハナシ、有事ノ日
天子之カ元帥トナリ、丁壮兵役ニ堪ユル者ヲ募リ、以テ不服ヲ征ス、役ヲ解キ、家ニ帰レハ、農タリ、工タリ、又商賈タリ、固ヨリ後世ノ双刀ヲ帯ヒ、武士ト称シ、抗顔[1]坐食シ、甚シキニ至テハ、人ヲ殺シ、官其罪ヲ問ハサル者ノ如キニ非ス、
抑
神武天皇、珍彦[2]ヲ以テ、葛城ノ国造トナセシヨリ、爾後軍団ヲ設ケ、衛士[3]防人[4]ノ制ヲ定メ、神亀、天平ノ際ニ至リ、六府[5]二鎮[6]ノ設ケ始テ備ル、保元、平治以後、朝綱頽弛、兵権終ニ武門ノ手ニ墜チ、国ハ封建ノ勢ヲ為シ、人ハ兵農ノ別ヲ為ス、降テ後世ニ至リ、名分全ク泯没[7]シ、其弊勝テ言フ可カラス、然ルニ太政維新、列藩版図ヲ奉還シ、辛未ノ歳[8]ニ及ヒ、遠ク郡県ノ古ニ復ス、世襲坐食ノ士ハ、其禄ヲ減シ、刀剣ヲ脱スルヲ許シ、四民漸ク自由ノ権ヲ得セシメントス、是レ上下ヲ平均シ、人権ヲ斉一ニスル道ニシテ、則チ兵農ヲ合一ニスル基ナリ、是ニ於テ、士ハ従前ノ士ニ非ス、民ハ従前ノ民ニアラス、均シク　皇国一般ノ民ニシテ、国ニ報スルノ道モ、固ヨリ其別ナカルヘシ、凡ソ天地ノ間、一事一物トシテ税アラサルハナシ、以テ国用ニ充ツ、然ラハ則チ人タルモノ、固ヨリ心力ヲ尽シ、国ニ報セサルヘカラス、西人之ヲ称シテ血税ト云フ、其生血ヲ以テ、国ニ報スルノ謂ナリ、且ツ国家ニ災害アレハ、人々其災害ノ一分ヲ受サルヲ得ス、是故ニ人々心力ヲ尽シ、国家ノ災害ヲ防クハ、則チ自己ノ災害ヲ防クノ基タルヲ知ルヘシ、苟モ国アレハ、則チ兵備アリ、兵備アレハ、則チ人々其役ニ就カサルヲ得ス、是ニ由テ之ヲ観レハ、民兵ノ法タル、固ヨリ天然ノ理ニシテ、偶然作意ノ法ニ非ス、然而シテ其制ノ如キハ、古今ヲ斟酌シ、時ト宜ヲ制セサルヘカラス、西洋諸国、数百年来研究実践、以テ兵制ヲ定ム、故ヲ以テ其法極メテ精密ナリ、然レトモ政体地理ノ異ナル、悉ク之ヲ用フ可カラス、故ニ今其長スル所ヲ取リ、古昔ノ軍制ヲ

補ヒ、海陸二軍ヲ備ヘ、全国四民、男児二十歳ニ至ル者ハ、尽ク兵籍ニ編入シ、以テ緩急ノ用ニ備フヘシ、郷長里正厚ク此　御趣意ヲ奉シ、徴兵令ニ依リ、民庶ヲ説諭シ、国家保護ノ大本ヲ知ラシムヘキモノ也

（出典）『太政官日誌』明治五年第一〇八号。

（1）傍若無人にふるまうこと。（2）ウズヒコと訓ずる。神武天皇東征に際し、水先案内人および天香山の埴土（討賊の呪具）採取者として功業のあった武将とされる。天皇から椎根津彦《しいねつひこ》との名を賜り、即位後倭国造とされたと『日本書紀』にはあり、葛城国造には剣根《つるぎね》が任じられた。（3）衛門府・衛士府に属し、宮城諸門・八省院・大極殿などを守った兵士。（4）古代、多くは東国から徴発されて、筑紫・壱岐・対馬など北九州の守備に当った兵士。（5）左右近衛府・左右衛門府・左右兵衛府の六つの衛府。（6）鎮守府及び鎮西府（七四三—五年大宰府を改称したもの）をさす。（7）滅びること。（8）明治四年の干支。廃藩置県の断行された年。

【解説】本史料は、明治五年一一月二八日、徴兵令を出すに当り、四民より募兵する所以を明らかにするために発せられた百官有司宛の詔書および太政官告諭である。廃藩置県後の情況をふまえ、全国四民、男子二十歳（かぞえか満かで施行当初大きな混乱が発生した）に至った者は、ことごとく兵籍に編入することを明らかにしたものである。徴兵令は明治六年一月一〇日に太政官布告として出されるが、明治五年末は、陰暦が陽暦に切りかえられた時であり、一二月三日が明治六年一月一日とされたため、実際は詔書・告諭の半月後に徴兵令が出されたこととなる。詔書・告諭では四民からの募兵、即ち民兵の制をとるといっているが、徴兵令緒言では壮兵・賦兵の二種類ある民兵制度のうち、「後日ニ至リ、或ハ弊害ヲ生スル無キ能ハス」と壮兵制度を否定し、賦兵制による四民募兵の趣旨を明確にしている。

徴兵令によれば、陸軍徴兵は常備軍・後備軍・国民軍の三種にわけられ、国内の守衛に充てると規定されている。常備軍は徴兵された者が三カ年勤めるものであり、後備兵は三カ年の役を勤め終った者をもって編成し、四カ年の役を帯び、全国大挙の時に召集される兵とされる。そして全国男子一七歳より四〇歳までの者総てを兵籍に載せたものを国民軍とよび、全国大挙の役にあたり、管内（明治六年一月、全国が六鎮台に分けられた）の守衛に充てられる。

常備兵には免役制度が設けられ、①身長五尺一寸未満の者、②病弱・不具等兵役に堪えない者、③官省府県に奉職の者、④海陸軍の生徒となり、兵学寮に在る者、⑤文部・工部・開拓その他の公塾に学んでいる専門生徒及び洋行修業の者、並に医術・馬医術を学ぶ者、⑥一家の主人たる者、⑦嗣子並に承祖の孫（家督を継ぐ孫）、⑧独子・独孫、⑨徒刑以上の罪科を有する者、⑩父兄がいるが、父兄にかわり家を治むる者、⑪養子、⑫徴兵在役中の兄弟、等が免役に該当するとされた。また代人料二七〇円を上納するものは常備・後備両軍とも免除されると定められた。

この規定により、徴兵忌避のため、他家に養子に赴くものが急増することとなった。但し、平時兵力は完成時で六鎮台三万

一六八〇名にすぎず、外国との戦争や外国出兵は問題とされず、国内の反乱鎮圧をその目的としていた。また明治六年は東京鎮台区のみが徴兵をおこなうこととされ、徴兵制完成まではなお数年間を要するものとなっていた。とはいうものの、全国の士族は、このような四民募兵制が創設され、展開していく以上、自己の積極的な存在意義をなんらかの形で示さなければならなくなってくるのも必然的なことであった。

63 財政の前途に関する大蔵大輔井上馨他一名建議書　一八七三年五月七日

今日ノ開明ハ民力上ヲ重ンズル者ニ非ズシテ徒ニ政理上ニ空馳スル者、固ヨリ智者ヲ俟テ後ニ知ラザル也。苟モ政理上ノミヲ主トセン乎、人々愛国ノ情ヲ存スレバ、誰カ敢テ文明ノ政治欧米諸国ノ如クナルヲ企望セザル者アランヤ。是ヲ以テ現今在官ノ士、足未ダ其地ヲ踏マズ、目未ダ其事ヲ見ズ、僅ニ之ヲ訳書ニ窺ヒ、之ヲ写真ニ閲スルモ、亦且ツ奮然興起シテ之ト相抗セントス。況ヤ比年海外ニ客遊スル者ニ於テヲヤ。其帰ルニ及ンデハ、或ハ英ヲ以テ優レリトシ、或ハ仏ヲ以テ勝レタリトシ、蘭ヤ米ヤ孛ヤ澳ヤ皆其長ズル所ヲ以テ我ニ比較シ、街衢・貨幣・開拓・交易ニ論ナク、兵ニ学ニ議ニ律ニ、蒸気・電信ニ、衣服・器械ニ、凡ソ以テ我ガ文明ヲ資クベキ者、繊毫遺サズ、細大漏サズ、以テ我具備ヲ求メザルナキニ至ラン。是固ヨリ人情ノ止ムヲ得ザル処ニシテ、未ダ以テ非トナス可ラズト雖モ、徒ニ其形ノミヲ主トシテ其実ヲ重ンゼズンバ、政治遂ニ人民ト背馳シ、法制益美ニシテ人民益疲レ、百度愈張テ国力愈減ジ、功未ダ成ニ至ラズシテ国既ニ貧弱ニ陥リ、善者アリト雖モ其後ヲ善スル能ハザラントス。（中略）海内乂[1]安玆ニ二百余年、一旦外交ノ事起ルニ及デ其害始メテ大ニ見ハレ、収拾スベカラザルニ至レリ。爾来志士仁人争起競趨、其身ヲ殺シテ以テ維新ノ運ヲ挽回スルヲ得タリ。是時ニ当テハ其勢ヒ旧弊ヲ撥除シ、庶政ヲ更張シ、天下ノ耳目ヲ一洗セザルベカラズ。是ヲ以テ先視聴ヲ広ムルヲ求ム。既ニ視聴ヲ求ムレバ、故常ニ安ンズルヲ恥ヅルヲ知ル。既ニ故常ニ安ンズルヲ恥ヅルヲ知レバ、猛省勇決昔日ノ弊ヲ蕩尽セザル能ハズ。是ニ於テ乎倒行逆施挙テ其事ニ従ヒ、凡ソ国体・兵制・刑律・教法・学則・工術・民法・商業ヨリ百般ノ技芸ニ至ルマデ、之ヲ一時ニ更革シテ以テ万国ト抗衡セント欲ス。是気運ノ然ラシムル処ト雖モ、其挙措モ亦此ニ出ズンバアラザル也。（中略）院省使寮司ヨリ府県ニ至ルマデ、各自ラ其功ヲ貪テ往々其官ヲ増ス。是ヲ以テ百事湊合、万緒蝟集、互ニ相抵触シテ政府モ亦自ラ其弊ニ堪ザラントス。且夫レ其官アレバ其給ナカルベカラズ。其事アレバ其費ナカルベカラズ。是故ニ事務日ニ多キヲ加ヘテ、用度月ニ費ヲ増シ、歳入常ニ歳出ヲ償フ能ハザレバ、之ヲ人民ニ徴求セザルヲ得ズ。夫レ政治ノ要其端固ヨリ多シトイヘドモ、渙号[2]ノ今日ニ際セル、須ラク理財ヲ以テ第一義トスベシ。苟モ理財法ヲ失セバ、要費給スルヲ得ベカラズ。要費給スルヲ得ベカラザレバ、百事何ヲ以テ挙ガルヲ得ンヤ。是ニ於テ乃チ之レガ賦税ヲ増シ、之レガ賦役ヲ起シテ、以テ斯民ヲ督呵シ、其極民ヲシテ安息スル能ハズシテ国モ亦随テ凋衰ヲ免レザラシムルニ至ラン。是古今ノ通患ニシテ、政府ノ深ク寒心セザルベカラザルモノ、実ニ此ニアリ。今全国歳入ノ総額ヲ概算スレバ、四千万円ヲ得ルニ過ギズシテ、予ジメ本年ノ経費ヲ推計スルニ一変故ナカラシムルモ、尚五千万円ニ及ブベシ。然ラバ則チ一歳ノ出入ヲ比較シテ、既ニ壱千万円ノ不足ヲ生ズ。加之、維新以来国用ノ急ナルヲ以テ、毎歳負フ所ノ用途モ亦将ニ壱千万円ニ超エントス。其他官省旧藩ノ楮幣及中外ノ負債ヲ挙グルニ、殆ンド壱億弐千万円ノ巨額ニ近カラントス。故ニ之ヲ通算スレバ、政府現今ノ負債実ニ壱億四千万円ニシテ、償却ノ道未ダ立ザル者トナス。然則速ク其制ヲ設ケテ、逐次之ヲ支消セザルベカラズ。然ラズンバ後来人心ノ信憑ヲ固確スル能ハズシテ、一朝不虞ノ変、困頓跋疐(3)臍ヲ噬ム(4)トモ及ブベカラザルニ至ラン。然リ而シテ政府未ダ意ヲ此ニ注セズ、却テ百度ノ更張ヲ勉メ、開明ヲ政理上ニ求ムルコト猶前日ノ如クナラバ、斯民ヲ保護スルノ道安クニカ在ル。政府既ニ斯民ヲ保護スルノ道ヲ得ズ、斯民其レ何ヲ以テ蘇息スルヲ得ンヤ。

（出典）井上馨侯伝記編纂会『世外井上公伝』第一巻、内外書籍、一九三三年、五五二―五五七ページ。

(1)ガイアン、よく治まりて安らかなること。(2)大法を発布すること。(3)バッチ、つまずくこと。(4)噬臍《ぜいせい》、後悔するも及ばぬの意。

【解説】　本史料は明治六年五月七日、大蔵大輔井上馨と大蔵省三等出仕渋沢栄一が太政官正院に提出した財政の前途に関する建議書である。同時期に両人は辞表を提出した。

井上馨は明治四年七月より大蔵大輔となり、大蔵卿大久保利通の米欧巡回中は大蔵卿代理の資格をもって、地方行政・徴税・通信郵便・農商務等きわめて広範囲の事務を統轄し、しかも各官省の予算要求を審理する権限を有していた。万国対峙の国内体制を創出すべく壮大な計画を樹立し、予算要求をしてくる各官省と真向から対立するようになるのは当然の勢いであった。ここに井上・渋沢の両名は、辞表を提出し、財政の前途を憂うる建議書を正院に差出すことになったのである。「今日ノ開明ハ民力上ヲ重ンズル者ニアラズシテ、徒ニ政理上ニ空馳スル者」「倒行逆施挙テ其事ニ従ヒ、凡ソ国体・兵制・刑律・教法・学則・工術・民法・商業ヨリ百般ノ技芸ニ至ルマデ、之ヲ一時ニ更革シテ以テ万国ト抗衡セント欲ス」とその中にあるのは、当時の異常な雰囲気をよく伝えている。この結果、年間一千万円の不足を生じ、現在の内外債の負債総額は一億四千万円に近いものになっている。「能ク我国力ヲ審ニシ能ク我民情ヲ察セズンバアル可ラズ」「方今ノ策ハ且《しば》ラク入ルヲ量テ出ルヲ制スルノ旧ヲ守リ、務テ経費ヲ節減」すべしとするのであった。

政府は九日、参議大隈重信をして大蔵省事務を兼務させ、一四日に両名を罷免し、一八日には、建議書に対し、一千万円の不足の根拠としたのは一石の米価を二円七十五銭と安く見積り、また廃藩置県の如き臨時巨額を要するものを算入したもので、全く奏議者の臆測にすぎない概算であるとして、これを却下した。なお、この建議書は『日新真事誌』五月九日号や外字新聞にも掲載され(井上が送ったのである)、大きな影響を輿論に与えたのである。

64 地租改正条例　一八七三年七月二八日

今般地租改正ニ付、旧来田畑貢納ノ法ハ悉皆相廃シ、更ニ地券調査相済次第、土地ノ代価ニ随ヒ、百分ノ三ヲ以テ地租ト可相定旨被　仰出候条、改正ノ旨趣別紙条例ノ通可相心得、且従前官庁並郡村入費等地所ニ課シ取立来候分ハ、総テ地価ニ賦課可致、尤其金高ハ本税金ノ三ケ一ヨリ超過スヘカラス候、此旨布告候事、

(別紙)

地租改正条例

第一章　今般地租改正ノ儀ハ、不容易事業ニ付、実際ニ於テ反覆審按ノ上調査可致、尤土地ニ寄リ緩急難易ノ差別有之、各地方共一時改正難出来ハ勿論ニ付、必シモ成功ノ速ナルヲ要セス、詳密整理ノ見据相立候上ハ、大蔵省ヘ申立、允許ヲ得ルノ後旧税法相廃シ、新法施行イタシ候儀ト可相心得事、

但一管内悉皆整理無之候共、一郡一区調査済ノ部分ヨリ施行イタシ不苦候事、

第二章　地租改正施行相成候上ハ、土地ノ原価ニ随ヒ賦税致シ候ニ付、以後仮令豊熟ノ年ト雖モ増税不申付ハ勿論、違作ノ年柄有之候トモ、減租ノ儀一切不相成候事、

第三章　天災ニ因リ地所変換致シ候節ハ、実地点検ノ上、損隤[1]ノ厚薄ニヨリ其年限リ免税又ハ起返[2]ノ年限ヲ定メ、年季中無税タルヘキ事、

第四章　地租改正ノ上ハ田畑ノ称ヲ廃シ総テ耕地ト相唱、其余牧場・山林・原野等ノ種類ハ、其名目ニ寄リ何地ト可称事、

第五章　家作有之一区ノ地ハ、自今総テ宅地ト可相唱事、

第六章　従前地租ノ儀ハ、自ラ物品ノ税・家屋ノ税等混淆致シ居候ニ付、改正ニ当テハ判然区分シ、地租ハ則地価ノ百分一ニモ可相定ノ処、未タ物品等ノ諸税目興ラサルニヨリ、先ツ以テ地価百分ノ三ヲ税額ニ相定候得共、向後茶・煙草・材木其他ノ物品税追々発行相成、歳入相増、其収入ノ額二百万円以上ニ至リ候節ハ、地租改正相成候土地ニ限リ、其地租ニ右新税ノ増額ヲ割合、地租ハ終ニ百分ノ一ニ相成候迄漸次減少可致事、

第七章　地租改正相成候迄ハ、固ヨリ旧法据置ノ筈ニ付、従

前租税ノ甘苦ニ因リ苦情等申立候トモ、格別偏重偏経［軽］ノ者ニ無之分ハ、一切取上無之候条、其旨可相心得、尤検見ノ地ヲ定免ト成シ、定免ノ地無余義願ニ因リ破免等ノ儀ハ、総テ旧貫［慣］ノ通タルヘキ事。

（出典）『法令全書』明治六年、四〇三―四〇四ページ。

（1）ソンタイ、損じたり崩れたりすること。（2）オキカエシ、耕地の荒廃したものを復旧して再び耕地とすること。

【解説】　本史料は、明治六年七月二八日、太政官布告第二七二号とその別紙として公布された地租改正条例である。重大な布告であるため、（租税は）「従前其法一ナラス、寛苛軽重率ネ其平ヲ得ス」と改正理由を述べた上諭が付され、また布告本文では、民費は地租の三分の一以下とすることがうたわれている。

廃藩置県後は、年貢の土地毎の不均衡は直ちに農民一揆等の原因となるため、また米納による歳入は米価の変動により国家財政を安定させないため、その改正が検討された。まず着手したのが従来の土地永代売買禁止令の解除であり、自己の土地に私有権意識を確立させ、質地関係等の複雑な土地所有関係を解消させるための地券交付の全国的措置であった（共に明治五年二月）。その上で、明治六年七月、従来の諸貢租法を全廃し、地価を確定し、その百分の三を地租として徴収することを定めた地租改正条例が公布された。この税率は、旧来の徴租総額とほぼ同額（実際には微増）の収入を前提に計算されたものであるため、農民に重税感を与えることを考慮して、条例第六章において将来的な地租軽減の約束を与える必要があった。

地租改正事業は、旧国（県ではない）単位ですすめられたため、テンポに差はあるが、一般化すれば次のようなものとなるだろう。

各村では複数の地券取調総代人が選出され、土地の地押丈量（一筆ごとに番号をつけ、面積を計算すること）の指揮をとるとともに、村全体の地価計算の前提とするため、村ごとに総収穫高の計算や地価みつもりがおこなわれる。

この村ごとの作業をふまえて、次に郡全体の各村の田畑の等級を決めるため、大小区区長、各村戸長、地券取調総代主任等が各郡におかれた地券取調事務所に集って会議を開く。次の段階は、地租改正事務局の出張官と県庁の主任官が審査のうえ、これまでの年貢高より減らないよう配慮しながら地価金を各村ごとに計算する作業である。具体的には、郡全体の従来の年貢総額を前提とし、村等級表・地押丈量で明らかになった各村耕地面積を勘案しつつ、この作業をおこなうのである。この際、算出数式の中で、目標高に合致させるため、反当り収穫量と米価が操作された。

各村では、このように算出された地価を与えられ、それを基準として旧検地帳における一筆ごとの上中下の等級を照査して、それぞれの耕地の等級をきめるのである。最後に各村ごとに土地一筆限総計精算がおこなわれ、府県・国に報告される。帳簿作り、縄代、絵図作成、連絡費、丈量費用、一筆限計算費など、地租改正事業中の諸支出はすべて村民の負担となった。

当初は改正事業のテンポは緩いものだったが、明治八年八月三〇日、太政官達一五四号により、明治九年末を以て一律に完了すべき旨が府県に達せられた以降は、改正事業は、農民の合意をかちとるよりも、高圧的なものに転化していった。地租改正反対一揆が全国的に展開する所以である。

2　征韓論と台湾出兵

65　京都府何鹿《いかるが》郡農民強訴箇条　一八七三年七月

第一区九ヶ村土民強訴事項附当時説諭権宜措置

一裸体免許(1)。

裸体は病気を生候而已に無之野蛮の風にて国辱となるを以て制せらるゝことながら、市郡の違ひ時と所とに因り差別有之ことは勿論の訳に付、山間等にて一時汗拭の為め衣を解く類は黙許すべき旨。

一小学校入費出金方差別。

府下小学校は他に先だち建設相成たれども、今日にては御国一般の事富強の基本を立て人才を生育するの急務たる訳を以建築相成る儀、乍去実に出銭差支候ものは書付可差出旨。

一徴兵赦免。

徴兵は兵制御変革にて凡そ兵役に充り候内にも二種の区別云々あり、是は御国一般之事故此願は京都府限りに御沙汰難相成候間、出張限りにては何様切迫願立候共難聞届、乍去当所実に無余儀切迫の儀有之事故は詳細に認願書差出候儀は勝手次第之旨。

一社倉籾昨年之分当秋迄備へ延引。

社倉は自己救荒の備に付備後れの分は当秋新籾にて相備候て可然。

右之外毎条天朝御仁恤の趣意等告諭了解せしむ。（中略）

第四区七ヶ村同上

一学校入用金。

極難渋の者而已差免候条名元取調可申出事。

一社倉米其村々にて預り置事。

社倉米之儀は一区内に積置可申事。

一徴兵免許。

一地券税金同上。

一田畑上納之外諸税同上。

並別段位田村の野舟運上同上。

一牛馬売買持主勝手之事。

並斃牛持主捌。

一新平民改穢多。

一酒値段先例之通上納直段之割之事。

一火元罰金免許。

徴兵以下七ヶ条は難聞届、死牛取扱之儀は御規則之通可相守事。

第三ヶ条端書位田村野舟運上の儀は取調之上追て可及

差図候事。

(出典)　土屋喬雄・小野道雄編『明治初年農民騒擾録』南北書院、一九三一年、二六〇―二六二ページ。

(1)当初の違式註違条例には「裸体またははだぬぎし或はももはぎを露し醜体をなす者」には、五〇銭から七五銭までの罰金が課せられた。後に当該条項は削除。

【解説】　本史料は、明治六年七月二三日より二八日の間、京都府丹波国何鹿郡の農民が強訴した際の要求箇条及び京都府官吏の説論・便宜措置の記録である。廃藩置県直後は、旧藩主引留めを口実として大規模な農民一揆が西日本の各地におこったが、万国対峙・条約改正を狙った明治五、六年の性急で強引な国内改革は、新政反対一揆という空前の規模をもつ大一揆を全国にわたり連続的に引きおこしていった。即ち、明治五年一二月大分県、明治六年三月越前国三郡、五月北条県(美作国)、六月福岡県・鳥取県・島根県・讃岐国・阿波国等々、いままでのやり方では農民統治が不可能となってきた。明治六年一一月、内務省が創設される必然性がここにある。

とりあげた丹波国何鹿郡の農民強訴も、このような全国的な政治情況の中でおこなわれたものであった。七月二五日付で京都府知事長谷《ながたに》信篤は大阪鎮台に出兵を要請、「既に先日北条県の騒擾も有之、間近く福岡県其外四辺不穏形状に付甚懸念不少候」と書翰に述べているとおりである。

何鹿郡農民要求は、新政反対一揆の典型的要求となっている。風俗をとりしまり、「野蛮の風」を上から抹殺しようとした違式註違条例、民費をもって設立させようとした小学校、従来武士の職分であった兵役義務、強制的な備荒貯蓄、国家財政のための新税賦課、マゲの禁止と断髪強制等々、新政府の全政策が不満と攻撃の対象となっている。そして農民の根強い偏見は、被差別部落民の身分解放令をも反対の対象とするのだった。

66 征韓論に関する西郷隆盛書翰　板垣退助宛　一八七三年八月一七日

昨日は遠方迄方々御来臨被成下、御厚志深御礼申上候、扨昨夕は参殿[1]仕候て縷々言上いたし候処、先生方[2]御療治能行届候御様子にて、先日於正院申立候砌とは余程相替居候付、只使節の御帰り[3]迄御待被成と申儀何分安心いたし兼、此節[4]は戦を直様相始め候訳にては決て無之、戦は二段に相成居申候、只今の行掛りにても、公法上より押詰候へば、可討の道理は可有之事に候へ共、是は全ク言訳の有之迄にて、天下の人は更に存知無之候へば、今日に至り候ては、全ク戦の意を不持候て、隣交を薄する儀を責、且是迄の不遜を相正し、往先隣交を厚する厚意を被示候賦を以、使節被差向候へば、必ズ彼が軽蔑の振舞相顕候のみならず、使節を暴殺に及候儀は、決て相違無之事候間、其節は天下の人、皆挙て可討の罪を知り可申候間、是非此処迄に不持参候ては、不二相済一場合に候段、内乱を冀ふ心を外に移して、国を興すの遠略は勿論、旧政府の機会を失し、無事を計て終に天下を失ふ所以の確証を取て論じ候処、能々腹に入候間、然らば使節を被二差立一候儀は、先度花房(5)被二差遣一候同様の訳に御座候間、今日に被二相決一候ては如何に御座候哉ト御迫り申上候処、至極尤に被二思食一候間、今日は参議中え御談の上、何分返答可レ致(6)旨承知仕候付、何卒今日御出仕被二成下一候て、少弟被二差遣一候処御決し被レ下度、左候へば弥戦に持込可レ申候ニ付、此末の処は、先生に御譲り可レ申候間、夫迄の手順(7)は御任し被レ下度奉二合掌一候、(8)若哉使節を被二差立一候儀不レ宜と思食候はゞ、其段拝聴仕度、被二差立一候儀至当に思食候はゞ、大使の御帰りを御待被レ成候共、是非手順は御立不レ被レ下候ては不二相済一候付、早速外務卿へ御達し相成、彼方え被二差遣一候文案の草稿御取調被二仰付一、御帰迄には右等の儀御手揃相成候様無二御座一候ては、御待被レ成候御趣意更に不二相分一候ニ付、其辺の処判然と御処分被二成下一、安心の出来候様被二成下一度と押し付置候間、此上は先生方御決定の議論相立候はゞ、決して被二相行一可レ申儀と相楽居申候間、何卒宜敷様御願申上候、此旨自由の働恐入候得共、以二書中一奉レ希候、頓首、

八月十七日　　西郷拝

板垣様

（出典）　大川信義編『大西郷全集』第二巻、平凡社、一九二七年、七五四—七五七ページ。

(1)太政大臣三条実美のもとに西郷が赴き説得したことをいう。(2)板垣退助、後藤象二郎、江藤新平等征韓論賛成派の参議をさす。(3)岩倉具視の帰国を待つことをいう。(4)以下は八月一六日、如何に朝鮮を問罪討伐する大義名分を得るかに関し、西郷が三条をどう説得したかを説明している。兵力を携えず、朝鮮の隣交上の非礼を責め、その不遜を糺す目的の使節を派遣すれば、必ずや使節を暴殺する、これこそ日本中の人間が朝鮮追討の名分を理解する前提だ、といっているのである。(5)外務大丞花房義質は明治五年八月朝鮮に派遣され、九月釜山の草梁倭館を接収した。(6)三条が西郷に、八月一七日には朝鮮遣使の件を閣議決定し返答すると答えたのである。(7)戦いにもちこむ迄の手順は自分に任せてくれと西郷は板垣に頼んでいる。(8)ここから以降が、また西郷が三条に、岩倉帰朝迄に準備できることはすべてするように説得したことを板垣に報告している部分である。

【解説】　本史料は、明治六年八月一七日、同日の三条太政大臣邸での閣議を前にして、前日、いかに朝鮮との間に戦いを構えるかに関し、三条を説得した様子を参議板垣退助に詳細に報告した西郷隆盛(参議・陸軍大将・近衛都督)の書翰である。

日本政府は明治元年以降、大政一新の次第を朝鮮政府に通知する努力を続けてきたが、朝鮮政府は、日本の国書には「皇室」「奉勅」などの字句を含み、また新印を使用していることを理由に受理を拒否した。朝鮮政府の実権を掌握していた大院君とそのグループが、日本の欧米との開国和親政策に反感を抱き、排外鎖国政策を固守していたからであった。明治六年に入ると、日本政府は、これまで旧対馬藩人が関わっていた草梁倭

館の館守深見正景を免じ、倭館を公館と改称したが、これに対し朝鮮側は公館への食糧供給を拒否し、公館の門前に日本を「無法之国」と侮辱した書を掲げるに至った。六月、この事態が報ぜられるや、正院で対策が討議され、軍事的強硬策をとることになったが、その中で西郷隆盛は、朝鮮追討への十全の軍事態勢を整えるには大義名分を確立することがどうしても必要であり、第一段は無礼詰問の使節派遣であり、使節暴殺等の朝鮮政府の暴挙をひき出したうえで、第二段の大量の士族派兵とすべきだ、と強く主張、八月一七日の閣議前日、自ら三条を説得、一七日の西郷遣使の閣議決定(但し岩倉帰国をまって最終決定)となったのである。

西郷は、この書翰にあるように、「内乱を冀ふ心を外に移して、国を興すの遠略」を三条に説く。士族層を国政の中にきちんと組みこまない限り、続発する新政反対の一揆と不平士族が結びつく危険を感じていたのである。そして西郷は、大義名分においてはその比重の重くはない台湾出兵よりは朝鮮追討の方を選んだのだった。しかも旧主島津久光は、勅命をうけて上京しており、保守的士族・華族層の信望を集め、西郷をトップとする太政官政府の政策を激しく非難していたのである。

67 征韓論反対の大久保利通意見書　一八七三年一〇月頃

凡そ国家を経略し、其疆土人民を保守するには、深慮遠謀なくんはあるへからす、故に進取退守は必す其機を見て動き、其不可を見て止む、恥ありといへとも忍ひ、義ありといへとも取らす、是其軽重を度り時勢を鑑み大期する所以なり、今般朝鮮遣使の議あり、未た俄に行ふへからすとせし者は、其宜く鑑み厚く度るへき者あるを以なり、故に其旨趣を左に掲く、

第一条

皇上の至徳に依り、天運を挽回し、非常の功業を建て、今日の盛を致すと雖も、御親政日未た久からす、政府の基礎未た確立せす、且一旦にして藩を廃し県を置く等、実に古今稀少の大変革にして、今日都下の形体を以て臆見する時は、既に其事結尾に至るか如しと雖、四方辺隅に至ては又之か為に所を失い産を奪はれ、大ニ不平を懐くの徒実に少なからさるへし、然とも政府の基礎に於て、未嘗て甚き変動なく、又鎮台等の設あつて是に備る厳なるか故に、鼻息を止めて隙を伺ひ、未た重大の患難を生することなしと雖も、若間に乗すへきの機あらは、一旦不慮の変を醸すも亦計るへからす、然るに只眼前其形なきを以て、既に憂るに足らすとし、後患を慮ることを忘るへからす、且維新以来新令多く下り、旧法全く変する者不尠して、全国の人心未た安堵に至らす、常に疑懼を懐き、一令下れは俄に能其旨趣を了解するあたはす、殆と路傍に方向を失するの勢あり、則一昨年より今歳に至る迄、或は布令の意を誤解し、或は租税の増加せんを疑念し、辺隅の頑民容易に鼓舞煽動され、騒擾を起すにより、止を得すして鮮

血を地上に注ける既に幾回そや、是実に能慮るへき所の者にして、未伐に朝鮮の役を起す可らすとするの一なり、

（出典）『大久保利通文書』第五巻、日本史籍協会、一九二八年、五四―五五ページ。

【解説】　本史料は、明治六年一〇月頃、征韓論反対の理由七ヵ条をあげて論じた大久保利通意見書の第一条である。岩倉米欧使節団の内、明治六年五月二六日に大久保は帰国し、木戸孝允も七月二三日に帰国していた。征韓論は、使節団の留守を預る留守政府の中で具体化されていき、これが発動すると、使節団グループは政局の中心から除外されるとともに、士族層が政治の中核に入りこんでくることになる。士族層の国家内での位置づけ方に関しては政府首脳の間で合意が形成されてはいなかったのが、参加の方向に結着することにもなるのである。大久保は、この両側面から征韓論の決行には強硬に反対せざるをえない立場にあった。第一条は不平士族と農民一揆の面、第二条は外債増加の面、第三条は政府創造の事業中絶の面、第四条は入超拡大の面、第五条はロシアに漁父の利を得させるという面、第六条は外債増加は英国の介入を招くという面、第七条は条約改正事業を阻止する危険性があるという面から、征韓論に反対の論を展開するのである。

　具体的な展開としては、一〇月一二日大久保が、一三日副島種臣が参議に就任、一四日の閣議では三条・岩倉・西郷・板垣・大隈・江藤・大木・大久保・副島が参集（木戸欠席）、岩倉と大久保は内治整理が先決問題だと反対、一五日の閣議では西郷は出席せず、大隈・大木が反対論に転じ、板垣・副島が遣使を主張した。この対立の中で、一八日三条は発病、二〇日岩倉に太政大臣代行の勅命が下り、二三日岩倉は遣使問題で上奏、翌二四日遣使中止の勅裁が下った。既に二三日西郷は辞表を提出して東京を離れ、二四日板垣・後藤・江藤・副島の征韓派参議は一斉に下野し、旧親兵の近衛隊将校・下士等も続々と辞職・帰郷した。明治六年一〇月の政変とよばれるものである。

68　日清紛争に付　海外出師の議　一八七四年七月九日

即今柳原公使[1]、特ニ舌戦筆闘ノミヲ以テ北京ノ談判ハ極メテ容易ナルヘカラス、或ハ彼我議論果シテ協ハサルニ至ルトキハ、則チ交和随テ破ル、一旦交和ノ破ル、不測ノ禍実ニ知ル可カラス、深ク慮ラサル可カラス、夫レ兵ハ凶器、戦ハ危事ナリ、固ヨリ我カ欲スル所ニ非ス、然レトモ理勢既ニ此ニ迫マリ、兵権以テ彼ヲ壅制スルニ非レハ何ヲ以テ彼ノ驕気ヲ破リ、又帝国ノ帝国タル所以ノ体ヲ立ツルコトヲ得ンヤ、且試ニ彼我ノ利不利ヲ以テ之ヲ言フトキハ、則チ今日国論ヲ戦ニ決スルヤ、終ニ不戦ニ帰ス、若シ今日国論ヲ不戦ニ決スルヤ、終ニ戦ニ決ス、其故何ソ哉、今日戦議一決シ、現兵急進、海陸並迫ル、彼兵備未タ実セス、周章狼狽為ス所ヲ知ラス、遂ニ彼ヨリ和ヲ請ヒ罪ヲ謝スルニ至ラン、惜哉数月遷延、彼ヲシテ多少ノ備設ヲ為サシムルノ時ヲ与フ、然レトモ今日早ク之ヲ図ル、尚未タ晩シトセス、是レ所謂戦ニ決スルハ終ニ

不戦ニ帰スルモノナリ、万一今日不戦ニ帰ス、彼ニ在テハ兵備益修メ、他日大挙以テ我ニ迫ラハ、勢戦ハサルヲ得ス、是レ所レ謂今日不戦ニ決スルハ終ニ戦ニ帰スルモノナリ、

（出典）宮内省皇后宮職編『岩倉公実記』下巻、岩倉公旧籍保存会一九二七年（初版一九〇六年）、一九一一一九二ページ。

（1）外務大丞柳原前光は明治七年二月特命全権駐清公使に任命され、台湾出兵に関する日清紛議を処理する任務を与えられ、五月二八日上海に到着した。

【解説】　本史料は、太政官政府が明治七年七月九日、やむをえない場合には日清開戦を辞せずとした海外出師の理由書である。

明治六年一〇月、征韓論分裂により、不平士族の怒りは高まり、明治七年一月の岩倉具視暗殺未遂事件、二月の佐賀の乱が勃発、国内的には鎮圧できたが、対症療法的措置にすぎず、征韓論をもっての国権拡張の口実を彼等から奪いとるために、政府主導の外征が必要だと、岩倉・大久保等は判断した。そして二月六日には閣議において明治五年以降検討されてきた台湾征討軍派遣が決定され、四月四日陸軍中将西郷従道を台湾蕃地事務都督に任命し、五月西郷は陸海軍を率いて台湾南部に赴き、六月初旬には原住民との戦闘は終了した。しかし、清国政府は台湾は自国の版図であり、日本の行為は主権侵犯と抗議、軍事力を以て排除する動きに出た。日本政府はジレンマに立たされる。抗議を容れて撤退すれば、士族層の恰好の攻撃理由となり、撤退せず、原住民の地は清国の版図ではなく無主の地だと主張しつづければ、清国との開戦の可能性がいっそう高まるのである。しかし政府は清国との開戦の方を選択し、七月九日には陸海軍にその旨を内論、八月一日には和戦を決する権限を委ねて全権弁理大臣大久保利通を清国に派遣することを決定、同人が北京に到着するのが九月一〇日のことであった。

交渉は難航したが、最後の段階で清国側が折れ、一〇月三〇日、①日本の今回の行動は保民義挙のためと認める、②被害民に対して清国は撫恤銀五〇万テールを支払う、③台湾原住民（生番）に対しては清国は法を設け、航客の安全を保障し、兇害の再発を防止する、という三ヵ条の条款が調印された。これにより日本は出兵の国際的名分を獲得することができたとともに、当初の狙いだった不平士族の口実を一つ奪い取ることが可能となった。岩倉・大久保政権は大きな賭けに勝利したのである。

69　漸次立憲政体樹立の詔　一八七五年四月一四日

朕即位ノ初首トシテ群臣ヲ会シ、五事ヲ以テ神明ニ誓ヒ、国是ヲ定メ万民保全ノ道ヲ求ム、幸ニ祖宗ノ霊ト群臣ノ力トニ頼リ、以テ今日ノ小康ヲ得タリ、顧ニ中興日浅ク、内治ノ事当ニ振作更張スヘキ者少シトセス、朕今誓文ノ意ヲ拡充シ、茲ニ元老院ヲ設ケ、以テ立法ノ源ヲ広メ、大審院ヲ置キ、以テ審判ノ権ヲ鞏クシ、又地方官ヲ召集シ、以テ民情ヲ通シ公益ヲ図リ、漸次ニ国家立憲ノ政体ヲ立テ、汝衆庶ト倶ニ其慶ニ頼ント欲ス、汝衆庶或ハ旧ニ泥ミ故ニ慣ルヽコト莫ク、又或ハ進ムニ軽ク為スニ急ナルコト莫ク、其レ能朕カ旨ヲ体シ

テ翼賛スル所アレ、

（出典）『太政官日誌』明治八年第四四号。

【解説】 本史料は、明治八年四月一四日、元老院と大審院を創設するとともに、地方官会議の制度化を明かにした「漸次立憲政体樹立の詔」とよばれているものである。

台湾出兵問題に決着をつけた大久保利通ではあったが、出兵に反対して下野した旧長州藩の代表木戸孝允を政府に復帰させない限り安定した政局運営が不可能だと認識していた。木戸は復帰するも、自己の意見を容れさせるためには民権を唱える板垣と組んで復帰する必要があると考え、井上馨が木戸と板垣の間を取り持つ役割を果した。大久保・木戸・板垣は三者三様の思惑を抱きつつ、明治八年一月それぞれ大阪に赴き、二月中旬「立君定律ノ政体」を日本の基本とし、その実施のため議院制度を採用する、という大筋で三者の合意が成立した。大阪会議とよばれるものである。この合意の上に、三月八日木戸が参議となり、一二日には、明治天皇の直接の要請をうけて板垣も参議に復帰した。そして政体取調べの命をうけた木戸・大久保・板垣・伊藤の四参議は、三月二八日、太政官右院・左院を廃止して、立法のための元老院・地方官会議、司法のための大審院を設けるべきとの取調書を三条に提出する。これをうけて本史料が出されたのであった。ただし、その主眼はあくまでも漸次的に実行せよ、という処にあり、その後、元老院と地方官会議の権限は大きく削減されていくのである。

3　政府主導による外交問題の決着

70　樺太千島交換条約　一八七五年五月七日調印

第一款

大日本国皇帝陛下ハ其ノ後胤ニ至ル迄現今樺太島即薩哈嗹島ノ一部ヲ所領スルノ権理及君主ニ属スル一切ノ権理ヲ全魯西亜《［ロシア］》国皇帝陛下ニ譲リ、而今而後樺太島ハ悉ク魯西亜帝国ニ属シ、「ラペルーズ」海峡ヲ以テ両国ノ境界トス

第二款

全魯西亜国皇帝陛下ハ第一款ニ記セル樺太島即薩哈嗹島ノ権理ヲ受シ代トシテ、其後胤ニ至ル迄現今所領「クリル」群島即チ第一「シュムシュ」島第二「アライド」島第三「パラムシル」島第四「マカンルシ」島第五「ヲネコタン」島第六「ハリムコタン」島第七「エカルマ」島第八「シャスコタン」島第九「ムシル」島第十「ライコケ」島第十一「マツア」島第十二「ラスツア」島第十三「スレドネワ」及「ウシシル」島第十四「ケトイ」島第十五「シムシル」島第十六「ブロトン」島第十七「チエルポイ」並ニ「ブラット、チエルボエフ」島第十八「ウルップ」島共計十八島ノ権理及ヒ君主ニ属スル一切ノ権理ヲ大日本国皇帝陛下ニ譲リ、而今而後「クリル」全島ハ日本帝国ニ属シ、柬察加《［カムチヤツカ］》地方「ラパツカ」岬ト

「シュムシュ」島ノ間ナル海峡ヲ以テ両国ノ境界トス、

（出典）『旧条約彙纂』第一巻第二部、六八一―六八四ページ。

【解説】本史料は、明治八年五月七日、ロシアの首都ペテルブルグで調印された樺太千島交換条約である。安政元年一二月下田で調印の日露和親条約により、千島列島ではエトロフ島とウルップ島の間が国境とされ、樺太は両国の雑居地とされた。慶応三年二月、遣露使節がペテルブルグで結んだ日露樺太仮規則でも、「全島往来勝手たるへし」と定められただけであり、樺太では不安定な情況が続いた。明治に入ると、明治二年六月のロシア兵ハコドマリ占領事件や、六年四月のロシア兵クシュンコタン暴行事件がおき、両国の間に緊張が高まった。ただし、英国公使パークスは樺太撤退・北海道開拓論を主張しつづけ、開拓使長官黒田清隆も樺太放棄論者であった。明治五年、副島外務卿の時、二〇〇万円買収案がロシアに提案されたこともあったが、ロシア側が拒否、明治七年二月岩倉・大久保政権のもとで、①樺太での境界確定か、②樺太と千島列島の交換か、③樺太の売却かの三策が出され、三月海軍中将兼駐露特命全権公使榎本武揚がロシアに赴いた。そして同年から翌八年五月までの交渉において、樺太とウルップ以北の千島列島との交換、クシュンコタンの一〇年間の無税港化と日本人領事の駐劄、日本船・日本商人が通商と航海のためオホーツク海諸港・カムチャツカ諸港に来航し、または同海で漁業を営む場合、最恵国民と同様の権利と特権を有することを認める条約が調印された。この条約成立により、国境が確定したとともに、永年にわたる両国紛争の原因が解消されたのである。

71 讒謗律　一八七五年六月二八日

第一条

凡ソ事実ノ有無ヲ論セス、人ノ栄誉ヲ害スヘキノ行事ヲ摘発公布スル者、之ヲ讒毀[1]トス、人ノ行事ヲ挙ルニ非スシテ、悪名ヲ以テ人ニ加ヘ公布スル者、之ヲ誹謗トス、著作・文書、若クハ画図・肖像ヲ用ヒ、展観シ若クハ発売シ若クハ貼示シテ、人ヲ讒毀シ若クハ誹謗スル者ハ、下ノ条別ニ従テ罪ヲ科ス、

第二条

第一条ノ所為ヲ以テ、乗輿[2]ヲ犯スニ渉ル者ハ、禁獄三月以上三年以下、罰金五十円以上千円以下、二罰并セ科シ、或ハ偏ヘニ一罰ヲ科ス、以下之ニ倣へ、

第三条

皇族ヲ犯スニ渉ル者ハ、禁獄十五日以上二年半以下、罰金十五円以上七百円以下、

第四条

官吏ノ職務ニ関シ讒毀スル者ハ、禁獄十日以上二年以下、罰金十円以上五百円以下、誹謗スル者ハ、禁獄五日以上一年以下、罰金五円以上三百円以下、

第五条

華士族・平民ニ対スルヲ論セス、讒毀スル者ハ、禁獄七日以上一年半以下、罰金五円以上三百円以下、誹謗スル者ハ罰金三円以上百円以下、

(出典)『太政官日誌』明治八年第八四号。

(1)ザンキ、そしって傷つけること。(2)天子の乗物より転じて、ここでは天皇を指す。

【解説】 本史料は、明治八年六月二八日、太政官布告第一一〇号布告(輪廓附)で公布された讒謗律である。明治八年は演説・新聞・雑誌・出版物等で民権自由の説が鼓吹され、有司専制政府への攻撃が激しくなされた年となった。これを抑えるため、政府は本法及び新聞紙条例を六月に制定した。太政官内の法制局(局長は伊藤博文参議)の二等法制官尾崎三良と井上毅が両法の原案を作成した。尾崎の回想によれば、「内閣へ提出して他の参議も知らざる内に太政大臣が認印を押して公布すれば、即ち法律と為って天下に行はれるのである」と述べている。法の励行には伊藤局長及び大久保内務卿が尽力した。この厳法により、法に触れ罪に陥る者が相いつぎ、明治八年より翌九年にわたって投獄された者は、成島柳北、末広重恭、加藤九郎、杉田定一、植木枝盛、横瀬文彦、小松原英太郎等数十名に及んだという。

72 日朝紛争に付司法省七等判事増田長雄他二名建議書　一八七五年一〇月八日

今ヤ本邦兵ヲ錬リ武ヲ講スルノ地、遠ク欧米ノ強国ニ求メスシテ、近ク亜細亜ノ比隣ニ在リ、就中朝鮮ノ国タル、往古ヨリ我ニ朝貢シ、神后一タヒ之ヲ征シ、豊公復タ之ヲ伐ツ、因テ我ニ服スル久矣、近世ニ至ツテ、北方ニ僻在スルヲ以テ、頑狂自ラ居リ、肯テ各国ト通信セス、加之本邦ヲ軽視シ使節ヲ侮リ無礼特甚シ、若シ之ヲ不問ニ置ク、神后在天ノ霊ヲ辱シメ、又罪ヲ豊太閤ニ得ル者ト謂ハサル可ラス、是ヲ以テ両三年来征韓ノ論起ル、亦宜《むべ》ナラスヤ、加之彼頑兇悛《あらた》メス、我船艦ヲ砲撃スル(1)ニ於テオヤ、議者或ハ云、問罪ノ師ハ是ナリト雖、銭糧ノ足ラサルヲ奈何セン、之ヲ人民ニ課スルトキハ怨讟(2)乃起リ、内地ノ紛乱ヲ生スル必セリ、臣等モ亦銭糧ノ足ラサルヲ知ル、之ヲ出スル方他ナシ、上　宮中ヨリ膳ヲ減シ、楽ヲ徹スルノ意ヲ追ヒ、冗費ヲ減省シ玉ヒ、及ヒ官吏ノ俸ト華士族ノ禄トヲ量減シ、土木造営等凡ソ不急ノ費用一切ニ之ヲ禁セハ、巨万ノ金ヲ贏(3)出ス可シ、尚不足シテ万已ムヲ得サル、之ヲ農商ニ賦スル、亦大害ナカル可シ、既ニ上ヨリ之ヲ率ヒ、上下艱苦ヲ共ニスル意ヲ示ストキハ、怨讟何ニ因テ生セン、議者又曰、目今常備ノ兵僅二十大隊余、内備モ亦欠ク可カラス、則恐ル、兵少シテ勝ヲ海外ニ制スル難シ、是又然ラス、今常備兵ノ半額ヲ以テ先鋒トシ、其余各県士族ヲ徴募シ、隊ヲ編、伍ヲ制シ、華族ノ内奮テ往カント欲スル人アレハ、択(4)テ以テ将帥トス、何ソ兵ノ足ラサルヲ憂ヘンヤ、士族往々素餐ノ謗ヲ受ル有ルヲ以テ、事アル日ニ当リ、功ヲ建テ

恩ニ報ヒ、曠業坐食ノ恥ヲ雪カント扼腕シテ外征ノ日ヲ待ツ者幾千百、常備ノ兵ト互ニ競ヒ奮戦スルトキハ、蠢爾(5)タル三韓、数月ヲ出テス鎮服スルニ至ラン、議者又或ハ恐ル、士族商ニ帰シ農ニ就クノ日ニ当リ、又之ヲ使用シ、他日功立チ事成《たいら》クノ後、戦勝ノ余勢固結シテ解ケス、跋扈ノ旧弊ニ復セハ、是又一患ヲ生スル也、臣等以為《おもえ》ラク、此亦患スルニ足ラスト、事平キ帰朝スルノ日、直ニ其隊ヲ解キ各本土ニ復セシメ、功労アル者ハ択テ以テ常備・予備ノ中ニ入レ将校ノ任トス、抑国事ニ奔走シ功ヲ立テ労ヲ尽ス、固リ士族ノ義務タルヲ知ラバ、何ソ誇リ且ツ驕ルノ理アランヤ、且士族ノ無事ニ苦ミ不平ヲ鳴スモノ少カラス、或ハ守旧ノ説ヲ唱ヘ、或ハ征韓ノ説ヲ唱ヘ、或ハ変シテ民権ヲ主張ス、設ク(6)ハ征韓ノ挙ナク、久シク之ヲ閑地ニ擲ツトキハ、他日内ニ向テ其不平ノ気ヲ洩サントス、其害豈鮮浅ナランヤ、今之ヲ外事ニ駆テ其鬱勃ノ気ヲ散セシム、是又士族ヲ駕馭スルノ一術也、若夫外征一トタヒ起リ、前ニ論スル如ク俸ヲ減シ禄ヲ削ル、身家ノ奉養猶且ツ給セス、何ノ余力アツテ奢美ヲ事トセン、是節倹ハ令セスシテ自ラ行ハルル也、且英仏米嘗テ兵端ヲ朝鮮ニ開キ交際ノ道ヲ通セント欲スルモ、彼カ頑狂ヲ避テ終ニ之不問ニ置ク、然ルニ今之ヲ征シ一時服従各国ト交通セシムルトキハ、各国ニ向テ少シク威ヲ伸べ、鋭ヲ示ス所ロ有ラサランヤ、於是乎各国ト談判シ条約ヲ改正シ貿易ヲ限制シ保護ノ税ヲ設ケ、我国法律ニ遵フノ約ヲ立、彼侮弄スルコト能ハス、必ス我言ニ従ントス、果シテ然ラハ条約改正亦必ス実効ヲ顕ス可シ、此ヲ以テ之ヲ視レハ、征韓ノ一挙アリテ財用節約ト貿易改正ノ両得アル也、(中略)

明治八年十月八日

増田長雄
鎌田景弼
志方之勝

(出典)　三条家文書　五門五二四七、神宮文庫蔵。

(1)明治八年九月二〇日、雲揚艦に対する江華島砲台よりの攻撃を指す。(2)エントク、うらみ憎むこと。(3)エイシュツ、捻出すること。(4)ソサン、勤めを尽さずして官禄を食むこと。(5)シュンジ、事理を弁えないさま。(6)モシクハ。

【解説】　本史料は、江華島事件を受け政府が対朝鮮強硬策を採ることを踏まえ、士族動員を主張した太政官官吏の建白書である。増田長雄(のち大審院判事)と鎌田景弼(のち佐賀県知事)は当時共に司法省七等判事、志方は検事にて、三名とも熊本県士族である。この当時の太政官には、首脳部は別として官吏レヴェルでは士族動員派も相当数存在していた。三名の建白書は士族動員の目的を、「曠業坐食」の恥をそそがせ、彼等に活動の場を与えることだとしている。そして当然予想される危惧、即ち、第一に財政問題、第二に士族統御問題に回答を与えた上で、朝鮮問題を日本主導で解決することは、条約改正にとっての前提だ、とするのである。

73　日朝修好条規　一八七六年二月二七日調印

第一款
朝鮮国ハ自主ノ邦ニシテ日本国ト平等ノ権ヲ保有セリ、嗣後(1)両国和親ノ実ヲ表セント欲スルニハ、彼此互ニ同等ノ礼義ヲ以テ相接待シ、毫モ侵越猜嫌スル事アルヘカラス、先ツ従前交情阻塞ノ患ヲ為セシ諸例規ヲ悉ク革除シ、務メテ寛裕弘通ノ法ヲ開拡シ、以テ双方トモ安寧ヲ永遠ニ期スヘシ、

第二款
日本国政府ハ今ヨリ十五個月ノ後、時ニ随ヒ使臣ヲ派出シ、朝鮮国京城ニ到リ、礼曹判書ニ親接シ、交際ノ事務ヲ商議スルヲ得ヘシ、該使臣或ハ留滞シ或ハ直ニ帰国スルモ共ニ其時宜ニ任スヘシ、朝鮮国政府ハ何時ニテモ使臣ヲ派出シ日本国東京ニ至リ外務卿ニ親接シ交際事務ヲ商議スルヲ得ヘシ、該使臣或ハ留滞シ或ハ直ニ帰国スルモ亦其時宜ニ任スヘシ、

第三款
嗣後両国相往復スル公用文ハ、日本ハ其国文ヲ用ヒ、今ヨリ十年間ハ添フルニ訳漢文ヲ以テシ、朝鮮ハ真文ヲ用ユヘシ、

第四款
朝鮮国釜山ノ草梁項ニハ日本公館アリテ年来両国人民通商ノ地タリ、今ヨリ従前ノ慣例及歳遣船等ノ事ヲ改革シ、今般新立セル条款ヲ憑[標]準トナシ貿易事務ヲ措弁スヘシ、且又朝鮮国政府ハ第五款ニ載スル所ノ二口ヲ開キ、日本人民ノ往来通商スルヲ准聴スヘシ、右ノ場所ニ就キ地面ヲ賃借シ家屋ヲ造営シ又ハ所在朝鮮人民ノ屋宅ヲ賃借スルモ各其随意ニ任スヘシ、

第五款
京圻忠清全羅慶尚咸鏡五道ノ沿海ニテ、通商ニ便利ナル港口二個所ヲ見立タル後地名ヲ指定スヘシ、開港ノ期ハ日本暦明治九年二月ヨリ朝鮮暦丙子年正月ヨリ共ニ数ヘテ二十個月ニ当ルヲ期トスヘシ、(中略)

第十款
日本国人民、朝鮮国指定ノ各口ニ在留中若シ罪科ヲ犯シ朝鮮国人民ニ交渉スル事件ハ、総テ日本国官員ノ審断ニ帰スヘシ、若シ朝鮮国人民罪科ヲ犯シ日本国人民ニ交渉スル事件ハ均シク朝鮮国官員ノ査弁ニ帰スヘシ、尤双方トモ各其国律ニ拠リ裁判シ毫モ回護袒庇スルコトナク、務メテ公平允当ノ裁判ヲ示スヘシ、

第十一款
両国既ニ通好ヲ経タレハ、另[べつ]ニ通商章程ヲ設立シ両国商民ノ便利ヲ与フヘシ、且現今議立セル各款中更ニ細目ヲ補添シテ以テ遵照ニ便ニスヘキ条件共、自今六個月ヲ過スシテ両国另ニ委員ヲ命シ、朝鮮国京城又ハ江華府ニ会シテ商議定立セン、

(出典)『旧条約彙纂』第三巻、二一七ページ。

(1)今後の意。

【解説】　本史料は、明治九年二月二七日、朝鮮江華府で調印さ

れた日朝修好条規である。但し条約の日付は、前もって記入したままの二月二六日となっている。

朝鮮側は日本の台湾出兵に鑑み、対日政策を変更するが、外務卿書翰の形式や宴会時の服装等で日本側理事官外務少丞森山茂と意見が対立、森山は軍艦を朝鮮近海に出動させ、朝鮮側を威嚇するのが局面打開の最も有効な方法と考え、四月外務省に上申する。これをうけ軍艦雲揚・第二丁卯が釜山に入り、雲揚艦が九月二〇日、挑発して江華島事件をひきおこし、政府は謝罪を要求するとともに、永年の懸案であった日朝両国間の国交問題に結着をつけることを決定する。一二月、陸軍中将兼参議開拓長官黒田清隆が全権、前大蔵大輔井上馨が副全権に任命され、ペリーの先例にならい、六艘からなる艦隊を率い、明治九年一月朝鮮に渡り、二月初旬江華島に到着する。万一の場合に備え、参議兼陸軍卿山県有朋が下関に赴き、陸軍部隊出動の準備に当った。

日本側全権は、軍事力を背景に高圧的に交渉を進め、江華島事件に対し謝罪させるとともに、日朝修好条規の調印に成功した。

第二款原案は、最も朝鮮側が難色を示した外交使節派遣・首都駐劄規定であり、あいまいな形に修正された。第四・五款では遊歩区域と開港地点が明文化されなかった。第一〇款では、日本は、自国が欧米からおしつけられたものと同一の不平等条約規定＝片務的領事裁判権を強要したが、この時は朝鮮側は無条件で同意している。第一一款において、通商章程に関するすべてのことを後日に譲っているため、同年八月二四日、日朝修好条規附録・附属往復文書・貿易規則が調印された。その附属往復文書中で、輸出入税不課が協定され、明治一六年日朝通商章程成立までこの事態がつづいた。なお、この条規調印により、政府は不平士族より、国威発揚のための最後の口実を奪いとることができた。

74　番付「近世珍奇くらべ」　一八七六年四月二六日届（→図74）

東第一段目——安政二 十月二日人多ク死ス 江戸大地震／明治元 正月 伏見の大戦争／安政六ヨリヒラク 横浜之開港／嘉永七 三月キヅク 品川之御台場／元治元 西京之進撃(1)／明治八(2)ナツ 台湾石門口之軍(3)／同七ヨリヒラク 東京聖堂博覧会／同三ヨリハジマル 新橋ヨリ横浜マデノ鉄道(4)／安政三 八月廿五日 江戸中大風大船陸へ上ル／万延元 三月三日ノ早朝 外桜田雪中ノ戦／明治五 三府并ニ諸県ヲ置／明治六ヨリデキル 内外へ達スル郵便局

西第一段目——弘化四 山川クヅレ人家ソンヅル 信州の大地震／明治二 ハルヨリナツニイタル(5) 奥羽越の戦争／同二ヨリハジマル 蝦夷地の開拓(6)／安政元 海岸の御固め／元治元 筑波山の旗上ケ／同八 朝鮮江華港の艘戦／同年 ハルヨリ 西京御所の博覧会(7)／同六ヨリ 洋海波渡の蒸気船／弘化三 アキ中 関東諸所の大水／文久二 正月 坂下御門外払暁ノ戦／明治元

図74

近世珍奇くらべ

明治九年四月二十日 御届ケ

備覧

安政二 江戸大地震
明治元 伏見の大戦争
安政六 横濱之開港
文久二 品川之御台場
元治元 西京之進撃
明治七 臺灣石門口之軍
同七 東京博覧会
同三 新橋横濱ノ鉄道
江戸中大風大船陸ニ上ル
万延元 外櫻田雪中ノ戦
明治二 三府并ニ諸県ヲ置
明治四 内外ヘ達スル郵便局

文久三 大和吉野山の義兵
集合の馬車
同三 理非を糺ス裁判所
同四 煉瓦造の商家
同五 国立銀行石ノ五階
同元 毎日配達ノ新聞
同五 市中大通りの瓦斯燈
同二 和泉橋の大病院
同年 九段坂上の高燈篭
同元 貸紙幣の通用金
同二 諸屋敷の引払
江戸丸山の大火
同五 築地海岸のホテル館

陸軍の大調練
ペンキぬりの西洋床
大陽暦の発行
昼夜十二時追打時の鐘
公事訴訟代言人
身代限りの張札
武家地の新開町
国々の関所取払
神仏の守札諸方へ降
平民苗字名乗御免
小児の種痘
新聞錦絵
橋市川の炮戦
利根川破れて浅草大水
祭日の日の丸旗
吉原金瓶楼今紫の身
違式詿違の罰金

東京府外ニ分所の遊廓
同中一般廃刀の布告
写真師
和製の西洋布
板の図画
公立私立の学校
横須賀の製鉄所
米市場
出家の肉食妻帯
西洋写真の眼鏡
牛肉の煮うり店
七曲りの座敷焼付
家々ニ洋犬を養ふ
江戸中コリ病流行
西の方へ箒星出る
鎧の渡し橋ニ成
西洋服の着用
牛の札の擺賣
東両国の小屋の出水

華士族平民の縁組
官員の月俸
新発明
御廐川岸の渡橋成
新門の大虎
一尺八寸の小人
鳩湯山のほら吹
車で賣歩く諸商人
比番所の取払
寺院神社の説教所
外国船の入津
暑中氷賣の商人
大区小区の区別

嘉永三 小金ケ原御鹿狩
明治元 東下り御鳳輦
元治元 二月 中国攻の御進発
同三 新橋の鉄造
同六 日本橋の三筋
明治五 江戸改東京号
同八 永代両国の長橋
同二 吉田橋の鉄作
石
橋
同九 乱知布さ——
同八 海運さ——
同七 浅草さ——
明治八 萬世さ——
京さ——
江戸さ——
遊来さ——
常磐さ——
明治二 諸国の城々差上
明治元 東台大炮戦
慶應三 十五代の辞職

信州の大地震
奥羽越の戦争
同二 蝦夷地の開拓
海岸の御固め
元治元 筑波山の旗上ケ
朝鮮江華港の艦戦
西京御所の博覧会
同八 洋海波渡の蒸気船
関東諸所の大水
坂下御門外攘夷の戦
奥羽の二国を七ヶ国
海陸近遍の電信局

佐賀征韓党追討
人力車の往復
同四 各区内ニ扱ふ巡査所
同七 西洋造の院省府館
三井の銀行五階
同元 日々改正の御布告
内外てそれランプ
同三 上野山内の養育院
同八 同山王山の招魂塔
印紙の貼用
同二 仏地の神社立退
火大火
芝上野両所の東照宮
新吉原五勢楼

海軍の水軍の習古
同七 ペンキぬりの往来の便所
同五 ちよんまげの新月
同元 昼夜平均の時計
同八 藝人商人税金上納
同八 火元知らせの張札
同二 小金ケ原の開拓
同六 女子高山の登山を免
雨の如く降
撤多非人を平民同等
同六 輪毒の検査
同七 府下の温泉場
近世史略の講談
上總郷ケ崎海岸の火炮
同三 戸田川破れて人多く死す
同二 諸会社同印のフラフ
浅草小田原
同五 異腺人の懲役場

東京府内の新築遊廓
同年 南京米の流行
同三 東京ニ十六箇所取締
西洋床のガラス
日本製の毛織物
同七 石板の人物図絵
同三 金遣の貸附会社
同七 函館の氷
同三 カキガラ町の商社
同六 遊女の解く
同七 写真の取次の見世
同二 西洋料理家
撤兵屋敷の取崩
西洋種の
東田
同九 大井川船渡し成
同三 ラムネ洋酒の擺賣
江戸中の一揆

半元服の
同五 市中の禁
出火消防のポンプ
戸田川の板橋
印度渡りの大象
同四 真崎の松の
同六 常州水戸の町の大合戦
御所前の
同二 小伝馬の輸小鞆車
同八 名古屋の東京ニ来
新宿流行
町々の
同七 諸国の小博覧会
同二 南京米の入津
南京入の
同く 日本出来の菓子パン
道中筋の新開路
同六 諸神社の氏子札
同五 家族同人の門口札

嘉永六 十二月 琉球人の来貢

慶応二 四月 日光御社参

編輯出版人 神田通新石町三番地 倉田太助

ワカル[8] 奥羽の二国を七ケ国分ツ／同年ヨリヒラク 海底迄通ル電信局[9]

東第二段目――文久三 大和吉野山の旗上ゲ[10]／明治五 新バシヨリアサクサスジカイ 乗合の馬車／同三ヨリデキル 理非を糺ス裁判所／同四 追々立 練瓦造の商家／同五 落成 国立銀行石ノ五階／同元ヨリ盛ン成 毎日配達の新聞／同五ヨリデキル 市中大通の瓦斯灯／同二ヨリヒラク 和泉橋の大病院／同年 フユ 九段坂上の高灯籠／同元ヨリ二年ハジマル 貨紙幣の通用金[11]／同二ヨリ追々トリクツス 諸屋敷の引払／弘化三 正月江戸丸山の大火／明治六ヨリ 赤羽根水天宮カキガラ丁へ引移ル／同二 デキル 五 ヤケル 築地海岸のホテル館

西第二段目――明治四[12] 佐賀征韓党追討の騒／明治二ヨリデキル 人力車ノ往復／同四ヨリ 各区内を扱ふ区務所／同七ヨリ 西洋造の院省府館／同年 建築 三ツ井の鯱を上タ五階／同元ヨリ 日々改正ノ御布告／同二ヨリ内 八ヨリ外 内外でてらすランプ／同三ヨリハジマル 上野山内ノ養育院／同八同山王山の招魂塔／同八 二月ヨリ用ユル 界紙印紙ノ帖用／同二ヨリ 仏地ノ神社ノ立退／弘化二 正月 権田原より高縄迄ノ大火／明治六 秋ヨリ 芝上野両所ノ東照宮／同四ニデキル 八ニヤケル 新吉原五勢楼

（出典） 三井文庫所蔵史料。

(1)七月の禁門の変を指すか。(2)七年の誤り。(3)六月初旬、台湾南部上陸の征台軍中央隊は石門口から杜丹社の原住民を攻撃した。(4)鉄道の測量開始は明治三年三月下旬である。(5)明治元年の誤り。(6)開拓使設置は明治二年七月。(7)明治五年より御所で博覧会開催。(8)明治元年一二月、陸奥国を磐城・岩代・陸前・陸中・陸奥の五国、出羽国を羽前・羽後の二国とした。(9)横浜灯明台・裁判所間に電信線を架設したのは明治二年八月のこと。(10)文久三年八月の天誅組蜂起をさす。(11)太政官札をさす。(12)明治七年の誤り。

【解説】 本史料は明治九年四月二六日、内務省に発売届をした東京刊行の「近世珍奇くらべ」と題する番付の東西上二段を示したものである。全体は五段、行司・勧進元の欄には「明治二諸国の城々差上／明治元五月十五日 東台大砲戦／慶応三十五代の辞職」などとある。この番付から、明治九年段階の東京の人々が、幕末から今日まで、なにが最も印象深いものだったかを知ることができる。ただし年月には不正確なものが多い。

75 小笠原諸島帰属に関する寺島外務卿書翰 一八七六年一〇月七日

御手紙致啓上候、然は我南海中之一属島小笠原島之儀、昨明治八年中我政府より官吏を派遣し実際を検せしめ候処、追々移住之者相殖候に付、今般該島に官庁を設け官吏を派任せしめ、別紙規定に従ひ取締為致候条、此段及御通知候、敬具、

九年十月七日

寺島外務卿

各国公使姓名

閣下

（別紙）

島規則

第一条

島中ノ人民永住寄留ヲ論セス、総テ島庁ヘ届出、島則ヲ守ルヘキ事、

第二条

島中ノ人民生死婚嫁及他行帰島共総テ島庁ヘ可届出事、

第三条

島庁ニテ不許地ハ私有スルヲ得ス、又私有ヲ許ス地ハ総テ券状ヲ与フヘシ、尤之ヲ売買セント欲スルトキハ是又島庁ヘ申立、改テ券状ヲ請ヘキ事、

第四条

島庁ノ許可ヲ得テ新規開墾セシ地ハ其者ヘ授与シ私有ノ地券ヲ渡スヘシ、

第五条

従来開墾ノ地ハ今ヨリ十ケ年、新規開墾ノ地ハ開墾落成ノ後ヨリ十ケ年其間無税タルヘシ、右期限ノ後ハ土地ノ実況ニヨリテ詮議アルヘキ事、

但一度開墾セシ地タリトモ、三ケ年間打捨置、荒蕪ニ属スルトキハ私有ノ権ハ無之事、

第六条

右ノ外追々島則ヲ増補スル事アラハ其都度之ヲ布告スヘシ、

（出典）『旧条約彙纂』第一巻第一部、二七四―二七六ページ。

【解説】　本史料は、明治九年一〇月七日、小笠原諸島が日本領土であることを宣言し、同島に官庁を設け、規則を定めて取り締まることを各国（米・英・仏・露・蘭・独・ベルギー・デンマーク・イタリア・ペルー・スペイン・オーストリア）公使に告げた外務卿寺島宗則書翰である。但し別紙中の「港規則」は省略した。

小笠原諸島は、ペリー艦隊やプチャーチン艦隊も寄航し、捕鯨船も立ち寄り、さらに英米人やハワイ人等が居住するようになっていたため、旧幕時代より日本編入が急がれていた島であった。幕府は文久元年末から文久三年にかけ、同島の日本帰属を明確にさせるため調査をおこなうとともに、八丈島から数十名の島民を入殖させたが、その後全員が引揚げた。明治に入ると、小笠原問題は近代国家の国境確定問題の一つとして政府につきつけられる。さらに開港場でない同島における外国船と住民の交易も重大な問題となってくる。明治七年、政府は住民の撫恤や船艦往来に関する諸規則を立案したが、諸課題に追われて実施できなかった。明治八年一〇月、内務省地理寮七等出仕の小花作助（幕末に島務を担当した旧外国奉行所役人）が工部省の明治丸で渡島、外国人島民に再回収を宣言、報告に帰った。翌年三月同島が内務省所管となるに及んで、内務省権少丞・小笠原御用掛となった小花は、一二月出張所長として太平丸で赴任するのである。寺島外務卿書翰はこの動きと表裏一体の関係

にあった。各国は帰属問題では異議をさしはさまなかったが、英米両国は自国民への裁判権への日本の介入に抗議した。なお、明治一五年までに同島居住の外国人七十余名はことごとく日本国籍取得の手続きを完了し、治外法権上の問題は解消した。

4　権力と士族・農民

76 政策転換を求める木戸孝允意見書　一八七六年一二月二二日頃

於是、明治六年以来ノ事ヲ回看シ、其実蹟ヲ推考スルニ、政府ノ目的方向ハ果シテ何ノ一辺ニ在カ、幾《ほと》ント解了スル可カラサルニ似タリ、之ヲ上ニシテハ諸省ノ定額益増シテ其減スルヲ見ス、之ヲ下ニシテハ人民ノ租税弥重シテ其軽ヲ見ス、六年以来所謂内政ナルモノ益々孝允ノ所見ト相反シ、終ニハ内政ノ事ハ復之ヲ意ニ介セサルモノ、如シ、窃ニ疑フ、明治七年支那弁償ノ事、之ヲ計算上ヨリ視ルトキハ則全利ニ非ルモ、之ヲ名誉上ヨリ見ルトキハ則我政府勝算ヲ僥倖ニ得タリ、於是乎、政府ノ目的モ亦之ヲ以テ一変スルモノニ非サルヲ得ンヤ、故ニ孝允再ヒ閣職ヲ奉セシヲ甚悔且慙タリ、（中略）然則今日内政ノ実ヲ挙行スルニ於テ、何等ノ着手ヲ以テ先トスヘキヤ、第一ハ地租改正ノ施行ヲ緩シ、其年期ヲ久シ其幾分ヲ薄シ地方ノ利害得失ヲ精覈《せいかく》スルヲ務メ其成功ヲ急ニス可カラス、且政府ノ人民ト譬ヘハ十分ノ如シ、政府其一分ヲ増加スレハ人民其一分ヲ減削セラル、故ニ人民ヲ増加セント欲セハ宜ク政府ノ幾分ヲ減削スヘシ、即チ諸省ノ定額ヲ減シ或ハ不急ノ建築等ヲ止ル是ナリ、第二ハ政府地方ノ会計ヲ異ニシ其権ヲ分与スヘシ、第三ハ一切民費ノコト宜ク一般町村民会ヲ開キ人民ノ協議ニ出テシムヘシ、蓋民費賦課ノコト必各地ノ民力ニ従フ可シ、若政府一定ノ数目ヲ以テ之ヲ推サハ、必ス堪ルコト能ハサル者アラン、第四ハ華士族十数年後ノ生活ハ、必ス政府ニ於テ之ヲ顧慮忖籌《そんちゅう》シ、其慣習ノ情ヲ強奪ス可カラス、且夫所謂国家ノ富強ナルモノモ、必中等以上人民ノ力ニ存ス、今ノ華士族即中等以上ノ人種ナリ、若其力衰ヘ気尽キ自ラ生活スルコト能ハサルニ至ラハ、国家ノ富強モ亦必ス詘スル所アラントス、試ニ看ヨ、今ノ官員ナルモノ即中等以上ノ種ニアラスヤ、若政府一旦悉ク之ヲ廃シ官タルコトヲ許サスンハ豈尽ク力ニ食ミ独立スルヲ得ルモノアランヤ、而国家ノ富強モ亦之ニ従テ盛衰ナキヲ得ンヤ、第五ハ民情ノ如何ヲ問ハス、廟堂ノ高ニ乗シ直ニ法則ヲ出シテ以テ之ヲ束縛ス可カラス、夫法律ハ人民アリテ而後ニ生ス、法律アリテ而後人民アルニ非ス、然則法律ハ人民ニ適スルヲ貴フ、美善ノ法律ナルモ苟モ人民ニ適セスンハ、以テ美善ト為スニ足ラス、第六ハ政府ノ施行各県ノ強弱ニ因テ異アル可カラス、政府トハ何ソヤ、公平ノ在ル所ナリ、若強ニ逢テ自ラ弱ク、弱ニ逢テ自ラ強カラハ、公平ノ旨何クニカ在ル、豈政府ト謂フ可ケンヤ、凡此六ツノ者ハ、皆今日内政ヲ修ムルノ実ニシテ其急務ノ大綱ナリ、吾ノ尤モ政府ニ希望スル所ナリ、

（出典）木戸公伝記編纂所『松菊木戸公伝』下巻、明治書院、一九二七年、二〇一三―二〇一六ページ。

【解説】本史料は、内閣顧問木戸孝允が、明治九年一二月二二日頃、各地の士族反乱と茨城・三重の地租改正反対一揆の勃発をふまえ、政治改革を強く訴えた太政大臣三条実美・右大臣岩倉具視宛の意見書である。

この中で木戸は征韓論分裂以降の政局を回顧し、中央集権の弊害を強く指摘し、華士族層を中等以上の社会層として位置づけることと農民負担の軽減を力説した。具体的には、①地租改正の緩和と税率軽減、②財政権の地方への分与、③町村民会の開設と民費審議、④華士族層の維持、⑤法律による民衆束縛不可、⑥不公平行政の廃絶の六点を木戸は主張した。廃藩置県後の木戸の総括がここでなされたのである。

77 地租軽減につき大久保利通建議書　一八七六年一二月二七日

当今天下ノ形勢ヲ惟ミルニ、人智次第ニ開ケ物産次第ニ起リ商業次第ニ盛ンニ、凡ソ百事駸々乎トシテ開明ニ赴キ、頗ル国度ノ進ムヲ見ル、之ヲ一新政化ノ致ス所ト云フモ誣《しいら》サルナリ、然リ而テ独リ農民ニ至テハ不レ然、未タ其進歩ヲ見サルノミナラス政意モ亦此ニ及フニ暇ナシ、是ヲ以テ貧民ハ益衰ヘ富民ハ益頑、只政府ヲ是恨ミ愁訴ヲ是事トス、最近日ニ至テハ所々聚衆蜂起、人心ノ乱ル、殆ント麻ヲ紊スカ如シ、夫レ如レ此ユヱンノ者ハ他ナシ、地租ヤ民費ヤ、農ニ厚クシテ常ニ民力ニ堪サルニアルナリ、若シ政府、措テ此ヲ問ハサレハ、議論忽チ天下ニ湧キ、只農民ニ止ラス、遂ニ統御スヘカラサルニ至ルヘシ、小官利通此ニ見ルコトアッテ、則チ民費賦課法府県税則等ヲ起草シ、近日将ニ政府ニ呈セントス、其地租法ノ如キハ既ニ明治六年改正法発行アリト雖、其法タル未タ至良ナラサルヲ以テ頗ル民間ノ苦情ヲ致セリ、是亦理勢ノ然ラシムル所ニシテ敢テ法ノ罪ノミニ非スト雖、今日ニ在テハ往々事実ニ適セサルモノアリ、然レトモ今ヤ改正ノ事業過半整頓ヲ告クルノ際ニ当リ、俄ニ更正ヲ議スルハ策ノ得タルモノニ非ス、又更正スヘキノ条理ナシ、故ニ断シテ更正スヘカラサルナリ、而テ別ニ更正セサルヘカラサル者アリ、則チ租額ナリ、抑改正法ニ如何ナル至良至美ノ法ヲ用ユルモ、租額高キ時ハ改租ノ本旨ニ反シ亦甚タ地租ノ真理ニ適セスシテ、民力ノ富饒国家ノ隆盛ヲ期スルコト甚タ遠キノミナラス、目下亦彼ノ小民蜂起ノ害ヲ現出ス畢竟国ノ損害ヲ免レス、仍テ来十年ヨリ地価百分ノ二ノ租額ニ減セラル、旨ヲ布告シ、先ツ農民ヲシテ力ヲ養ヒ業ニ安セシムヘシ、抑モ我邦ハ元来農ヲ以テ国ヲ立ルヲ以テ、農民力ヲ養ヒ業ニ安ンスル時ハ随テ天下人心安シ、於レ是政府ハ何等ノ事ヲ行フモ暴逆無道ヲ

成スニ非ラサレハ、令必ス行ハレ効必ス成リ、政治上ノ目的大ニ達シテ国ノ盛隆期シテ俟ツヘキナリ、然リ而テ今玆ニ百分ノ一ヲ減スレハ随テ歳入上概算一千五百万円余ノ減額ヲ生スヘシ、宜ク之ヲ補充スル策ナカルヘカラス、乃チ其策ハ官院省等ノ定額ヲ減省シ無用ノ官庁ヲ廃シ即チ歳出ヲ減省スルノ外他事ナキナリ、而テ之ヲ行フ、只政府非常ノ英断ニ在ルノミ、閣下宜ク採択アランコト偏ニ企望ノ至ニ堪サル也、謹白

(出典)　宮内省皇后宮職編『岩倉公実記』下巻、岩倉公旧籍保存会、一九二七年(初版一九〇六年)、三四二―三四三ページ。

【解説】　本史料は、一八七六(明治九)年一二月二七日、参議で内務卿・地租改正事務局総裁であった大久保利通が地租軽減を断行せざるを得ない理由を述べた建議書である。文中にある如く、「地租ヤ民費ヤ、農ニ厚クシテ常ニ民力ニ堪サルニアルナリ、若シ政府、措テ此ヲ問ハサレハ、議論忽チ天下ニ湧キ、只農民ニ止ラス、遂ニ統御スヘカラサルニ至ルヘシ」と、大久保は、今、地租で譲歩しなければ、農民にとどまらない反政府運動が広汎に展開し、政府が統御しえなくなる、と政治情況を冷静に分析し、直ちに地価の百分の三から百分の二へ地租を軽減すべきだ、とするのであった。地租改正事業を強行してきた総責任者が地租改正事務局総裁の大久保その人であったのだが、予想しえない新しい局面に直面すれば、それを果断に乗り切る政治家的能力を、彼は誰よりも豊かに有していたのである。但し、明治一〇年一月四日の地租を減ずる詔書では地租を地価の二分五厘に、民費を地租の五分の一以内にする、としたのだった。

78 「伊勢暴動見聞記」　一八七六年一二月

十一月四日(新暦十二月十九日)当国ノ農民、一揆暴動ス。支庁、区裁判所、警察出張所、邏卒屯所、大小区扱所、学校、電信局、郵便局、其他吏員ノ居宅、及ビ民家等ヲ毀《こぼ》チ、乱妨ス。是ノ日暮頃西南ノ天雲ヲ焼キ、時ニ云フ南勢一揆起ルト。是ニ於テ各々《おのおの》東西ニ馳《は》セ雑物を蔵[かく]ス。初更ノ比[ころ]、兇衆多ク当村ノ地ニ来《きた》リ藁ヲ焼ク。蓋《けだ》シ其ノ徒戸木ヨリ野田ニ来リテ西ス。其ノ多寡ヲ知ラズ。火ヲ野間ニ放チ村内ニ入ル。叫呼シテ随行ヲ促ス。又吹上ヨリ来ル者上ノ在ヲ狩リテ東ス。東西互ニ鯢波《げいは》相応ズ。而《しこう》シテ東北ニ嚮[むか]ヒ去ル。其ノ勢六日尾張ノ中ニ至リ停《とど》ムト云フ。是時北筋乱妨甚シク、北勢特ニ死傷多シ。

是《こ》レヨリ先去年検地租額ノ事ニ就キ農民ノ服セザル者多シ。然シ威厳ヲ以テ之ヲ抑《おさ》ヘル。斯《これ》ヲ以テ官吏ヲ毀[そし]リ乱妨特ニ焉[ここ]ニ甚シ。津町ハ県庁ヨリ巡査ノ卒ヲ発シ、銃ヲ以テ之ヲ防グ。又士族ヲ雇ヒ鎗剣ヲ携《たずさ》ヘ或ハ銃ヲ以テ出デ之ヲ妨グ。是ニ於テ農民殺害スル所ノモノ数人。初メ南勢〔一志郡以南〕度会《わたらい》(1)県ノ所轄ト為ス。六年癸酉朝旨ヲ奉ジ制ニ拠《よ》リ地ヲ量《はか》ル。

則チ県官ヨリ田毎《ごと》ニ券状ヲ各民ニ授ク。(2)而シテ不日《ひならず》シテ規則ヲ変換ス。八年乙亥復《ま》タ制規ニ従ヒ検地之ヲ改ム。(3)今春廃県ニ会ヒテ此県ニ合併ス。而シテ田畠測量ノ制頗《すこぶ》ル北勢ト異ルモノ有リ、故ニ三タビ改正ノ測量ヲ行フ。前後三度ノ費、莫大謂フベカラズ、実ニコノタメ疲弊スル者少ナカラズ。然レドモ貢額従来ニ比シテ減ゼス、而シテ山辺ノ諸在ニ於テハ或ハ焉[これ]ヲ増ス。シカノミナラズ従来之《こ》レ莫《な》キ所ノ税ヲ収ム。是ニ於テ農民等怒テ曰ク、封建ノ世諸侯禄ヲ士卒ニ給シテ以テ兵トナス。故ニ農民ヲシテ武事ニ煩《わずら》ハシメズ、兄弟一ツニ居テ其ノ業ヲ楽ム。又官舎ノ営繕或《あるい》ハ郷吏ノ給資ノ如キ皆侯ヨリ為ス所也。而シテ庶民ヲ子ノ如クシ、飢饉ニ備ヘ或ハ窮民ヲ救フ等ハ侯ノ慈愛ニ依ルト雖《いえど》モ未《いま》ダ之ヲ煩ト覚ヘズ。方今一変シテ郡県ニ就キ、諸侯及士卒ノ禄ヲ廃シ、兵ニ庶民ヲ取ルト雖モ、租額敢《あえ》テ減ゼズ、而シテ諸税益《ま》ス益ス加フ。県動ケバ其ノ費ヲ取リ、庁移リ或ハ区換レバ亦《また》其費ヲ取ル。邏卒巡査等ノ資給、貢ノ外《ほか》皆庶民ガ之ヲ扶持スル所也。地租ノ重キ其ノ為ス所ノ者ハ何哉、曩[さき]ニ徳川ノ世末ニ至レドモ猶《なお》金銀ハ有リ、今金貨声有リト雖モ其ノ形ヲ視ルハ稀《まれ》也。紙ニ印ヲ施スモノヲ以テ之ヲ金ニ換ユ。(4)家禄ヲ奉還スル者ニ於テ資本金ノ賜《たまわ》ルト雖モ、此[これ]又紙ニ印スルノミ。(5)紙ニ印ヲ施スモノハ何カ、朝廷ノ欲スル所ノママ也。且《かつ》天子モマタ人ノミ、其食ヲ喫スル匹夫ニ過ギズ。今郡県ノ政ヲ以テ、租税特[ひとり]封建ノ貢額ヲ取リテナオ足ラズトナスハ其故何カ、此レ他ニ非ズ官吏ノ拙《つたな》キ所ト知ル可キノミト。

（出典）　安丸良夫・深谷克己校注『民衆運動　日本近代思想大系21』岩波書店、一九八九年、一一九―一二〇ページ。

（1）度会県は明治二年七月より九年四月まで存続した。（2）壬申地券をさす。（3）地租改正条例に基づいた地押丈量である。（4）紙幣をさす。（5）家禄奉還の制度が明治六年一二月に設けられた。申請者には、産業資金として永世禄は六ヵ年分、終身禄は四ヵ年分の金が、半分は現金、半分は公債証書の形で与えられることとなった。

【解説】　本史料は、伊勢暴動を目撃した伊勢片田村（津の西南に位置する）の旧庄屋永谷助之丞の手記である。農民負担の重さに対する同情、鎮圧の苛酷さに対する批判、新政への不信が表明されている。地租改正の確定までの暫定措置として石代納の形式がとられたが、明治九年の米価が大幅に下落し、時価は石代納の換算価格を大きく下回り、農民負担が過重となった。三重県では、一二月一八日、三重県飯高郡の農民蜂起から伊勢暴動が始まり、時価による金納または米納、諸県税廃止、田畑地位等級の差下げ等を要求、暴動は全県下に広がり、特に北伊勢では、大小区吏員・地租改正関係の役職についている者、その他官員と官称のつくものすべてを襲い、愛知・岐阜両県にいたった。また堺県下の大和国にも波及した。一二月二三日に鎮定されたが、事件の全処罰者は五万七〇〇〇名に達したのである。

79　西郷隆盛政府尋問出兵届　一八七七年二月一三日

今般、当県官員へ上京申付け、御届の事件、左に申上候。近日当県より旧警視庁へ奉職の警部中原尚雄、其の外別紙人名之者共、名を帰省等に託し、潜に帰県の処、彼等窃かに国憲を犯さんとするの姦謀(1)発覚したるに付、則ち御規則に本づき、其筋へ申付、該人名捕縛の上、鞠問に及び候処、図らずも、該犯の口供、別紙之通に有之候。就ては、右事件、陸軍大将西郷隆盛、陸軍少将桐野利秋、陸軍少将篠原国幹等が、耳聞にも相触たるか、右三名より、今般政府へ尋問之筋有之、不日に当地発程致候間、御含めの為め、此段届出候。尤も旧兵隊之者共随行、多数出立候間、人民動揺不致様、一層御保護及御依頼候旨、別紙之通、書面を以て届出候に付、県庁に於て、書面の趣聞届候間、此段及御届置候也。

追申、本文の趣、最寄の各県幷鎮台へも及通知候(2)。且、又、該犯の者、中原尚雄外発京の節、或は四ヶ月分の俸給、或は八ヶ月分の俸給を受取たる段申出候。右は口供へ漏脱に付、此段申添候也。

（出典）黒龍会本部編『西南紀伝』中巻一、一九〇九年、一一六ページ。

（1）私学党の者が情況探索中の中原を捕え、西郷暗殺の策謀なるものを自白させたのである。（2）大山県令は、熊本鎮台・熊本県・長崎県・福岡県・山口県・広島県・岡山県・愛知県・静岡県・高知県・愛媛県等にも、西郷軍出発に当って専使を派遣した。

【解説】　本史料は、明治一〇年二月一三日、太政大臣三条実美に、西郷隆盛の政府尋問の為出兵の旨を告げた鹿児島県令大山綱良の届書である。日朝修好条規締結により、外交問題にメドをつけた政府は、廃刀令・金禄公債・合県等々、矢継ぎ早に内政改革を押し進め、士族層の不満を大きくしていった。明治九年一〇月から一一月にかけ、各地で士族反乱が勃発し、ついに明治一〇年二月、鹿児島の西郷隆盛が、「政府へ尋問の筋有之」との理由で挙兵上京の途に出た。西郷派の大山県令は、全面的な支援をおこない、右のような届書を三条太政大臣に提出したのである。

　西南戦争は二月から九月、足かけ八カ月間継続した、政府軍・西郷軍の総力を挙げた戦争であった。政府軍総計六万八三一人、死傷総計一万五八〇一人、西郷軍総計四万余人、内薩隅人二万三三〇〇余人、熊本・高鍋・延岡等他県士族一万二二〇〇人、死傷総計二万余人。この戦争において、はじめて徴兵軍隊が士族軍団に勝利できることが明らかとなった。だが同時に政府としては、従来のような強引なやり方が、極めて高価につくことを骨身にしみて理解できた。士族授産と大名華族重視が大きな課題となり、イデオロギー的にもそれまでの文明開化路線が大きく修正されてくるのである。

第二章　資本主義の成長と明治憲法体制の成立

近代化をめぐるさまざまな路線と可能性が存在していた明治前半期に、啓蒙思想を通じて欧米のブルジョア民主主義思想を吸収した民衆が、専制的権力の変革をめざす上で運動の主流としたものが自由民権運動である。この背景には、維新政権の権力主体が形成されると同時に、そこから完全に排除された諸勢力の連合・同盟と藩閥官僚的国家構造の改革運動とを全国的に呼び起こさざるをえなかったという事情がある。

それゆえ民権運動は、さまざまな潮流（路線）により担われる。まず、反政府的士族を中心とした愛国社の潮流があげられる。この潮流の起点となったのは、一八七四年一月の民撰議院設立建白書の提出であり、これによって政治結社の連合組織である愛国社が結成されてゆく。この潮流は激しい政府批判と啓蒙的活動とによって、この運動に一定の役割を果たしたが、西南戦争への対応に士族的弱点を露呈していった。

民権運動が全国的（国民的）改革運動に発展してゆく基盤になっていったのは、幕末維新という大激動期のなかで社会的力量を蓄積した地方の豪農層を中心とした在地民権結社の潮流が登場してからである。これら豪農による地域における活動と彼らの府県会議員としての活動とが、民権運動を国民的運動にしてゆく。八〇年三月の国会期成同盟の結成は、これら二つの潮流が合流したことによって実現する。さらに、これら二つの潮流から人的に供給された都市知識人による都市民権派の潮流も、言論（政談会）とメディア（新聞・雑誌）を中心に活発な活動をはかってゆく。

こうした民権運動の発展の過程で、各種の憲法草案が全国的な広がりをもって起草され、近代をめぐる国家と民衆との拮抗状況が到来し、同時に政府内部にも亀裂を生じさせる。さらに八一年八月に発生した北海道開拓使官有物払下事件に、民権派は猛然とした反対運動を展開する。

政局はいっそう緊張度を増し、これを克服し支配体制を再構築しようと政権の主流派は「明治十四年の政変」を企て、政府内反対派である大隈重信とそのグループを放逐することにより、政府内部をかためてゆく。このような状況のなかで、民権派も自由党と立憲改進党を結成し、綱領と規約をもつ近代的政党がわが国にも誕生することになる。

一方、政府は八二年七月の壬午事変を機に軍備拡張をすすめ、さらに松方デフレ政策により農民への負担を増大させてゆく。こうした状況を背景として、急進化した自由党員は各地で激化事件を引き起こすが、つぎつぎに弾圧される。統制能力を喪失した自由党幹部は解党を決議、また立憲改進党も大隈重信らの政府高官出身の幹部が脱党することにより運動は退潮へとむかった。

憲法制定の主導権を握った政府は、伊藤博文を中心としてプロシア型君権主義の憲法制定を目指した。伊藤は八二年三月に渡欧し、君権主義憲法に自信をえて帰国し、井上毅・伊東巳代治・金子堅太郎をブレーンとして八八年四月にはその基軸を天皇におく憲法草案を完成する。ついで伊藤は憲法審議のために枢密院を設け、自らが議長となる。ここで国民には秘密のまま憲法の審議と修正を重ね、八九年二月一一日に欽定憲法としての大日本帝国憲法が公布される。

政府は憲法制定と併行して、国会開設に備えて天皇制支配機構の整備をすすめる。八二年からの皇室財産の創設、八四年七月の華族令制定、八五年一二月の内閣制度採用、八六年四月の学校令公布、八八年四月の市制・町村制、九〇年五月の府県制・郡制公布による地方制度整備がそれである。天皇制支配の不可欠の装置としての軍隊の増強にともなう軍人精神の強化策として、七八年一〇月に軍人訓誡がだされ、八二年一月の軍人勅諭において「天皇の軍隊」の規範が示された。天皇制イデオロギーの強化もすすめられ、九〇年一〇月に教育勅語公布による学校教育に対する政策が徹底化される。

最終的に天皇制政府は自由民権運動の諸要求、とりわけ国会開設と国民代表による予算・法案の審議制を国家機構の中に組み込むことによって、自らの基盤を安定させることに初めて成功する。初期議会期に民権運動の後裔としての民党（自由党・立憲改進党）は「民力休養」を叫び藩閥政府に対抗するが、すでに運動の内部からは急進主義的・民主主義的勢力は排除されており、この時期に再び全国的に活発化した条約改正反対運動の主導権は国権主義者のグループの握るところとなった。「国権拡張論」の広がる日清戦争前夜において、民党は政府と妥協・提携する途を選択してゆく。

これらの政治過程の背後には、さまざまな階層・階級による経済振興の模索があった。しかし松方デフレ終了以降、政府指導の路線が本流となってゆき、その他の路線はそれを補完するものとして組み込まれる。八二年一〇月の日本銀行設立を受け、長い低迷期を経て八九年にかけ企業の勃興期が到来し、日本の本格的な資本主義の成長がはじまる。

第一節　自由民権運動の成長

1　自由民権運動の勃興

80　橋爪幸昌の建白　一八七三年一〇月一四日

橋爪幸昌我全国ニ告白ス、僕モト東奥ノ一寒生ニシテ方今ノ景況如何ヲ知ラス、古語ニ智者モ百慮ニ一失アリ愚者モ百慮ニ一得アリト、僕愚哀ヲ顧ミス敢テ四方ノ君子ニ問テ以テ高論ヲ請フ、夫国家ノ隆盛替傾ハモトヨリ時勢ノ然ラシムル処ト雖モマタ顧ミサルヲ得ンヤ、僕方今ノ景況ヲ以テ惟《オモンミ》ルニ当今ノ急務ハ先外債ヲ除クニアリト、如何トナレハ外ハ万国ノ交際アリ内ニ巨万ノ外債アリ、動《ヤヤ》モスレハ暴民四方ニ起リ実ニ徒手シテ視ルノ秋ニ非スト、宜シク上聖主ヨリ下庶人ニ至ルマテ会同一和外債ヲ除クノ法方ヲ謀ラスンハアルヘカラス、暴民蜂起スルノ根元タルヤ十ニ八九ハ租税ノ繁《シゲ》キニ出ツト、然リト雖モ曩日《ノウジツ》前大蔵大輔井上公、同三等出仕渋沢公ノ建言ノ出ルヤ、物議泡ゝ朝廷更ニ大蔵省事務総裁参議大隈公ヲシテ改算スヘキノ命アリ、コレ皆諸君ノ知ル処ニシテ、全国ノ輸出入国債当今ノ景況ニシテハ外債消却ノ法方アリト雖モ一朝一夕ノ論ニ非ス、願クハ僕等手足ノ労ヲ以テ外債ヲ消却センコトヲ欲スト雖モ、コレ大山ヲ脇挟《ワキハサ》ンテ北海ヲ越ルノ類ナリ、内ニ省レハ一衣一担石ノ貯ヒナク、僕等カ如キハ実ニ天下ノ窮民ニシテ、手足ヲ労シ今日活《イキ》ルノ算アッテ明日何ヲ食スルヲ知ラス、（中略）

僕家貧ニシテ勤学スルアタハス新聞紙ヲ読ヲ以テ業トス、既文部大録飯田恒男ノ外債云ゝ投書ヲ見ル、因テ之レニ基キ外債消却ニ注意ス、同氏ノ論ニ外債我全国ノ人民ニ割当スレハ一人ニ付十六銭二厘ニシテ外債皆済ナリト、然リト雖モ十六銭二厘出スコト能ハサル者アルヘシ鰥寡孤独《カンカコトク》(1)コレナリ、又富民ニシテ有志ノモノ有ルベシ、僕等ノ如キハ無学文盲ニシテ全国ノ人民ヲ論スノ状ヲ知ラス、宜シク各府県ノ知事令参事タル人其地方ノ情態ニヨリ懇ゝ説諭アランコトヲ、冀望《ノゾミ》ス、譬ヘハ爰ニ或ル一父在ルアリテ数多ノ子アリ、加ルニ近隣ハ富家ニシテ且事実ニ明ナリ、而テ公ノ交際《マシワリ》不得止アリ、父思ラクコノ儘過行ハ他日隣家ニ奴視サルヽ必然ナリト、コレニ依テ甲ヲシテ某ノ校ニ入レ勤学セシメ、乙ヲシテ某塾《ジク》ニ入レ算術ヲ学ハシメ、丙ヲシテ某ノ大工ニ従事シ工業ニ就カシムコレ他ナシ、父タル者ノ職ニシテ家ヲ興スノ基礎《モト》ナリ、然リ而シテ借債《シャッキン》巨万ニ至リ父消却《カヘシ》ノ法方ニ労心スルニ至ラハ子タル者袖手シテ視ルノ理アランヤ、僕カ立論行ハレサルヲ知ル、然リト雖モ宋ノ補弼文天祥曰、父母有病、雖不可為、無不下薬之理、尽吾心焉、不可救、則天命也、ト、僕コノ句ニ習《ナラ》ヒ今一衣一石ノ貯ナシト雖モ憂ヘサルナリ、僕等都下ニ出ル一衣一銭ノ貯ナシ、已ニ魂籍ニ入ントス、（中略）

僕学フノ隙ナシ勤メテ漸ク新聞ヲ読ムヲ学トス、曩日文部大録飯田恒男投書ヲ読ミ是レヲ母ニ語、母我ヲ責メテ曰、汝丈男ニアラスヤ勉強努力《ハケミ》シテ国家ニ報セヨ我老タリト雖モ紡績ヲ以テ汝ヲ助ケン三飯ノ如キニ至テハ麦飯焼塩ニシテ可ナリ汝宜シク無用ノ費《ハツ》ヲ省キ国ニ報セヨト、僕活計ヲ得ルト雖モ些少ナルヲ以テ奉セス、日送スト雖モ熟思スレハ母ノ鴻意ヲソムクニ似タリ、コレニ依テ多少ヲ論セス国家ニ報ユルナリ、尚足ラズンバ一入勉強シテ挽車セン、事成ラスンバ車ト共ニ斃ン、已僕等無学無才ニシテ国家ニ報ユルノ道ヲ知ラス、伏シテ希クハ、四方ノ君子僕ノ拙論ニ同志アラハ来歳五月ヲ期トシテ一月ヨリ五月ニ割リ一月一人ニ付三百二拾四文ヲ溜《タメ》金ス、五月ニ至リ各戸長手元ニ集メ大蔵省ヘ報ス、以テ国債ヲ消却シ上ハ　聖主ヲ安シ下ハ万民ヲシテ安全タラシメ、外ハ万国ト対立シ勤メテ我　皇国ヲシテ欧米各国ノ下ニ出サランコトヲ、嗚呼　四方ノ君子努力セヨ

青森県士族在東京　橋　爪　幸　昌

（出典）『日新真事誌』一八七三年一一月二三日（色川大吉・我部政男『明治建白書集成』第二巻、筑摩書房、一九九〇年、八五八―八五九ページ）。句読点を付した。

（1）男やもめ・後家・みなしご・ひとりもの。

【解説】　一八七三（明治六）年六月、政府はわが国が五五〇万円の外債を負い、毎年三七万円余の利子を支払っていることを公表した。この数字は人々に大きな衝撃を与え、政府部内において財政担当者（大蔵省事務総裁）として大隈重信を登場させる。また在野においては、無名の青森県士族（旧会津藩士）橋爪幸昌が、この巨額の借金も当時の人口三四〇〇万人で割れば一人当たり一六銭二厘にすぎず、全国民が献金して国家の危機を救おうという建白を提出、これが『日新真事誌』に掲載された。戊辰戦争以降、老母を抱え月六円の収入しかないという貧困に喘いでいた橋爪は一躍時の人となったのである。新聞という文明のメディアにのったこの建白は、それまで国事から排除されていた地方の有力な農民・商人に大きな反響を呼んだ。これを契機に、多くの建白や檄文が官民の別なく提出され、自由民権運動の基盤を形成する。

81 民撰議院設立建白　一八七四年一月一七日

夫レ人民政府ニ対シテ租税ヲ払フノ義務アル者ハ、乃其政府ノ事ヲ与知可否スルノ権理ヲ有ス、是レ天下ノ通論ニシテ、復喋々《〔ちょうちょう〕》臣等ノ之ヲ贅言スルヲ待ザル者ナリ、故ニ臣等窃ニ願フ、有司亦是大理ニ抗抵セザラン事ヲ、今民撰議院ヲ立ルノ議ヲ拒ム者曰ク、我民不学無知、未ダ開明ノ域ニ進マズ故

ニ今日民撰議院ヲ立ル尚応《ま》サニ早カル可シト、臣等以為ラク、若シ果シテ真ニ其謂フ所ノ如キ乎、則之ヲシテ学且智、而シテ急ニ開明ノ域ニ進マシムルノ道、即チ民撰議院ヲ立ルニ在リ、何トナレバ則チ、今日我人民ヲシテ学且智ニ、開明ノ域ニ進マシメントス、先其通義権理ヲ保護セシメ、之ヲシテ自尊自重、天下ト憂楽ヲ共ニスルノ気象ヲ起サシメズンバアル可ラズ、自尊自重天下ト憂楽ヲ共ニスルノ気象ヲ起サシメントスルハ、之ヲシテ天下ノ事ニ与ラシムルニ在リ、如レ是シテ人民其固陋ニ安ジ、不学無智自カラ甘ンズル者未ダ之有ラザルナリ、而シテ今其自ラ学且智ニシテ自其開明ノ域ニ入ルヲ待ツ、是殆ド百年河清ヲ待ツノ類ナリ、甚シキハ則チ今遽カニ議院ヲ立ルハ、是レ天下ノ愚ヲ集ムルニ過ザル耳《のみ》ト謂フニ至ル、噫《ああ》何自ラ傲《おご》ルノ太甚《はなはだ》シク、而シテ其人民ヲ視ルノ蔑如タルヤ、有司中智功固《もとよ》リ人ニ過グル者アラン、然レ共安ンゾ学問有識ノ人、世復諸人ニ過グル者アラザルヲ知ランヤ、蓋シ天下ノ人如レ是ク蔑視ス可ラザル也、若シ将タ蔑視ス可キ者トセバ有司亦其中ノ一人ナラズヤ、然ラバ則均シク是レ不学無識ナリ、僅々有司ノ専裁ト、人民ノ輿論公議ヲ張ルト、其賢愚不肖果シテ如何ゾヤ、臣等謂フ、有司ノ智亦、之ヲ維新以前ニ視ル、必ズ其進ミシ者ナラン、何トナレバ則、人間ニ智識ナル者ハ、必ズ之ヲ用ルニ従テ進ム者ナレバナリ、故ニ曰、民撰議院ヲ立ツ、是即チ人民ヲシテ学且智ニ、而シテ急ニ開明ノ域ニ進マシムルノ道ナリト、（中略）

夫レ軽々進歩ト云フ者固リ臣等ノ解セザル所、若果シテ事倉卒ニ出ル者ヲ以テ軽々進歩トスル乎、民撰議院ナル者ハ以テ事ヲ鄭重ニスル所ノ者ナリ、各省不和而変更ノ際、事本末緩急ノ序ヲ失シ、彼此ノ施設相視ザル者ヲ以テ軽々進歩トスル乎、此国ニ定律ナク、有司任意放行スレバナリ、是二者アラバ則適サニ其民撰議院ノ立テズンバアル可ラザルノ所以ヲ証スルヲ見ル耳、夫進歩ナル者ハ天下ノ至美ナリ、事々物々進歩セズンバアルベカラズ、然ラバ則チ有司必ズ進歩ノ二字ヲ罪スル能ハズ、其罪スル所必ズ軽々ノ二字ニ止ラン軽々ノ二字民撰議院ト曾テ相関渉セザル也、

尚早キノ二字民撰議院ヲ立ルニ於ル、臣等啻《ただ》ニ之ヲ解セザル而已ナラズ、臣等ノ見正ニ之ト相反ス、如何トナレバ今日民撰議院ヲ立ツルモ、尚恐クハ歳月ノ久シキヲ待チ、而後始メテ其十分完備ヲ期スルニ至ラン、故ニ臣等一日モ唯其立ツコトノ晩カランコトヲ恐ル、故ニ曰、臣等唯其反対ヲ見ルノミト、

有司ノ説又云フ、欧米各国今日ノ議院ナル者ハ、一朝一夕ニ設立セシノ議院ニ非ズ、其進歩ノ漸ヲ以テ之ヲ致セシ者、豈《あに》独リ議院ノミナランヤ、凡百学問、技術、機械皆然ルナリ、然ニ彼レ数百年ノ久シキヲ積テ之ヲ致セシ者ハ、蓋シ前ニ成規ナク皆自ラ之ヲ経験発明セシナレバナリ、今我其成規ヲ択

ンデ之ヲ取ラバ何企テ及ブ可ラザランヤ、若我自ラ蒸気ノ理ヲ発明スルヲ待チ、然後我始メテ蒸気機械ヲ用ルヲ得可ク、電気ノ理ヲ発明スルヲ待チ然後我始メテ電信ノ線ヲ架スルヲ得可キトスル乎、政府ハ応ニ手ヲ下スノ事ナカルベシ、

臣等既ニ已ニ、今日我国民撰議院ヲ立テズンバアルベカラザル所以、及ビ今日我国人民進歩ノ度能ク斯議院ヲ立ルニ堪ルコトヲ弁論スル者ハ、則有司ノ之ヲ拒ム者ヲシテロニ藉スル所ナカラシメントニ非ズ、斯議院ヲ立ル、天下ノ公論ヲ伸張シ、人民ノ通議権理ヲ立テ、天下ノ元気ヲ鼓舞シ、以テ上下親近シ、君臣相愛シ、我帝国ヲ維持振起シ、幸福安全ヲ保護センコトヲ欲シテナリ、請幸ニ之ヲ択ビ玉ンコトヲ、

（出典）『日新真事誌』一八七四年一月一八日。

【解説】　一八七三（明治六）年一〇月の征韓論分裂によって下野した板垣退助（土佐）・後藤象二郎（土佐）・副島種臣（肥前）・江藤新平（肥前）の前参議と英国から帰国したばかりの小室信夫（阿波）・古沢滋（土佐）が集結し、小室・古沢の起草（後藤の提案）、副島・江藤の潤色を経て、副島邸で愛国公党を組織、提出者八名が連署したのち七四年一月一七日、民撰議院設立建白書を左院に提出した。この建白は征韓論分裂後に薩長で固められた「有司」の政権独占に対する批判と古沢・小室らの英国留学で得た議会政治（天賦人権論）の知識が結合したところに生まれた。この建白が『日新真事誌』に発表されるや加藤弘之等の明六社同人との間に民撰議院尚早論をめぐり活発な論争が起った。愛国公党の発想としては、参政権が与えられるのは士族及び豪農商に限られていたが、大きな反響を呼び自由民権運動の直接の起点となった。

82　愛国社合議書　一八七五年二月二二日

我輩此社を結ぶの主意は、愛国の至情自ら止む能はざるを以てなり。夫れ国を愛する者は、須《すべか》らく先づ其身を愛すべし。人々各其身を愛するの通義を推《お》せば、互に相交際親睦せざる可からず。其相交際親睦《しんぼく》するには、必ず先づ同志相集合し、会議を開かざるを得ず。仍ち今此会議を開き、互に相研究協議し、以て各其自主の権利を伸張し、人間本分の義務を尽し、小にしては一身一家を保全し、大にしては天下国家を維持するの道より、終《つい》に以て天皇陛下の尊栄福祉を増し、我帝国をして欧米諸国と対峙《たいじ》屹立《きつりつ》せしめんと欲す。乃ち今此の主意を達せんと、為めに約款《やっかん》を立定する者左の如し。

第一条　此社を名けて愛国社と称し、東京に会場を設くべし。

第二条　愛国社は各県各社より其社員両三名を東京に出し、毎月数次期日を定めて、相会し、大政の由《よ》て出《いず》る所と、天下の形勢時情とを察し、一般人民の利益を謀る等のことを協議討論し、及び何事に依らず、各社に報知することを務む可し。

第三条　前条の外、毎年二月、八月の十日を以て東京に会同

をなし、細大の事務を議定す可し。
但し非常の大事件あるときは、在京の社員より各社に報知し、臨時会同を催すべし。
第四条　右の会同に各県社長必らず出席す可し。其他は各社の適宜《てきぎ》を以て社員二三名を出す可し。但し各社長若し事故ありて出京し難《がた》きときは、代理人を出すべし。
第五条　至急決議すべき事件、或は建白すべき事件ありて、二季の会同を竢《ま》つ能《あた》はず、又は臨時会同を催《もよお》すの暇なきときは、在京社員協議の上、之を処分し、速かに各社え報告すべし。
第六条　各県結社の体裁《ていさい》規則、会議の方法、施設等の如き、其民心風土の宜しきに従て、之を処分し、二季の会同の節互に之を照会す可し。但し各県其社員の名簿を作り、会同の節其増減を照すべし。
第七条　交際親睦を厚ふするがため、各県社員互に相往来通信し、及び各県各社決議の事件をも互に相報告すべし。
第八条　我輩已《すで》に至誠自ら信じて此社を結び、其通義《つうぎ》権利《けんり》を保護伸張せんと欲す。故に宜《よろ》しく常に勉強忍耐して、仮令《たとい》艱難憂戚《かんなんゆうせき》、百挫千折《ひゃくざせんせつ》するも、敢て屈撓《くっとう》することなく、終始一致、勉焉倦《べんえんう》まざらんことを要す。於此《ここにおいて》連署調印、各其他なきを表するなり。
明治八年第二月二十二日

（出典）『自由党史』上巻、岩波文庫、一九五七年、一五八―一六〇ページ。

【解説】　一八七四（明治七）年四月、民撰議院設立建白提出後、郷里土佐に帰った板垣退助・片岡健吉・林有造等は自治精神養成と士族授産を目的とする立志社を組織、小室信夫もまた阿波に自助社を結成、東北・磐前県（現、福島県）にも土佐の思想的影響のもと河野広中により石陽社が創立された。このように建白の影響は全国に波及し、七五年二月に大阪において、これら結社・政社に集結する民権派を結集した愛国社が結成される。同社は参加者の大部分が西日本の士族であったように士族的要素が強く、士族反乱に結集する不平士族と交錯する側面を持っていた。また同年二月の大久保利通・木戸孝允・伊藤博文と板垣退助との会談（大阪会談）の結果、板垣が政府に復帰すると本格的な活動もすることなく自然消滅していった。しかし、この民権派結集の過程で、地方における豪農層を中心とする民権（在地民権）の大きな胎動が始まっていったのである。

83　浜松県民会設立　一八七六年七月

民会ノ国家ニ欠クヘカラサルヤ識者ヲ俟スシテ瞭ナリ、然リ而シテ之ヲ尚早トイヒ已可トイフ、人知進度ノ如何ニ依レルノミ、未之ヲ不可トスル者アラサル也、客歳四月十四日我天皇陛下ノ一大英断ナル漸次立憲ノ聖詔（1）ヨリ尋テ地方官会議アリ、全国人民頭ヲ挙テ欣慕セル地方民会ノ問題モ姑ク区戸長会ニ決セシヨリ、世ノ公論ハ遙ニ地位ヲ進メテ此決議ヲ可トセサルモノ、如シ、蓋シ本県ノ会議ヲ起サヽル今日ニ及ヘルモノ爰ニ見アリシナリ、今ヤ公撰民会ノ本県民情ニ適スルヲモツテ県令閣下(2)ノ皷舞誘導アリ、鳴乎我輩人民ハイカナル幸福有テカ、我日本帝国千古未曾有ノ美事良挙タル立憲政体ノ端緒ニ遭逢スルヤ、苟モ当県下ノ人民タルモノ誰カ之ヲ賛成セサラン、誰カ之ヲ欽喜[ママ]セサラン、謹テ人民本分ノ義務ヲ尽シ公論輿議ヲ敲テ、以テ官民ニ裨益シ民会ノ国家ニ欠クヘカラサルヲ表セン、鳴乎勤メヨヤ、勤メヨヤ、

浜松県民会設立方法

第一章　代議人ノ趣意

第一条

一　民会ハ官ヨリ之ヲ指揮スヘキモノニアラス、人民相会シ相議決シテ其施行ヲ県庁ニ乞フヘキモノナリ

第二条

一　然レトモ管下四十余万人民ノ相会シ得ヘキモノニアラサレハ、之カ代議人ヲ出サヽルヲ得ス

第三条

一　代議人ハ管下人民ノ撰挙シタルモノナレハ、此人ノ可否スル処ハ管下人民ノ異論ナキモノト決スルナリ

第四条

一　右ノ重任ヲ負ヘル代議人ナレハ、之ヲ撰挙スル人民ハ決シテ親疎愛憎ナク公平無私タルヘキナリ

第二章　代議人ノ撰挙

第一条

一　民会ノ其宜シキヲ得ル代議人ノ適当ヲ得ルニアリ、然レトモ其適当ヲ得ル甚タ難シ、西洋諸州実践スル処ノ例ヲ斟酌熟考スルニ、村区県ノ順序ヲ経テ復撰ノ法ヲ設ルニ如カサルヘシ、然リ而シテ本県ノ民会タルヤ創業ニシテ、之ヲ区々ニ管理スル委員ナクンハアルヘカラス、仍テ今仮ニ各区々戸長ヲシテ之ニ充テ、先ツ其部下人民ヲ聚合シ民会ノ何モノタルノ理及ヒ議員撰挙ノ方法ヲ説諭シ、以テ各票目ヲ誤ラサルヲ要ス

第二―七条(略)

第三章　投票ノ手続

第一―十四条(略)

(出典)　静岡県民権百年実行委員会『静岡県自由民権資料集』三一書房、一九八四年、二三一―二六ページ。

(1)一八七五年四月一四日漸次立憲政体樹立の詔。(2)林厚徳。

【解説】　遠州民会と称される浜松県(遠江国)民会は、明治初年の地方民会のなかでも独特の地位を占めるものである。この民会は、浜松県地租改正に反対する住民の力によって獲得されたものであった。よって民会の活動の中心になったものは地租関連事項であった。浜松廃県(一八七六年八月)以降も存続するという住民の支持を背景に持っていたため、静岡県令にとってその意にそわない民会の決議は冷淡な扱いをうける。民会がおこ

なった地租米積置・東京回漕は、東京の第一国立銀行等の協力を得ながら、他に例をみない特異な事業をおこなった。これらの事業は納租に苦しむ住民の窮状を救い、その事業で得た利益は住民に還元された。遠州民会は、多くの妥協的要素をもちながらも、官の規制よりも住民の統制にそった活動を図っており、基本的に住民の議会としての性格をもっていた。

2　国会開設運動の展開

84　立志社の国会開設建白書　一八七七年六月

陛下臨御以来数歳ならず、施設の方、更張の跡、赫々《かくかく》見る可きが如しと雖ども、却て、内は則士民の騒乱、外は則外国の凌侮《りょうぶ》、憂懼《ゆうく》すべきもの一にして足らず、其著名昭々乎《しょうしょうこ》として掩《おお》ふ可からざるものを挙《あげ》て之を論ぜん。其一に曰、内閣大臣誓約の叡旨を拡充せず、公議を取らずして専制を行ふ也。（中略）其二に曰く、大政総理の序《じょ》を失する也。（中略）其三に曰く、中央政府の集権に過ぐる也。（中略）其四に曰、徴兵令政体と合ずして軍制立たざるなり、夫れ徴兵の制を定め人民に血税を課するや、専制の政治之が専制を被《こうむ》らしめたる人民に対して行ふべきものに非ず、之を行ふ必ず立憲の政体を要す可き也。（中略）其五に曰、財政其道を失する也。（中略）其六に曰く、税法煩苛《はんか》に属し、人民之れに耐へざる也。夫れ国の政府たるや、其人民を保全するの代務に於て更に之が凡百の租税を徴課《ちょうか》し、其保全の費に充《あ》て、幸福安全の域に処《お》らしむるの責を任ず、而して人民も復た之が義務を竭《つく》す事を厭はず、之れ立憲政治の其宜しきを得て、煩重苛細《はんじゅうかさい》の弊は地を掃《はら》て去る所以《ゆえん》なり。其専制政治の政府たるは然らず、人民を奴僕《ぬぼく》となし、凡百の租税を課するも、皆之を独断に帰し、或は緩《かん》に、或は急に、収納の方法は改置常ならず、詡《く》して含哺《がんほ》の恩あり、掬養《きくよう》の恵ありと謂ふ、之れ其人民は已れ皮膚を剝《はく》脱《だつ》され、精神を消耗され、骨立して之れに給するを知らず、（中略）

其七に曰く、士民平均の制を失する也。（中略）其八に曰、外国干渉の処分を錯《あやま》る也。（中略）今や深く専制抑圧の弊を鑑み、遍《あまね》く公議の在る所を観て、国家独立の基本を培殖《ばいしょく》し、人民の安寧を計らんとせば、民撰議院を設立し、立憲政体の基礎を確立するより善きはなし、民撰議院を設立し、立憲政体の基礎を確立し、人民をして政権に参与せしめ、其天稟《てんぴん》の権利を暢達《ちょうたつ》せしめば、人民自ら奮起して国家の安危に任じ、仮《たと》令《い》政府の公議を取らざる事を欲するも、其公議は抑塞《よくそく》するに途なく政府専制を尚ぶも、其尚ぶ所の目的を果し難し、故に綱紀《こうき》紊乱《びんらん》の患あるなく、上下画一の権を持し人民は日に以て文明の域に進み、内は以て士民の騒乱を安じ、外は以て外国の凌侮を絶ち、天下衆庶、陛下と共に其慶《けい》に頼らんとす。

（出典）『自由党史』上巻、岩波文庫、一九五七年、一九六―二一二ページ。

【解説】一八七七(明治一〇)年六月、土佐立志社の総代片岡健吉は、西南戦争で仮政府となっていた京都行在所にある天皇に建白書を提出した。専制政治・軍制・財政・税制・外交等の八カ条にわたり政府の失政を批判し、この解決のためにも国会の開設を要求している。この起草者・潤色者についてはさまざまな説があるが、内容としては民撰議院設立建白以来の運動で鍛えぬかれた論理がにじみでており、専制政府への鋭い批判が貫かれ、その後の運動の基本綱領となった国会開設・地租軽減・条約改正の三点を含んでいる。この建白書は政府に拒否されたものの、片岡等はこれを印刷に付して世論に訴え、民権運動の再結集に着手、翌年九月に愛国社を再興させた。切実な国民的課題を掲げた内容とその活動により、士族中心の運動から広く農民層へと運動参加の道を開き、国民的高揚をもたらす民権運動の本格的出発点となるものであった。

85 明治前期政社・政党一覧表(→表85)

表85　明治前期政社・政党一覧表

道府県名	政社・政党名
北海道	北溟社、自由党函館部(北海自由党)、自由党札幌部
〔東北〕	
青　森	東奥義塾
岩　手	共務会、会補社、立生会、自主社、求我社→自由党盛岡部
宮　城	進取社、本立社、鶴鳴社、断金社、嗜々会、時習社、東北有志会・東北自由党→東北七州自由党、東北改進党、腕力党、仙台女子自由党
秋　田	立志会、北羽連合会
山　形	尽性社、自主社、東英社、自由党山形部、庄内自由党、羽陽正義会
福　島	有志会→石陽社、三師社、北辰社、興風社、岩磐協会、共愛同謀会、自由党福島部、愛身社、先憂党→自由党会津部
〔関東〕	
茨　城	蕉風社、嗜鳴会、愛国社、改進社、同舟社、興民議会、共民公会、潮来社、常総共立社、水戸同倫社、自由党茨城部(茨城自由党)、水戸改進党、土浦漸進党
栃　木	中節社、下毛社、自由党下野地方部
群　馬	有信社、大成社、尽節社、交親会、上毛協和会、上毛自由党
埼　玉	四郡同胞有志会、通見社、自由階進社、自由党埼玉部、自由郷党
千　葉	以文会、共進社、自由党下総地方部、自由党上総部、自由党安房部(安房浩鳴社)、房総改進党
東　京	幸福安全社、愛国公党、愛国社、親睦会、交詢社、嚶鳴社、北辰社、忠愛社、三田政談会、欧渡会、仏学塾、国友会、東洋議政会、国会期成同盟→自由党本部、自由党東京地方部、東京立憲改進党、青年自由党、朝陽社、報知社、共存同衆会、平等親睦会→共同車夫演舌会、車界党
神奈川	融貫社、横浜顕猶社、多摩三郡有志会、自由党神奈川部、自由党相模部
〔中部〕	
新　潟	明十会、越佐共致会、鳴鶴会、頸城三郡自由党・北辰自由党→自由党越後部、下越立憲改進党
富　山	自愛社、相愛社、越中義塾、北立社→北立自由党、越中自由党、越中改進党
石　川	北立社、精義社、盈進社、能奥改進党、金沢立憲真正党、扶桑立憲政党
福　井	自郷社、天真社、南越自由党、若狭改進党、福井県知憲会

山梨	峡中同進会、公愛会、相愛会、峡中自由党、峡中改進党
長野	奨匡社、三師舎、信陽自由党、北信自由党、東信友誼会、愛国正理社、信陽立憲改進党
岐阜	関村党、濃飛自由党
静岡	共済社、参同社、己卯社、扶桑社、静陵会、攪眠社、自由党岳南部(岳南自由党)、自由党遠陽部(遠陽自由党)、先憂会、静岡改進党
愛知	交親社、羈立社、愛国交親社、自由党名古屋地方部、三陽自由党、自由社→自由党知立地方部、公道協会
〔近畿〕	
三重	神風自由党、三重改進党、東海改進社、北勢起世党
滋賀	長浜時習社、長浜懇話会、愛信会、大津自由党
京都	演舌会社、而知会、平安公会、愛民社、天橋義塾、葛野郡同志会、正心社
大阪	民政社、寄留社、日本立憲政党
兵庫	自治社、正鐘社、自助社、自由党淡路地方部(淡路自由党)、自由党姫路部、但馬自由党、兵庫改進党
奈良	寄留社、五条組親睦会、下市組親睦会、十津川漸進党
和歌山	実学社、木国同友会、自助社
〔中国〕	
鳥取	共応社、共斃社、愛護会、共立社、自由党出雲部(山陰自由党)
島根	笠津社、尚志社、自由党石陽部(石陽自由党)、石見自由党、石見立憲改進党、硯国社
岡山	郷党親睦会、山陽道諸州有志連合会、共立社、自衛社、公衆社、実行社、美作同盟会、時習社、就光社、自由党美作部(美作自由党)、自由党山陽部(山陽自由党)
広島	立志社、公道会、共立舎、芸備自由党、芸備立憲改進党
山口	錦川社、先憂社、漸進社、長防自由党
〔四国〕	
徳島	自助社、阿波立志社、自由党阿波部(阿波自由党)、自由改進党
香川	博文社、立志社、純民社、自由党讃陽地方部、丸亀立志社
愛媛	立志社、公共社、正心社、十州塩田会、蟻力社、自由党伊予部、松山自由党、海南協同会
高知	立志社→海南自由党、南洋社、南嶽社、開運社、合立社、自動社、純民社、開成社、直遥社、岳洋社、有信社、誘義社、修立社、回天社、有隣社、南山社、発陽社、刀圭自由党、青年自由懇親会
〔九州〕	
福岡	正倫社、共勉社、千歳会、向陽社、共愛公衆会、成美社、合一社、筑紫同志会、三国有志会、顕照社、柳河有明会、九州改進党、柳河改進党、筑紫立憲改進党、小作党得平社
佐賀	三国有志会、進々社、開運会、唐津先憂社、肥前改進党
長崎	対州海隅社、東洋社会党、大村改進党
大分	二輪社→遷喬社、貫埴社、正従社、画一社、共立社、亦一社、久敬社、豊州立憲党、大分改進党
熊本	相愛社、観光社、自愛会、公議政党、立憲自由党、自由党熊本地方部、人吉八代改進党
宮崎	三州社→博愛社、自治社、公友会、九州共同会、鹿児島同志会、助成社
鹿児島	婦女同盟党、鹿児島改進党

(出典) 日本近現代史辞典編集委員会編『日本近現代史辞典』(東洋経済新報社、一九七八年、九三五―九三六ページ)及び寺崎修『明治自由党の研究 上巻』(慶應通信、一九八七年)より作成。

【解説】 政治的目的のために結成された団体が政社である。自由民権運動の展開、特に国会開設請願運動の高揚とともに地方政社が各地に興り、従来の士族中心の運動と並び次第に地方の豪農・豪商の指導するものが急増してくる。これらの政社は政権への参加を求めて積極的に請願運動を組織した。さまざまな階層・職業の人々により、日本の都市や各地域、さらには海外でも創られた政社は、政治結社・産業結社・学習結社等に機能的にわけられうるが、その多くが重なり合って展開している。すなわち民権運動の核・拠点として政治・学術・学習・情報・産業・扶助・懇親等の多彩な機能をもつ活動を行い、多様な利益・願望を実現・代弁しようとした運動体でもあったのである。この地方政社が明治十四年政変以降に、地方政党に発達してゆくのである。

86 桜井静「国会開設懇請協議案」 一八七九年六月

一国ノ人民タル者其一国議政ノ権利ナキハアラス、既ニ其権利ヲ有スル以上ハ之ヲ実用ニ施ス可キ権利アル国会ヲ開設セサル可ラス、我政府国論公議ノ紛出不レ得レ止ニ至テ始メテ本年ニ於テ地方県会開設ノ挙アリト雖トモ其権限狭小議件隘《あい》縮《しゅく》ニシテ僅々一県地方税徴収ノ下問ニ供スルニ過キス、抑《そもそも》曩日《のうじつ》我々公衆人民ノ政府ニ刺衝シテ不レ得レ已ニ公布セラル、ノ場合ニ到来セシ所以ノモノ又決シテ斯ノ如キ狭隘ナル一県地方税徴収ノ下問的ノ無勢力ナル者而已《のみ》ニ甘従シテ止ムノ目途ニハ非ルナリ、如何トナレハ国会ハ地方施政ヲ牽制スヘキ法案ヲ可否決ス可キ権利アリト雖トモ県会之如キハ政府行政ヲ論議スルコトヲ得セシメサルノ制限アルヲ如何セン、果シテ然リ県会ノ人民参政ノ権ト収税ノ法ヲ可否決シテ人民ノ福利ヲ増益スルノ功力実ニ僅少ニシテ国会ノ開設ニアラサレハ真ノ鴻益ヲ奏スルナキハ瞭然タリ、是ニ於テヤ吾輩一身ヲ以テ公衆ノ犠牲ニシ普ク全国地方議員ニ咨《はか》ルニ左項ヲ以テス、幸ニ諸君国論公議ノ決ニ準拠シ了承嘉納セラレテ益々人民ノ権利ヲ伸張シ国礎ノ鞏固ナランコトヲ共ニ庶幾《しょき》スト、云爾《しかいう》

第一　全国県会議員親和聯合スルコト

第二　東京ニ一大会ヲ開設シテ国会設立ノ法案ヲ議決スルコト

第三　政府ニ墾[懇]請シテ国会開設ノ認可ヲ得ルコト

以上開陳ノ旨趣ニヨリ其方法順序等ニ至リテハ追テ公告頒布ス可シト雖モ予テ応否ノ御回答アランコトヲ謹テ墾[懇]請ス

(1)明治十二年六月

(出典) 桜井静『国会開設懇請協議案』一八七九年六月。

(1)『郵便報知新聞』一八七九年七月二四日での日付は、七月一日。

【解説】 一八七九(明治一二)年六月、千葉県の一村議桜井静は『国会開設懇請協議案』を自費で印刷、全国に配布し府県会議員としての豪農・豪商の政治要求を代表した。桜井は、三新法により設置された府県会の権限を鋭く批判し、地方自治の確立を国会の開設によって実現しようと主張した。これが、『郵便報知新聞』に発表されるや否や全国に大きな反響を呼んだ。府県会議員の中から国会議員を互選しようとするこの協議案は、国会開設への「県会議員路線コース」ともいえるものであった。茨城県、長野県、岡山県等の県議はさかんな運動を展開し、桜井自身も翌年に東京で全国県会議員親和連合会を開催しようとしたが、桜井自身が実は県議ではないといった事情により、桜

井の指導性は急速に失墜した。しかし、この提言を受けた形で地方の運動が一挙に進展することになる。

87 国会期成同盟規約　一八八〇年三月

国会期成同盟規約

第一条　今明治十三年三月国会開設する事を願望の為め大阪に会せる各組合を以て国会期成同盟と為し国会の開設するに至るの美果《びか》を見ん事を謀らん。

第二条　今明治十三年三月大阪に於て議決せる国会の願望書を我　天皇陛下に奉呈するの後と雖ども、国会開設の成るに至る迄は幾年月日を経るとも同盟を解かざるべし。

第三条　今明治十三年三月の会議を終るの日より東京に常備委員を置く可し。常備委員は二名と定め之を公撰すべし。常備委員は国会に関する事柄に付諸人に応接し各地各組合に通報をなし、各地の通報を受くる等の事を掌《つかさど》る。

第四条　国会開設を願望するの後常備委員は毎月其景況を各組合に報知すべし。

第五条　今明治十三年三月公会を以て議決せる処の願望書を我　天皇陛下に奉呈し、果して允準《いんじゅん》を得たるときは先づ国会憲法を制定す可き全国の代人を出す方法を政府に建言し又は其方法に付き同盟の望む処を政府に乞ふことあるべし。

第六条　前条の通国会開設の準許《じゅんきょ》を得たるときは、国会憲法を政府に建言し又は国会憲法に付同盟の望む所を政府に乞ふ事あるべし。

第七―十九条（略）

（出典）『自由党史』上巻、岩波文庫、一九五七年、二七三―二七四ページ。

【解説】　一八七八（明治一一）年九月に再興された愛国社の第三回大会（翌年一一月開催）は、全国的規模での国会開設請願運動を決定し、全国に檄文を発した。八〇年三月の第四回大会には二府二二県の総代九六名が八万七〇〇〇人の請願委託者名簿をたずさえて出席した。ここに愛国社の主流を占める士族的結社の運動に豪農・農民層によって担われる地方の代表的政社の出席をみたこの大会は、民権運動が国民的規模で展開されたことを立証するものである。この大会において愛国社の名称を国会期成同盟に変え、同年四月九日には片岡健吉・河野広中を俸呈委員としてその署名をもって太政官に国会開設を求める上申書を提出した。しかし、政府は請願書の受理を拒否、集会条例を定めて弾圧体制を強めた。同年一一月の第二回大会は、新しい運動方針討議の場となり、次期大会に憲法草案を起草して持ちよることや、投獄された同志扶助を決議した。

88 福島県下有志総代による国会開設請願書／農民の民権運動参加状況　一八八〇年一一―一二月（↓表88）

福島県岩代国耶麻郡、河沼郡、北会津郡、磐城国宇多郡、行

表 88　米岡村針生地区農民の民権運動参加状況

土地所有規模別	農家数	国会開設請願書署名人数	同不署名人数	兇徒集衆附和随行被告人数1)
5 町以上	1	1	0	1
5-3	1	1	0	0
3-2	5	（+1） 5	0	0
2-1.5	8	7	1	1
1.5-1	11	（+1） 10	1	4
1-0.5	7	5	2	0
0.5 未満	3	2	1	0
不　明	1	1	0	0
計	37	（+2） 32	5	6

（出典）大石嘉一郎『日本地方財行政史序説』御茶の水書房，1961 年，p. 312.

1）喜多方事件による被告人数.

方郡、標葉郡二ケ国六郡有志総代トシテ草莽ノ臣岩代国耶麻郡加納村平民遠藤直喜、同国同郡宮川村平民原平蔵、磐城国行方郡雫村士族岡田健長、同国宇多郡谷地小屋村平民黒田豊恐惶頓首謹テ言ヲ我　天皇陛下ニ奉ラントス、伏テ我国今日ノ情勢ヲ惟ミルニ億兆皆国会開設ノ允可アラン事ヲ企望シテ止マサル所以ノモノハ其旨趣一ニシテ足ラサルモ彼西洋革命ノ如キ人民進テ王権ヲ褫奪《ちだつ》セントスルノ威ヲ逞フスルノ比ニアラス、之レヲ要スルニ上下協同国民一致以テ大ニ国基ヲ固フシ　皇上ヲシテ泰山ノ安キニ置キ奉リ民モ亦其慶ニヨランコトヲ欲スルノ至情ニ外ナラサルナリ、臣民ノ分豈素ヨリ然ラサルヲ得ンヤ、実ニ尽セリト云フヘシ、抑昔日封建ノ世ニ在テハ列藩乃チ国家ノ爪牙皇室ノ牆壁《しょうへき》タルモ今日ニ至リテハ四民協合国家ヲ維持スルニアラサレハ能ハサルナリ、然リ而シテ我国内外ノ二面ヲ窺ヘハ国権外ニ振ハス財政内ニ困難方サニ累卵ノ危キヲ免レサルノ秋ナリ、此時ニ当リ是レヲ治スルノ道ヲ立サルヘカラス、夫是ヲ治スルノ道如何曰ク、宜シク世運民意ノ趣ク所ニ従ヒ之レカ国会ヲ起シ而シテ憲法ヲ立テ君民ノ権ヲ甄《けん》別シ人民ノ自由ヲ全フシ大ニ精神ヲ発達シテ以テ国家ノ元気ヲ振作興起スルニアラサルヨリ何ソ之レニ勝ルノ急務アルヲ見サルヤ、将ニ公議ノ帰スル所輿論ノ嚮フ所ニシテ又是ヲ古今ニ徴シテ疑ヒナキナリ矣、（中略）

夫レ国会起テ憲法自ラ立チ憲法立テ皇基始テ固ク国憲赫トシテ外ニ振ヒ宝祚《ほうそ》ヲ泰山ノ安キニ置キ民モ亦至大ノ福祉ヲ享ルニ至ルヤ、炳トシテ火ヲ睹ルカ如ケン　陛下宜シク臣等ノ衷情ヲ嘉ミシ速ニ国会開設ノ　洪詔ヲ下サレンコトヲ臣直喜等恐惶頓首謹言

明治十三年十二月七日

（出典）『喜多方市史6（中）近代』一九九六年、五〇—五二ページ。

【解説】元老院に提出された国会開設の請願は未提出のままになったものを含めると百件を優に越えるといわれる。ここでは、

一八八〇(明治一三)年一二月に提出された福島県下耶麻郡有志総代による国会開設請願書とその一ヵ月前に福島・喜多方事件の指導者原平蔵を請願書提出のために派遣した記録である「委任要件之事」に記された二一ヵ村二五八名の農民が署名捺印した委任状から、この地域の民権運動の拠点であり、のちに加波山事件にも参加する三浦文次の居村米岡村針生地区(現、熱塩加納村)の署名参加階層を示した。この例が示すように国会開設請願運動はあらゆる階層の農民も含むもので、広がりと深さにおいてまさに「国民的」運動であったといえる。

89 伊藤欽亮「私擬憲法案註解」一八八一年五月六日／私擬憲法草案一覧　一八七九―一八八七年(↓表89)

憲法私議　第一稿

余輩伏シテ今日ノ状勢ヲ察スルニ、国会開設ノ期既ニ逼《せま》ル。蓋《けだ》シ明年地方長官ノ会議ニ於テハ、必ズ多少其議アルヲ信ズ。其他今日百般ノ事ニ関シテ状勢ヲ察スルニ巧ナルノ士ハ、又《ま》タ必ズ見ル所アルベシ。一旦国会ヲ開設スルニ当リテハ、如何ナル憲法ヲ我国ニ制定シテ最モ能《よ》ク国家ノ隆盛ヲ致シ国民ノ福祉ヲ鞏固《きようこ》ナラシムベキカ、識者ノ切ニ注意スル所ナルベシ。憲法ヲ講ズルノ今日ニ須要《しゆよう》ナルハ、余輩ノ言ヲ待タザルナリ。固《もと》ヨリ憲法ノモノタル至重至大、一字一句モ皆以テ億兆ノ休戚ノ関スル所、軽忽《きようこつ》之ヲ論ズベキニ非《あ》ラズ。然リト雖《いえ》ドモ其重大ヲ憚リテ之ヲ今日ニ論ゼズンバ、復《ま》タ論ズベキノ期ナカラン。是レ余輩ガ僭越ノ罪ヲ顧ミザル所以《ゆえん》ナリ。希《ねがわ》クハ識者、余輩ニ教正ヲ吝《お》シム莫《な》カランコトヲ。

今ヤ余輩ガ憲法ニ関スルノ意見ヲ吐露スルニ当リ、吾党諸友ノ編シテ之ヲ全フセシモノアリ、郵致以テ余輩ニ寄ス。固ヨリ余輩ノ意見ニ同ジキモノナリ。余輩ハ章ヲ累《かさ》ネ条ヲ逐《お》ヒ余輩ノ意見ヲ吐露シ、吾党ガ私擬憲法ノ全豹ヲ示サントス。且ツ英語ヲ傍ラニ下《く》ダスコトアリ。是レハ読者ガ各国ノ政体ニ参考スルノ便ニ供スルノミ。

(出典)『静岡新聞』一八八一年五月六日。

【解説】　一八八〇(明治一三)年一一月の国会期成同盟第二回大会は、その合議書第四条において「来会には各組憲法見込案を持参す可し」と申合わせ、運動はさらに進化した。この過程でさまざまな私擬憲法草案が作成された。私擬憲法は政府の公的な機関もしくは憲法起草の公的な任務を負った個人の起草ではなく、民間で起草立案されたもの、官吏であっても個人的な立場から研究立案された憲法案を一般的に呼ぶものである。私擬憲法草案は、①議会主義型、②権力分立型、③君権主義型の三つのタイプに分類され、①を主流としながらも複合的な形態をとっている。私擬憲法草案には、三多摩地方の青年たちが学術研究と政談演説に力をあわせて作成した「五日市憲法」草案などが含まれ、民間の私擬憲法草案は現在もなお発見され続けている。

表89　私擬憲法草案一覧

名称	起草年代	起草者・団体	職業	条数
私擬憲法意見	一八七九・三頃	共存同衆	民権結社	一〇四
嚶鳴社憲法草案	一八七九末頃	嚶鳴社	民権結社	一〇八
大日本国会法草案	一八七九・一二	桜井静	民権家(村議)	五一
国会論	一八七九―八〇	肥塚龍	都市知識人	
大日本国国会権限	一八八〇・一頃	山際七司	民権家	九
大日本国憲法大略見込書	一八八〇・二	筑前共愛会	民権結社	一三八
大日本国憲法大略見込書	一八八〇・二頃	筑前共愛会	民権結社	一三八
*国憲草案	一八八〇・二・二七	香川県有志		
日本国憲按(第三次案)	一八八〇・七	元老院	元老院議官	八八
憲法草稿評林(評論・下欄)	一八八〇―八一〔推〕	〔五説あり〕		一〇二
日本国会方法論	一八八〇・八	九岐晰		
通俗国会之組立	一八八〇・八	中島勝義		
国憲大綱	一八八〇・九頃	元田永孚	儒学者	七
大日本国憲法草案	一八八〇・一〇	中立正党政談記者	新聞記者	九
大日本国憲法	一八八〇・一一頃	沢辺正修〔推定〕	天橋義塾社長	一一六
*擬日本憲法	一八八〇末	秋月種樹	元日向高鍋藩主	
*国憲見込書	一八八一・一	中節社〔田中正造〕	民権結社	
*国憲草按	一八八一・一	実学社〔児玉仲児〕	民権結社	
大隈重信国会開設奏議	一八八一・三	矢野文雄(龍溪)	都市知識人	
国憲意見	一八八一・三	福地源一郎(桜痴)	新聞記者	五二
私擬憲法案	一八八一・四	交詢社	民権結社	七九
日本帝国憲法〔五日市憲法〕	一八八一・四―九	千葉卓三郎ほか	小学校教師	二〇四
私考憲法草案	一八八一・五	交詢社	民権結社	七八
日本政略	一八八一・五	加藤政之助	新聞記者	

私擬憲法意見	一八八一・五	不明		
私擬憲法案註解	一八八一・五—六	伊藤欽亮	新聞記者	
*仙台有志憲法見込案	一八八一・六以降	国会期成同盟仙台組合	民権派有志	
*憲法見込案	一八八一・七	進取社	民権結社	
*盛岡有志憲法見込案	一八八一・七	盛岡有志(求我社)	民権家	
岩倉具視憲法綱領	一八八一・七	井上毅	政府官僚	一八
国憲私考	一八八一・七	兵庫国憲法講習会	慶応義塾関係者	八一
私草憲法	一八八一・七—九	永田一二〔推定〕	新聞記者	九六
憲法草案(佐々文書)	一八八一・七—一〇	紫溟会〔説〕・憲法会〔説〕	民権結社	一五四
*憲法見込案	一八八一・七	出雲国会請願者〔栗田幹〕	民権家	
憲法原則	一八八一・七	合川正道	東京大学学生	
*自由党準備会憲法草案	一八八一・七以降	在東京自由党準備会員		
*筑後の憲法見込案	一八八一・七以降	立花親信ほか		
日本国憲法見込案	一八八一・八	内藤魯一	民権家	六〇
日本国憲法	一八八一・八	植木枝盛	民権家	一八三
日本国々憲按	一八八一・八以降	植木枝盛	民権家	二二〇
憲法の組立	一八八一・八	丸山名政	民権家	三〇
*憲法見込案	一八八一・八	東北七州自由党	民権政社	
*憲法案	一八八一・九	三尾自由党	民権政社	
日本憲法見込案	一八八一・九 (一八八一・三説)	立志社 (北川貞彦〔説〕)	民権家	一九二
憲法草案	一八八一・九	村松愛蔵	民権家	五八
憲法草案	一八八一・九	山田顕義	参議(政府首脳)	七一
日本国憲法草案	一八八一・九	内藤魯一	民権家	二六
相愛社員私擬憲法案	一八八一・一〇	相愛社	民権結社	八三
大日本帝国憲法	一八八一・一〇	菊地・黒崎・伊藤	反民権士族等	五三
各国対照私考国憲法案	一八八一・一〇	東海暁鐘新報記者	新聞記者	九七

各国対照私考国憲法案(修正)	一八八一・一〇	荒川高俊		二
*日本憲法	一八八一・一二	茨城県真壁郡関本	民権派有志	
*私拾憲法	一八八一頃	高橋喜惣治	地方民権家	
憲法草稿評林(朱筆・上欄)	一八八一・一〇〔推〕	小田為綱〔説〕	思想家	八七
*憲法意見案	一八八一	不明		
立憲帝政党議綱領	一八八二・三	福地源一郎(桜痴)	新聞記者	一一
憲法草案〔憲法試草〕	一八八二・四	井上毅	政府官僚	一〇一
私擬憲法案(交詢社別案)	一八八二・八	交詢社	民権結社	一
憲法草案	一八八二秋	西　周	明六社系知識人	一七三
国憲汎論	一八八二―八五	小野梓	都市知識人	
私草憲法(推定)	一八八三・一	永田一二	新聞記者	二二
憲法ノ事	一八八三・三以降	小柳津親雄	長野県士族	二三
憲法私案	一八八三・五	小野梓	都市知識人	一三
日本帝国国憲ノ草案	一八八三・七以前	不明		一〇〇
日本政府代議政体論	一八八三末	森有礼	外交官	
*九州改進党憲法草案	一八八六・一〇	岡田・多田・立花	民権活動家	
国会組織要論	一八八六・一一	星　亨	民権家	
国会審論	一八八六・一二	浅野義文		
星亨憲法草案	一八八六	星　亨	民権家	九
憲法論	一八八六以降	陸奥宗光	外交家	
国家会論	一八八七・一	中江兆民	民権思想家	
国会組織論	一八八七・五	出野誠造		
私草大日本国憲法草案	一八八七・七	田村寛一郎	県会議員	一〇七
国憲草按		不明	奈良県五条	

(注)　*印は未発見。
(出典)　新井勝紘「自由民権運動と民権派の憲法構想」『自由民権と明治憲法』吉川弘文館、一九九五年、九六―九八ページより作成。

3　明治十四年の政変

90　大隈重信の憲法意見書　一八八一年三月

臣謹テ按スルニ根本立テ而テ枝葉栄へ、大綱ヲ挙テ而テ細目定ル、今日ノ政務ニ於ケル応ニ立ツヘキノ根本有リ、応ニ挙クヘキノ大綱有リ、今ヤ廟議方ニ明治八年ノ聖勅国議院設立ノ事ニ及フ、則チ意見ヲ論述シテ以テ進ム　垂鑑採納ヲ賜ラハ何ノ幸カ是ニ若カン、臣重信誠惶誠恐頓首謹言

明治十四年三月　　参議大隈重信

第一　国議院開立ノ年月ヲ公布セラルヘキコト
第二　国人ノ輿望ヲ察シテ政府ノ顕官ヲ任用セラルヘキコト
第三　政党官ト永久官トヲ分別スルコト
第四　宸裁ヲ以テ憲法ヲ制定セラルヘキコト
第五　明治十五年末ニ議員ヲ撰挙セシメ十六年首ヲ以テ議院ヲ開カルヘキコト
第六　施政ノ主義ヲ定メラルヘキコト
第七　総論

第一　国議院開立ノ年月ヲ公布セラルヘキコト

人心大ニ進テ而テ法制太《はなは》タ後ル、トキハ其弊ヤ法制ヲ暴壊ス、人心猶ホ後レテ而テ法制太タ進ムトキハ法制国ヲ益セス、故ニ其進ム者未タ甚タ多カラス其後ル、者稍ク少キノ時ニ当リ法制ヲ改進シテ以テ人心ニ称《かな》フハ則チ治国ノ良図ナリ、去歳以来国議院ノ設立ヲ請願スル者少カラス、其人品素行ニ至テハ種々ノ品評アリト雖トモ要スルニ是等ノ人民ヲシテ斯ノ如キ請願ヲ為スニ至ラシムル者ハ則チ是レ人心稍ク将ニ進マントスルノ兆候ニシテ自余一般ノ人心ヲ察スルニ其後ル、者亦タ甚タ稀少ナラントス、然ラハ則チ法制ヲ改進シテ以テ国議院ヲ開立セラル、ノ時機稍ク方ニ熟スト云フモ可ナリ、又人心稍ク進ミ法制稍ク後ル、トキハ人心ノ注著スル所一ニ法制ノ改進ニ在ルカ為メニ夫ノ人民ニ緊要ナル外国ニ対峙スルノ思想ト内国ヲ改良スルノ思想トハ殆ント其ノ胸裏ヨリ放離シ去リ唯制法改革ノ一辺ニ熱中セシムルニ至ラントス、是亦国家ノ不利ナリ、

故ニ民智ノ度位ヲ察シ国内ノ清平ヲ謀リ制法ヲ改進シテ以テ漸次立憲ノ政ヲ布セラルヘキ聖勅ヲ決行アラセラレンコト是則今日応ニ挙クヘキノ大綱応ニ立ツヘキノ根本ナリ、請フ速ニ議院開立ノ年月ヲ布告セラレ憲法制定ノ委員ヲ定メラレ議事堂ノ創築ニ着手セラレンコトヲ、

(開立ノ年月ハ第五条ニ詳記ス)

（出典）旧版『明治文化全集』第三巻、正史篇下巻、四三三―四三四ページ。

【解説】　国会開設運動が全国的に高まると、政府内部でも諸参

議により憲法に関する意見書が相ついで提出された。大隈重信は再三の督促の後に一八八一(明治一四)年三月、密奏の形をとり左大臣有栖川宮熾仁親王に提出した。大隈の奏議は、英国流の議院内閣制と八三年の国会開設を述べ、他の参議意見にくらべて急進的であった。たまたま同年夏、北海道開拓使官有物払下問題がおこると、民権派はその不当を激しく攻撃し、政府部内で大隈が唯一反対を唱えこれが世論の喝采をはくした。この大隈の意見書と開拓使官有物払下事件に対する態度とをもって、大隈の背後には三菱の岩崎弥太郎の財力を背景に福沢諭吉ら三田派と板垣退助・後藤象二郎があり、「薩長政府」打倒を画策しているとの陰謀説が流布した。伊藤博文・黒田清隆ら薩長首脳はこの機会に大隈を追放することを決意し、伊藤は山田顕義を通じて京都滞在の岩倉具視に同意を求めた。

91 井上毅の民権運動対策意見　一八八一年七月一二日

頃日、国家一大事暫ク御熟考ノ由、被仰聞、感佩奉存候処、先日来御参朝被遊候由、定而《て》一定ノ御目算被為在候事ト奉存、為国家奉慶賀候外無之候、乍去不肖現今ノ景況ヲ熟察仕候ニ、昨年国会請願ノ徒、今日音ヲ入レ候ハ、決シテ静粛ニ帰シ候ニ無之、即チ各地方ノ報告ニ拠ルニ、皆憲法考究ト一変イタシ候ニ有之、其憲法考究ハ即チ福沢ノ私擬憲法ヲ根ニイタシ候外無之、故ニ福沢ノ交詢社ハ、即チ今日全国ノ多数ヲ牢絡シ、政党ヲ約束スル最大ノ器械ニ有之、其勢力ハ無形ノ間ニ行ハレ、冥々ノ中ニ人ノ脳漿ヲ泡醸セシム、其主唱者ハ十万ノ精兵ヲ引テ無人ノ野ニ行クニ均シ、

政府タルモノ、果シテ其説ヲ採用シ、其主義ニ俯就スルノ廟算ナラハ、放テ彼レカ為ス所ニ任シ、猶進テ彼レヲ使用シ、彼レノ党類ヲシテ政府ト同一ノ政党タラシムルコト可ナリ、若シ又是レニ反シテ政府ハ英国風ノ無名有実ノ民主政ヲ排斥シテ普魯西《プロシア》風ノ君主政ヲ維持スルノ廟算ナラハ、八年ノ聖詔ヲ実行シ、政府主義ノ憲法ヲ設ケテ以テ横流中ノ塁壁ヲ固クシ、人心ノ標準ヲ示ス事、一日モ緩クスベカラザル歟ト存候、普魯西風ノ憲法ヲ行フ事ハ、如レ此風潮ノ中ニ於テ至難ノ勢ナルヘシトイヘトモ、今日ニ在テハ猶是ヲ挙行シ、多数ヲ得、以テ成功ニ至ルベシ、何トナレハ英国風ノ憲法論未タ深ク人心ニ固結スルニ至ラズシテ、地方ノ士族中、王室維持ノ思想、猶其余瀝ヲ存スルモノ、必ス過半ニ居レハナリ、若シ今ヲ失フテ因循ニ付シ、二三年ノ後ニ至ラハ、天下人心既ニ胸ニ成竹アリテ百方弁説ストモ挽回ニ難ク、政党ノ多数全ク彼レニ属シテ此レニ属セズ、政府ヨリ提出セル憲法ノ成案ハ輿論ノ唾棄スル所トナリ、而シテ民間ノ私擬憲法終ニ全勝ヲ占ムルニ至ルヘシ、故ニ今日憲法制定ノ挙ハ寧ロ早キニ失フモ、其遅キニ失フベカラズ、要之左ノ二様アリ、

一、英国風ノ憲法ヲ行ハントナラハ、四五年ノ後、時機漸ク熟シ、政党ノ大団結既ニ成ルノ日ヲ待ツモ未タ晩カ

ラズ、

一、普国風ノ憲法ヲ行ハントナラハ、早ク今日ニ及ハザルヘカラス、

（出典）井上毅伝記編纂委員会『井上毅伝』史料編 第四、四七一—四八ページ。

【解説】一八八一（明治一四）年六月、大隈重信の憲法意見書に接した伊藤博文は、予想外の急進的意見にこれに反発し、大隈との亀裂を深める。同時期に岩倉具視の依頼を受けた井上毅（太政官大書記官）は、大隈や民権派の私擬憲法案に対抗するために、プロシア憲法とイギリス憲法中執政責任得失に関するロエスレルの意見を基礎として憲法構想の研究をすすめ、その起草作業に着手していた。その基本方向は、イギリス流の憲法＝国家体制（政党内閣論）を排除して、それに対抗しうるプロシア流の憲法＝国家体制（欽定憲法）の起草着手を緊急に訴えようとするものであった。その成果は七月には岩倉の憲法意見として三条実美・有栖川宮熾仁に提出され、のちに大日本帝国憲法として確立する基本路線が示される。そしてこの路線を、岩倉・伊藤・井上が中心となり推し進めてゆくのである。

92 国会開設に関する詔勅　一八八一年一〇月一二日

朕祖宗二千五百有余年ノ鴻緒ヲ嗣キ中古紐ヲ解クノ乾綱ヲ振張シ大政ノ統一ヲ総攬シ又夙ニ立憲ノ政体ヲ建テ後世子孫継クヘキノ業ヲ為サンコトヲ期ス、嚮ニ明治八年ニ元老院ヲ設ケ十一年ニ府県会ヲ開カシム此レ皆漸次基ヲ創メ序ニ循テ歩ヲ進ムルノ道ニ由ルニ非サルハ莫シ、爾有衆亦朕カ心ヲ諒トセン

顧ミルニ立国ノ体国各宜キヲ殊ニス、非常ノ事業実ニ軽挙ニ便ナラス、我祖我宗照臨シテ上ニ在リ遺烈ヲ揚ケ洪謨ヲ弘メ古今ヲ変通シ断シテ之ヲ行フ責朕カ躬ニ在リ、将ニ明治二十三年ヲ期シ議員ヲ召シ国会ヲ開キ以テ朕カ初志ヲ成サントス、今在廷臣僚ニ命シ仮《か》スニ時日ヲ以テシ経画ノ責ニ当ラシム其組織権限ニ至ラハ朕親ラ衷ヲ裁シ時ニ及テ公布スル所アラントス、朕惟フニ人心進ムニ偏シテ時会速ナルヲ競フ浮言相動カシ竟ニ大計ヲ遺ル、是レ宜シク今ニ及テ謨訓ヲ明徴シ以テ朝野臣民ニ公示スヘシ、若シ仍《な》ホ故サラニ躁急ヲ争ヒ事変ヲ煽シ国安ヲ害スル者アラハ処スルニ国典ヲ以テスヘシ、特ニ茲ニ言明シ爾有衆ニ諭ス

（出典）『法令全書』明治十四年、詔勅、一ページ。

【解説】一八八一（明治一四）年一〇月九日、右大臣岩倉具視邸において大臣・参議が会合し、政府側の国会開設に関する意見を決定した。同月一一日、東北・北海道巡幸から戻った天皇を千住で迎え、プロシア流憲法採択の方針である参議連署の奏議が正式に決定された。国会開設の期日については、伊藤博文・黒田清隆・井上馨の会談の結果、一八九〇年に落ち着いたといわれる。憲法制定・国会開設に関するこの奏議を受けて、翌一

二日に国会開設の詔勅が出された。詔勅は、国会の組織や権限は天皇親裁により定めることを明記している。また詔勅は伊藤の意見をもとに井上毅の起草したものであるが、むすびにおける威嚇的なことばが詔勅にあらわれたことは空前絶後のことといってよい。ここにも時の政府首脳の民権運動に対する恐怖と敵意がよみとれる。この決定をまち、大隈重信・河野敏鎌・前島密・矢野文雄(龍溪)らは政府部内から追放される。

4　政党の結成

93 自由党盟約・規則　一八八一年一〇月

自由党盟約

第一章　吾党は自由を拡充し、権利を保全し、幸福を増進し、社会の改良を図るべし。

第二章　吾党は善良なる立憲政体を確立することに尽力すべし。

第三章　吾党は日本国に於て吾党と主義を共にし目的を同くする者と一致協合して、以て吾党の目的を達すべし。

自由党規則

第一章　東京に中央本部を設け地方に地方部を置く。其地方部は各自地方の名称により自由党何部何某と称すべし。

第二章　党中に於て総理(一名)副総理(一名)常議員(若干名)幹事(五名)を公撰し自由党全体に係る事務を管理せしむ。其任期は各一ヶ年とす。

党中に於て常備委員十名を設く。其任期は一ヶ年とす。但第一期は本年の議会に于《おい》て公撰し、第二期以後は各地方より撰出す。

第三章　正副総理は通常会並に臨時会に於て決定せし事件を実行す。

第四章　常議員は党中の利害に関する重要なる事件を評議す。

第五章　幹事は会計及び党員の出入文書の往復所有品の監護等の諸事を分掌す。

第六章　常備委員は本部の議事に参し、及び本部の事業を翼賛し、各地方を巡回す。

第七章　総理幷に常議員は給料なし。幹事以下の役員には定むる所の手当金を与ふ。

第八章　凡そ役員は再三の撰に当るを得。

第九章　地方部は中央本部に対する部理一名を置く。其他の役員は渾て地方の便宜に任す。

第十章　地方部に於ては毎年六月十二月両度其地方党衆の名簿を調査し其加除増減を明にして中央本部に送達すべし。

第十一章　吾党と主義を同くし新に党衆たらんとする者は、其住所若くは寄留地なる地方部に於て其人の族籍姓名身分を査察し、然る後之を容す可し。

第十二章　党中を脱せんとする者は、其理由を詳記したる書面を以て本人の住所寄留地方部に届出づ可し。

第十三章　毎年十月地方部より代議員を出して大会議を東京に開く。其議会に列る議員は一小団結に付五名以下とす。

第十四章　大会議に於ては党中一般に係り創起すべき事件施行す可き事件を議定す。

大会議に於ては本部役員の改撰を為す。

大会議に於ては総理並に幹事より前年度に在て施行したる事件及び会計の決算報告を受け翌年度の会計予算を議決す。

第十五章　緊要なる事件の通常会議の期を待ち難き者あるときは総理は臨時に各地方部の代議人を招集して会議を開くことある可し。

(出典)『自由党史』中巻、岩波文庫、一九五八年、七九―八一ページ。

【解説】一八八〇(明治一三)年一一月、第二回国会期成同盟の大会で政党結成が組織論として提案された。しかしこの提案は決議に至らず、別途で政党問題を準備することとなり、ただちに民権各派が会合して自由党結成連盟を決議した。翌月には結成された自由党準備会は国会期成同盟の活動とあいまって、各地に自由党地方部の結成を促していった。翌八一年に国会開設の詔勅が出ると再び結党の動きは活発となったが、各派間で指導権が争われ、結局土佐派と馬場辰猪らの国友会によって一二月二九日に日本で最初の近代的政党である自由党は結成された。同党は、板垣退助を総理とし、副総理中島信行、常議員後藤象二郎・馬場辰猪・末広鉄腸等を幹部として結党された。本文は、盟約三章・党規一五章からなり、国会開設・地租軽減・条約改正を要求する国民各層を基盤とし、あくまで人民の自由と権利の確立・伸張を闘いとるために結成されたものである。

94　立憲改進党主義綱領　一八八二年三月一四日

大詔一降立憲の事定まる。我儕帝国の臣民は万世一遇の盛時に遭ふ。惟に、此際如何の計画を為し、如何の職分を尽し、帝国臣民たるに愧ることなき乎。他なし。唯一団の政党を結び、相集まり相同して我が興望を表するあらん耳《［のみ］》。来れ我兄弟、来て我政党を結び、我臣民たるの職分を尽せよ。

幸福は人類の得んことを期する所ろなり。然れども少数専有の幸福は我党これに与せず。蓋し此の如きの幸福は所謂利己のものにして、我党の冀望する王室の尊栄と人民の幸福とに反すればなり。王室の尊栄と人民の幸福は我党の深く冀望する所なり。然れども一時暫且の尊栄幸福は我党これを欲せず。蓋し此の如きの尊栄幸福は所謂頃刻のものにして、我党の冀望する無窮の尊栄と遠永の幸福に反すればなり。是を以て若し一、二私党の我帝国を専らにし、王室の尊栄と人民の幸福を蔑にし、目前の苟安を偸み遠永の禍害を顧みざるものあらば、我党は之を目して以て公敵と為さんとす。我党は実に王室の無窮に保持すべき尊栄と、人民の遠永に享有すべき幸福を冀ふの人を以て此政党を団結せんとす。来れ我兄弟、来て我政党を結び、以て其冀望を表明せよ。

政治の改良前進は我党の冀望して止まざる所なり。蓋し政治にして其改良を加へ其前進を為さざれば、徒らに無窮の尊栄を冀ひ、空しく遠永の幸福を望むも、終に之を全ふするを得べからざればなり。政治の改良前進は我党之れを冀ふ。然れども急激の変革は我党の望む所に非らず。蓋し其順序を逐はずして遽に変革を為さんことを謀るは、則ち社会の秩序を紊乱し、却て政治の進行を妨碍するものなればなり。是を以て夫の陋見に惑ひ徒らに守旧を主とし、夫の急躁を競ひ好んで激躁《げきそう》を務むるものの如きは、我党の却けて共に其冀望を与にせざるものなり。我党は実に順正の手段に依て我政治を改良し、着実の方便を以て之を前進するあらんことを冀望す。依て約束二章を定むる如レ左。

第一章　我党は名けて立憲改進党と称す。

第二章　我党は帝国の臣民にして左の冀望を有するものを以て之を団結す。

一、王室の尊栄を保ち人民の幸福を全ふする事。

二、内治の改良を主とし国権の拡張に及ぼす事。

三、中央干渉の政略を省き地方自治の基礎を建つる事。

四、社会進歩の度に随ひ選挙権を伸闊する事。

五、外国に対し勉めて政略上の交渉を薄くし通商の関係を厚くする事。

六、貨幣の制は硬貨の主義を持する事。

（出典）日本史籍協会叢書『大隈重信関係文書』第五巻、東京大学出版会、一九七〇年、一—三ページ。

【解説】　明治十四年の政変によって政府を追われた大隈重信らは、一八八二（明治一五）年四月一六日、矢野文雄（龍渓）・尾崎行雄ら三田派の東洋議政会、東大出身者で鷗渡会の高田早苗、自由党を割ってでた沼間守一の率いる嚶鳴社、大隈直系の小野梓や大隈配下の河野敏鎌・前島密らの相互に交錯する四つの流れをあわせて、立憲改進党を組織した。同党は、自由党及び同年七月一九日に『東京日々新聞』の福地源一郎（桜痴）・『明治日報』の丸山作楽・『東洋新報』の水野寅次郎らを中心として、主権在君の欽定憲法主義を綱領とした立憲帝政党に対抗する政党として結成された。相対的に急進主義をとる自由党が主として地主・小ブルジョアジーを基盤にしたといわれるのに対して、立憲改進党はその特徴として、三菱などの大ブルジョアジー、地方都市の商業資本家等の大商人層・当時有数の都市知識人集団を基盤としたといわれ、漸進的改革を基本方針とするイギリス型の二院制や立憲君主制を主張した。

5　激化事件と民権運動の挫折

95　秩父事件の指導者田代栄助の参加要請発言　一八八四年一一月／激化事件期の民権・民衆運動　一八八一－一八八四年

(→表95)

先ツ重ナル件ヲ挙レハ、第一高利貸ニ其他金主方ヨリ兼テ借入シタル金額ヲ無利足三十ヶ年据置キ、地方税延期願、学校費ノ減少等ノ件ナリ。之レ等ノ件々ヲ先般郡役所ヘ請願ニ及ヒシ処一切採用セス、加ルニ戸長役場ヨリ日々納金ノ督責ヲ受ケ、又金主方ハ火ノ付ク様ニ催促セラレ、困民共一同殆ント当惑致シ、先キ頃種々評議ノ末已ニ干戈ニ訴ントマテ決セシモ、吾ニ八〔ハカ?〕方説諭ヲ加ヘ今月迄取静メ来リシモ、最早人民困窮ニ陥入リ切迫ノ余リ遂ニ該ル挙動ニ成リ行キタリ。右ニ付信甲ノ各地ヘモ飛脚ヲ差出シ置キタレハ追々同勢モ来着スヘシ。サスレハ味方ニ大ニ勢力増シ又帰スル者モ多カラン。而ルニ現時ノ所ハ先ツ秩父郡一円ヲ平均シ、応援ノ来着ヲ竢テ本県ニ迫リ、事成ルノ日ハ純然タル立憲政体ヲモ設立セント欲ス。

(出典)　小野文雄・江袋文男監修『秩父事件史料』第二巻、埼玉新聞社出版局、一九七七年、二四六ページ。

【解説】　明治十四年の政変を契機に政府は自由民権運動弾圧の体制を固めた。集会条例改訂や府県会の権限に対する規制強化等の法制的抑圧体制を強める一方で、板垣退助・後藤象二郎への政府筋からの資金援助による洋行問題にみられるように民権運動の分裂を画策した。一八八二(明治一五)年一一月の福島・喜多方事件に対する厳しい弾圧をはじめとして、政府の強圧的姿勢が示される。八二年以降に本格化する松方財政の展開は、従来の運動の基盤であった豪農層の分解を促進させ、上層農民層を運動から脱落させ、他方で中小農民層を没落させていった。没落した中小農民層は困民党等を結成し高利貸・寄生地主・豪農を襲撃し借金年賦償還・小作料軽減・質地返還という経済要求を掲げた。専制政府顛覆という政治目標を掲げる自由党民権志士の影響を何らかの形で受けた激化事件はこれらの状況のなかで相次いで勃発、個別分散的蜂起の裡に政府に鎮圧される。

96　自由党解党大意　一八八四年一一月二日

抑《そもそ》も我党は、天下公衆と与《とも》に天下公衆の利益を図《はか》らんとするものなり、故に我党は必要上成るべく衆多《しゅうた》の人民を結合して、最衆最大の党派を造らざるを得ず、是《これ》を以て我党数年間の鞠《きく》躬尽力《きゅうじんりょく》を以てして、主義相合し目的相同じき有志者漸く全国に増殖《ぞうしょく》し、党勢の漸く伸張《しんちょう》するの好結果を得たり。(中略)然《しか》るに集会条例の出でゝより、総て政党の分社分局を地方に置く事を許されず、之れが為めに我党が困難を感ずることは、決して僅少《きんしょう》にあらざるなり、我党一党に幹《かん》たるものは、勉《つと》め

表95

年月	事件名	主要経緯	結末
一八八二年二月—一二月	福島・喜多方事件	福島県議会での毎号否決事件と会津三方道路開鑿反対運動と喜多方警察署での衝突	自由党首脳・反対同盟指導部集合農民の大検挙(国事犯等)
一八八三年三月二〇日	高田事件	スパイを利用した謀略的な頸城・北辰自由党の弾圧事件	主要党員の一斉検挙・赤井景韶のみ重禁錮(脱獄し死刑)
一八八四年五月一三日—一六日	群馬事件	政府転覆のため挙兵を計った自由党員と負債農民ら百名余りが金貸会社を襲撃した	首謀者の検挙
一八八四年九月二三日—二五日	加波山事件	福島・喜多方事件保釈グループと栃木県自由党グループとの加波山上での蜂起(関連/鯉沼事件・小川町事件・夷隅事件)	戦闘による死亡(一名) 全員逮捕(七名死刑)
一八八四年一〇月三〇日—一一月九日	秩父事件	在地自由党員の指導的地位の下、負債農民主体の困民党員数千人の農民蜂起。官庁・高利貸を襲撃、軍隊と戦闘を重ねた	戦闘による死者多数 指導者の大半が捕縛 首領田代栄助以下四名死刑
一八八四年一二月六日 発覚未遂	飯田事件	愛知県・長野県下伊那にまたがる自由党員の圧政政府顛覆挙兵計画	逮捕・内乱陰謀罪
一八八四年一二月一七日 発覚未遂	名古屋事件	名古屋の自由党左派の公道協会を中心とする政体変革運動	逮捕(三名死刑二〇名無期懲役)
一八八五年一一月二三日 発覚未遂	大阪事件	大井憲太郎らの朝鮮改革運動とそれによる日本内地改革を目指す運動	大阪・長崎で一三九名逮捕・外患罪その他で処刑
一八八六年六月発覚未遂	静岡事件	遠陽・岳南自由党員を中心に箱根離宮落成式で政府高官を暗殺し政府顛覆を計画	一〇〇余名逮捕(強盗罪で有期徒刑)

て声息《せいそく》を各地に通じ、党派全体の事をして粛然一律《しゆくぜんいちりつ》の下に出でしめんことを要し、各地党員も亦密《ひそか》に党首党幹《とうしゆとうかん》の意向《いこう》考案を知り、以て自ら務《つと》むる処あらんと欲すれども、都鄙《とひ》遠路の信書意を尽《つく》さず、情意《じようい》の往々《おうおう》齟齬《そご》することなき能《あた》はず、且つや夥多《かた》の党員中合同一致の働きを為《な》すを勉《つと》めずして、動《やや》もすれば箇々《ここ》分離の方向に傾かんとするものに至りては、之れが為めに益《ますます》自儘《じじん》の計を企《くわだ》て、恰《あたか》も駿馬《しゆんば》の羈《き》なくして奔逸《ほんいつ》するが如く、其勢殆んど復《ま》た拘束《こうそく》すべからず。（中略）集会条例の行はれてより、分社分局を地方に置く事を得ずして、我が党派は実に彼の一旅団が唯其大将ありて各部将あらざると一般の有様を生じ、相乱れて殆んど復《ま》た拘束《こうそく》すべからざるに至れり。我党之れを憂《うれ》へざるに非らず、唯統治の術なきを悲むのみ。是れ我党が困難の一なり。

集合条例は啻《ただ》に分社分局を禁じたるものならず、亦集会の自由を制限する所あり、（中略）縦《たと》ひ幾千万の志士ありと雖《いえ》ども、相会して意底《いてい》を吐露《とろ》し、謀議《ぼうぎ》の宜しきを定めて、整粛《せいしゆく》の挙動を為すこと能はず、其弊《へい》や遂に合同の事を捨てゝ単独の運動を試み、公会の明議を避《さけ》て、私会の密議に就くに至るは、必然の勢なりと思惟《しい》せざるを得ず。而して単独の為、秘密の議は、過激《かげき》の根本にして、危険の伏蔵《ふくぞう》する所なることは、古今各国の経験に於て甚だ明かなりとす。抑《そもそ》も彼の集会の自由を制限せらるゝは、蓋《けだ》し必ず已《や》むべからざる事情あるに出でたるべきも、而かも之れが為めに我邦《わがくに》有志者の間に生じたる結果如何《いかん》と顧《かえりみ》るに、殆んど亦前陣《ぜんちん》の形勢に近きものあるを免《まぬか》れず。我党は固《もと》より之を憂ひざるに非《あら》ずと雖ども、之を促《うなが》して合同の事を為さしめ、之を導きて明議《めいぎ》に就《つ》かしめんとするの見込なきを奈何《いかん》せん。是れ我党が困難なる二なり。（中略）嗟《あ》吁《あ》、斯《か》くの如きの世状の下に於て、無数熱心の志士を統轄《とうかつ》して、公同事業の途《と》に就《つ》き、粛然《しゆくぜん》として毫《ごう》も紊乱《びんらん》せざる如きは、如何なる神力あるものと雖《いえ》ども豈《あ》に夫《そ》れ得《う》べけんや。是れを以て我党は茲《ここ》に我が自由党の組織を解き、以て他日世《せ》運《うん》の大に進歩して、公同の資格《しかく》に富《と》み、一律の下に於て一大運動を為し得る時機を俟《ま》たんとす。然《しか》りと雖《いえ》ども我党は何ぞ自由主義の貫行に怠るものならんや。所謂《いわゆる》尺蠖《せきかく》の屈するは伸《の》びんと欲するが故のみ。我党の人士倦怠《けんたい》する勿《なか》れ、屈撓《くつとう》する勿れ。勉《つと》めて有為《ゆうい》の気力を養ひ、公同の事業を遂《と》ぐるの資格を造り、以て他日の隆運《りゆううん》を期すべきなり。

（出典）『自由党史』下巻、岩波文庫、一九五八年、七七―八一ページ。

【解説】　自由党本部は、一八八四（明治一七）年一〇月二九日、結党三周年の大阪大会において解党を決議し、「解党大意」を発表した。政府筋から外遊資金の提供をうけたとされる板垣退助総裁は、はやくも前年六月の帰国直後から解党論を唱えており、党指導部の情熱の喪失と党財政の逼迫も、解党の一因となっていた。自由党の公の解党理由は、集会条例や新聞紙条例による政府の抑圧の強化であったが、民権運動の大衆化の困難さの一方で急進派党員を統制できなくなったこと、あい続く激化諸事件の勃発に指導能力を失ったことが直接的な原因となり、自由党の活動を制約していった。秩父事件の勃発直前のこの時期は清仏戦争の影響から、民権派の論調が国権重視・国内調和の色彩を強めてくる。なお、自由党の解党に関しては、自由党急進派の連帯蜂起計画によるものとの説もある。自由党につづいて、同年一二月、立憲改進党も大隈重信・河野敏鎌・前島密らの首脳が脱退することによって事実上解党した。

6　都市民権運動の活動

97　田口卯吉「東京論」　一八八〇年八月一六日

中央集権と地方分権との二論は、政事上の一大問題にして、世論は大約《たいやく》地方分権を是《ぜ》とするに決したるが如し。我経済雑誌(1)は、特に経済の法理に関して論弁するの雑誌なれば、敢《あえ》て口を民権の消長に容るゝを欲せず。唯《た》だ其経済に関するの点に於ては、中央集権と地方分権と得失如何《いかん》と問はれなば、余輩は中央集権こそ望ましけれ、地方分権は願はざるなりと答へなん（中央集権と地方分権の字は権利に関する語の如くなれども、原語は経済上に用ひて差支《さしつかえ》なき語なり）。其故《そのゆえ》如何となれば、凡《すべ》て都会の成立する所以《ゆえん》の原理を尋ね、市場の発出する所以の沿革を探ぐるときは、全く中央集権の交易に便利なるに基くことを発見すべければなり。さればとて、余輩は敢《あえ》て地方に重課して都会に軽徴し、耕耘を抑へて商業を褒賞せんと欲するものにあらず。唯だ一国の商業は、成るべく一都会の取次を経て集散するの傾きに至らんことを欲するものなり。更に之を再説すれば、譬へば造幣局の如き、外国通商の如き、造船事務の如き、官金銀行の如き、交換所(2)の如き、凡《すべ》て地方の貸借を決済すべき器具、地方の需要供給に応ずべき貨財は、成るべく各所に分置せずして一都城の内に備へて以て弁ぜんことを欲するものなり。此等の事は固《もと》より悉《ことごと》く政府の為し得べき所にあらず。然れども政略一たび此点に向へば、自ら此《この》勢を養成する事難きにあらざることを信ずるなり。

余輩が此望を日本都会の前途に於て期する所は、実に東京にあるなり。夫《そ》れ東京の地たるや、南面一帯品川湾に臨み一帆の舟楫以て五洲に飛渡すべく、東北西の三面は平原広野千里に連なり、西南に富士を望み、東北に筑波を望みて、運輸の便自然に備はる。是《こ》れ豈《あ》に大都会たるに適するの地にあらずや。其河流小なりと雖も、之を浚《さら》へば其水を増す事難きにあらず。其海口浅しと雖も、之を埋めば巨船を繋《つな》ぎ難きにあらず。其市街敵船の襲撃に露白すと雖も、之を防ぐの方法ならきにあらず。余輩は東京を以て日本の中心市場となさんことを欲するものなり。余輩は東京を以て将来世界の中心市場となし、其商業をして上海・香港等の諸港に凌駕するに至らしめんと欲するものなり。

（出典）『東京経済雑誌』第三五号、一八八〇年八月一六日。鼎軒田口卯吉全集刊行会『鼎軒田口卯吉全集』第五巻、政治、一九二八年、九三ページ。

（1）田口卯吉創刊『東京経済雑誌』。（2）手形交換所の略。

【解説】自由主義経済学者として知られる田口卯吉は、その一方で牛込区（のち本郷区）選出の東京府会議員及び市区改正委員として活躍し、明治の思想家として本格的に都市としての東京を論じた唯一の人物でもあった。田口は自由貿易による商業立国こそが明治の日本の選ぶべき道であること、そのためには上海や香港に負けない国際貿易港を日本に作ることを求めた。治外法権化した外国人居留地に付属し、規模においても外洋船が直接着岸できないといった従来の開港場ではなく、大規模な自由貿易港を開設することにより日本を汎太平洋の商業国にしようと考え、さらにこの論を具体化して横浜ではなく、東京にこそ自由港開築を主張している。この東京築港と商業都市化の夢は、明治一〇年代の東京改造案にきわめて大きな影響を与え、渋沢栄一や松田道之をつき動かしてゆく。

98 末広重恭の演説会　一八八一年二月一三日

吾輩ハ鉛槧《えんざん》（1）ヲ以テ職掌ト為ス者ナリ。将《はた》タ公議輿論ヲ代理スルヲ以テ自ラ任ズル者ナリ。頃年《けいねん》諸方ニ演説会ノ開設アリ、争フテ論者ヲ府下ヨリ招聘ス。吾輩ノ如キモ数月ニ一出シ、或ハ一月ニシテ数出スルニ至ル。其ノ此クノ如ク頻煩《ひんぱん》ヲ憚《はば》カラザル者ハ、特《ただ》ニ同志ヲ四方ニ求メ、已レガ意見ヲ公衆ニ告示スルヲ以テ愉快ト為スノミナラズ、都門ニ坐シテ天下ノ形勢ヲ論ズルモ必ズ実際ノ民情ニ背馳シ、其ノ要領ヲ得ル能ハザル者アランヲ恐ルレバナリ。車夫輿丁（2）ノ談ズル所ヲ聴テ下等社会ノ意見ヲ察シ、老圃《ろうほ》（3）ニ就イテ桑麻ヲ問ヒ、商估（4）ト語ツテ物産工業ノ盛衰ヲ知リ、郡吏、戸長、議員、教師ト懇談シテ地方ノ政治如何ヲ解ス可シ。足跡未ダ天下ニ普《あまね》カラズ、往来経過スル所ハ僅《わず》カニ七八州ノ間ニ過ギズト雖ドモ、其ノ一隅ヲ挙ゲテ其ノ三隅ヲ推ス亦難カラズ。故ニ窃《ひそか》ニ自ラ謂《おも》ヘラク、今日ノ地方ノ人情ニ通ズル者ハ吾輩ニ若《し》クハ無キナリ。而シテ其ノ実際ニ目撃スル事件ノ如キハ必ズ之ヲ紀行ニ登録シテ、之ヲ看客諸君ニ報道シタリキ。亦其ノ記者タルノ職掌ヲ尽クスニ因ルナリ。然ルニ世或ハ吾輩ノ紀行ヲ評シ、今日新聞記者ガ何地ノ懇親会、演説会ニ赴キシナド詳細ニ書キ立ルハ、是レ無益ノ事ナリ。苟《いやしく》モ文字ヲ以テ社会ヲ利益セント欲セバ、何ゾ民間ノ事情ヲ記載シテ我々ノ参考ニ供ヘザルヤ（5）ト謂フ者アルヲ聞ケリ。嗚呼《ああ》幽ヲ闢《ひら》キ顕ヲ隠スハ春秋ノ法ナリ。世人ヲシテ活眼以テ吾輩ノ紀行ヲ読マシムレバ、政治ノ得失ト民情ノ向背トヲ察スル亦難カラザルナリ。苟モ之ヲ以テ不充分ナリト為セバ、何々ノ法律ハ実際ニ妨害アリ、或ル地方ノ人民ハ不満ヲ政治ニ懐《いだ》キ、某県ノ県令ハ圧制家ナリ、某郡ノ郡長ハ愚人ナリト云フニ至ル可シ。夫レ此クノ如シ。仮令《たと》ヒ法律ニ於テ吾人ノ言論ヲ制限スル事ナキモ、吾輩ハ敢テ忌憚《きたん》ナキノ言語ヲ吐露シテ自カラ忠厚ノ心ヲ失フ可ケンヤ。是レ其ノ事ヲ記スルノ際ニ於テ委曲婉転以テ意ヲ言外ニ示ス所以《ゆえん》ナリ。然リト雖ドモ、苟モ当途ノ君子ニ於テ吾輩ノ藎《しん》言《げん》(6)ヲ獲ント欲セラル、ナラバ、吾輩ハ豈《あ》ニ聞ク所ヲ陳ベ、見ル所ヲ述ベテ之ガ採攬《さいらん》(7)ニ供スルニ難カランヤ。

(出典)『朝野新聞』論説、一八八一年二月一三日。

(1)文筆を業とすること。(2)かごかき。(3)経験をつんだ農民。(4)商人。(5)間接的な表現で批判すること。(6)進言。(7)要点をつまみとること。

【解説】 一八八一(明治一四)年初めから、自由民権派の活動の中心になり急速に活発化したのが演説会である。ここに掲げた史料は「民情の如何を知れ」と題された末広重恭の演説である。鉄腸と号した末広重恭は宇和島藩の士族の家に生まれ、大蔵省に出仕した後、一八七五年に曙新聞に入社、同年には新聞紙条例で処罰された。末広は出獄後に朝野新聞局長となり、沼間守一の嚶鳴社や国友会に参加し、さらに自由党の創設にも参加、まもなく脱党している。末広は地方へ積極的に出かけ演説会を行なった代表的な都市知識人ジャーナリストである。これら演説会の場を通して、参加した人々は民権派の圧政政府批判と場に臨監し中止解散を命じる警察官との間に国家権力との対立と緊張関係を感じとり、演劇的興奮を求めるとともに自由民権運動そのものにも触れて行ったのである。

99 婦人束髪運動　一八八五年七月一二日

日本の開港せし頃は日本の男子は頭の一部を剃り屈曲したる丁字の髪を頂後に戴き居りしが、其後追々散髪の人を見受くるに至りし時は結髪は旧守家の目印の如く散髪は進歩家の看牌の如くなりしに、幾許ならずして散髪の世界とはなりたり、原来日本人は熱心の精神に乏しと或る外人の批評するに拘らず、其風習一時に改まりて頗る鋭意の状ありしは何故なる乎といふに、是は斯くあるべきの理由ありて経済の点より来りし者なるべく、中には至極の短髪となしてブラシも櫛も入らざる様になせし人を見受るなり、衣服の改正は斯様に容易に行はるべきに非ず、活溌の人は既に衣服を変更するも其費用の為め尚ほ猶予する人多し、西洋人中にも日本風の衣服は一種の雅致自由あり迚《とて》之を悦び其変更を惜む者あれ共、原来日本中等以上の人が着る大袖衣は寝衣の種類にて懶惰の具なれば、支那男子の頭髪支那婦人の小足と並存すべき者なり、之に反し職工社会の衣服は其袖を切れば半纏股引皆西洋人の衣服といふべし、日本人は西洋の筒袖を如何に見做すに拘らず之を取用するは国益なるべし、日本人の食料を改良し便利にして身体を保護するの衣服を着し健康に適する家屋に住し西洋人と結婚して其血統を混ずる、此四者は日本人身体の虚弱を療するの箇条なるべし、然れ共日本婦人をして装飾を改正せしむることは至難の事なり、外国交際ありてより卅年の今日に至る迄何事も変化せざりしに今日初て束髪会を見るを得たり、此会の男子の創立に成ることは別段怪むに足らず、日本婦人は全く男子羈絆の下に居れば男子社会にて十分新風俗を允諾好遇するに非れば能はざるなり、若し此事なければ何時迄も只今の如くなるべし、但其見への如何といふ理由なき異説あるに拘らず確説の此改正を賛成すべき者あり、健康の為めにも爽快の為にも不都合なること日本婦人の頭髪の如きはなか[る]べし、毛髪を引張り重荷の髢差《たぼさし》を戴き拷問に等き痛苦を忍び居るのみならず、装飾好の婦人は一ヶ月に十回宛結髪し毎回十銭づゝを払へり、稍倹約の婦人も一月六回にして三銭より六銭迄を払ふといふ、日本中に十七歳より五十歳迄の婦人は大凡九百万人あるべく、此等の人々が平均毎月二十銭づゝを払ふとせば毎年結髪の費用大抵二千百万円となる、随分の大額といふべし、束髪会の挙甚だ良し、願くは其発企のみに止めず十分に之を拡張せられたし、

（出典）『東京横浜毎日新聞』一八八五年七月一二日（『西会津町史　第五巻（上）』一九九七年、二八七―二八八ページ）。句読点を付した。

【解説】文明開化とともに男性の断髪は急速に進む一方で、女性の髪型は容易に変化しなかった。この問題に初めて取り組んだのは、都市民権家の面々であった。一八八五（明治一八）年七月、福島・喜多方事件の余波を受けながら都市民権的活動を図っていた、福島県河沼郡野沢村（現、耶麻郡西会津町）出身の麴町衛生会医師・渡部鼎と経済雑誌社記者・石川暎作の両名によって提唱された婦人束髪運動は、便宜的・衛生的・経済的の三点より、女性の髪型の改良を提唱した。巌本善治らが女性の地位の向上と権利の伸長を目的として設立した明治女学校や『女学雑誌』を活動の拠点として、婦人束髪運動は燎原の火のように広まっていった。束髪は日本髪からの解放という当時の婦人の要求と合致したのである。束髪の流行は、明治三〇年代半ばと大正時代末期に再び流行し、庶民の髪型に定着した。

7　その他の民衆運動

100　丸山教　一八八四年

丸山講の目的　這回《しゃかい》参遠二州(1)にて、殆んど一大事にも及ばんとせし丸山講の目的を聞くに、御嶽講《おんたけこう》(2)の一種ともいふべきものにして、其目的として説教する所を探るに曰く、該講に入れば徴兵を免るゝ事、曰く、明治廿三年には国会と共に大乱起るも該講に加入せし者は無事平安なり云々、或は御嶽と愛国交親社(3)の混淆物とも称すべき一党なりと、或方より報道のまゝ。

丸山講の続聞　丸山講の性質及び組織は過日の紙上に記載せしが、尚聴く所に拠れば此連中が第一の目的は財産の平均なりと云へり。丸山講の者は此度の事を思ひ立ち、代々持伝へたる田地を非常廉価にて売却したれば、之を買ひ受て非常の利を得たる者あり。暴挙の用意に買込しは鰹《かつ》節《おぶし》、饅頭、晒木綿なり。暴徒は大概縛に就きしも、新城警察署にては猶ほ連累追捕の為め、北設楽郡田口及び八名郡富田へ巡査を派遣したる由。

(出典)『自由新聞』雑報、一八八四年一一月二二日・一二月二日。句読点を付した。

(1)三河国と遠江国。(2)木曽御岳山を信仰する講。(3)愛知県尾張地方の民権結社。

【解説】一八七〇(明治三)年、武蔵国橘樹郡登戸村(現、川崎市多摩区登戸)の農民地主である伊藤六郎兵衛によって開かれた民衆宗教が丸山教である。丸山教は、近世後期に関東諸国に広く分布した富士講の系譜につながる富士信仰の一つであったが、独自な教義をもった創唱宗教へと発展していった。人間の心と体は等しく親神の被造物であることより人間は平等であると説いた。民衆宗教である丸山教のなかにおける神の前での平等という教えは、民衆のなかに広く存在した「人間尊重」、「人間平等」の思想を宗教の教義として結晶させたものであった。明治一〇年代中葉には神奈川・静岡・愛知・長野等の各県で急速に教勢を伸ばして、デフレ政策のもとで困窮する民衆の心を通俗道徳を積極的に肯定することによりとらえた。とりわけ一八八四年一一月から一二月にかけては、困民党・借金党とよく似た、宗教形態をまとった世直し運動となった。

101 神代復古誓願書　一八八五年

第一条　神代復古ノ誓願ハ、国柱タル皇統ハ万代歴然トシテ更ニ叡慮ヲ煩ハセズ、従テ国民ハ一ノ苦民無ク、悉ク安寧快楽ニシテ、富国強兵ヲ宗《むね》トスル誓願ナレバ、全国ノ有志同盟連署ヲ以テ出願スベキ事。

第二条　一日早ク神代に復スレバ、国民一般一日早ク幸福ヲ受ルモノナレバ、相互ニ同盟有志ヲ募ルヲ専ラトス可キ事。

第三条　誓願着手ハ明治二十一年二月ヲ以テ発期ト予定候事。

第四条　神代ノ利益ヲ示シテ直チニ承諾セシ者ヲ先進者ト称ス可キ事。

第五条　神代ノ利益ヲ示スト雖モ渋滞シ、衆人ノ様子ヲ見合セテ後加盟スル者ヲ後進者ト称ス可キ事。

第六条　先進者ハ各自ニ盟簿ヲ備ヘ置キ、加盟人ノ調印ヲ取リ置ク可キ事。

第七条　出願費金ハ明治二十年第二月ヨリ明治二十一年第二月出願着手ノ期ニ至ル十二ケ月ノ間毎月金壱銭宛取集メ、各先進者之ヲ預リ置ク可キ事。

第八条　国中ヲ奔走シテ有志ヲ募ルモノハ、神代復古誠忠ノ先進者ナレバ、其地方有志ニ於テハ其労苦ヲ謝シ、及ビ其調度ニ差支ヘ無キ様注意ス可キ事。

第九条　神代復古誓願有志同盟中ニ於テハ、喧嘩口論ハ勿論不正粗暴ノ挙動ハ必ズ為ス可カラザル事。

第十条　神代復古ノ誓願ヲ拒ムモノハ我神国人民ト見做ス可カラザル事。

右ノ十ケ条ハ神代復古誓願有志同盟ノ規則トシ、而シテ誓願規則ハ着手ノ期ニ至リ更ニ先進者ト協議ノ上相定メ度、因テハ神代ノ利益了解ノ先進者ハ速ニ署名調印致サレ度候ナリ。

（出典）　小林與平『神代復古誓願』一八八五年。鶴巻孝雄「神代復古誓願運動研究・覚書」『武相民衆史研究通信』第六・七合併号、一九八六年一一月、三八ページ。

【解説】　一八八五（明治一八）年に小林與平・與兵衛の親子によって国学的神道説の立場からユートピア的平等主義的運動ともいえる「神代復古誓願運動」が開始された。この思想の枠組みは「民間国学者」である小林與平が復古国学に由来する思想を文明開化と自由民権の時代思潮のなかで独自に読みかえ、とりわけ五箇条の誓文を重んじ、儒仏渡来以前の旧い伝統の中に民衆の解放原理を求めている。小林親子は、「神代復古誓願書」を作成し、東京赤坂の発起人事務所を中心に全国各地に主任者事務所を設けて、八八年二月から天皇に誓願を開始することを予定していた。小林與平のいう神代復古は、明瞭な内容をもっていたものとはいえないが、社会的には「我国神代の時の如く地所其他を平均」する運動と理解された。しかしこの運動も八九年六月に治安に妨害ありという理由から禁止されることになった。

第二節

松方デフレと対外緊張

1 大隈財政下のインフレーションの進行

102 大久保利通「経世遺言」 一八七八年五月一四日

過ル日離宮ニ於テ殖産ノ事已ニ談示ニ及ヒタレトモ、其意ヲ尽サヽル処アリテ地方官ノ貫徹セサルアランコトヲ恐レ東京府知事楠本正隆氏ヘ托シテ更ニ地方官ヘ懇議セシメントスレトモ、今朝ノ面晤《めんご》ハ幸ナレハ意中残ラス告ケントスルナリ、

抑 皇政維新以来已ニ十ケ年ノ星霜ヲ経タリト雖、昨年ニ至ルマテハ兵馬騒擾不肖利通内務卿ノ職ヲ辱《かたじけな》フスト雖未タ一モ其務ヲ尽ス能ハス、加之東西奔走海外派出等ニテ職務ノ挙ラサルハ恐縮ニ不堪ト雖、時勢不得已ナリ、今ヤ事漸ク平ケリ、故ニ此際勉メテ維新ノ盛意ヲ貫徹セントス、之ヲ貫徹センニハ三十年ヲ期スルノ素志ナリ、仮リニ之ヲ三分シ明治元年ヨリ十年ニ至ルヲ第一期トス、兵事多クシテ則創業時間ナリ、十一年ヨリ二十年ニ至ルヲ第二期トス、第二期中ハ尤肝要ナル時間ニシテ内治ヲ整ヒ民産ヲ殖スルハ此時ニアリ、利通不肖ト雖十分ニ内務ノ職ヲ尽サンコトヲ決心セリ、二十一年ヨリ三十年ニ至ルヲ第三期トス、三期ノ守成ハ後進賢者ノ継承脩飾スルヲ待ツモノナリ、利通ノ素志如此故ニ第二期中ノ業ハ深ク慎ヲ加ヘ将来継ク可キノ基ヲ垂ルヽヲ要ス、湖水疏鑿移民開拓并大隈《阿武隈》川通船等ノ事業充分其必成ヲ期シ鹵莽《ろもう》失敗シテ民ヲ困シメ国ヲ害スルノ惨状アラシムヘカラス、目的ヲ三十年ニ定メ第二期中創為スル所ノ業ハ満期ニ至リテ全備センコトヲ希望ニ不堪ナリ、此精神タルヤ独リ地方長次官ニ止マラス、属官ト雖枢要ノ地ニ立ツ者ニハ篤ク貫通セシメ上下戮力至誠運籌センコトヲ欲ス、

（出典） 日本史籍協会叢書『大久保利通文書』第九巻、一九二八年、一六八―一七〇ページ。

【解説】 史上最大で最後の士族反乱たる西南戦争を終結させた大久保利通は、一八七八（明治一一）年五月一四日朝、福島県令山吉盛典の訪問をうけた。その際に大久保は、王政復古の盛意を貫徹するために三〇年はかかるとして、この「経世遺言」を語った。その後、家を出た大久保は紀尾井坂で石川県士族島田一郎等に殺された。ときに四九歳であった。大久保が殖産興業にとり組んだのは、一八七三年以来のわずか数年にすぎず、志半ばにして斃れたといえよう。ここで述べられ「後進賢者」によって委ねようとした第二期の開始に、大久保という統合の要

を失った政府は、大隈重信大蔵卿―伊藤博文内務卿―井上馨工部卿の三者を軸として大久保没後体制を構築する。しかし、大久保没後体制においては、一方で全国的影響力を強めつつあった民権運動との対立関係が激化し、他方で政府内部のさまざまな対立を顕在化させていった。

103　インフレーションの状況

十二年二月政府ハ横浜ニ於テ洋銀取引所ノ設立ヲ公許シタリ、此取引所設立ノ目的ハ洋銀ノ売買ヲ便ニシ以テ価格ノ騰貴ヲ防カントスルニアリ、蓋シ政府ハ洋銀ノ欠乏ニヨリ其価格騰貴シ其価格ノ騰貴ニ由リ銀紙ノ間ニ差価ヲ生スルニ至ルトノ説ヲ深ク信シタリ、此説ハ横浜開港以来久ク我国ニ行ハレタルモノニシテ其洋銀ヲ悪クムノ甚シキモノハ、曰ク洋銀相場ノ権ヲ回復スヘシ、曰ク洋銀ヲ国外ニ駆逐スヘシ云々ト、故ニ政府モ亦種々ノ方略ヲ設ケ其相場ヲ制止シ其流通ヲ減縮センコトニ力メタリ、即チ横浜為換《かわせ》会社ヲ設立セシメ之ニ資金ヲ貸附シ、洋銀下落スレハ之ヲ買ヒ騰貴スレハ之ヲ売リ以テ其相場ノ平均ヲ計リ若クハ洋銀券ヲ発行セシメ以テ其騰貴ヲ防カントセシカ如キ、又明治八年二月廿八日新貿易銀ヲ発行シ洋銀ニ比シテ四「ゲレイン」ノ量ヲ増シ洋銀同価ニ通用セシメ以テ之ヲ圧倒セントシタルカ如キハ其方略中ノ重モナルモノナリ、然レトモ洋銀ハ東洋諸国ノ貿易場ニ流通スルコト久シク且ツ広シ、故ニ其量目ノ少キト其磨損ノ甚シキトニ拘ハラス人民ハ皆好テ之ヲ受授シ、新貿易銀ハ随テ発行スレハ随テ鎔解セラレ、政府ハ貿易銀一箇ニ付徒ニ四「ゲレイン」ヲ失フニ止ルノミヲ以テ十一年十一月二十六日新貿易銀ノ鋳造ヲ廃止シ旧貿易銀即チ洋銀同量ノ壱円銀貨ヲ発行セリ、此時ニ当リ洋銀ノ騰貴益甚シキヲ以テ政府ハ洋銀取引所ノ設立ヲ公許シ之レカ騰貴ヲ防カントセリ、是ヨリ先キ政府ハ金貨単本位制度ノ我国ニ実行シ難キヲ察シ十一年五月二十七日貨幣条例ヲ改正シ貿易銀ヲ以テ一般通用ノ貨幣ト定メ大ニ銀貨ノ流通区域ヲ拡張セリ、又十二年九月十二日洋銀ト壱円銀トハ並価ニ通用スヘキコトヲ令シ以テ洋銀価格ノ変動ヲ減セント欲シタリ、同月二十二日政府ハ東京大阪両株式取引所ニ於テ金銀貨幣ノ取引ヲ公許シ横浜洋銀取引所ヲ横浜取引所ト改称セシメ、独リ洋銀ノミナラス一般ノ金銀貨幣ヲ取引スルコトヲ公許シタリ、然ルニ十三年以来銀貨ハ益々騰貴シ同年四月十二日ニハ壱円五拾七銭九厘ニ達シ其勢殆ト底止スル所ナキカ如シ、是ニ於テ政府ハ以為《おもえ》ラク先キニ貨幣ノ取引ヲ公許シタルヲ幸トシ専ラ投機者カ煽動シテ此非常ノ変動ヲ致セシナリト、仍テ此日ヲ以テ金銀貨ノ取引ヲ停止シ尋テ株式取引所条例ヲ改正シ五月四日金銀貨ノ取引ヲ解停シ同月一九日復タ其定期売買ヲ禁止セリ、此年ノ末ニ至リ銀貨ノ騰貴ハ益々甚シキヲ以テ政府ニ於テ断然金銀貨ノ取引ヲ禁止スヘシトノ説アリシモ終ニ行ハレス、銀貨ノ騰貴ハ素ト他ノ重大ナル原因ニ基クモノニシテ、苟モ此原因ニシテ存スレハ金銀貨取引ノ束縛ハ其騰貴ヲ防ク為メ何等ノ効力ヲ有セサルナリ

（出典）『紙幣整理始末』（『明治前期財政経済史料集成』第一一巻、二一三―二二四ページ）。

【解説】　西南戦争の勃発を契機に通貨事情は悪化の一途をたどった。西南戦争の終結によって、政府は士族派の反政府運動を一掃し、政権の基礎を固めた。明治一〇年代に入ると、従来からの不換紙幣の累積に加え、西南戦争の際の不換紙幣の乱発によりインフレが急速に昂進し、物価騰貴、貿易収支の悪化、正貨の流失を招き、財政危機に陥った。これは士族の没落を促し、農民層の分解を促進した。国家財政は一方で官業経営や産業の保護奨励のため膨張したが、収入の方は固定的な地租に依存していたため、ますます危機に追い込まれた。資本主義の確立のためには、紙幣整理によるインフレーションの克服と通貨の安定・信用制度の樹立が不可避となる。大蔵卿大隈重信は、一八七九（明治一二）年六月に太政大臣三条実美宛に「不換紙幣消却など財政四件についての建議」をなし、その対策としての不換紙幣消却によるインフレ克服を提起している。

104　大隈重信「通貨制度改正についての建議」　一八八〇年五月

又今日ノ勢タルヤ、金銀独リ紙幣ニ対シテ昂低上下スルニ止ラズ、内地ノ物価モ亦タ乱動浮沈ヲ与《とも》ニセリ。故ニ之ヲ大ニシテハ、工商諸業ニ損益危険ノ状勢ヲ現ジ、又下等生計ノ人民ヲシテ窮苦ノ悲態ニ陥入セシメ、之ヲ小ニシテハ、各官庁ノ経費頗《すこぶ》ル不足ヲ生ジテ、比々其増額ヲ要請シ、国帑《こくど》ノ歳計、為ニ匱《き》乏《ぼう》ヲ告ルニ至ル。凡ソ此般ノ状勢、之ヲ前日ノ変動ニ比スルニ、其大小軽重固《もと》ヨリ同日ノ論ニアラザルナリ。然《しからば》則《すなわ》チ其以テ之ヲ救治スル所ノ政策、亦タ自ラ前日ニ異ナラザルヲ得ズ。

（中略）

正金通用方案

第一　紙幣流通額ノ事

是《この》方案ニ於テ最初ニ説明ヲ要スル者ハ現時ノ紙幣流通額ニシテ、其総計及《および》十三年度迄ニ消却スルノ残額ハ左表ノ如シ。

本年三月三十一日流通額	一一二、六五〇、〇〇〇円
十三年度迄ニ消却スベキ額	七、三二〇、〇〇〇円
差引十三年度末日ノ流通額	一〇五、三三〇、〇〇〇円

是差引流通額壱億五百三拾三万円ハ、則チ以下ニ陳説スルノ方法ヲ以テ之ヲ正貨ニ交換消却スベシ。

第二　外国債ヲ募ル事

明治六年家禄処分ノ挙アルニ際シ、当時七分ノ利子ト九拾弐旁《ポンド》半ノ売価トヲ以テ、弐百四拾万旁ノ公債ヲ英国ニ募リシニ、之ニ応ズル者幾《ほと》ンド壱千万旁ノ員額ニ上レリ。維新戦乱ノ後ヲ承ケ百事草創ノ政府ニシテ、外人ノ信用猶且ツ然リ。況ンヤ爾来財務日ニ整斉スル明治十三年ノ政府ハ、外人ノ信

用決シテ復タ前日ノ比ニアラザルナリ。而テ英国ノ金利ハ、其低下ナルコト猶ホ前日ノ如シ。故ニ今日六分ノ利子ト九拾五旁ノ売価トヲ以テ、壱千万旁ノ公債ヲ起スモ、其事頗ル易々タルベキナリ。然レドモ今仮《かり》ニ其利子ヲ七分トシ、其売価ヲ九拾五旁トシ、償還期約ヲ二十五ケ年トシ、以テ我ガ通貨五千万円ノ員額ヲ募集スルトキハ、則《すなわち》左ノ如シ。

募集称呼額	一〇、五二六、三一五旁
売価実額	一〇、〇〇〇、〇〇〇旁
我邦ノ正貨ニ当ル	五〇、〇〇〇、〇〇〇円
募集称呼額ノ利子	七三六、八四二旁
我邦ノ正貨ニ当ル	三、六八四、二一〇円

斯ク外債ヲ募集シテ、以テ先ヅ五千万円ノ正貨ヲ得ベシ。

（出典）　早稲田大学社会科学研究所『大隈文書』A一八、四四四―四四七ページ。

【解説】　一八八〇（明治一三）年二月、参議（内閣）と卿（諸省）が分離された。大隈重信は大蔵卿兼任を免ぜられて会計部担当の専任参議となり、佐野常民が大蔵卿となった。大蔵卿を辞任したものの、大隈は依然財政の中心を担っていた。大隈は通貨制度改正について起死回生の構想を打ち出した。これは黒田清隆が打ち出した古典的税制への回帰たる米納論等に対して、外債五〇〇〇万円を募集し、国庫貯蓄金とあわせて不換紙幣を即時に全額消却するとともに、一挙に正貨流通制度の実現を図り、従来からの積極財政にもとづく殖産興業政策を維持・発展させるという大胆な提案であった。しかし、明治政府始まって以来、このような巨額の外債を募集したことはかつてないことであった。政府内部は、薩長の政治的対立もからんで、真っ二つに割れた。最終的に、外債は不可とし勤倹主義にもとづく財政改革を行うという天皇の勅諭が六月三日に出され、大隈案は退けられた。

2　紙幣整理と松方デフレ

105　松方正義「財政議」　一八八一年九月

正義頓首再拝、伏シテ惟《おも》フニ、全国ノ安寧ヲ保護シ人民ノ幸福ヲ企図スルハ実ニ内務ノ職分タリ、菲才浅劣正義ノ如キモノ、奚《なん》ゾ能ク此《この》重任ニ堪ユ可ケンヤ。然レドモ朝廷恩遇ノ厚キ、感荷已《や》ム能ハズ、叨《みだ》リニ此大任ヲ負ヒ旦暮《たんぼ》鞠躬《きっきゅう》スルモノハ、或ハ恩遇ノ厚キニ背《そむ》カンコトアルヲ畏ルレバナリ。正義熟々《つらつら》財政ノ現状ヲ観察シテ甚ダ杞憂ニ堪ヘザルモノアリ、為メニ鄙見ヲ吐露セント欲スレドモ、事《こと》専パラ財政ニ渉《わた》ルヲ以テ、或ハ越俎《えっそ》(1)ノ畏レ無キ能ハズ、言ハント欲シテ已ムモノ前後数回ノ多キニ及ベリ。

然レドモ正義窃《ひそ》カニ意《おも》ヘラク、財政整ハザレバ百業挙ラズ、況《いわん》ヤ国家ノ安寧幸福ニ於テヲヤ。故ニ今議ノ財政ニ渉ルハ固《もと》ヨリ現職ノ重キヲ顧ミルニ在レバナリ。仍《よっ》テ自カラ揣《はか》ラズ将来財政ノ目的ニ就キ下文ニ鄙意ヲ開陳セントス。区々ノ微衷冀《こいねがわ》クハ明察ヲ垂レヨ。

謹デ按ズルニ、国ニ財政アルハ猶ホ人ニ気脈(2)アルガゴトシ。気脈通ゼズ死亡随テ至ル、財政整理セズ国家衰頽必ズ随フ、豈《あに》安寧幸福ヲ期スルニ遑《いとま》アランヤ。

故ニ方今ノ急要ハ貨幣運用ノ機軸ヲ定メ、正貨ヲ蓄積シテ紙幣償還ノ元貲《げんし》(3)ヲ充実セシメ、物産ヲ興隆シテ輸入ヲ制スルノ目的ヲ立テザル可カラズ。

貨幣運用ノ機軸ヲ定ムルトハ何ゾヤ。

日本帝国中央銀行

ヲ設立スル是レナリ。其方法ノ要領左ノ如シ。

第一、本行ハ日本帝国ノ中央銀行ニシテ即チ貨幣運用ノ機軸トス。

第二、本行ハ官民共立ノモノトス。

第三、故ニ株金ハ広ク公衆ニ募集シ、政府ハ之ニ官金ノ出納ヲ委託スベシ。

第四、営業期限ハ二十五ケ年ト定ムベシ。

第五、貲[資]本金ハ当分一千万円ヲ目的トナスベシ。

第六、頭取及ビ取締役ハ政府ノ特ニ撰任スルモノトス。

第七、検査役若干名ヲ置キ、官民互ニ其半数ヲ撰任ス可シ。

第八、本行ハ大蔵省ノ管理スルモノトス。

第九、本店ヲ東京ニ設ケ、各府県枢要ノ地ニハ支店若《も》クハ代理店ヲ置キ、全国ノ気脈ヲ通ズベシ。

但、漸次外国各地ヘ支店ヲ設ク可シ。

第十、官金取扱上ノ利益ハ之ヲ二分乃至三分シ、其一分ヲ本行ヘ下渡《さげわた》スベシ。

第十一、割引手形又ハ預リ手形等ノ発行ヲ許スベシ。

第十二、本行ノ営業ヲ分ツテ三部トス、即チ左ノ如シ。

第一　官金出納部

第二　普通営業部

第三　外国為替部

(出典)『松方伯財政論策集』(『明治前期財政経済史料集成』第一巻、四三三ページ)。

(1)俎はまないた。自分の職分をこえて他人の領域に出しゃばること。
(2)血液の通うすじ。また、気持のつながり。(3)原資。

【解説】 松方正義は一八八〇(明治一三)年六月に、太政大臣三条実美の下問に対し「財政管窺概略」を提出し、大隈の外債五〇〇〇万円募集に反対を表明した。この建議は、緊縮財政を通じて紙幣整理を実施し、中央銀行により兌換銀行券を発行するなどの松方の財政金融政策構想を示したものである。これらの政策構想は、大隈が外債募集断念以降に伊藤博文と連名で提案した内債五〇〇〇万円募集と中央銀行の新設による金融の正常化の構想と連続面をもっているといえるが、銀行分業についての構想など、独自の部分も多いものであった。松方は「財政議」において公債募集を全面的に否定し、中央・貯蓄・勧業の三銀行を設立し、紙幣下落の防止、貿易均衡の回復を図ることを主張した。八一年一〇月の政変によって大隈重信が政府から追われ、大蔵卿に松方が就任し、いわゆる「松方財政」が展開される。

106 紙幣整理の進展 一八七七—一八九〇年（→表106）

表106 紙幣整理の進展

年末	紙幣現在高(千円)			対銀貨一円紙幣平均相場(円)
	政府紙幣	国立銀行券	日本銀行券	
1877	105,797	13,352	—	1.033
78	139,418	26,279	—	1.099
79	130,308	34,046	—	1.212
80	124,940	34,426	—	1.477
81	118,905	34,396	—	1.696
82	109,369	34,385	—	1.571
83	97,999	34,275	—	1.264
84	93,380	31,015	—	1.089
85	88,345	30,155	3,653	1.055
86	67,800	29,501	39,025	1.000
87	55,815	28,604	53,235	1.000
88	46,734	27,679	62,995	1.000
89	40,913	26,739	74,297	1.000
90	34,272	25,810	102,931	1.000

（出典） 安藤良雄編『近代日本経済史要覧』第2版，東京大学出版会，1979年，p. 60より作成.

【解説】 明治十四年の政変によって一八八一年一〇月松方正義が大蔵卿に就任、ここに本格的な紙幣整理が行われることとなった。当時の貿易決済には銀貨が、国内では不換紙幣（政府紙幣・国立銀行紙幣）が利用されていた。本来は等価であった銀貨と紙幣は不換紙幣の増発で紙幣価格は大きく下落し、貿易収支の赤字で金銀正貨の流出が続いていた。そこで松方は、第一に紙幣と銀貨の差額がなくなるまで不換紙幣の流通量を縮減し、第二に正貨を買い入れて正貨準備を充実するという基本方針をたて、そのため増税・財政整理で確保した余剰金等を一般財政収入から捻出し、他方で準備金の運用として横浜正金銀行を通じて輸出為替資金を供給することによって正貨蓄積を図った。この急激な紙幣整理の過程は一面で「松方デフレ」という社会的混乱をも巻き起こし、中下級士族の没落と農民層分解を促進することになる。

107 田口卯吉の租税減少による富国論 一八八四年一月

去れば現時我政略を拝視するに、我日本帝国をして東洋の一大強国たらしめ、亜細亜《アジア》の東方に表立して武威を欧洲強国の間に歯《[し]》せしめんとの勢あり。是れ実に余輩の希望する所なりと雖も、兵は凶器、戦は危事、敵国外患の懼《おそれ》なきに当りて巨額の貨財を之に消費するは貧国の為めに策の得たるものにあらず。況はんや人民の方《まさ》に経済上の困難を蒙むるに於てをや。先づ国を富まし財を蓄へ東洋の一大商業国となりて、而して後兵備を厳にし敵国に備ふるの安全なるに如《し》かず。論者或ひは駁《ばく》して云はん乎《か》、此の如き政略を行ふときは、国富むと雖も他国の有とならんと。余輩は決して此の如き懼なきを保証する也。若し論者尚《な》ほ心に安んぜざれば、余輩は論者に向ひて「然らば四百万円の定額を海陸軍両省に増加せば能《よ》く之を防ぐに足るや」と問はざるべからず。要するに日本国にして現時の如き貧弱の有様ならんには、如何に勉むるも能く強国たるを得ざるべし。然らば則ち先づ経済上の諸病《しょへい》を救治し十分に力を養ひて、然る後兵備を厳にするを得策とせざるべからず。夫《か》の明治十三年以後頻《しき》りに租税を増加せらるゝに当りてや、人民尚ほ富む、故に之に感ずること極めて少なかりき。然れども米価下落を極むる今日に至れば、農民豈《あ》に之に感ぜざらんや。彼の酒造税、烟草税、米商会所の租税の如き、一々農民の頭上に感覚するものにあらざるなし。而して地方税に嫁せられたる租税の如きは、全く地租となりて農家に帰するものなり。然るを況んや近来干渉教育の政令(1)漸《ようや》く密にして協議費(2)の増加極めて驚くべきものあるをや。去れば余輩私《ひそか》に恐る、此際紙幣の波浪一たび退去するに至らば山谷高低一層の険峻を以て其頭角を顕はし、農民をして実に耐ゆる能はざらしむるものあらんことを。然らば則ち之を為すこと如何。明治十年の如く再び冗官を沙汰し其給料を減少し、干渉保護の政略を改め、軍備拡張の主義を緩《ゆる》くし、唯々我国をして東洋の一商業国たらしめんとの目的を以て租税を減少するにあるのみ。

(出典)『東京経済雑誌』第一九七号、一八八五年一月一九日。『鼎軒田口卯吉全集』第六巻、財政、一九二八年、一六四—一六五ページ。

(1)八〇年一二月に教育令が改正され、義務教育年限はそれまでの一年四ヵ月から三年に延長されるとともに、国庫より下付されていた小学校補助金が廃止された。(2)町村税のこと。七八年七月公布の地方税規則第三条に規定される。

【解説】　一八七七(明治一〇)年に『日本開化小史』を著し文明史家として知られていた田口卯吉は、七九年一月に『東京経済雑誌』を創刊し、自由主義経済学の立場から明治政府の保護貿易論・政商保護政策を批判し、「日本のアダム・スミス」と称された。田口は、官業の否定・民業保護の否定にとどまらず、租税軽減論、輸出入関税の廃止論、過度の軍拡反対論を説いてやまなかった。田口はこの論説において、紙幣整理と増税による「松方デフレ」のもとで沈潜する経済界や祖先伝来の田畑を手放さなければならない状況にまで疲弊した農村民に対する税の軽減を主張し、さらに壬午軍乱を機に高まった朝野の軍備拡充論をきびしく批判している。田口は強兵はあとに廻し、まず国を富まし財を蓄え、東洋の一大商業国となることが肝要であることを主張している。これは、山県有朋の軍拡論や松方財政とは決定的に対立する軍事大国の道ではないもう一つの国家構想である「小国主義」を主張するものであった。

108 工場払下概則　一八八〇年一一月五日／払下げ工場・鉱山等一覧表（→表108）

内務省　工部省　大蔵省　開拓使へ達

工業勧奨ノ為メ政府ニ於テ設置シタル諸工場ハ其組織整備シテ当初目算ノ事業漸ク挙カルニ従ヒ官庁ノ所有ヲ解キテ之ヲ人民ノ営業ニ帰スヘキモノニ付別紙概則ニ準拠シ其省使所管工場漸次払下ケノ処分ニ及フヘシ此旨相達候事　太政官

工場払下ケ概則

第一条　左ノ条件ニ適応シ且之ヲ承認スル者ハ論議ノ上工場一ヶ所若クハ数ヶ所ヲ払下クル事ヲ得ヘシ

一　数人合資ノ会社若クハ一人ニシテ必要ノ資本金ヲ出スノ力アルコト

二　各工場営業資本金ハ必ス払下ケノ際一時ニ上納シ且興業費ハ該工場ノ種類営業ノ難易等ヲ斟酌シ年賦上納ノ事

（出典）商工行政史刊行会編『商工行政史』上巻、一九五四年、一〇一一一〇二ページ。

【解説】明治政府は、近代産業育成と貨幣材料及び武器の確保を目的として、鉄道・鉱山を中心とする多くの官業を経営してきた。一八八〇（明治一三）年九月以降、財政政策の転換にともない、殖産興業目的の官業を民間に払い下げる決定をした。ここに掲げた工場払下概則の狙いは赤字累積を回避して財政負担を軽減する点にあったが、実際に払い下げが進んだのは八四年七月に鉱山払下げを実施してからであり、払下げ条件としては、数人合資の会社または個人で資本金を出す力のある者であり、実際には多少なりとも経営体験をもつ政商へきわめて低廉な価格で払い下げている。この一覧表にみられるように政府は、軍工廠及び鉄道・電信の払下げは考えておらず、その他の官業の払下げを通じて三井・三菱・住友・古河・浅野・大倉等の政商資本が財閥資本へ発展する重要な要素を与えるとともに、産業体系の再編成を図るものとなった。

109 福地桜痴「開拓使官有物払い下げに対する批判」一八八一年八月

諸君紳士同志ノ方々、凡《およ》ソ先入ノ師トナルハ人情ノ免カレザル所ニテ、余モ諸君モ倶《とも》ニ此情ヲ免カル、ニ能《あた》ハザル歟《か》。回憶スレバ明治十年ノ春ノ初ナリキ、隼人《はやと》ノ薩摩ノ壮士輩ガ磯ノ弾薬ヲ掠《かす》メ奪ヒテ謀叛《むほん》ノ旗ヲ鹿児島ニ翻《ひるがえ》シ、逆巻《さかま》ク勢ニテ肥後ノ国ニ攻上《せめのぼ》リ、西郷大将ナン実ニ其大将軍ニテ候ト申ス飛報ノ東京ニ達セシ時ニ当リ、薩摩ノ謀叛ハ左《さ》モアリナンガ、西郷ホドノ人ガ争《いか》デ理非順逆ノ弁《わきま》ヘモナク、サル謀叛ノ張本トナリ玉《たま》フコトノ候ベキトテ、余ハ一向ニ其事ヲ信ゼザリキ。其後ノ急報ニテ事実相違ナシト知レ渡リタルニ及ビテモ、余ハ此事猶訛伝《かでん》(1)ニヤアラン、虚説ニヤ候ハン、去ルニテモ西郷大将ハ謀叛ナンド企テラルベキ人ニハオハサヌモノヲト思ヒ、左右《そう》(2)ナク之ヲ確信スルコト能ハザリキ。是レ余ガ西郷ヲ信ズルノ篤《あつ》キ心ニ先入シテ師トナリシガ故ナリ。今ヤ開

表 108

	物　件	払下年月	投下資本（円）	払下価格（円）	条　件	払受人	のち所属会社
鉱山	高島炭礦	1874.12	393,848	550,000	20万円即納 残7年賦 利子6朱	後藤象二郎	三菱鉱業
	足尾鉱山	1877.3				古河市兵衛	古河鉱業
	油戸鉱山	1884.1	48,608	27,944	1万円払 残13年賦	白勢成熙	三菱鉱業
	中小坂鉱山	1884.7	85,507	28,575	20年賦	阪本弥八	廃止
	小坂銀山	1884.9	547,476	273,659	20万円25年賦 他16年賦	久原庄三郎	同和鉱業
	中島炭鉱	1884.9		50,000	即時払	岩崎弥之助	三菱鉱業
	院内銀山	1885.1	703,093	108,977	0.25万円即納 3.4万円10年賦 7.25万円5年据置 29年賦	古河市兵衛	古河鉱業
	阿仁銅山	1885.3	1,673,211	337,766	1万円即納 8.8万円10年賦 24万円5年据置 24年賦	古河市兵衛	古河鉱業
	大葛金山	1885.6	149,546	117,142	10.3万円15年賦 1.4万円3年賦	阿部　潜	三菱鉱業
	釜石鉄山	1887.12	2,376,625	12,600	年賦	田中長兵衛	日鉄鉱業
	三池炭礦	1888.8	757,060	4,590,439	100万円即納 残15年賦	佐々木八郎 （三井名義人）	三井鉱山
	幌内炭礦・鉄道	1889.12	2,291,500	352,318		北海道炭礦鉄道	北海道炭礦汽船
	佐渡金山	1896.9	1,419,244	1,730,000		三菱	三菱鉱業
	生野銀山	1896.9	1,760,866	含大阪製煉所			
造船	長崎造船所	1887.6	1,130,949	459,000	1.2万円納付済 52.7万円即納	三菱	三菱造船
	兵庫造船所	1887.7	816,139	188,029		川崎正蔵	川崎造船
化学工業	深川セメント	1884.7	101,559	61,741	25年賦	浅野総一郎	
	梨本村白煉化石			101		稲葉来蔵	
	深川白煉化石			12,121		西村勝三	品川白煉瓦
	品川硝子	1885.5	294,168	79,950	5年据置55年賦	西村勝三 磯部栄一	1892年廃止
紡績	堺紡績所	1878		25,000	15年賦	肥後孫左衛門	泉州紡績
	広島紡績所	1882.6	50,000	12,570		広島綿糸紡績会社	海塚紡績
	愛知紡績所	1886.9	58,000			篠田直方	1896年焼失
	新町屑糸紡績所	1887.6	130,000	150,000		三井	鐘淵紡績
	富岡製糸所	1893.9	310,000	121,460		三井	原合名
その他	札幌醸造所	1886.12		27,672		大倉喜八郎	札幌麦酒
	紋鼈製糖所	1887.3	258,492	994		伊達邦成	1896年解散
	三田農具製作所	1888.1		33,795		岩崎由次郎	東京機械製作所
	播州葡萄園 阿利葡萄園	1888.3	8,000	5,377	15年賦	前田正名	

（出典）　日本近現代史辞典編纂委員会『日本近現代史辞典』東京経済新報社，1978年，p.943・安藤良雄編『近代日本経済史要覧』第二版，東京大学出版会，1975年，p.57より作成．

拓使管轄官有物払下《はらいさげ》ノ一条ニ於ケルモ亦《また》之ニ同ジ。使庁ガ北海道開拓事業ノ為ニ十ケ年間年々一百万円ヅヽノ支給ヲ国庫ニ仰ガル、期限ノ早《は》ヤ本年ニテ畢《おわ》ルヲ以テ、善後ノ処分ニ及ブベシトテ、其巨大ノ官有物ヲ挙《あげ》テ非常ノ低価モテ之ヲ関西貿易商会〔マヽ〕ノ一手ニ払下ラル、コトニ議決アリト申ス風説ノ、数月前初テ余ガ耳ニ達セシニ当リ、争《いか》デ去ル理外ノ事ノ候フベキトテ、余ハ一向ニ其事ヲ信ゼザリシニ、其後愈々《いよいよ》事実相違ナシト知レ渡リタルニ及ビテモ、余ハ此事猶《なお》訛伝ニヤアラン、虚説ニヤ候ハン、去ルニテモ廟堂(3)ニ於テハ国家ノ共有物ヲ寵商ニ私スルノ評議行ハルベキ様ノアラヌモノヲト思ヒテ、亦左右ナク之ヲ確信スルコト能ハザリシ、是亦《これまた》廟堂ヲ信ズルノ篤キ余ガ心ニ先入シテ師トナリシガ故ナリ。然ルニ今ヤ不幸ニモ此ノ官有物払下一条ノ確説タル、復《ま》タ争フ可カラザルノ今日ニ際シテハ、正邪順逆ノ差違コソアレ、先入師トナリシガ為ニ天稟《てんぴん》ノ聡明ヲ蔽《おお》ハレ、今ニシテ漸ク長夜ノ迷夢ノ覚メタル心地セラル、ハ、余ガ太《はなは》ダ悲嘆ニ堪ヘザル所ナリ(喝采)。聴衆諸君ノ中ニモ或ハ余ト同感ノ方々オハサヾルニモ非ザルベシト推察シ候也(大喝采)。

(出典)『東京日日新聞』一八八一年八月二七日。

(1)誤り伝えられた事柄。(2)ためらわずに。簡単に。(3)政務をとる所。政府。

【解説】　一八八一(明治一四)年八月一日、明治政府は翌年の北海道開拓使の廃止を前にして、その官有物を薩摩出身の五代友厚・中野梧一等の関西貿易社を背後に控える北海社へ、きわめて安く払い下げる決定をした。これは、政府内部において薩摩派の黒田清隆が開拓使長官として、参議大隈重信や左大臣有栖川宮熾仁親王の反対を抑え七月末には天皇の裁可をえたものであった。民間においては、民権派の新聞を中心として政府当局者による公的財産の私物化だとする批判が続出し、政府は一〇月一一日ついに払下げを中止し、この事件が明治十四年の政変の契機になっていく。ここに掲げたのは、政府寄りの論陣を張る『東京日日新聞』主筆の福地桜痴(源一郎)による演説である。このように、政府派よりの論壇からも開拓使官有物払い下げ問題が、大きな政府の失態だと考えられていたのである。

3　在地の「富国構想」と農村の疲弊

110　荻原鐐太郎「在来産業の振興と富国構想」一八七九年七月

国ヲ富《とま》シ民ヲ利スルノ要ハ百業ヲ勧ムルニ如《し》クハナク、百業ヲ進ムルハ国民ノ勉励ニ由《よ》ラザルハナシ。方今我国貿易之権衡、輸出ノ輸入ヲ償《つぐな》ハザルハ、則《すなわち》憂国者毎々燎論《つねづねりょうろん》喋々措《お》カザルナリ。此レ則国民ノ怠惰ニ生ジテ其業ノ精美ニ進マザルノ為《な》ス所ニアルカ。本郡ノ有志夙《はや》ク茲《ここ》ニ見アリ。客歳既《すで》ニ碓氷精糸社ノ設ケアリ。然《しか》レ共《ども》其創立ハ磯部ニ胚胎《はいたい》、爾来倍々《ますます》其業ノ盛大ヲ加エ、今ヤ全郡ニ及ビ、已《すで》ニ其郡ヲ大別シテ十三組トシ、各工場壱ケ所ヲ設ケ、其結構ハ堅牢成美、而シテ之レヲ綜理スルヲ本社トシ原市村《はらいち》ニ建ツ。茲ニ全社ノ工事尽《ことごと》ク畢《おわ》ルヲ以テ、本日昇業ノ盛典ヲ挙行ス。幸ニ長官ノ臨場ヲ仰ギ、老幼衆庶群集シテ亦《また》此盛事ヲ祝ス。呼嗚《ああ》〔ママ〕盛ンナリト謂《い》ツベシ。抑《そもそ》モ此所以《ゆえん》ヲ詳《つまびらか》ニスルニ、当社主要之鍼点ハ各自勉《つとめ》テ精繭《せいけん》ヲ収メ糾合、不欺ノ良糸ヲ製糸、之レヲ海外ニ輸シ、信ヲ永遠ニ謀《はか》リ以テ産業ノ基礎ヲ堅フスル而已《のみ》ナラズ、輒《すなわ》チ国ヲ富シ己レヲ利スルノ画策モ亦此中ニ在リ。蓋《けだ》シ新栽之難キヲ起シ、好景ヲ久シキニ望マンヨリ、寧《むし》ロ固有之産業ヲ改良シ、之レヲ精密ニ趨《おもむ》カシムルニ如《し》クナカラン。是レ誠ニ方今ノ急務、報国ノ偉業ニシテ、邦家幸福ノ幾分ヲ裨《ひ》補《ほ》スルニ庶幾《ちかから》ン。冀《こいねがわ》クハ此旨ヲシテ社中加々《ますます》相親睦シ、能《よ》ク社則ヲ保守シ、而シテ将来社員ノ耐力ト工女ノ勉励トヲシテ月ニ年ニ倍々《ますます》隆盛ニ昇ランコト恰《あたか》モ旭《あさひ》之赫然タルガ如ク、光輝顕揚其好果ヲ期センコトヲ望ム。予幸《さいわい》ニシテ此美挙ニ陪スルノ光栄ヲ得、誠ニ抃舞《べんぶ》ノ至リニ不堪《たえず》、因《よっ》テ茲ニ祝辞ヲ呈ス。

（出典）　荻原家文書（中村政則・石井寛治・春日豊『経済構想　日本近代思想大系8』岩波書店、一九八八年、三四〇―三四一ページ）。

【解説】　荻原鐐太郎（一八四三―一九一六）は群馬県碓氷郡東上磯部村に里正（村役人）の子として誕生した。荻原は、生活の拠点から民富の形成をはかり、富村を構想することにより政府の殖産興業政策を村落レベルで受けとめて実践し、地方での勧業殖産のリーダーとして活躍した、いわゆる篤農型「豪農」であった。荻原は、同県の農民的組合製糸結社碓氷社結成に加わり、一八八五（明治一八）年に同社社長に就任し、以後、長くその地位にあった。ここに掲げた史料は、同社の創立一年後に新築された同社本社建物完成祝いの祝辞である。ここには、当時碓氷郡役所勧業科員として、碓氷社創立の実質的指導者であった荻原の富国と在来産業との関係についての考えが示されている。荻原は、農業にも技術を応用し、繭生産の能率を上げてゆくなど、科学的＝合理的思考を身につけていたといわれる。

111　林遠里「勧農社拡張旨意見」　一八九一年

生存競争ハ社会ノ通則ニシテ、而シテ国利民福ノ増進ヲ促カス所以ナリ、蓋シ其本ハ農工ノ二業ニアルナリ、夫レ農工盛ナルトキハ、貿易随カツテ興リ、貿易興ルトキハ民富ンテ、而シテ国富ム数ノ睹《み》易キ所ノ者ナリ、試ミニ之レヲ欧米諸国ノ富強ニ徴セヨ、陸ニ堅甲利兵ヲ置キ、海ニ鉄艦巨礟《きょほう》ヲ備フル者ハ是レ何故ソヤ、要スルニ是レ其富実ノ反影ニシテ其原因亦農工ノ二業ニ起リテ、商業又之レカ補ケヲ為スニアラサルハナシ、顧リミテ我カ国ノ現状ヲ見ヨ、富実果シテ存スルカ、軍備果シテ整ヘルカ、其人口ハ日ニ多キヲ加ヘテ、而カモ生産ノ益スルヤ甚タ少ナシ、開化ノ名アリテ而カモ文明ノ実ナシ、豈ニ長大息セサルヲ得ンヤ、若シ夫レ彼我ノ間一タヒ釁隙《きんげき》ノ開クルアラハ、何ヲ以テ之レヲ待タン、海陸ノ未タ完タカラサルヤ彼レカ如シ、又之レヲ如何ントモスル無カラン、是レニ由リテ之レヲ観レハ、我国今日ノ急務ハ殖産興業ヨリ先ナルハアラサルナリ、抑モ我カ国古来瑞穂ノ国ト称ス、其風土気候ノ諸穀ニ適シテ、以テ其財原ヲ農産物ニ取ルハ固ヨリ其所ナリ、然レトモ、古今ノ異時勢ノ変今ヲ以テ古ヘヲ見レハ、猶ホ進歩ヲ期セサル可ラス、余ヤ夙ニ稲作改良ノ方法ヲ研究シ、之ヲ実地ニ経験スル事多年、聊カ発明スル所ナキニ非ス、而シテ其法漸次地方ニ行ハレ、延テ三府三十県ニ及ホセリ、是ニ於テカ、来リテ教ヘヲ請フ者、迎ヘテ業ヲ受クル者、陸続トシテ殆ンド虚日ナシ、亦悦ハシカラスヤ、爰ニ余ノ嚮キニ聘ニ応シテ各地方ヲ巡回スルヤ、石川、京都、山口、鳥取、新潟ノ知事等余カ発明ノ方法ヲ承ケテ徳アリトシ、余ノ此業ノ為メニ多年家事ヲ拋チ、財産ヲ消費シ、負債ヲ生セシヲ聞知シ、若干ノ金員ヲ恵マレタリ、其芳志辞スルヲ得ス、承ケテ之レヲ領セリト雖トモ、之レヲ徒費スルハ又其志ニアラス、故ニ其幾分ヲ以テ勧農社ヲ設立スルノ基本トナセリ、余又曩ニ農商務省ノ命ヲ奉シ欧米諸州ニ巡遊スルヤ、彼我ノ景状ヲ対照シテ中心[マヽ]大ニ感発スル所アリ、帰朝後益本社ヲ拡張シ、規模ヲ盛大ニシ、多クノ実業者ヲ養成シ、米麦二作ヲ改良シテ、以テ農家ノ所得ヲ旧時ニ倍セシメン事ヲ期セリ、唯本社ノ創業日尚ホ浅ク、之ヲ拡張センニハ巨額ノ資金ヲ要シ、区々タル微力ノ能ク堪フル所ニアラス、故ニ止ヲ得ス四方有志諸君ノ賛成ヲ冀望スルニ至レリ、諸君幸ヒニ宇内ノ大勢ヲ達観シ、我国今日ノ情態ヲ察シテ以テ此挙ヲ賛成シ、多少ノ義捐金ヲ恵賜セラレン事ヲ、是レ独リ社業ノ振起ヲ図ルニアラサルナリ、国家ノ富実モ亦茲ニ期スレハナリ、諸君之レヲ諒セヨ、猶其方法ノ如キハ別項ニ具スルヲ以テ茲ニ贅《ぜい》セス

（出典）『福岡県史』近代資料編、林遠里・勧農社、一九九二年、一二三―一二四ページ。

【解説】　林遠里（一八三一―一九〇六）は、中村直三・奈良専二・船津伝次平と並んで明治三老農の一人に数えられる人物である。老農とは、明治初年、特に一八八〇年代から九〇年代にかけて、明治政府の勧農政策の一部を担いつつ活躍した農村指導者であり、日本農業の発展に一定の役割を果たしたのちに、その役割を終えてゆく一群の人物である。しかし林は、福岡藩士として早良郡鳥飼村（現、福岡市）に生まれ、厳密にいえば、老農というよりは勧農家であり農業教育者であった。林による「寒水浸・土囲法」の農法の発案は、『勧農新書』（明治一〇年初版）にまとめられている。林は、一八八三（明治一六）年八月に自宅のある福岡県早良郡重留村（現、早良町）に勧農社という私塾を設立し、全国から青年を集めて塾生として訓練し、終了したものには社員としてこれを地方に戻し、もしくは各地に巡

回教師として派遣して、林の農法の指導にあたらせた。

112 マイエット「日本農民の疲弊及び其救治策」一八九一年

第三十二章

日本に於ては所謂る豪農と称する者其数決して少きに非ざれども、多くは其所有地を数多の小作地に区画して他人に耕作せしめ、其自ら進みて大耕作に従事する者甚少きことは既に殿下　瞭知せらるゝ所ならん。而して、明治年代に至り、僅に二三百人又は二三千人の豪農を増加したれども、此増加の割合に応じて、亦自ら大耕作に従事する者の増加したることを聞かず。故に豪農の増加に由りて国家の享けたる経済上の利益は実に僅少なるものにして、人口大約そ二百万に上る三十四万七千戸の下級土地所有者の破産流亡したるを償ふに足らざるや明かなり。

第三十三章

日本農民の疲弊は社会の危険を醸すこと、及、前陳の事実は従来健全なりし日本国の経済を衰弱せしめたることに就き、茲に、一々其例証を挙ぐるを要せざるべし。蓋し、従前は富裕にして土地所有者たりし数十万の農民も、今日は非常の困難に陥り、多くは独立の地位より小作人に零落し、農業に経験なきが為め、凶作の場合にも慈悲心なき市府の小資本家に向ひて小作料を払はざるを得ざるに至れり。是等農民の不満に禁へざること知るべきのみ。然れども、日本農民の性質聊か過激に失することは、明治初年以来屢ゝ暴動を起したるを以て之を証するを得べし。余の知る所を以てするも明治六年より同十七年に至るまでに十八回の暴動起り、其中、二三回は陸軍の力を以て漸く鎮圧するに至れり（拙著「日本農業の恐慌」に詳論すべし）。

日本農民の疲弊、若し今日と同一の速度を以て進行するときは、中級農民は十五箇年乃至二十箇年の後に全く消滅するに至るべし。即ち、今日現存する六十五万戸の中級農民は、殆ど、無一物の貧民と化し去るに至るべし。又、明治十九年の計算に依れば、僅に二百円以下の小耕地を有する農民、又は、他人の所有地を小作する農民は、大約そ四百万戸なりしを以て、今日に至りては、其数遥に増加したるや疑を容れず。是等の農民中には、嘗て、富裕なりしも一朝貧困に陥り此等級に下りたる者あるを以て、不平の声常に此中に沸騰す。而して、最困難を極め赤貧洗ふが如く、高利の負債山を為す者も亦此種の農民に在り。此種の農民の数実に二千万人乃至千三百万人、即ち、殆ど一国民の多きに居るに、今日の如く毫も彼等の需要に応ずるの道を講ずる者なきは不注意の極と謂はざるべからず。

（出典）滝本誠一・向井鹿松『日本産業資料大系』第二巻、中外商業新報社、一九二六年、三九六－三九七ページ。

【解説】　パウル・マイエットは一八四六年にドイツで生まれ、一八七五―七七年の間に御雇外国人教師として来日したといわれる。日本でのマイエットの活動は二つの時期に分けられる。来日から八二年六月末までの前期においては、主として大蔵省にあって大隈重信のブレインとして活躍し、明治十四年の政変をへた八四年から九三年の離日の後期においては、山県有朋と関係を結び逓信省や農商務省の顧問として活躍した。八二年からの「松方デフレ」は農村を襲い多くの農民は呻吟する。マイエットは地租軽減によって農事改良心・企業心をおこし、穀物貿易を盛んにし、農業保険を実施することが、農民の困難を救う道であるとの立場から、愛情をもって日本農民の観察をつづけ、自作中農が減少し、地域差を示しながらも農民層分解が急速に進展した実態を分析し、それが主として自作農の土地喪失によって進行したことを論述している。

4　さまざまな経済構想

113　前田正名「直輸出奨励策の提言」　一八七九年一〇月

我輩ハ天下ノ事業ニ就キ、坐上ノ空理ニ眩迷シ、民間ノ実況ニ背馳スルヲ喜バズ、能ク民情世態ニ適応スルノ法ヲ設ケ、之ヲ実行セント欲スルモノナリ。

我輩身ヲ外国貿易ノ市場ニ措《お》(1)キ、其現状ヲ熟視スルニ、開港以来貿易ノ権理ハ常ニ外商ニ掌握セラレ、其圧抑ヲ受クルモノ年一年ヨリ甚シ。故ヲ以テ輸出入ノ不平均ヲ生ジ、随テ正貨ノ濫出ニ係ルモノ一年平均七百万円ノ多キニ至レリ。

今ヤ速《すみやか》ニ商権ヲ恢復シ貿易ノ体面ヲ一変セザルトキハ、正貨ハ益々《ますます》不足シ、紙幣ハ益々下落シ、物価益々騰貴シテ、全国ノ勢力萎靡《いび》衰頽、遂ニ言フ可カラザルノ惨状ニ沈淪スルハ、蓋《けだ》シ遠キニアラザルベシ。

天下公益ノ事業頗《すこぶ》ル多シ。之ヲ挙ゲテ一斉ニ着手セントスルカ、我輩決シテ其能ハザルヲ信ズルナリ。

我輩ハ先ヅ其順序ヲ定メ、其最モ先キニス可キノ事業ヲ先キニシ、着々施行シ、速ニ実利実益ヲ起シ、危殆ヲ救ハント欲スルニ急ナルモノナリ。

天下急要ノ事業トハ何ゾヤ。我輩謂《おも》ヘラク、直接貿易ヲ開キ、商権ヲ恢復シ、正金ヲ収メ、紙幣ヲ維持シ、以テ国勢ヲ恢張スルニ在ルナリト。

商権恢復ノ事、一日遅緩スレバ一日ノ損失ヲ招ク。故ニ直接貿易ハ現今最要ノ急務タリ。果シテ然ラバ、苟《いやしく》モ天下ノ志士タルモノハ、当《まさ》ニ進ンデ此事業ヲ興起スベシ。豈徒《あにいたずら》ニ空理ニ惑ヒ、実況ヲ顧ミズ、以テ今日ヲ永フスルノ秋《とき》ナランヤ。況《いわん》ヤ当路ノ人ニ於テヲヤ。

直接貿易ノ事、固《もと》ヨリ甚ダ容易ナラズ。然レドモ我輩沈思黙按時勢ノ運行ヲ察スルニ、其之ヲ行フ、今ノ時ヲ然リトス。其方法ノ大要等、下文ニ於テ開陳スルコトアラントス。

直接貿易ヲ開クトキハ、其利益ヲ約シテ左ノ二項トス。
第一項　商権ヲ恢復シテ物品ニ正当ノ価ヲ得ル事
第二項　物品ヲ改良シテ需用者ノ信用ヲ篤《あつ》フスル事

或ル論者ハ、直接貿易ヲ開クトキハ直接ニ莫大ノ利益ヲ占ムルト思ヘルモノアリ。今直接ニ輸出スレバトテ、其品物ニ就キ強《あなが》チ倍多ノ利益ヲ占ムルモノニ非ズ。時ニ取リ品ニ依リテハ、或ハ居留地(2)ニテ売却スルヨリ反《かえっ》テ利益ノ少ナキコトモアラン。然レドモ、上文第一項商権恢復ノ一点ニ至リテハ、其利益ノ大ナルコト一物一品上ノ利益ト固ヨリ同日ノ論ニ非ズ。又或ル論者ハ、直輸ノ利益ハ只《ただ》貿易者流ヲ益スルノミニ止マルモノトシ、第二項内地製産者ガ物品ヲ改良シ需用者ノ信用ヲ篤《あつ》クスルノ大利益タルヲ知ラザルモノアリ。此《かく》ノ如キモノハ皆貿易ノ実況ニ暗キノ致ス所ニシテ、迂モ亦甚シト謂フ可シ。斯ク直接貿易ヲ軽々考察シ去ラル、ハ、我輩ガ最モ遺憾トスル所ナリ。

(出典)　前田正名『直接貿易意見一斑』博文社、一八八一年、一―四ページ。

(1)外国商人。(2)開港場の外国人居留地。

【解説】　明治政府のなかでも特異な位置を占める若手官僚として、前田正名があげられる。前田は一八七八(明治一一)年にパリ万国博覧会事務官長として二度目のフランス留学に派遣され、翌年に帰国するという海外経験をもっている。前田は、当時の日本の輸出額のうち外商の取扱い高が九〇%前後におよび、日本商人が外商の支配下にあった状況を打開しようとした。すなわち貿易に関して横浜居留地で外国商館を経由しないで、日本商社が直接海外の顧客と取引をする「直接貿易」(直輸出)によって輸出を伸ばす具体策を提起し、大隈財政期の直輸出政策のイデオローグと見なされた。前田はさらに八三年一月に一年余にわたるヨーロッパ経済調査から帰国し、同年八月に農商務省内で『興業意見』の執筆に取り組み、翌年八月に『興業意見・未定稿』を脱稿した。しかし、大蔵卿松方正義の批判を受け、地方産業振興のための興業銀行設立構想等の中心部分を全面的に削除されることになる。

114　生糸荷預所事件についての新聞論説　一八八一年一〇月

熟々生糸聯合荷預所設立ノ始末ヲ聞クニ、我横浜商人ハ外人居留地ト云ヘル城廓ニ割拠シ、其商業取引上彼レ得意先《(カストメル)》トナリ我レ荷主トナルトキハ、我ハ彼ノ商館ニ荷物ヲ運ビ数日間彼レガ倉庫内ニ荷物ヲ預ケ置キ、売ルト売ラザルノ権我ニアラズシテ、買フト買ハザルノ権彼レニ専有セラレザルヲ得ズ。之ニ反シ、彼レ荷主トナリ我レ得意先トナル場合ニ於テハ、我ハ彼ノ倉庫内ニ行キ其物品ヲ買ハザルヲ得ズ。彼ハ座シテ其物品ヲ売リ、我ハ行テ其物品ヲ売リ、加之《[これにくわう]》ルニ外人中狡猾無恥ナル商人ハ日本荷主ノ物品ヲ己レガ倉庫内ニ数日間留メ置キ、其間ニ本国ヘ電報ヲ以テ生糸ノ直段《[ねだん]》ヲ聞合セ、本国ノ市場生糸騰貴ノ気配ナレバ其物品ヲ取リ、下落ノ気配ナレバ物品ヲ返還スル者アリ。或ハ日本荷主ノ物品ヲ留置中私《ひそ》カニ典シテ一時ノ融通ヲ為ス者アリ。或ハ外人貨物ヲ引取ルニハ百斤ハ百斤ノ価ヲ払ハザルヲ得ザレドモ、外人ガ日本ノ荷物ヲ引取ルニハ二歩五厘ナル者アリ。例ヘバ日本商人百斤二歩五厘ノ斤量アル生糸ヲ外商ニ売リ込ムニ、此二歩五厘ハ全ク直段外ノ者トナリ、只百斤ダケノ価ヲ売主即チ日本人ニ交附スレドモ、外人荷主トナリ日本商人買主トナリ外人ヨリ百斤二歩五厘ノ唐糸ヲ我ニ売込ム時、彼一厘モ猶予セズ、百斤二分五厘ノ価ヲ我ヨリ受取ルニアラザレバ承諾セズト云ヘリ。是レ豈ニ世界商業ノ通法ナラン乎。是ヲ以テ横浜商人某等ハ此不当ノ取引ヲ救治セン為メ、明治十年頃ヨリ一商社ヲ立《たて》ンコトヲ企タルモ、時未ダ至ラズ荏苒(1)歳月ヲ経ルノ間、昨明治十三年、渋沢(2)、原(3)、茂木(4)、馬越(5)、朝吹(6)諸氏ノ発意ニテ生糸受渡改良ノ法ヲ立ント英人ウイルキン氏(7)ニ謀リタレドモ、同氏モ従来壟断ノ利(8)ニ恋々タルニヤ此事ニ同意セズ、之レニ一言ノ答モ為サヾリシ。渋沢、原其他ノ諸氏ハ外人ノ承諾ナキヲ見テ、空《むなし》ク従来ノ取引ヲ其儘ニ存シ見ス〳〵外人不当ノ下ニ商業ヲ営ムハ本意ニアラザレバ、本年三月生糸受渡所ヲ企テ、次デ去月十五日之ヲ生糸荷預所ト称シ、大ニ日本ノ商権ヲ横浜港内ニ振ハントシタルヨリ此紛議ヲ生ジタルナリ。

（出典）『東京横浜毎日新聞』一八八一年一〇月五日。句読点を付した。

（1）じんぜん。物事がのびのびになるさま。（2）渋沢喜作。（3）原善三郎。（4）茂木惣兵衛。（5）馬越恭平。（6）朝吹英二。（7）A. J. Wilkin.（8）商取引の利益を独占すること。

【解説】　一八八一（明治一四）年秋、売込手数料や売込慣習上の詐欺瞞着を打開しようとした横浜の生糸売込商と外商（外国商人）とが対立した聯合生糸荷預所事件が起こった。これは売込商が、永年の外商の横暴に対抗するために、横浜に聯合生糸荷預所を設置し、品質検査や取引を同所で行うことによって公正さを図ろうとしたのに始まる。これに対して、外商は自由貿易の原則に反するとして、不買を通告した。紛争は九月から二カ月間に及び、その過程で紛争は地方製糸家や銀行家を巻き込む国民的規模での商圏回復運動にまで発展した。結果的には事件の長期化を懸念した地方荷主の反発・直輸出会社の同伸会社の離反・荷預所の資金の行き詰まり等により売込商側の敗北に帰したが、新聞や雑誌はこの事件を大々的に取り上げ、その過程で国権主義への志向をも示すにいたった。

115　徳富蘇峰「田舎紳士論」　一八八七年二月

他人よりも未だ有力なりと認められず、自家に於ても未だ有力と認めずして、其勢力の漸々と政治上に膨脹し来るものは、それ唯だ田舎紳士なる哉。田舎紳士とは何ぞ。英国にて所謂《いわゆ》る「コンツリー、ゼンツルメン」(1)にして、即ち地方に土着したるの紳士なり。彼等は多少の土地を有し、土地を有するが故に、土地を耕作するの農夫、農夫によりて成り立ちたる村落に於ては、最も大切なる位地を有せり。生活に余裕あるに非ざれども、亦不足なるにも非ず。貴族程に尊大ならざれども、亦た水呑百姓の如く憫然《びんぜん》にも非ず。大なる楽みなきも、亦た大なる憂ひなく、大なる栄へなきも、亦た大なる辱しめなく、村民よりは愛せられ、親《した》しまれ、敬せられ、彼等は村内の総理大臣とも云ふ可く、総《すべ》ての出来事皆な彼等の指揮によりて決し、彼等の前庭は村内の公園とも云ふ可く、花晨《かしん》月夕《げっせき》(2)村内の児女皆な来り遊び、彼れ等の勝手の坐敷は村内の倶楽部《クラブ》とも云ふ可く、春祝秋祭、村内の父老皆な来り会す。家を囲むの鬱葱《うっそう》たる喬木は恰《あたか》も村の神樹の如く、村民の崇拝心は自然に鼓舞せられぬ。此の如く土地の上より、門地の上より、習慣の上より、云ふに云はれぬ一種の勢力を其地方に有するものは、是れ則ち田舎紳士なり。此の人々が、何故なれば其勢力を今日の政治上に増加せんとするの兆候ありや。曰く、彼等は純乎たる士族よりも、純乎たる工商人よりも、今日政治上の境遇に最も恰当《こうとう》したる資格を古《いにし》へより養ひ得たればなり。(中略)

天下国家の事を思ふて一身一家を忘るゝに至らず、一身一家の事を思ふて天下国家を忘るゝに至らざる、新日本の新人民なるものは、乃ち之を我が田舎紳士に求めざるを得ず。而して田舎紳士なる者が、何が故に斯くの如く恰当《こうとう》なる資格を有するやを知らんと欲せば、敢て難きに非ず。何となれば彼等は従来半士半商の性質を養ひ得たる者なればなり。士族は純乎たる消費者なり。即ち生産者の生産したる所の者を自由に消費して、常に身を治者の位地に置けり。工商は純乎たる生産者にして、其職とする所は士族に給するに在り、而して其位地恒《つね》に被治者に在り。独り田舎紳士に至ては、自家の生産したる所のものを、自家自から之を消費し、敢て純乎たる被治者に非ざるも、亦た純乎たる治者に非ず、恰も従来士族と工商の中間に其位地を占め、平生積習の致す所、知らず覚へず、二者の性質を混淆せざる可からざるに至れり。彼等は時として商売往来(3)を読めども、亦時としては論語を読む事あり、時としては撃剣を学べども、亦時としては算盤《そろばん》も学び、斉《ひと》しく是れ一の馬なれども、農事の忙はしき時には之を農馬として用ひ、農事閑なる時には乗馬として之を用ひ、其小作人地方の小民に接する時には、純乎たる治者の如く、其地方の代官奉行に接する時には、純乎たる被治者の如く、総じて論ずれば、封建平民の酸味を嘗めたれども、未だ卑屈なるに到らず、封建武士の甘味を喫したれども、未だ高慢なるに及ばず、不充分ながらも社会全体の情味を知り得て、社会一部分の境遇に圧抑せられざるものは、先づ此の田舎紳士なりと云はざる可らず。

（出典）『国民之友』第一六号、一八八七年二月一七日、一―三ページ。

（1）コンツリー、ゼンツルメン country gentlemen. ジェントリ（gentry）のこと。イギリスの中世後期から現れたジェントルマンの階層で、身分的には貴族と独立自営農民の中間に位置していた。（2）花の咲く朝と月の出ている夕。春の朝、秋の夜の楽しい時。（3）商売に関する教科書的な書物。

【解説】　徳富蘇峰（一八六三―一九五七）によって著されたこの論文は、通称「田舎紳士論」として知られているものである。田舎紳士とは英国のジェントリとの対比から考え出されたものであり、その実態は大地主ではなく、小地主・豪農層を指していた。維新変革によって士族が没落し、それに代わり「田舎紳士」が登場する。蘇峰は、一国の運命を左右するものは「中等民族」（中間層）の成長如何にあると考え、その主体となるものとして「田舎紳士」を想定し、「下からの」資本主義化、近代的国民国家というビジョンを提示した。しかし、蘇峰が期待した田舎紳士＝豪農層は産業革命の過程で分解し、その上層は寄生地主へと転化していった。田舎紳士は小作料に寄食する寄生地主へ上昇転化したことによって、生産的機能を失った。こうして平民社会に代わって出現したのは、寄生地主・中小地主・在村耕作地主の社会的序列をもつ地方名望家社会であった。

5　政商と財閥

116　岩崎弥太郎の三菱会社社制改革に際しての告諭　一八七五年五月

抑《そもそ》モ政府ナルモノハ、全国人民ニ代《かわり》テ事ヲ為スモノナリ。而シテ我政府ハ現ニ内外航海ノ大権ヲ回復スルノ大責ヲ余ニ委シタリ。余モ亦進取シテ此重任ヲ荷《にな》ヘリ。然ラバ則余ハ全国人民ノ為メニ事ニ此ニ従フモノナレバ、其義務モ亦重大ナリト云フベシ。既ニ此重大ナル義務ヲ進取セル以上ハ、飽クマデ此義務ヲ尽サヾルベカラズ。此ニ至テ余ハ昔日ノ余ニ非ズ、社モ亦昔日ノ社ニ非ズ。昔日ノ事、我一家ニ関セリ。今日ノ事ハ我全国ニ及ベリ。故ニ昔日ニ行フ所ノモノハ以《もつて》今日ニ行フベカラズ。昔日ニ要スル所ノモノハ権ナリ、今日望ム所ノモノハ正ナリ。正権各《おのおの》其趣ヲ異ニセリ。宜《よろ》シク之ヲ思ハザルベカラズ。

余ハ今重大ナル義務ヲ分ツテ各位ト与《とも》ニ之ヲ尽サンコトヲ約セリ。此重大ナル義務ヲ荷ヒタル余及ビ各位ハ、已ニ昔日ノ進路ヲ従フベカラズ。公明公平ノ正路ニ由《より》至当至切ノ運賃ヲ定メ、厳然不抜ノ定律ヲ建テ、全国海運ノ規則ハ我ヨリ其例ヲ掲ゲザルベカラズ。想フニ社中間此《（ママ）》ノ意ヲ通知スルアタハズ、今日ニアリテモ猶《なお》昔日ノ旧慣ニ拘泥シ、務《つとめ》テ荷主ノ意ヲ迎ヘ運価ヲ左右シ、其意ヲ恣《ほしいまま》ニセシメ、我ヨリ規則ヲ紊《みだ》ルコトナキニ非ズ。思ハザルベケンヤ。

我既ニ政府人民ニ代《かわり》テ重大ナル責任ヲ荷ヘリ。今ニ而《し》テ我ニ一定ノ規律ナク、因循卑屈、務メテ近利[ヲ]ノ要求スルハ、是豈《あに》我政府ノ我ニ任ズルノ意ナランヤ。抑《そもそも》我国現今之形勢、切ニ海運ヲ要スルヲ知ラズ。国ニ一艘ノ船ヲ増セバ世ニ一艘ノ便ヲ殖シ、其利益ハ即《すなわち》全国人民ノ頭上ニ落《お》ツルノ理ナリ。我方《まさ》ニ全国人民ノ為メニ義務ヲ尽サントス。苟《いやし》クモ他ノ船舶アリテ人民ニ利アラバ、我ト並立シテ共ニ国家ノ利益ニ供スベシ。将《は》タ何ゾ争ヒヲ要センヤ。

我輩ノ今日務ムル所ノ者ハ他ニ非ズ、厳然タル規律ヲ内ニ定メ、堅忍持重《じちょう》、確乎トシテ動カズ、到底斯《こ》ノ大業ヲ成立シ、漸進徐歩以テ我進路ノ前ニ横《よこた》ハリタル妨碍ヲ払ヒ、航海ノ大権ヲ我皇国ニ恢復スルニ在リ。故ニ今日ニ在リテハ決シテ昔日ノ措置ニ慣《なら》フベカラズ。願《ねがわ》クハ各位眼ヲ以上ノ大義務ニ注ギ、後来ノ着意ヲ誤ルコト無カランコトヲ。

（出典）合資会社三菱本社総務部編『社誌』第二号、九九―一〇〇ページ。

【解説】　岩崎弥太郎（一八三五―一八八五）は土佐藩の地下浪人（郷士職を手放し農民化した者）の家に生まれ、一代で三菱財閥の基礎を築いた人物として知られる。廃藩置県に際し土佐藩大阪表の全財産を継承し九十九商会（三菱商会）をおこし、海運界に独占的地位を築いた。岩崎が中央政府と密着した政商として発展しはじめたのは、一八七四（明治七）年の台湾出兵の輸送を担当してからである。翌年一月、三菱会社は上海航路へ進出しつつ日本の沿岸航路からアメリカのパシフィック・メイル汽船会社等の外国海運を駆逐するが、それは同時に国内での独占的地位を固める過程でもあった。この告諭は、政府の保護を受けるにふさわしい社制改革を行うに当たり、社員に意識の転換を求めるものである。この後、岩崎は為替業・海上保険業にも事業を広げ、大隈重信とも結びついていった。

117 渋沢栄一「本邦工業の現状」講演　一八九〇年一二月

明治十四五年頃より奨励したる工業は今や漸く其形の成りたるまでにて、外観甚だ盛んにして喜ぶべきに似たりと雖も其内部を解剖するときは未だ賀するに足らざるなり。一体日本人は人が善しとて為せば輒《たやす》く之を軽信し、自ら考へ自ら胸算当を為して此は果して利益あるべし彼は必ず成功すべしと断案を立てて事を成さゞるの傾向あり、此傾向は誠に吾人の慎みを避くべきものなり。日本人は智識未だ十分ならざるより、如何なる事を為して真に利ありや否やを研究せず、自ら労することを為さずして、人が労し苦みて之は善からん之は利あらんと云へば直《ただち》に之を真似するが故に、善きも悪しきも人真似を為し、人が風を引けば己も風を引くと云ふ有様なり。先に紡績業は我国に利あるべしと勧励せしに、幾十の紡績会社を起せり。一般の事皆然り。工業の勃興したるは工業の盛大を望みて勃興したるものにあらずして主として株式の売買を目的としたるものなり。斯る会社の起るは真実工業家は甚だ迷惑に思ふなり。真の工業家は甚だ之を悪《にく》み、之を憂ふる者なり。

昨年までは甚だ盛況を装ひたる工業社会が、今年の春より今日まで大なる困難を感じ、実際惨状に陥りたるは、(第一)会社勘定に困りたること、(第二)に輸出品少なくして輸入品の多かりしこと、(第三)株主が会社の利益を外にして株式の利益に熱中すること、其主因たらずんばあらず。然れども此等の事情は早晩消滅すべきものなり。果して然らば工業は今後利益あるや否を熟考すること最も肝要なりとす。私は此業を為し遂げんと初めより固く信じたり。又今日利益の少きもの或いは全く之なきものは、右の三原因に妨げられたるにはあらずして未だ利益を得るに至るの時間なきに由るもの甚だ多し。然るを世人が山師連の事業を見て大に驚き、凡そ工業は危険なりとして此等の会社に対し其払込みを厭《いと》ふ者あるは私も大に憂ふる所なり。尤も其設立したる儘のもの、及《および》成立に困難するものは全く最初に十分の考へもせず調査もせず、人真似に依りて成りしもの又は株式売買を目的として組織せられたるものに係るもの多し。然れども斯るものあるが為に、真に望みあるものまでも同一視せられて株金の払込を拒むが如きものも亦少しとせず、誠に惜むべきことにあらずや。之を我工業の現状と見て不可なからん。

果して然らば将来に向ひては如何営業は継続するや否やの疑問を起すならんか。凡《すべ》て事物は一直線に進み行かるゝものにあらず、或いは倒れ或いは躓《つまず》き種々の艱難を経《へ》、辛苦を嘗《な》めて成功を見るべきものなり。物を造るにも長かるべきを短くし、狭かるべきを広くする等種々失策を為したる後、漸く精巧の称を得るに至るべし。即ち途中に障害のあるべきは予《あらかじ》め之を期せざるべからず、其躓きあるがために望み絶えたりとはいふべからず。故に工業にも前述せるが如き出来事ありしがために将来に望みなしとは決していふべからず。是よりは更に忍耐し、更に勉強するこそ肝要なれ、決して落胆し決して失望すべからざるなり。

(出典)　渋沢青淵記念財団竜門社編纂『渋沢栄一伝記資料』別巻五、講演・談話(一)、一九六八年、五—六ページ。

【解説】　本史料は、株式会社制度の採用を唱え、多くの会社の設立にかかわった財界のリーダーであり「在野の官僚」といわれた渋沢栄一(一八四一—一九三一)によってなされた演説である。渋沢は、一八六九(明治二)年に大蔵省に出仕し七二年には大蔵大丞となったが、翌七三年に井上馨とともに下野している。同年には第一国立銀行(のちの第一銀行)を設立してその総監役となり、近代的金融・信用制度の確立に尽力し、「我国財界の大御所」として、日本資本主義の形成・発展に指導的な役割を果たした。この演説も政府に対する建議ではなく、渋沢の明治初年以来の体験を踏まえた日本経済論ともいうべき内容をそなえている。ここでは、九〇年の恐慌に際して、鉱工業の現状と将来を論じているが、渋沢の実業に対する揺るぎない確信から楽天的な見通しを述べている。

6　資本主義の本格的進展

118 日本銀行創立の議　一八八二年三月一日

伏シテ惟《おもん》ミルニ維新以来政令法度丕《おおい》ニ更張ヲ図ルト雖モ、独リ財政ノ一途ニ至テハ未タ其宜キヲ得サルモノ殊ニ多ク今其最モ大ナル者ヲ挙クレハ、曰《いわく》金融ノ梗塞ナリ、曰利息ノ昂騰ナリ、曰兌換紙幣ノ未タ国内ニ行ハレサルナリ、曰会社銀行等ノ資力拡張スルニ由ナキナリ、曰国庫出納ノ便益ヲ図ルノ機関ナキナリ、曰手形割引ノ未タ全国ニ普行セサルナリ、此数者ハ財政上ニ於テ最モ重要ノ関係ヲ有スルモノニシテ、我邦財政ノ萎靡《いび》振ハサル所以ノモノハ職トシテ是ニ之レ由ル、苟モ今ニ及テ大ニ釐革《りかく》更張スル所アルニアラスンハ其レ将《はた》何レノ日カ之ヲ救治スルヲ得ンヤ、曩者《さきに》国立銀行正金銀行等ノ設ケアルヤ其効亦観ルヘキモノ無キニ非スト雖モ之レヲ要スルニ一時済急ノ策ニ出テ、亦未タ財政救治ノ偉功ヲ奏スル能ハサリキ。今若シ我国財政ノ困厄ヲ救治セント欲セハ、先ツ中央銀行ヲ設立シ之ヲ名《なづ》ケテ日本銀行ト称シ以テ全国理財ノ枢機ヲ執ラシムルヨリ良キハ莫カルヘシ。抑々《そもそも》中央銀行ノ制タル政府ノ監護ヲ受ケ財政ノ要衝ニ立チ、民間金融ノ壅塞《ようそく》ヲ開キ国庫出納ノ便益ヲ助クル者ニシテ、欧洲諸国能ク今日ノ富強ヲ致ス所以ノモノ固ヨリ一ナラスト雖モ、蓋《けだ》シ亦中央銀行ノ力与テ居多ナリト謂ハサルヘケンヤ。且夫レ幣制ハ一国財政ノ最モ重要ナルモノナレハ、我邦今日ノ不換紙幣ノ如キモ、其ノ減スヘキハ之レヲ減シ、終ニ他日兌換ノ制ニ復センコト是レ正義カ夙夜《しゅくや》切望スル所ナリ。然リト雖モ事ヲ挙ル必ス順序アリ先後アリ、若シ幣制ノ改良ヲ望マハ先ツ中央銀行ノ設立ヲ以テ第一着手ト為サヽル可カラス。故ニ正義我邦慣習ノ利弊ヲ察シ、各国財政ノ得失ヲ考ヘ、深ク之ヲ既往ニ鑑《かんが》ミ遠ク之ヲ将来ニ慮リ、此ニ日本銀行条例ヲ草シ、別ニ日本銀行定款一冊及ヒ日本銀行創立旨趣ノ説明一冊ヲ添ヘテ以テ上ル。但此定款ナル者ハ本条例裁定頒布ノ上条例第二十三条ノ主意ニ基キ、日本銀行ヨリ之レヲ政府ニ奉呈セシメ其認可ヲ得テ之ヲ実施執行セシムヘキ者ナリト雖モ、今其組織営業等ノ詳細ヲ示サンカ為メ此ニ之ヲ付呈ス。而シテ其主趣ノ若〔こと〕キハ別冊説明ヲ以テ詳悉開申ス。請フ之ニ就テ覧観ヲ賜ハランコトヲ、且此説明中ニ記載スル政府ニテ日本銀行資本ノ半額ヲ引受ケ、之レカ株主トナルノ一議ニ至テハ更ニ他日ヲ以テ稟議上請スルコトアラントス。顧〔ママ〕フニ此挙ヤ我邦財政ノ機関ヲ一変スルノ重事ニシテ、固ヨリ一朝一夕ニシテ其成功ヲ期ス可キニ非スト雖モ、若シ能ク今日ニ及テ姑息ニ安ンセス、躁急《そうきゅう》ニ走ラス目途ヲ永遠ニ期シ進歩ヲ漸次ニ取リ、一意黽勉《びんべん》敢テ倦怠《けんたい》スル勿《なく》ンハ則チ数年ヲ出スシテ金融開通シ国産繁殖シ我日本帝国ノ財政始メテ更張振作スルヲ得ヘキハ断シテ疑ヲ容レサル所ナリ。伏シテ冀《ねがわ》クハ国家財政ノ利弊ト既往将来ノ時勢トヲ洞察セラレ速ニ日本銀行創立ノ儀ヲ裁定シ其条例ヲ頒布セラレンコトヲ。

（出典）『明治財政史』第一四巻、一三—一四ページ。

【解説】中央銀行設立については、一八八一（明治一四）年七月に大隈重信・伊藤博文の両参議によって提出され裁可されていたが、同年一〇月の政変によって大隈が失脚したため、中止されていた。松方財政下の急激な紙幣整理により、銀貨と紙幣の価格差はほとんど消滅し、貿易収支も八二年以降黒字＝出超に転じた。ここに政府は中央銀行の設立により、兌換制度を実施することを図った。日本銀行は同条例によって同年一〇月一〇日、資本金一〇〇〇万円・半額政府出資・総裁は勅任、副総裁は奏任・大蔵卿の監理官設置・国庫金出納の取扱・兌換銀行券発行の特権が付与されるなど、政府との緊密な関係をもち営業を開始した。翌年には国立銀行条例が三度目の改正を受け、銀行券の銷却と国立銀行の私立銀行の転換が図られ、近代的金融制度がさらに整った。

119 企業勃興　一八八五年・八九年（→表119）

【解説】「松方デフレ」をへて、一八八六（明治一九）年を転機として深刻な不況が回復に向かった。紙幣整理そのものが基本的に完了し、前年からの日本銀行兌換券の発行と政府紙幣の銀貨兌換の開始、不況下での預貯金の蓄積と日本銀行による資金の供給が金利水準を低下させ、資本制企業の設立に有利な条件を提供した。これより八九年にかけて、企業の本格的な勃興期が到来したのである。この企業勃興はまず鉄道業に始まり、綿

表119　企業勃興

部　門	1885(明治18)年		1889(明治22)年	
	会社数	資本金（千円）	会社数	資本金（千円）
農　業	78	1,450	430	8,119
工　業	496	7,771	2,259	70,199
紡　績	11	905	41	12,616
製　糸	136	985	711	5,438
鉱業・精錬	—	—	130	6,790
運　輸	80	25,585	299	69,859
鉄　道	—	(6,836)	15	44,683
水　運	—	*14,593	139	17,553
商　業	625	15,854	1,079	35,438
銀行業	1,103	86,613	1,049	94,075
合　計	2,382	137,273	5,116	277,690

（注）（　）内は払込資本金，*は86年の数値．
（出典）高村直助編『企業勃興』ミネルヴァ書房，1992年，p. 9.

紡績業やその他の鉱工業に及んだ。この紡績・鉄道・鉱山の三業種を中心にして機械制大工業の移植と定着とが民間において も本格的に展開したことを意味した。この企業勃興は、日本の産業革命を確実に準備し、日本資本主義の確立過程そのものに位置づけられるものである。

7　対外問題と対外緊張

120　琉球司法官からオランダ公使への書簡（『ノース・チャイナ・ヘラルド』一八七九年一月三一日）一八七九年一月二八日

琉球は小国であり、明代の洪武五年すなわち西暦一三七二年に中国に朝貢して以来、永楽二年・西暦一三九九年に先王武寧が、明朝によって中山王に封ぜられ、今に至っています。わが国は外藩に列せられ、中国の年号や文字を用いていますが、内政は自治を許されています。大清国になってからは、二年に一度の朝貢が定例となり、大清国皇帝の即位の大礼には、必ず家臣を祝賀に派遣してきました。また、わが国の国王が即位する際には、大清国から新王を中山王に封ずるための使節が訪れています。また、家臣の子弟を北京の国子監に留学させており、もしわが国の船が難破漂着した場合は、各省の総督、巡撫が食糧を与え船を修理するなどの援助をして帰国させています。わが国が中国の外藩に列せられて以来、今日まで五百余年の時を経ているのです。咸豊九年・西暦一八五九年、すなわち日本の安政六年に、大オランダ国の全権公使ジャベールが、通商条約締結のためわが国を訪れましたが、この際の約七項からなる条約には、漢文および大清国の年号が用いられています。証拠となる文書が貴公使の元に保存されていることでしょう。大合衆国・大フランス国もまたわが国と条約を結びましたが、そのころ日本との間では、旧薩摩藩との間に往来があるだけでした。しかし、同治一一年・西暦一八七二年、すなわち日本の明治五年に、日本はすでに薩摩藩を廃してわが国を無理やり東京政府の所管とし、わが国王を藩王として華族に列しました。しかしなお交渉事務は外務省の管轄でした。また、同治一二年すなわち西暦一八七三年、日本の明治六年には、わが国が大オランダ国・大合衆国・大フランス国との間に結んだ条約の原本を、日本の外務省に引き渡すように言い渡され、さらに同治一三年すなわち西暦一八七四年・明治七年の九月には、琉球に関する事務はすべて日本の内務省の管轄とするよう強制されたのです。そして光緒元年すなわち一八七五年・明治八年に、日本の太政官布告により、わが国の清国への朝貢およびわが国が清国から冊封を受けることを即時停止し、藩内における年号は明治を用い、日本の法律に基づいて藩内の官職制度を改革することが命じられました。わが国は幾度も日本に使節を派遣し陳情しましたが、日本は決して聞き入れようとしませんでした。わが国は小国といえどもこれまで大清国の年号を用い、大清国の恩恵のもとに自治を許されてきました。現在、日本はわが国に対し強制的な改革を行っています。わが国が大オランダ国と大清国の年号・文字を用いて条約を締結したことは明らかですが、今もし大清国との冊封、朝貢関係が以前のように行えなくなったならば、先の条約は紙くず同然になってしまうでしょう。そうなればわが国のような小国は生き残ることができず、各大国に対しても失礼であり、さらに大清国にも申訳が立ちません。大オランダ国は当初わが国のごとき小国を軽んずることなく、正式な条約を結んでくださったが、貴国のこのご厚誼は誠に感謝にたえません。今わが小国の危急存亡のときにあたり、大国が日本に対し琉球国に関する一切を以前のとおりとするよう働きかけてくださるならば、わが国の全臣民はその恩義に無尽の謝意をささげるでしょう。

（出典）内川芳見・宮地正人監修『海外新聞から見た日本』第二巻、毎日コミュニケーションズ、一九九〇年、一七三―一七四ページ。

【解説】　琉球王国は一八七一（明治四）年に鹿児島県に帰属させられ、翌年に琉球藩を置き対外条約を継承した。七四年に琉球藩民殺害報復に台湾出兵を強行し、清国に義挙として認めさせ、同藩事務所を外務省から内務省に移した後は、松田道之（内務大丞）が再三渡来し琉球処分を進めた。七六年に朝貢儀礼の存続に固執する清国との断交が命じられると、藩王密使が清国要路に日本の措置を訴えた。初代駐日公使であった何如璋は七八年に厳重に抗議したが、逆に寺島宗則外務卿は態度を硬化させ、翌年三月に松田道之内務大書記官は廃藩置県と藩王尚泰の出京を令達し首里城を接収した。ここに七九年四月に琉球藩が廃され沖縄県が置かれた。翌月には初代県令として鍋島直彬が着任し仮県庁として首里設置を布告したが、翌八〇年より那覇に開庁された。琉球処分に伴う日清両国間の外交案件は日清戦争の終結までくすぶってゆく。

121　井上馨外務卿の花房公使宛訓令　一八八二年八月二〇日

今回清国政府出兵ノ目的ハ之ヲ忖度《そんたく》スルニ左ノ二途ニ在ルヘシ。

第一　朝鮮国ハ清国ノ属邦ナリトノ辞柄ヲ以テ名義トシ、一面ニ於テハ朝鮮政府ヲ保護シテ内訌ヲ平定セシメ、他ノ一面ニ向ツテハ朝鮮政府ヲシテ我要求ヲ満足セシメ速ニ平和ノ局ヲ結ヒ、我兵ヲシテ朝鮮ノ地ヲ退去セシメントノ目的ヲ以テ、好意ノ媒介者タラント欲スルニ在ルヘシ。

第二　前条ニ反シ、日清間釁《さ》キニ台湾ノ挙アリ、後ニ琉球ノ事アルヲ以テ、此際ニ乗シ保韓ノ名ヲ藉《か》リ我ニ向ツテ開戦ヲ挑ミ、一ハ以テ属邦ヲ保護スルノ実ヲ挙ケ、一ハ以テ積憤ヲ霽《はら》サントスルニ在ルベシ。

彼若シ第一策ノ平和主義ニ出テ、日朝ノ間ニ居リ調停媒介ヲ為サント謀ルトキハ、我ニ於テハ其隣交ノ情誼懇篤ナル事ヲ鳴謝シ、且ツ告ルニ我ハ朝鮮政府ト我政府訓令ニ照ラシ、直接ニ協議スベク此際他邦ノ媒介ヲ煩ハサザルヘシ。（中略）或ハ清朝連合シテ我ニ向テ属邦ナリトノ論ヲ主張スルモ測ル可カラス。果シテ然ラハ我ヨリハ力《つと》メテ其論ニ干渉セス、元来属不属ノ論ハ今日朝鮮政府ノ難事ヲ和解セシメントスルトキニ方リ、提議論定スヘキ事ニ非ラス。其故ハ日朝ノ条約ハ元来他国ノ媒介ニ依ツテ以テ締結セシモノニ非ラス。即チ朝鮮政府自ラ断行スル所ナリ。若シ強テ此論旨ヲ主張セント欲セハ、須ラク此紛議ヲ終了シタル後ニ於テ、徐々清日政府直接ニ万国公法ニ照ラシ其条理ノ在ル所ヲ推究シ、之ヲ断決スルモ晩《おそ》キニ非ラサルヘシトノ論ヲ以テ、飽マテ直接ニ朝鮮政府ト談判ヲ遂ケラルヘシ。

（出典）外務省『日本外交文書』第一五巻、二三五―二三六ページ。

【解説】　朝鮮開国後、日本は釜山・元山津・仁川の開港を推進し、さらに朝鮮の内政ならびに軍制改革をはかった。朝鮮政府内部においては保守派（守旧派）である大院君派と事大派（親清派）である閔妃派との間の軋轢は高まった。一八八二（明治一五）年七月二三日、軍人に対する俸給米支給をめぐる不正から発生した暴動は、国王の生父大院君の指導により一大反乱に転化した。日本公使館及び閔妃一派の邸宅を襲撃し数名の死傷者をだした。守旧派の大院君は反乱軍に擁立されて王宮に入り、閔妃派を一掃し彼らの改革を廃する宣言を行ったが、日清両国の干渉にあって中絶した。その後、清国は日本の朝鮮進出に対抗するために閔妃派を強く支持したため、再建された閔妃派政府は対清依存的な守旧派政府に性格を変じ、日本の勢力は著しく後退した。この壬申の事変の善後措置として日朝間に済物浦条約（一八八二年八月三〇日）が結ばれた。

122　朝鮮公使竹添進一郎の請訓　一八八四年一一月一二日

当春大院君帰国ノ風説有之国王始メ一統狼狽ヲ極メ候、以来支那党ハ在韓支那武官ニ媚ヲ献ジ殆ント奴隷同様ノ醜態ヲ極メ、内ニ向テハ支那ノ威勢ヲカサシテ其ノ権力ヲ張リ、就テハ税則均沾《きんてん》ニ不法ノ議論ヲ主張シタル如キモ支那党ノ手ニ出、将又《はたまた》日本党ノ諸人ヲ流刑ニ処セント企テ候等実ニ驚キ入タル次第ニ有之候、

代理公使ニテハ権勢薄クシテ支那党ノ勢燄《えん》ニ当ルニ十分ナラザルノ気味有之候

自分入韓ノ上右ノ事情モ承知候ニ付支那党ヲニクラシク応接致シ候処、素ト何ノ思慮モナク只々支那ヲ大国ト仰ギ居候、支那党ニ付大ニ恐怖ノ心ヲ生ジ尹泰駿ハ遽《にわ》カニ統理衙門協弁ヲ辞シ金允植モ竄《かくる》ノ如ク相成リ、其レ等ノ為メ均沾ノ紛議モ容易ニ収局致シ候、而シテ今度清仏ノ戦争ニ日本ハ仏ト合シ支那ヲ撃ツニ決定セリトノ風説相起リ（右風説ハ支那党ヲ恐

嚇スル為メフート氏ノ手許ヨリ出タルニハ無之哉ト邪推致シ候）、支那党ハ益畏縮ノ態ヲ顕ハシ大ニ権勢ヲ減ジ、随テ日本党頗フル起色有之候

金玉均御国ニ渡航ノ節ハ実ニ馬鹿々々敷挙動ノミニ有之候ヘドモ、其内幕ヲ相探リ候ヘバ実ハ改革ニ熱心候処ヨリ開化党ヲ組織スル為メ生徒ヲ御国ニ留学セシメ、又一方ニハ国王ノ信用ヲ堅クセン為メ種々ノ策ヲ施シタル等ニテ、一時金策ニノミ汲々致シタル儀ニ有之候、然ルニ支那党益蟠結《ばんけつ》シテ進歩ノ妨礙《ぼうがい》ヲ為スニ付御国ヨリ帰リタル後ハ公然日本党ト相唱ヘ抵抗候ニ付、支那党ヨリ之ヲ敵視スル尤モ甚敷有之候、就テハ自分モ此節ハ彼レヲ保護スル方ニ注意罷在候

筆記第一筆記第二ノ通リ日本党ノ計画ハ已ニ一決致シ候、小官ヨリ一言同意ヲ表シ候ヘバ直ニ事ヲ起シ候勢ニ付懇々其暴挙ヲ相戒メ居候、就テハ甲乙ノ二案ヲ左ニ開陳ス

甲案

　我日本ハ支那政府ト政治ノ針路ヲ異ニスルヲ以テ到底親睦ニ至ルヲ得ルノ目的ナシ、仍テ寧ロ支那ト一戦シ彼レヲシテ虚傲ノ心ヲ消セシメバ却テ真実ノ交際ニ至リ候モ難計トノ御廟議ニ候ハヾ、今日日本党ヲ煽動シテ朝鮮ノ内乱ヲ起スヲ得策トス、何トナレバ我レハ求メテ支那ト戦ヲ開クニ無之、只朝鮮国王ノ依頼ニ依リ王宮ヲ守衛シ右国王ニ刃向タル支那兵ヲ撃退ケタリト云名義ナレバ、何モ不都合無之儀ト存候

乙案

　若又今日ハ専ラ東洋ノ和局ヲ保持スルヲ旨トシ支那ト事ヲ生ゼズ朝鮮ハ其自然ノ運ビニ任セ候方得策ナリトノ御廟議ニ候ヘバ、自分ノ手心ヲ以テナルベク日本党ノ大禍ヲ受ケザル様保護スル丈ケニ止マリ可申候

　右甲乙ノ二案何レヲカ御決定被為在候上ハ速ニ御内示被下候様奉願候

（出典）神川彦松監修・金正明編『日韓外交資料集成』第三巻（のち市川正明『日韓外交史料（3）甲申事変・天津条約』原書房、一九七九年、四―六ページ）。

【解説】一八八四(明治一七)年九月に本格化した清仏戦争による清国の戦力の弱体を契機として、日本の朝鮮進出の行詰まりを打開する気運が起こり、日清協調論を唱えていた民権派の論調さえも一八〇度の転換を示しはじめた。日本の朝鮮公使竹添進一郎もこの好機を利用して、念願の親日派政権の樹立を目指すことを政府に建議した。竹添の請訓は史料に示されるように甲乙二案からなっており、日本政府は乙案に注目しつつも、この建議をいちおう退けた。しかし、それに代わる具体的な朝鮮対策を打ち出しえないなかで、一二月四日に甲申事変が勃発する。この事変は親日派指導者である独立党の朴泳孝・金玉均らが竹添の指揮のもとに起こしたクーデタである。しかし、清兵三〇〇〇人の動員援護のもとに親清派の事大党は王宮を奪回し、竹添らの計画は敗れて日本の勢力はさらに後退することになる。

123 天津条約　一八八五年四月一八日

明治十八年四月十八日天津ニ於テ調印(日、支文)

同年五月二十七日太政官告示

各々奉スル所ノ諭旨ニ遵ヒ公同会議シ専条ヲ訂立シ以テ和誼ヲ敦クス有ル所ノ約款左ニ臚列ス

一　議定ス中国朝鮮ニ駐紮スルノ兵ヲ撤シ日本国朝鮮ニ在リテ使館ヲ護衛スルノ兵弁ヲ撤ス画押蓋印ノ日ヨリ起リ四箇月ヲ以テ期トシ限内ニ各々数ヲ尽シテ撤回スルヲ行ヒ以テ両国滋端ノ虞アルコトヲ免ル中国ノ兵ハ馬山浦ヨリ撤去シ日本国ノ兵ハ仁川港ヨリ撤去ス

一　両国均シク允ス朝鮮国王ニ勧メ兵士ヲ教練シ以テ自ラ治安ヲ護スルニ足ラシム又朝鮮国王ニ由リ他ノ外国ノ武弁一人或ハ数人ヲ選偏シ委ヌルニ教演ノ事ヲ以テス嗣後日中両国均シク員ヲ派シ朝鮮ニ在リテ教練スル事勿ラン

一　将来朝鮮国若シ変乱重大ノ事件アリテ日中両国或ハ一国兵ヲ派スルヲ要スルトキハ応ニ先ツ互ニ行文知照スヘシ其ノ事定マルニ及テハ仍即チ撤回シ再タヒ留防セス

大日本国明治十八年四月十八日

大日本国特派全権大使

参議兼宮内卿勲一等

伯爵　伊藤博文　花押

大清国光緒十一年三月初四日

大清国特派全権大臣

太子太傅文華殿大学士北洋通商大臣

兵部尚書直隷総督一等粛毅

伯爵　李鴻章　花押

(備考)　伊藤大使復命書中ニ曰ク「約書ハ清国全権大臣ノ需ニ応シ画押蓋印ノ日ヨリ二ケ月以内ヲ期シ両国皇帝陛下ノ批准ヲ経唯タ交換ヲ要セスシテ両国駐剳公使ヲ以テ相互知照スルヲ約ス」云々

(出典)　外務省『日本外交年表竝主要文書』一九六五年、一〇三―一〇四ページ。

【解説】　甲申事変の善後措置は、日朝間の交渉よりも日清間の交渉により根本的な解決が図られることを清国政府も諒解していた。清国政府としても清仏戦争も終結せず、新たに朝鮮において日本と衝突を招くことだけは避けなければならなかった。日本としても日清両国の撤兵によって解決を図ろうとした。一八八五(明治一八)年一月九日に漢城(京城)条約を結び、日韓善後約定を井上馨と金宏集との間に締結したが、さらに天津において伊藤博文と清国代表の李鴻章との間で朝鮮問題処理に関して五回にわたる会商が開かれ締結された。朝鮮より両国軍隊の撤兵、両国の軍事教官派遣の停止、朝鮮出兵の際の相互の事前通告等を決定した。これによって従来の清韓宗属関係を一掃し、朝鮮出兵に関して日清両国は均等の権利を有することになり、この出兵事項は日清戦争の発端となった東学党の乱の勃発の際、両国出兵の根拠となった。

8　対外観とナショナリズム

124　沼間守一の朝鮮内政干渉の反対　一八八二年八月九日

世間既ニ主戦ノ議ヲ唱フル者アリ、曰ク今ニシテ出師ノ策ヲ決セズンバ則チ国威ヲ汚辱セン機会一日モ猶予ス可ラザルナリト、予輩主戦論者ノ所説ニ就テ之ヲ考フルニ蓋シ概ネ二種アルガ如シ、(中略)

予輩此二種ノ主戦論ヲ観察シテ其性質如何ヲ見ルニ、甲論者ハ徒ラニ兵ヲ弄シ威ヲ輝カスヲ喜ンテ国家ノ実益如何ヲ顧ミザル者ナリ、無事ニ苦デ快ヲ戦乱ノ時ニ逞フセントスル者ナリ、是レ事理ヲ弁ゼザル武夫ノ所為ニアラザレバ空論自カラ快トスル狂生少年ノ談ニ過ザルヲ以テ要スルニ世ニ勢力ヲ有スベシトモ思ハレズ、独リ乙者ノ所説ニ至テハ信義ト友誼トヲ以テ論基トシ之ヲ飾ルニ国旗汚辱ノ口実ヲ以テス、遽カニ之ヲ聞クトキハ大ニ理アルモノ、如シ、故ヲ以テ其或ハ世論ノ賛成ヲ得ルノ惧ナキニアラズ、予輩此ニ其非ヲ弁ズルニ当リ先ヅ略々甲種ノ論ヲ駁シテ次ニ細カニ乙種ノ説ヲ聞カントス

予輩ハ此等ノ主戦論者ニ対シテ説ヲ為スニ当リ、第一ニ朝鮮ノ内乱ト我公使館襲撃ノ事トヲ区別スルヲ以テ必要ナリト思考スルナリ、朝鮮ノ内乱ハ我主トシテ与カルベキ所ニ非ズ、其彼レニ対シテ我恢復ヲ要スル所ハ公使館襲撃ノ事ト我人民ノ死傷トニ在ルノミ、万一朝鮮政府ニシテ顚覆ノ変ニ遭ヒ新政府其全国ヲ統治スルニ至ラハ大院君ノ処置非理ニシテ前王ノ敗亡憐ムベシト云フト雖、是レ徳義上誅スベキト憐ムベキトノ人ノミ、是ヲ以テ前朝ヲ助ケテ大院君ヲ討スベキノ義務我ニアラザルナリ、否斯ノ如キハ決シテ我ノ為スベキ所ニアラザルナリ、我ハ唯其後来認メテ朝鮮政府トナスベキ者ニ向テ従来ノ外交ヲ保続スベキヲ談判シ我損害汚辱ヲ恢復スルニ力ムベキノミ、彼レ若シ我ヲ敵視シテ其交際ヲ拒絶シ我至当ノ請求ヲ容レズ暴慢無礼我ニ対スルニ至テハ是ニ至テ師ヲ出シ以テ彼ヲ懲スベシ、是ヲ已ムヲ得ザルノ兵ト云フ、是レ予輩ガ朝鮮ニ対スル政策ノ概略ナリ、

(出典)『東京横浜毎日新聞』一八八二年八月九日。

【解説】　壬申の事変の勃発に対して、民間の輿論は二つに分れた。福沢諭吉の主宰する『時事新報』は、大規模の軍隊を派遣してその圧力で保守派(守旧派)である大院君派を排除し、改革派(開明派)である閔妃派を支援することを主張した。福沢の従来からの朝鮮内政干渉論が、事変の結果いっそう強められたといえる。福沢の考えは、日本の朝鮮政策を妨害するならば、清国との対決を辞さずに朝鮮に親日政権を樹立しようとするものであった。これに反して、沼間守一の『東京横浜毎日新聞』や

自由党の機関紙である『自由新聞』は、朝鮮に対する内政干渉政策に反対し、日清両国が協力してロシアの朝鮮進出を抑えるべきだと主張した。甲申事変の後、自由党は、列強が東アジアに侵略してくる前に、アジアの衰運を救うためには国権を拡張し、欧米のやり方で「後進の民」(朝鮮・中国)を監督・指導していくことを主張するようになる。

125 福沢諭吉「脱亜論」　一八八五年三月一六日

我日本の国土は亜細亜の東辺に在りと雖ども、其国民の精神は既に亜細亜の固陋を脱して西洋の文明に移りたり。然るに爰《ここ》に不幸なるは近隣に国あり、一を支那と云ひ、一を朝鮮と云ふ。此二国の人民も古来亜細亜流の政教風俗に養はるゝこと、我日本国民に異ならずと雖ども、其人種の由来を殊にするか、但しは同様の政教風俗中に居ながらも遺伝教育の旨に同じからざる所のものある歟、日支韓三国相対し、支と韓と相似るの状は支韓の日に於けるよりも近くして、此二国の者共は一身に就き又一国に関して改進の道を知らず、交通至便の世の中に文明の事物を聞見せざるに非ざれども、耳目の聞見は以て心を動かすに足らずして、其古風旧慣に恋々するの情は百千年の古に異ならず、此文明日新の活劇場に教育の事を論ずれば儒教主義と云ひ、学校の教旨は仁義礼智と称し、一より十に至るまで外見の虚飾のみを事として、其実際に於ては真理原則の知見なきのみか、道徳さへ地を払ふて残刻(1)不《ふ》廉恥《れんち》を極め、尚傲然《ごうぜん》として自省の念なき者の如し。我輩を以て此二国を視れば、今の文明東漸の風潮に際し、迚《とて》も其独立を維持するの道ある可らず。(中略)

輔車脣歯とは隣国相助くるの喩《たとえ》なれども、今の支那朝鮮は我日本国のために一毫《いちごう》の援助と為らざるのみならず、西洋文明人の眼を以てすれば、三国の地利相接するが為に、時に或は之を同一視し、支韓を評するの価を以て我日本に命ずるの意味なきに非ず。例へば支那朝鮮の政府が古風の専制にして法律の恃《たの》む可きものあらざれば、西洋の人は日本も亦無法律の国かと疑ひ、支那朝鮮の士人が惑溺深くして科学の何ものたるを知らざれば、西洋の学者は日本も亦《また》陰陽五行の国かと思ひ、支那人が卑屈にして恥を知らざれば、日本人の義侠も之がために掩はれ、朝鮮国に人を刑するの惨酷なるあれば、日本人も亦共に無情なるかと推量せらるゝが如き、是等の事例を計《かぞ》れば枚挙に遑《いとま》あらず。之を喩へば比隣軒《のき》を並べたる一村一町内の者共が、愚にして無法にして然《し》かも残忍無情なるときは、稀に其町村内の一家人が正当の人事に注意するも、他の醜に掩はれて堙没《いんぼつ》(2)するものに異ならず。其影響の事実に現はれて、間接に我外交上の故障を成すことは実に少々ならず、我日本国の一大不幸と云ふ可し。左《さ》れば今日の謀を為すに、我国は隣国の開明を待て共に亜細亜を興すの猶予ある可らず、寧ろ其伍を脱して西洋の文明国と進退を共にし、其支那朝鮮に接するの法も隣国なるが故にとて特別の会釈に及ばず、正に西洋人が之に接するの風に従て処分す可きのみ。悪友を親しむ者は共に悪名を免かる可らず。我れは心に於て亜細亜東方の悪友を謝絶するものなり。

（出典）『時事新報』一八八五年三月一六日。『福沢諭吉全集』第一〇巻、岩波書店、一九六〇年、二三九―二四〇ページ。

（1）残酷。（2）あとかたもなく消滅すること。

【解説】　民権派の支配的なアジア認識は、野蛮な欧米帝国主義の重圧の中で、日本・清国・朝鮮が互いに援助し合って連帯の自覚を持つべきであるとの意見であった。そういった中で、福沢諭吉の主宰する『時事新報』は、早くから朝鮮内政干渉論と対清国強硬論を展開する「アジア改造論」を主張していた。壬午事変・清仏戦争・甲申事変の過程を通じ、さらに民権運動そのものの敗退とともに民権派のアジア連帯意識は希薄化し、アジア民族蔑視観が台頭した。すなわち日本は清国・朝鮮と共に興亜の途を歩むのではなく、逆に脱亜の途を選び欧米列強の陣営に加わってアジアの分割を模索しようとするものである。古くから国交を続けてきた清国・朝鮮との交際が開化日本の前途に有害であり、これら「悪友」と謝絶するという福沢の論説は、その後の日本のアジア政策を象徴するものとなった。

9　条約改正問題

126　欧米にむけた共存同衆の条約改正意見　一八八〇年二月一八日

然るに明治維新の改革あり。我皇帝陛下は百般の制度を改良し、人民に与ふるに其自由を以てするに及んで、我々人民は始めて自主の位置に復するを得、稍々政府の施せる事業の如何を知るを得たり。是に於て我々は顧りみて在昔我政府の各国と結びたる条約の如何を察するに、為めに大に驚愕せざるを得ざるもの多し。実に在昔の政府は夫の条約書を秘して之を我々人民に知らしめず。故に今に至るまで我々人民は、斯る不正理の条約書にして之れが為め多少の国権を妨害せられたるを弁知するに由なかりき。且我々は二十年以来略々外国貿易の為め内地の生産に損害を生ぜしことを覚ると雖も、未だ斯る不正理の条約あるに依て然るものなりしを弁知せざりき。然るに今や始て之を観破し、実に之が為め多少の国権を妨害せられ又生産の損害を生ずることを知れば、日本帝国の人民たる地位に在りて為めに大に之を驚愕せざるを得ざる也。

抑条約の性質を原ぬれば国と国との契約なるのみ。既に契約なるときは、無知の幼孤其契約の性質を弁知せずして老錬の成人と契約し、幼孤之が為め巨多の損害を受るときは、法理に於て其契約は効無きものとせざるを得ざる也。故に我々日本人民は自ら信ず、其性質を弁知せずして結びたる条約の為に国権を妨げられ人民の損害となるときは永遠之を遵守すべからず、否遵守すべきの道理なしと。尚ほ反覆して之を言へば、夫の条約は所謂無知の幼孤が智能錬熟せる成人等に迫られ成人等の言ふがまにまに〔ママ〕結びたる契約にして、幼孤之が為めに巨多の損害を受るものと同く、当時の官吏たるもの夫の条約を結ぶに当りて其性質を知らず、独立国の体面を破るものなるを知らず外人の言ふがまにまに結びたるものなれば、よしや我々人民之が為めに損害を蒙らざるにもせよ、自から安じて永遠に之を遵守すべきものにあらず。況や彼の条約は我々人民に許多の損害を与ふるものにして、不正理・不公平・不満足の条約なるに於ては、我々日本人民は甘じて斯る条約を永遠に遵守すること能はざるなり。否改正の期を過ぎて之を遵守するの道理なしと決心するなり。

斯の如く我々人民は夫の条約に対して多少の不満足を抱くと雖も、敢て当時之を結びたりし政府の官吏と外国の使節とに対して之を抱くと云ふにあらず。唯々今となりて其条約の不公なると不正なるとを暁り看れば、其条約自己に対して誠に不満足を覚ふるなり。此の不満足の心たる、唯り我々共存同衆一二の部分に止らず実に全国一般に及び、満天下の人尽く夫の条約の非なるを知らざる者なく、又之に対して不満足を抱かざるものなく、輿論一致して条約改正の期を促がすに至れり。吁々訂約諸国の公衆紳董よ。君等は善くこの事情あるを察し、我々日本人民は外交に関して如何なる感想を抱けるものなるやを判断せよ。

（出典）『共存雑誌』第五八号、一八八〇年二月一八日、三―五ページ。句読点を付した。

【解説】　条約改正については、明治初年の岩倉大使派遣以来、副島種臣につづいて寺島宗則があたったが、最初の交渉相手国のアメリカに全面的に拒否され、交渉は中止した。本格的に改正交渉を行ったのは、一八七九(明治一二)年に再び官途についた井上馨によってであった。条約改正は民権派のみならず近代国民国家をめざし民族の独立をめざす国民一般にとっても大きな関心事であった。代表的民権結社であり啓蒙文化団体であった共存同衆は、条約改正が日本全国民の一致した世論であることを欧米に知らせようとした。この計画については、小野梓が中心となりこの意見書を起草したといわれる。この意見は馬場辰猪によって英訳され、欧米の政治家・学者・新聞記者らに送られ大きな反響をよんだ。

127　井上馨外務卿より英国公使宛「条約改正に関する意見書」

一八八四年八月

（一）　日本政府ハ条約改正ニ関シ英国政府ノ意見ヲ載セタル

覚書ヲ熟考シ、而シテ該覚書中ノ諸条項ニ対シ今左ニ我意見ヲ開示セント欲ス

（四）日本政府ハ全国ヲ開キ外国人ノ通商、貿易、居住ヲ許シ、之レニ付与スルニ不動産ヲ領有スル権ヲ以テセハ、又日本政府ヲシテ関税自定権ヲ享有セン事ヲ要求シ得ヘシト云ヘル英政府ノ意見ニ対シ異存ナシト雖トモ、関税自定ノ権ト開国ト単ニ密着セシ物ト見做スカ如キ主意ニハ我政府ノ肯《あえ》テ許容シ難キ所ナリ

（六）日本政府ハ外国人貿易ノ為メ更ニ譲与ヲ為シ、又全国何レノ地ヲ問ハス外国人自由各処ニ来到スルハ其欣フ所ナルヲ各国政府ニ於テ明瞭承知セラレン事ヲ希望ス、然リト雖トモ日本政府ノ之ヲ難スル所以ハ諸外国政府ニ於テ未タ其人民ヲシテ全ク我地方裁判所管轄ニ服従セシムル事ヲ承諾セサル事是ナリ、蓋シ其主旨ノ承認ハ我政府ニ於テ全国ヲ開ク前必ラス不可欠[ノ]モノトシテ尚之ヲ主張セサルヲ得サルモノナリ、我政府ハ領事裁判権ノ全廃ト全国ニ外国人ノ通商居住ヲ許ス事トヲ同一時ニ施行スヘキモノトシ又国家ノ利益ト安全トヲ考慮スルニ於テモ此方法ヲ外ニシテ開国ヲ許シ得ヘキ方法ハ他ニ之レナキヲ確信ス

（七）日本政府ハ一切ノ裁判権ヲ回復スルマテハ全国ヲ開カサルヘシトノ決心ヲ執ルト雖トモ、漸次此ノ望マシキ変革ヲ行ハンカタメニ準備ヲナスヘキ時期已ニ到レリトノ事ニ就テハ諸外国ト同意ナリ、故ニ我政府ハ外国人ノ通商及ヒ雑居ノ為メ貿易上ニ最モ見込アリト思考スル処ニ「アクセシブル」港ヲ数ヶ所（凡三四ヶ所）ヲ設クル準備アルナリ

（十六）日本政府ハ国中何レノ処ニ於テモ罪ヲ犯シ若シ法律又ハ規則ヲ犯シタル外国人アレハ何等ノ場合ト雖トモ之ヲ捕拿スルノ権ヲ日本官吏ニ帰セシメン事ヲ望ム、尤我政府ニ於テ此権ヲ施用スルトモ必ラス外国人ノ居住権ヲ尊重スルハ勿論其他凡テ此捕拿ノ権ヲ濫用セシメサル事ニ注意スヘシ

（二十二）日本政府ハ各訂盟国ト協議シ居留地ノ取締法ヲ改良スル事、現在ノ居留地及今後取定ムヘキ区域内ニ於テ外国人ノ不動産ヲ領有スル事、及地税法一般ノ制ニ借地料ヲ均一ナラシムルノ目的ヲ以テ之ヲ改正スル事等ニ関シ必要主当ナル百般ノ取極ヲ為サン事ヲ勉ムヘシ、尤此取極ニ因リ外国人土地所用ノ権ヲ得ルトキハ又従テ日本ノ土地所有法ニ服従スヘキハ必要ナリ

（出典）外務省調査部監修・日本学術振興会編纂『条約改正関係 大日本外交文書』第二巻、日本国際協会、一九四二年、三四一―三四五ページ。句読点を付した。

【解説】井上馨外務卿は、一八七九（明治一二）年から八七年にわたる条約改正交渉を続け、八二年には東京で列国合同の条約改正予備会議を開催し、治外法権・海関税則・居留地規則・沿

岸貿易権・最恵国待遇条款等を討議し、翌年五月以降の条約改正会議の基礎とした。井上の改正交渉は、八七年に至って諸外国との間で改正案が確定し、閣議をへて調印の段取りとなった。しかし、その内容に日本の各裁判所に外国人法官を任用する等の譲歩的条項があることが事前にもれ、政府顧問ボアソナードを初め、谷干城・勝安房(海舟)等からもこの改正案は法権回復という美名の陰で司法権も立法権も外国に渡す亡国条約であるとの痛烈な反対意見がでた。同年七月、無期延期を各国に通告し井上は政府を去った。当時民権派はこの問題で激しく政府に迫り世論を盛り上げた。

第三節　明治憲法公布と初期議会

1　統帥権の独立と軍備増強

128　参謀本部条例　一八七八年一二月五日

第一条　参謀本部ハ東京ニ於テ之ヲ置キ近衛各鎮台ノ参謀部ヲ統轄ス

第二条　本部長ハ将官一人勅ニ依テ之ヲ任ス、部事ヲ統轄シ帷幕《いばく》ノ機務ニ参画スルヲ司トル

第三条　次長一人将官ヨリ之ヲ任ス、本部長ト相終始シテ部事ヲ整理ス、但之ヲ置クハ事務ノ繁閑ニ従フ、而シテ其官階モ予シメ定メス時宜ニ依ル

第四条　凡ソ平時ニ在リ陸軍ノ定制節度団隊ノ編制布置ヲ審カニシ予メ地理ヲ詳密ニシ材用ヲ料量シ戦区ノ景況ヲ慮リ兼テ異邦ノ形勢ヲ洞悉《どうしつ》シテ参画ニ当リ遺算ナキハ本部長ノ任ニシテ之ニ就テ其利害ヲ陳スルヲ得

第五条　凡ソ軍中ノ機務戦略上ノ動静進軍駐軍転軍ノ令行軍

路程ノ規運輸ノ方法軍隊ノ発差[着]等其軍令ニ関スル者ハ専ラ本部長ノ管知スル所ニシテ参画シ親裁ノ後直ニ之ヲ陸軍卿ニ下シテ施行セシム

第六条　其戦時ニ在テハ凡テ軍令ニ関スルモノ親裁ノ後直ニ之ヲ監軍部長若クハ特命司令将官ニ下ス、是カ為メニ其将官ハ直ニ大纛《たいとう》ノ下ニ属シ本部長之ヲ参画シ上裁ヲ仰クコトヲ得

（七―二十七条略）

（出典）『法令全書』明治一一年、陸軍省達、五二一ページ。

【解説】西南戦争後の軍制改革は、士族反乱の鎮圧の経験とドイツ軍制の導入によっておこなわれた。一八七八（明治一一）年一〇月八日の陸軍省上申は参謀局の拡大充実の必要を述べているが、この上申は従来陸軍省内の一局として陸軍卿に属し、従って太政官に統轄されていた参謀局を独立機関とすることにその主張の目的があった。この意見採用の結果、同年一二月五日に参謀本部条例が制定され、参謀本部は陸軍省から独立し、天皇に直属する軍令事項専掌の機関となった。すなわち統帥権の独立が図られたのである。初代参謀本部長には山県有朋が就任した。参謀本部設立の重要な狙いの一つは隣接大陸のロシア（シベリア）・清国・朝鮮、緊張する東アジアへのわが国の進出準備にあったといえる。これにつづいて、軍隊の質的転換をはかる軍制改革が、次々と打ち出されてゆく。

129 軍人勅諭　一八八二年一月四日

我国の軍隊は世々天皇の統率し給ふ所にそある。昔神武天皇躬《み》つから大伴物部の兵《つはもの》ともを率ゐ中国《なかつくに》のまつろはぬものともを討ち平《たひら》け給ひ、高御座《たかみくら》に即かせられて、天下《あめのした》しろしめし給ひしより二千五百有余年を経ぬ。此間《このあひだ》世の様の移り換るに随ひて兵制の沿革も亦屢々なりき。古《いにしへ》は天皇躬つから軍隊を率ゐ給ふ御制《おんおきて》にて、時ありては皇后皇太子の代らせ給ふこともありつれと、大凡兵権を臣下に委ね給ふことはなかりき。中世《なかつよ》に至りて文武の制度皆唐国風《からくにぶり》に倣《なら》はせ給ひ、六衛府を置き左右馬寮を建て防人《さきもり》なと設けられしかは兵制は整ひたれとも、打続ける昇平に狃《な》れて朝廷の政務も漸《やうやく》文弱に流れけれは兵農おのつから二に分れ、古《いにしへ》の徴兵はいつとなく壮兵の姿に変り遂に武士となり、兵馬の権は一向に其武士ともの棟梁たる者に帰し、世の乱と共に政治の大権も亦其手に落ち凡七百年の間武家の政治とはなりぬ。世の様の移り換りて斯なれるは人力もて挽回《ひきかへ》すへきにあらすとはいひなから、且は我国体に戻り且は我祖宗の御制《おんおきて》に背き奉り浅間しき次第なりき。降《くだ》りて弘化嘉永の頃より徳川の幕府其政衰へ剰《あまつさへ》外国の事とも起りて其侮《あなどり》をも受けぬへき勢に迫りけれは、朕か皇祖《おほぢのみこと》仁孝天皇皇考《ちゝのみこと》孝明天皇いたく宸襟《しんきん》を悩し給ひしこそ、忝《かたじけな》くも又惶《かしこ》けれ、然るに朕幼《いとけな》くして天津《あまつ》日《ひ》嗣《つぎ》を受けし初、征夷大将軍其政権を奉還し大名小名其版籍を奉還し年を経すし

て海内一統の世となり古の制度に復しぬ。是文武の忠臣良《りやう》弼《ひつ》ありて朕を輔翼せる功績《いさを》なり。歴世祖宗の専《もはら》蒼生《さうせい》(1)を憐み給ひし御遺沢なりといへとも、併《しかしながら》我臣民の其心に順逆の理を弁《わきま》へ大義の重きを知れるか故にこそあれ。されは此時に於て兵制を更め我国の光を耀さんと思ひ此十五年か程に陸海軍の制をは今の様に建定《たてさだ》めぬ。夫兵馬の大権は朕か統《す》ふる所なれは其司《つかさ》々をこそ臣下には任すなれ、其大綱は朕親《みづから》之を攬《と》り肯《あへ》て臣下に委ぬへきものにあらす。子々孫々に至るまで篤く斯旨を伝へ天子は文武の大権を掌握するの義を存して再《ふたゝび》中世以降の如き失体なからんことを望むなり。朕は汝等軍人の大元帥なるそ。されは朕は汝等を股肱《ここう》と頼み汝等は朕を頭首と仰きてそ其親《したしみ》は特に深かるへき。朕か国家を保護して上天の恵に応し祖宗の恩に報いまゐらする事を得るも得さるも汝等軍人か其職を尽すと尽さゝるとに由るそかし。我国の稜威《みいづ》振はさることあらは汝等能く朕と其憂《うれひ》を共にせよ。我武維揚《これあが》りて其栄を輝さは朕汝等と其誉《ほまれ》を偕《とも》にすへし。汝等皆其職を守り朕と一心になりて力を国家の保護に尽さは我国の蒼生《さうせい》は永く太平の福を受け我国の威烈は大に世界の光華ともなりぬへし、朕斯も深く汝等軍人に望むなれは猶訓諭《をしへさと》すへき事こそあれ、いてや之を左に述へむ。

一、軍人は忠節を尽すを本分とすへし(中略)

一、軍人は礼儀を正くすへし(中略)

一、軍人は武勇を尚ふへし(中略)

一、軍人は信義を重んすへし(中略)

一、軍人は質素を旨とすへし(中略)

右の五ヶ条は軍人たらんもの暫《しばし》も忽《ゆるかせ》にすへからす。さて之を行はんには一の誠心《まごゝろ》こそ大切なれ。抑此五ヶ条は我軍人の精神にして一の誠心は又五ヶ条の精神なり。心誠《まこと》ならされは如何なる嘉言も善行も皆うはへの装飾《かざり》にて何の用にかは立つへき。心たに誠あれは何事も成るものそかし。況《ま》してや此五ヶ条は天地の公道人倫の常経なり、行ひ易く守り易し。汝等軍人能く朕か訓《をしへ》に遵《したが》ひて此道を守り行ひ、国に報ゆるの務を尽さは日本国の蒼生挙《こぞ》りて之を悦《よろこ》ひなん。朕一人の懌《よろこび》のみならんや。

(出典)『法令全書』明治一五年、陸軍省達、五二八―五三五ページ。

(1)多くの人民、万人。

【解説】　近代軍隊と軍備増強の形成にともなう軍人精神の涵養のため、また一八七八(明治一一)年八月に突発した近衛兵の反乱(竹橋事件)を契機に、自由民権運動から軍隊を防御するとともにその対抗として、同年一〇月一五日に陸軍卿山県有朋の名により全軍に「軍人訓誡」が頒布された。さらに八二年一月四日に天皇統率の軍隊としての性格を付与するために、勅諭の形式をもって「陸海軍軍人に賜はりたる勅諭」(軍人勅諭)が発布され、軍人精神の規範を示した。この勅諭の内容としては、天皇の統帥権を歴史的に基礎づけ、兵権が政権とは独立に天皇に直属することを明示、軍人の政治不干与に言及し、一貫して天皇の軍隊としての絶対服従の精神を説いていた。この勅諭は、今後創られる議会に対し、そこからのあらゆる干渉を完全に排除する目的をもつものであった。

130 山県有朋の外交政略論　一八九〇年三月

国家独立自衛ノ道二ツアリ。一ニ曰《いわく》、主権線ヲ守禦シ他人ノ侵害ヲ容レズ。二ニ曰、利益線ヲ防護シ自己ノ形勝ヲ失ハズ。何ヲカ主権線ト謂フ。疆土《きょうど》(1)是レナリ。何ヲカ利益線ト謂フ、隣国接触ノ勢我ガ主権線ノ安危ト緊《きびし》ク相関係スルノ区域、是レナリ。凡《およ》ソ国トシテ主権線ヲ有《たも》タザルハナク、又均ク其ノ利益線ヲ有タザルハナシ。而シテ外交及兵備ノ要訣ハ、専《もっぱら》此ノ二線ノ基礎ニ存立スル者ナリ。方今列国ノ際ニ立チテ、国家ノ独立ヲ維持セントセバ、独リ主権線ヲ守禦スルヲ以テ足レリトセズ、必《かならず》ヤ進ンデ利益線ヲ防護シ、常ニ形勝ノ位置ニ立タザルベカラズ。利益線ヲ防護スルノ道如何《いかん》。各国ノ為ス所、苟モ我レニ不利ナル者アルトキハ我レ責任ヲ帯ビテ之ヲ排除シ、已ムヲ得ザルトキハ強力ヲ用キテ我ガ意志ヲ達スルニ在リ。蓋《けだし》利益線ヲ防護スルコト能ハザルノ国ハ、其ノ主権線ヲ退守セントスルモ、亦《また》他国ノ援助ニ倚《よ》リ纔《わずか》ニ侵害ヲ免ル、者ニシテ、仍《よりて》完全ナル独立ノ邦国タルコトヲ望ムベカラザルナリ。今夫《そ》レ我ガ国ノ現況ハ、屹然《きつぜん》自ラ守ルニ足リ、何レノ邦国モ敢テ我ガ疆土ヲ窺覦《きゆ》(2)スルノ念ナカルベキハ、何人モ疑ヲ容レザル所ナリト雖《いえども》、進ンデ利益線ヲ防護シテ以テ自衛ノ計《はかり》ゴトヲ固クスルニ至リテハ、不幸ニモ全ク前ニ異ナル者トシテ観ザルコトヲ得ズ。

我ガ国、利益線ノ焦点ハ実ニ朝鮮ニ在リ。西伯利《シベリア》鉄道ハ已ニ中央亜細亜《アジア》ニ進ミ、其ノ数年ヲ出ズシテ竣功スルニ及デハ、露都ヲ発シ十数日ニシテ黒竜江上ニ馬ニ飲《みずか》フベシ。吾人ハ西伯利鉄道完成ノ日ハ、即チ朝鮮ニ多事ナルノ時ナルコトヲ忘ルベカラズ。又朝鮮多事ナルノ時ハ、即チ東洋ニ一大変動ヲ生ズルノ機ナルコトヲ忘ルベカラズ。而シテ朝鮮ノ独立ハ之ヲ維持スルニ何等ノ保障アルカ。此レ豈《あに》我ガ利益線ニ向テ、最モ急劇ナル刺衝ヲ感ズル者ニ非ズヤ。

(出典)　大山梓『山県有朋意見書』原書房、一九六六年、一九六―一九七ページ。

(1)領土。(2)すきをうかがう。

【解説】　軍制整備と平行して、軍部当局の軍備拡張の要求が積極的となる。参謀本部長山県有朋は、一八八〇(明治一三)年一月には、「隣邦兵備略」を上奏、対清軍備増強を訴えていた。八二年七月二三日の壬午事変の勃発は、軍備大拡張により日本の陸海軍を対清戦争用に改変させる絶好の理由ともなった。山県は、一カ月後の八月一五日にあらためて軍備拡張意見を提出、同年一二月、天皇は宮中に地方官を集め、軍備拡張とこれに充用すべき租税増徴の勅諭を発し、ここに海陸軍備増徴が開始された。さらに甲申事変の処理としての天津条約の出兵条項は日本の軍備拡張を促進させた。この山県の強兵富国の外交論は、極東戦略地としての朝鮮の価値を強調し、主権線守禦・利益線防衛のための軍備拡張という第一帝国議会の施政方針演説(九〇年一二月六日)につながってゆく。

2　天皇制的身分制の確立

131　不敬罪前夜の「不敬」事件　一八八一年一〇月八日

調　書

問　其方ハ、先刻小川座ニ於テ、恐レ多クモ、公衆ヲ集メ、且《かつ》監視官ナル拙者等ノ目前ニ於テ、天子ハ大賊ノ第一等ナル者ナリ云々ト演舌セリ。然ルニ、其方ノ大賊ノ第一等ナリト演《の》ベラレタルハ、蓋《けだ》シ聖祖神武天皇様ヲ指シ奉リタルモノカ、又ハ蜂須賀小六ヲ以《もって》、右大賊ナリト云フ証例ニ引キタルヲ以《もって》見レバ、蜂須賀小六頃ノ天子様ヲ指奉リタルモノカ、又ハ今上皇帝陛下ヲ指奉リタルモノカ、乃至《ないし》ハ御歴代ヲ指奉リタルモノカ、詳《つまびら》カニ申立テヨ。

答　先刻ノ演舌ヲ箇様《かよう》ニ御聞取被レ成候哉。一体私ハ、天子様ヲ大賊ノ第一等ナリトハ申シマシタ積リデハ御坐リマセヌガ、併《しか》シ左様御聞取ニナリマシタロウカ。然レドモ私ハドウシテモ左様ハ申シマセヌ様ニ思ヒマシタ。

問　イヤ言フタト言ワヌトノ事ハ、現ニ拙者共其現場ニ於テ確実ニ之ヲ聞取タルヲ以、今敢テ此事ヲ尋ヌルニ非ラズ。即チ其節指シ奉リタル天子様ハ、何《いず》レノ御代ヲ指シ奉リシヤヲ問フノデアル。

答　私ハドウ考ヘマシテモ、天子様ヲ大賊ノ第一等トハ申サヌ様ニ思ヒマスガ、併シ其節申シマシタ天子様ノ事ハ、神武天皇様ハ腕力ヲ以天下ヲ治メナサレタトハ申シマシタガ、併シ大賊ノ第一等ナリトハ、タシカ申サヌ様デゴザリマシタ。

問　然《しか》バ其方ハドウシテモ、只《ただ》神武天皇様ハ腕力ヲ以天下ヲ御治メナサレタトノミ、之ヲ申スノミト云カ。

答　ハイ。神武天皇様ハ全ク腕力ヲ以天下ヲ御取リナサレタトノミ申シマシタノデアリマシタ。

明治十四年十月八日

前島豊太郎(拇印)

(出典)『太政類典』五―四九(遠山茂樹『天皇と華族　日本近代思想大系2』岩波書店、一九八八年、二二二―二二三ページ)。

【解説】不敬罪は皇室の尊厳を確保するために、一般とは区別されて規定された皇室に対する罪の一種である。一八八〇(明治一三)年七月一七日公布の旧刑法で初めて成文化された。天皇及び皇族、皇陵に対する不敬(侮辱)行為によって成立し、最高刑重禁錮五年とされた。踵を接するように自由民権運動が盛り上がり、政府の取締りが厳しくなるにつれて、「不敬」事件も続出した。ここに掲げた資料は、静岡県有渡郡古庄村(現、静岡市)出身の民権家であり、『東海暁鐘新報』の社主でもあった前島豊太郎(一八三五―一九〇〇)が静岡町小川座で行った「不敬」演説に関する調書である。これに対し当時の法では処罰する条文がなく、演説に関する規定のない讒謗律を拡大解釈して処罰した。このように「不敬」適用範囲は過去の天皇にまで及び、言論・学問の自由の大きな脅威となっていった。

132　岩倉具視の皇室財産に関する意見書　一八八二年二月　及び明治初期の皇室財産(→表132)

夫レ率土《そつと》ノ浜《ひん》(1)王土ニ非ラザルコトナキハ、我建国ノ体ナリ。然ルニ明治五年人民ニ土地所有ノ権ヲ与ヘラレテヨリ、人民各自其土地ヲ私有シ、政府ヲ維持スルニ其租税ヲ納《い》ル、コトヲ以テス。於レ是人民参政権ノ進取ヲ論ズルモノ輩出シ、随テ憲法建定ノ期ヲ促セリ。乃《すなわ》チ眼眶《がんきよう》(2)ヲ合セテ国会開設以後我邦ノ景況如何《いかん》ヲ瞑想スルニ、激進ノ民権論ハ常ニ其適当ノ程度ヲ超過スルガ故ニ、非政府ノ論議ハ益々《ますます》其勢力ヲ得可ク、而テ人民自治ヲ務メズシテ自由ヲ求メ、官民乖離《かいり》ノ情況ハ今日ノ府県会議ヲ以テ之ヲ推察スルニ足ルベシ。然ル後ハ民権論次第ニ激進シ、憲法ノ明文其力ヲ実際ニ保ツコト能ハズ、天子ト雖、国会ニ左右セラレ、皇位ハ有レドモ無キガ如ク、大権遂ニ其鈞石ヲ失ヒ、万世不易ノ国体ヲ損ジ、外ハ其侮ヲ受ケ、内ハ其民ヲ安ンズルコト能ハザルニ至ラン。此事ノ必無ヲ今日ニ保証スルハ甚ダ難シ。然レバ憲法ノ力ヲ保ツガ為メニハ、其実質即チ皇室ノ財産ヲ富贍《ふせん》(3)ニシテ、陸海軍ノ経費等ハ悉皆《しつかい》皇室財産ノ歳入ヲ以テ支弁スルニ足ル可ラシムベシ。此ノ如クニシテ後ニ、国会ニ於テ如何ナル過激論ノ起ルコトアリトモ、又国庫ノ経費ヲ議定セザルコトアリトモ、之ヲ鎮撫シ、之ヲ和順セシムルニ於テ、何カ有ラン。故ニ大権ノ鈞石ヲ失ハザラント欲セバ、国民ノ財産ト皇室ノ財産トヲシテ

表132　皇室財産の推移

年次	土地所有及株式所有
1868	6,000町歩
1883	13,000町歩
1885	日本銀行株(25,000株・払込金額250万円)
	横浜正金銀行株(10,000株・払込金額100万円)
1886	31,000町歩
1887	日本郵船株(52,000株・払込金額260万円)
1889	1,129,000町歩
1890	3,654,500町歩(うち耕地10,200町歩)
1895	2,227,600町歩(うち耕地10,000町歩)

(出典)『帝室統計書』1916年,『帝室林野局五十年史』1939年,石井寛治『日本経済史』第2版,東京大学出版会,1991年,p.170より作成.

大差等ナカラシムルニ在リ。今夫レ調査済官林ノ数四百八拾壱万八千町ノ如キモ、之ヲ民有地ノ四百八拾壱万八千三百五拾町余ニ比較スレバ、大差等アルコトナシ。而テ之ニ北海道未調ノ官林ヲ合セバ、其額民有ニ超過スベシ。乃チ今ノ官有地ヲ一括シテ皇室ノ財産トシ、一タビ宮内省ニ引上ゲ、更ニ内務省ニ致シ、皇室領トシテ之ヲ管轄セシメ、其歳入ハ従前ノ如ク大蔵省ノ国庫ニ収納シテ、政府維持ノ費途ニ支出シ〈是ニ於テ政府ハ純《もっぱ》ラ民人ノ租税ニ因テ維持スルノ名ナク、人民ハ常ニ皇家ノ恩恵ニ依ルノ実アリ〉、農商務省ヲシテ其利益ノ蕃殖ヲ図ラシム。是ニ於テ乎、所謂《いわゆる》上下所有ノ権衡《けんこう》其平均ヲ得ルニ至ルコトヲ望ム可シ。英国政治家ノ語ニ曰ク、政権ハ財産ニ比例スト。是レ実ニ政理ニ通ズルノ言ナリ。我邦ノ法、古来皇室ハ全国ヲ奄有《えんゆう》(4)シ、人民ハ尺寸ノ私地アルコトナシ。然ルニ明治五年以来、土地ニ官有・民有ノ区別ヲ判然立テタリ。其レ官府ナル者ハ即チ朝廷ニシテ、朝廷ハ即チ皇室施政ノ明堂《めいどう》(5)ナリ。故ニ今ノ官有地ヲ挙テ悉皆皇室領トナスニ於テ、誰カ異議ヲ其間ニ挿《さしはさ》ム者アランヤ〈我ガ官有地ヲ以テ、他邦ノ国民共有地ニ比スルハ、大ナル謬《あやま》リ也〉。然リト雖、立憲政体挙行ノ日ニ於テハ、則チ大ニ政府ナル者ノ形質ヲ変ズルガ故ニ、官有地亦《また》其性質ヲ変ゼザルコトヲ得ズ。具視故ニ曰ク、皇室ノ財産ヲ定ムルハ、実ニ今日〈憲法制定ノ前〉ノ急務ナリ。前段ノ理由ナルヲ以テ、憲法ノ実力ヲ保ツハ、皇室ノ実力ヲ保ツニ在ルコトハ明ラカナル可シ。

(出典)　宮内省皇后宮職編『岩倉公実記』下巻、岩倉公旧籍保存会、一九二七年、一八七〇―一八七二ページ。

(1)王土王民思想の常套句。(2)まぶた。(3)富み豊かなこと。(4)ことごとく所有すること。(5)天子が政を行う殿堂。

【解説】　幕末の朝廷領は、公家の家領等を合算しても総高一三万石前後であった。一八七六(明治九)年、皇室入費が宮内入費と区別され、前者は貨幣的資産として蓄積された。土地所有の拡充もきわめて積極的に行われ、その意図するところはこの岩倉意見書によく示されている。岩倉の意見は井上毅の反対にあってこのときは実現しなかったが、議会開設以前に皇室財産の確立が急がれた。なによりも皇室財産は議会の予算審議によって左右されてはならず、華族制度を維持し続ける大きな支柱でなければならなかった。八四年から九〇年にかけて膨大な国有財産の皇室財産への組替えが一挙に、それも一部のものによって無造作に行われた。こうして、皇室は日本最大の寄生地主=ブルジョアジーとして巨大な財産を有し、政府・議会に対する超越性の経済的根拠を確立したのである。

133 栄爵授与の詔勅と華族令　一八八四年七月七日

詔　勅

朕惟《おも》フニ、華族勲冑《くんちゅう》(1)ハ国ノ瞻望《せんぼう》(2)ナリ。宜シク授クルニ栄爵ヲ以テシ、用《もっ》テ寵光ヲ示スベシ。文武諸臣、中興ノ偉業(3)ヲ翼賛シ、国ニ大労アル者、宜シク均シク優列ニ陞《のぼ》シ、用テ殊典(4)ヲ昭《あきらか》ニスベシ。茲《ココ》ニ五爵ヲ叙《じょし》テ、其有礼ヲ秩《ちつ》ス。卿等益《ますま》ス爾《なんじ》ノ忠貞ヲ篤《あつ》クシ、爾ノ子孫ヲシテ世々其美ヲ済《な》サシメヨ。

明治十七年七月七日

（出典）『法令全書』明治一七年、詔勅、一ページ。

七月七日　　華族一般

華族令左ノ通被二仰出《おおせいだされ》一候ニ付、此旨相達候事。

奉　勅　　宮内卿　伊藤博文

華族令

第一条　凡《およ》ソ爵ヲ授クルハ、勅旨ヲ以テシ、宮内卿之ヲ奉行ス。

第二条　爵ヲ分テ、公侯伯子男ノ五等トス。

第三条　爵ハ男子嫡長ノ順序ニ依リ之ヲ襲《つ》ガシム。女子ハ爵ヲ襲グコトヲ得ズ。但《ただし》現在女戸主ノ華族ハ、将来相続ノ男子ヲ定ムルトキニ於テ、親戚中同族ノ者ノ連署ヲ以テ、宮内卿ヲ経由シ授爵ヲ請願スベシ。

第四条　嗣今《しこん》(5)有爵者又ハ戸主死亡ノ後、男子ノ相続スベキ者ナキトキハ、華族ノ栄典ヲ失フベシ。

第五条　有爵者ノ婦ハ、其夫ニ均シキ礼遇及名称ヲ享《う》ク。

第六条　華族戸主ノ戸籍ニ属スル祖父母、父母及妻及嫡長子孫及其妻ハ、倶《とも》ニ華族ノ礼遇ヲ享ク。

第七条　本人生存中、相続人ヲシテ爵ヲ襲《つ》ガシムルコトヲ得ズ。

但刑法又ハ懲戒ノ処分ニ由リ爵ヲ奪ヒ、又ハ族籍ヲ削ラレ、更ニ特旨ヲ以テ相続人ニ授クル者ハ、此例ニ在ラズ。

第八条　華族ノ戸籍及身分ハ宮内卿之ヲ管掌ス。

第九条　華族及華族ノ子弟婚姻シ又ハ養子セントスル者ハ、先ヅ宮内卿ノ許可ヲ受クベシ。

第十条　華族ハ、其子弟ヲシテ相当ノ教育ヲ受ケシムルノ義務ヲ負フベシ。

（出典）『法令全書』明治一七年、宮内省達、一二九五―一二九六ページ。

（1）勲功のあった家柄。（2）仰ぎしたう。（3）王政復古のこと。（4）特別の礼式。（5）今からのち。

【解説】　明治十四年の政変ののち、憲法制定作業と並行して、華族を「皇室の藩屏」と位置づけ、民選議院に対抗する上院の主要構成員とする華族制度の検討が行われ、一八八四(明治一七)年の華族令以降さまざまな法規が制定された。爵位は公侯伯子男の五等、男子の世襲、家格と勲功が叙爵の基準とされ、八四年から八七年にかけて旧華族(公卿・大名)四八三名、新華族八三名が叙爵された。新華族は維新の功労者等が勲功によって叙爵され、出身地は薩摩二八名、長州二三名と薩長で過半をしめた。八九年制定の大日本帝国憲法・貴族院令で、公侯爵は全員世襲議員、伯子男爵は互選議員とされ貴族院の主要勢力となり、華族は天皇制を支える政治的特権階級となった。経済面においても、大名華族は多額の金禄公債を与えられ高額所得者となり、公家華族には皇室から援助が与えられた。

3　天皇制教育体制の確立

134　小学校唱歌「蛍の光」　一八八二年五月

第二十　蛍

〔初案〕

第二十　蛍《ほたる》

一、ほたるのひかり。まどのゆき。書《ふみ》よむつき日。かさねつゝ。いつしか年も。すぎのとを。あけてぞけさは。わかれゆく。

二、とまるもゆくも。かぎりとて。かたみにへだつ。ちよろづの。こゝろのはしを。ひとことに。さきくとばかり。うたふなり。

三、つくしのきはみ。みちのおく。わかるゝみちは。かはるとも。かはらぬこころ。ゆきかよひ。ひとつにつくせ。くにのため。

四、千島《ちしま》のおくも。おきなはも。やしまのそとの。まもりなり。いたらんくにに。いさをしく。つとめよわがせ。つつがなく。

〔修正意見〕

三、此歌は児女の諷詠すべき者にあらず。且首尾整《かつ》はず。「かはらぬこゝろゆきかよひ」とは、父子、兄弟姉妹、又は朋友の間には常に言はぬ事にて、重《おも》に男女間に契る詞にて、互に他之男女に見《まみ》えずして互に恋ひしたふ心の通ふといふ事なるべし。学校に於て児女の徳性を涵養する目的の唱哥には甚《はなはだ》不適当なり。且結句に「ひとつにつくせ、くにのため」とあるは、何如にも前句と連続せず。此等の歌は削除しては何如。　辻新次　鈴木　佐沢

「千島のおくもおきなはも、やしまのそとの、まもりなり」とは、千嶋モ琉球モ日本ノ外藩ナリといふ意ならん。果して然らば、事実上甚《はなはだ》穏当ならず。　辻新次　鈴木　佐沢

〔成稿〕

第二十　蛍《ほたる》

一、二、（略）

三、つくしのきはみ。みちのおく。うみやまとほく。へだつとも。そのまごゝろは。へだてなく。ひとつにつくせ。くにのため。

四、千島《ちしま》のおくも。おきなはも。やしまのうちの。まもりなり。いたらんくにに。いさをしく。つとめよわがせ。つつがなく。

（出典）　東京芸術大学付属図書館蔵『小学唱歌集』初編（山住正己『教育の体系　日本近代思想大系6』岩波書店、一九九〇年、二〇六―二〇七ページ）。

【解説】　一八七二（明治五）年八月の学制では唱歌という教科がおかれていたが、「当分欠ク」とされ、文部省はその授業を開始するための何の準備もしてこなかった。七九年、伊沢修二（一八五一―一九一七）の提唱により文部省に音楽取調掛がおかれ、翌年四月からアメリカ人教師によって東京師範付属小学校及び東京女子師範付属幼稚園で唱歌の授業が行われた。そして八三年からは音楽教育が男女師範本科生の正科に採用され、まず小学校唱歌の教材をつくることになり、西洋・東洋の歌曲を折衷した「蝶々」・「蛍」（「蛍の光」）など三三の新曲が八一年一一月二四日（実際は翌年五月）に『小学唱歌集初編』として文部省から刊行された。唱歌が日本の洋楽歌曲をひろめ情操教育の基礎を固めた意義は大きいものがあった。しかし、そのような唱歌の成立にも時代のイデオロギーが反映している。

135 森有礼文相の教育理念　一八八七年八月

有礼職ヲ文部ニ奉ジ爾来　聖明改良ノ盛意ヲ奉体シ教育ノ方法規則既ニ粗端緒ニ就クコトヲ得タリ、窃ニ惟ミルニ百般ノ事先ツ準的ヲ定ムルヲ要ス、準的一タヒ定マルトキハ以テ年ヲ期シテ非常ノ業ヲ成就スルコトヲ得ヘク、又以テ永久ニ挙行シテ怠廃ニ至ラサルコトヲ得ヘシ、今夫国ノ品位ヲシテ進ンテ列国ノ際ニ対立シ以テ永遠ノ偉業ヲ固クセント欲セハ、国民ノ志気ヲ培養発達スルヲ以テ其根本ト為サヽルコトヲ得ス、此レ乃チ教育一定ノ準的ニ非ス乎、今ハ文明ノ風駸々トシテ行ハレ日用百般ノ事物漸ク変遷ニ進ム、然ルニ我カ国民ノ志気果シテ能ク錬養陶成スル所アリテ、難キニ堪ヘ苦ヲ忍ヒ前途求遠ノ重任ヲ負担スルニ足ル歟、二十年ノ進歩ハ果シテ真確精醇深ク人心ニ涵漸シ以テ立国ノ本ヲ鞏固ナラシムルニ足ル歟、加フルニ我国中古以来文武ノ業ニ従ヒ躬国事ニ任スルハ偏ニ士族ノ専有スル所タリ、而シテ今ニ至リ開進ノ運動ヲ主持スル者僅ニ国民ノ一部分ニ止マリ、其他多数ノ人民ハ或ハ茫然トシテ立国ノ何タルヲ解セサル者多シ、顧ミルニ欧米ノ人民上下トナク男女トナク一国ノ国民ハ、各一国ヲ愛スルノ精神ヲ存シ、固結シテ解クヘカラス、以テ能ク大難ヲ冒シ大危ヲ忍ンテ其立国ヲ争奪ノ間ニ維持スル者ハ、多クハ其教化素アリテ以テ品性ヲ陶養スルノ力ニ由ラスンハアラス、

（中略）

有礼窃ニ願クハ　天皇陛下ノ聖断ヲ仰キ、今ニ及ンテ全国ノ男子十七ヨリ二十七ニ至ル迄其学ニ就カサル者トヲ問ハス、総テ皆護国ノ精神ヲ養フノ方法ニ従ハシメ、文部省ハ簡単平易ナル教課書ヲ敷キ人々ノ諷誦又ハ講義ニ便ナラシメ、陸軍省ハ体操練兵ノ初歩ヲ教ヘ毎戸長又ハ毎郡ノ管掌スル所トシ、一月ニ一度或ハ二度時間ヲ限リ、其区域内ノ人民ヲ学校ニ集メ、聴講又ハ運動ニ従事セシメハ、庶幾クハ忠君愛国ノ意ヲ

全国ニ普及セシメ、一般教育ノ準的ヲ達シ、最下等ノ人民ニ迄要スル所ノ品位ヲ一定ナラシメ、国ノ全部ヲ挙ケ奴隷卑屈ノ気ヲ駆除シテ余残ナカラシメ、而シテ国本ヲ鞏固ニシ国勢ヲ維持スルニ於テ裨補スル所必多カラン、有礼職掌ノ及フ所ニ於テハ既ニ師範学校ノ生徒ニ繰練ヲ授ケタリ、将来公私ノ学校ニ於テ事宜ノ許ス限リハ、益々此ノ法ヲ行ハントス、但シ前述ノ件ハ全局ニ関係シ事件重大ナルヲ以テ、茲ニ案ヲ作リ具状シ謹テ閣議ヲ請フ

（出典）大久保利謙編『森有礼全集』第一巻、宣文堂書店、一九七二年、三四五ページ。

【解説】自由民権運動に対して教育の根本精神を天皇が定めようとする動きは、一八七九（明治一二）年に元田永孚の起草した「教学聖旨」にはじまる。そして天皇制教育の体系は、森有礼文相による八六年三月の学校令（帝国大学令・師範学校令・小学校令・中学校令）によって確立した。そこで、大学は国家の必要に応ずる学術・技芸を研究・教授すること、師範学校では忠君愛国主義をたたき込まれた教師の養成がめざされた。初等教育である小学校を義務化し、中学校を実業と高等教育への一階梯と位置づけた。女子教育に関しては、中学校令の中に若干の言及があるだけで放置された。さらに森は、教育を愛国心教育として展開することをめざした。ここで人民護国の精神、忠武恭順の風を養うことが一国富強の基礎であるという国家主義的な教育理念に立ち、忠君愛国の精神養成のため、軍隊に準じる教育の普及を提案した。本史料は、愛国心教育をめざした森が提出した閣議案である。

136　教育に関する勅語　一八九〇年一〇月三〇日

勅語

朕惟フニ我カ皇祖皇宗国ヲ肇ムルコト宏遠ニ徳ヲ樹ツルコト深厚ナリ我カ臣民克ク忠ニ克ク孝ニ億兆心ヲ一ニシテ世々厥ノ美ヲ済セルハ此レ我カ国体ノ精華ニシテ教育ノ淵源亦実ニ此ニ存ス爾臣民父母ニ孝ニ兄弟ニ友ニ夫婦相和シ朋友相信シ恭倹己レヲ持シ博愛衆ニ及ホシ学ヲ修メ業ヲ習ヒ以テ智能ヲ啓発シ徳器ヲ成就シ進テ公益ヲ広メ世務ヲ開キ常ニ国憲ヲ重シ国法ニ遵ヒ一旦緩急アレハ義勇公ニ奉シ以テ天壌無窮ノ皇運ヲ扶翼スヘシ是ノ如キハ独リ朕カ忠良ノ臣民タルノミナラス又以テ爾祖先ノ遺風ヲ顕彰スルニ足ラン

斯ノ道ハ実ニ我カ皇祖皇宗ノ遺訓ニシテ子孫臣民ノ倶ニ遵守スヘキ所之ヲ古今ニ通シテ謬ラス之ヲ中外ニ施シテ悖ラス朕爾臣民ト倶ニ拳々服膺シテ咸其徳ヲ一ニセンコトヲ庶幾フ

明治二十三年十月三十日

御名御璽

（出典）『法令全書』明治二十三年、訓令、四五九ページ。

【解説】 帝国議会の開設を前に、山県有朋首相及び芳川顕正文相の下で軍人勅諭と同様の方法が教育においても企てられた。この起草には井上毅と元田永孚が参加し、儒教的徳目を中心に水戸学的国体観とプロシア流の国家主義思想により構成された。ここに天皇への忠誠を最高の価値とした「教育勅語」が発布され、学校教育における至高の規範とされた。勅語は発布とともにその謄本が天皇・皇后の写真(「御真影」)とともに各学校に下賜され、祝祭日をはじめとする学校行事のなかで「奉読」された。そして早くも翌年一月には、第一高等中学校始業式において、キリスト教徒の講師内村鑑三が勅語に対して拝礼しなかったとして、学校から追放された。勅語は教育のみならず近代天皇制思想の聖典的役割を果たし、自由な思想・言論の発展を阻害し、国民を国家主義・軍国主義思想に統合するうえで大きな役割を果たした。

4　名望家的地方自治制度の整備

137 地方制度改正に関する大久保利通の上申書　一八七八年三月一一日

第一　地方ノ体制

一新以来各地方ノ区画及ヒ区戸長ノ制置アリト雖トモ其制タル専ラ戸籍調査ノ為メニ之ヲ設ケ、従来荘屋名主年寄等ノ旧弊ヲ一洗セントスルモノニシテ、汎ク行政上ノ便ヲ謀リタルモノニ非ス、故ニ或ハ区ニ大小ノ二段階アルアリ、単ニ小区ノ一段階ノミナルアリ、其大区ヲ分ツニ従来ノ一郡域ヲ用ユルアリ、二三郡域ニ跨《またが》ルアリ(中略)依テ現今区画ノ制ヲ変更シ古来ノ郡制ニ復シテ之ヲ行政区トナシ(中略)其一郡内ノ事務ヲ行フニ付其郡内住民ノ便宜ノ為メニハ郡内ニ於テ適宜ニ方面ヲ分設シテ其郡長ニ属シタル郡吏ヲ在勤分任セシメハ郡ノ広狭ハ如何ナルモ決シテ官民ノ不便ヲ見サルナリ、(中略)府県郡市ハ行政ノ区画タルト住民社会独立ノ区画タルト二種ノ性質ヲ有セシメ、村町ハ住民社会独立ノ区画タル一種ノ性質ノミヲ有セシメ、而シテ郡市ニ吏員ヲ置テ其二種ノ性質ノ事務ヲ兼掌セシメ、村町ハ其村町内共同ノ公事ヲ行フ者即チ行事人ヲ以テ其独立ノ公事ヲ掌ルヘキモノトナスヘキナリ、(中略)

第三　地方会議ノ法

既ニ地方ヲ独立セシメ地方官吏ニ分権セシ以上ハ独立ノ事即チ其住民共同ノ公事ヲ行フニ中央政権ヲ以テスヘカラス、其独立ノ公権ヲ以テスヘシ、其公権ヲ以テスルハ則チ地方会議ノ法ヲ設立スルニアルナリ、先ツ試ミニ地方会議ノ得失ヲ論センニ従来地方行事ノ上ニ於テ往々至難ノ事ヲ醸シ、現ニ或ル数府県下ニ於テモ兇徒蜂起シ其地方ノ安寧ヲ妨害シタルコトアリ、其実必シモ府県官ノ治術ヲ失ヒタルノミニアラサルモ、又ハ法令ノ宜キヲ失ヒタルニアラサルモ、其陽ニ托スル所主トシテ此等ノ外ニ出テス、其然ル所以ノモノハ他ナシ、凡ソ地方ノ事其行政権ト其独立権トヲ分タス皆中央政権内ニ在テ随テ瑣々《ささ》タル小官吏即チ戸長ノ為シタル処分ノ錯誤モ或ハ中央政権ニヨリテスルヲ以テナリ、若シ地方会議ノ法ヲ設立スルトキハ其地方独立権ノ事ニ於テハ利害得失皆其会議ノ責即チ其住民共同ノ責ニシテ中央政権ニ対シテハ小怨タモ懐クナク、只其監督ノ公力ヲ仰クノミ、然ルトキハ地方ノ安寧ハ勿論推シテ国ノ安寧上ニ於テモ其効大ナリ

（出典）日本史籍協会叢書『大久保利通文書』第一〇巻、一九二八年、一九六九年、一一三―一一八ページ。

【解説】　明治初年の地方制度の変遷は、中央集権国家の行財政上の要請によって上から改革し、政府の末端機関の役割を担わそうとする試行錯誤の過程であった。しかし、地方民会等への自由民権家の参加によって、これら地方機関は性格を変え、中央集権に対し住民の抵抗機関としての性格をもつに至った。これに対する大久保利通の意見書は、明治政府による最初の統一的地方制度である三新法（①郡区町村編制法、②府県会規則、③地方税規則）に関してのものである。これは、町村の自然村的性格をある程度認め、町村内部の問題処理を惣代人である戸長に任せる等、自由民権運動の動きに対する譲歩と政府側の対抗との妥協的所産として打ち出されたものであった。しかし、政府は自由民権運動弾圧強化の中で、一八八四年には戸長の公選制を官選に切り換える大改革を行い、地方からの危機的状況の芽を摘みとっていった。

138 市制・町村制理由　一八八八年四月一七日

国内ノ人民各其自治ノ団結ヲ為シ政府之ヲ統一シテ其機軸ヲ執ルハ国家ノ基礎ヲ鞏固ニスル所以ナリ、国家ノ基礎ヲ固クセントセハ地方ノ区画ヲ以テ自治ノ機体ト為シ、以テ其部内ノ利害ヲ負担セシメサル可カラス

現今ノ制ハ府県ノ下郡区町村アリ、区町村ハ稍自治ノ体ヲ存スト雖モ未タ完全ナル自治ノ制アルヲ見ス、郡ノ如キハ全ク行政ノ区画タルニ過キス、府県ハ素ト行政ノ区画ニシテ、幾分カ自治ノ制ヲ兼ネ有セルカ如シト雖モ、是亦全ク自治ノ制アリト謂フ可カラス、今前述ノ理由ニ依リ此区画ヲ以テ悉ク完全ナル自治体ト為スヲ必要ナリトス、即府県郡市町村ヲ以テ三階級ノ自治体ト為サントス、此階級ヲ設クルハ分権ノ制ヲ施スニ於テモ亦緊要ナリトス、蓋自治区ニハ其自治体共同ノ事務ヲ任ス可キノミナラス、一般ノ行政ニ属スル事ト雖モ全国ノ統治ニ必要ニシテ官府自ラ処理スヘキモノヲ除クノ外、之ヲ地方ニ分任スルヲ得策ナリトス、故ニ其町村ノ力ニ堪フル者ハ之ヲ其負担トシ、其力ニ堪ヘサル者ハ之ヲ郡ニ任シ、郡ノ力ニ及ハサル者ハ之ヲ府県ノ負担トス可シ、是階級ノ重複スルヲ厭ハスシテ、却テ利益アリト為ス所以ナリ

（出典）『法令全書』明治二一年、法律第一号、六一ページ。

【解説】 帝国議会の開設と衆議院選挙が間近に迫ると、内務卿山県有朋は、国家の基礎を強固にする地方自治制度の確立を期し、国民を地方公共事務に習熟させることによってこそ国政参加の実力と自覚が養成できると考え、ドイツ人委員のモッセの助言に依りながらプロシア流の地方自治制度の創出を図った。期待された国民とは、地方における資産家であり穏健な名望家であった。彼らを自治体議員に選出させるため、納税額の多少によって、市会では三級、町村会では二級の等級選挙制を適用した。ここで登場した名望家はやがて国会議員になってゆく。一八八八年四月に市制・町村制、九〇年五月に府県制・郡制が公布され、この間に政府は、国からの委任事務とその経費を町村に負担させるために町村合併を指導し、従来の七万余りの町村を一万六千町村まで激減させた。

5 憲法制定の準備と内閣官制の制定

139 憲法調査出張中の伊藤博文報告　一八八二年八月一一日

独逸《ドイツ》ニ而《[て]》有名ナルグナイスト、スタイン之両師ニ就キ国家組織ノ大体ヲ了解スルコトヲ得テ皇室ノ基礎ヲ固定シ大権ヲ不墜ノ大眼目ハ充分相立候間追而御報道可二申上一候、実ニ英米仏ノ自由過激論者之著述而已《[のみ]》ヲ金科玉条ノ如ク誤信シ殆ント国家ヲ傾ケントスルノ勢ハ今日我国ノ現情ニ御座候ヘ共之ヲ挽回スルノ道理ト手段トヲ得候ハ報国ノ赤心ヲ貫徹スルノ時機ニ於テハ其功験ヲ現ハスノ大切ナル要具ト奉存候而、心私ニ死処ヲ得ルノ心地仕将来ニ向テ相楽居候事ニ御座候、両師ノ主説トスル所ハ邦国組織ノ大体ニ於テ必《[畢]》竟君主立憲体ト協和体ノ二種ヲ以大別ト為シ（此中ニ種々分派有之候ヘ共小差別ナリ譬ヘハ立君ニシテ協和体アリ無君ニシテ協和体アリ立君専政アリ君主立憲ニシテ議会ヲ有スルアリ等）君主立憲政体ナレハ君位君権ハ立法ノ上ニ居ラサル可カラスト云ノ意ナリ、故ニ憲法ヲ立テ立法行政ノ両権ヲ並立セシメ立法ハ議政府行政ハ宰相府恰モ人体ニシテ意想ト行為アルカ如クナラシメサル可カラスト云、只邦国ノ人体ト異ナル所ハ意想行為ノ両体共ニ其組織アリテ各箇其運用ヲ異ニス、此両組織ノ運用並行ハレテ相悖《[もと]》ラサルノ理アリ、君主ハ則此両組織ノ上ニ在リテ所謂邦国ノ元首ナリ、故ニ法ヲ以テ之ヲ束縛スヘカラス刑ヲ以テ之ニ加フ可カラス不レ可二干犯一ノ地位ニ立テ邦国ヲ統括ス是君主ノ位ナリ職ナリ、君主ノ許可ナクシテ一モ法ト為ル者ナク君主ノ許可ナクシテ一モ命令ト為ル者ナシ、此許可権ハ君位君権ニ固有専属ス、法律《ローウ》ハ両院即チ議会ノ議決スル所、命令《ヲルトナンス》ハ政府ノ発布スル所、而シテ法律命令其効力ヲ均シクス、只々両箇ノ者相撞着スルヲ得ス又撞着ヲ予防スルノ法方アリ総テ法律ノ草案ハ政府即チ内閣行政府ノ起草スル所ナルヲ以テ縦令《[たとい]》立法議会ニ於テ政府ノ意ニ反スルノ法律ヲ議定スルモ政府承諾セザレハ君主之ヲ許可発布セス君主ノ許可発布ニ非サレハ法律ニアラスシテ草案タルニ過キス、凡《およそ》大体雖レ如レ此之ヲ細論スレハ一朝ノ能ク尽ス所ニ無之候、故ニ上ニ所謂二種ノ別ハ縦令立君ノ国ト雖モ君権完全ナラサレハ其政体乃チ協和ナリ、邦国統治ノ権国会ニ偏倚《へんい》シテ宰相ハ国会ノ衆寡ニ依リ進退セラル、者皆協和ナリ、到底欧洲現今ノ形勢ニ而漸次君権ヲ削弱シ政府タル者ハ国会ノ臣僕ノ如キ姿ニ墜リ統治ノ実権帰スル所ナキニ至テハ国権ヲ拡張シ民庶ノ幸福ヲ保持スル所以ニ非ス、故ニ君主立憲ニシテ君権ヲ完全シ立法行政両立並行ノ組織ヲ固定センコトヲ期ス、此真正ノ政体ニシテ又真理ノ然ラザルヲ得サル者アリト、由是観之我皇室ノ如キハ二千五百有余年邦国ノ体裁ヲ固定セサル以前ニ於テ既ニ君主ノ地位ヲ占ム、豈《あ》ニ国憲ヲ定メ国会ヲ起スノ時ニ至リ始メテ君主タル事ヲ認メラル、ヲ俟タンヤ、欧洲ノ政学者既ニ君位ハ国憲ノ上ニ駕スルヲ説ク斯ノ如シ、況ンヤ我皇室ノ如キニ於テオヤ、

（出典）「憲政史編纂会収集文書」六二二―二（国立国会図書館憲政資料室蔵）。句読点を付した。

【解説】　議会開設以前に政府が行わなければならない最大の事業は、憲法の制定であった。一八八二（明治一五）年三月、天皇主権と議会との関係のヒントを得るため、藩閥官僚の第一人者である伊藤博文自らが欧州諸国憲法調査の命をうけて渡欧した。伊藤はただちにドイツに赴き、ベルリンでグナイストの談話、さらにオーストリアのウィーンでのスタインの談話を聞き、君権主義に基づく憲法体制の運用に確信をえた。この書簡は、ウィーンから岩倉具視に送られたものである。伊藤は民権派の憲法案をイギリス・アメリカ・フランスの自由過激論者の著述を金科玉条とし、ほとんど国家を傾けるものと決めつけ、我が国の憲法は、プロシア流の君権主義を手本に、議会の権限をできるだけ制限し、皇室の基礎を固定して強大な君主権を中心にすべきと主張した。

140 内閣官制制定に関する元田永孚手記　一八八五年一二月

五日九字（時）出仕、十一時召ニ依テ御前ニ伺候ス、上喩《じょうゆ》ニ曰ク往日黒田（1）ノ事ヲ議セシガ以後遂ニ右大臣ノ内命ヲ伝フルニ至レリ、三条大臣（2）反復命ヲ喩《さと》セシニ依テ一応受クルコトアリト雖（3）トモ、尋テ書ヲ以テ辞シテ受ケサルニ至レリ、之ニ由テ伊藤右大臣ト為ルベシトノ議アリト雖トモ伊藤亦固辞シテ当ラス、之如何トモスベカラス、朕因テ三条大臣ニ謂テ曰ク今専ラ其人ヲ撰ブ何ソ先ツ其政体ノ組織ヲ議セザル乎、苟《いやしく》モ政体ノ組織ヲ定メ将来ノ鍼路《しんろ》ヲ一定スル時ハ随テ其任ニ適スル人ヲ撰ハサルベカラザルナリ、故ニ先ツ組織ヲ定テ而後其人ヲ議スベシト、三条大臣命ヲ奉シテ各参議ニ伝フ、各参議皆敬承シテ朕カ旨ヲ以テ試ニ組織案ヲ草ス、即チ此草案ノ如ク従前太政大臣左右大臣参議兼諸省卿ヲ廃シ、更ニ総理大臣ニ宮内外務内務大蔵陸海軍司法文部農商務逓信各大臣ヲ置テ内閣ヲ組織シ、帝室ニ宮内大臣ノ外ニ内大臣宮中顧問官ヲ置キ、随テ

諸官省書記官以下奏任判任官ノ冗官《じょうかん》ヲ大ニ淘汰スヘシ、此レハ是伊藤ノ草案ナリ、今此草案ノ組織ノ如ク改正スル時ハ総理大臣ノ任三条ヲ以テセン乎、三条素ヨリ此任ニ当ル可ラスト云テ之ヲ伊藤ニ譲ル、各参議モ亦伊藤ニ非ンハ此任ニ適シ難シト云、抑《そもそも》亦改正案ノ如ク為サズシテ已《や》マン乎、今日内閣ノ統轄既ニ已《すで》ニ三条ニシテ任ヘ難シ、伊藤モ朕ニ謂フ岩倉[4]大臣ニシテ在ラシメハ之ヲ輔《たす》ケテ為ス可シ、三条大臣ニシテハ復タ之ヲ輔ク可カラズト、井上モ亦之ヲ云、伊藤等已ニ如此勢ノ茲ニ至ル断然之ヲ改ムルニ若クハ無カルヘシト、

（出典）「稟旨劄記・改正稟旨概言」『元田永孚関係文書』一〇九－一一三（国立国会図書館憲政資料室蔵）。句読点を付した。

（1）黒田清隆。（2）三条実美。（3）伊藤博文。（4）岩倉具視。

【解説】　一八八三（明治一六）年に憲法調査より帰朝した伊藤博文は、なによりも議会に対応しうる行政機関を組織するために、八五年一二月、明治初年以来続いてきた太政官制度を廃止し、プロシア内閣を範とした内閣制度の導入を図った。太政官制における三大臣は、皇族・華族が就任したのに対して、門地・家格に関係なく内閣総理大臣を任じて内閣全体を統括させるという構想を立てた。政府内部での改革断行の障害を押し切り、八五年一二月七日には天皇より内閣総理大臣の内命を受け、同月二二日にはその創設に至った。この資料は、伊藤の内閣制度の構想が天皇の積極的な推進のもとに生まれたことを語っている。同時に制定された「内閣職権」は、責任内閣制を否定し、プロシア流に各主務大臣の単独責任を規定している。

141　枢密院憲法制定会議における伊藤博文の演説　一八八八年

六月一八日

已《すで》に各位の暁知せらるゝ如く、欧洲に於ては当世紀に及んで憲法政治を行はさるものあらすと雖、是れ即ち歴史上の沿革に成立するものにして、其萌芽遠く往昔に発せさるはなし。反レ之我国に在ては事全く新面目に属す。故に今憲法を制定せらるゝに方ては、先つ我国の機軸を求め、我国の機軸は何なりやと云ふ事を確定せざるへからす。機軸なくして政治を人民の妄議に任す時は、政其統紀を失ひ国家亦た随て廃亡す。苟《いやしく》も国家が国家として生存し人民を統治せんとせば、宜く深く慮りて以て統治の効用を失はさらん事を期すへきなり。抑《そもそも》欧洲に於ては憲法政治の萌せる事千余年、独り人民の此制度に習熟せるのみならず、又た宗教なる者ありて之が機軸を為し、深く人心に浸潤して人心此に帰一せり。然るに我国に在ては宗教なる者其力微弱にして一も国家の機軸たるへきものなし。（中略）

我国に在て機軸とすへきは独り皇室あるのみ。是を以て此憲法草案に於ては専ら意を此点に用ひ、君権を尊重して成るべく之を束縛せさらん事を勉めたり。或は君権甚だ強大なる

ときは濫用の虞《おそれ》なきにあらすと云ふものあり。一応其理なきに非すと雖も、若し果して之あるときは宰相其責に任すへし。或は其他濫用を防ぐの道なきにあらず。徒に濫用を恐れて君権の区域を狭縮せんとするか如きは、道理なきの説と云はさるへからず。乃ち此草案に於ては君権を機軸とし、偏に之を毀損せざらんことを期し、敢て彼の欧洲の主権分割の精神に拠らず、固より欧洲数国の制度に於て君権民権共同すると其揆を異にせり。是れ起案の大綱とす。

（出典）春畝公追頌会編『伊藤博文伝』中巻、一九四三年、六一五—六一六ページ。

【解説】一八八三(明治一六)年に憲法調査より帰朝した伊藤博文は、翌年三月に宮中に制度取調局を設置し、井上毅・伊東巳代治・金子堅太郎らを御用掛として憲法草案起草の準備を秘密裏にはじめた。八八年四月には皇室典範と憲法草案が完成、同月二八日に憲法諮詢にこたえる目的で枢密院が設けられ、伊藤自らが議長となり、草案審議が開始された。伊藤は草案審議の開始にあたり、わが国の基軸たるものは皇室であることを明言し、これ以後は天皇臨席のもとに審議が進められることになった。枢密院は、憲法諮詢にこたえるほかに、憲法実施後に予想される議会と政府との憲法をめぐる抗争の調停者、憲法の最終的解釈者としての政治的役割も担っており、八九年一月末までに三度の審議を重ね、数ヵ所にわたる重要な修正を行った後、憲法の成文を確定した。

6　大同団結運動と保安条例

142　大同団結運動の展開　一八八七年一〇月

大同団結　君、新潟出獄の頃はすでに自由新聞廃刊せるをもって新に公論新報(按、評論新報または評論週報の誤か)を起して自らこれを主宰し、傍ら各国憲法の纂訳等をなしつつありしが、追々憲法頒布、国会開設の期も近寄りたるをもって、既往民間政党の迭《たがい》に相反目疾視して、むしろ当面の敵をば忽諸に附せるの弊を去り、小異を捨てて大同に従い、民間有志互に一致団結して大経綸を立てんとの考を起し、(2)予の建策を納れ、公論新報の主筆たる高橋基一氏を介して末広重恭氏に謀らしめたるに、末広氏大いに賛成したるをもって、追々にその議を拡め、沼間守一、尾崎行雄、犬養毅、島田三郎等の諸氏を始め両政党及びその他の有力者に謀り、しばしば緩和的小宴を催し、大いに意志疏通せるをもって、さらに一歩を進めて全国有志大懇親会を井生村楼に開き、大同団結の意を公表するに至りたり。右の大懇親会には前記沼間氏以下の諸氏及び有名の政客皆出席し、星君は主会者として開会の旨趣を述べ、大同団結の意を発表せしが、会員いずれも拍手して賛同の意を表し、円満に退散せり。君はその後民間有志者の結合を鞏固《きょうこ》にせんと欲し、後藤伯を起して事に当らしめんと大いに勧誘せるがごとし。爾後後藤伯は奮起して自ら主催者となり、たびたび民間有志者を召集するに至りたりしが、まず第一に伯は芝山内三縁亭に宴会を開き、民間各派の有力者を請待し、席上大いに大同団結の必要を説き、かつ自ら進みてその衝に当らんとするの意を述べられたるに、会衆一同これを賛成せり。これ後藤伯首唱の大同団結の発端なりしが、その始めは全く星君の主張その原因たりしものと思わるるなり。

その後幾許もなく、予は明治二十年十二月中出版条例違犯にて入檻し、星君も同件にて翌二十一年二、三月頃入檻せられたる由なるも、予は永く未決檻に在りて石川島に移り、星君等と同檻せるは二十一年の秋なりと覚う。その後在檻半年余にして明治二十二年二月大赦に依りて出獄したるに、この時後藤伯の大同団結はすでに成立し居りて、しかも全国一般に瀰漫《びまん》して頗る優勢なりし。しかるに大井憲太郎氏を始め関東地方旧自由党の一部は、別に団隊を作りて大同団結に合同せざりし。しかれども大同団結は殆ど各地方旧自由党員の集合体にして全く自由党再興の観ありたれば、予等同志は出獄後皆大同団〔結〕に入れり。

（出典）　野沢雞一編著、川崎勝・広瀬順晧校注『星亭とその時代2』平凡社　東洋文庫、一九八四年、二二一―二二三ページ。

（1）星亭。（2）加藤平四郎。

【解説】　一八八七（明治二〇）年の井上馨外相の条約改正案をめぐっては政府内部からも激しい反対の声があがり、条約改正会議は無期延期され、外相は辞任に追い込まれた。秘密外交反対・屈辱外交打破の動きは社会の各方面に高まり、旧自由民権各派の反政府運動は再び活発化した。八七年一〇月から高知県を中心とする自由民権各派は、三大事件建白（地租の軽減・言論集会の自由・外交失策の挽回）をもって上京、元老院に建白した。こうした情勢のなかで、反政府諸派の統一が求められ、一〇月に後藤象二郎・星亭をはじめ自由・改進両党の旧幹部、有志政論家が中心となり丁亥倶楽部が結成された。後藤は八八年七月から翌年一月にわたって東北・北陸・関東・東海を遊説し、大同団結を解いた。その遊説と地方政社結成の訴えは大きな反響を呼び起こした。

143　保安条例　一八八七年一二月二六日

第一条　凡ソ秘密ノ結社又ハ集会ハ之ヲ禁ズ。犯《おか》ス者ハ一月以上二年以下ノ軽禁錮《けいきんこ》ニ処シ、十円以上百円以下ノ罰金ヲ附加ス。其首魁《しゅかい》及教唆者《きょうさしゃ》ハ一等ヲ加フ。

内務大臣ハ前項ノ秘密結社又ハ集会条例第八条ニ記載スル結社集会ノ聯結通信ヲ阻遏《そあつ》スル為メニ、必要ナル予防処分ヲ旋《めぐら》スコトヲ得。其処分ニ対シ其命令ニ違犯《いはん》スル者罰前項ニ同じ。

第二条　屋外ノ集会又ハ群集ハ予《あらかじ》メ許可ヲ経《へ》タルト否トヲ問

ハズ、警察官ニ於テ必要ト認ムルトキハ之ヲ禁ズルコトヲ得。其命令ニ違《たが》フ者、首魁、教唆者及情《じょう》ヲ知リテ参会シ勢ヲ助ケタル者ハ三月以上三年以下ノ軽禁錮ニ処シ、十円以上百円以下ノ罰金ヲ附加ス。其附和《ふわ》随行《ずいこう》シタル者ハ二円以上二十円以下ノ罰金ニ処ス。

集会者ニ兵器ヲ携帯《けいたい》セシメタル者、又ハ各自ニ携帯シタル者ハ各本刑ニ二等ヲ加フ。

第三条　内乱ヲ陰謀《いんぼう》シ、又ハ教唆シ、又ハ治安《ちあん》ヲ妨害スルノ目的ヲ以テ、文書又ハ図書ヲ印刷シ、又ハ板刻《はんこく》シタル者ハ刑法又ハ出版条例ニ依リ処分スルノ外、仍《なお》其犯罪ノ用ニ供シタル一切ノ器械ヲ没収スベシ。

印刷者ハ其情ヲ知ラザルノ故ヲ以テ、前項ノ処分ヲ免《まぬが》ル、コトヲ得ズ。

第四条　皇居又ハ行在所《あんざいしょ》ヲ距《へだた》ル三里以内ノ地ニ住居又ハ寄宿スル者ニシテ、内乱ヲ陰謀シ、又ハ教唆シ又ハ治安ヲ妨害スルノ虞《おそれ》アリト認ムルトキハ、警視総監又ハ地方長官ハ、内務大臣ノ認可ヲ経《へ》、期日又ハ時間ヲ限リ退去ヲ命ジ、三年以内同一ノ距離《きょり》内ニ出入寄宿《きしゅく》又ハ住居ヲ禁ズルコトヲ得。

退去ノ命ヲ受ケテ期日又ハ時間内ニ退去セザル者、又ハ退去シタルノ後更ニ禁ヲ犯《おか》ス者ハ、一年以上三年以下ノ軽禁錮ニ処シ、仍《なお》五年以下の監視《かんし》ニ付ス。

監視ハ本籍ノ地ニ於テ之ヲ執行ス。

第五条　人心ノ動乱ニ由《よ》リ、又ハ内乱ノ予備又ハ陰謀ヲ為《な》ス者アルニ由《よ》リ、治安ヲ妨害スルノ虞《おそれ》アル地方ニ対シ、内閣ハ臨時必要アリト認ムル場合ニ於テ、其一地方ニ限リ、期限ヲ定メ、左ノ各項ノ全部又ハ一部ヲ命令スルコトヲ得。

一、凡ソ公衆ノ集会ハ屋内屋外ヲ問ハズ、及何等ノ名義ヲ以テスルニ拘《かかわ》ラズ、予《あらかじ》メ警察官ノ許可ヲ経《へ》ザルモノハ総《すべ》テ之ヲ禁ズル事。

二、新聞紙及其他ノ印刷物ハ予メ警察官ノ検閲《けんえつ》ヲ経ズシテ発行スルヲ禁ズル事。

三、特別ノ理由ニ由リ官庁ノ許可ヲ得タル者ヲ除ク外、銃器、短銃、火薬、刀剣、仕込杖《しこみづえ》ノ類総《すべ》テ携帯《けいたい》、運搬《うんぱん》、販売ヲ禁ズル事。

四、旅人ノ出入ヲ検査シ旅券ノ制ヲ設クル事。

第六条　前条ノ命令ニ対スル違犯者ハ一月以上二年以下ノ軽禁錮、又ハ五円以上二百円以下ノ罰金ニ処ス。其刑法又ハ其他特別ノ法律ヲ併《あわ》セ犯《おか》シタルノ場合ニ於テハ各本法ニ照シ重キニ従ヒ処断ス。

（出典）『法令全書』明治二〇年、勅令、二三〇―二三二ページ。句読点を付した。

【解説】大同団結運動が起こり、民権派の反政府運動が再び激しくなるなかで、このような動きに対処すべく伊藤博文内閣は、保安条例を一八八七（明治二〇）年一二月二六日に突如として公布、施行した。条例は七ヵ条からなり、反政府の集会結社・文書に関する制限(一―三条)、内乱を陰謀・教唆し、また治安を妨害する恐れのある者の皇居より三里外への退去と三年以内の立入禁止(四条)を骨子としている。このように、保安条例は大同団結運動に対する弾圧法令であった。この法令は山県有朋内相・三島通庸警視総監の下で直ちに施行され、当初に三島が作成したリストには後藤象二郎と福沢諭吉までもが含まれていた。削除と追加が加えられ最終的には片岡健吉・中江兆民・星亨・尾崎行雄等の四五一名が追放された。政府は運動を弾圧するとともに、後藤象二郎の抱き込みをはかり、運動は分裂の危機に直面した。

7　大日本帝国憲法の発布

144　大日本帝国憲法　一八八九年二月一一日

第一条　大日本帝国ハ万世一系ノ天皇之ヲ統治ス

第三条　天皇ハ神聖ニシテ侵スヘカラス

第四条　天皇ハ国ノ元首ニシテ統治権ヲ総攬シ此ノ憲法ノ条規ニ依リ之ヲ行フ

第五条　天皇ハ帝国議会ノ協賛ヲ以テ立法権ヲ行フ

第八条　天皇ハ公共ノ安全ヲ保持シ又ハ其ノ災厄ヲ避クル為緊急ノ必要ニ由リ帝国議会閉会ノ場合ニ於テ法律ニ代ルヘキ勅令ヲ発ス

第一一条　天皇ハ陸海軍ヲ統帥ス

第二九条　日本臣民ハ法律ノ範囲内ニ於テ言論著作印行集会及結社ノ自由ヲ有ス

第三三条　帝国議会ハ貴族院衆議院ノ両院ヲ以テ成立ス

第三四条　貴族院ハ貴族院令ノ定ムル所ニ依リ皇族華族及勅任セラレタル議員ヲ以テ組織ス

第三五条　衆議院ハ選挙法ノ定ムル所ニ依リ公選セラレタル議員ヲ以テ組織ス

第五五条　国務大臣ハ天皇ヲ輔弼《ほひつ》シ其ノ責ニ任ス

第五六条　枢密顧問ハ枢密院官制ノ定ムル所ニ依リ天皇ノ諮《し》詢《じゅん》ニ応ヘ重要ノ国務ヲ審議ス

第五七条　司法権ハ天皇ノ名ニ於テ法律ニ依リ裁判所之ヲ行フ

(出典)『法令全書』明治二二年、大日本帝国憲法、二―一六ページ。

【解説】　一八八九(明治二二)年二月一一日、紀元節の日にあわせて天皇により大日本帝国憲法が発布された。この帝国憲法は、他の付属法典とともに、天皇がいかめしく内閣総理大臣黒田清隆に授けるという形式をとった、欽定憲法であった。帝国憲法は、自由民権運動の要求を反映して、議会に法律・予算の承認権を認めたが、他方で天皇制国家の構造の中に不可欠のものとして組み込まれることになった。この憲法全七六条の基本原則は天皇主権にあり、万世一系の神聖にして侵すことのできない天皇は、国家の元首であり、統治権の総攬者であった。天皇に絶大な権限が集められたのとは対照的に、国民の基本的人権は制限的に認められたにすぎなかった。しかし、議会や政党が認められた帝国憲法に民権派も含めて多くの国民は憲法発布を謳歌し、全国が興奮して祝った。

145 中江兆民の憲法批評　一八八九年二月

衆議院議員の一大義務とは何ぞや憲法に就て意見を陳述すること是れなり、憲法なる者は国家の根幹なり基礎なり、唯此根幹あり基礎有るが為めに国家始て国家と称す可く、人民始て人民と称す可し、若し此憲法無きときは国家は隤然《きぜん》たる土塊ならんのみ、人民は雑然たる獣群ならんのみ、而して憲法なる者は必ず君上と人民の代表者と相共に図謀参画して後之を定む可きものなり、故に若し国会にして憲法を点閲し意見有るに於ては意見を上奏するの権無きときは是れ国会にして基礎無きなり、夫れ諸般の法律を議定することは固より大事なり、然れども国の根幹たる憲法に就て一言を出すを得ざるに於ては其国会は真の国会に非ずして行政の一諮詢官たるのみ、左ればこそ我帝国憲法に於ても衆議院議員に許すに上奏の権を以てせり、顧ふに憲法は国の根幹なるが故に屢々移動するは望む可き事に非ず、僅々数十年の間に幾度と無く憲法を更改して殆ど議会の手習草紙の如くに看做し来れる仏国の如きは倣ふ可き事に非ずして戒む可き事たるは固より言を待たず、左ればとて人民の代表者たる国会にて有りながら憲法に就て絶て点閲の功を加へずして所謂甘草丸呑みに做《な》し将《すなわ》ち去るが如きは事理に於て有る可らざる事なり、且つや皇室の繁栄を億万斯年に保ち人民の福利を未来永劫《えいごう》に固めんとするには畏くも皇室と人民と実に一体軀を成し一精神を成すの徴証を天下後世に示さゞる可らず、而して此徴証を天下後世に示すは唯国会に於て一たび憲法を点閲するの一事あるのみ、（中略）議員其人々の一大義務は憲法を点閲す可きの意を上奏し謹で其裁可を待ち、然後委員若干名を選みて逐条審査し、意見有るに於ては虚心平気以て之を討議し、更に全会の議に附して其議を決し、再び上奏して以て陛下の制可を仰ぐ可きなり、

（出典）中江丑吉中江兆民遺稿『警世放言』松邑三松堂、一九〇二年、五―一〇ページ。

【解説】国民が熱狂的に憲法発布を喜んでいるなかで、これを冷静に受けとめ批判した者もあった。例えば憲法発布式典に参列した東京大学医科教授のベルツはその日記のなかで、憲法の内容も知らないで大騒ぎしている日本人を憐れみ、帝国憲法によって与えられた自由があまりに少ないのを悲しんでいる。ここに掲げた史料は、数少ない日本人としての批判者であり、「憲法点閲」を主張する民権運動急進派の代表中江兆民の意見である。兆民は幸徳秋水に、この憲法が玉かはたまた瓦かと問

い、帝国憲法発布を祝う国民を「愚にして狂なる」者として嘆き、帝国憲法も通読してみて、ただ苦笑するのみと酷評する。のちに衆議院議員に当選する兆民であったが、帝国議会を「無血虫の陳列場」と非難し、議員を辞職している。

8　帝国議会の開設

146 黒田清隆首相の超然主義演説　一八八九年二月一二日

帝国議会ハ明年ヲ以テ開設セラルヘシ、凡ソ我臣民タル者誰カ公権ヲ優重セラレ公議ヲ伸暢《しんちょう》セラル、聖上無疆《むきょう》ノ恩徳ヲ欽仰《きんごう》セサランヤ。議会開設ノ時ニ至リ議員ノ選ニ当ル者ハ、各忠実ノ誠ヲ尽シテ国事ニ参預シ、上下和融ノ美ヲ成シ、以テ滋仁ノ旨ニ奉答センコト今ヨリ切ニ望ム所ナリ。若シ奔競浮躁徒ニ紛擾《ふんじょう》ヲ事トシ議会ノ体面ヲ損シ、自ラ其信用ヲ公衆ニ失フカ如キコトアラハ、遂ニ立憲ノ盛意ヲ曠《むな》シクスルニ至ラン。地方牧民ノ責ニ当ル各員意ヲ加ヘテ誘導啓発アランコトヲ欲スルナリ。

憲法ハ敢テ臣民ノ一辞ヲ容ルル所ニ非ルハ勿論ナリ。唯タ施政上ノ意見ハ人々其所説ヲ異ニシ、其合同スル者相投シテ団結ヲナシ所謂政党ナル者ノ社会ニ存立スルハ亦情勢ノ免レサル所ナリ。然レトモ政府ハ常ニ一定ノ方向ヲ取リ、超然トシテ政党ノ外ニ立チ至公至正ノ道ニ居ラサル可ラス、各員宜ク意ヲ此ニ留メ、不偏不党ノ心ヲ以テ人民ニ臨ミ、撫馭《ぶぎょ》宜キヲ得、以テ国家隆盛ノ治ヲ助ケンコトヲ勉ムヘキナリ。

（出典）旧版『明治文化全集』第三巻、正史篇下巻、三七ページ。

【解説】　憲法発布の翌日、黒田清隆首相は各地方長官を鹿鳴館に召集して、政府は政党の動向に左右されることなく天皇補弼の任にあたるものであるという、いわゆる「超然主義」を言明した。またこれと同様の見解を同月一五日に、枢密院議長伊藤博文が府県会議長及び議員を伊藤の官邸に集めて試みた演説でも述べている。超然主義は政府が政党の存在を一応黙認しつつ、憲法上内閣の運用に関して表明した態度であり、政府と議会の対立は当初から避けられないものがあった。一八八〇年代の自由民権派と藩閥専制政府の対立は、今や国会を舞台として民党と超然内閣の対立の図式に姿を変えた。「超然主義」はまた都筑馨六（一八六一―一九二三）等の絶対主義的専門官僚の出現による専門的政策遂行の絶対的自信により、論理づけられてゆく。

147 初期議会衆議院議員党派別数及び職業別数　一八九〇年七月一日（→表147、図147）

【解説】　一八九〇（明治二三）年七月一日、第一回の衆議院議員選挙が行われた。選挙人の資格は二五歳以上の男子で、直接国税一五円以上を収めるものに限られ、それは人口の一％強にすぎなかった。被選挙人の資格は、三〇歳以上の男子で、直接国税一五円以上を納める者に限定され、また選挙区は原則として小選挙区が採用され、投票は記名投票によって行われた。選出

表 147　初期衆議院議員党派別数及び職業別数

第1回総選挙(1890.7.1)		第2回総選挙(1892.2.15)		第3回総選挙(1894.3.1)	
立憲自由党	125人 191,794票	自由党	94人 199,445票	自由党	120人 218,273票
大成会	79人 66,646票	中央交渉部	83人 79,368票	立憲改進党	49人 79,004票
立憲改進党	46人 87,451票	立憲改進党	37人 67,198票	立憲革新党	37人 46,375票
諸派・無所属	50人 155,205票	独立倶楽部	32人 32,031票	国民協会	27人 46,860票
その他	—人 27,191票	諸派・無所属	54人 116,175票	諸派・無所属	67人 90,700票
		その他	—人 5,100票	その他	—人 10,356票
計	300人 528,287票	計	300人 499,317票	計	300人 491,568票
地主及農業	144人	地主及農業	175人	地主及農業	183人
官吏	60	無職業	25	法律家	30
法律家	24	法律家	21	無職業	23
ジャーナリスト	20	官吏	18	ジャーナリスト	16
商業	12	ジャーナリスト	15	商業	15
工業	10	商業	15	会社員	11
無職業	8	工業	8	工業	6
会社員	7	会社員	8	銀行員	5
銀行員	7	銀行員	7	雑業	5
雑業	5	雑業	5	医師	5
医師	3	医師	3	官吏	1
計	300人	計	300人	計	300人

（出典）　衆議院事務局編『衆議院議員総選挙一覧』1904年，内閣統計局編『日本帝国第十七統計年鑑』1898年より作成．

図147

①振出し　国会開設の大詔　②板垣伯刺さる　③福島事件　④埼玉・群馬の一揆　⑤憲法発布　⑥上り　帝国議会

⑥			①
⑤	④	③	②

（出典）『国会寿語録（双六）』（『雷新聞』172号，1891年1月3日，附録）東京大学明治新聞雑誌文庫蔵.

された三〇〇名の議員の過半は地主層の出身であったが、そのうち旧自由党系約一三〇名、立憲改進党系約四〇名、それに対し消極的政府支持派ともいうべき大成会や明確な吏党は約八〇名にとどまった。これはなによりも自由民権運動と大同団結運動の成果であった。同年一一月末の帝国議会開幕を前に、藩閥政府・吏党対民党戦線（立憲自由党・立憲改進党）との対抗関係が成立したのである。

9　藩閥政府と民党

148　高知県下選挙干渉の実態　一八九二年一月二〇日

臨時撰挙ノ事アルニ至リ、当高知県庁知事以下諸官吏ノ自分等ニ対スルヤ宛然反賊匪徒ヲ遇スルガ如ク、撰挙勅令ノ未ダ発布セラレザルノ前ヨリ、知事警部長ハ各郡長各警察署長ヲ召集シ、数日秘会、撰挙ニ付訓諭スル所アリ、各郡長各署長ノ帰任スルヤ部下ノ郡吏巡査ニ訓示スルニ知事訓令ノ在ル所ヲ以テシ、爾来知事ハ専ラ撰挙事務ニ繁劇ヲ極ムルガ如ク、警部長保安課長等ノ人々ハ東西撰挙区ヲ奔走シ、各警察署長巡査ハ日夜管轄内撰挙者ノ家ニ就イテ其ノ候補者ト定ムル人ニ投票ヲ勧告シ、郡役所ニ在テハ之レガ為メ全ク其ノ常務ヲ放棄スト云フベカラザルモ、各警察署ニ至テハ吏員四出シ、署内寂《せき》寥《りょう》殆ンド常務ヲ廃ス。是ヲ以テ過般本県名誉職参事会員ハ坐視スルニ忍ビズト知事ニ面会ヲ求メ、之ヲ質スニ、知事曰ク、官吏ト雖ドモ一個人トシテハ各々希望アリ、私人ノ資格ヲ以テ希望ヲ他ニ遷スハ敢ヘテ妨ゲズト、知事ハ参事会員ニ向ツテハ明ニ部下ニ訓令ヲ伝ヘタリト云ハズ、然レドモ実跡ハ巡査等ノ各撰挙人ニ当ルヤ公然長官ノ命令ナリト称シ、甚シキハ巡査郡吏四散遊説スルノミナラズ、警察署員ハ市井ノ無頼者即チ平生見テ以テ兇漢悪徒視スル者ヲ募リ、之ヲ其ノ爪牙《そうが》トシ、政党運動ノ魁《さきがけ》タラシム、爰《ここ》ニ於テカ兇徒ノ陸梁跋《りくりょうばつ》扈《こ》甚シク、一斑ヲ挙ゲテ云ハン、本月十九日高岡郡竜田村々長大山千久馬、収入役片岡儀造ノ両人国税出納ノ公用ヲ帯ビ郡役所々在地同郡須崎町ニ赴キ帰途斗賀野村ニ於テ端ナク夫ノ警吏雇役兇徒ノ一伴ニ遭遇スレバ、兇徒等両村吏ノ自分等ト同主義ノ者ナ[ラザ]ルヲ知リ、突然迫ツテ棍棒之ヲ乱打シ、白刃之ヲ脅嚇シ、死ニ至ラシメザリシト雖ドモ、両人同地所轄佐川警察署ノ門ヲ過ギ、同処医師ノ治療ヲ乞ヒ居リ候ト雖ドモ、同警察署ニ公訴スル能ハズ、告訴スル能ハザルニ非ズト雖ドモ、警察ニ告訴スレバ却テ復タ災ノ身ニ及バンコトヲ恐レ、逡巡躊躇《しゅんじゅんちゅうちょ》スルノ間、同輩ハ之ヲ検事局ニ告訴スベシト勧告シ、遂ニ検事ニ告訴スルニ相成候由。

（出典）川田瑞穂『片岡健吉先生伝』立命館出版部、一九三九年、六一八―六二〇ページ。

【解説】第一議会から第四議会にいたる初期議会は、「利益線」たる朝鮮問題をめぐり軍備拡張予算承認を求める政府と「松方デフレ」後の農村の疲弊をバックに「政費節減」「民力休養」をスローガンに予算案の削減をはかろうとする民党の激しい攻防の場となった。一八九一（明治二四）年一一月から開催された第二議会では樺山資紀海相の「蛮勇演説」をきっかけに、わが国初の衆議院解散が行われ、翌年二月に第二回総選挙が行われた。政府は天皇の意向を反映して、地方官吏・警察官・暴力団をも動員しての大選挙干渉を行い吏党候補の支持と民党候補の落選を図り、全国で死者八三名・負傷者三八八名を出す惨劇を招いたが、民党議員の過半数当選を依然としておさえることができなかった。第三議会閉会後の同年七月、松方内閣は総辞職をよぎなくされた。

149 星亨の「自由党方針転換」意見　一八九三年一月七日

若し自由党が立憲政躰の既に立ッたる今日に於て猶明治七八年から明治廿二三年迄の間に於けるが如き行ひを為したならは、所謂時勢に反対したる者であるから世の中は自由党を信用致さず、又た自由党も今日の如く盛大にはならん筈だと私は考へて居る。斯く自由党の今迄の行為からして、論じて見れば、自由党は即ち時勢に適応した行ひをしたのであると云はなければならぬ、専制の時代にありては、専制時代相応の行ひをなし又た立憲の時代にありては、立憲時代相応の行ひをなすものである、或は其の名は立憲で、其実は専制の時代かは知りませんけれども、既に名に於て専制の時代を去りたるからには、我々は飽くまで非専制的の運動を致さなければならん。已に斯く立憲政躰の施かれたる今日に於て、猶明治七八年頃の運動を致す者があッたならば、諸君は是れに向ツてドウ云ふ評を下さるゝか、是れは時勢に適応せない運動であると謂はなければなりますまひ、

（中略）

自由党は如何なる人が政府に居るに拘らず、自由党の主義を奉ずれば、自由党は進んで賛成する。だから是から後、国家必要の仕事がある時分には、今の政府を信用せんでも、矢張国家の必要已むを得ざれば、積極の運動を自由党は致す。夫から又其次に至ては、此自由党と云ふ者は、少しでも已れの主義を実行することが出来るならば、片端から実行致す、皆出来なければ、丸るで遣らないと云ふ考へを致さぬ。（中略）例令ば城を攻むるに当つても、先づ第一に牙城を攻めて、而して其牙城を足懸りとして、夫れから本城に掛る、然れども本城が取れない内は、牙城も取らないと謂ツて、遠く山の方から攻むる時は却て一旦取ッたる牙城も、再び取還されると云ふことが起つて来るから、即ち自由党の考へは、主義の実行が出来れば、少しでも実行する、即ち城を取るが目的であるなら、先づ牙城を取つて、足懸りをして、然る後本城を取る、斯く謂ふのが自由党の将来の方針。

（出典）『（自由党）党報』第二八号。一八九三年一月一〇日、二〇・三一ページ。

【解説】　初期議会において、政府と激しい攻防を繰り広げた民党は、他方で削減して浮かせた財源を地租軽減や民力休養にまわすことに関して、貴族院の厚い壁に阻止され実現できないというジレンマを抱えていた。自由党は一八九一（明治二四）年一〇月の党大会で党則の改正を行い、政党を代議士中心の組織に再編し、民権運動の底辺を支えていた中農・自作農層からなる民主主義的・急進主義的部分を切り捨てたことにより、貴族院を変革するための大規模な国民運動を展開する力量をも喪失していた。「松方デフレ」の完了のもと、民党内部からも地域産業振興のために政府の積極的財政投資を望む声がたかまった。このような情況のもと、自由党は院内総務の一人である星亨の指導下、九二年一一月の第四議会前後から、政府の掲げる「積極主義」への同調によって、ジレンマから脱出しようとした。

150　和衷協同の詔勅を請う内閣上奏文　一八九三年二月九日

臣等就職以来亦最モ参画ニ慎ミ列国ノ形勢ニ顧ミ帝国ノ経済ニ徴シ年所ヲ期シテ成功ヲ収ムルノ算ヲ立テ上裁ヲ得テ提出シタルニ、衆議院ハ国防ノ急務ヲ度外ニ惜キ漫然廃除シタリ、

臣等又東洋ノ大局ヲ維持スルガ為ニ政府ハ憲法ノ許ス範囲内ニ於テ断乎トシテ其経画スル所ヲ徹底スルノ道ヲ求メサルヘカラサルコトヲ宣言シタルニ対シ、衆議院ハ政府カ将来ニ執ルヘキ手段方法ヲ説明セサルヲ以テ漫《みだり》ニ之ヲ不経ナリトナシ又之ヲ上奏ノ辞柄トシタリ、蓋シ政府議会相睽離《けいり》スルハ固ヨリ国家ノ祥事ニ非ス、而シテ官庁ノ間積弊ノ除クヘキモノアラハ之ヲ芟鋤《さんじょ》スルニ固ヨリ仮借スル所アルヘカラス、臣等就職以来志ス所ノモノ亦未タ曾テ玆ニ存セスンハアラス、然レトモ国家ノ進歩ニ伴フ事業ノ伸張ハ一方ニ於テ国庫ノ入ヲ増シ他方ニ於テ国民ノ利ヲ加フルモノナルカ故ニ泛然民力ノ休養ヲ理由トシテ其ノ必要ノ支出ヲ拒ムヘキニ非ス、(中略)臣等ノ志ス所大体ニ於テ和衷協同ノ本旨ヲ失ハス以テ国運ノ進歩ヲ立憲的動作ニ求ムルニ外ナラサルカ故ニ権能ノ及ハサル所ハ素ヨリ相強フルヲ欲セス、然ルニ衆議院ハ日本憲法第六十七条ノ歳出ニ関シ政府ト意見合ハサルノ故ヲ以テ官民不和ノ兆トシ衆議院ト政府ト並立スルコト能ハストマテ極言シ議事ノ進行ヲ中止シ二十五日マテ休会ヲ決議シタリ、臣等カ所見ヲ以テスレハ衆議院ノ挙動ハ国憲ノ進行ヲ誤リ　皇謨ノ恢弘ヲ碍《さまた》クルノ結果ニ陥ルノ虞《おそれ》アルヲ以テ今左ノ二案ヲ具ヘ謹テ勅裁ヲ仰ク

甲案　議院ノ上奏ニ対シ　勅答ヲ賜ヒ更ニ政府ト和協ノ議事ヲ開カシメラル、此ノ案ニ依ルモ議院　聖旨ニ順ハサルカ、又再ヒ和協ノ結果ヲ得サルノ場合ハ解散ノ止ムヘカラサルハ勿論ナリ

乙案　直チニ解散ヲ命セラル

（出典）『秘書類纂』第一六巻、帝国議会資料 下巻、一九三五年、五三―五四ページ。

【解説】　一八九二(明治二五)年、松方内閣の総辞職をうけて組閣された第二次伊藤内閣は維新の元勲総出の内閣(「黒幕内閣」)を組織し、軍備拡張・条約改正を課題とする「明治政府末路の一戦」に臨んだ。しかしこの内閣も、第四議会における製艦費をはじめとする海軍拡張予算案に大削減を加え、さらに内閣弾劾上奏案を可決するなどの民党の攻撃をかわせなかった。窮地に立った伊藤らは、製艦費通過のために詔勅を衆議院に発し、それにより政府との協調をはからせるよう、天皇の助けをかりざるをえなかった。和衷協同の詔勅がでると民党はただちに海軍拡張費削減の要求を撤回し政府と公然と妥協し、製艦費は復活した。すでになされていた民党の組織・体質の転換によって、自由党においても次第に政策面での「積極主義」への路線転換が行われ、政府への接近の度を強めていったのである。

第三章　植民地帝国への変身と政党勢力の成長

日清戦争から第一次世界大戦参戦までのわずか二〇年間に、日本は大きく変貌した。それは直接には、一八九四―五年の日清戦争、一九〇四―五年の日露戦争という二つの大きな対外戦争によってもたらされた変化であった。その変化の中で、日本は一九〇二年に日英同盟を締結し、一九一一年には最終的な条約改正に成功し、欧米列強と肩を並べると同時に広大な植民地を有する国家となった。一八九五年日清講和条約による台湾領有、一九〇五年ポーツマス講和条約による南樺太領有および遼東半島租借権の獲得、そして一九一〇年の韓国併合と、日本の国家主権が及ぶ地域は拡大した。植民地にはこの時期を通じて軍人総督が送られ、法的・政治的に本国とは切り離された統治が行われた。さらに一九〇〇年の北清事変に際して、日本軍は義和団鎮圧の主力となり東アジア国際政治における発言力を高め、やがて日露戦後には「満蒙」を「特殊利益」地帯として権益拡大につとめ、さらに辛亥革命後の中国情勢の混乱の中で、影響力の増大あるいは既得権益の恒久化がめざされた。そしてこれはとくにアメリカとの対立を生む要因となった。

人々の対外意識も日本の領土的拡大とともに変化した。日清戦争時には清国を「文明化」させるための「義戦」として支持し、膨張主義的な姿勢は弱かったが、三国干渉はロシアへの敵愾心を高め、対外硬論者は民衆を対露開戦論に駆り立て、日露講和反対の日比谷焼打事件を引き起こすことになる。社会主義者や一部の知識人以外からは、国家の膨張に対しての疑いは表明されなかった。

日本の領土的拡大は、国家財政規模の拡大と産業の発達を伴うものであった。軍備は日清戦争直前の七個師団から日露戦後には十九個師団に膨張し、新たに獲得した利権の経営が国家事業として行われ（南満州鉄道や東洋拓殖会社）、さらには拡大した財政規模に見合うだけの産業発展が課題とされた。日清戦争で獲得した賠償金はその資金となり、また産業発達の呼び水となった。日清戦争直前からの紡績業を主体とする工業化が進展し、鉄道敷設ブームも継続した。工場労働者の増加がはじまり、苛酷な労働条件に置かれた労働者の疲弊は社会問題化し、労働組合の設立運動や社会主義運動が勃興してくることになる。また農村から都市への人口の流入が増大し、都市問題が生み出される。いっぽう農村では、特に日露戦後に地方改良運動が内務省によって推進され、地方自治体内の各種団体を通じての民心の引き締めと自助努力による生産活動の活発化・合理化が図られた。

国家財政規模の拡大は、おもに増税によってまかなわれることになった。そしてそれは政界における藩閥政府と民党の対立という初期議会の対立図式を継続させることを不可能にし、藩閥と政党の妥協・提携による政治運営が常態化していった。これがこの時期の第二番目の大きな変化である。日清戦後における自由党と第二次伊藤内閣の提携、進歩党と第二次松方内閣の提携などがその端緒であったが、一八九八年の憲政党と第二次山県内閣の提携の時期から本格化した。一九〇〇年の立憲政友会の創設は、明治憲法のもとでの円滑な議会運営をめざした政党の成立としては画期をなすものであり、日露戦後の「桂園時代」も藩閥と政友会の間で政権のやりとりがなされた。その提携にあたり、政友会は藩閥・官僚勢力の基本国策に同意し、他方では地方利益の実現を約束させ党勢拡張につとめるという積極主義政策が用いられた。

日本が拡大する過程で、天皇を中心とする家族国家観は国民の間に浸透していったが、日露戦後になると非国家的価値の主張も見られはじめた。政府は戊申詔書を発してその引き締めを図るとともに、社会主義運動には弾圧を加えた(大逆事件など)。当時の民衆運動は、日比谷焼打事件や東京における電車賃値上反対騒擾などのように都市を中心にして起こされ、後者は市民生活に密着する問題をとらえた市民運動として、「大正デモクラシー」につながる側面を有していたが、政治的には「桂園体制」から疎外された勢力によって煽動された運動であった。大正政変時の憲政擁護運動の際の藩閥打破を掲げた民衆騒擾も、同様な性格を有していたが、政変自体は軍拡をめぐる陸海軍の主導権をめぐる争い、「桂園体制」からの脱皮を図ろうとする桂太郎の挑戦、それに対抗し政権擁護を図ろうとする政友会、二大政党の創設を主張する非政友の勢力、そして藩閥を否定し政党主導の内閣をめざす政治家の思惑などが複雑に絡みあって生じたものであった。また山本内閣に対しては、中小ブルジョアジーを中心に廃税運動が起こされ、シーメンス事件の発覚は民衆の反対運動を引き起こしたが、倒閣自体は貴族院の政治化によってもたらされたものであった。これら第三次桂内閣・第一次山本内閣の倒壊は薩長両藩閥に打撃を与え、第二次大隈内閣の成立は民衆勢力からは歓迎されたが、内閣は政友会に打撃を与える役割を負ったものであった。

第一節
日清戦争と北清事変

1　日清戦争

151　朝鮮に関する日清共同内政改革提案　一八九四年六月一五日

今回ノ朝鮮事変ハ如何ナル結局ニ至ルヤハ今遽《にわ》カニ断案ヲ下シ難シト雖トモ、仮リニ無事平定ノ局ヲ結ビタリトスルモ、抑《そもそ》モ朝鮮政府ノ現状ヨリ預測スルトキハ、将来何等ノ事変ヨリ何等ノ顕象ヲ生スベキカ到底永ク国家ノ秩序平和ヲ維持シ得ヘカラサルハ殆ト疑ヲ容レズ。果シテ然ルトキハ又復タ今回ノ如ク清国ニ於テ出兵スレバ我国モ亦タ之ニ応ジテ出兵シ、以テ均勢ヲ保タサルヲ得サルノ場合ヲ現出スベキハ必至ノ数ニ係リ、延ヒテ竟《つい》ニ日清韓ノ葛藤ヲ生ジ東洋大局ノ擾乱ヲ引起スノ虞ナキヲ保セズ。今ニ当リテ宜ク日清韓ノ間ニ於テ将来執ルベキ政策ヲ籌画《ちゅうかく》シ、以テ永ク東洋大局ノ平和ヲ維持スルノ道ヲ講スルハ実ニ急務中ノ急務ト確信ス。故ニ先ツ廟議ニ於テ左ノ二ケ条ヲ決定シ置カレン事ヲ希望ス。

第一　朝鮮事変ニ付テハ速ニ其乱民ヲ鎮圧スル事、但我政府ハ成ルベク清国政府ト勠力《りくりょく》シテ鎮圧ニ従事スル事。

第二　乱民平定ノ上ハ朝鮮国内政ヲ改良セシムル為メ日清両国ヨリ常設委員若干名ヲ朝鮮ニ置キ、先ツ大略左ノ事項ヲ目的トシテ其取調ニ従事セシムル事。

一、財政ヲ調査スル事。

一、中央政府及地方官吏ヲ陶汰[淘汰]スル事。

一、必要ナル警備兵ヲ設置セシメ国内ノ安寧ヲ保持セシムル事。

一、歳入ヨリ歳出ヲ省略セシメ、剰余ヲ以テ利子ト為シ、出来得ル丈国債ヲ募集セシメ、其金額ヲ以テ国益上ノ利便ヲ与フルニ足ルモノ、為メニ支用[使]セシムル事。

（中略）然リ而シテ今若シ廟議此政策ヲ執行スル事ニ一決シ一タヒ清国政府ニ向テ発言セシ上ハ、其商議ノ結果如何ヲ問ハズ、左ノ二件ヲ決行スル事必要ト信ズルヲ以テ、是レ亦タ預《あらかじ》メ廟議ヲ決定シ置カレン事ヲ望ム。

一、清国政府ト商議ヲ開キタル後ハ其結局ヲ見ルマデハ目下韓地ニ派遣ノ兵ヲ撤回セザル事。

一、若シ清国政府ニ於テ我意見ニ賛同セザルトキハ帝国政府ノ独力ヲ以テ朝鮮政府ヲシテ前述ノ政治ノ改革ヲ為サシムル事ヲ努ムル事。

（出典）『日本外交文書』第二七巻第二冊、二〇六―二〇七ページ。

【解説】　東学党の乱(甲午農民戦争)が起こり、朝鮮政府の要請により清軍が鎮圧のために出動したという報が伝えられると、日本政府も出兵することを六月二日に決定した。しかし兵が到着したときには、乱は鎮静化しており派兵の理由は失われた。日本政府は、この機会を朝鮮内政改革実行の機会ととらえ、この閣議決定を清国に送った。清国はこれを拒否、二三日に日本は単独で内政改革にあたるという絶交書を清国に送り、両国の衝突は深まって行くことになる。

152 清国に対する宣戦の詔勅　一八九四年八月一日

天佑ヲ保全シ万世一系ノ皇祚ヲ践《ふ》メル大日本帝国皇帝ハ忠実勇武ナル汝有衆ニ示ス。

朕茲ニ清国ニ対シテ戦ヲ宣ス。朕カ百僚有司ハ宜ク朕カ意ヲ体シ陸上ニ海面ニ清国ニ対シテ交戦ノ事ニ従ヒ、以テ国家ノ目的ヲ達スルニ努力スヘシ。苟《いやしく》モ国際法ニ戻ラサル限リ各〻権能ニ応シテ一切ノ手段ヲ尽スニ於テ必ス遺漏ナカラムコトヲ期セヨ。

惟フニ朕カ即位以来茲ニ二十有余年、文明ノ化ヲ平和ノ治ニ求メ事ヲ外国ニ構フルノ極メテ不可ナルヲ信シ、有司ヲシテ常ニ友邦ノ誼ヲ篤クスルニ努力セシメ、幸ニ列国ノ交際ハ年ヲ逐フテ親密ヲ加フ。何ソ料《はか》ラム清国ノ朝鮮事件ニ於ケル、我ニ対シテ着着隣交ニ戻リ信義ヲ失スルノ挙ニ出テムトハ。

朝鮮ハ帝国カ其ノ始ニ啓誘シテ列国ノ伍伴ニ就カシメタル独立ノ一国タリ。而シテ清国ハ毎ニ自ラ朝鮮ヲ以テ属邦ト称シ、陰ニ陽ニ其ノ内政ニ干渉シ、其ノ内乱アルニ於テ口ヲ属邦ノ拯難ニ籍《し》キ兵ヲ朝鮮ニ出シタリ。朕ハ明治十五年ノ条約(1)ニ依リ兵ヲ出シテ変ニ備ヘシメ、更ニ朝鮮ヲシテ禍乱ヲ永遠ニ免レ治安ヲ将来ニ保タシメ以テ東洋全局ノ平和ヲ維持セムト欲シ、先ツ清国ニ告クルニ協同事ニ従ハムコトヲ以テシタルニ(2)、清国ハ翻テ種々ノ辞柄ヲ設ケ之ヲ拒ミタリ。帝国ハ是ニ於テ朝鮮ニ勧ムルニ其ノ秕政ヲ釐革《りかく》シ、内ハ治安ノ基ヲ堅クシ外ハ独立国ノ権義ヲ全クセムコトヲ以テシタルニ、朝鮮ハ既ニ之ヲ肯諾シタルモ、清国ハ終始陰ニ居テ百方其ノ目的ヲ妨碍シ、剰《あまつさ》ヘ辞ヲ左右ニ托シ時機ヲ緩ニシ以テ其ノ水陸ノ兵備ヲ整ヘ、一旦成ルヲ告クルヤ直ニ其ノ力ヲ以テ其ノ欲望ヲ達セムトシ、更ニ大兵ヲ韓土ニ派シ我艦ヲ韓海ニ要撃シ殆ト亡状ヲ極メタリ。則チ清国ノ計図タル、明ニ朝鮮国治安ノ責ヲシテ帰スル所アラサラシメ、帝国カ率先シテ之ヲ諸独立国ノ列ニ伍セシメタル朝鮮ノ地位ハ之ヲ表示スルノ条約ト共ニ之ヲ蒙晦ニ付シ、以テ帝国ノ権利利益ヲ損傷シ、以テ東洋ノ平和ヲシテ永ク担保ナカラシムルニ存スルヤ疑フヘカラス。熟〻其ノ為ス所ニ就テ深ク其ノ謀計ノ存スル所ヲ揣《はか》ルニ、実ニ始メヨリ平和ヲ犠牲トシテ其ノ非望ヲ遂ケムトスルモノト謂ハサルヘカラス。事既ニ茲ニ至ル、朕平和ト相終始シテ以テ帝国ノ光栄ヲ中外ニ宣揚スルニ専ナリト雖、亦公ニ戦ヲ宣セサルヲ得サルナリ。汝有衆ノ忠実勇武ニ倚頼シ速ニ平和ヲ永遠ニ克復シ以テ帝国ノ光栄ヲ全クセムコトヲ期ス。

（出典）『官報』一八九四年八月二日。

（1）済物浦条約を指す。（2）史料151のこと。

【解説】日清戦争は、七月一六日の条約改正成功、朝鮮政府に対する清国との宗属関係の破棄要求(二二日)、日本軍による朝鮮王宮占領(二三日)後、二五日の豊島沖海戦をもって始まった。宣戦布告がなされ開戦の詔勅(本史料)が発せられたのは八月一日で、そこでは独立国家である朝鮮に対する清国の内政干渉の不当性が謳われ、日本は朝鮮の独立確保のために戦うことを宣言している。これは清朝を中心とする華夷秩序を否定することを意味するものであった。戦争には二億三三四〇万円の軍費が費やされ、二四万人の兵士と一五万人以上の民間人の雇(軍夫)が、おもに補給要員として動員され、多くの死者が出た。

153 福沢諭吉「日清の戦争は文野の戦争なり」一八九四年七月二九日

朝鮮海豊島の附近に於て日清両国の間に海戦を開き我軍大勝利を得たるは、昨日の号外を以て読者に報道したる所なり。抑も今回の葛藤に付き日本政府が注意の上にも注意を加へ只管平和の終結を望みたるは隠れもなき事実なるに、世の中に自から身の分限を知らず物の道理を解せざるほど怖しきものはある可らず。彼の支那人は自から力の強弱を量らず無法にも非理を推通さんとしても毫も悛《あらた》むる所なきより、止むを得ず今日の場合に立至りて、開戦第一に我軍をして勝利の名誉を得せしめたり。我輩は此一報に接して漫に驚喜して狂するものに非ず。開戦第一に我軍の勝利は素より日本国の大名誉として祝す可しと雖も、我が軍人の勇武に加ふるに文明精鋭の兵器を以て彼の腐敗国の腐敗軍に対す、勝敗の数は明々白々、恰も日本刀を以て草を掃ふに異ならず、触るゝ所として倒れざるものなきは尋常一様の事にして毫も驚くに足らず。唯予め期する所に違はずして、日本の軍人果して勇武にして、文明の利器果して利なるを喜ぶのみ。素より僥倖の事に非ずとして、扨日清間の戦争は世界の表面に開かれたり。文明世界の公衆は果して如何に見る可きや。戦争の事実は日清両国の間に起りたりと雖も、其根源を尋ぬれば文明開化の進歩を謀るものと其進歩を妨げんとするものとの戦にして、決して両国間の争に非ず。本来日本国人は支那人に対して私怨あるに非ず、敵意あるに非ず。之を世界の一国民として人間社会に普通の交際を欲するものなれども、如何せん、彼等は頑迷不霊にして普通の道理を解せず、文明開化の進歩を見て之を悦ばざるのみか、反対に其進歩を妨げんとして無法にも我に反抗の意を表したるが故に、止むを得ずして事の茲に及びたるのみ。即ち日本人の眼中には支那人なく支那国なし。只世界文明の進歩を目的として、其目的に反対して之を妨ぐるものを打倒したるまでのことなれば、人と人、国と国との事に非ずして、一種の宗教争ひと見るも可なり。苟《いやしく》も文明世界の人々は、事の理非曲直を云はずして一も二もなく我目的の所在に同意を表せんこと、我輩の決して疑はざる所なり。斯くて海上の戦争には我軍勝を得て一隻の軍艦を捕獲し千五百の清兵を倒したりと云ふ。思ふに陸上の牙山にても既に開戦して彼の屯在兵を鏖《みなごろし》にしたることならん。彼の政府の挙動は兎も角も、幾千の清兵は何れも無辜の人民にして之を鏖にするは憐れむ可きが如くなれども、世界の文明進歩の為めに其妨害物を排除せんとするに多少の殺風景を演ずるは到底免れざるの数なれば、彼等も不幸にして清国の如き腐敗政府の下に生れたる其運命の拙なきを自から諦むるの外なかる可し。若しも支那人が今度の失敗に懲り文明の勢力の大に畏る可きを悟りて自から其非を悛め、四百余州の腐雲敗霧を一掃して文明日新の余光を仰ぐにも至らば、多少の損失の如きは物の数にも非ずして、寧ろ文明の誘導者たる日本国人に向ひ、三拝九拝して其恩を謝することとなる可し。我輩は支那人が早く自から悟りて其非を悛めんこと希望に堪へざるなり。

（出典）慶応義塾編『福沢諭吉全集』第一四巻、岩波書店、一九六一年、四九一―四九二ページ（初出は『時事新報』一八九四年七月二九日）。

154「文明」の銃撃　一八九四年八月八日（→図154）

【解説】外交体制的な違いから見て、戦争が東アジアの伝統的な朝貢体制を維持しようとした清国と西欧型国際秩序の側に立つ日本の、新旧文明の戦いであることを日本側が宣言したことに表れているように、この戦争は「文明」という観点から正当化され宣伝された（図154参照）。福沢諭吉は史料153で「文野の戦争」（西洋文明を代表する日本と伝統的で野蛮な清国の戦争）と述べ、後には戦争を否定することになる内村鑑三も「支那を覚醒」させるための「義戦」（「日清戦争の目的如何」『国民の友』二三七号）として支持した。宣戦の詔勅でも国際法遵守に言及していたが、大谷正氏が指摘するように正規兵との区別が不明確な大量の軍夫の存在や、旅順虐殺事件が起こるなど、実態は、必ずしも「文明の戦争」と呼べるものではなかった。戦争に対する批判はほとんどなく、政府と対立していた衆議院の各政党も、開戦とともに政府に協力の姿勢に転じた。

155 日清講和条約　一八九五年四月一七日

第一条　清国ハ朝鮮国ノ完全無欠ナル独立自主ノ国タルコトヲ確認ス。因テ右独立自主ヲ損害スヘキ朝鮮国ヨリ清国ニ対スル貢献典礼等ハ将来全ク之ヲ廃止スヘシ。

第二条　清国ハ左記ノ土地ノ主権並ニ該地方ニ在ル城塁、兵器製造所及官有物ヲ永遠日本国ニ割与ス。

一　左ノ経界内ニ在ル奉天省南部ノ地。

鴨緑江口ヨリ該江ヲ溯リ安平河口ニ至リ該河口ヨリ鳳凰城、海城、営口ニ亙リ遼河口ニ至ル折線以南ノ地、併セテ前記ノ各城市ヲ包含ス。而シテ遼河ヲ以テ界トスル処ハ該河ノ中央ヲ以テ経界トスルコトト知ルヘシ。
遼東湾東岸及黄海北岸ニ在テ奉天省ニ属スル諸島嶼。
二　台湾全島及其ノ附属諸島嶼。
三　澎湖列島即英国「グリーンウィチ」東経百十九度乃至百二十度及北緯二十三度乃至二十四度ノ間ニ在ル諸島嶼。
（中略）
第四条　清国ハ軍費賠償金トシテ庫平銀二億両ヲ日本国ニ支払フヘキコトヲ約ス。（中略）
第五条　日本国ヘ割与セラレタル地方ノ住民ニシテ右割与セラレタル地方ノ外ニ住居セムト欲スルモノハ、自由ニ其ノ所有不動産ヲ売却シテ退去スルコトヲ得ヘシ。其ノ為メ本約批准交換ノ日ヨリ二箇年間ヲ猶予スヘシ。但シ右年限ノ満チタルトキハ、未タ該地方ヲ去ラサル住民ヲ日本国ノ都合ニ因リ日本国臣民ト視為スコトアルヘシ。（中略）
第六条　日清両国間ノ一切ノ条約ハ交戦ノ為メ消滅シタレハ、清国ハ本約批准交換ノ後速ニ全権委員ヲ任命シ日本国全権委員ト通商航海条約及陸路交通貿易ニ関スル約定ヲ締結スヘキコトヲ約ス。而シテ現ニ清国ト欧洲各国トノ間ニ存在スル諸条約章程ヲ以テ該日清両国間諸条約ノ基礎ト為スヘシ。

（出典）『日本外交年表竝主要文書』上、一六五―一六六ページ。

図154

（注）　この図は無題.
（出典）『時事新報』1894 年 8 月 8 日.

【解説】日本が掲げた朝鮮の独立確保という開戦理由の意味するものが、実質的には日本の朝鮮半島への影響力確保であったことは、日本軍の占領下で結ばれた日朝暫定合同条款（八月二〇日）に、日本主導による朝鮮内政改革や京釜・京仁鉄道建設に関する規定が設けられたことにより明らかとなった。さらに戦場が清国領土内に移ったことによって、戦争は清国分割戦争の性格を有するようになった。日清講和条約は、第一条で朝鮮独立(＝清国との宗属関係の断絶)を確認し、第二条で遼東半島・台湾・澎湖列島の割譲を定め、第六条において清国との間に日本側が有利な不平等条約を結ぶことを規定している。

2　三国干渉と日清戦後経営

156　日本の遼東半島獲得に対するロシア新聞論調　一八九五年

ロシアは現在の政治的局面の重要性を完全に理解しているとわれわれは考える。現在、わが国の将来にわたる極東政策のすべてが決められようとしている。すなわち、そこに新たに、見せかけだけの大偉業に邁進《まいしん》しようとはやりたつ強国を隣国として持つことになるのか、それとも、わが国の恒久平和を遠隔の辺境に至るまで保障する権利を堅固に守り抜くのか、ということだ。もしも旅順の要塞がほんの一つでも日本の手中に残ることになれば、太平洋沿岸におけるわが国の体に長い毒針が刺さっていることになり、われわれはその毒針をすぐにも厄介事と出費との多大な増加のうちに感じることになろう。なぜなら、一方ではその地域のわが国の領土が無防備だからであり、他方ではわが国の大国としての威信と沽《こ》券《けん》とにかかわるからだ。安易な勝利に酔いしれた日本が、わが国の国境周辺の軍事力においてわが国を凌駕《りょうが》し、わが国に最後通牒さえつきつけ得るまでになる——そんなことはとても認められないではないか！　もちろんそんなことを認めるわけにはいかないし、だからこそ今回の日中条約にはわが国に新たな膨大な非生産的出費と軍事力の不毛な浪費とをもたらす危険がある。われわれの国益がかかったこのゲームにおいて、われわれは断固としてこれらの利害を指摘し、彼らに一歩たりとも譲らずに、われわれの諸権利を守り通さねばならない。開戦当初からロシアは日本に対しその隣国を占拠しないよう警告してきたものの、日本はまるでこれらの警告が聞こえていないかのごとくだった。それならば、これから日本にこれを聞かせなければならない！

ロシアは黄色人種の文明など認めていないので、偶然の勝利によって勢いづいた野望の膨張を押し止めなければならない。わが国にとって、またヨーロッパのキリスト教諸国にとって、朝鮮に文明を導入しようなどという日本の野心はお笑い草でありナンセンスだ。日本での文明開化推進者の理性だとか人道的感覚というものは、いかに彼らがヨーロッパのお手本を完璧に学ぼうとも、文明化の道を朝鮮に本当に歩ませることができるなどとは考えられない。朝鮮の住民を単なる日本の下男や弟子の群れに変えるだけのことだろう。日本が平和条約の条件によって事実上確保した朝鮮に対する保護統治を、ロシアは認めることはできない。その地理的位置のため旅順は朝鮮への玄関口となっているが、日本はまさにそれを自分の手に握っており、平和条約の締結によって、もちろんこの玄関の裏で、開戦当初からしてきたように朝鮮で自由にわがもの顔に振る舞おうとしている。われわれは声を大にして朝鮮保護統治に対する自分の権利を主張しなければならない。

（出典）「現在の政治的瞬間」『ノーヴォエ・ヴレーミャ』一八九五年四月二一日社説（『外国新聞に見る日本』第二巻、六五〇―六五一ページ）。

157 三国干渉受諾に関する廟議摘要　一八九五年四月二九日

方今ノ時機ニ於テ、帝国ハ清国以外ニ新敵ヲ生スルノ不得策ナルコトヲ決定シタル上ハ、露独仏政府ノ干渉ニ対シ、我レヨリ多少ノ修正ヲ要求スルモ、遂ニ其聴カレサル時ハ、極度マテ彼等ノ勧告スル所ヲ容レ、一日モ早ク此ノ事局ノ葛藤ヲ解キ、清国ヲシテ予定ノ日ニ条約ヲ批准セシムルコトニ尽力スヘシ。其理由ハ此ノ如クセサレハ、万一清国政府ニ於テ批准交換ヲ躊躇スルモ、我軍隊ハ直チニ之ヲ懲責スルノ自由ヲ得ス、而シテ若シ此ノ自由ナシトスレハ、清国政府ハ必ス批准交換ヲ拒絶スルカ、若クハ公然拒絶セサルモ、種々ノ口実ヲ設ケテ遷延シ、其実拒絶ト同一ノ結果ヲ生スルノ恐レアルヲ以テ、帝国政府ハ寧ロ一方ニ於テハ三国政府ノ勧告ヲ全然容納スルモ、清国ニ対シテハ最初ノ目的ヲ極度マテ実行スルノ自由ヲ有セサルヘカラス。約言スレハ三国ニ対シテハ全体ヲ譲歩スルモ、清国ニ対シテハ一歩モ譲ルヘカラス、三国政府ノ干渉事件ヲ以テ清国ノ条約批准事件ト牽聯セシメス勉テ之ヲ分割シ、各々単独ノ処置ヲ取ルコトニ決定シタリ。

（出典）「露独仏三国干渉要概《ママ》」『日本外交文書』明治年間追補第一冊、七二一ページ。

【解説】日本が朝鮮半島における影響力を確保し、清国分割に先鞭をつけたことは、いまだその準備が整っていなかった列強を慌てさせた。特に日清戦争以前から朝鮮半島の戦略的位置に関心を高めつつあったロシアは、日本の遼東半島獲得に反対して、ドイツ・フランスとともに遼東半島を清国に返還するよう日本に勧告（三国干渉）するとともに、朝鮮政府への影響力確保に努めることになる。軍事力を背景にした干渉に直面した閣議は、講和条約が清国の批准拒否によって不成立となることをおそれ、これを受け入れることを決定（史料157）し、遼東半島を返還、新たに三千万両の償金（当初の賠償金二億両と併せて約三億六千万円となる）を得た。ここに掲げた新聞記事（史料156）は、ロシア側の意向をよく代弁している。

158 閔妃暗殺事件後の対韓方針[1]　一八九五年一〇月

特命全権公使伯爵井上馨の本官を免じ、特派大使として朝鮮国に差遣を命ず、是の時に当り、内閣総理大臣侯爵伊藤博文以為《おもえ》らく、今次発生せる閔妃事件は、我が政府従来採る所の政策に背戻せるのみならず、国際上異常の衝動を惹起せり、故に馨の朝鮮国に派遣せらるゝに当りては、其の権限・職守を明かにし、従来の廟議を確認し、将来に誤解を招かしめざるの要ありと、是の日意見を書して聖覧に供す、其の要に曰く、（中略）朝鮮国内政改革の援助たるや、現時に於ては之れを強ふるも益なきを以て、漸次同国の自任に付するの方針を採るべし、又我が政府の朝鮮国に対する方針は、戦後と雖も従前と異なるなし、然れども其の形勢に異同なき能はず、即ち戦前に在りては、朝鮮国の独立は日清両国間の議論にして、各国国際上の問題にはあらず、然るに戦後は、露・独・仏三国同盟して朝鮮国の独立を主張し、同国に接する遼東半島の如き地を日本国の所領とするは、其の独立を危殆ならしむと云ふに至り、三国干渉の一部は、実に朝鮮国問題に属することとなれり、是れ戦前と其の形勢を異にする所以なり、故に今後我が政府は、漸次朝鮮国に対する我が干渉の跡を絶ち、以て其の独立を無視するものなりとの非難を容れしめざるを要す、是れ我が国将来の地位を保つべき要道たり、仍りて前回馨の帰朝するや、露国に向ひて我が政府の朝鮮国に対する方針及び撤兵其の他の措置を通告せんとしたるに、図らずも今次の如き事変勃発したるため、朝鮮国に於ける我が地位に一転を来せり、仍りて我が政府は、善後の手段を講ずるに当り、各国と協同的に出づる場合は積極の手段を採るべしと雖も、其の以外にありては宜しく消極的ならざるべからず、而して積極の処置に出づるの必要あるに際しては、駐劄公使をして、成るべく我が政府の訓令を待たしむるの外なしと信ずと、

（出典）宮内庁編『明治天皇紀』第八巻、吉川弘文館、一九七三年、九一八－九二〇ページ。

（1）内務大臣。

【解説】三国干渉の結果、日本の朝鮮に対する影響力も大打撃をうけた。ロシアの影響力が拡大し、朝鮮内政に直接的干渉をすることは不可能になり、六月四日の閣議は「成るへく干渉を息《や》め自立せしむる方針を執る」こと、「故に他動の方針を執る」ことを決定した。このような中で日本の影響力を回復しようとした三浦梧楼公使のもとで起こされたのが一〇月八日の閔妃暗殺事件（乙未事変）であった。この事件と、翌年二月の朝鮮国王のロシア公使館播遷によって日本はいよいよ対朝鮮政策において窮地に立った。以後、ロシアは朝鮮への影響を高め、日本は翌年の小村・ウェーバー協定や山県・ロバノフ協定を結んでロシアとの外交調整を図らねばならなかった。この伊藤博文の意見書においても、消極的な方針を取らざるを得なくなったことを述べている。

159 山県有朋「軍備拡充意見書」一八九五年四月一五日

今ヤ清国トノ戦争未タ其局ヲ結ハスト雖トモ、開戦以来已《すで》ニ

殆ント一年、其ノ間我レハ常ニ連戦連捷ノ勢ニ乗シ彼レハ則チ之ニ反セリ、我カ大目的ヲ達スル遠キニ非サルヘキハ復タ疑ヲ容レサルナリ。是レ固ヨリ　陛下ノ威徳ト祖宗列聖ノ冥助トニ因ルト雖トモ、然レトモ亦我カ軍隊ノ編制彼レニ優ルモノアルト軍紀ノ厳粛侵ス可カラサルモノアルトニ因ラスンハアラス、積年辛苦経営ノ効遂ニ空シカラサリシヲ知ルナリ。然レトモ今後一タヒ平和ノ復スルニ至ラハ、則チ復タ現在ノ兵備ヲ以テ満足スル能ハサルヤ明カナリ。思フニ我カ国ハ今回ノ戦争ニヨリテ新領地ヲ海外ニ収得スルナルヘシ。果シテ然ラハ之ヲ守備スルカ為メニ已ニ兵備ノ拡張ヲ要スルモノアリ、況ンヤ連捷ノ勢ニ乗シ機ニ投シテ径《ただ》チニ東洋ノ盟主ト為ラント欲スルニ於テヲヤ。且ツ夫レ今後清国カ復讐ノ念ヲ養ヒ奮フテ軍備ノ整頓ヲ企ツルハ必然ノ勢ニシテ、露英仏ハ勿論、其ノ他ノ強国ト雖トモ、苟《いやしく》クモ利害ヲ東洋ニ有スル者ハ亦悉ク其ノ政策ヲ一変シ、其ノ東洋ニ於ケルノ兵力ヲ増加スヘキヤ必セリ。而シテ今ヤ西伯利亜《シベリア》ノ鉄道漸次其ノ工ヲ進メ其ノ落成将ニ数年ノ中ニ在ラントス、豈ニ戒心セサル可ケンヤ。夫レ兵備ヲ増加スレハ従ツテ国費ヲ増加スルハ勢ノ免レサル所ナリト雖トモ、若シ之カ備ヲ忽《ゆるが》セニシテ隣邦ニ対シテ優劣ノ位置ヲ顚倒シ、一朝事アルニ際シテ或ハ一ノ島嶼ヲ占領セラレ、或ハ陸地ノ一隅ニ割拠セラルルカ如キコトアランカ、其ノ惨害果シテ如何ソヤ。是ニ至ツテ豈ニ亦費用ノ大小租税ノ軽重ヲ論スルニ暇アランヤ。一日外敵ノ侵入ヲ受ク、其ノ損失タル百万無用ノ兵ヲ養フヨリモ甚シキ者アリ、況ンヤ其ノ侵入ノ敵ヲ撃退スル能ハスシテ之カ蹂躙ニ一任スルニ於テヲヤ。抑《そもそ》モ従来ノ軍備ハ専ラ主権線ノ維持ヲ以テ本トシタルモノナリ、然レトモ今回ノ戦勝ヲシテ其ノ効ヲ空フセシメス、進ンテ東洋ノ盟主トナラント欲セハ、必スヤ又利益線ノ開張ヲ計ラサル可カラサルナリ。然リ而シテ現在ノ兵備ハ以テ今後ノ主権線ヲ維持スルニ足ラス、何ソ又其ノ利益線ヲ開張シテ以テ東洋ニ覇タルニ足ル可ケンヤ。臣今重ネテ陸軍ニ大臣タリ、茲ニ国家将来ノ財政ニ顧ミ兵制改革ノ概案ヲ具シテ之ヲ　陛下ニ奏聞ス、計画財政ノ為メニ妨ケラルルコト多ク、固ヨリ未タ十全ノ期望ニ惬《したが》フニ足ラスト雖トモ、庶幾《こいねがわ》クハ以テ既発ノ国威ヲ堕サス、永ク列国ノ侮リヲ絶ツニ足ラン乎。　陛下聖明仰キ願クハ百年ノ大計ヲ思ヒ速カニ之カ審議ヲ命セラレンコトヲ。若シ夫レ海軍拡張ノコトニ至リテハ臣其職ニアラス、敢テ之ニ言及スルコトヲ為サヽルナリ、臣有朋謹ンテ奏ス。

（出典）大山梓編『山県有朋意見書』原書房、一九六六年、二二〇—二二一ページ。

160 海軍省「製鉄所設立費要求書説明」一八九一年

鉄ハ工業ノ母、護国ノ基礎ナリ。製鉄ノ業起ラザレバ万業振ハズ。軍備整ハズ。此業ノ正否ヲ視テ、以テ国運隆替ヲト知スベキハ世人ノ已《すで》ニ確認スル所ナリ。本邦ノ富強ヲ謀ラントセバ宜ク製鉄所ヲ起スベキナリ。（中略）

凡国ノ独立ヲ鞏固ニセントセバ、軍艦兵器ノ製造ヲ独立セシメザルベカラザルナリ。軍艦兵器ハ皆鉄材ヨリナル鋼材錬鉄材ニシテ、外国ノ供船ヲ仰グコト現今ノ如クナルトキハ、幾多ノ造船所アリト雖モ、一朝事アルノ日材料輸入ノ途ヲ杜絶セラレナバ、忽チ軍艦兵器ノ製造修理ヲ為スコト能ハザルニ至ル。夫如是国防確立スト云フベカラザルナリ。

造船材、製砲材ト為ルベキ鉄材ノ供給ヲ海外ニ仰グコト今日ノ如クナルトキハ、自国ニテ軍艦ヲ製造スルニモ拘ハラズ、外国ニ流出スル金額多分ヲ占ム。（中略）

鉄ノ需用日ニ月ニ増進スルハ附録第五表ニ徴シテ明ナリ。今ニシテ製鉄所ヲ起サザレバ、年々鉄材ノ輸入増進シテ遂ニ我国ノ鉄鉱業者ヲ萎靡セシムルニ至リ、其極、外鉄輸入ノ為メニ国財ヲ海外ニ駆逐シテ止ムニ至ルベシ。製鉄業宜シク速カニ起スベキナリ。

鉄材ハ万般ノ工業ニ必需ノモノナルハ人皆之レヲ知ルモ、今日工業ノ盛ナラザルハ製鉄所ナキニ因ルノ理ハ、深ク之ヲ知ル者ナシ。橋梁、船舶ヲ始メトシ、万般ノ諸機械、形状、厚薄、長短皆同ジカラズ。而シテ其材ニハ鋳鉄アリ、鋼鉄アリ、錬鉄アリ、其用ニ従ヒ其料ヲ異ニス。其数タル真ニ万ヲ以テ数フベシ。如此各種各形ノ鉄材ヲ悉ク輸入シ、貯蔵シ、以テ其用ニ応ズルハ到底望ムベカラザルナリ。故ニ止ムヲ得ズ日子ヲ徒費シテ材料ヲ海外ニ注文スルカ、然ラザレハ強テ不適当ノ材料ヲ用ヒテ止ム故ニ、工費常ニ嵩ムノ患アルノミナラズ、時トシテ危険ノ患ヲ醸スコトアリ。是工業家ノ苦心痛嘆スル所ニシテ、工業ノ振興セザルノ根源モ亦此ニ在リ。製鉄所興ラズンバ工業ノ隆盛得テ期スベカラザルナリ。

（出典）飯田賢一他編『現代日本産業発達史』第四巻、交詢社出版局、一九六九年、八一―八二ページ。

【解説】日清戦争後、東アジアにおける諸列強の対立および朝鮮をめぐるロシアとの対立の高まりが予想されるなかで、日本はこれに備えて軍備拡張の必要に迫られることになる。またそれは増税を不可避とする。ここに掲げた山県有朋の意見書（史料159）は、軍拡を必要とする国際情勢の変化を指摘し、さらに「東洋の盟主」となるためには、「主権線」を維持するだけではなく、「利益線」を開張しなければならないことを主張している。また松方正義は「戦後財政計画意見書」（八月一五日）の中で、両軍の拡張と製鋼所設置、鉄道・電話拡張が戦後経営の中心となることを述べている。とくに製鉄事業は、兵器国産化という戦略的観点から重視され（史料160）、一八九六年には官営八幡製鉄所が設立された。

161 内村鑑三の日清戦後経営批判　一八九六年八月一五日

何故に朝鮮は救はざる可らざるや、曰く朝鮮の独立は日本国の利益なればなりと、何故に支那を伐つべきや、曰く充分の勝算あればなりと、彼等は日清戦争を義戦なりと唱へり、而して余輩の如き馬鹿者ありて彼等の宣言を真面目に受け、余輩の廻らぬ欧文を綴り「日清戦争の義(1)」を世界に訴ふるあれば、日本の政治家と新聞記者とは心密《ひそ》かに笑て曰ふ「善哉彼れ正直者よ」と、義戦とは名義なりとは彼等の智者が公言するを憚らざる所なり、故に戦勝て支那に屈辱を加ふるや、東洋の危殆如何程にまで迫れるやを省みる事なく、全国民挙て戦勝会に忙はしく、ビールを傾くる何万本、牛を屠る何百頭、支那兵を倒すに野猪狩を為すが如きの念を以てせり、而して戦局を結んで戦捷国の位置に立つや、其主眼とせし隣邦の独立は措て問はざるが如く、新領土の開鑿、新市場の拡張は全国民の注意を奪ひ、偏に戦捷の利益を十二分に収めんとして汲々たり、義戦若し誠に実に義戦たらば何故に国家の存在を犠牲に供しても戦はざる、日本国民若し仁義の民たらば何故に同胞支那人の名誉を重んぜざる、何故に隣邦朝鮮国の誘導に勉めざる、余輩の愁歎は我が国民の真面目ならざるにあり、彼等が義を信ぜずして義を唱ふるにあり、彼等の隣邦に対する親切は口の先きに止て心よりせざるにあり、彼等の義侠心なるものゝ浅薄なるにあり、

（出典）　内村鑑三「時勢の観察」『内村鑑三著作集』第二巻、岩波書店、一九五三年、七八―七九ページ（初出は『国民之友』三〇九号、一八九六年八月一五日）。

（1）『国民之友』二三三号（一八九四年八月二三日）掲載の英文論文 Justification of the Corean War のこと。

【解説】　日清戦争の目的が、日本の利益を追求するものであることがわかったとき、かつて戦争を朝鮮を独立させるための義戦であるとして支持した内村鑑三は、それが誤りであったことを認め、実利の獲得に汲々としている日本の帝国主義的政策を批判し、戦後経営に異論を呈した。

162 松方正義の金本位制採用理由　一八九七年三月三日

今貨幣制度改革ノ必要ト利益トヲ少シク述ヘテ置キマセウ。先ツ経済上ノ利益ヲ挙ケテ見マスルニ、第一ハ物価ノ変動ヲ避クルノ点テアリマス。若シ貨幣ノ本位ヲ金ニスレハ、価格ノ標準ノ動揺カ少ナイ訳ニナリマスカラ、物価カ絶ヘス昇降浮沈スルノ弊ヲ免レマス。

一体物価カ浮沈極マリナクシテ騰貴スルニ当テハ市場ハ一時好景気ヲ呈シマスケレトモ、漸次原料并ニ賃銀ニ影響ヲ及ホシ遂ニ生産ヲ害シ輸出ヲ減少スルニ至リマス。之ニ反シテ若シ又物価カ暴落ニ傾ケハ商業社会金融社会ニ損害ヲ与ヘマス。兎ニ角物価ニ急激ノ変動ノナイノカ一番宜シイ、然レトモ彼ノ銀ヲ以テ本位トセル間ハ此ノ変動ヲ免レ難ク、之ヲ避ケヤ

ウトスルニハ是非共金本位ニ由ラネハナラヌト思ヒマス。次ハ輸出ノ増進スル事テアリマス。貨幣本位カ金ニナレハ、其制度ヲ一ニセル海外諸国トノ貿易取引ハ甚便利ニナリ、且物価ノ変動ヲ避ケ、為メニ生産ノ発達ヲ来シ随テ輸出貿易ヲ増進スルニ至リマス。

次ハ為替ノ変動ヲ減スル利益テアリマスカ、銀貨国タル本邦ハ銀価ノ変動ニ従ヒ常ニ金貨国トノ為替ニ動揺ヲ生シ、為メニ商業ヲ渋滞スルモノテアリマスカ、今若シ本邦ニシテ金貨国タルニ至ラハ其弊害ヲ除キ去ルコトカ出来マス。

次ハ金融拡張ノ便テアリマス。我国モ追々国勢ノ発達スルニ従ヒ進テ万国ノ市場ト気脈ヲ通スルノ必要ヲ感スルニ至レリ、然ルニ現今本邦ハ海外トノ金融ハ殆ント隔離シテ居リマスカ、我邦幣制ノ鞏固トナルニ至レハ彼我金融市場ノ間ニ融通ノ便ヲ増スコト、存シマス。

（出典）松方正義「貨幣法改正案提出の説明演説」藤村通監修『松方正義関係文書』第四巻、大東文化大学東洋研究所、一九八二年、一五四―一五五ページ。

【解説】　戦後経営の一環として看過できないのが、清国からの賠償金を原資として金本位制が実現したことであった。実質的に銀本位であった幣制が金本位制へ移行することによって、日本経済はイギリス中心の国際金融秩序にダイレクトにリンクされることとなった（一流経済国の仲間入りという意味も持つ）。松方正義は、金本位制の採用が、物価変動や為替変動を抑え、貿易の活性化につながるという利点を強調している。

3　台湾統治と北清事変

163　台湾総督の立法権（六三法）　一八九六年三月三一日

第一条　台湾総督ハ其ノ管轄区域内ニ法律ノ効力ヲ有スル命令ヲ発スルコトヲ得。

第二条　前条ノ命令ハ台湾総督府評議会(1)ノ議決ヲ取リ拓殖大臣ヲ経テ勅裁ヲ請フヘシ。

台湾総督府評議会ハ勅令ヲ以テ之ヲ定ム。

第三条　臨時緊急ヲ要スル場合ニ於テ、台湾総督ハ前条第一項ノ手続ヲ経スシテ直ニ第一条ノ命令ヲ発スルコトヲ得。

（出典）『官報』一八九六年三月三一日。

（1）総督、民政局長・同部長・同参事官、軍務局長・同部長など、総督府高官により構成された。

164　台湾総督府官制　一八九七年一〇月二一日

第一条　台湾総督府ニ台湾総督ヲ置ク。

総督ハ台湾及澎湖列島ヲ管轄ス。

第二条　総督ハ親任トス。陸海軍大将若ハ中将ヲ以テ之ニ充ツ。

第三条　総督ハ委任ノ範囲内ニ於テ陸海軍ヲ統率シ内閣総理

大臣ノ監督ヲ承ケ諸般ノ政務ヲ統理ス。

第四条　総督ハ軍政及海陸軍人軍属ノ人事ニ関シテハ陸軍大臣若ハ海軍大臣、防禦作戦並動員計画ニ関シテハ参謀総長若ハ海軍々令部長、陸軍々隊教育ニ関シテハ監軍ノ区処ヲ承[う]ク。

第五条　総督ハ其ノ職権若ハ特別ノ委任ニ依リ総督府令ヲ発シ、之ニ禁錮一年以下又ハ罰金二百円以内ノ罰則ヲ附スルコトヲ得。

第六条　総督ハ其ノ管轄区域内ノ防備ノ事ヲ掌ル。

第七条　総督ハ其ノ管轄内ノ安寧秩序ヲ保持スル為ニ必要ト認ムルトキハ兵力ヲ使用スルコトヲ得。

前項ノ場合ニ於テハ直ニ内閣総理大臣陸軍大臣海軍大臣参謀総長及海軍々令部長ニ之ヲ報告スヘシ。

（出典）『官報』一八九七年一〇月二一日。

【解説】　日本が初めての植民地として領有した台湾には、統治機関として台湾総督府がおかれた。台湾には憲法は適用されず、陸海軍大将あるいは中将が就任する総督が、植民地統治の最高官として立法・司法・行政を掌握し、ほとんど独裁的権力を有した。以後の植民地も、この形式を引き継ぐことになる。獲得したばかりの台湾では、「土匪」の抵抗があいつぎ、その鎮圧には数年の年月を要した。また統治にあたっては、まず日本語（国語）の習得に力点が置かれ、総督府直轄の学校として国語伝習所が設立されるなど、日本への同化がめざされた。

165　児玉源太郎「台湾統治ノ既往及将来ニ関スル覚書」一八九九年六月

一、本島ハ七国ノ間ニ位スルヲ以テ、帝国ノ北守南進ト云ヘル一大勢力ヲ発スルステーショントスルニ充分ナル設備ヲ為ス事。

一、南進ノ政策ヲ完ウスルニハ、内統治ヲ励シ、外善隣ヲ努メ、可成国際上ノ事端ヲ生スルヲ避ケ、対岸清国並ニ南洋ノ通商上ニ優勢ヲ占ムルノ策ヲ講スル事。

一、本島民ヲ統治スルノ全効ヲ収ムルニハ、唯島内ノ鎮圧ト其民心ノ収攬ノミヲ以テ主眼トスヘカラス。必ス対岸福建省、殊ニ厦門《アモイ》ノ民心ニ注意シ、其帰向ヲ察シ、反射的ニ島民ノ安堵ヲ図リ、統治ノ目的ヲ達スル方針ヲ採ル可キコト。

一、本島財政ノ独立ヲ図リ、可成母国政治上ノ変動、又ハ財政ノ変更ヨリ被ルヘキ影響ヲ避ケ、且既ニ経験シタルカ如ク、屢本島統治ノ方針ニ変更ヲ及ホシ、為メニ母国ノ威信ヲ失フ所以ノ原因ヲ除却スルヲ必要トス。是ニ於テカ阿片、食塩、樟脳ノ三大専売ヲ以テ主ナル財源トシ、之ヲ助クルニ、地方税ノ制ヲ以テシ、凡ソ三ケ年ヲ以テ其大成ヲ期シ、公債ニ依リテ必要ノ事業ヲ起シ、地租及関税ノ増加ヲ以テ、返済スルノ方案ヲ定ムヘキコト。

一、地籍詳ナラス、人口明カナラサルハ、皆統治ノ本ヲ紊《みだ》ルモノタルハ勿論ニシテ、特ニ新領土ニ於テ、統治上是等詳明ノ急要ヲ認メ、之レカ調査ノ機関トシテ、土地調査ノ制ヲ定メ、且ツ保甲[1]ノ制ヲ設ケ、地籍人口ヲ明確ニシ、永久統治ノ用意ヲ知ラシムヘキコト。

一、築港ノ業略調査ヲ了セリト雖、本島従来天然ノ良港ヲ欠ク。是治台策ヲ説ク者ノ皆斉シク歎訴スル処ナレトモ、畢竟経営ノ眼識本島内ニ局スルノ致ス所ナリ。少ク眼識ヲ大ニシ、且帝国ノ本島占領ノ本旨ニ依リ経営ヲ試ムルトキハ、東洋有数ノ良港本島ニ附置セラレ、既ニ数百年来島民ノ利用セルモノアリ。之ヲ利用スルノ方法ヲ講スルハ、所謂天恵ヲ空フセサルモノニシテ、抑モ亦帝国本島占領ノ意ニ副フモノナルヘシ。而シテ所謂東洋有数ノ良港トハ厦門港即之レナリ。莅任《りにん》以来此点ニ向テ苦心経営シツ、アルヲ以テ、早晩其目的ヲ達スル時運ニ到着シ得ヘキコト。

一、厦門住民ノ意向近来一変シ、大ニ台湾ノ統治ヲ仰慕シ、帰化ヲ乞フ者日々ニ加フルノミナラス、諸般ノ企業ニ就キ総督府ノ誘掖ヲ乞ハントスルノ傾向アルヲ以テ、総督府ハ此機ヲ外サス歩武ヲ進メ、大ニ民心ノ収攬ヲ努ムル事。

(出典)「後藤新平文書」七—八(第一項目以外は鶴見祐輔『後藤新平』第二巻、後藤新平伯伝記編纂会、一九三七年、四一八—四二〇ページ)。

(1)台湾における伝統的な村落の治安・行政制度を利用した、村落把握のための制度。保正・甲長に安寧および秩序維持の連帯責任を課した。

【解説】　日本の台湾統治は、対岸の清国福建省への勢力伸張の動きと密接に関連していた。朝鮮半島方面でロシアの圧力にぶつかった日本は、活路を南進に求めようとしたのである。すでに第二代総督の桂太郎は、台湾経営を単に台湾のみに止めることなく、「南清福建一帯の地を以て我有に帰せんとする」ことを考慮して、対岸の地に潜在的勢力を築かねばならないと述べていた。第三代総督の児玉は、この意見書において、南進のためには台湾経済の独立を図り、対岸厦門地方との密接な関係を築くことを提案し、厦門に台湾銀行支店をおくこと、総督府官吏の駐在、日本語学校の開設などを実現した。一八九八年に現実となった列強の中国分割競争に面して福建不割譲を約束させたのも、北清事変(義和団戦争)に関連して厦門事件を起こしたのも、この路線に属する。本史料はもともと民政長官の後藤新平が口述して作成させたもので、これらの項目を「帝国の本島占領の本旨」を達するための要件としている。

166　北清事変出兵に関する閣議決定　一九〇〇年七月六日

過日北清ノ事変ニ対シ閣議決スル所ノ要旨ハ、我邦ノ責任頗ル重大ナルト財源豊ナラス軍資乏キヲ以テ、先ツ英国其ノ他各国ニ照会シ然ル後方針ヲ決定セントスルニ在リシモ、爾後形勢日ニ愈々危急ヲ報シ又猶予スヘカラサルモノアリ。因テ更ニ熟考スルニ、列国ノ援軍未タ遽《にわか》ニ到ラス北清ノ形勢益々危急ヲ告ケ列国共同ノ命運殆ト我ノ決意如何ニ係ル時ニ際シテ、我国ハ宜ク速ニ方針ヲ定メ列国ヲ助ケテ長駆北京ヲ突クカ、又ハ天津連合軍ノ急ヲ救ヒ其ノ覆亡ヲ脱《のが》レシムルニ止ルカ、二者其ノ孰《いず》レカヲ択マサルヘカラス。今清兵北京及蘆台方面ヨリ天津ヲ合撃セントシ其ノ相距ル既ニ甚タ遠カラス、而シテ天津ニ在ル列国連合軍ハ無慮二万ニ《ヲ》超エス孤軍ヲ以テ客地ニ拠リ、加フルニ塁壁堅カラス糧食豊ナラサルヲ以テ、勢久ク防禦ニ堪フル能ハサルヘシ。英ハ印度ヨリ仏ハ安南東京ヨリ各々兵ヲ派シテ之ヲ救ハント欲スト雖モ、其ノ大沽ニ達スルハ蓋シ本月下旬ヨリ八月上旬ヨリ前ナルヲ得ス、独ノ遣兵ノ如キニ至テハ早キモ九月初旬ナラサルヘカラス。夫レ斯ノ如ク荏苒《じんぜん》久ニ弥《わた》リ外ハ救援ノ臻《いた》ルナク内ハ大沽天津ノ道ヲ絶タレ糧秣弾薬漸ク尽クルニ至ラハ、天津ハ遂ニ陥落ヲ免レサルヘシ。若シ天津ニシテ陥落セハ大沽亦遂ニ守ル能ハス、或ハ不幸全軍覆没ヲ見ルニ至ルモ亦未タ知ルヘカラサルナリ。若シ不幸ニシテ此ノ敗ヲ看ルニ至ランカ、四方ノ乱徒相競フテ起リ延ヒテ南西地方ニ及ハハ、勢各地総督ノ力之ヲ制スル能ハス、全清国ヲ挙ケテ無政府ノ境域ト化シ去ルヘシ。此ノ時ニ当テハ列国大兵アリト雖モ復タ容易ニ之ヲ鎮圧スル能ハサルナリ。此ヲ以テ軍略上之ヲ云ヘハ、我邦ハ宜ク先ツ二箇乃至三箇師団ノ兵ヲ発シテ天津ヲ救ヒ列国諸軍ト与ニ道ヲ分テ北京ヲ突キ清国政府ヲ膺懲《ようちょう》シテ反正ノ実ヲ挙ケシムヘシ、若シ曠日弥久結永《氷》ノ期漸ク近クニ迨《およ》テ初メテ兵ヲ出サハ北京ノ攻略得テ望ムヘカラス、而シテ禍乱漸ク大ニ征服愈々困ラン。

又飜テ政略上ヨリ之ヲ観レハ、英仏独ハ皆遠ク師ヲ出スヲ以テ到底多数ノ兵ヲ遣ル能ハス、露ハ其ノ境ヲ接スト雖モ西伯《シベ》利亜《リア》ヲ隔テ急ニ大兵ヲ送ル能ハス、北清地方ニ大軍ヲ行《もちい》ルノ便アル者ハ独リ我邦アルノミ。今ヤ各国公使ハ北京ニ在テ危急ニ迫リ孤軍僅ニ天津ヲ守テ赴キ援クル能ハス、況ヤ敵軍優勢ヲ以テ之ニ臨ミ人心洶々日ニ救援ヲ望ムノ時ニ方《あたり》テ、我邦ハ地理ノ便ヲ有シ数十万ノ陸兵ヲ擁シ各国或ハ之ヲ促スモ僅ニ数千ヲ発スルニ止リ、敢テ遽ニ赴キ援ケスハ、内ハ国民ノ輿望ニ対シテ政府当然ノ職責ヲ怠ルノ譏ヲ免レ難ク、外ハ列国遂ニ我ヲ異図アリト疑ヒ又ハ前年ノ仇ニ報フト為シ猜忌永ク解ケス怨ヲ後来ニ構フニ至ランコトヲ恐ル。今ヤ列国ノ援兵未タ到ラス天津大沽ノ軍敵ニ苦ムノ時ニ方テ急ニ大兵ヲ以テ之ニ赴カハ、以テ彼ノ地ノ重囲ヲ解キ進テ北京ノ乱ヲ平クルコトヲ得ヘク、撥乱ノ功概ネ我ニ帰シ而シテ各国ハ永ク我ヲ徳トセン。且北清ノ禍乱ニシテ久ク治ラス南清亦其ノ禍ヲ被ルニ至ラハ我国民経済ハ過半敗亡ニ帰シ財政亦遂ニ其ノ累ヲ免ルルコトヲ得ス。之ヲ要スルニ軍略上ニ於ケルモ又政略上ニ於ケルモ我邦ハ急ニ師ヲ出スヲ以テ利アリトスヘク、此ノ際既ニ動員ヲ命シタル一師団ノ兵ハ先ツ急ニ之ヲ発遣スルノ必要ヲ認ム。

（出典）『日本外交年表竝主要文書』上、一九三―一九四ページ。

【解説】諸列強の中国分割に対して、一八九八年三月に山東省で「扶清滅洋」を唱えて蜂起した義和団の民衆運動は、清朝の支持を得て拡大し、一九〇〇年五月には天津・北京に集結し外国公使館を襲撃した。日本は、イギリス・ロシア・フランス・ドイツをはじめとする八カ国連合軍の一員として約二万人の兵を送り、ロシアとともに連合軍の主力となって事変の鎮圧につとめることによって、東アジアにおける地位を高めることになった。この閣議決定では、列強の出兵要請に対して、地理的に近い日本が応じて出兵することが得策であることを強調している。

第二節　日清戦後の政治と社会

1　憲政党から政友会へ

167　地租増徴の必要　一八九八年六月七日

過刻租税委員会ノ委員長ヨリ、委員会ニ於テ否決ニ相成リマシタ報告ヲ承リマシタ、此租税ノ已《や》ムコトヲ得ザルト云フ事情ハ、委員会ニ於キマシテモ本大臣及大蔵大臣カラ質問ニ逐一答ヘテアリマス、之ヲ茲ニ重ヌル必要ハナカラウト存ジマス、此増税ノ必要ナルコトニ附キマシテハ、法律問題デハ決シテナイ、政府ノ財政上ノ問題トシテ、今日マデ屢〻陳述シタ通ニ、来年度ヨリ国家ノ生存ニ妨ガアルト云フコトカラ起ル、本年ニ於テモ実際不足ヲ生ジテ居ルノデアリマスケレドモ、本年度ニ於テハ他ノ方法ニ拠ッテ補ヒヲ取ッテ居ルノデアル、（中略）今日ハ海陸軍ノ拡張、又是ニ伴フ所ノ各種ノ事業モ政府ノ事業トシテハ、勿論種々アルガ、又今マデ議会ノ協賛ヲ経タル所ノ或ハ鉄道ノ建築、港湾ノ建築、其他今日ノ進運ニ伴フ所ノ運輸通信ノコトヤ何ゾニ至ッテハ、余程ノ事業ノ計画ガシテアルト私ハ見ルノデアル、之ヲ今日地ニ墜スト云フコトハ、ドウモ出来ナイ、民力其物デ成シ遂ゲ得ラル、事業ハ、無論政府ガ手ヲ突込ンデ之ヲ奪ヒ取ッテ、自カラナスニハ及ブマイ、政府自ラセザルコトヲ得ヌ事業ガ、既ニ異常ナルコトニ至ッテ、其経費上ノ不足ヲ生ズルコトデアリマスルニ依ッテ、其不足ヲ補フ途ハ、誠ニ人民ニ向ッテ収歛[斂]スルト云フガ如キ訳デハナイ、人民ノ財産ニ向ッテ負担ヲ増スヨリ外ニ、今日ノ整理方法ト云フモノハナイ、（堀家虎造君「地主ガ困難シテ居ルト云フ事情ハ御承知ナイノデスカ、御知リハナイデスカ」ト呼フ）地主ガ困難ヲシテ居ルト云フ事情ハ、勿論知ッテ居ル、勿論知ッテ居ルケレドモ、地主バカリデハナイ、困難ヲシテ居ル所ノモノヲ言ヘバ、幾ラモアルダラウ、併シ先年ニ比スレバ、漸ヲ逐フテ物価ノ段々騰上シテ行クニ従ッテ、凡テ此農業者ノ農産物ナドノ直《あたい》ハ、ドウシテモ上ッテ来ルモノデアル、上ッテ来レバ自ラ収益ガ増シテ行クト云フコトモ、亦一方ニハ見ン[ママ]ケレバナラヌ、ソレデ是ガ絶対的に[ママ]行フベカラザルモノトハ認メナイ、増税スルコトニ附イテ——ソレデ諸君ノ……

（此時発言ヲ求ムル者多シ）

（出典） 伊藤博文答弁『帝国議会衆議院議事速記録13 第一一・一二回議会』三〇〇—三〇一ページ。

【解説】 日清戦後の衆議院と政府との関係は、初期議会における厳しい対立から提携関係へと変化した。第二次伊藤内閣には自由党の板垣退助が内相として、第二次松方内閣には進歩党（改進党の後身）の大隈重信が外相として入閣した。これは戦後経営を遂行するためには増税が必要であり、増税法案を通すためには衆議院の支持が必要であったからである。しかし一八九七年暮れになって、増税が地租も対象とすることが避けられなくなるに及んで、政党との提携関係は破綻し、第二次松方内閣・第三次伊藤内閣は倒れる。伊藤は、この衆議院における答弁で、地租増徴が国家生存上不可欠であることを強調している。

168 憲政党宣言 一八九八年六月二一日

憲法発布議会開設以来将さに十年ならんとす、而して此間解散は既に五回の多きに及ひ、憲政の実未た全く挙らす、政党の力未た大に伸ひす、是を以て藩閥の余弊尚ほ固結し、為めに朝野の和協を破り、国勢の遅滞を致せり、是れ挙国忠愛の士の深く慨嘆する所なり、今や吾人は内外の形勢に鑑み、断然自由、進歩の両党を解き、広く同志を糾合して一大政党を組織し、更始一新以て憲政の完成を期せんとす、因て茲に之を宣言す。

綱領

一 皇室を奉戴し憲法を擁護する事

一 政党内閣を樹立し閣臣の責任を厳明にする事

一　中央権の干渉を省き自治制の発達を期する事
一　国権を保全し通商貿易を拡張する事
一　財政の基礎を鞏固にし歳計の権衡を保つ事
一　内外経済共通の道を開き産業を振作する事
一　陸海軍は国勢に応し適度の設備を為す事
一　運輸交通の機関を速成完備する事
一　教育を普及し実業科学を奨励する事

（出典）『党報（憲政党）』第一号、一八九八年八月五日。

【解説】地租増徴案に対して自由党と進歩党は一致して反対し、一八九八年六月に両党は合同して憲政党を組織した。ここに掲げたのは、その宣言・綱領である。この巨大野党の出現に直面して、伊藤は後継首相に大隈・板垣を奏薦して辞職し、六月三〇日、憲政史上はじめての政党内閣である第一次大隈内閣（隈板内閣）が誕生する。山県有朋は、この事態を「明治政府は落城」と形容した。しかし内閣は、旧自由・進歩両党間の協調が整わず、憲政党は憲政党（旧自由党系）と憲政本党（旧進歩党系）に分裂し、内閣もわずか四ヵ月で倒れ、一一月八日に第二次山県内閣が成立した。

169 第二次山県内閣と憲政党の提携　一八九八年一一月二九日

一、現内閣は超然主義を執るものにあらずとの宣言を発すること。
憲政党と提携して議会に望［臨］む旨を公然発表すること。
一、憲政党の綱領を採用すること。
鉄道国有、選挙権拡張等、憲政党の宿論は、政府の意見之に一致するを以て、政府案として之を提出すること。
一、憲政党と利害休戚を同うすること。
憲政党との提携は、一時の苟合にあらずして、将来に永続すべきものなるを以て、政府は出来得る限り便宜を与ふること。

（出典）徳富猪一郎編『公爵山県有朋伝』下巻、山県有朋公記念事業会、一九三三年、三五四―三五五ページ。

170 代議士の腐敗

「それぢやテ、代議政治は全《まる》で破滅ぢや、勿論議会は政府を仇敵視するが能事ぢやないから、及ぶたけは和衷協同の実を挙げたいのぢやが、政府をして頼《よ》らしむる能はず、議会却て政府の鼻息《びそく》を伺ふて合槌を打つやうでは代議政治は全《ま》るで滅却《めっきゃく》ぢや。奈何《どう》も日本人は国家あるを知つて国民あるを忘れおるやうぢやから、国民を代表するといふ真正の意味が理解出来んと見える。それぢやもんで、日本全国を代表する議会が国民全体の利害を度外に置いて各々《めい〳〵》の撰挙区の利益を重んずる傾向《かたむき》があるやうなわけで、段々と詮じ詰めた処が終局《しまひ》には第一に自己《おのれ》の算盤《そろばん》を弾《はじ》き出すやうになる。畢竟《つまり》国民全体の利益は即ち国民の一人たる自分の利益ともなる道理が解《わか》らんと見えて、国民全体の利益を計つて己れの撰挙区民及び自分も其《その》同一利益の恩に沐《もく》せしめやうとは考へない。皆其順序を顚倒して国民の幸福よりは撰挙区の利益、撰挙区の利益よりは第一に己れの慾を渇《かわ》く算段に掛る。尤も一般に公徳の欠けておる国ぢやから独り代議士を罪するわけには行かぬが、切《せ》めて代議士の品位を保つて政府に盲従するは仕方が無いとしても素町人の株屋風情《ふぜい》に叩頭《こうとう》して憐《あはれみ》を乞ふやうな醜体の無いやうにと。」

「でがアすナ、」と地方有志家らしき四十恰好の羊羹色のフロックコートは不意に頓興《とんきよう》な調子を合はした。

「まだしも政府と議会と肝胆相照すのは寛大《おほめ》に見られるが子《[ね]》、株屋と議会と常に肝胆相照す醜状は鼻持がならぬ。といふのも畢竟《ひつきやう》は国民一般が立憲の知識に乏《とぼ》しくて撰挙する者も撰挙せらるる者も代議士の本分を理解せんのぢやナ。

（出典）内田魯庵「代議士」『社会百面相』上巻、岩波書店、一九五三年、一八五―一八六ページ。

【解説】第二次山県内閣は、憲政党との提携によって政局の混乱を収め、地租増徴案の通過を図った。史料169が提携条件であり、内閣は憲政党の綱領を採用し、いわゆる「肝胆相照」して進むことを約した。この条件のなかには地租増徴問題は含まれていないが、提携発表は、憲政党が地租増徴を受け入れることを意味した。このように憲政党が地租増徴を容認する方向に転換できた背景には、米価の高騰により地主の負担が軽減していたこと、地価修正によって反対論を抑えることができたこと、また後述する積極政策の導入によって地主層の支持を失わないで済む可能性が高まっていたことなどが挙げられる。さらにこの条件のなかにある選挙権拡張については、都市商工業者への支持拡大をめざす憲政党の方針に沿って、内閣は納税要件の引き下げと市部選挙区の設置を行った。このような提携を、内田魯庵は一九〇二年の著書で「代議士の腐敗」と嘆じている。

171 憲政党の積極主義

諸君、専制時代に於ては僅少の人々にて政治を執りしが、其の政を為すに方《[あた]》り毎に多数人民の意見に違ふも違はざるも毫も顧るなく、是等少数の人の利益になるは之を行ひ否《[しか]》らざるものは之を行はざりしなり、実に専制時代の政治は国の為め人の為め悉く消極的方針を取りて概して人民の意思に背戻せるものなれば、斯の如き政治は宜しく之は破壊せざるべからず。故に吾々自由党は未だ現今の政体に革《[あらた]》まらざりし以前に於ては専ら之を破壊せんと運動尽力したるの結果、遂に今日あるを致せしなり。

今簡単に例を家屋に取れば、専制時代は破れ掛りし家の如く僅の人々はこれに修繕を加へて専制を助けしなり、然るに吾々は斯の破れ掛りし家を破壊し更に新築せんと欲して専制時代に於て運動せしなり、利なくして害ある家屋を破壊するに於て何人かこれに異議を挟むものあらんや。是れ遂に立憲政体を布かれし所以なり。
立憲政体は専制に反して僅少の人によらず多数の人を以て政治を行ふものにて、積極的建設的の方針を取るものなり。然らば即ち立憲政体は専制政治なる破屋を倒して更に新規の家屋立派なる家屋を建築せんとするものなれば、其取るべき方針は積極的にありとす。自由党は専政[制]の昔時に於て破壊の運動をなせるも、憲政の今日は積極的に建設の運動をなしつゝある者なり、若し今にしし[ママ]て消極の方針を取る者あらばソハ現時の政体をして専制の旧に戻さんとする者と謂つべ[し]。（中略）
東北の将来は如何にすべき乎、東北は消極的即ち専制時代の方針を取るべきか、将積極的即ち憲政に適当する方針を取るべきか、予をして東北の取る可き方針を言はしめは、是非とも憲政に適応する積極主義を取らねばならぬと断言する。東北は西南に比して農事整理上の優劣如何と云へば、是も後れて居る、経済は如何、工業も商業も矢張其通りで金融機関も劣て居る、故に之が改良進歩を図て完備せしめねばならぬ、農業にせよ工商業にせよ交通機関が十分に備はらねば進まない、交通機関が完備すれば輸出入が容易になるから農商工業共に発達する、故に交通機関を完備するのが第一必要である、東北の交通機関を以て関西に比すれば発達して居らないから之を発達せしめねばならぬ、教育に於ても普通教育にせよ高等教育にせよ皆後れて居る、高等教育は学ぶ処が少ない、之を関西の如く高くせんとすれば積極主義を取り新に設けるより外はない、是即ち築港の事、鉄道完成の事、大学を設立して人々の学問を高尚にする事を決議案とした所以である。

（出典）『党報（憲政党）』第一巻第一〇号、一八九九年四月二〇日。
傍点は省いた。

【解説】憲政党の分裂や地租増徴容認への転換を主導したのが星亨であった。星は、従来の民党がとってきた減税を求めて政府と対抗していく民力休養にかえて、増税を容認するかわりに地方名望家の地方開発要求を党が集約して政策として政府に要求して実現するという路線を敷いた。この開発要求に属するものが、鉄道建設であり、港湾整備であり学校誘致であった。このような政策は積極主義と呼ばれ、地方名望家の支持を調達し党支持基盤を拡大させるという星の、そしてその路線を継承することになる原敬の採った政治手法であった。この星の演説は、四月九日に仙台で行われた憲政党東北出張所開設式でなされたもので、積極政策の必要性が典型的に述べられている。

172 立憲政友会趣旨書　一九〇〇年八月二五日

帝国憲法ノ施行既ニ十年ヲ経テ其効果見ルヘキモノアリト雖モ、輿論ヲ指導シテ善ク国政ノ進行ニ貢献セシムル所以ニ至リテハ其道未タ全ク備ラサルモノアリ。即チ各政党ノ言動或ハ憲法ノ既ニ定メタル原則ト相杆[扞]格スルノ病ニ陥リ、或ハ国務ヲ以テ党派ノ私ニ殉スルノ弊ヲ致シ、或ハ宇内ノ大勢ニ対スル維新ノ宏謨ト相容レサルノ陋ヲ形《あらわ》シ、外帝国ノ光輝ヲ揚ケ内国民ノ倚信ヲ繋クニ於テ多ク遺憾アルヲ免レサルハ博文ノ久シク以テ憂トシタル所ナリ。今ヤ同志ヲ集合シ其遵行スル所ノ趣旨ヲ以テ世ニ質スニ当リ、聊カ党派ノ行動ニ対シテ予カ希望ヲ披陳スヘシ。

抑《そもそも》閣臣ノ任免ハ憲法上ノ大権ニ属シ、其簡抜択用或ハ政党員ヨリシ或ハ党外ノ士ヲ以テス皆元首ノ自由意思ニ存ス。而シテ其已《すで》ニ挙ケラレテ輔弼ノ職ニ就キ献替ノ事ヲ行フヤ、党員政友ト雖モ決シテ外ヨリ之ニ容喙スルヲ許サス。苟モ此本義ヲ明ニセサラム乎、或ハ政機ノ運用ヲ誤リ或ハ権力ノ争奪ニ流レ其害言フヘカラサルモノアラムトス。予ハ同志ヲ集ムルニ於テ全ク此ノ弊竇《へいとう》ノ外ニ超立セムコトヲ期ス。凡ソ政党ノ国家ニ対スルヤ其全力ヲ挙ケ一意公ニ奉スルヲ以テ任トセサルヘカラス、凡ソ行政ヲ刷新シテ以テ国運ノ隆興ニ伴ハシメントセハ、一定ノ資格ヲ設ケ党ノ内外ヲ問フコトナク博ク適当ノ学識経験ヲ備フル人才ヲ収メサルヘカラス、党員タルノ故ヲ以テ地位ヲ与フルニ能否ヲ論セサルカ如キハ断シテ戒メサルヘカラス、地方若クハ団体利害ノ問題ニ至リテハ亦一ニ公益ヲ以テ準ト為シ緩急ヲ按シテ之カ施設ヲ決セサルヘカラス、或ハ郷党ノ情実ニ泥《なず》ミ或ハ当業ノ請託ヲ受ケ与フルニ党援ヲ以テスルカ如キハ亦断シテ不可ナリ、予ハ同志ト共ニ此ノ如キノ陋套《ろうとう》ヲ一洗センコトヲ希フ。

政党ニシテ国民ノ指導タラント欲セハ、先ツ自ラ戒飭《かいちょく》シテ其紀律ヲ明ニシ其秩序ヲ整テ専ラ奉公ノ誠ヲ以テ事ニ従ハサルヘカラス。博文窃ニ自ラ揣《はか》ラス同志ト立憲政友会ヲ設ケ以テ党派ノ宿弊ヲ革《あらた》メムコトヲ企ツルモノ、区々ノ心聊カ帝国憲政ノ将来ニ裨補シテ報効ヲ万一ニ希図セントスルニ外ナラス、茲ニ会ノ趣旨トスル要領ヲ具シ以テ天下同感ノ士ニ問フ。

(出典)『政友』第一号、一九〇〇年一〇月一五日。

【解説】憲政党と山県内閣との提携は、文官任用令の改正・軍部大臣現役武官制の導入などによって軋轢を生み、一九〇〇年の議会後に断絶する。憲政党は、以前から商工業者を取り込んだ新政党組織と政党改良の必要を唱えていた伊藤博文に接近し、交渉の結果、伊藤の創設する新党に憲政党が合流することになり、伊藤系官僚出身者と旧憲政党員を中核に九月一五日に立憲政友会が創設された。政友会の成立は、明治憲法のもとでの円滑な政治運営には、藩閥と政党との協力・提携関係が不可欠であることを示した現象であった。しかし憲政党が自由民権運動で厳しく政府と対立して来た自由党を引き継ぐものであったため、たとえば幸徳秋水は、「自由党を祭る文」を書いて、自由民権家への裏切りであるとして批判した。いっぽう星派機関紙『人民』は、第四次伊藤内閣の成立を政党内閣の成立であると誇った。この趣旨書では、新党が政党改良をめざすものであることが強調されている。

2　産業革命の影響

173　綿糸の生産と輸出入量（↓図173）

174　鉄道の営業キロ数（↓図174）

175　電気産業の動向（↓表175）

176　工場労働者数の動向（↓表176）

【解説】　日本における本格的な企業勃興と工場制機械工業の導入（いわゆる産業革命）は、一八八〇年代後半ころから紡績・製糸業を中心にしてはじまり、日清戦後に急速に進んだ。その他の工業においては、機械化に関しては、日清戦後には一部の造船・鉄鋼・兵器工廠が機械化されていたにすぎなかったが、日露戦後になると重化学工業へと進んで行った。産業的には、日清戦争前後には紡績と鉄道・鉱山を中心に企業が勃興し、日露戦後には電力・金融・造船・製鉄業が発展し、第一次大戦期を通じて化学工業などが発展した。このような産業革命の展開にともない、輸出品も生糸・綿糸中心ながらも、その他の製品も増加していった。なお図174において日露戦後に私設鉄道の営業キロ数が減少しているのは、鉄道国有化によるものである。

図173　綿糸の生産と輸出入量

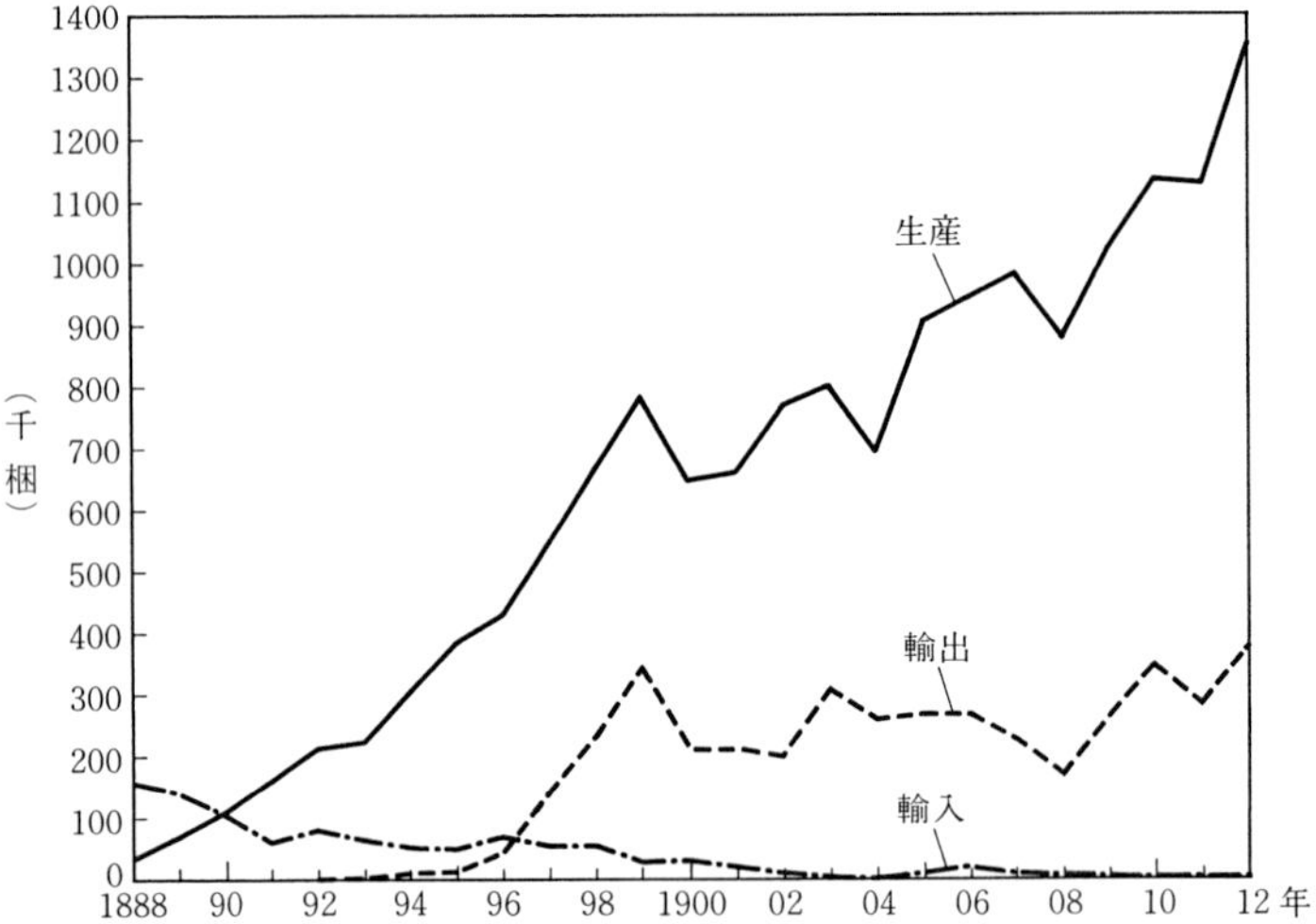

（出典）　高村直助『日本紡績業史序説』上巻 pp. 146・183，下巻 p. 82，塙書房，1971年より作製．

図 174　鉄道の営業キロ数

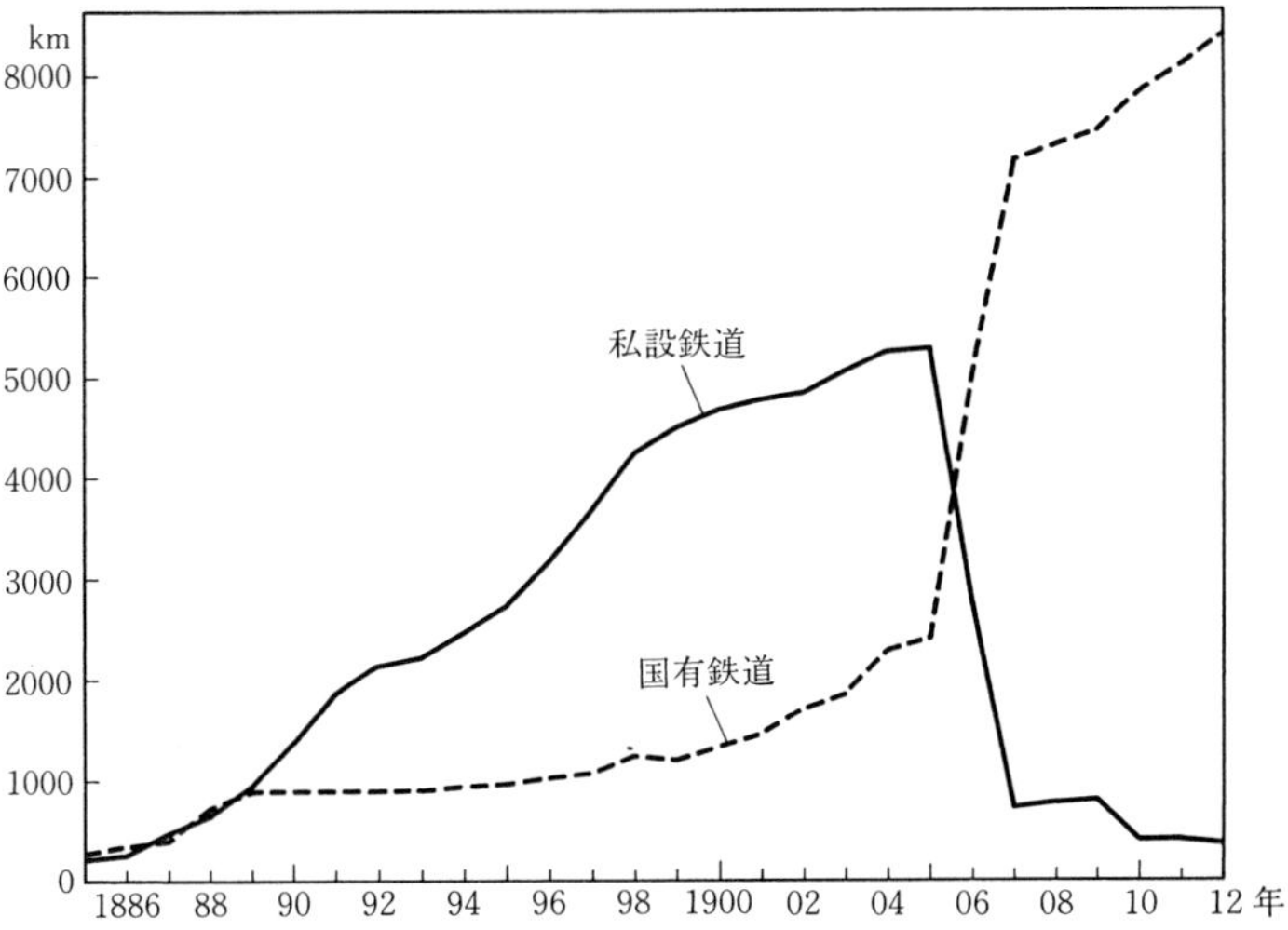

（出典）　井上光貞他編『日本歴史大系』第 4 巻，山川出版社，1987 年，pp. 782・826・1173 より作製．

表 175　電気産業の動向

年	発電力(kW)		払込資本金（千円）
	水力	火力	
1907	25,691	48,728	87,675
1910	79,271	87,037	169,201
1913	285,752	173,363	397,780
1916	420,271	177,756	513,840
1919	576,259	221,918	762,124

（注）　発電力は，電気供給及電気鉄道事業者の発電力．払込資本金は，営利電気事業者のもの．

（出典）　国勢院編『日本帝国第四十統計年鑑』国勢院第一部，1921 年，pp. 204・206 より作製．

表 176　工場労働者数の動向（単位：人）

年	繊維	化学	機械器具	飲食物	雑	特別	官営工場
1886	35,144	13,245	2,896	748	9,633	1,955	11,758
1894	215,646	55,324	17,805	26,203	20,311	46,101	14,568
1900	234,158	38,492	29,730	25,403	23,286	37,232	36,237
1904	283,886	49,034	45,886	49,324	41,570	56,703	61,876
1909	442,169	65,966	54,810	65,303	60,283	3,690	117,259
1914	536,299	84,096	87,625	58,360	78,780	8,804	137,543

（出典）　井上光貞他編『日本歴史大系』第 4 巻，山川出版社，1987 年，pp. 780・864・1188.

177 横山源之助『内地雑居後の日本』一八九九年五月

日清戦争によりて最も激しく影響を見たるは、工業社会を第一となす、各種の機械工業起りたるも、此の二三年来の事にして、即ち日清戦役以来の事なり、労働者払底といふ労働社会の珍事を見たるも、同じく戦争以後の事なり、労働問題の起りたるも、同盟罷工生じたるも、工場条例の発布せられんとするも、皆な戦争以後なり、今ま内地雑居の暁、資本に欠乏せる我が工業界に外国の資本入り込み、外国の資本家が親ら工場を建て、我が労働の安すきを機会として、工業に従事する暁は果して如何なるべきや、七月となれば、直に此事あるべしとは判然言ふを得ざれども、徐々として外国人の我が工業社会を侵略するといふ事は、誰しも承知し居ることなるべし、(中略)

あゝ内地雑居は、欧米人と平和の間に戦争を開くなり、特に産業の上に最も激しき戦争あるべし、而して覿面《てきめん》に影響あるべきは職工なり、知らず職工諸君は如何なる覚悟ありや、請ふ余輩をして暫らく職工諸君の現状に就き果して内地雑居後、欧米人と戦争して能く勝を占むべきや、否やを考ふべし。(中略)

工業奴隷！　余は今ま職工諸子の境遇を説く前に当り、其の諸君がわれ等に示せる事実に対して、神聖なる労働に服する職工として崇めるよりは、むしろ工業奴隷として卿等を見る方穏当なりと思へば、余《わ》れは失礼ながら卿等を目して工業奴隷と呼ばんとす。(中略)

紡績工場の如きは、孰《いず》れの工場も大抵十二時間、すなはち昼間業を採るは朝六時より晩の六時迄、夜業に出づるは午後六時より午前六時迄は普通なるが如し、内休憩時間午前九時に十五分、正午三十分、午後三時に十五分、都合一時間の休憩の時間あり、是れ紡績工場の例なるが、多少規則立てる機械工場を離れて、前節に記るしたる手工場の労働時間を見れば、甚だ無茶苦茶なり、大抵朝太陽の出づると共に寝床を出で、工場に出で、日没を待つて業を終る、併しながら是れ普通の場合にして仕事の忙しき時は、夜業九時に及ぶは通例にして、甚しきは十一時十二時に及ぶこと稀ならず、織物工場、生糸工場の如きは其の例なり。

更に鉄工場を見れば、流石に婦女を使役するとは事違ひ、大抵十時間を規定の労働時間と為せり、(中略)規定は十時間にして、実際労働に服せるは十二時間、甚しきは十五時間なるを見ること多し、即ち鉄工場に於ては、十時間をもて規定の労働時間とはなせ共、孰れも規定通りに労働を了るは少なく、一ヶ月中二十日は居残仕事し、時に十二時迄夜業することあり、故に賃銭は僅に三十銭乃至三十五銭なれども、分増賃銀を得て、大抵五十銭乃至六十銭を取るは、蓋し職工諸君の幸福なるが如くにして、其の実足利桐生の織物工女と同じ

く、今日の職工諸君は不定の長がき労働時間に服し居る者と見て不可なからん、あゝ工業奴隷！（中略）

余れは一日五十銭日給の職工者を以て、標準とすべし、即ち親子三人世帯なりとして、家賃二円十銭、米代四円、薪炭一円、蔬菜一円、肴一円、是にて既に九円十銭、之に石油代二十銭、莨《〔たばこ〕》六十銭、湯銭六十銭、髪結三十銭を加へば十円八十銭と為る、即ち一ヶ月の収入十三円（二十六日労働）に比ぶれば、一円八十銭の剰余あるのみ、若し此の職工にして毎夜酒一合宛膳の傍に置くを習慣とせんか、一合四銭の酒といふも一ヶ月に積りて一円二十銭、すなはち僅に六十銭を剰すのみ、若し右の如き家庭ありとせば、其の女房は如何にして一家を維持し得べきぞ、時候の変りには一枚の晴れ衣も作らざるべからず、日々子供の小遣も要るなり、朋輩の交際もせざるべからず、近隣の関係もぞんざいにしては居られず、前に挙げざりしが、醬油味噌の代も月に七十銭八十銭は之を要せん、僅に一ヶ月十三円の収入によりて如何にして生活すべき。

（出典）横山源之助『内地雑居後之日本 他一篇』岩波書店、一九五四年、一四―一六・三二・三六―三九ページ。

【解説】紡績業の発展は、とくに窮乏に陥っていた農村出身女子の低賃金と苛酷な労働によって支えられていた。このころの労働者の姿をもっともリアルに描きだしたのが、横山源之助の一連のルポルタージュ（代表作が『日本の下層社会』および本史料）と農商務省による労働事情調査報告の『職工事情』（一九〇三年）であった。両者とも、年季奉公で雇われ、寄宿舎に押し込まれて、劣悪な労働環境のもとで長時間労働を強いられる、その結果として罹病率も高かった、当時の紡績労働者の実態や鉱山・製鉄労働者の状況、あるいは農村小作人の窮乏を描き出している。なお本史料に内地雑居という語句が用いられているのは、改正条約の実施（一八九九年七月）により外国資本が流入し、労働者が現在よりもいっそう劣悪な状態におかれるおそれを指摘することによって、労働問題への取り組みがもっと必要であることを語ろうとするところから付けられたものである。

178 松原岩五郎『最暗黒の東京』一八九三年一一月

彼らの自認を以てその日本一の塵芥場《じんかいば》と許したるこの地の境界《きょうがい》は、あらゆる不潔を以てあらゆる溷雑《〔こんざつ〕》を料理し、淤水《おすい》縦横して腐鼠《ふそ》日光に曝露《ばくろ》され、圊厠《せいし》(1)放任朽屐《きゅうげき》塚をなし饐《い》飯《はん》敗《はい》魚《ぎょ》の汚穢《おわい》を極めたる物散点《さんてん》して路傍に祀《まつ》らるるの有様より破《は》蓆簷檐《せきえんたん》を覗《のぞ》き落壁人顔《らくへきじんがん》を描くの状、その人間生活最後の墜落を示したるの様は、さながら炮撃《ほうげき》されたる野外の営所を見るが如し。

家の広きも五畳敷なるは稀《まれ》にして、大概は三畳に土間《どま》二尺、狭《せ》まきに至っては薄縁《うすべり》二枚の敷合《しきあわ》せのみ、甚《はなは》だしきは二坪の座敷を蓆《むしろ》の屏風《びょうぶ》にて中を仕切り、そこに夫婦、兄弟、老媼《じじばば》と小児《こども》を寄せて六、七人軀《むくろ》を擁《かか》えて雨露《うろ》を凌《しの》ぐの状況《さま》、しかしてその畳なきは荒根板に薦《こも》敷きて僅《わず》かに身を置き、蓆《むしろ》というも古蔦《ふるとび》のごとく煤《くす》ぼり敝《やぶ》れて糸目を断《き》らし隅々藁《すみずみわら》のばらけたるもの多し。家財として見るべきものは、屋《や》内《うち》さがして古《ふる》葛籠《つづら》一《ひと》個《つ》の身代《しんだい》、縄《なわ》と襷《たすき》を繋《つな》ぎ合せて仏壇釣《つ》るすまでの造作なり。膳椀《ぜんわん》あれども悉《ことごと》く縁《ふち》欠け、鍋釜《なべかま》あれども多くは尋常の什《じゅう》にあらず、茲《ここ》に万般の事欠《ことかけ》として土瓶《どびん》に汁《に》を煎るを見しが、欠摺鉢《かけすりばち》に輪のかかりて灰の盛られしを見て始めてその火鉢なるを暁《し》りぬ。（中略）

この貧窟にあって渡世《とせい》する諸職人についてその重《おも》なる者を挙ぐれば、第一に人力車夫《じんりきしゃふ》その半《なかば》を占め、日雇取、土方職工、紙屑買《かい》を始めとして、蛤蜊売《あさりうり》、足駄《あしだ》直し、羅宇屋《らおや》(2)、鋳物師《いものし》、襤褸《［らんる］》(3)師、灰買《はいかい》、桶屋《おけや》、そのほかあらゆる縁日小細工人の類、これらはこの社会にあって営業柄《がら》上等の部にして雨天に降り籠《こ》められぬ限りは、日に幾銭かの稼ぎをなして、ともかく今日を暮すにさまで事欠《ことかき》を来さずといえども、これより下《くだ》って彼《か》のむしろ商人《あきうど》の儔《ともがら》に至っては、日に儲《もう》くる高《たか》甚だ些《わず》かにして口を糊《のり》するに年中の苦艱《くかん》を免れざるなり。

（出典）松原岩五郎『最暗黒の東京』岩波書店、一九八八年、五八―六一ページ。

(1)かわや。便所。(2)古くなったラウ（キセルの火皿と吸い口をつなぐ竹の管）を交換する職。(3)ぼろのきものを扱う商人。

【解説】東京などの大都市には、窮乏化した多くの人々が賃仕事を求めて流入して来たが、それだけの人口を吸収できる職場は存在しなかったから、多くの人々は都市下層民として滞留することになった。これらの人々は「細民」「窮民」などとも呼ばれ、生活環境の劣悪な谷沿いや都市周辺部に集住し、「貧民窟」と呼ばれるスラムを形成した。「貧民窟」の住民は、日払いの長屋に住み、持ち物はわずかで、行商や車引・大道芸などによって生活した。稼ぎは食費と宿賃でほとんど消えた。東京の三大「貧民窟」といわれた鮫ヶ橋・万年町・新網町の入り口付近には、兵営から出される残飯を売る店なども存在した。このような人々の存在は、日本近代化の過程で生まれた陰の部分であり、彼らに対して社会政策が本格的に導入されるようになったのは第一次世界大戦後である。

3　社会運動の勃興

179　労働組合期成会設立趣旨　一八九七年七月四日

凡そ事の発《［おこ］》るや発るべき因ありて起るなり。労働組合期成会は何が為に起れるや、時勢の必要之を然らしめたるなり。今や我国の産業は漸く旧式の姿を脱して新式の状態に移り、夫の工業は資本の合同を以て大仕掛に為すこと行はれ、其法いよいよ出て其式益々革《［あらた］》まり、前途大に好望なる勢を有せり。之れ乃ち資本の方面に於て先づ新面目を啓けるものなり。然らば之に従事する労働者の状態は如何ぞや。其旧弊未だ存して美風尚養成せられず、製産日々に新に事業月々に革まるに拘はらず、其技術発達せられず、其賃銀は未だ其子弟教育の料に達せず、然も彼等は未だ自己が産業上に於ける地位を暁《さと》らざるが為め、未だ吾が身の貴重なる事を発揮せず、従て自重の念自信の心未だ盛に行はれず、是れ天下滔々たる労働者の状態なり。嗚呼奮わざるべけんや。

蓋し産業の発達は資本と労働の並進に求むべく、其調和によりて振興するを得べし。其の一方に於て進歩するあるも他方に於て停止する所あらば、単に其発達を望むべからざるのみならず、反て不調和を来し、資本と労働との衝突を生ぜんことなきを保すべからざるなり。顧ふに今や諸般の産業は其規模を一新して文明的に則り、益々其業務を振興して立国の大業を為さんと欲するにあれば、之に従ふ労働者、其心を以て其旧弊を改め進取の気象を鼓舞して大に其責務に任ぜんことを期せざるべからず。之れ独り資本家の一方のみに任じて敢て顧みざる如きは、抑々産業に不忠なるのみならず自己の業務を無視するものと云はざるべからざるなり。

然らば則ち労働者をして産業に忠実ならしむる方法如何。曰く彼等をして自主の気風を喚起せしめ其地位の貴重なるを知らしむるにある也。自主の気象にして乏しければ労働の効験挙らず、其地位の貴重なるを知らざれば去りて其の業務を離るゝか将た自放に陥るべし。而かも其弊に陥ることなく自主の気象を喚起せしめ其の地位の貴重なるを知らしむる方法如何。曰く彼等をして組合を設けしめ緩急相助け長短相補はしむるにありと信ずるなり。思ふに組合にあらずんば一挙して労働者の旧弊を除去し其美風を養成せしむること能はず、其労働の効験を高めて製産を盛ならしむること能はず、又其地位の堕落を防ぎて進歩の方向に向はしむること能はざるなり。之を歴史に徴するに、組合の効験は労働者をして資本家の力を借らず彼等自身に其技術を高め其災厄疾病を救助せしめ其品位を上《たか》め其道義心を高め、以て自主の心と自重の念を奮起せしめたる例あり。故に労働組合期成会は今日円満なる労働組合を各労働者間に設立せしめんと欲して生れたるなり、豈に又た他意あらんや。

（出典）労働運動史料委員会編『日本労働運動史料』第一巻、労働運動史料刊行委員会、一九六二年、四〇六―四〇七ページ。

【解説】苛酷な労働条件や環境に対して、賃上げや待遇向上をめざした同盟罷工が起こされるようになる。農商務省「同盟罷業に関する調査」によれば、一八九七年下半期だけで三二件、三五一〇人の参加人員が確認できる。このような状況のなかで、高野房太郎・片山潜などは労働組合期成会（機関誌『労働世界』）を創設して、各地で労働組合の結成を進めた。しかし一九〇〇年の治安警察法の制定は、労働組合運動を不可能にした。

180 治安警察法 一九〇〇年三月一〇日

第一条　政事ニ関スル結社ノ主幹者(支社ニ在リテハ支社ノ主幹者)ハ、結社組織ノ日ヨリ三日以内ニ社名、社則、事務所及其ノ主幹者ノ氏名ヲ其ノ事務所所在地ノ管轄警察官署ニ届出ツヘシ。其ノ届出ノ事項ニ変更アリタルトキ亦同シ。

第二条　政事ニ関シ公衆ヲ会同スル集会ヲ開カムトスル者ハ発起人ヲ定ムヘシ。

発起人ハ到達スヘキ時間ヲ除キ、開会三時間以前ニ集会ノ場所、年月日時ヲ会場所在地ノ管轄警察官署ニ届出ツヘシ。

(中略)

第三条　公事ニ関スル結社又ハ集会ニシテ政事ニ関セサルモノト雖、安寧秩序ヲ保持スル為届出ヲ必要トスルモノアルトキハ、命令ヲ以テ第一条又ハ第二条ノ規定ニ依ラシムルコトヲ得。

第四条　屋外ニ於テ公衆ヲ会同シ若ハ多衆運動セムトスルトキハ、発起人ヨリ十二時間以前ニ、会同スヘキ場所、年月日時及其ノ通過スヘキ路線ヲ管轄警察官署ニ届出ツヘシ。但シ祭葬、講社、学生、生徒ノ体育運動其ノ他慣例ノ許ス所ニ係ルモノハ此ノ限ニ在ラス。

第五条　左ニ掲クル者ハ政事上ノ結社ニ加入スルコトヲ得ス。

一　現役及召集中ノ予備後備ノ陸海軍軍人。

二　警察官。

三　神官神職僧侶其ノ他諸宗教師。

四　官立公立私立学校ノ教員学生生徒。

五　女子。

六　未成年者。

七　公権剝奪及停止中ノ者。(中略)

第八条　安寧秩序ヲ保持スル為必要ナル場合ニ於テハ、警察官ハ屋外ノ集会又ハ多衆ノ運動若ハ群集ヲ制限、禁止若ハ解散シ又ハ屋内ノ集会ヲ解散スルコトヲ得。

結社ニシテ前項ニ該当スルトキハ、内務大臣ハ之ヲ禁止スルコトヲ得。此ノ場合ニ於テ違法処分ニ由リ権利ヲ傷害セラレタリトスル者ハ、行政裁判所ニ出訴スルコトヲ得。

(中略)

第十六条　街頭其ノ他公衆ノ自由ニ交通スルコトヲ得ル場所ニ於テ文書、図画、詩歌ノ掲示、頒布、朗読若ハ放吟又ハ言語形容其ノ他ノ作為ヲ為シ、其ノ状況安寧秩序ヲ紊《みだ》シ若ハ風俗ヲ害スルノ虞アリト認ムルトキハ、警察官ニ於テ禁止ヲ命スルコトヲ得。

第十七条　左ノ各号ノ目的ヲ以テ他人ニ対シテ暴行、脅迫シ若ハ公然誹毀シ、又ハ第二号ノ目的ヲ以テ他人ヲ誘惑若ハ煽動スルコトヲ得ス。

一　労務ノ条件又ハ報酬ニ関シ協同ノ行動ヲ為スヘキ団結ニ加入セシメ又ハ其ノ加入ヲ妨クルコト。

二　同盟解雇若ハ同盟罷業ヲ遂行スルカ為、使用者ヲシテ労務者ヲ解雇セシメ、若ハ労務ニ従事スルノ申込ヲ拒絶セシメ、又ハ労務者ヲシテ労務ヲ停廃セシメ、若ハ労務者トシテ雇傭スルノ申込ヲ拒絶セシムルコト。

三　労務ノ条件又ハ報酬ニ関シ相手方ノ承諾ヲ強ユルコト。

耕作ノ目的ニ出ツル土地賃貸借ノ条件ニ関シ承諾ヲ強ユルカ為相手方ニ対シ暴行、脅迫シ若ハ公然誹毀スルコトヲ得ス。

（出典）『官報』一九〇〇年三月一〇日。

【解説】　第二次山県内閣が制定した治安警察法は、政治結社および政治集会の届け出を義務づけるだけでなく、労働組合への加入や小作争議を禁止(一七条)し、さらにあらゆる「公衆を会同し若は多衆運動」する場合も届出を義務づけ(四条)、結社禁止・集会禁止の権限を政府に与えた。ストライキを直接禁止していないが、これによって労働集会や争議行為は実質的に禁止され、社会主義結社も禁じられた。議会は、この法案を反対することなく通過させた。このことは当時の議員が、いかに社会問題に鈍感であったかを示すものであった。

181　工場法　一九一一年三月二九日

第一条　本法ハ左ノ各号ノ一ニ該当スル工場ニ之ヲ適用ス。

一　常時十五人以上ノ職工ヲ使用スルモノ。

二　事業ノ性質危険ナルモノ又ハ衛生上有害ノ虞アルモノ。

本法ノ適用ヲ必要トセサル工場ハ勅令ヲ以テ之ヲ除外スルコトヲ得。

第二条　工業主ハ十二歳未満ノ者ヲシテ工場ニ於テ就業セシムルコトヲ得ス。但シ本法施行ノ際十歳以上ノ者ヲ引続キ就業セシムル場合ハ此ノ限ニ在ラス。

行政官庁ハ軽易ナル業務ニ付就業ニ関スル条件ヲ附シテ十歳以上ノ者ノ就業ヲ許可スルコトヲ得。

第三条　工業主ハ十五歳未満ノ者及女子ヲシテ一日ニ付十二時間ヲ超エテ就業セシムルコトヲ得ス。

主務大臣ハ業務ノ種類ニ依リ本法施行後十五年間ヲ限リ前項ノ就業時間ヲ二時間以内延長スルコトヲ得。

就業時間ハ工場ヲ異ニスル場合ト雖前二項ノ規定ノ適用ニ付テハ之ヲ通算ス。

第四条　工場主ハ十五歳未満ノ者及女子ヲシテ午後十時ヨリ午前四時ニ至ル間ニ於テ就業セシムルコトヲ得ス。

（出典）『官報』一九一一年三月二九日。

【解説】　農商務省は、労働者保護のために工場法の制定を図り、一九〇〇年には臨時工場調査掛を設け、調査の結果を『職工事情』として出版するとともに、一九〇二年には「工場法案の要領」がまとめられたが、工場主や自由主義経済学者等の反対により実現できなかった。治安警察法によって抑え込まれていた労働運動は、日露戦後になると再び活発化し、鉱山・砲兵工廠などを中心に大争議がおこった。懸案となっていた工場法は、ようやく一九一一年に通過し、一二歳未満の児童の就業禁止、一五歳未満の者および女子労働者の深夜業禁止などの条項が盛り込まれたが、従業員一五人未満の工場には適用されず、また施行も五年後とされ、不十分なものにとどまった。

182 社会民主党の宣言　一九〇一年五月一八日

如何ニシテ貧富ノ懸隔ヲ打破スヘキカハ実ニ二十世紀ニ於ケルノ大問題ナリトス。彼ノ十八世紀ノ末ニ当リ仏国ヲ中心トシテ欧米諸国ニ伝播シタル自由民権ノ思想ハ、政治上ノ平等主義ヲ実現スルニ於テ大ナル効力アリシト雖モ、爾来物質的ノ進歩著シク昔時ノ貴族平民テフ階級制度ニ代ユルニ富者貧者テフ更ニ忌ムベキ恐ルベキモノヲ以テスルニ至レリ。抑《そもそ》モ経済上ノ平等ハ本ニシテ政治上ノ平等ハ末ナリ、故ニ立憲ノ政治ヲ行ヒテ政権ヲ公平ニ分配シタリトスルモ、経済上ノ不公平ニシテ除去セラレサル限リハ人民多数ノ不幸ハ依然トシテ存スベシ。是レ我党カ政治問題ヲ解スルニ当リ全力ヲ経済問題ニ傾注セントスル所以ナリトス。(中略)

我党ハ茲ニ多数人民ノ休戚ヲ負フテ生レタリ、然レトモ貧民ヲ庇シテ富者ヲ敵トスルカ如キ狭量ノモノニアラス。而シテ其志ス所ハ我国ノ富強ヲ謀ルニアレトモ、然モ外国ノ利益ヲ犠牲ニ供シテ顧ミサルガ如キノ唯我的ノモノニアラス。若シ直截《[截]》ニ其抱負ヲ言ヘハ、我党ハ世界ノ大勢ニ鑒《かんが》ミ経済ノ趨勢ヲ察シ純然タル社会主義ト民主々義ニ依リ貧富ノ懸隔ヲ打破シテ全世界ニ平和主義ノ勝利ヲ得セシメンコトヲ欲スルナリ。故ニ我党ハ左ニ掲クル理想ニ向ツテ着々進マンコトヲ期ス。

一、人種ノ差別政治ノ異同ニ拘ハラス人類ハ皆同胞タリトノ主義ヲ拡張スル事。
二、万国ノ平和ヲ来ス為ニハ先ツ軍備ヲ全廃スル事。
三、階級制度ヲ全廃スル事。
四、生産機関トシテ必要ナル土地及ビ資本ヲ悉ク公有トスル事。
五、鉄道船舶運河橋梁ノ如キ交通機関ハ悉ク之レヲ公有トスル事。
六、財富ノ分配ヲ公平ニスル事。
七、人民ヲシテ平等ニ政権ヲ得セシムル事。
八、人民ヲシテ平等ニ教育ヲ受ケシムル為ニ国家ハ全ク教育ノ費用ヲ負担スベキ事。

(出典)「社会主義協会沿革及行動」一九〇六年五月一五日『原敬関係文書』第八巻、二六四—二六五ページ。

【解説】労働運動は、しだいに社会主義運動と結びついていった。一九〇一年五月一八日に日本で初めての社会主義政党である社会民主党が結成された。結成にあたったメンバーは、片山潜・幸徳秋水・木下尚江・西川光次郎・安部磯雄らで、ここに掲げた史料は、その宣言および理想である。このほかに綱領があり、そこでは鉄道公有をはじめとして独占的公益事業の市有化、公有地払下の禁止、都市における土地私有の制限等をはじめとする二八項目が列挙されている。届出の翌日、治安警察法による結社禁止処置が取られ、宣言を掲載した三新聞および雑誌『労働世界』は処分を受けた。

183　普通選挙期成同盟会「普通選挙を請願するの趣意」一九〇〇年一月

普通選挙と云ふのは、我日本国民が(二十才以上の男子)罪人、官職者、馬鹿、狂人でなければ、財産の有無多少を問はず、普通一般に、国会議員選挙の権を得ることである。

今日の衆議院議員選挙法では、直接国税十円以上を納むるものでなければ、議員を選挙することが出来ない。だから、日本四千三百万人の中で、衆議院議員選挙の権あるものは、僅に百万人に過ぎない。それ故国家の政治は、唯此の一部少数の意見に左右せられ、国民全体の輿論は、全く無視せられて居るのである。是れ憲法政治、輿論政治の本旨に背くの甚しきものではないか。

我国家は、国民全体の国家である。我国会は、四千万同胞の利害を議する所である。如何に貧乏なものと云ふても、税金は納め、徴兵には出で、国民の一人たる義務は、立派に尽して居る。即ち二億五千万円の国費中で、今の選挙人が納むる税金は、僅に四千万円にも足りない。而して二億一千万円の税金は、一般国民が納めて居るのである。夫は諸君が酒や煙草や醤油や総ての物品を買ひ、又印紙や切手を貼る時に納めて居るのである。徴兵の如きは如何であらう。富豪の子弟は、多く中学、大学に這入り、徴兵猶予とか、一年兵とか云ふ名義の下に、甘《うま》くやつて居るに引換へ、老いたる親を見捨て、可愛き、妻児を遺して、屍を戦場に曝すものは、殆んど中以下の人民ではないか。然るに、国税十円以上を納むるものでなければ、国会議員を選挙し、代表者を出すことが出来ぬと云ふは、不道理至極の話ではないか。富豪必ずしも賢くない。中以下必ずしも馬鹿とは限らぬ。財産によりて、権利の厚薄を生ずる道理は決してないのである。

今日の如く、富豪ばかりに選挙の権を与へて置けば、国会が決議し定むる所のすべての法律や制度は、自然に富豪の勝手に流れて、中以下の人民は常に不利益の地に立つのである。而して富者は益す富んで、中以下は益す貧に陥り、社会は益す平等を失ふて、国家の前途甚だ恐るべきことになるであらう。今日我国の政治界が、益す腐敗堕落に向ふのも、必竟[畢]金円の力が強過るのと、選挙の権利が一部少数に限られ居りて、賄賂其他の勝手な真似が出来易いからである。

これに反して普通選挙が行はるゝに至り、国民尽く投票することになつたならば、実に以上の不道理と弊害を免れるのみならず、自然に国民一般の智識も開け、徳義も進み、国家社会は、益す隆盛になるであらう。

畏くも我　天皇は曾て「四海ノ内皆朕ガ赤子ナリ率土ノ浜亦朕ガ一家ナリ(1)」と宣はせ、又「広ク会議ヲ興シ万機公論ニ決スベシ(2)」と詔《し》らせ玉ふたのである。陛下には決して貧富の差別はなく、臣民一般に同等の権利を与へて、皆々をして国政に与からしめんとの大御心で在らせらるゝのである。

普通選挙は大正義である。大必要である。而して亦　上御一人の大御心を奉戴する所以である。是れ我輩同志のものが諸君と共に、普通選挙を請願せんとする趣意である。有志の諸君は、奮て事を共にせられん事を望む。

(出典)明治文化研究会編『明治文化全集』社会篇、日本評論社、一九五五年、五一八―五一九ページ。

(1)「奥羽綏撫の詔」(慶応四年八月七日)の一節。(2)「五箇条の誓文」(慶応四年三月一四日)の一節。

【解説】普通選挙の主張は、自由民権運動のなかにすでに存在していたが、普選運動は、一八九七年七月に長野県松本で社会問題研究会員の中村太八郎や木下尚江が、一般民衆の意見を議会に反映することをめざして、普通選挙期成同盟会を結成したことによって始まる。一八九九年一〇月には東京でも結成され、これには石川安次郎・幸徳秋水や憲政本党系代議士が加わり、一九〇〇年一月にはこの請願書が衆議院に提出された。この行為は、藩閥政府との提携に転じた当時の政党、地主・有産者中心の議会に対する挑戦でもあった。普選法案は、一九〇二年二月に衆議院に初めて上呈され、運動も徐々に活性化したが、一九一一年の衆議院を通過(貴族院で否決)直後に同盟会は解散に追い込まれ、運動は以後しばらく停滞することになる。

184 田中正造「直訴文」一九〇一年一二月一〇日

草莽ノ微臣田中正造誠恐誠惶頓首頓首謹テ奏ス。伏テ惟《おもんみ》ルニ臣田間ノ匹夫敢テ規ヲ踰《こ》エ法ヲ犯シテ　鳳駕ニ近前スル其罪実ニ万死ニ当レリ。而モ甘ジテ之ヲ為ス所以ノモノハ洵《まこと》ニ国家生民ノ為ニ図リテ一片ノ耿耿竟《つい》ニ忍ブ能ハザルモノ有レバナリ。伏テ望ムラクハ　陛下深仁深慈臣ガ至愚ヲ憐レミテ少シク乙夜《いつや》ノ覧(1)ヲ垂レ給ハンコトヲ。

伏テ惟ルニ東京ノ北四十里ニシテ足尾銅山アリ。近年鉱業上ノ器械洋式ノ発達スルニ従ヒテ其流毒益々多ク其採鉱製銅ノ際ニ生ズル所ノ毒水ト毒屑ト之レヲ澗谷ヲ埋メ渓流ニ注ギ、渡良瀬河ニ奔下シテ沿岸其害ヲ被ラザルナシ。加フルニ比年山林ヲ濫伐シ煙毒水源ヲ赤土ト為セルガ故ニ河身激変シテ洪水又水量ノ高マルコト数尺毒流四方ニ氾濫シ毒渣ノ浸潤スルノ処茨城栃木群馬埼玉四県及其下流ノ地数万町歩ニ達シ魚族斃死シ田園荒廃シ数十万ノ人民ノ中《う》チ産ヲ失ヒルアリ、営養ヲ失ヒルアリ、或ハ業ニ離レ飢テ食ナク病テ薬ナキアリ。老幼ハ溝壑《こうがく》ニ転ジ壮者ハ去テ他国ニ流離セリ。如此ニシテ二十年前ノ肥田沃土ハ今ヤ化シテ黄茅白葦満目惨憺ノ荒野ト為レルアリ。

臣夙《つと》ニ鉱毒ノ禍害ノ滔滔底止スル所ナキト民人ノ痛苦其極ニ達セルトヲ見テ憂悶手足ヲ措クニ処ナシ。嚮《さき》ニ選レテ衆議院議員ト為ルヤ第二期議会ノ時初メテ状ヲ具シテ政府ニ質ス所アリ。爾後議会ニ於テ大声疾呼其拯救《じょうきゅう》ノ策ヲ求ムル茲ニ十年、而モ政府ノ当局ハ常ニ言ヲ左右ニ托シテ之ガ適当ノ措置ヲ施スコトナシ。而シテ地方牧民ノ職ニ在ルモノ亦恬トシテ省ミルナシ。甚シキハ即チ人民ノ窮苦ニ堪ヘズシテ群起シテ其保護ヲ請願スルヤ有司ハ警吏ヲ派シテ之ヲ圧抑シ誣《いつわり》テ兇徒ト称シテ獄ニ投ズルニ至ル。而シテ其極ヤ既ニ国庫ノ歳入数十万円ヲ減ジ又将ニ幾億千万円ニ達セントス。現ニ人民公民ノ権ヲ失フモノ算ナクシテ町村ノ自治全ク頽廃セラレ貧苦疾病及ビ毒ニ中リテ死スルモノ亦年々多キヲ加フ。

伏テ惟ミルニ　陛下不世出ノ資ヲ以テ列聖ノ余烈ヲ紹《つ》ギ徳四海ニ溢レ威八紘ニ展《の》ブ。億兆昇平ヲ謳歌セザルナシ。而モ輦轂(2)ノ下ヲ距ル甚ダ遠カラズシテ数十万無告ノ窮民空シク雨露ノ恩ヲ希フテ昊天ニ号泣スルヲ見ル。嗚呼是レ聖代ノ汚点ニ非ズト謂ハンヤ。而シテ其責ヤ実ニ政府当局ノ怠慢曠職ニシテ上ハ　陛下ノ聡明ヲ壅蔽シ奉リ下ハ家国民生ヲ以テ念ト為サヾルニ在ラズンバアラズ。嗚呼四県ノ地亦　陛下ノ一家ニアラズヤ。四県ノ民亦　陛下ノ赤子ニアラズヤ。政府当局ガ　陛下ノ地ト人トヲ把《とり》テ如此キノ悲境ニ陥ラシメテ省ミルナキモノ是レ臣ノ黙止スルコト能ハザル所ナリ。

伏テ惟ルニ政府当局ヲシテ能ク其責ヲ竭《つく》サシメ以テ　陛下ノ赤子ヲシテ日月ノ恩ニ光被セシムルノ途他ナシ。渡良瀬河ノ水源ヲ清ムル其一ナリ。河身ヲ修築シテ其天然ノ旧ニ復スル其二ナリ。激甚ノ毒土ヲ除去スル其三ナリ。沿岸無量ノ天産ヲ復活スル其四ナリ。多数町村ノ頽廃セルモノヲ恢復スル其五ナリ。加毒ノ鉱業ヲ止メ毒水毒屑ノ流出ヲ根絶スル其六ナリ。如此ニシテ数十万生霊ノ死命ヲ救ヒ居住相続ノ基ヘヲ回復シ其人口ノ減耗ヲ防遏シ、且ツ我日本帝国憲法及ビ法律ヲ正当ニ実行シテ各其権利ヲ保持セシメ、更ニ将来国家ノ基礎タル無量ノ勢力及ビ富財ノ損失ヲ断絶スルヲ得ベケンナリ。若シ然ラズシテ長ク毒水ノ横流ニ任セバ臣ハ恐ル其禍ノ及ブ所将サニ測ル可ラザルモノアランコトヲ。

臣年六十一而シテ老病日ニ迫ル。念フニ余命幾クモナシ。唯万一ノ報効ヲ期シテ敢テ一身ヲ以テ利害ヲ計ラズ。故ニ斧鉞《ふえつ》ノ誅ヲ冒シテ以テ聞ス情切ニ事急ニシテ涕泣言フ所ヲ知ラズ。伏テ望ムラクハ　聖明矜察《きょうさつ》ヲ垂レ給ハンコトヲ。臣痛絶呼号ノ至リニ任《た》フルナシ。

(出典)　田中正造全集編纂会編『田中正造全集』第三巻、岩波書店、一九七九年、五―七ページ。平出部分は闕字とした。田中の加除を加えたものを示す。
(1)天皇の読書。(2)れんこく。天子の車。

185 鉱毒地の被害

春分二月の節に相成ますると、渡良瀬川沿岸には柳が多く生まして根の辺にあたり、小麦のやうな草が多く生えまして、此草は茅と申まして引切ますと血のよふな乳が出ました。其根の辺に住ましてうた〱蚯《みみず》が啼て居ました頃は、何れも五時四五十分より日の入頃で、暮方美しき音が川水に響まして、至極面白ふ御座りました。柳の葉次第〱に緑り青々となりますと、其辺に葭や菰がはゑてありました。また川の洲先水際には鶺鴒《せきれい》が多く、虫や蜘蛛抔を餌にして遊び歩行ました。鉱毒のため柳も枯れ草もかれ蚯蚓《みみず》も死す蜘蛛も死と見えまして餌が御座りませんから鶺鴒をも見ません。渡良瀬川沿岸篠藪の中には鶯の巣が多くありました。一番子二番子共はやしまして、めすが卵をあたゝめますると、雄は餌をはこび抔を致して其辺を離れず啼て居りまして宅地近所放ちがひのやうな心地抔が致まして、又梅も咲まして、実に春の来りました心地衛生をも養なふた者で御座りました。又雨後抔に至りましては別段草樹萌ゑ花が咲まして人気も随ってなんとなくおだやかな物で御座りましたが、只今に至りましては、鉱毒被害のため、虫類蜘蛛抔もありませんから鶯抔も居ません。草樹種類枯まして穀物更に収穫が御座りませんのみならず、朝夕汁の実野菜類ありませんから人々きう〱として、財産を失ふは生命を失ふどうり、諸君希くは、我等栃木県足利郡吾妻村大字下羽田一番庭田源八宅へ御臨覧願上升《ます》。一切に付御べんめい致し升。

(出典)　庭田源八『鉱毒地鳥獣虫魚被害実記』一八九八年二月(松永伍一編『近代民衆の記録・農民』新人物往来社、一九七二年、一六六ページ)。

【解説】　産業革命の進展は、一方では公害問題を引き起こすことになる。公害問題の原点とされるのが足尾鉱毒事件である。近代的精錬技術の導入により鉱毒が渡良瀬川に流れ出し、たびたび起こる洪水によって鉱毒は田畑に及んだ。一八九〇年の大水害をきっかけとして銅山の操業停止を求める運動が起こり、一八九六年の水害後には、鉱毒被害の中心地であった谷中村の農民が大挙上京して操業停止を訴えた。一九〇六年に谷中村の廃村が決定され、土地は強制買収されて遊水地となった。この過程で運動の中心となって活動したのが田中正造であり、一八九一年の議会では政府に質問し、一九〇一年には代議士を辞した上で天皇に直訴を試みた。史料184がその直訴文であり、幸徳秋水が草稿を書き、田中が筆を入れたものである。また史料185では、鉱毒が自然界の食物連鎖に及ぼした影響が描かれている。

4　北と南

186　アイヌ民族同化政策の推進　一八九九年

北海道旧土人保護法

第一条　北海道旧土人ニシテ農業ニ従事スル者又ハ従事セムト欲スル者ニハ一戸ニ付土地一万五千坪以内ヲ限リ無償下付スルコトヲ得

第二条　前条ニ依リ下付シタル土地ノ所有権ハ左ノ制限ニ従フヘキモノトス

一　相続ニ因ルノ外譲渡スコトヲ得ス

二　質権抵当権地上権又ハ永小作権ヲ設定スルコトヲ得ス

三　北海道庁長官ノ許可ヲ得ルニ非サレハ地役権ヲ設定スルコトヲ得ス

四　留置権先取特権ノ目的トナルコトナシ

前項ノ土地ハ下付ノ年ヨリ起算シテ三十箇年ノ後ニ非サレハ地租及地方税ヲ課セス又登録税ヲ徴収セス

旧土人ニ於テ従前ヨリ所有シタル土地ハ北海道庁長官ノ許可ヲ得ルニ非サレハ相続ニ因ルノ外之ヲ譲渡シ又ハ第一項第二及第三ニ掲ケタル物権ヲ設定スルコトヲ得ス（中略）

第七条　北海道旧土人ノ貧困ナル者ノ子弟ニシテ就学スル者ニハ授業料ヲ給スルコトヲ得（中略）

第九条　北海道旧土人ノ部落ヲ為シタル場所ニハ国庫ノ費用ヲ以テ小学校ヲ設クルコトヲ得（中略）

○政府委員（松平正直君）　本案提出ノ理由ハ理由書ニ詳ニ書イテゴザイマスカラ御承知デゴザイマセウガ御承知ノ通北海道ノ旧土人即チ「アイノ〔ヌ〕」ハ同ジク帝国ノ臣民デアリナガラ北海道ノ開クルニ従ッテ内地ノ営業者ガ北海道ノ土地ニ向ッテ事業ヲ進ムルニ従ヒ旧土人ハ優勝劣敗ノ結果段々局促シテ生活ノ途ヲ失フト云フ情勢ハ皆サン御推測デアラウト考ヘマス、同ジク帝国臣民タル者ガ斯ノ如キ困難ニ陥ラシムルノハ即チ一視同仁ノ聖旨ニ副ハナイ次第ト云フ所ヨリシテ此法律ヲ制定シテ旧土人「アイノ」モ其所ヲ得ルヤウニ致シタイト云フニ外ナラヌコトデゴザイマス、（中略）

○男爵船越衛君　モウ一ツ御尋シマス、此旧土人ノ貧困ナル者ノ子弟ガ就学スルトキニハ授業料ヲ給スルコトヲ得ト云フコトガアリマス、ソレカラ第九条ニ旧土人ノ部落ヲ成シタル場所ニハ国庫ノ費用ヲ以テ小学校ヲ設ケルト云フコトガアリマスガ、是ハ至極宜イコトニ考ヘマスガ、（中略）此教育ノ効果ガゴザイマスルカ、勿論内地人ノヤウニモイキマスマイガ、其結果ハ如何デゴザイマスカ

○政府委員（白仁武君）　御答致シマス、土人ノ教育ノコトハ当局ニ於テモ余程注意ヲ致シテ奨励ヲ致シテ居リマスルガ、

何分ニモ劣等ノ人種デアリマスルカラ十分ノ結果ヲ見ルコトハ出来マセヌ、併ナガラ教ヘマスレバ読書ナリ習字ナリ或ハ手仕事ナリ可ナリニヤリマスル、(中略)

○男爵船越衛君　モウ一ツ御尋申シマス、此土人ノコトハ無論今日マデモ内地人ト同様ナコトノヤウニ先刻御答モアッタガ、現在往ッテ見ルト随分中ニハ開墾ニ力ヲ入レタ人モアル、然ルニ内地ノ人カラ随分欺カレテ或ハ脅迫サレテ開イタ所モ遂ニ捨テ……現在開墾シタ所ヲ捨テ、往クヤウナコトニ往ク々々私ハ見受ケタコトモアル、サウシテ土人ハ何分内地人ヲ恐レテ山奥ヘ逃ゲルト云フ体裁デ、ソレデ斯ウ云フ法ノ出ルノハ宜イガ余程教ヘモシ保護モシテヤラナイト土地ハ可ナリニ与ヘラレテモ所有権ガドウヤラト云フコトモ無論知リヤウガナイ、ソレデ此法ヲ出シタ以上ハ此法ヲ能ク行レテ往ク上ニハ何ゾ此上ニ御方法ガアルノデゴザイマスカ、其辺ヲ伺ヒタイ

○政府委員(白仁武君)　御答致シマス、唯今ノ御話ノ通ニ土人ガ開墾致シマシタ所或ハ土人ニ当テガヒマシタ土地ヲバ内地人ニ唯今マデ奪ハレルト云フ例シハ往々ゴザイマスル、ソレデソレヲ防ギマスルタメニ第二条ノ制限ヲ置イタ次第デアリマスル

(出典)「北海道旧土人保護法第一読会質議」一八九九年一月二一日『帝国議会貴族院議事速記録14　第一三回議会・上』一六七―一七一ページ。

【解説】北海道では、一八八二年の開拓使廃止のあと札幌・函館・根室の三県が置かれていたが、一八八六年に北海道庁が新設された。それまで北海道開発は、官営事業として士族出身者を中心に進められたが、道庁は官営事業の払い下げと民間資本の導入を進めた。土地払下規則(一八八六年)によって平民の移住者が急増し、全道の人口は、一八七三年にはわずか一一万人余りであったが、一九〇三年には百万人を超え、いっぽう先住民であるアイヌは一万七千人前後であったため、その比率は低下した。アイヌの生業に対しては、漁業から農業への転換が進められ、その過程で独自の文化は失われていった。一八九九年三月に制定された北海道旧土人保護法は、この方針に沿ったもので、和人の進出によって圧迫されたアイヌに対して、一定の土地を確保するとともに、集住地に学校を設置して教育を普及することにより、和人との同化をめざすものであった。

187　琉球「旧慣温存」政策の転換　一八九五年

旧慣制度ニ就キ改善ヲ要スルモノ如斯多端ナルニ関セス、又沖縄県ノ地ハ歴史上帝国ノ本領ニ属スル関係ニ依リ、殊ニ「琉球近ク南服ニ在リ気類相同ク言文殊ナル無ク世々薩摩ノ附庸タリ」ト示明シ給ヒタル明治五年九月十四日ノ聖詔(1)ニ基キ、十二年ニ至テ政府其ノ廃藩置県ヲ断行シテ府県ト一軌ノ制ニ帰スル所以ノ順叙ヲ執リタルニ拘ラス、未タ制度ノ全体

ニ渉リ之カ改正ヲ行フニ至ラスシテ依然旧弊ノ存スルモノアルハ、畢竟制度改正ノ事タル時勢ト民情トニ察シ機宜ヲ制スルニ利アリテ苟モ急激ノ変革ヲ容《ゆる》サスト為スニ由ルナリ。今ヤ他府県トノ交通益々頻繁ニシテ人文漸ク開ケ、士民ノ子弟ハ疾ク既ニ一般ノ程度ニ準シテ普通ノ教育ヲ受ケ、尋常中学校及尋常師範学校教育ノ成績ノ如キ之ヲ他府県ニ比シ決シテ劣ル所アルヲ見ス、其ノ小学校設置区域ノ数ハ高等科八尋常科約七十ヲ指定シ在学生徒ノ数ハ約壱万五六千ニ上リ駸々乎トシテ進歩ノ兆アリ、乃チ其ノ民度ニ於テ略一般ノ制ニ服セシムルニ足ラスト為サス。

以上ノ外政略上尚今日ヲ以テ改正ノ時機ト定ムヘキ理由ノ存スルモノアリ。何ソヤ、曰従来本県ノ人民殊ニ士族輩ハ頑然藩制ノ旧套ヲ脱セス甚シキハ清国ニ対スル関係ノ復旧ヲ期待セル者アリシナリ。然ルニ清国我ト事ヲ起スニ及ヒ(2)清国毎ニ我優勢ニ一着ヲ輸スルヲ視ルヤ、即チ彼等百年ノ長夢ヲ驚醒シ、殆ント向背ニ迷ヒツ、アリタリシ民心ハ茲ニ概シテ適帰スル所ヲ得タルモノ、如シ。此ノ一頓挫ハ裕ニ本県第二次ノ変遷期ヲ成シタルモノナレハ、宜シク此ノ時機ヲ利用シ以テ断然旧弊ノ浸潤セルモノヲ打破シ漸ク新制度ニ馴致セシメテ益々民心ノ帰向ヲ鞏《かた》クスヘシト為スモノ是ナリ。（中略）

第一期ノ事業トシテ先ツ着手スヘキモノヲ左ノ三項ト為ス。

　第一　土地ノ丈量ニ関スル事。

　第二　那覇首里ニ施行スヘキ制度ヲ定ムル事。

　第三　郡ノ区画ヲ定メ郡役所ヲ組織スル事。（中略）

着手ノ順序ニ於テ第二期ニ属セシムヘキ事業大略左ノ三項ト為ス。

　第一　土地ノ所有権ヲ明ニシ地価ヲ査定シ地租ヲ改正スル事。

　第二　同時ニ地方税ヲ起シテ国庫支弁ニ属スル地方費ノ幾分ヲ削減スル事。

　第三　間切(3)ニ施行スヘキ制度ヲ定ムル事。

（出典）野村靖「沖縄県地方制度改正の件」琉球政府編『沖縄県史』第一三巻資料編3、琉球政府、一九六六年、六〇一—六〇四ページ。

(1)琉球藩設置の際に発せられた。(2)日清戦争。(3)琉球古来からの地方行政単位。自然村落であるシマの上位行政単位。一九〇八年施行の沖縄県及島嶼町村制により廃止。

【解説】琉球では、一八七九年に沖縄県がおかれたものの、琉球の独立維持と清国との宗属関係を維持しようとする士族層の反発を考慮し、「旧慣温存」政策が取られていた。たとえば日清戦争に際しても、清朝支持者(頑固党)と日本への帰属を重視する者(開化党)との対立があった。したがって徴兵令も施行できなかった。このような政策は日清戦争後に至って改められていく。二区五郡制の施行(一八九六年)・徴兵令施行(一八九八年)・間切島吏員規定施行(一八九七年)による地方制度改革・土地整理法公布(一八九九年)・人頭税廃止(一九〇二年)などがそれであった。はじめて衆議院議員選挙が行われたのは、もっと遅れて一九一二年のことである。これらの中でも、土地整理事業は、沖縄の人々に最も大きな影響を与えることになった。村民共有地を地割制度によって耕作し、村が貢租の納税に責任を負うという体制が、共有地は耕作者の個人所有となり、その個人が納税義務(金納)を負うように改められ、その過程で、山林(杣山)は、ほとんど官有とされ、人々の有力な生産基盤が失われた。

第三節　日露戦争と韓国併合

1　日露対立の激化

188　日英同盟　一九〇二年一月三〇日

日本国政府及大不列顛《ブリテン》国政府ハ偏《ひとえ》ニ極東ニ於テ現状及全局ノ平和ヲ維持スルコトヲ希望シ、且ツ清帝国及韓帝国ノ独立ト領土保全トヲ維持スルコト及該二国ニ於テ各国ノ商工業ヲシテ均等ノ機会ヲ得セシムルコトニ関シ、特ニ利益関係ヲ有スルヲ以テ茲ニ左ノ如ク約定セリ。

第一条　両締約国ハ相互ニ清国及韓国ノ独立ヲ承認シタルヲ以テ該二国孰《いず》レニ於テモ全然侵略的趨向ニ制セラルルコトナキヲ声明ス。然レトモ両締約国ノ特別ナル利益ニ鑑ミ、即チ其利益タル大不列顛国ニ取リテハ主トシテ清国ニ関シ、又日本国ニ取リテハ其清国ニ於テ有スル利益ニ加フルニ韓国ニ於テ政治上並ニ商業上及工業上格段ニ利益ヲ有スルヲ以テ、両締約国ハ若シ右等利益ニシテ列国ノ侵略的行動ニ因リ若クハ清国又ハ韓国ニ於テ両締約国孰レカ其臣民ノ生命及財産ヲ保護スル為メ干渉ヲ要スヘキ騒動ノ発生ニ因リテ侵迫セラレタル場合ニハ、両締約国孰レモ該利益ヲ擁護スル為メ必要欠クヘカラサル措置ヲ執リ得ヘキコトヲ承認ス。

第二条　若シ日本国又ハ大不列顛国ノ一方カ上記各自ノ利益ヲ防護スル上ニ於テ列国ト戦端ヲ開クニ至リタル時ハ、他ノ一方ノ締約国ハ厳正中立ヲ守リ併セテ其同盟国ニ対シテ他国カ交戦ニ加ハルヲ妨クルコトニ努ムヘシ。

第三条　上記ノ場合ニ於テ、若シ他ノ一国又ハ数国カ該同盟国ニ対シテ交戦ニ加ハル時ハ、他ノ締約国ハ来リテ援助ヲ与ヘ協同戦闘ニ当ルヘシ、講和モ亦該同盟国ト相互合意ノ上ニ於テ之ヲ為スヘシ。

（出典）『日本外交年表竝主要文書』上、二〇三―二〇四ページ。

【解説】　一九〇二年一月三〇日に調印された日英同盟は、北清事変後におけるロシアの満州および韓国に対する影響力の増大に対して、英国の支持をたのみとするロシアへの牽制が日本の利益になるという小村寿太郎の意見によって結ばれた。しかし日露の対立は深まっていくことになる。この極東の現状維持を定めた同盟についてフランスの『ル・タン』紙は「日本人の自尊心を大いに満足させている。なぜなら、今なお成上がり者と感じているこの国民にとって、これは貴族社会での結婚のようなものだからだ」（二月一四日）と揶揄した。

189　対露同志会宣言　一九〇三年八月九日

宣言案　東亜の平和を保持するは我大日本帝国の天職にして又国是ならずや。是を以て内には憲政を施行し外には条約を改正し、或は清国を膺懲《ようちょう》して独力朝鮮〔ママ〕を扶植し、或は列国と聯合して拳匪《けんぴ》の乱(1)を鎮定し、或は英国と同盟条約を締結する等、皆な斯の天職を尽し国是を拡充する所以にあらざるなきなり。然るに近来露国の為す所を見るに益〻東亜の平和を攪乱するものあるを認む。顧ふに、我国の露国に於ける好を修し誼《よしみ》を守る至れり尽せりと謂ふべし。対馬の占領、樺太の交割は今暫く言はず。遼東半島は我国が百戦の余収て以て東洋平和の屏障となせし所、而も露国の忠言を敬重せるの故を以て之を清国に還附せり。是れ我国の露国に忍びし一なり。然るに其後三年ならざるに露国は猝然として其旅順大連湾を強借し、軍港を築き、商港を開けり。是れ我国の露国に忍びし二なり。加るに露国は西比利亜《シベリア》鉄道に満足せず、地を満洲に藉つて軍事的の東清鉄道を敷設し、之を旅大(2)に聯絡せり。是れ我国の露国に忍びし三なり。又韓国は我国の扶翼して其の国運を進捗せしめんとする所なるも、露国猜疑極りなきに依り、勉て退譲して所謂日露協商(3)を約せり。是れ我国の露国に忍びし四なり。殊に拳匪の変乱に当てや、露国は恣《ほしいまま》に大兵を満洲に入れて尽く其地を占領し、市府を営み要塞を築き、猶進て清国と密約(4)して満洲を略取するの地歩を《[と]》為ら《[さ]》んことを謀れり。是に於て我政府は英米両国と戮力し、僅に満洲還附条約を締結せしめ以て其撤兵を待てり。是れ我国の露国に忍びし五なり。此の如く我国は実に五度露国に忍べり。而て其満洲還附条約の締結せらるゝや、天下皆以為く露国は復た約に背くなからんと。何ぞ図らん撤兵期日を経過するも敢て条約を履行せず、剰《[あまつ]》さへ又密約を清国に迫り、清国若し其密約を諾するなくんば撤兵を肯せざるべしと称し、却て陸兵軍艦を増遣し、鉄道堡塁を修築し、其為す所尽く戦備に汲々たらざるなく、一方には清国を脅迫して密約に調印せしめんとし、他方には我国を恫喝して反対を中止せしめんとす。嗚呼此れ果して忍ぶべきか、是をも忍ぶべくんば孰れか忍ぶべからざらん。要するに露国図南の志は一日にあらず。其東侵の謀も亦多方ならざるにあらず。然れども特に拳匪の変乱以来、其の東亜の平和を攪乱して、満洲を掩有せんとするの行動に至ては直に我国の天職を凌侮し、我国の国是に反触するものと謂はざる可らず。国家若し天職を行ふ能はずんば、国威何を以て宣揚せんや。国家若し国是を遂ぐる能はずんば国力何を以て発展せんや。維新更始の雄図は未だ完成と称す可らず、明治中興の偉業は中途に挫折すべからざるなり。故に我政府は速に最後の断案を下し、根本的に満洲問題を解決すべし。現当局者は日英同盟当時の当局者なり、其の満洲問題に於ける必ずや遺《[遺]》算なけん。唯夫れ遷延日を渉り徒に巧遅を求めて時機を失する如きは吾人の甚だ取らざる所、臥薪嘗胆既に久く、軍備拡張亦既に成れり。吾人は茲に所信を声明して、我政府の決心を督促せんとす。我政府にして事に託し難を避け糊塗時局の結了のみを図るあらんか、即ち国是を誤り天職を曠《[むなし]》ふするの罪を免る可らず。

決議案　露国をして撤兵条約を履行せしめ、清国をして満洲開放を決行せしめ、以て東亜永遠の平和を確保するは帝国の天職なり。吾人は我政府が敢て懈怠せず速に之を遂行せんことを切望す。

(出典)『日本』一九〇三年八月一〇日。傍点は省いた。
(1)義和団の乱のこと。(2)旅順と大連。(3)小村・ウェーバー協定、山県・ロバノフ協定、西・ローゼン協定を指す。(4)一九〇〇年一一月に仮調印の露清密約。

【解説】北清事変後、日露対立は、ロシアの満洲よりの第二期撤兵不履行によって高まった。第一次桂太郎内閣は一九〇三年六月、談判を開始することを決定した。政府は、平和を主として戦争はしないという態度を装い、裏面で戦争準備を進めた。このような消極的と見える態度に対して、憲政本党や帝国党などは対露強硬論をスローガンとして掲げることによって勢力結集を図った。また国民同盟会や黒龍会・東亜同文会、いわゆる帝大の七博士なども、一九〇三年八月に対露同志会を組織して、ここに掲げた宣言・決議を行い、政府のロシアへの態度が生ぬるいとして対露開戦論を煽った。

190　山口義三「開戦論を駁す」　一九〇三年一二月

彼の対外硬の連中が、瞋目戟手《しんもくげきしゅ》して開戦を、絶叫する其の理由なるものは何ぞや、曰はく「我が同胞が骨を曝し血を濺《そそ》いで獲得したる遼東半島を、露仏独三国干渉の為めに清国に還附せし恨事は、我等肺肝に銘して忘るゝ能はざる処、今にして戦ひ、この恨を報い、以て命を鋒鏑《ほうてき》に殞《おと》したる同胞か未死の魂を慰めざる可からず」と、何ぞ謬《あやま》れるの甚しき、彼等は遼東半島を見るに、仏人のアルサスローレンに対するが如く、之れに対して必らず報ゆる処あらんことを期する也、希くは彼等に教へて其の迷妄を啓発せしむ可し。

明治廿七八年の戦役なる者は、其の目的遼東半島を分捕ることに非らざりき、聖明なる我陛下は、朝鮮半島の独立を扶けて、清国の横暴を懲らしめんが為め、軍を外国に出し玉ひし也、其の目的実に東洋の平和を図るにありき、孤弱依るなき朝鮮を扶けて兇戻無道の暴清を討つ、寔《まこと》に仁者の師也、其の目的を果して、其の獲得せし土地を還附す、真に仁者の師に協《かな》へり、東洋君子国の態度斯の如くにして初めて万邦に誇る可き也、(中略)

然るに対外硬の徒は、聖上の大御心に反き、臥薪嘗胆とか言ふ奇怪なる文字を叫んで以て之れに報ゆるところあらんことを期す、(中略)彼等は遼東半島を分捕らざるが残念なる也、還附せるが口惜しき也、初の義戦を宣言して、後ち掠奪を行はんとするものなり、君子の面を被つて泥棒を働かんとせし憎ツ《ママ》き奴なり、嗚呼彼等は自ら好みて東洋の平和を攪乱せんとするものに非らずや、露国は平和の賊なるも、彼等も亦平和の敵也、吾人は斯ゝる対外硬とか云ふ泥棒根性を有する奴輩が、清潔なる東洋君子国に輩出せることを悲しまざるを得ず、(中略)

彼等動もすれば即ち言ふ、満韓に於ける我国の権利は侵害せられたり、我国民は此の権利の侵害に対し、干戈に訴へて力争せざる可からずと、権利とは何ぞ、満韓交換乎、遼東半島掠奪乎、問ふ権利なるものを与り聞かん、迷へる哉国民、漫りに国旗の光栄を喜ぶを休めよ、版図の膨脹を希ふこと勿れ、我国は決して世界を侵略するの権利を有せざる也、万邦を統一するの権利を有せざる也、若し権利を有するとせば、其は何者より与へられたる、与ふるものなくして、有することは理に於て有り得可らざる也、露国の満洲に於ける行動或ひは悪《にく》む可きものあらん、然れども思へ、其の単に悪む可きてふことを以て、干戈を執るの理由となすには足らざる也、其の理由とするには余りに薄弱なるを奈何、隣家の主人争闘を好んで兇暴なりてふことを以て、隣人を欧《ママ》打するの権利あらんや、誰れか近隣に虎列剌《コレラ》病の発生せりとて、其の家屋を焼き払はんとするものぞ、憎む可してふ簡単なる理由を以て、開戦を絶叫する対外硬の徒は謬れる哉。

（出典）山口義三『破帝国主義論』鉄鞭社、一九〇三年一二月（嘉治隆一編『明治文化資料叢書』第五巻社会主義、風間書房、一九五九年、二八一―二八二ページ。）

【解説】対外硬運動の高揚に対して、幸徳秋水などの社会主義者および人道主義の立場に立つ内村鑑三らは非戦論を唱えた。ここに掲げた「開戦論を駁す」を記した山口義三（狐剣）も社会問題への関心から社会主義に進んだ者であり、この文章は『破帝国主義論』の付録として対外硬運動を批判したものである。

2　日露戦争

191 露国に対する宣戦の詔勅　一九〇四年二月一〇日

天佑ヲ保有シ万世一系ノ皇祚ヲ践《ふ》メル大日本国皇帝ハ忠実勇武ナル汝有衆ニ示ス。

朕茲ニ露国ニ対シテ戦ヲ宣ス。朕カ陸海軍ハ宜ク全力ヲ極メテ露国ト交戦ノ事ニ従フヘク、朕カ百僚有司ハ宜ク各々其ノ職務ニ率《したが》ヒ其ノ権能ニ応シテ国家ノ目的ヲ達スルニ努力スヘシ、凡ソ国際条規ノ範囲ニ於テ一切ノ手段ヲ尽シ遺算ナカラムコトヲ期セヨ。

惟《おも》フニ文明ヲ平和ニ求メ列国ト友誼ヲ篤クシテ以テ東洋ノ治安ヲ永遠ニ維持シ各国ノ権利利益ヲ損傷セスシテ永ク帝国ノ安全ヲ将来ニ保障スヘキ事態ヲ確立スルハ、朕夙《つと》ニ以テ国交ノ要義ト為シ旦暮敢テ違ハサラムコトヲ期ス。朕カ有司モ亦能ク朕カ意ヲ体シテ事ニ従ヒ列国トノ関係年ヲ逐フテ益々親厚ニ赴クヲ見ル。今不幸ニシテ露国ト釁端ヲ開クニ至ル豈朕カ志ナラムヤ。

帝国ノ重ヲ韓国ノ保全ニ置クヤ一日ノ故ニ非ス、是レ両国累世ノ関係ニ因ルノミナラス韓国ノ存亡ハ実ニ帝国安危ノ繋ル所タレハナリ。然ルニ露国ハ其ノ清国トノ盟約及列国ニ対スル累次ノ宣言ニ拘ハラス依然満洲ニ占拠シ益々其ノ地歩ヲ鞏固ニシテ終ニ之ヲ併呑セムトス。若シ満洲ニシテ露国ノ領有ニ帰セン乎、韓国ノ保全ハ支持スルニ由ナク極東ノ平和亦素ヨリ望ムヘカラス。故ニ朕ハ此ノ機ニ際シ切ニ妥協ニ由テ時局ヲ解決シ以テ平和ヲ恒久ニ維持セムコトヲ期シ有司ヲシテ露国ニ提議シ半歳ノ久シキニ亘リテ屢次折衝ヲ重ネシメタルモ、露国ハ一モ交譲ノ精神ヲ以テ之ヲ迎ヘス曠日弥久《こうじつびきゅう》徒ニ時局ノ解決ヲ遷延セシメ陽ニ平和ヲ唱道シ陰ニ海陸ノ軍備ヲ増大シ以テ我ヲ屈従セシメムトス。凡ソ露国カ始ヨリ平和ヲ好愛スルノ誠意ナルモノ毫モ認ムルニ由ナシ、露国ハ既ニ帝国ノ提議ヲ容レス韓国ノ安全ハ方ニ危急ニ瀕シ帝国ノ国利ハ将ニ侵迫セラレムトス。事既ニ茲ニ至ル、帝国カ平和ノ交渉ニ依リ求メムトシタル将来ノ保障ハ今日之ヲ旗鼓ノ間ニ求ムルノ外ナシ。朕ハ汝有衆ノ忠実勇武ナルニ倚頼シ速ニ平和ヲ永遠ニ克復シ以テ帝国ノ光栄ヲ保全セムコトヲ期ス。

（出典）『日本外交年表竝主要文書』上、二二二―二二三ページ。

【解説】　ロシアが日本の韓国に対する優越権を認めなかったため、一九〇四年二月四日の閣議は交渉打ち切りを決定し、両国は八日旅順港外において交戦状態に入り、二月一〇日に日本はロシアに宣戦布告を行った(本史料)。そこでは韓国の存亡が日本の安危にかかわる問題であること、ロシアの満州占領は韓国の保全を危うくするものであるという点が強調されている。日本軍は、韓国を制圧すると満州に進み、世界の大方の予想を裏切り、遼陽の戦い、旅順占領と有利に軍を進めた。

192　非常特別税収入確定案(↓表192)

193　日露戦争臨時軍事費特別会計決算(↓表193)

194　非戦論――「戦争の結果」　一九〇四年二月一四日

戦争に狂喜する者よ、姑《しばら》く一盆の冷水を汝の纛頭《まっとう》より注で一考せよ、今回日露の戦争は汝の為めに果して何物を持ち来すべき乎

吾人は戦争の勝敗如何を卜知せず、然れども仮に汝の確信するが如く、日本の陸海軍が大勝を奏すとせよ、汝は真に心に快なる可し、其敗軍せるに比しては、真に心に快なる可し、然れども快なる勝利は果して何物を汝に与ふ可き乎

第一は幾千万、幾億万の公債に対する利息の負担に非ずや、汝、及び汝の子孫は長く此負担の為めに苦しめらるべきに非ずや、第二に諸般歳計の膨脹と之に伴ふ苛重の増税に非ずや、苛重の増税、是れ今日の国民に在て実に虎よりも怖る可き所に非ずや、第三に軍国主義の跋扈に非ずや、軍備の拡張に非ずや、而して更に投機の勃興に非ずや、物価の騰貴に非ずや、風俗の堕落に非ずや、是等皆な日清戦役の後に於て、吾人の

表192　非常特別税収入確定案(単位：千円)

	第1次(1904.3)	第2次(1905.1)	計
地租	23,936	18,641	42,577
所得税	5,287	5,286	10,574
営業税	5,036	5,809	10,845
砂糖消費税	8,212	2,400	10,612
印紙収入	3,621	11,023	14,644
煙草専売	8,466		8,466
塩専売		16,240	16,240
その他	7,643	14,729	22,373
計	62,202	74,129	136,331

(注)　阿部勇『日本財政論・租税篇』改造社，pp. 262-264より作成．原資料は『明治三十七八年戦役財政始末報告』．合計欄の数字の不突合は単位以下4捨5入による．

(出典)　安藤良雄編『近代日本経済史要覧』第2版，東京大学出版会，1979年，p. 85.

表 193　日露戦争臨時軍事費特別会計決算(単位：千円)

収入		支出	
公債募集金・一時借入金	1,418,731	陸軍省所管	1,283,318
第 1～3 回国庫債券(5 分利)	254,645	俸給・諸給	77,371
第 4～5 回国庫債券(6 分利)	180,238	兵器費	189,788
臨時事件公債(5 分利)	189,064	被服費	176,668
第 1～2 回 6 分利付英貨公債	187,297	糧秣費	269,534
第 1～2 回 4 分半利付英貨公債	502,295	運搬費	191,297
一般会計繰入れ	182,430	海軍省所管	225,154
特別会計資金繰替え	69,311	造兵・修理費	22,418
軍資献納金	2,331	造船・修理費	26,079
官有物払下げ代	18,875	艦営費	39,540
運輸収入	9,908	船舶費	20,329
特別収入	3,516	軍艦購入	15,984
雑収入	16,107	艦艇補足費	46,698
合　計	1,721,212	臨時軍事費合計	1,508,472
臨時軍事費差引剰余(明治 40 年度一般会計へ繰入れ)	212,740		

(注)　東洋経済新報社『明治大正財政詳覧』，大蔵省編『明治大正財政史』1 巻による．臨時軍事費特別会計は明治 36 年 10 月から 40 年 3 月までを 1 会計年度としている．

(出典)　井上光貞他編『日本歴史大系』第 4 巻，山川出版社，1987 年，p. 1133.

飽まで経験し尽せる苦痛に非ずや、然り日露戦争の後に於て再び日清戦役後の苦痛を繰返さんことは、是れ吾人平民の最早堪ゆ可き所に非ず、而も汝は猶ほ何の待つ所あつて戦争に狂喜する乎

彼の多数の労働者は、戦争の為めに多くの職業及び賃銀を得べしと称す、而も戦争一たび了るの後、彼等は何の処に其身を托せんとする乎、吾人は信ず、社会は実に一日是等殺伐なる失業者の出来に困難するの日あることを

嗚呼満洲も取る可し、朝鮮も取る可し、西伯利《しべりあ》も取る可し、然れども吾人平民は是等の地より何物をも得可らざるを如何せんや、昔は白居易歌ふて曰く『又不聞天宝宰相揚[楊]国忠、欲求恩幸立辺功、辺功未立人怨生』と、戦争終るの日、汝の狂喜が必ず変じて悔恨となるは、吾人今日に於て之を予言するに躊躇せず

(出典)『平民新聞』一九〇四年二月一四日号。ルビは大幅に省いた。

【解説】 日露戦争は、人的・経済的に日本の総力を動員するものとなった。戦費は臨時軍事費だけで一五億円余、その他を合わせて二〇億円近くに達し、動員兵力も一〇八万余(陸軍のみ)にのぼり、死者も六万余人を数えた。この戦費は、増税と公債発行に求められた。二回にわたって地租・営業税・所得税をはじめとして多くの税が増徴され、新税として塩・石油・織物消費税や相続税が設けられ、煙草および塩の専売制度が導入され

た。その増収計画額および公債発行一覧は表192・193の通りである。増税は人々の生活を圧迫し、公債による資金調達は膨大な借金となって戦後に重いつけを残し、経済政策を困難に陥れることになる。非戦論を唱えていた社会主義者の拠点であった『平民新聞』は、「戦争の結果」(史料194)でそれを警告していた。

195　日露講和談判全権に対する訓令案　一九〇五年六月三〇日

今般露国トノ講和談判ニ付貴官ヲ帝国全権委員トシテ派遣相成候ニ就テハ、貴官ハ左ノ趣旨ヲ服膺シ露国全権委員ト会同商議可相成候。

甲　絶対的必要条件。

一、韓国ヲ全然我自由処分ニ委スルコトヲ露国ニ約諾セシムルコト。

二、一定ノ期限内ニ露国軍隊ヲ満洲ヨリ撤退セシムルコト、之ト同時ニ我方ニ於テモ満洲ヨリ撤兵スルコト。

三、遼東半島租借権及哈爾賓《ハルビン》旅順間鉄道ヲ我方ニ譲与セシムルコト。

右ハ戦争ノ目的ヲ達シ帝国ノ地位ヲ永遠ニ保障スル為メ緊要欠クヘカラサルモノナルニ付、貴官ハ飽迄之カ貫徹ヲ期セラルヘシ。

乙　比較的必要条件。

一、軍費ヲ賠償セシムルコト、右ハ最高額ヲ［ママ］億円トシ、談判ノ模様ニ依リ其以内ニ於テ適宜ニ之ヲ定ムルコト。

二、戦闘ノ結果中立港ニ竄入セル露国艦艇ヲ交附セシムルコト。

三、薩哈嗹《サハリン》及其附属諸島ヲ割譲セシムルコト。

四、沿海州沿岸ニ於ケル漁業権ヲ与ヘシムルコト。

右ハ絶対的必要ノ条件ニアラサルモ、事情ノ許ス限リ之カ貫徹ヲ努メラルヘシ。

（出典）『日本外交年表竝主要文書』上、二三九ページ。

196　山県有朋筆「日露媾和内議に関する閣議要領」　一九〇五年八月二八日

露国ハ自来陸続多数ノ兵員ヲ頻リニ増遣ナシツヽ、アレハ、遠カラズシテ殆ント二十軍団ニ及フベシ。然レハ我モ亦之ニ応スル準備ヲ為シテ渠《かれ》ニ当ルニ於テハ、是迄ノ情況ヨリ推定スルトキハ、哈爾賓《ハルビン》ヲ陥シ入ルヽコト蓋シ本年ヲ踰《こ》ヘサルヘシ。然レトモ是迄通リノ兵数ニテモ、来年度ニ於テハ其軍資十二三億円ニテハ不足ナルベシト云ニアリ、況ンヤ露軍ノ増員ニ対スルノ準備ヲ為スニ於テハ、此ノ上数ケ師団ノ増設ヲ為サヽル可ラサルノ情況ニ立チ至ルヘシ。左スレハ来年度ニ於テ軍資ハ約《おおむ》ネ十七八億ノ増加ヲ要スベシ、是将来我国ノ財政ニ於テ到底堪ヘ得ヘキモノニアラス、況ンヤ仮令前進ノ準備ヲ遂行シ、本年内ニ哈爾賓ヲ陥イレ終ニ浦塩斯徳《ウラジオストック》ニ及ブモ、進ンテ彼ノ死命ヲ制シ得ルコト蓋シ望ムヘキニアラサルヲヤ。左スレハ軍事上ニ於テ前段ノ目的ヲ達シ得ルト雖モ、経済上ノ点ヨリシテ粮尽キ弾欠キ進退維谷《これきわま》ルコトヲ保セザルベシ。此ノ際数時間種々ノ論議モ出テタレトモ、帰スル所我国力ヲ洞察シ国家大体上ノ利害ヲ計量シ、仮令多少ノ譲歩ヲナスモ、今回媾和会議ヲ機トシ平和ノ局ヲ結フコトノ得策ナルモノト閣議決定セリ。

（出典）「桂太郎関係文書」七〇―86、国立国会図書館憲政資料室蔵。

【解説】一九〇五年三月初旬に行われた奉天会戦は日露両軍合わせて五七万人の兵力をつぎ込んだ大会戦となった。しかしこの戦いが日本の戦争遂行の限界であった。この戦い勝利後の三月二三日に山県有朋総参謀長は「政戦両略概論」を桂首相に提出し、今後は政略と戦略を相一致させること、すなわち講和交渉を要請した。講和交渉がはじまったのは、五月末の日本海海戦勝利後の、セオドア・ルーズベルト米国大統領による仲介をきっかけとしてであった。ここに掲げた史料195は、日本政府が小村寿太郎全権に指示した最低限の講和条件である。この訓令の比較的必要条件のうち、賠償金およびサハリン割譲についてロシア側は頑強に反対し、交渉は決裂するかに見えたが、史料196で山県が述べているように、日本は国力を鑑み賠償金なしの講和条約締結に踏み切り（サハリンは南半分割譲で妥協）、九月五日にポーツマス講和条約が調印されることになった。

197　日比谷焼打事件の光景　一九〇五年九月五日

内相官邸焼討の余憤迸《ほとばし》りて、血性男児の意気益昂進し万歳々々露探（1）撲滅を叫つゝ、日比谷正門を左側へ折れて、勧業銀行前、即ち日比谷公園幸門の巡査派出所に押寄するや、無能警察吏、汝等は頭無き総監の為忠実を尽さんとするか、大馬鹿巡査、汝等は屍山血河といふ事を知るまじ、勇士戦場の働きは斯の如しと喚き叫ぶや否や、ドヤ〳〵と派出所を囲繞するかと見る間にバリ〳〵ガラ〳〵と鉄拳を打揮ひて破壊したる刹那、洋灯壊れてパッと燃え出し、火光天に沖し、一炬に灰燼となりたるより、屈辱講和を弔ひたり遣るべし〳〵と、此処を見捨て虎の門に出で同所の派出所を襲ひ、一挙に之を倒して火を放ち、夫れより二手に分れ、一方は芝方面、一方は左折して南佐久間町派出所を襲撃して焼払ひて土橋派出所に向ひしが、同所は人家稠密の場所なれば累を良家に及ぼすは本意にあらずとて、同派出所をエイやと許り担上げ久保町通りの大道路へ投出し、之に火を移し、パッと火の手の上るを見て、芝口一丁目の派出所へ押寄せ此処をも焼払ひ、難波橋を渡りて出雲町交番所に押寄せ、驚き騒ぐ巡査等には眼もかけずワーッと許りに競ひかゝり、同交番所を持上げて横に倒して火を放ち、総監斯の如し、末派の輩我党に与みせば生命許りは助命すべし、君等には気の毒なれど国論は奈何ともすべからず、大に之に鑑み玉へ失敬々々と云ひ残し、夫れより三十間堀分署へ決水の如くドツと許りに襲来したる。

（出典）『東京朝日新聞』一九〇五年九月七日。ルビは省いた。

（1）ろたん。ロシアのスパイ。

【解説】 政府が受諾した講和条件は不十分なものと受けとめられ、講和反対運動を起こさせることになった。対露同志会の流れをくむ対外硬派の政客は、たとえば賠償金三〇億円、サハリン・カムチャツカのみならず沿海州全部の割譲を条件とするよう政府に要求し（南佐荘・七博士の決議など）、彼らは七月に講和問題同志連合会を組織して反対世論を煽った。九月五日の条約調印日に開催された東京日比谷公園における市民大会に参集した民衆は、散会後、内相官邸や政府系新聞社、交番、電車などに押し寄せ投石し放火した。本史料はその光景である。政府は戒厳令を発して鎮定につとめた。この「日比谷焼打事件」は、大正デモクラシーの始点とされる事件であり、これ以後、全国の都市を中心に民衆運動が繰り広げられることになる。

198 アジア諸国への影響

国亡びて後、フランス人はもっぱらわが国民《ヴエトナム》を愚にしてその眼をふさがんとするの政策を用い、唖盲の病はさらに従前に倍したという有様でした。前に遼東・旅順の砲声がなかったならば、わが国民はついにまた大フランス国以外如何なる世界があるかを知らなかったのであります。日露戦役以後、甲辰年間（明治三七年、一九〇四）、欧亜の競争、黄白人種の争闘はようやく私達の睡魔を驚かし、わが党志士がフランスに復仇し、ヴェトナム国の光復を想うの熱誠気焔は一段と盛んになりましたが、依然たる苦悩の種は軍器問題であって、これが最大障碍であるがゆえに、急速にその解決策を執らねばならなくなりました。（中略）

今日の計としては日本新たに強く、彼もまたアジアの黄色人種である。今ロシアと戦ってこれに勝ったについては、あるいは全アジア振興の志もあろうし、かたがたわが国が欧州一国の勢力を削るは彼においても利である。われらがここに赴いてこれに同情を求むれば、軍器を借り、もしくはこれを購うこと必ずしも困難ではあるまいと。衆議すでに決定し、全権代表を選び、会主(1)の書を奉じて日本に赴き、軍器問題を処理することになった。時に、内部の党務も人材を求むることすこぶる切であったが、赴東代表の選任については衆議は私をこれに任じたのでした。

私はそれから京浜の間を奔走して、時々日本の民党（在野の政党）と連絡し、それにより得る所の教訓も少なくはありませんでした。これによってわが国の民智は低く人材は少なし、自ら従前の計画のはなはだ疎漏であったことを悔い、区々たる武器問題のごときは、独立を図る成功の最大要件ではないと思うに至りました。（中略）さりながら、われらなお存する上は、手をつかねて滅亡を待つことは出来ない。すなわち、ただわが国の少年が身を奮って海外に出で、自由にその機能を発展することを得たならば、国もまた救うことを得もしようかと、斯様《かよう》に考えたので、学資を助けて留学生を海外に送ることを国民に勧むる文、一篇を著わしました。（中略）「遊学を勧むる文」（勧遊学文）が出来て、曽抜虎《タンバットホ》君を発行人として数千部を印刷し、同君に請い、乙巳《いつみ》〔一九〇五〕の年冬十二月、国内に帰って東渡遊学を鼓吹してもらった。たまたま阮海臣《グエンハーイタン》もまた国から来て、私と横浜に出合い、この文を見て大いに喜んで、学生経費の運動を担任しようと希望された。この文の影響は全国を震動せしめたのでありました。（中略）いくばくもなくフランス軍人毒殺事件(2)と、群民抗租事件(3)が北圻《バックキイ》・中圻《チュンキイ》に起こって、フランス人は急に全力を傾注してわが党の抑圧取締りを始めました。（中略）けだしフランス人の政策は、もっぱらわれらの糧道を絶ち、後援の道をふさぐことをもって唯一無二の手段としたのでありまして、そのため、同時に日仏協約の関係上、日本政府に交渉して、わが党の首魁《しゆかい》引渡しと留日学生団の解散を要求しました。わが学生団はついに経済絶と外交窮の二災厄に遭って、この愁雲惨霧の中に、紛々として最後の握手を交わして相別れました。これ真に、わが腸《はらわた》を絞《しぼ》るの想いでありました。

（出典）　潘佩珠『ヴェトナム亡国史他』平凡社、一九六六年、一一六—一一八・一三〇—一三二・一四〇—一四一ページ。

（1）阮朝王族の一員である彊柢。維新会の会主。（2）一九〇八年六月未遂の事件。（3）一九〇八年三月からの租税・賦役の軽減要求騒動。

【解説】　日露戦争における日本の勝利は、列強によって支配されていたアジア地域における独立運動に勇気を与え、独立の後ろ盾を日本に求めるさまざまな働きかけ（たとえば孫文もその一人）を生んだが、政府はそれに応じず列強側にたち、韓国を併合し中国大陸に利権を求めていくことになる。日本側で働きかけに呼応したのは、在野のいわゆる「アジア主義」の系列に属するものであった。ファン・ボイ・チャウ（潘佩珠）も、ベトナムにおいて対仏独立闘争を行っていた維新会に属する人物であり、日本の援助を求めて一九〇五年に来日した。彼の発案によって東遊運動が起こされ、多くの留学生が来日した。しかし日本は一九〇七年に日仏協約を結び、日本の朝鮮半島支配・福建省の勢力圏化を認めさせるいっぽうで、フランスのインドシナ支配を脅かさないことを約束した。これによりファンらの活動は制限され、留学生は国外に去って行った。なお在野の援助も日本が指導することを前提にしている場合があり、のちには「アジア主義」は日本優位の日本盟主論へと転換して行く。この文章は「獄中記」（一九一四年七月）の一節。

3　韓国植民地化への道

199　韓国保護権確立実行に関する閣議決定　一九〇五年一〇月二七日

韓国ニ対シ我保護権ヲ確立スルハ既ニ廟議ノ一決セル処ナルカ、之カ実行ハ今日ヲ以テ最好ノ時機ナリトス。何トナレハ右ニ対シ英米両国ハ既ニ同意ヲ与ヘタルノミナラス、以外ノ諸国モ亦日韓両国ノ特殊ナル関係ト戦争ノ結果トニ顧ミ、最近ニ発表セラレタル日英同盟及日露講和条約ノ明文ニ照シ、韓国カ日本ノ保護国タルヘキハ避クヘカラサルノ結果ナルコトヲ黙認シ、殊ニ今回ノ講和ニ於テ我国ノ為シタル譲歩ハ列国ノ認メテ一大英断トスル所ニシテ、随テ又列国ハ日本カ斯迄譲歩シテ和局ヲ纏メタル以上其収メ得タル権利及利益ハ飽迄之ヲ確守活用スルノ決心ナルコトヲ信シ居レハナリ。

（出典）『日本外交年表竝主要文書』上、二五〇ページ。

200　第二次日韓協約　一九〇五年一一月一七日

日本国政府及韓国政府ハ両帝国ヲ結合スル利害共通ノ主義ヲ鞏固ナラシメムコトヲ欲シ、韓国ノ富強ノ実ヲ認ムル時ニ至ル迄、此ノ目的ヲ以テ左ノ条款ヲ約定セリ。

第一条　日本国政府ハ在東京外務省ニ由リ今後韓国ノ外国ニ対スル関係及事務ヲ監理指揮スヘク、日本国ノ外交代表者及領事ハ外国ニ於ケル韓国ノ臣民及利益ヲ保護スヘシ。

第二条　日本国政府ハ韓国ト他国トノ間ニ現存スル条約ノ実行ヲ全フスルノ任ニ当リ、韓国政府ハ今後日本国政府ノ仲介ニ由ラスシテ国際的性質ヲ有スル何等ノ条約若ハ約束ヲナササルコトヲ約ス。

第三条　日本国政府ハ其代表者トシテ韓国皇帝陛下ノ闕下ニ一名ノ統監（レジデントゼネラル）ヲ置ク。統監ハ専ラ外交ニ関スル事項ヲ管理スル為メ京城ニ駐在シ親シク韓国皇帝陛下ニ内謁スルノ権利ヲ有ス。日本国政府ハ又韓国ノ各開港場及其他日本国政府ノ必要ト認ムル地ニ理事官（レジデント）ヲ置クノ権利ヲ有ス。理事官ハ統監ノ指揮ノ下ニ従来在韓国日本領事ニ属シタル一切ノ職権ヲ執行シ幷ニ本協約ノ条款ヲ完全ニ実行スル為メ必要トスヘキ一切ノ事務ヲ掌理スヘシ。

（出典）『日本外交年表竝主要文書』上、二五二―二五三ページ。

【解説】　日露戦争が開始されると、日本は一九〇四年二月二三日に日韓議定書を結んで、韓国施政の改善への関与と臨機応変の措置をとることが可能となった。これは韓国内における日本の軍事行動の自由を認めることを意味した。日露戦争は表面では韓国の独立・領土保全を掲げて戦われたが、実際には韓国保護国化を意図するものであった（五月三一日閣議決定）。日本が朝鮮半島に対して優越した影響力を及ぼすことについては、日露講和条約に先立って、桂・タフト協定(一九〇五年七月二九日)や第二回日英同盟(八月一二日)で米英両国より同意を得ていた。政府は一〇月二七日の閣議で保護国化の実行を決定(史料199)し、軍事力を背景に交渉に臨み、一一月一七日に第二次日韓協約(乙巳保護条約)を調印させた(強制によるものとして無効論が提出されている)。この条約によって日本政府は韓国の外交権を奪い、統監府を置いて外交事務を管理した(史料200)。しかし統監府は、実際には警察・司法・財政・経済などにも大きな影響を及ぼした。

201　朝鮮土地調査

土地調査ハ地税ノ負担ヲ公平ニシ地籍ヲ明ニシテ其ノ所有権ヲ保護シ其ノ売買譲渡ヲ簡捷確実ニシ、以テ土地ノ改良及利用ヲ自由ニシ且其ノ生産力ヲ増進セシメムトスルモノニシテ、其ノ朝鮮ニ於ケル緊要ノ施設タルハ言ヲ俟《ま》タス。朝鮮ノ地税制度ハ今尚数百年前ノ結制度(1)ヲ襲用シ、啻《ただ》ニ現今ノ経済状態ニ適応セサルノミナラス、其ノ制度ノ不完全ナル結果所謂隠結ナルモノヲ生シ往往脱税ヲ企ツル者アリ、又耕地面積ノ称呼ハ今尚従来ノ一斗落(一斗ノ種籾ヲ播下スル面積)或ハ一日耕(人一人牛一頭ニテ一日間ニ耕ス面積)ノ単位ヲ用井其ノ実際ノ面積ハ到底之ヲ知ルニ由ナク、又土地ニ関スル権利証明ノ如キモ当事者間ニ於テ作成シタル不完全ナル文記ニ依ルカ否ラサレハ頗ル不整備ナル書類帳簿ニ基ケル郡守ノ証明ニ依ルノ外ナク、為ニ詐偽或ハ不法利得ノ売買抵当等行ハルルコトアリ。之カ矯正ノ一法トシテ明治三十九年土地建物証明規則及土地建物典当執行規則制定公布セラレ、其ノ結果公簿登録ノ途開ケ権利公認ノ法備ハリ稍其ノ面目ヲ改メタリト雖、前述ノ如ク土地ノ面積ヲ表示スル単位頗ル不確実ニシテ地税制度粗雑ヲ極メ土地ノ異動等亦不整理ニシテ地籍ノ紛乱甚シク、往往荒廃地ニシテ依然賦課ヲ免セラレサルモノアルト共ニ既墾地ニシテ却テ課税セラレサルモノアリ、自然農事ノ改善ヲ緩慢ニシ土地ノ生産力ヲ阻礙セシ事態アリ。故ニ商工業未タ発達セス土地ヲ以テ殆ト唯一ノ生産ノ根源トスル朝鮮ニ於テハ、土地ノ権利ヲ確実ニシテ地税ノ負担ヲ公平ニシ以テ土地ノ生産力ヲ増進スルノ必要特ニ緊切ナルモノアリ。而シテ此ノ目的ヲ達セムニハ須《すべから》ク之ヲ完全ナル大規模ノ土地調査ニ俟タサルヘカラス。

(出典)『朝鮮総督府施政年報・明治四十三年』クレス出版、一九九一年、五三―五四ページ。

(1)結負制。李朝の土地課税制度。結は一定額の地租を徴収する単位で、土地の肥沃度によってその面積は異なる。異積同税の課税単位。

【解説】　日本人の手によって韓国社会・経済分野において多くの「近代的」な改革がなされることになった。しかし、それは同時に資本主義的な制度に慣れぬ、あるいは適合しない慣習の下に暮らしていた人々を不利な状態に陥れる結果をもたらした。

土地調査も、本来はここに掲げたような目的をもって行われたが、急激な貨幣経済の浸透や土地所有権の確定などによって、多くの朝鮮人は土地を奪われることになった。

202 義兵闘争の状況　一九〇七年—一九〇八年

暴徒ノ情況如何　昨年七月ノ政変(1)以来韓国各地ニ蜂起セル暴徒ハ、憂国ノ思想ヲ抱テ立チタルモノト寧ロ強盗草賊ノ部ニ属スヘキモノ、二種アリト雖、白昼兇器ヲ携ヘテ集団横行自ラ義兵ト称シテ官憲ニ抵抗シ危害ヲ我邦人ニ加フルニ至リテハ即チ一ナリ。

暴徒ノ各地ヲ徘徊スル状況ヲ観ルニ、一群多キハ三四百名少ナキハ拾数名時ニ或ハ十名以下ニ下ルコト無キニアラス。其抵抗ハ概シテ軟弱ニシテ暫ク銃火ヲ交ユレハ忽チ散乱シ、之ヲ窮追スレハ其銃ヲ隠シテ良民ヲ装フ、加之《しかのみならず》暴徒カ討伐隊ノ到ルヲ前知スルノ敏速ナル実ニ驚クヘキモノアリ。故ニ討伐ニ従事スル我兵士巡査ハ概ネ夜陰払暁ニ乗シテ窃《ひそ》カニ之ニ接近スルヲ常トス。

暴徒中ニハ旧韓兵盗賊博徒ノ類其有力ナルモノナリト雖、大部分ハ即チ農民ニ外ナラス、多クハ是レ脅迫ノ下ニ其群ニ投シタルモノナリ。然リ而シテ其所謂大首領ナルモノヲ見ルニ三四名ハ寧ロ知名ノ士ニシテ各地ノ政客及儒生(2)ト消息相通シ中ニハ相当ノ官歴ヲ有スルモノアリ。

更ニ進ンテ暴徒ト一般人民ノ関係ヲ観察スルニ、地方人民ハ悉ク皆暴徒横行ノ為メニ多少ノ影響ヲ被ラサルモノナシト雖、主トシテ其損害ヲ被リ苦痛ヲ感スル最モ切ナルハ一進会員(3)及富有者ナリトス。討伐ニ従事スル者地方住民ニ就キ暴徒ノ来往動静ヲ尋問スルモ其実況ヲ得ルコト甚タ難ク、住民ハ知ラスト答フルヲ常トス。就中暴徒ノ出没最モ甚シキ地方ニ於テハ村長輩ニシテ尚且ツ事実ヲ隠蔽シ間接ニ暴徒ヲ庇護スルノ傾向アリ。是レ畢竟暴徒ノ復讐ヲ恐ル、ニ由ル、以テ其地方人民ニ対スル勢力ヲトスルニ足ルヘシ。

最後ニ暴徒勢力ノ消長ヲ概説センニ、昨年以来一方ニハ守備隊憲兵隊並ニ警察隊ノ鋭意討伐ニ従事スルアリ、他方ニハ帰順者免罪ノ寛典ヲ設ケテ帰順ヲ奨励シ、帰順者ノ数今ヤ弐千六百名ヲ算スト雖、全国ヲ通シテ暴徒ト各種討伐隊ノ衝突回数ヲ統計スレハ左表ノ如ク、暴徒ノ勢力ハ未タ衰頽セルト認ムルヲ得ス。

月別	衝突回数
明治四十年　十月	百十七回
同　十一月	二百六十五回
同　十二月	二百七十六回
明治四十一年一月	二百六十二回
同　二月	二百十一回
同　三月	二百八十八回

同　四月（但シ二十九日迄ニ報告到着ノ分）二百四十回

（出典）日高秩父「韓国統治ニ関スル御下問奉答書」一九〇八年五月、『日本外交文書』第四一巻第一冊、八四七ページ。

（1）ハーグ密使事件の責任をとって、高宗が譲位させられ、純宗が即位した。（2）儒学者。（3）親日派の団体で、のち一九〇九年末に日韓合邦請願を行った。

【解説】ハーグ密使事件を契機として一九〇七年七月二四日に調印された第三次日韓協約（丁未七条約）は、法令制定や重要な行政上の処分に関して統監の承認を必要とすることをはじめ、韓国内政に関する統監の権限を大幅に強化したものであり、これに付属した秘密覚書により韓国軍隊は解散させられ、司法権も日本人判事が握るようになった。とくに軍隊の解散（八月一日）は、日露戦争中から続いていた韓国民衆の日本に対する武力闘争である義兵闘争を活発化させることになった。統監府は、警察や憲兵だけでなく軍隊を出動させて鎮圧にあたった。一九〇九年一〇月の安重根による伊藤博文射殺事件も、このような反日運動の延長線上に位置づけられる。本史料は、内大臣秘書官の日高が命によって韓国事情を調査報告したものである。

203 韓国併合に関する条約　一九一〇年八月二二日

日本国皇帝陛下及韓国皇帝陛下ハ両国間ノ特殊ニシテ親密ナル関係ヲ顧ヒ相互ノ幸福ヲ増進シ東洋ノ平和ヲ永久ニ確保セムコトヲ欲シ、此ノ目的ヲ達セムカ為ニハ韓国ヲ日本帝国ニ併合スルニ如カサルコトヲ確信シ、茲ニ両国間ニ併合条約ヲ締結スルコトニ決シ、之カ為日本国皇帝陛下ハ統監子爵寺内正毅ヲ韓国皇帝陛下ハ内閣総理大臣李完用ヲ各其ノ全権委員ニ任命セリ。因テ右全権委員ハ会同協議ノ上左ノ諸条ヲ協定セリ。

第一条　韓国皇帝陛下ハ韓国全部ニ関スル一切ノ統治権ヲ完全且永久ニ日本国皇帝陛下ニ譲与ス。

第二条　日本国皇帝陛下ハ前条ニ掲ケタル譲与ヲ受諾シ且全然韓国ヲ日本帝国ニ併合スルコトヲ承諾ス。（中略）

第六条　日本国政府ハ前記併合ノ結果トシテ全然韓国ノ施政ヲ担任シ、同地ニ施行スル法規ヲ遵守スル韓人ノ身体及財産ニ対シ十分ナル保護ヲ与ヘ且其ノ福利ノ増進ヲ図ルヘシ。

第七条　日本国政府ハ誠意忠実ニ新制度ヲ尊重スル韓人ニシテ相当ノ資格アル者ヲ事情ノ許ス限リ韓国ニ於ケル帝国官吏ニ登用スヘシ。

（出典）『日本外交年表竝主要文書』上、三四〇ページ。

204 韓国に対する施政方針閣議決定　一九一〇年六月三日

一、朝鮮ニハ当分ノ内憲法ヲ施行セス大権ニ依リ之ヲ統治スルコト。

一、総督ハ天皇ニ直隷シ朝鮮ニ於ケル一切ノ政務ヲ統轄スルノ権限ヲ有スルコト。

一、総督ニハ大権ノ委任ニ依リ法律事項ニ関スル命令ヲ発スルノ権限ヲ与フルコト、但本命令ハ別ニ法令又ハ律令等適当ノ名称ヲ付スルコト。

一、朝鮮ノ政治ハ努メテ簡易ヲ旨トス、従テ政治機関モ亦此主旨ニヨリ改廃スルコト。

一、総督府ノ会計ハ特別会計ト為スコト。

一、総督府ノ政費ハ朝鮮ノ歳入ヲ以テ之ニ充ツルヲ原則ト為スモ、当分ノ内一定ノ金額ヲ定メ本国政府ヨリ補充スルコト。

一、鉄道及通信ニ関スル予算ハ総督府ノ所管ニ組入ルルコト。

一、関税ハ当分ノ内現行ノ儘ニナシ置クコト。

（出典）『日本外交年表竝主要文書』上、三三六ページ。

【解説】　しだいに行き詰まりをみせることになった統監政治に対して、第二次桂内閣は一九〇九年七月六日に、適当の時期に韓国の植民地化を行うことを決定した。政府は、まず諸列強の承認の獲得につとめ、ほぼこれが確実になると一九一〇年五月に第三代統監に寺内正毅を据えて、併合事務に着手した。併合条約（史料203）は八月二二日に調印（二九日公布施行）され、総督府が設置され、寺内が初代総督として朝鮮を統治することになった。併合され日本の一部となったとはいえ、朝鮮には憲法が施行されず、天皇に直属する陸海軍大将の総督が発する命令が法律として効力を持つ、一種の特別地域であった。史料204は、併合後の施政方針を定めた閣議決定である。

205　朝鮮における教育方針　一九一一年一一月一日

本総督曩ニ　大命ヲ奉シ朝鮮統轄ノ任ニ膺《あた》ルヤ、首トシテ施政ノ綱領ヲ示シ教育ノ要義ニ付亦論ス所アリタリ。今ヤ朝鮮教育令公布セラレ茲ニ之カ施行ニ際シ更ニ教育ノ方針ト施設ノ要項トヲ明カニシ以テ率由スル所ヲ知ラシム。

帝国教育ノ大本ハ夙《つと》ニ教育ニ関スル勅語ニ明示セラルル所、之ヲ国体ニ原《たず》ネ之ヲ歴史ニ徴シ確乎トシテ動カスヘカラス。朝鮮教育ノ本義亦此ニ在リ。

惟フニ朝鮮ハ未タ内地ト事情ノ同シカラサルモノアリ。是ヲ以テ其ノ教育ハ特ニ力ヲ徳性ノ涵養ト国語ノ普及トニ致シ、以テ帝国臣民タルノ資質ト品性トヲ具ヘシメムコトヲ要ス。若夫レ空理ヲ談シテ実行ニ疎ク勤労ヲ厭ヒテ安逸ニ流レ質実敦厚ノ美俗ヲ捨テ軽佻浮薄ノ悪風ニ陥ルカ如キコトアラムカ、啻ニ教育ノ本旨ニ背クノミナラス終ニ一身ヲ誤リ累ヲ家国ニ及ホスニ至ルヘシ。故ニ之カ実施ニ関シテハ須《すべか》ラク時勢ト民度トニ適応シ以テ良善ノ効果ヲ収メムコトヲ努ムヘシ。

朝鮮ノ教育ハ之ヲ大別シテ普通教育、実業教育及専門教育トス。普通教育ハ国語ヲ教ヘ徳育ヲ施シ、以テ国民タルノ性格ヲ養成シ並生活ニ須要ナル知識技能ヲ授クルヲ本旨トシ、女子ノ教育ニ於テハ特ニ貞淑温良ノ徳ヲ涵養スルヲ要ス。

（出典）「寺内正毅総督諭告」『官報』一九一一年一一月七日。

【解説】　日本の朝鮮統治は、日本への同化をめざしたものであり、学校では朝鮮語が制限され、朝鮮の歴史や地理は教えられなかった。史料205は朝鮮教育令公布に際しての寺内総督の訓示であり、ここでは日本語教育の重要性に言及している。朝鮮教育令は第二条で「教育は教育に関する勅語の旨趣に基き忠良なる国民を育成することを本義とす」ること、第五条では「普通教育は普通の知識技能を授け特に国民たるの性格を涵養し国語を普及することを目的とす」ることを規定していた。

4　満州問題と日米対立

206　列強の満州開放要求に関する伊藤博文意見　一九〇六年五月二二日

満洲ニ於ケル各国通商上門戸開放主義ヲ保持スルハ帝国カ夙《つと》ニ中外ニ宣明シタル処ニシテ、曩年満洲還附ニ関スル露清交渉(1)ノ際ヨリ帝国ハ常ニ英米両国ト提携シテ該主義ノ擁護者トナリ、尋《つい》テ日露間ニ平和ノ破裂ヲ見ルニ至リテモ帝国ハ累次列国ニ対シ満洲ハ勿論韓国ニ於テスラ通商的利益ニ関シテハ必ス上記伝来ノ政綱ヲ恪守シ毫モ他意アルモノニアラサルコトヲ声明セリ。故ニ列国モ亦平和克服ノ暁ニハ日本ハ出来得ヘキ丈ケ速ニ該主義ヲ実践シ満洲ノ門戸ヲ列国ノ通商ニ開放スヘキコトヲ期待シ、殊ニ従来同地方ニ於テ最モ多ク商業上ノ利害関係ヲ有シタル英米二国ハ亦最モ多ク之ヲ期待セリ。然ルニ事実満洲ニ於ケル我行動ハ往々ニシテ彼等ノ予期ニ反シ、帝国ハ多年ノ主張ト累次ノ声明トヲ没却シテ満洲ノ門戸ヲ閉鎖シ独リ自ラ同地方ノ利益ヲ壟断セントスルモノナリトノ感想ヲ与国政府及人民ニ懐カシムルニ至レリ。之レ帝国ノ為メ甚タ取ラサル処タルヤ疑ヲ容《い》レス。(中略)

我方ハ事実上既ニ撤兵ヲ終リ目下満洲ニ残留セルハ鉄道及電信守備兵ノミ。然ルニ之ヲ以テ依然昌図以南ノ満洲全部ヲ占領セルモノトナシ軍政ヲモ戦時ノ儘ニ継続シ来年四月迄之ヲ維持セントスルカ如キハ、実際ノ情況ニ伴ハサル主張ニシテ一般ノ肯諾ヲ得ヘキ事柄ニ非ス。且権利ニハ自ラ義務ノ伴フモノアリ。故ニ我方ニ於テ飽迄占領権ヲ主張シ軍政ヲ維持セントセハ、勢ヒ我占領区域若クハ軍政管内ニ於ケル秩序維持ノ責ニ任セサルヘカラス。此ノ如キハ到底不可能且不得策ニシテ、寧ロ清国政府ヲシテ全然満洲内地ニ於ケル秩序維持ノ責任ヲ取ラシメ、而シテ我方ノ助力ヲ以テ之ヲ全ウセシムルノ策ヲ講スルニ若《し》カストス。

之ヲ要スルニ、満洲ニ於ケル我施設ハ国際条約及帝国ノ累次声明シタル政綱幷ニ実際ノ情況ニ伴ハンコト緊要ニシテ、然ラスンハ遂ニ与国ノ同情ヲ失シ帝国ノ威信ヲ傷ケ将来ニ於テ回復スヘカラサル不利ヲ招クニ至ラン。就テハ尚目下懸案タル各種ノ問題ハ大体左ノ如ク処理スヘシ。

(出典)「満州問題に関する協議会」『日本外交年表竝主要文書』上、

二六四―二六五ページ。

（1）一九〇二年の露清満州還付協定交渉。

【解説】 日露講和条約の結果、ロシアが南満州に有していた遼東半島の租借権、長春以南の東支鉄道（南満州鉄道）およびそれに付属する諸権益は日本に譲渡されることになった。日本は遼東半島の租借地を関東州として関東都督府を設け、陸軍大中将が都督となり、治安維持には関東軍があたった。以後、日本は南満州地域への利権扶殖につとめることになる。そしてこのような姿勢は諸列強、とくにアメリカの反発を招くことになる。ここに掲げた史料は、一九〇六年五月二二日に開かれた元老・大臣による満州問題協議会に提出されたもので、そこで伊藤博文は、日本の満州権益独占に対して反発が強まっていることを懸念し、戦争以後も継続されていた満州における軍政の早期廃止を訴えている。

207 高平・ルート協定による日米対立の緩和　一九〇八年

日米間で交わされた相互的誓約は、「黄禍」を国際的な平和保障に変質させた。きわめて喜ばしいことに、ヨーロッパの新聞は、われわれが知る限りただ一つの例外を除いて、相互の誤解を防ぐこの新たな保障の確立を満足して歓迎している。（中略）一年余り前は、ロンドンやパリでは、わが国は日本と戦争を始めると思っていたことだろう。（中略）

そのすべてが変わった。日米が、太平洋の各々の利益と、常に深刻な問題である中国の領土保全に関して合意に達したことを、ヨーロッパは喜んでいる。（中略）

日本の学童に関してサンフランシスコで起きた問題や移民の問題が日本との不和の原因になると思われたときに言われたのは、あの帝国は完全に等しい条件で大国一員の地位を占めたいと切望してはいるが、大国の一員としての完全な資格が与えられるには、いくつかの点で考え方と態度を変えなければならないだろうということだった。しかし、日本が、国際社会の一員としての資格が意味し要求するもの、順守すべき礼儀作法、与えるべき同意、行うべき譲歩を、はっきり理解していることの何よりの証拠は、日本が進んで結んだこの協約にほかならない。これは、両者が自己抑制する契約だ。これは、最高の英知を基礎とし、調停可能な利益をめぐって仲たがいしないための合意だ。両国は、お互いの利益や権利を侵害する意図を否定し、やや不安定な中国帝国における、各自の利益と権利だけでなく、すべての国の利益と権利をあらゆる平和的な手段によって尊重し擁護することで合意している。日本がこの約束をしたことは、きわめて重要だ。

（出典）「日本との了解」『ニューヨーク・タイムズ』一九〇八年一二月一日、『外国新聞に見る日本』第四巻上巻、二二一ページ。

【解説】 日露戦後から対立が激しくなったのがアメリカであった。とくに一九〇六年から翌年にかけてカリフォルニア州において排日論が高揚し、一八九八年にアメリカに併合されたハワイからの日本移民の移転制限や、サンフランシスコにおいて日本人児童を東洋人学校に隔離したことは、日本でも激しい抗議運動を引き起こした。このころから将来の日米戦争の可能性が語られるようになり、米国艦隊の太平洋廻航の目的への疑惑もあいまって日米の緊張は高まった。この緊張は、一九〇七年一一月から翌年二月にかけて成立した日米紳士協約による移民制限、および一九〇八年一一月三〇日に、太平洋方面における両国の現状維持、清国の独立および領土保全、清国における商工業の機会均等を擁護することを確認しあった高平・ルート協定によって一時的に解消されることになった。ここに掲げた新聞記事では、協定によって日米関係が好転することが期待されている。しかし、日米対立はこれ以後、たとえば一九一三年春のカリフォルニア州における「排日土地法」問題をはじめとし、種々の問題をきっかけに再燃することになる。

208 第二次日露協約中の秘密協約　一九一〇年七月四日

日本帝国政府及露西亜《ロシア》帝国政府ハ、一九〇七年七月三十日即露暦十七日聖彼得堡《サンクト・ペテルブルグ》ニ於テ調印シタル秘密協約ノ条款ヲ確実ニシ且之ヲ拡張セムコトヲ希望シ、左ノ諸条ヲ協定セリ。

第一条　日本国及露西亜国ハ一九〇七年ノ秘密協約追加条款ニ定メタル分界線ヲ以テ満洲ニ於ケル両国特殊利益ノ各地域ヲ劃定セルモノト承認ス。

第二条　両締約国ハ前記地域内ニ於ケル其特殊利益ヲ相互ニ尊重スルコトヲ約ス。従テ両締約国ハ各自カ其地域内ニ於テ該利益ヲ擁護防衛スルニ必要ナル一切ノ措置ヲ自由ニ執ルノ権利ヲ相互ニ承認ス。(中略)

第五条　両締約国ハ其相互的約定ノ円満ナル実行ヲ期セムカ為、満洲ニ於ケル各自ノ特殊利益ニ関係アル一切ノ事項ニ付隔意ナク且誠実ニ随時商議ヲ為スヘシ。前記特殊利益カ侵迫セラルルコトアルトキハ、両締約国ハ該利益ノ擁護防衛ノ為共同ノ行動ヲ為シ、又ハ相互ニ援助ヲ与フルノ目的ヲ以テ執ルヘキ措置ニ付協議スヘシ。

第六条　本協約ハ両締約国ニ於テ厳ニ秘密ニ附スヘシ。

(出典)『日本外交年表竝主要文書』上、三三七ページ。

【解説】日露戦後、日露関係は良好に向かう。一九〇七年七月三〇日に結ばれた第一次日露協約秘密協約において、両国は、満州に分界線を設け南北に勢力圏を設定した。ここに掲げた一九一〇年七月の第二次日露協約付属秘密協約では、それぞれの勢力圏を「特殊利益」を持つ地域と規定し、その擁護防衛のために共同行動をなすことを約した。ついで一九一二年七月に結ばれた第三次協約では、分界線を内蒙古地域にまで延長し、「特殊利益」地域は蒙古まで拡大していくことになる。

209 日本帝国の国防方針　一九〇七年四月一九日

五、右ノ如ク論シ来ル時ハ帝国軍ノ兵備ハ左ノ標準ニ基クヲ要ス。

陸軍ノ兵備ハ、想定敵国中我陸軍ノ作戦上最モ重要視スヘキ露国ノ極東ニ使用シ得ル兵力ニ対シ攻勢ヲ取ルヲ度トス。

海軍ノ兵備ハ、想定敵国中我海軍ノ作戦上最モ重要視スヘキ米国ノ海軍ニ対シ東洋ニ於テ攻勢ヲ取ルヲ度トス。
六、以上述フル所ヲ綜合スレハ左ノ要旨ニ帰ス。
甲、帝国ノ国防ハ攻勢ヲ以テ本領トス。

乙、将来ノ敵ト想定スヘキモノハ露国ヲ第一トシ、米、独、仏ノ諸国之ニ次ク。

　日英同盟ニ対シ起リ得ヘキ同盟ハ、露独、露仏、露清等トス。而シテ日英同盟ハ確実ニ之ヲ保持スルト同時ニ、務メテ他ノ同盟ヲシテ成立活動セシメサル如クスルヲ要ス。

丙、国防ニ要スル帝国軍ノ兵備ノ標準ハ、用兵上最重要視スヘキ露米ノ兵力ニ対シ東亜ニ於テ攻勢ヲ取リ得ルヲ度トス。


（出典）「宮崎周一史料」39、防衛研究所図書館蔵。

210 国防に要する兵力量 一九〇七年四月一九日

日本帝国ノ国防方針ヲ遂行スル為メニハ、国防ニ要スル兵力ヲ別冊ノ如ク整備セラルヽヲ以テ適当ト認ム。

［別冊］陸　軍

曩《さき》ニ陸軍大臣ト共ニ内奏セシ平時常設ノ二十五師団完成後十七年（兵役年限）ニ於テ戦時整備シ得ヘキ帝国陸軍ノ諸部隊概ネ左ノ如シ。

一、野戦部隊
一、軍司令部　若干
二、野戦師団　二十五個
三、予備師団　二十五個（中略）

以上ノ兵力ハ国防上必須ノモノナリト雖モ、財政ノ現状ハ一時ニ此兵力ノ充実ニ着手スル能ハサルノ事情アリ。因テ曩ニ御裁可ヲ得タル如ク、先ツ明治四十年度ヨリ十九箇師団及之ニ伴フ諸部隊ノ整備ニ着手シ、残余六箇師団ノ常設ハ他日財政緩和スルノ時ヲ待テ整備ニ着手シ、以テ国防ニ要スル兵力充実ノ完成ヲ期セントス。（中略）

［別冊］海軍之部

一、帝国ノ国防方針ニ従ヒ海軍用兵上最重要視スヘキ想定敵国ニ対シ東洋ニ在テ攻勢ヲ取ランカ為ニハ、我海軍ハ常ニ最新式即チ最精鋭ナル一艦隊ヲ備ヘサルヘカラス。而シテ其兵力ノ最低限ハ左ノ如クナルヲ要ス。

戦艦　凡二万屯　八隻
装甲巡洋艦　凡一万八千屯　八隻

以上ヲ艦隊ノ主幹トシ、其作戦機能ヲ完カラシムルニ要スル他ノ巡洋艦及ヒ大小駆逐艦等各若干隻ヲ附ス。

右兵力ヲ国防上ノ第一線艦隊トス。

（出典）「宮崎周一史料」39、防衛研究所図書館蔵。

【解説】　日露戦争終結によって当面の軍事目標を失った陸海軍は、第二回日英同盟の想定する対露満州戦争に備えて両軍の軍事戦略の基本と、それに必要な兵力量を定めた。これが「日本帝国ノ国防方針」と「国防ニ要スル兵力量」・「帝国軍ノ用兵綱領」（四月一九日に元帥府で承認）であり、そこでは、仮想敵国を第一にロシア、ついでアメリカ、ドイツ、フランスの順とし、陸軍はロシアに、海軍はアメリカに対して攻勢を取れる兵力、すなわち平時二五師団、八・八艦隊を備えることを規定した。ここに規定された兵力量の実現をめぐって、その後の政局は混乱することになる。

211 無理に一等国の仲間入りをしようとする日本　一九〇九年

日本程借金を拵らへて、貧乏震《ぶる》ひをしてゐる国はありやしない。此借金が君、何時《いつ》になつたら返せると思ふか。そりや外債位は返せるだらう。けれども、それ許《ばか》りが借金ぢやありやしない。日本は西洋から借金でもしなければ、到底立ち行かない国だ。それでゐて、一等国を以て任じてゐる。さうして、無理にも一等国の仲間入をしやうとする。だから、あらゆる方面に向つて、奥行《おくゆき》を削《けづ》つて、一等国丈の間口《まぐち》を張《は》つちまつた。なまじい張れるから、なほ悲惨《ひさん》なものだ。牛《うし》と競争をする蛙《かへる》と同じ事で、もう君、腹《はら》が裂《さ》けるよ。其影響はみんな我々個人の上《うへ》に反射してゐるから見給へ。斯う西洋の圧迫を受けてゐる国民は、頭《あたま》に余裕がないから、碌な仕事は出来ない。悉《ことごと》く切り詰めた教育で、さうして目の廻る程こき使はれるから、揃つて神経衰弱になつちまふ。話をして見給へ大抵は馬鹿だから。自分の事と、自分の今日《こんにち》の、只今の事より外に、何も考へてやしない。考へられない程疲労してゐるんだから仕方がない。精神の困憊《こんぱい》と、身体の衰弱とは不幸にして伴《とも》なつてゐる。のみならず、道徳の敗退《はいたい》も一所に来《き》てゐる。日本国中何所《どこ》を見渡したつて、輝《かゞや》いてる断面《だんめん》は一寸四方も無いぢやないか。悉く暗黒だ。

（出典）夏目漱石「それから」『漱石全集』第六巻、岩波書店、一九九四年、一〇一―一〇二ページ。補注は省いた。

【解説】　夏目漱石は『東京朝日新聞』に連載（一九〇九年六月二七日―一〇月一四日）した「それから」の中の登場人物代助の口を借りて、当時の日本の貧国強兵の姿を「牛と競争する蛙」のたとえ話に託して批評している。漱石の近代日本社会の姿に対する厳しい目は、これ以外にも、日本の開化（近代化）を外発的で皮相上滑りなものとし、発展の姿を「開化のあらゆる階段を順々に踏んで通る余裕をもたないから、できるだけ大きな針でぼつぼつ縫って過ぎるのである」として、その結果、日本社会が「神経衰弱に罹って、気息奄々として今や路傍に呻吟しつつある」と観察している（「現代日本の開化」と題する講演）ことにも見ることができる。なお一九一一年二月二一日に新たな日米通商航海条約が調印され、幕末以来の念願であった条約改正に成功し、日本は外交上欧米諸列強と肩を並べる「一等国」となった。

第四節　日露戦後の政治と社会

1　桂園体制

212　西園寺公望へ政権を譲る理由　一九〇五年一一月推定

日露交戦中に在りては、朝野を問はす政派の異同に論なく、克《よ》く挙国一致の実を挙けたるに拘はらす、軍事上の成功は国民の一部をして過度の信念を生せしめ、為めに平和克復に際し講和条件は以て其予期を充たすに足らさるの感想を生せしめ、一部不平の徒にして自個の慾望又は団体の野心を達せむとする者は、此機会を利用して民衆を煽動し、新聞紙の大多数は外交失敗を疾呼して、思慮なき民衆の反抗的気勢を激成するに勉めたり。然れとも此一時的現象に伴なふ激情冷却し、条件の価値と内外の情勢とを領解するに従ひ、一般民情の漸次平静に赴くは自然の理数なりと雖、夫の政党政派の如き、別に政権の慾望を有するものに至りては、自から其状勢を異にせさるを得す。（中略）民心既に平和を歓迎するも、戦後経営の負担を継続する(1)は内心決て快感を有するものにあらす。此時に当り、絶大の計画を提けて準備なきの議会に臨む、政策遂行の困難固より言を俟《ま》たさる所にして、勢の激する所、或は議会の解散となり、為めに国務の阻滞するに至るも亦計るへからす。若し国務の進行に利ありとせは、何等の手段も回避すへきにあらすと雖、今や清韓問題の結着(2)は一日を緩ふすへからす、政府の動揺は対外政策上不得策なるのみならす、日露交戦と講和条約との結末に一段落を画するは実に現内閣の責任なりとす。故に今日に於ては仮令《たとい》現内閣の在職を不便とするの事情あるも、今俄かに其職を去るは、至尊の信托に孤負し憲政の徳義に背戻するものなりとす。然れとも政界の大勢上述する所の如くにして、内閣既に此難局に際会す。実に其緊急問題一大段落を告くるの後、議会開会に亘りて執るへきの方針を定め、以て機に臨み宜しきを制するの策なかるへからさる所以なりとす。即ち、

第一　立憲政治の運用上、内閣の交迭《更》は可成平和円満に行はるゝを良策とす。故に後継の成算ある適任者を推薦し、陛下の採納を得たる後、其職を去るは事理最も穏当なりとす。

第二　同主義者中に付、第一の方法を見出すこと能はさるときは、反対党中比較的適当なりと信するものの首領に就き、後継の成算あるや否やを質し、若し成算ありと認むる場合に於ては之を推薦して聖断を仰き奉ること。

（出典）　桂太郎「覚書」「桂太郎関係文書」一〇二、国立国会図書館憲政資料室蔵。ひらがなに直した。

（1）戦時非常特別税の継続。（2）ロシア利権の継承を清国政府に認めさせること（満州に関する日清条約により結着）、および韓国の保護国化（第二次日韓協約により結着）を指す。

【解説】　成立直後の政友会がまとまりを欠いていたこともあって、藩閥と政党（政友会）の提携は必ずしも有効に機能せず、第四次伊藤内閣から日露開戦までの議会は安定を欠いていた。開戦によって政府と政党との対決姿勢はいったん解消したが、講和問題をめぐる反政府世論の高まり、および日比谷焼打事件にみられる民衆運動の昂揚は、戦後における政治運営の困難を予想させるものであった。しかも非常特別税の継続は、政党の協力なしには行えないものであった。桂太郎首相は、議会内におけるより穏健で責任ある態度を執ろうとしていた政友会との提携を策し、西園寺公望総裁への政権譲渡をほのめかして重要政策の継続を確認した上で、後継者に西園寺を推薦して辞任した。ここに桂と西園寺が交互に政権を担当しあう「桂園時代」がはじまり、藩閥勢力と政党との提携体制が本格化した。ただし提携先が政友会に限られたものでなかったことは、第二次桂内閣成立当初に示した、どの政党に対しても等距離に立つという態度（いわゆる「一視同仁」）から分かる。

213 情意投合　一九一一年一月

［一九一〇年一二月一四日］　桂は憲政有終の美を済《な》さんと

云ふが如き恰も故伊藤の口振に似たる事を云ふに付、［原］余は政友会の沿革より考ふれば、政党は逆境にのみ在るときは党の為め財産を失ひたりとか負傷したりとか云ふが如き者が勢力を有する訳なるも、順境に時々立ちたるが為めに政友会内に在りては智恵ある者が頭角を顕はす事となれるは事実なり、憲政上政党は必至のものにて而して如何なる手段に因るも之を撲滅すること能はざるものなる已上は、之を善良なるものに導くの外に方法なかるべし、是れ余が政党をして順境に立たしむる事の必要を認め居る所以にて、決して政権に渇して妄動するものに非らずと云ひ置きたるに、桂は之を認めたるものゝ如くなるも、但彼は目下の処政党内閣と云ふ事は不可能なるべし、何れにしても混合内閣を必要とするならんと云ふに付、余は然り、政党内閣など云ふ事は畢竟人物の問題にて人材だにあらば政党のみにて内閣を組織するも何等の妨げなかるべく、之に反して人材に乏しき間は政党内閣など云ひたりとて事実行はるべきものと思はれず、君等の如き人材のみ党内に在らば政党内閣固より易々たりと云ひたれば彼は失笑したり、（中略）

［一九一一年一月］十七日　秋元興朝来訪、国民党の大石、犬養が余及び松田に会見を望むと云ふに付、余は目下の情況に於ては徒らに世間の疑惑を醸すまでの事なるに因り其時機に非らざる趣旨にて返答せよと内談し置きたり、（中略）秋元は政治に経験乏しきに大に動き両党の提携を考へたる様なるが、是れ最も不得策の事にて、国民党の一半は官僚派に投ぜんとして成らず、一半は即ち犬養派にて孤立の境遇に在るに因り、政府か政友会か其孰れかに提携せんとして急なるものなるも、我党は別に彼等の援助を必要とするにも非らず、過半数の党員を有しながら百名にも満たざる国民党と対等の位地に立て提携など云ふ事は其不得策なること明かなる事なり、況んや政府と我党との関係は最も好意的にして、遠からず桂其位地を去る時は政友会の内閣となること疑なきに因り、体能く彼等の内交渉を謝絶したるなり、

（出典）原奎一郎編『原敬日記』第三巻、福村出版、一九六五年、七一・八一ページ。

【解説】憲政本党内には、政友会と結んで桂内閣との対決を策す「民党連合」の動きがあり、また政友会内にもそれに応じようとする者もあったが、原敬はそれを不利益と見なした。むしろ藩閥官僚勢力との提携のもとで、政党の地方基盤を強固にして党の拡大を図るとともに、提携の取引条件を有利に導き、また原が西園寺内閣の内務大臣をつとめることによって官僚機構に対する影響力を強め、これらを通じて藩閥官僚勢力と対抗した。ここに掲げた日記は、第二次桂内閣と政友会とが「情意投合」し協同一致して憲政を行って行くということを宣言（一九一一年一月二九日）するに至る過程で書かれたものである。「情意投合」という言葉は、反対者からは政友会と藩閥官僚の妥協

馴れあい的政治を意味する語句として批判的に使用された。

214 立憲国民党の創立　一九一〇年三月一三日

従来新政党問題に関しては二種の傾向あり。一は単に非政友的大合同の目的に依りて為さんとするもの、一は斯る漠然たる感情を離れて一定の主義政綱の下に同志の糾合を図らんとするもの是れなり。今回我党の計画せる所は、前者の如き漠然たる目的に出でたるものに非ずして、第一には責任内閣の樹立、第二には偏武的政策の矯正てふ二大政綱を天下に標榜して、此主義綱領の下に広く同志を糾合して、党の一大発展をなさんとするものなり。我国憲政を施行して茲に二十余年、而も政抦[柄]は一部閥族の壟断する所となりて、国民は実際政治と全く相関する所なし。此故に苟《いやし》くも憲法政治の下に政党を結ぶものは、責任内閣の樹立を以て天下に徇《とな》ふるを以て根本の大問題とせざる可からず。次に帝国現下の財政に於て、国費の大部分を軍費に割くの実状なるは国民の深く考慮を要すべき点なり。而して国費の分配に於て文武の均衡を維持せんには、一には軍事費と一般政費との均衡を察し、一には軍事費中に於て分配の方向を考へ、国民の政治的経済的発展の向ふべき所に対しては、宜しく軍費を惜まずして之を投ずるを要す。是れ所謂文武の均衡なるものゝ二大要点なりとす。而して以上二大政綱の如きは、一に国家の状態と四囲の事情とに応じて緩急按排すべきのみ。要するに斯る確然たる政綱の下に新政党を樹立するは、我党宿昔の希望の茲に実現したるものにして、蓋し憲政上の一大進歩たらずんばあらず。

（出典）犬養毅「新政党組織顛末」『政友』第一一六号、一九一〇年三月。

【解説】桂園体制下において非政友勢力では、政友会に対抗できる新党組織が課題となっていた。しかしその核となるべき憲政本党には、藩閥官僚勢力を支持する大同倶楽部の参加をめぐって、それを認め二大政党の出現を当面の課題とする勢力（改革派）と、小さくとも反藩閥・反官僚の主義を明確にできる者の結集でなければならないとする勢力（非改革派）が対立していた。この史料は、一九一〇年三月に立憲国民党が樹立された際に行われた憲政本党解散式での犬養毅の演説であり、ここでは国民党創設が非改革派の路線に立っていることを述べている。

215 「内に立憲、外に帝国」　一九〇五年一〇月

抑《そもそも》輓近《ばんきん》列国競争ノ局勢ヲ支配スル二大潮流アリ、此ニ順《したが》フモノハ興リ此ニ逆フモノハ衰フ。二大潮流トハ他ナシ其一ハ則チ立憲主義ニシテ其二ハ則チ帝国主義ナリ。而シテ此二主義ハ併行シテ相悖《もと》ルモノニ非ス、即チ内立憲主義ヲ取リ外帝国主義ヲ行ヒ表裏相依リ相須《ま》チテ始メテ方今ノ大勢ニ応スヘシ。顧フニ此二主義ハ国民的自覚ニ発シテ国民的自信ニ立チ国民的活動ニ依リテ大成スルモノナリ。彼ノ閥族ノ政

柄ヲ擅私スルカ如キ党人ノ私利是レ事トスルカ如キ固ヨリ国民的ニ非ス。（中略）

顧フニ維新五条ノ御誓文ハ炳〔へい〕トシテ日星ノ如ク、開国進取ノ国是ハ巍々トシテ山嶽ノ如シ、今日ニ至リテ豈復タ言議ヲ要センヤ。然レトモ閥族ノ徒動〔やや〕モスレハ憲法ノ精神ヲ蹂躙シ、党人ノ輩往々国是ノ方針ヲ忘却シテ、苟且〔こうしょ〕退嬰ノ惰気漸ク上下ニ充チ徒ラニ国運ヲ沈滞セシメシハ、吾人カ過去ニ顧ミテ甚タ遺憾ニ堪ヘサル所ナリ。然ルニ今ヤ対露戦役ノ大難ハ端ナクモ我カ国民ヲ警覚シタリ。見ヨ斯クノ如キ軍隊ノ忠勇全勝ト挙国一致ノ活動トハ国民的自覚自信ノ力ニ非スシテ果シテ何ノ力ナルカヲ。而シテ彼ノ閣臣及元老等カ外屈辱的条約ヲ締結シテ国家ノ威信ヲ損傷シ内公憤的輿論ヲ圧迫シテ憲法ノ尊厳ヲ汚瀆シ糊塗弥縫〔びほう〕以テ其責任ヲ逃避セントスルハ、則チ非国民的ノ方針ヨリ出テタル失体ニ外ナラス。（中略）

夫レ国民既ニ自覚シ自信シ活動ス、内ニハ憲政ヲ振張シ外ニハ国力ヲ発展シ以テ帝国ノ大任務ヲ行フ敢テ難キニ非サルヘシ。戦後経営ノ問題ノ如キハ自ラ刃ヲ迎テ解ケンノミ、吁是〔ああ〕レ国運大転ノ時会ナリ、人心一新ノ好機ナリ、吾人不敏ナリト雖モ奮テ全国ノ同志ト共ニ聊〔いささ〕カ君国ニ報効スル所アラント欲ス。若シ夫レ吾人ノ行路ニ横リテ大革新ノ気運ヲ遮ルモノアラハ吾人ハ之ヲ排除シテ以テ進ムヘシ、其閥族タルト党人タルトハ吾人ノ問フ所ニ非ラサルナリ。

（出典）「国民倶楽部設立の趣旨」蔵原惟昶『政界活機』蘇蔭山館、一九〇六年、八四―八六ページ。

【解説】藩閥官僚勢力と政友会の提携政治（桂園体制）にもっとも異論を唱え、政界革新を唱えたのが、日露講和反対運動を指導した政客であった。彼らは日比谷焼打事件に、改めて民衆の持つエネルギーを感じ、以後の政治的立脚点を民衆勢力に求め、より国家を強くして行く（帝国主義の実現）ためには、一般国民の力を重視しなければならない（立憲主義の実現）ということを基本にして、政治活動を開始する。国民倶楽部は、このような理念を持つ政治家が一九〇五年一〇月に結成したもので、このグループは大正前半までの政界再編に大きな役割を果たした。

2　社会運動の動向と地方改良運動

216　農村の疲弊　一九〇六年

太田村は南北五里東西二里に跨《また》がる、形に於ては一廉《いつかど》の大村なれども人烟稀《じんえんき》少《せう》、僅《わづか》に総戸数五百余《よ》を含むに過ぎず、而《し》かも其五百余戸中三百廿五戸は所謂《いはゆる》窮民の部に属する者にして其三百余戸中隣保の共済に依《よ》ることなくんば今日《こんにち》にも餓死せん〔ママ〕ずる者廿四戸ありといふに至つては又甚《はなはだ》惨ならずや（中略）

窮民の窮状は個々相同じからずと雖《いへど》も其窮せるや一なり土間《どま》に蓆《むしろ》を敷きて臥床《ぐわしやう》に宛《あ》てたるあり多勢《たぜい》の幼児を控《ひか》へて茫然《ばうぜん》と

して焚火《たきび》を囲める者あり、か丶り子の出征したる後《のち》老夫婦の菜飯を炊《かし》いで日を送るあり、押入もなき芥《ごみ》だらけの板間《いたのま》に悄《せう》然《ぜん》として草履《ざうり》を綯《うな》ふ者あり、雪白菜《さらず》を煑《[に]》んとするものあり、干菜《ほしな》を食《くら》ふ者あり（記憶せよ青菜は既に尽きたることを）此に干菜といふは何年前に干《ほ》したるものなるか知るべからず、

（中略）

其家内のむさくるしく塵《ちり》にまみれたる、其の壁の破れて何処ともなく寒風の吹き入り来る、其の畳もなく押入もなく寝具もなくばんばらばんとしたる板間又は土間の榾《[ほた]》を焚《た》いて家内一同の坐せる、其の干菜二分と米一分位の飯を二度々々（敢て三度々々といはず）の食事とせるが如き点に至つては殆ど皆相同じ、請《こ》ふ此等は平生よりの窮民にして凶作とは何等の関係のなき者なるべしなんど不通の通を言ふこと勿《なか》れ、今の窮民中には自《みづか》ら田を作りて凶作に失敗したる者と田は作らざるも凶作の為に賃仕事を失ひたる為生計に窮するに至れるものと二様あり、今の窮民の多くは大抵此の第二種に属するものなり、現に稲刈の如きも刈りてせんなき稲なればとて今日《こんにち》迄《まで》も尚打棄ておきたる所あり稲刈に雇はれんと期したるもの丶窮し来るは自然のみ、（中略）天明の飢饉ならばこそあれ、明治年代の飢饉は凶作にて米が不足なる為とて生ずるが如き単純なる飢饉に非ずと知るべし

（出典）　杉村楚人冠「雪の凶作地」『明治文学全集91　明治新聞人文学集』筑摩書房、一九七九年、三一二―三一四ページ（初出は『東京朝日新聞』一九〇六年一月二五日）。

217「米と人間との相場表」　一九一二年六月一日（→図217）

【解説】　戦争遂行のために設けられた非常特別税が継続されたことや、新たな軍拡が行われたことによって、国民生活は圧迫された。特に農村では、余業と出稼ぎによって、ようやく生活を維持していた小作人の窮乏が目だった。杉村楚人冠（本名、広太郎）は東京朝日新聞の代表的記者であり、この記事は戦争直後の福島・宮城・岩手三県における農村窮乏の様子を描いたものである。この年は特に冷害が酷く、杉村は、福島県安達郡太田村では村内の六五％が窮民であり、それも賃仕事がなくて飢えている状況を描き出している（史料216）。

米価は、一九〇三年を一〇〇とした場合、一〇ポイント前後の幅で上下していたのが、一九一一年には一二六、一九一二年には一五二と上昇している（大川一司他『物価』長期経済統計8）。図217では米一石が二二円に急騰したことについて、巡査給料の一七円をはじめとして車夫一四円、車掌・腰弁一三円、女教員一二円、点灯夫九円、女工八円、屑拾六円九〇銭、烟突掃除五円三〇銭など、人々が「お手上げ」であることを皮肉っている。掲載されている『東京パック』は、北沢楽天が主宰していた漫画雑誌で、楽天はこの時期の風刺漫画界においてもっとも人気を博していた（この絵は筆者不明）。

218　全国商業会議所聯合会の悪税廃止建議書　一九〇八年一月

戦後国政の料理上最も周密なる注意を払ひ、以て最も慎重に画策するを要する所のものは実に財政の方策なりとす。財政の方策にして其の当を失せんか、啻《ただ》に政府の施設遂行上少からざる支障を来すべきのみならず、一般国民をして事業経営上直接に間接に多大の困難を感ぜしめ、其の結果自ら遂に国力の発展を阻碍し、国運の進歩を妨害するに至る。（中略）然るに今回政府が四十一年度予算として本期議会の協賛を求めんとする所を見るに、啻に毫も見るべきの調節を其歳出の上に加へたるの実なきのみならず、更に其の不調節なる歳出額に対し強ひて歳入額の欠陥を補填せんが為に、敢て酒造税・麦酒税・酒精含有飲料税及砂糖消費税を増課し、又新に石油消費税を課徴せんとす。何ぞ其挙の不親切にして其計画の拙劣なる。吾人は事茲に至りて唖然言ふ所を知らざるなり。吾人は断言す、吾人は絶対的に此等の増税計画の不当不可なることを確認する者なることを。（中略）

抑々我歳計をして斯の如く膨大ならしめ、我財政をして斯の如き窮状を呈せしむるに至れるの主因果して何の処にかある。他なし、政府が戦後経済の要道を弁ぜずして、一意国防軍備の完成を計るを事とするが為めなり。（中略）

今吾人の要望する所を約言すれば、断じて此種の財政計画を撤廃すると同時に、塩専売・通行税・織物消費税を全廃し、尚営業税以下諸税に適当なる改正を加へ、以て不統一不均衡なる現行税制を釐革《りかく》し、而して一方に於ては断々乎として十分の調節を歳出予算の上に加へ、国防軍備の一面に資力の大部分を偏注して却て国本の培養国力の充実を計るの策を忽《ゆるがせ》にすることなく、所謂積極的方針の正義に則り生産的政費と不生産的政費との間に適度の均衡を保持せしめ、以て歳計総額に於て少くも五千万円以上を節減して、歳計予算の過大な

図217　米と人間との相場表

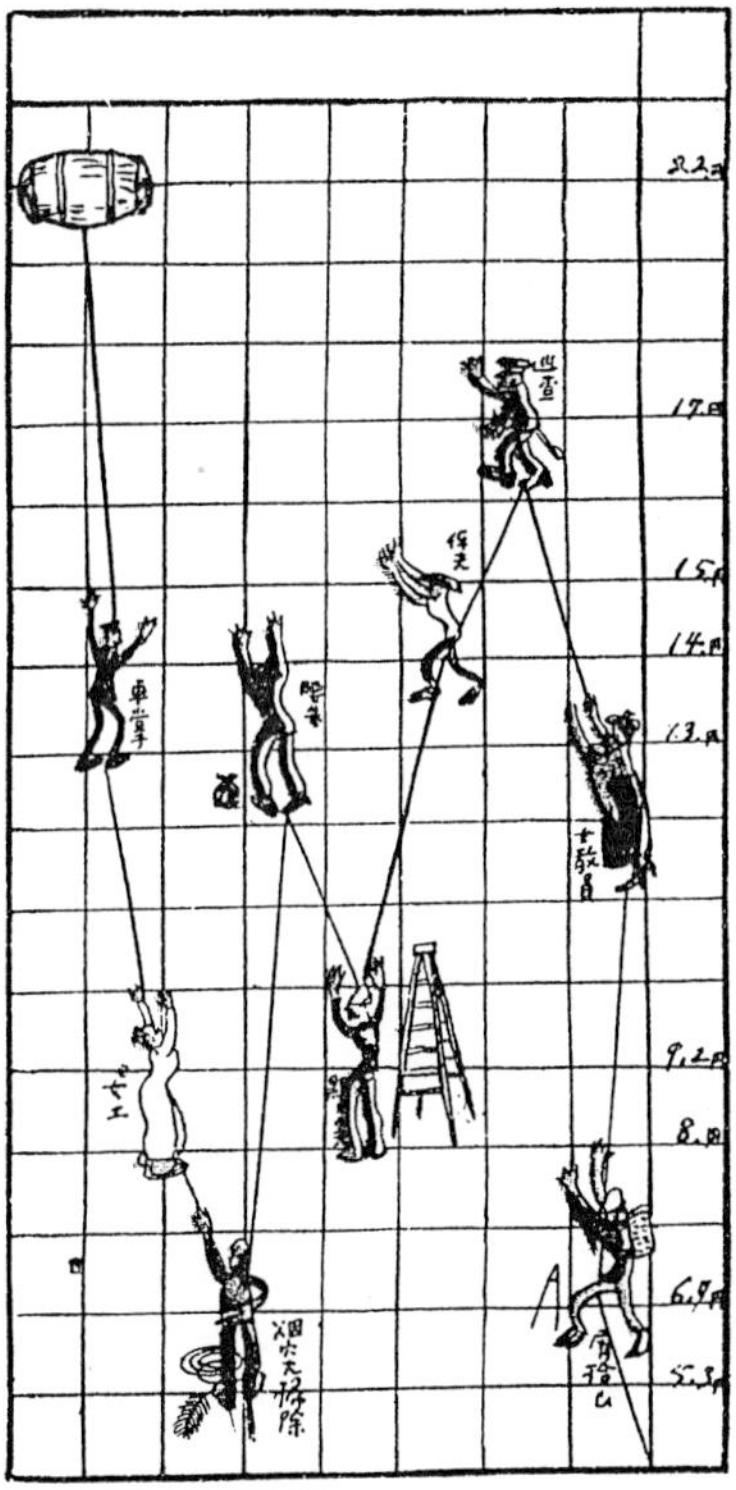

（出典）『東京パック』第8巻14号，p. 3，1912年6月1日.

る膨脹を抑制せんとす。

（出典）大蔵省編『明治大正財政史』第六巻、経済往来社、一九五七年、一五二―一五四ページ。

【解説】経済界では、戦争直後は株式会社の設立ブームが起こり、いったんは活況を呈したものの、一九〇七年後半からは戦後恐慌が襲い、不景気は長期化することになる。戦費調達への協力によって地位を高めつつあった銀行界は、公債整理と税制整理を第一次西園寺内閣に求めた。実業界においても、一般商工業者の利害を代弁していた商業会議所連合会は新増税（石油消費税・酒税・砂糖消費税）反対、三悪税（塩専売・通行税・織物消費税）廃止、営業税軽減、軍備拡張反対を決議し、一九〇八年一月から全国をあげての運動を開始し、同年の総選挙には実業家の政界進出を図り、しだいに政治力を高めていった。

219　電車賃値上反対市民大会宣言・決議　一九〇六年九月五日

宣　言

内務大臣ハ市内三電車会社ニ対シ其合併後ニ於ケル四銭均一ノ許可ヲ与ヘタリ。嗚呼是レ一私立会社ノ私利ノ為メニ市民二百万ノ公益ヲ犠牲ニ供スルノ挙タリ。内務大臣タル者果シテ何ノ見ル所アリテ此挙ニ出デシヤ、或ハ曰フ合併後乗車ノ共通ハ会社ノ損失ニ帰スヘキナリト、然レドモ合併ノ結果タル経費ノ減縮ハ之ヲ償フテ余リアル所ナリ、且逐年住民増加ノ急劇ナルハ将来乗客ノ劇増ヲ予測シ得ベキニアラスヤ。吾人ハ合併後ニ於テ三銭均一制ヲ維持スルノ会社ノ私利ヲ害スヘキ理由ヲ発見スル能ハサルモノナリ。且夫レ都市ノ繁盛ヲ計ルハ交通機関ノ整備ヨリ急ナルハ莫シ、我東京市ガ年々鉅費ヲ拋テ市区ヲ改正シ道路ヲ修築シテ以テ電車布設ノ便ニ供スルモノ職《つとめ》トシテ之ニ由ラズンバアラズ、是レヲ之レ慮ラズシテ濫リニ電車賃料ヲ上グルガ如キハ交通機関ノ効用ヲ阻害スルノ甚シキモノニシテ市運盛衰ノ繫ル所ヤ頗ル大ナリ。然ルニ内務大臣ハ極メテ許可ノ手続ヲ秘密ニ附シ独リ三会社ノ願意ノミヲ是レ聴キ市民ノ輿論ハ全ク之ヲ無視シ突如トシテ此許可ヲ断行セリ、是レ吾人ノ解スル能ハサル所ノモノナリ。夫レ賃料一銭ノ増加ハ現在一箇年ノ乗客一億五千万人ニ対シ百五十万円ノ増収タリ、百五十万円ノ金額ハ実ニ現在東京市税金額ノ半数ニ均シキモノナリ、而シテ三会社ノ現況ヲ顧レハ株券ノ価殆ンド其額面ニ二倍スルノ盛況ヲ呈セリ。斯ル盛況ヲ呈セル会社ヲシテ今ヤ故ナク東京市税ノ半額ニ相当スヘキ鉅利ヲ増収セシメ、之カ為メ交通機関ノ効用ヲ阻害シ市運前途ノ発達ヲ障碍スルノ挙タル、即チ一私立会社ノ私利ノ為メニ市民二百万ノ公益ヲ犠牲ニ供スルニ非ラズシテ何ゾヤ。是レ二百万市民ノ断シテ忍容スル能ハサル所ノモノタリ。今ヤ四銭均一実行ノ期既ニ迫マル、吾人ハ内務大臣ノ期日ニ先チテ其許可ヲ取消サレンコトヲ希望スルモノナリ。若シ夫レ内務大臣ニシテ頑トシテ其非ヲ改ムルコト無カランカ、吾人ハ更ニ適当ノ矯正手段ヲ執ルノ已ヲ得サルモノアリ、因テ玆ニ之ヲ宣言ス。

決　議

東京市民大会ハ電車問題ニ付左記各項ノ目的ヲ貫徹センコトヲ期ス。

一、当局者及当業者ヲシテ三銭均一制ヲ厳守セシムル事。

一、学生労働者ノ為メニスル割引時間ヲ延長セシムル事。

一、乗客定員ヲ減少シ車輛ヲ増発セシムル事。

一、危害予防ノ設備ヲ完成セシムル事。

（出典）『原敬関係文書』第八巻、四〇六―四〇七ページ。

【解説】　日露戦後不況にもかかわらず、電車・電力（電灯）・ガスなどの運輸・通信・公益事業は発展した。これはおもに都市の拡大に応じたものであり、電車部門については市街電車の寄与するところが大きかった。これらの事業は民衆の市民生活と密接な関係を有していたため、電灯料金や乗車賃の値上げなどをめぐって、しばしば反対の「市民大会」が開催されることになった。ここに掲げた史料は、一九〇六年九月五日（日比谷焼打事件の一周年に当たる）に行われた東京市街電車合併・運賃値上反対の市民大会宣言・決議である。市民大会散会後の夕方から電車の襲撃・投石・破壊・焼き打ちなどの騒擾が起こり、これは約一週間継続した。これと同様な都市民衆運動は、その後さまざまな問題をきっかけとして全国各地で発生した。

220　大逆事件　一九一〇年

無政府主義の革命といへば直ぐ短銃や爆弾で主権者を狙撃する者の如くに解する者が多いのですが、夫は一般に無政府主義の何者たるかゞ分つて居ない為めであります、弁護士諸君は既に御承知になつてる如く、同主義の学説は殆と東洋の老荘と同様の一種の哲学で、今日の如き権力武力で強制的に統治する制度が無くなつて道徳仁愛を以て結合せる相互扶助共同生活の社会を現出するのが人類社会自然の大勢で、吾人の自由幸福を完くするのには此大勢に従つて進歩しなければならぬといふに在るのです。（中略）

私共が革命といふのは、甲の主権者が乙の主権者に代るとか、丙の有力な個人若くば党派が、丁の個人若くば党派に代つて、政権を握るといふのではなく、旧来の制度組織が朽廃衰弊の極、崩壊し去つて、新たな社会組織が起り来るの作用をいふので、社会進化の過程の大段落を表示する言葉です、故に厳正な意味に於ては、革命は自然に起り来る者で、一個人や一党派で起し得る者ではありません。（中略）

無政府主義者が一般に革命運動と称して居るは、直ぐ革命を起すことでもなく暗殺暴動をやることでもありません、唯た来らんとする革命に参加して応分の力を致すべき思想智識を養成し能力を訓練する総ての運動を称するのです、新聞雑誌の発行も書籍冊子の著述頒布も演説も集会も、皆な此時勢の推移し社会の進化する所以の来由と帰趣とを説明し之に関する智識を養成するのです、そして労働組合を設けて、諸種の協同の事業を営むが如きも、亦《ま》た革命の際及び革命以後に於ける共同団結の新生活を為し得べき能力を訓練し置くに利益があるのです、(中略)

私は又今回の検事局及予審廷の調へに於て、直接行動てふことが、矢張暴力革命とか爆弾を用ゆる暴挙とかいふことゝ殆と同義に解せられて居る観があるのに驚きました。

直接行動は、英語のヂレクトアクションを訳したので、欧米で一般に労働運動に用ゆる言葉です、労働組合の職工の中には無政府党もあれば社会党もあり、忠君愛国論者もあるので、別に無政府主義者の専有の言葉ではありません、そして其意味する所は、労働組合全体の利益を増進するのには、議会に御頼み申しても埒が明かぬ、労働者のことは労働者自身に運動せねばならぬ、議員を介する間接運動でなくして、労働者自身が直接に運動しやう、即ち総代を出さないで自分等で押し出さうといふのに過ぎないのです。

今少し具体的に言へば、工場の設備を完全にするにも労働時間を制限するにも、議会に頼んで工場法を拵へて貰ふ運動よりも、直接に工場主に談判する、聞かれなければ同盟罷工をやるといふので、多くは同盟罷工のことに使はれて居るやうです、(中略)

故に直接行動を直に暴力革命なりと解し、直接行動論者たりしといふことを今回事件の有力な一原因に加へるのは理由なきことです。

(出典)　一九一〇年一二月一八日付幸徳秋水書簡、幸徳秋水全集編集委員会編『幸徳秋水全集』第六巻、明治文献、一九八二年、五二二・五二六・五二九・五三一―五三三ページ。

【解説】　労働運動の復活とともに、社会主義運動も再び動きはじめた。第一次西園寺内閣は、一九〇六年二月二八日に日本社会党結成を黙認したが、第二次桂内閣は、社会政策を推し進めるいっぽうで、社会主義運動に対しては厳しい方針で臨み、出版集会などを制限し警視庁に特別高等警察を設置(一九一一年八月)して監視した。社会主義運動の弾圧事件としてフレームアップされたのが大逆事件であった。長野県において宮下太吉ら四名が天皇を暗殺するために爆弾を製造・所持したとして爆発物取締罰則違反で検挙された(一九一〇年五月)ことをきっかけに、社会主義者が次々と逮捕され、幸徳秋水をはじめとする二六名が大逆罪に当たるとして起訴された。大半の被告は事件とは無関係であり、幸徳が捕えられたのも、無政府主義者として直接行動論を唱えていたからであり、天皇暗殺とは官憲側の誤解と予断に基づくものであった。大審院は一九一一年一月一八日に二四名に死刑(二名懲役)を宣告し、二四日に幸徳ら一一名、二五日に管野スガが処刑された(一二名は無期懲役に減刑)。本史料は公判中に弁護士(磯部四郎・花井卓蔵・今村力三郎)にあてたもので、無政府主義や直接行動論に対する誤解を正そうとしたものである。

221 地方改良運動(1)

惟ふに聖旨を奉体し、国運の発展を図るの途は、民力の涵養と風紀の振興とに在り。国家の財政と同じく、地方の財政に於ても亦冗費を節し濫出を制して、之が緊粛整理を図り、更に一般国民に向て奢侈の弊を誡め、倹素の風を奨むると共に、一面進で殖産興業を盛にし、勤労の風を興し、醇厚の俗を養ひ、人心を作興するの道を講じ、斯の如くにして其矯《た》むべきは之を矯め、興すべきは之を興し、積極消極其一に偏せず、物質精神並び進で以て宇内の大勢に応じ、文明の恵沢に均霑《きんてん》せんことを勉めざるべからず。凡そ中央と地方とを問はず、公私同軌、朝野一途、皆此方針に依り健[ママ]々[彊]彊《つと》めて息《や》まざるは、是寔《まこと》に国運発展の基にして、方今の世局に処するの途蓋し此外に出でず。庶幾《こいねがわ》くは諸君と与に日夕服膺して其奉[実]行に努力せんことを。地方団体は国家の基礎にして、自治制は国法の大本なり。(中略)抑々《そもそも》地方自治行政の整理と発達如何とは、直に一国の盛衰消長に至大の関係を有す。此故に其整理を要すべきものは、期間を指定して厳に之が励行を促し、其施設経営を要すべきものに就ては汎く他の範と為すべきものを紹介して之が提撕《ていせい》に努め、財務の整理、事業の経営両《ふた》つながら監督指導其宜しきを制することを期すべし。殊に郡長は第一次監督の任に当るものなるを以て、町村行政に対しては多大の趣味と熱誠とを持して之が指導に尽さしむるを要す。

近来世上危激なる論説を鼓吹し、又は卑猥なる冊子を頒布するの類少からず。此の如きは社会の秩序及び風教を維持する上に於て最も憂ふべきの事に属す。随て之が取締を緩漫に付すべからざるは固より論を竢《ま》たずと雖、之を其の既に起れる後に於て治めんよりは、寧ろ之を其の未だ起らざるの前に於て予防するに若かず。即ち其根本に遡りて之が禍根たるべき原因を除かんことを計り、各人をして其生に安んじ、其処を得せしめんことを期すると与に、民風の薫化、人心の陶冶に力め、以て健全醇厚の美風を養ふを要す。若し夫れ少年子弟を教化して風紀改善の根本を立つるは、則ち教育の力に須たざるべからずと雖、又一面には所謂恒産を起して以て恒心を養ひ、風紀の頽廃を未然に防ぐの計を講ぜざるべからず。即善行表彰の事業、模範職工、小作人の奨励、篤志家の懇談会、青年会、報徳会、其他経済矯風に関する講演等、各地の情状に応じて之を活用し利導して、勤労の精神と協同輯睦の美風を涵養するに努められんことを望む。政府は是等地方改善の事業に就ては更に計画を尽し、務て便宜と助力とを与へんことを期す。

近来地方に於て民衆相協同して事業の施設を為すの趣向を見るに至れるは、自治の要素を養ひ、其基礎を鞏固ならしめ、道徳と経済との調和を計るが為に最も慶すべき現象と云ふべし。今回本省に於て開催したる感化救済事業の講習会[2]に付て之を観るも、講習生の中には町村吏員有り、中小学教員あり、殊に神官及神道、仏教、基督《[キリスト]》の各宗教家の之に加はれること殆ど全員の半に及びたるが如きは最も注目すべきことに属す。又地方に於ける殖産興業の事は、我邦の如き小農、小商工を以て国家産業の原力と為す国に於て、其資本の融通を助け、産業の便宜を得せしむるが為に相協同せしむるは最も必要の事にして、彼の産業組合、貯蓄組合又は共済組合の如きは、此目的を達するが為に最も適切の方法なるべく、近頃漸く其発達を見るに至りたるは頗る喜ぶべきなり。其他灌漑、排水、荒蕪《[荒蕪地]》の開拓、林野の整理等各種公益の事業が地方協同の力に依りて能く其完成を見たるの例甚少からず。地方自治当局者を始め有志家、篤志者同心協力して之が中心と為り、益々之が作興を促すに至らば、庶幾くは風紀を改善し、産業を興隆し、自治の発達随て期するを得べし。

（出典）「平田東助内相訓示」一九〇八年一〇月一四日、大霞会編『内務省史』第四巻、地方財務協会、一九七一年、三五六―三五八ページ。

（1）戊申詔書。（2）貧困者の慈恵救済を目的として一九〇八年九月から開催された。翌年七月から開催された地方改良講演会と同種の催し。

222　町村是制定の目的

各地に於ける調査書の内容を見ば、多くは現況調査、沿革調査（又は参考）及び将来の決定と三部に分ちて之れを編成し、以て町村是と称せり。而して或者は之を説明して曰く、現況調査と沿革調査とは即ち是れ町村是の体なり、将来の決定は即ち是れ用なりと、斯の如くにして現況調査は町村内の現象を明かにせむが為めに各種の統計を以てし、沿革調査は統計に依て明かにし得ざる事物の起原、并に変遷の跡を詳かにし、此現況及び沿革の事実に依て、以て将来の方針を定めんとするにあり。されば町村是は単に将来の方針を設定するのみに非ずして、過去現在の事実調査を以て却て其主体となすものゝ如し。（中略）

町村是は過去現在未来を明かに示して、以て町村自治の用に具ふ。其未来に属するものは未だ現実ならざるものにして仮定なり。此仮定をして現実たらしめむことは、町村是調査の最後の目的なりとす。而して此仮定をなさしむるものは、過去現在の事実によりて推断せらるべきものなれば、過去と現在とが即ち未来を実現しつゝあるものと云ふべきなり。

（出典）森恒太郎『町村是調査指針』一九〇九年一一月（神谷慶治監修『地方改良運動史資料集成』第一巻、柏書房、一九八六年、一二一ページ）。

【解説】 いっぽうでは日露戦後の農村の疲弊に対して、他方では社会主義運動の拡大を事前に防制するための方策の一つとして、この時期に内務省を中心にして推進されたのが地方改良運動であった。この地方改良運動を推進する際の精神的支柱とされたのが一九〇八年一〇月一三日に出された戊申詔書であり、その一節では「上下心ヲ一ニシ忠実業ニ服シ勤倹産ヲ治メ惟《こ》レ信惟レ義醇厚俗ヲ成シ華ヲ去リ実ニ就キ荒怠相誡メ自彊息《じきょうや》マサルヘシ」と述べられていた。平田東助内相は翌日開催された地方官会議において、詔書の意味するところを敷衍して説明するとともに、後半部において社会主義運動を予防するために恒産恒心の養成、風紀改善、協同の精神が必要なことを訓示した(史料221)。地方改良運動は、ここで述べられているように、町村官吏、中小学校教員、神主・僧侶・牧師、篤志家などの積極的な関与を求めるとともに、青年団、報徳会、在郷軍人会などのさまざまな回路を通じて繰り広げられた。部落有林野の統一、町村是の制定、神社合祀、産業組合の活用、模範村の表彰、地方改良講習会の開催などがなされ、総体的には自助努力による町村の統合強化と振興がめざされた。このうち町村是とは、史料222に示したように、統計と沿革調査によって自治体の過去から現在への現象の変化を明らかにし、それをもとに将来執るべき方針を定めることを目的としていた。しかし柳田国男が「一種製図師のような専門家が村々を頼まれてあるき、また監督庁から様式を示して算盤と筆とで空欄に記入させたようなものが多い」(『時代と農政』)と述べているように、往々にして形式的なものに終わることも多かった。

223　在郷軍人の役割

在郷軍人たるや、戦時にありては、国家の運命を左右し、平時に在りては、国民の発達を指導するの任あり。かるがゆゑに在郷軍人たる者の責任は甚だ重しと謂《い》ふべし。(中略)

在郷軍人は、軍隊にありて養はれたる、確実なる精神と、強壮なる体力と、有益なる知識と、規律を守るの習慣とを善用して、おの〳〵その業務を励むべし。(中略)

在郷軍人は、その身分を弁《わきま》へ、名誉を思ひ、之に伴なふ責任を覚りて、郷党の中心となり、父老を助け、幼少を戒めて、剛健質実の美風を興し、且つ衛生を進めて一般の健康を増し、産業を勧めて地方を豊かにし、すべて協同一致の精神を持し、公共の事業に率先尽力すべし。ことに青年幼者は、将来の国軍を成すものなれば、自ら模範を示して之を導き、その精神を励まし、その体力を錬るに務むべし。(中略)

軍隊の良兵は、また地方の良民となるべきものにして、陸海軍が多数の屈竟なる壮丁を集めて、厳格なる教育を施すの目的は、要するに忠勇なる兵士を養成すると共に、忠良なる国民を造るにあり。されば在郷軍人は、その実践躬行《じっせんきゅうこう》を以て、この目的を貫徹し、軍人道徳は国民道徳に一致し、軍隊教育の精神は国民教育の本旨に合するの実を示すべきなり。

(出典) 田中義一『壮丁読本』丁未出版社、一九一六年、一二〇―一二四ページ。

【解説】地方改良運動の一翼を担ったものに、在郷軍人会がある。日露戦後から、田中義一はその組織化を図り、一九一〇年一一月には帝国在郷軍人会が設立され、全国的統一組織ができあがった。田中は、在郷軍人は軍隊で受けた教育を忘れず郷土における模範となるべきこと(良兵良民主義)を説いている。

3　天皇制の浸透と新思潮

224　学生生徒に対する文部大臣訓令　一九〇六年六月九日

学生生徒ノ本分ハ常ニ健全ナル思想ヲ有シ確実ナル目的ヲ持シ刻苦精励他日ノ大成ヲ期スルニ在ルハ固《もと》ヨリ言ヲ俟《ま》タス。殊ニ戦後ノ国家ハ将来ノ国民ニ期待スル所益々多ク、今日ノ学生生徒タル者ノ責任一層重キヲ加ヘタルヲ以テ、各々学業ヲ励ミ一意専心其ノ目的ヲ完ウスルノ覚悟ナカルヘカラス。然ルニ近来青年子女ノ間ニ往々意気銷沈シ風紀頽廃セル傾向アルヲ見ルハ本大臣ノ憂慮ニ堪ヘサル所ナリ。現ニ修学中ノ者ニシテ或ハ小成ニ安シ奢侈ニ流レ或ハ空想ニ煩悶シテ処世ノ本務ヲ閑却スルモノアリ、甚シキハ放縦浮靡ニシテ操行ヲ紊《みだ》リ恬《てん》トシテ恥チサル者ナキニアラス、斯ノ如キハ家庭ノ監督其ノ方ヲ誤リ学校ノ規律漸ク弛緩セルノ致ス所ニシテ、今ニ於テ厳ニ戒慎ヲ加フルニアラスンハ禍害ノ及フ所実ニ測リ知ルヘカラス。社会一部ノ風潮漸ク軽薄ニ流レムトスルノ兆アルニ際シ、青年子女ニ対スル誘惑ハ日ニ益々多キヲ加ヘムトス。就中近時発刊ノ文書図画ヲ見ルニ、或ハ危激ノ言論ヲ掲ケ、或ハ厭世ノ思想ヲ説キ、或ハ陋劣ノ情態ヲ描キ、教育上有害ニシテ断シテ取ルヘカラサルモノ尠シトセス。故ニ学生生徒ノ閲読スル図書ハ其ノ内容ヲ精査シ有益ト認ムルモノハ之ヲ勧奨スルト共ニ、苟《いやしく》モ不良ノ結果ヲ生スヘキ虞アルモノハ学校ノ内外ヲ問ハス厳ニ之ヲ禁遏スルノ方法ヲ取ラサルヘカラス。

又頃者《けいしゃ》極端ナル社会主義ヲ鼓吹スルモノ往々各所ニ出没シ、種々ノ手段ニ依リ教員生徒等ヲ誑惑《きょうわく》セムトスル者アリト聞ク。若シ夫レ斯ノ如クシテ建国ノ大本ヲ藐視《びょうし》シ社会ノ秩序ヲ紊乱スルカ如キ危険ノ思想教育界ニ伝播シ我教育ノ根柢ヲ動カスニ至ルコトアラハ、国家将来ノ為メ最モ寒心スヘキナリ。事ニ教育ニ当ル者宜シク留意戒心シテ矯激ノ僻見ヲ斥ケ流毒ヲ未然ニ防クノ用意ナカルヘカラス。

本大臣ハ国運ニ照シ時弊ニ鑑ミ特ニ茲ニ訓示ス。教育ノ当局者及ヒ学校長教員等ハ克《よ》ク本大臣ノ旨ヲ体シ、父兄保護者ト協心戮力《りくりょく》シテ風紀ヲ振粛シ元気ヲ作興スルニ努メ、学生生徒ハ自ラ修メ己ニ克チ学業ヲ成就スルニ専ニシテ、上下胥《あ》ヒ率キ以テ教育ノ効果ヲ完ウセンコトヲ期スヘシ。

(出典)『官報』一九〇六年六月九日。

【解説】教育勅語に集約された天皇を中心とする国体観、およびそれに照応する忠君愛国の国民道徳観は、日清戦後には民衆のあいだに浸透しはじめていた。しかし日露戦後になると、国家目標の喪失とあいまって、非国家的価値が噴出し、個人主義的思想が現れてくる。これらは、たとえば青年の「煩悶」「厭世」現象に表れ、石川啄木をして「時代閉塞の現状」と言わしめた。このような状況に対して、政府は引き締めを図り、ここに掲げた訓令のように注意を喚起し、あるいは戊申詔書を発し国民全体の教化を徹底しようとした。この史料の後半では社会主義への防御についても言及している。

225 南北朝正閏論争　一九一一年

所謂北朝ノ天皇ハ足利尊氏ノ擁立シタル天皇ト記シ候コト故、大義名分ハ相立候様ニ可被存候ヘ共、一々ノ場合ニ尊氏擁立云々繰返々々相記シ候事モ困難ニ付、其後往々何々天皇ト記サ、ルヲ得サルコトニ相成、万世一系天ニ二日ナキ大義ト相容レサルコト、相成様被存候間、北朝ノ方ハ大日本史等ノ例ニ従ヒ何院ト記シ(例ヘハ光厳院光明院等ノ如シ)、正統ノ天皇ト区別スル方可然哉ト存候。又南北朝ヲ記載スルニ就テハ、吉野ヲ南朝ト云ヒ、京都ノ方ハ偽朝ト記シ、京都ノ偽朝ヲ北朝ト云フト記スノ外無之歟ト存候。然ラサレハ同時ニ二朝廷アルカ如ク相見ヘ大義名分難相立哉ト存候。尤別紙書類ハ柴田書記官長ヘモ相廻ハシ、次ノ内閣会議日マテニ篤ト考究致呉候様依頼仕置候。右ノ件ハ教科書印刷準備等之都合モ有之、急ニ決定ヲ要スル義ニ御座候間、何卒次ノ内閣会議日ニ御決定相成度奉願候。

(出典)　一九一一年七月二六日付桂太郎宛小松原英太郎書簡「桂太郎関係文書」二九―12、国立国会図書館憲政資料室蔵。

【解説】　日露戦後の社会・国民統合のための国民道徳論と天皇中心の国体観は、日露戦後社会の動揺や社会主義運動の成長などに際会して、いっそう強調され、やがて学問界における論争にまで及んだ。南北朝正閏問題は、当時の国定小学歴史教科書が南北朝を並立させて記していたのに対して、北朝を認めることは国体上問題であるとして政治問題化した事件である。この事件は、桂内閣(文相小松原英太郎)が教科書の改訂を約束し、南朝を正統であるとし、歴代天皇表から北朝を除き、「南北朝」という語句を「吉野朝」と変えることによって決着し、以後学界も南朝正統論になびくことになった。この史料は、小松原文相が事件の決着方法について桂首相に提案したものである。

226 河上肇の国民道徳論批判　一九一一年三月

余の見る所――感ずる所に依れば、吾が日本人の思想は明治四十年代を一期として全く其の方向を転化したるものの如し。(中略)

清国に勝ちたる時は、是れ恐らく西洋文明の賜物ならんと様に考へ居たれども、既に露国にも勝ちたる以上は吾が日本人は、他の東洋諸国にも無く又た西洋諸国にも無き何等か偉

大の特徴を有し居るに相違なしとするの思想、勃然として吾が日本人の間に惹き起さるゝに至りたり。（中略）

是に於いてか、軽率なる一派の人人は、何等慎重の審議攻究を経ることなく、苟《いやし》くも今日の西洋に無くして我が日本に在るものならば、其の文明史的意義の如何を問ふことなく、片端より手当り任せに、各々其の思付きに従ふて復古的言説と運動とを開始するに至れり。曰く漢学の復興、曰く家族制の復興（維持と云ふよりも復古と云ふに近し）、曰く孝道の復興、曰く武士道の復興、曰く報徳宗の復興、曰く何、曰く何、其の発する所各々異れりと雖も、何れも皆な新たに展びんとするの要求に非らずして、一に古きを守らんとするの要求たり。（中略）

余の見る所に依れば、現代日本の最大特徴は其の国家主義に在り。（中略）

日本は神国なり。国は即ち神なりと云ふこと、是れ日本人一般の信仰なり。（中略）前にも云へるが如く、日本人の信仰に依れば、人民は凡て国家の機関にして、各個人は決して自存の目的を有し居るものに非ず。故に苟くも国家の利益の為めならば、国家は如何なる時に於いても又た如何なる程度に於いても、常に一定の犠牲を人民に命ずることを得べく、而して個人は既に国家の機関としてのみ生存し居ることを其の信仰とするが故に、此の如き犠牲の命令は彼等の絶対に反抗し得ざる所たるは勿論、其の犠牲の命令に対し道徳的批判を加ふるの余地だも存せざる也。（中略）

而して　天皇は此の神たる国体を代表し給ふ所の者にて、謂はゞ抽象的なる国家神を具体的にしたる者が吾国の　天皇なり。故に日本人の信仰よりすれば、皇位は即ち神位なり、天皇は即ち神人なり。（中略）故に日本に於いては、国家と天皇とは一体にして分つべからず。而して国家は吾等の神なるが故に、　天皇は即ち神の代表者たり。故に吾国に在りては、愛国が最上の道徳たると同時に、其の愛国と云ふことは軈《やが》て忠君と同義なり。知るべし、日本民族の特徴は忠孝の一本に非らずして、愛国と忠君との一本に在ることを。（中略）

世或は祖先崇拝、民族同祖のことを云為《うんい》し、以て日本人が　天皇を神の代表者と為すの信仰を説明せんとする者あれども、余の見る所に拠ればこは甚しき誤解にして而かも甚しく危険なる誤解なり。

（出典）河上肇「日本独特の国家主義」『河上肇著作集』第八巻、筑摩書房、一九六四年、一八六―一九四ページ（初出は『中央公論』一九一一年三月号）。

【解説】国民道徳論は、万世一系の皇統を国家成立の根本とする国体論に基づくものであり、家族国家観を媒介に忠君愛国の道徳を強調するものであった。しかし既に記したように、日露戦後には、国家的価値を第一とすることに異を唱える動きも現れてくる。京都大学講師であった経済学者の河上肇は、如上の概念を信仰として国家主義の風潮に対して批判を加えている。

227 明治の終焉 一九一二年七月三一日

七月三十一日。

鬱陶《うっとう》しく、物悲しい日。

新聞は皆黒縁《くろぶち》だ。不図新聞の一面に「睦仁《むつひと》」の二字を見つけた。下に「先帝御手跡」とある。孝明天皇の御筆かと思うたのは一瞬時《いっしゅんじ》、陛下は已《［すで］》に先帝とならせられたのであった。新帝陛下の御践祚《ごせんそ》があった。明治と云う年号《ねんごう》は、昨日限り「大正《たいしょう》」と改められる、と云う事である。

陛下が崩御になれば年号も更《かわ》る。其れを知らぬではないが、余は明治と云う年号は永久につゞくものであるかの様に感じて居た。余は明治元年十月の生れである。即ち明治天皇陛下が即位《そくい》式《しき》を挙げ玉うた年、初めて京都から東京に行幸《みゆき》あった其月東京を西南に距《さ》る三百里、薩摩に近い肥後葦北《あしきた》の水俣《みなまた》と云う村に生れたのである。余は明治の齢《よわい》を吾齢と思い馴《な》れ、明治と同年だと誇《ほこ》りもし、恥じもして居た。

陛下の崩御《ほうぎょ》は明治史の巻を閉《と》じた。明治が大正となって、余は吾生涯が中断《ちゅうだん》されたかの様に感じた。明治天皇が余の半《はん》生《せい》を持って往っておしまいになったかの様に感じた。物哀《ものかな》しい日。田圃向うに飴屋《あめや》が吹く笛の一声《ひとこえ》長く響いて、腸《はらわた》にしみ入る様だ。

（出典） 徳富蘆花『みみずのたはごと』下巻、岩波書店、一九七七年、八三—八四ページ。

【解説】 一九一二年七月三〇日に明治天皇は没した。「国体」概念の浸透は、人々に明治日本の発展を明治天皇の事業によるものとのイメージを強固に抱かせるものとなっていたから、その死は国民に深い悲しみを与えるとともに、一時代の終わりを感じさせるものとなった。東京郊外に隠遁生活をしていた徳富蘆花は、天皇の発病に「真黒い雲が今我等の頭上を覆ふて居る」と感じ、年号が変わったことで「生涯が中断された」と思ったと記している。

228 美濃部達吉の天皇機関説 一九一二年

昨年七月余ガ文部省ノ委嘱ニ依リ其ノ開催セル中等教員講習会ニ於テ帝国憲法ノ大要ヲ講述シ、後其ノ筆記ニ修正増補ヲ加ヘ「憲法講話」ト題シテ余ノ私著トシテ之ヲ公ニシタルニ、意外ニモ此等ノ根本問題ニ関スル余ノ見解ニ対シテ甚シキ非難ヲ加フル者アリ、目シテ「国体ニ関スル異説」(1)ト為シ、数種ノ新聞雑誌ニ其ノ説ヲ掲ゲ大声疾呼シテ其ノ「極力排斥スベキノ思想」ナルコトヲ唱フ。（中略）

国家及政体ニ関シテ余ガ「憲法講話」ニ於テ述ベタル所ハ大体ニ於テ「日本国法学」ニ述ブル所ト其ノ趣意ヲ同ジウス。

試ニ其ノ要領ヲ摘記スレバ、
一、国家ハ一ノ団体ニシテ法律上ノ人格ヲ有スルモノナルコト（憲法講話二頁乃至十七頁）
二、統治権ハ此ノ団体的人格者タル国家ニ属スル権利ナルコト（十七頁乃至十九頁）
三、国家ハ団体的人格者（法人）ナルガ故ニ凡テノ団体ト同ジク常ニ機関ニ依リテ活動スルモノニシテ国家ノ活動ハ即チ国家機関ノ活動ナルコト（五頁乃至七頁）
四、国家機関ノ組織ハ国ニ依リテ多クノ異同アリ、其ノ異同ニ依リテ政体ノ区別ヲ生ズルコト（二三頁二四頁）
五、国家機関中ニハ必ズ一ノ最高機関アリ、通常主権者トイフハ正確ニ言ヘバ即チ最高機関ノ意ニシテ、此ノ最高機関ノ組織如何ニ依リ君主国ト共和国トノ別ヲ生ズルコト（二四頁乃至三〇頁）
六、君主国、共和国、立憲国、専制国、封建国等ノ別ハ何レモ政体ノ別ニ外ナラズ、一ヲ国体ノ区別トシ、一ヲ政体ノ区別トナシ全ク其ノ類ヲ異ニスルモノト為スハ学問上正当ナラザルコト（四五頁乃至四八頁）
七、君主国ニ於テモ君主ハ自己ノ権利トシテ統治権ヲ有スルニ非ズ、君主ハ国家ノ最高機関トシテ国家ノ統治権ヲ総攬スルモノニシテ、統治権ヲ実現シ行使スル最高ノ権力ハ固ヨリ君主ニ属スト雖モ、其ノ権力ハ君主ガ自己ノ権利トシテ之ヲ享有スルニ非ズ、権利ノ主体タルモノハ君主ニハ非ズシテ国家ナルコト（六五頁乃至六八頁）

等ナリ。論者ガ余ノ説ヲ非難セルモ亦専ラ此等ノ諸点ニ在リ。論者ハ余ガ国家ハ団体ナリト曰ヘルヲ解シテ人民ガ即チ国家ナリト為スモノトナシ、国家ガ統治権ノ主体ナリト曰ヘルヲ解シテハ即チ人民ガ統治ヲ行フノ主体ナリト為スモノニ外ナラズト為シ、更ニ余ガ君主ハ国家ノ最高機関ナリト曰ヘルヲ解シテハ機関トハ使用人ノ意ニ外ナラズトシ、君主ガ国家ノ機関ナリトイフハ君主ヲ以テ人民ノ使用人タラシムルモノナリト為シ、余ノ説ハ帝国ノ国体ヲ無視シ、万世一系ノ天皇帝国ヲ統治スルノ大義ヲ排斥スルモノト為スナリ。

（出典）美濃部達吉「国体及政体論」（星島二郎編『最近憲法論』実業之日本社、一九一三年、三七〇―三七三ページ。初出は『国家学会雑誌』第二六巻第八―一〇号）。

（1）上杉慎吉の論説（『太陽』一九一二年六月一日号掲載）。美濃部は同誌の七月一日号で応酬している。

【解説】　明治天皇の死亡は国民にショックを与えたが、同時に天皇の代替わりは天皇を中心にすえた明治国家の政治運営に影響を与えることになる。明治天皇は政治的決定にあたって自ら裁定を下す場合があり、またそれが出来るだけの権威を身につけていったが、新たに即位した大正天皇はそれが不可能であったことから、天皇の不親政が実質的に制度化されていくことになる。これと同時期に、憲法論の次元でも一つの論争が起こっていた。それは美濃部達吉が『憲法講話』(一九一二年三月)で展開した天皇機関説に対して、明治憲法の天皇親裁の規定を文字通りに解釈しようとする上杉慎吉らが反撃を加えたのである(坂野潤治氏の指摘による)。引用した部分は、美濃部の主要な論点と、それに対する反論の要約であり、天皇機関説的憲法理解は、その後の大正デモクラシーの展開に大きく影響した。

229　平塚らいてう「元始女性は太陽であつた——青鞜発刊に際して」一九一一年九月

元始、女性は実に太陽であつた。真正の人であつた。

今、女性は月である。他に依つて生き、他の光によつて輝く、病人のやうな蒼白い顔の月である。

偖《さ》てこゝに「青鞜」は初声を上げた。(中略)

私共は隠されて仕舞つた我が太陽を今や取戻さねばならぬ。

「隠れたる我が太陽を、潜める天才を発現せよ、」こは私共の内に向つての不断の叫声、押へがたく消しがたき渇望、一切の雑多な部分的本能の統一せられたる最終の全人格的の唯一本能である。(中略)

青鞜社規則の第一条に他日女性の天才を生むを目的とすると云ふ意味のことが書いてある。

私共女性も亦一人残らず潜める天才だ。天才の可能性だ。可能性はやがて実際の事実と変ずるに相違ない。只精神集注の欠乏の為、偉大なる能力をして、いつまでも空しく潜在せしめ、終に顕在能力とすることなしに生涯を終るのはあまりに遺憾に堪へない。(中略)

自由解放！女性の自由解放と云ふ声は随分久しい以前から私共の耳辺にざわめいてゐる。併《しか》しそれが何だらう。思ふに自由と云ひ、解放と云ふ意味が甚しく誤解されてゐはしなかつたらうか。尤も単に女性解放問題と云つても其中には多くの問題が包まれてゐたらう。併し只外界の圧迫や、拘束から脱せしめ、所謂高等教育を授け、広く一般の職業に就かせ、参政権をも与へ、家庭と云ふ小天地から、親と云ひ、夫と云ふ保護者の手から離れて所謂独立の生活をさせたからとてそれが何で私共女性の自由解放であらう。成程それも真の自由解放の域に達せしめるによき境遇と機会とを与へるものかも知れない。併し到底方便である。手段である。目的ではない。理想ではない。(中略)

然らば私の希ふ真の自由解放とは何だらう、云ふ迄もなく潜める天才を、偉大なる潜在能力を十二分に発揮させることに外ならぬ。それには発展の妨害となるものゝ総てをまづ取除かねばならぬ。それは外的の圧迫だらうか、はたまた智識の不足だらうか、否、それらも全くなくはあるまい、併し其主たるものは矢張り我そのもの、天才の所有者、天才の宿れる宮なる我そのものである。(中略)

私は「青鞜」の発刊と云ふことを女性のなかの潜める天才を、殊に芸術に志した女性の中なる潜める天才を発現しむるによき機会を与へるものとして、又その為の機関として多くの意味を認めるものだと云ふことを、よしこゝ暫らくの「青鞜」は天才の発現を防害する私共の心のなかなる塵埃や、渣《さ》滓《し》や、籾殻を吐出すことによつて僅に存在の意義ある位のものであらうとも。

（出典）『青鞜』第一号、一九一一年九月。

【解説】　一九一一年六月に結成された青鞜社によって九月に発刊された『青鞜』は、個人の自己の確立を指向する『白樺』の路線に立っていたという点で、日露戦後の思潮の一端を担うものでもあった。この青鞜発刊の辞にもそれが良く現われている。しかし同時に、女性だけによる文芸雑誌として発行され、しだいに女性解放問題も取り上げることにより、日本の女性運動史上でも大きな役割を果たすことになった。彼女らの行動は「新しい女」として関心を集めた。

第五節　大正政変と第一次憲政擁護運動

1　辛亥革命の影響

230　辛亥革命に対する閣議決定　一九一一年一〇月二四日

満洲ニ於ケル租借地ノ租借期限ヲ延長シ、鉄道ニ関スル諸般ノ問題ヲ決定シ、更ニ進ンテ該地方ニ対スル帝国ノ地位ヲ確定シ、以テ満洲問題ノ根本的解決ヲナスハ、帝国政府ノ常ニ画策ヲ怠ルヘカラサル所ニ属シ、苟《いやしく》モ機ノ乗スヘキアラハ之ヲ利用シ此ノ断案ヲ下スノ手段ヲ講スヘキハ論ヲ待サル次第ナル処、（中略）租借期限ノ延長問題ハ我ニ於テ条約上ノ根拠ヲ有スル事項ニ属スルヲ以テ、満洲ニ関シテハ暫ラク現状ヲ維持シテ之カ侵害ヲ防キ、傍ラ好機ニ際シテ漸次我利権ヲ増進スルコトヲ努メ、満洲問題ノ根本的解決ニ至リテハ其機会ノ最モ我ニ利ニシテ且成算十分ナル場合ヲ待チテ初メテ之ヲ実行スルコトヲ得策ナリト思考ス。

飜テ支那本部ニ対スル帝国ノ関係ヲ見ルニ、在留帝国臣民ノ多キ我通商貿易ノ大ナル将又我ニ於テ関係ヲ有スル企業ノ増加シツツアル帝国カ此地方ニ於テ優勢ナル地歩ヲ占ムルノ気運ハ既ニ顕然タルモノアリ。加フルニ清国ニ於ケル事態ハ極メテ安静ヲ欠キ今後ノ形勢如何ハ何人モ之ヲ予知スルヲ得サルモノアリ。而シテ一旦不測ノ変ノ此地方ニ起生スルニ方《あた》リ之ニ対シテ応急ノ手段ヲ講シ得ルモノ帝国ヲ措テ他ニ之ヲ発見スルコト能ハス、此事実ハ帝国地理上ノ位置並ニ帝国ノ実力ニ照ラシ更ニ疑ヲ容ルヘカラサル所ニシテ、一面帝国ノ東亜ニ於ケル一大任務モ亦之ニ存スルモノト云ハサルヘカラス。（中略）右ノ次第ニ付、帝国政府ニ於テハ満洲問題ノ根本的解決ハ一ニ我ニ最モ有利ナル時期ノ到来ヲ待ツコトトシ、今後特ニ力ヲ支那本部ニ扶殖スルニ努メ、併セテ他国ヲシテ該地方ニ於ケル我優勢ナル地位ヲ承認セシムルノ方法ヲ取ルコトトナシ、帝国政府既定ノ方針ニ基キ一方満洲ニ関シ露国ト歩調ヲ一ニシテ我利益ヲ擁護スルコトヲ計リ、一方出来得ル限リ清国ノ感情ヲ融和シ彼ヲシテ我ニ信頼セシムルノ方策ヲ取ルノ外、英国ニ対シテハ飽迄同盟条約ノ精神ヲ徹底スルコトニ努メ、其他仏国ノ如ク支那本部ニ利害関係ヲ有スル諸国トノ間ニ調和ノ途ヲ講シ、且出来得ル限リ米国ヲモ我伴侶ノ内ニ収ムルノ策ヲ取リ、以テ漸次我目的ヲ達センコトヲ期スルヲ必要ナリト信ス。

以上ノ趣旨ニシテ廟議ノ決定ヲ経ルニ至ラハ、武昌ニ於ケル今回ノ革命変乱ニ対シテモ亦右ノ方針ニ準拠シ随時必要ナル措置ヲ取ルコトトナサントス。

（出典）『日本外交文書別冊・清国事変』五〇―五一ページ。

231　四国借款団への条件付加入に付訓令　一九一二年三月四日

支那ノ時局モ追々推移シ今後借款問題ハ甚タ重要ナル事項トナルヘキコト明瞭ナル義ニ付、最早日露両国ニ於テ何等カノ具体的方策ヲ定ムルヲ要スル時機ニ到達シタルモノト思考ス、而シテ帝国政府ノ意見ニテハ此際直ニ四国団体ニ対スル対抗策ヲ講スルヨリモ、寧ロ日露両国ニ於テ両国カ従来満蒙ニ於テ獲得シタル特殊利益ハ之ヲ除外スルハ勿論其他満蒙ニ関スル事項ハ凡テ先ツ以テ日露両国ノ同意ヲ求ムルヲ要スルコトトシ、其趣旨ニテ四国団体ニ加入ヲ試ムル方得策ナリト思考ス。

（出典）『日本外交文書別冊・清国事変』二四八ページ。

【解説】　一九一一年一〇月一一日に勃発した隣国における辛亥革命の混乱は、従来から中国大陸に優勢なる地位を築くとともに満州に現に保有している期限つきの利権を延長しようとする策を取っていた日本にとって、それを実行する絶好の機会の到来を意味していた。日本政府は、満蒙地方に関してはロシアと歩調をあわせて「特殊利益」を維持するとともに、中国本土については列国（特にイギリス）と協調しながら勢力を扶植していくという方針を決定した（史料230）。日本政府は立憲君主制による革命収拾を望んだが、翌年一月には共和制をとる中華民国が誕生し、二月に清朝は滅びた。混乱に乗じて勢力扶植を実現するという政策はほとんど実現出来ず、西園寺内閣の外交運営に対する藩閥官僚や陸軍の不信感が高まることになった。

また日本政府は新政権に対する英米仏独の借款団にロシアとともに参加して利権を獲得する方針に転換した（史料231）。借款団との交渉は満蒙地域の「特殊利益」除外をめぐって紆余曲折したが、一九一二年六月一八日に六国借款団が成立した（一九一三年に米国は脱退）。日本は資金を海外市場で調達し、それを中国に供与するという方法で権益の獲得をめざした。

232 中国革命援助論　一九一一年

宣　言

（中略）今回革命軍の起《た》つや、一挙武昌を陥し、再挙南京を降し、六旬日を出でず天下翕然《きゅうぜん》響応す、（中略）吾人初めより満漢親疎の別有るに非らず、人道の要義により和親敦睦斉しく玉帛相交えるのみ、（中略）吾人公平の見地に拠り民心の帰向を鑑るに、茲に満腔の同情を以て革命軍に至る、速かに其目的を遂げ、公明正大の新政、以て世道人心を振作し、丕《おおい》に新立国興隆の偉業を達成し、而して共に倶に提携以て東洋の平和を保たんこと、切に切に翹望《けつぼう》の至に堪えざる也。

決　議

吾人善隣の誼《よしみ》に顧み、其国利民福に照し、熱誠以て革命軍の速かに其目的を貫徹せんことを禱り、且つ列国の善、時局の情勢に鑑み、政体干渉の如きの繆挙《びゅうきょ》に出ずる無きを望む。

（出典）「善隣同志会宣言・決議」一九一一年一二月二七日、小川平吉文書研究会編『小川平吉関係文書』2、みすず書房、一九七三年、六二ページ。原漢文。

233 対支聯合同志会の対中強硬論　一九一三年九月

支那ハ第二革命ノ乱ニ由テ、袁世凱ハ其反対派タル南軍ノ中心ヲ撃破シタルニヨリ、今後暫ク小康ヲ保ツヲ得ベキニ似タルモ、其内状ハ動乱ノ続発ニヨリテ、益ス統治ニ苦ミ、加ルニ借款ニ依テ、愈々破綻ヲ生ジ、列国又之ニ対シテ野心ヲ逞フシ、或ハ政治的ニ、或ハ経済的ニ、到底瓦解ヲ免レザラントスルノ趨勢ヲ呈シツヽアリ。

我国ハ従来支那ニ対シ、其擁護ヲ以テ唯一ノ方針ト為シ、アラユル犠牲ヲ払ヒテ、之ニ尽力シタルモ、支那ノ将来ニ対シテハ、如何ニシテ擁護ノ実ヲ完フシ得ベキヤ、是レ我国民ノ最モ慎重ナル注意ヲ要スル問題ナリトス。現ニ政治的ニ於テ、露国ノ外蒙北満ニ於ケル、英国ノ西蔵ニ於ケル、其侵略的行動[1]ハ、着々支那領土ノ保全ヲ害シ、勢力ノ均衡ヲ破壊シツヽ、アルニ拘ラズ、我国ハ、之ヲ防制シ得ザルニアラズヤ。（中略）此際、経済的資力ニ乏シキ我国ノ特ニ頼ミトスル所ハ、政治的実力ノ一点ニアルノミ。苟《いやしく》モ我国ニシテ、政治的実力ヲ完備スルアランカ、仮ニ支那ニ於ケル経済的分割ノ勢ヲ制スルコト能ハズトスルモ、尚ホ能ク、政治的ニ於テ、之ガ大局保全ノ目的ヲ達スルヲ得ベシ。

之ヲ要スルニ我日本ハ、日露戦争ニ由リテ、東邦ニ於ケル主働的位置ヲ占メ支那指導ノ任務ヲ有シツ、アルニ係ラズ、今ヤ、日露ノ均勢其平衡ヲ失シ、南満内蒙ニ於ケル勢力圏ノ名実ヲ全ウスルコト能ハズ、剰《あまつ》サヘ今回(2)支那軍隊ガ、我国旗ヲ侮辱シ、我軍人ヲ凌虐シ、我人民ヲ惨殺シ、上下ニ瀰漫スル所以ノモノハ、畢竟スルニ、我政府ノ方針政策動揺常ナク、満蒙ニ於ケル立脚地確立セザルガ為ニ、動《やや》モスレバ支那政府ノ侮辱スル所ト為ルヲ免レザルノ致ス所ナリ。然ラバ則チ我日本ガ、今日支那ノ大局ヲ保全シ、東邦ノ平和ヲ担保スルノ道ハ、宜シク対支政策ノ方針ヲ確定シ、大陸ニ於ケル勢力圏ヲ確立シ、政治的実力ヲ完整シ、支那指導ノ実ヲ挙ゲザル可カラズ。而シテ其勢力圏ヲ確立シ、政治的実力ヲ完整スルノ道ハ、勇断果決、満蒙問題ヲ根本的ニ解決処分シ、政治的形勝ノ位置ヲ占取シ、以テ東邦ノ均勢ヲ支持シ、支那指導ノ実ヲ挙グルニ在ルノミ。是レ啻《ただ》ニ今日ノ支那問題ヲ解決スルニ於テ、必要已ム可カラザル方法手段ナルノミナラズ、実ニ皇祖皇宗ノ鴻漠〔謨〕ヲ恢弘シ、明治天皇ノ偉業ヲ大成スル所以ニシテ、我政府及国民ノ国家ニ対スル責任亦之ニ外ナラザルナリ。

（出典）対支聯合同志会『旨趣書及規約書満蒙問題理由書』一九一三年九月一五日、内田良平文書研究会編『内田良平関係文書』第三巻、芙蓉書房、一九九四年、二六六ページ。

（1）革命の混乱に乗じて、ロシアは外蒙古の、イギリスは西蔵地方の中国からの独立をはかった。（2）袁による南方派攻撃の渦中で起こった兗州・漢口・南京における日本軍人監禁および日本人殺傷事件。この事件を契機に対外硬派は日本軍の出兵を求める「国民大会」を開催した。

234　内田良平の満蒙独立論　一九一三年七月

帝国北方経営ノ基礎ヲ安固ナラシメ候様仕候ニハ、彼ノ宗社党(1)ヲシテ満蒙ニ一区域ノ独立王国ヲ建設スルヲ黙認セラレ候ハヾ我皇室ノ愛親〔新〕覚羅(2)氏ニ対セラレ候情誼ヲ全フシ、我帝国ノ権域タル遼満ノ経営ト国防上ノ施設トヲ安固ニシ、併テ南支那諸部面ニ於ケル列強ノ経済軍事両面ノ形勢ヲ控制シ、浮動セル支那共和民国ノ噪妄ヲ威圧ス可キコト、確信仕候。乃《すなわ》チ其綱要ヲ掲出シ奉仰御垂教候。

一　帝国政府ハ満蒙人ヲシテ其自由行動ノ下ニ南満洲及東蒙古ニ独立政府ヲ建設スルヲ承諾スルコト。

二　帝国政府ハ満蒙独立ヲ承諾スルト同時ニ満蒙政府ト支那政府トノ間ニ立チ折衝ノ労ヲ取リ外蒙古自治ノ例ニ準ゼシム。

三　満蒙ニ於ケル海関税、塩税等ハ既ニ外国借款ノ担保ニ供セラレタルモノアルヲ以テ、帝国政府ハ之ニ対スル妥当ナル処置ヲ取ラシム。

四　満蒙政府承諾ト同時ニ我帝国ハ之ト特別条約ヲ締結シ我保護国トシテ之ヲ統監ス。

（出典）　内田良平（満蒙独立論）一九一三年七月二六日、『小川平吉関係文書』2、六九ページ、『内田良平関係文書』第三巻、二五九ページ。

（1）清朝の復活を主張する王族や遺臣グループ。（2）清王家の名字。

【解説】　辛亥革命の報が伝えられると、民間では有隣会や善隣同志会などが組織され、孫文・黄興・宋教仁らを援助する論が高まり、大陸にわたって革命に参加するものもあらわれた。史料232は、頭山満・河野広中・杉田定一・小川平吉などの対外硬派によって一九一一年一二月に組織された善隣同志会が革命派を支持することを宣言・決議した文章である。革命は、一九一二年三月に孫文が臨時大総統職を袁世凱に譲ることによっていったん収拾されたが、北方勢力を代表する袁と南方勢力との対立は、一九一三年七月からの第二革命に発展し、孫文らは敗れて日本に亡命してくる。対外硬派の政客は、孫を匿うとともに袁への対決姿勢を強め、対支聯合同志会を組織して満蒙問題の根本的解決を要求するようになる（史料233）。その最も極端なものが史料234のような満蒙独立論であり、これは山本権兵衛首相にあてて提出されたものである。以後、中国情勢が不安定ななかで、日本の朝野は、その時々の中国政情に応じて「強圧的」あるいは「親善的」な対応を示しながら影響力の確保につとめようとし、長期的には全面的侵略と戦争に至ることになる。

2　大正政変

235　二個師団増設問題覚書　一九一二年

一、陸軍大臣ハ嘗テ首相ニ提供セシ要求ノ解決ヲ迫ラズ、鳴ヲ静メテ首相ヨリ交渉シ来ルヲ待ツ。

二、首相ヨリ交渉シ来レバ堅固ニ要求ノ貫撤〔徹〕ヲ主張シ、国防ノ欠陥ハ国ノ存立ヲ危フスル処〔所〕以ヲ論争ス。

三、閣議ニ於テ各大臣ヨリ圧迫的ニ論難スルニ会セバ、却テ此機会ニ於テ能ク露国及支那ノ現状ヨリ国防上ノ危殆ナル処〔所〕以ヲ説明シ、就中《なかんずく》国防上ニ関スル明治三十九年以来ノ経過ヲ説示シテ、海軍ヲ拡張シ陸軍ノ経費ヲ削減シテ兵力ヲ縮小スルハ果シテ我国防ノ方針ニ適合スルヤ否ヲ論弁ス。仮令《たと》ヒ首相ヨリ辞職ノ已ヲ得ザルガ如キ立場ニ陥レラル、コトアルモ、能ク堅忍シ、国防ハ別ニ之ヲ掌ル陛下直隷ノ機関アルヲ以テ陸軍大臣ノ専断スベキ筋ノモノニアラザルコトヲ説キ、飽ク迄不同意ナルコトヲ保留ス。

四、首相ヨリ山県元帥ニ陸軍側ノ鎮圧ヲ強制的ニ依頼スル場合ニハ、元帥ハ国防ニ関スル問題ハ元老トシテ私議ス可キ筋ノモノニアラズ、元帥トシテモ陛下ヨリ御下問アレバ別ナレトモ、一個人トシテ陸軍ノ要求ヲ緩和スル如キ責任ヲ執ル能ハズ、陸軍ノ経常費ヲ削減シテ国防ノ欠陥ニ欠陥ヲ重ネシムル如キハ、一個ノ私見トシテモ同意スル能ハズ、宜シク当面ノ責任者タル陸軍大臣ト協議セラルベシ、此間個人ノ意見ヲ挿ムベキ筋ニアラズトシテ謝絶セラル。桂大将ニ相談アレバ、仮令ヒ友誼的タリトモ今日ノ位置職責柄此如キ問題ニ言議ヲ容ル、能ハズトノ理由ヲ以テ謝絶セラル。

五、陸軍大臣ハ政府ニ於テ陸軍ノ要求ヲ容レザルモノト認ムレバ、直チニ参謀総長帯同ノ上国防ノ危殆ナル処[所]以、並ニ首相ノ主張ハ国防ノ関係上自分等ノ職責ニ対シテ到底同意スル能ハザル旨ヲ陛下ニ奏上シ、且ツ本件ハ国防上ニ重大ナル関係ヲ有スルヲ以テ、軍事参議官ニ御諮詢アランコトヲ奏請ス。

六、軍事参議官会議開催ノ旨仰セ出サルレバ、成ル可ク速カニ開会セラル、如ク取リ計フ。（中略）

要スルニ現下ニ於ケル情況ハ単純ナル師団増設問題ニアラズシテ、政府ハ此機会ニ於テ政党内閣ノ基礎ヲ作成セントスル底意ナルガ故ニ、増師問題ハ之レガ犠牲タルニ過ギズ、実ニ我国是ニ関スル重大ナル時機ナリ。即チ日本帝国ハ民主国タルカ将[は]タ君主国タルカ、処[所]謂ル天下分ケ目ノ場合ニシテ、実ニ鞏固ナル意思ト堅実ナル協同ノ力ニ依リ大ニ努力セザル可ラズ。

一、首相、山県元帥、桂大将ノ謝絶ニ会セバ、已ムヲ得ズ陸軍ノ要求ハ政府ノ施政方針ヲ阻碍スルモノナルコトヲ奏上シテ聖断ヲ仰グニ至ルベシ。

此場合ニ於テ陛下ヨリ之レニ対スル処置ニ関シ桂大将ニ御下問アレバ、政府ハ此如キ問題ヲ以テ新帝ヲ煩ハシ奉ルベキモノニアラズ、宜シク統一セル政策ヲ定メテ奏請スベキモノナルガ故ニ御却下アラセラレテ然ルベキ旨ヲ奉答セラル。

二、首相ヨリ内閣総辞職ノ裁可ヲ奏請スルニ至レバ、陛下ハ各元老ヲ宮中ニ召サレ御下問アラセラル可ク、其場合ニ於テハ、内閣ノ辞職ヲ勅許セラレ寺内大将ニ新内閣組織ヲ御下命アラセラレテ然ル可キ旨桂大将ヨリ発言セラレ、山県、大山両元帥之レニ和セラレ、井上侯ノ賛成ニ依リ決定スル如クシテ国是ノ貫撤[徹]ヲ謀ル。

三、宮中ニ於ケル元老会議ニ於テ、寺内大将ニ内閣組織ノ御下命アルコトニ決シタル後、軍人以外ノ元老（井上侯）ヨリ国防ノ統一ニ関スル議論ヲ提出セラル、要アリ。之レヲ端緒トシテ一ハ寺内大将時代ニ於ケル政策ノ実行ヲ容易ナラシムル如ク指導シ、一ハ此機会ニ於テ海軍ノ野心ヲ根底ヨリ芟除《さんじょ》シテ国防上ノ鞏固ヲ謀ル。

（出典）筆者不明「二個師団増設問題覚書」「寺内正毅関係文書」四四〇―1、国立国会図書館憲政資料室蔵。

【解説】一九一二年秋、第二次西園寺内閣に対して、「国防に要する兵力量」(史料210)にもとづいて、陸軍からは二個師団の、海軍からは八・八艦隊建設のための第一期計画実行の軍拡要求が出された。財政的に両者同時の実行は難しく、内閣は海軍拡張を優先する姿勢を見せたから、陸軍側の不満は高まった。本史料は陸軍首脳部によって作成されたと推定されるもので、増師要求に対して西園寺内閣が取ると予想される態度がまず記され、次に陸軍側の対抗手段が記されている。後段にあるように、作成者はこの問題が置かれている状況を、日本が「民主国タルカ、将タ君主国タルカ」の「天下分ケ目ノ場合」ととらえ、あくまでも意見を貫き西園寺内閣を倒閣に追い込み、寺内正毅内閣樹立に導くというシナリオを提示している。実際に一九一二年一二月二日、上原勇作陸軍大臣の帷幄上奏による辞任から、陸軍の後任陸相推薦拒否(三日)、そして六日の内閣総辞職へとほぼシナリオ通りに進んだが、陸軍の横暴に対する世論の反対が強まり、寺内の擁立には失敗した。

236 海軍軍備充実貫徹の必要　一九一二年一二月

十二月十八日　水(中略)

桂公ハ海軍々備補充ヲ来年予算ニ計上セズ、造艦ノ事ハ実際ニハ工ヲ進ムル事トシ、来議会ニハ陸海軍、減税共ニ出サズ、後大ニ整理ヲ為シ軍事参議官会議ニテ国防方針ヲ定メ、来年議会ニテ万事ヲ解決スル事トセン、優渥ナル勅語モ賜ハリタル事故、枉《まげ》テ留任為シ呉レラレタシ、留任出来ザレバ誰カ推選ニテモ頼ムト云フ如キヲ二時間位繰返サレタル由。

斎藤海相ハ之ニ対シ、造艦ヲ内密ニ為ス事ハ出来ザル問題ナルノミナラズ、予トシテハ昨年ノ議会ニ約束為シ置キタル事モアルニ付、左様ナル事ニテハ到底留任出来ズ、但シ尚ホ考ヘタル上返事致サント答ヘラレタル由。

予ハ之ニ対シ、桂公ガ来年議会ニ至リ斯々為スベシト云ハルヽ事ヲ確然現実ニセラルベキモノト思考スル能ハズ。又西園寺内閣ノ倒レタルハ其根源ハ海軍々備充実ノ目的ノ為ニ整理ヲ始メシニ在リ、今ニシテ海軍問題ヲ撤回シ議会ニ臨ムガ如キハ到底信ヲ天下ニ繋グ所以ニ非ズト縷々意見ヲ陳述ス。

(出典)　坂野潤治他編『財部彪日記』下巻、山川出版社、一九八三年、一一九―一二〇ページ。

【解説】　第二次西園寺内閣の後継首相選びは難航した。元老会議は、一九一二年一二月一七日に至って明治天皇没後に内大臣兼侍従長となって大正天皇の側でつとめていた桂太郎を推薦、桂も受諾し、宮中から府中(政治界)に復帰するにあたって勅語が出され、二一日に第三次桂内閣が成立した。首相銓衡が難航した原因は、陸海軍対立の中での政局運営の困難が予想されたからであった。海軍は大臣推薦にあたって建艦計画の続行を条件とし、そのため桂は海相留任の勅語を奏請しなければならなかった(二回目の勅語利用)。この日記の筆者である財部は、当時海軍次官をつとめており、桂からの交渉に応ずることのないよう強硬に主張し、桂は六〇〇万円の予算継続を内密に約束してようやく内閣を組織できた。

237 国民党分裂・立憲同志会創設　一九一三年二月

国民党分裂の理由は、大会の騒擾によりて党員の鏈鎖断絶したるに出づること前述の如しと雖も、是れ其近因なり。其遠因は政党改革意見の根柢の相異に在り、国民党中二大潮流あり、甲は政界縦断策を主張し、乙は其横断策を建てたり。甲は政友会に対峙する一大公党を組織して、両党相競ひ相励みて、国民をして自由に其政策の可なるを撰みて、之を実行する助力者たらしめば、競励の間に互に他の擅私を制して、善政を産出する機会あるべしと信じ〔、〕乙は政友会と聯合し、更に進みて之と合同し以て藩閥の系統と対峙して之を制せんと主張し、之によりて閥族を覆へすは民権伸張の好手段なりと信ずるものなり。（中略）

憲政擁護の運動は日を逐ふて民心を激昂せしめ、全国の新聞は事実の真相を研究するの暇なく、演説は更に激語を放ち、示威運動は社会を驚擾せしめたり、此運動は政国二党員聯合の機縁となり、進みて二党合同を策する者あり、吾等同志は一大政党が単立することは、憲政の利益にあらず、又大政党其者の為にも利益にあらざるを信ずる者なり。政友会が外に対して擅私に流れ、内に於て腐敗を生ずる所以のものは、之に匹敵すべきの強党なく随て外より之を刺戟する力弱くして、国民は厖大なる政友会に圧せらるゝも之を他の団体に訴へて其矯正を求むるに由なく、敦厚の人民が各地に其苦患を受くるは是れ現下の実況なり、今若し政国二党合同して、更に大なる絶対政党とならん歟、其弊益々甚からんこと瞭然火を睹るが如し、此に於て吾等同志は愈々二大政党の急要を感ずるに至れり。

（出典）立憲同志会創立事務所『政況報告・大正二年政変の真相』一九一三年（櫻井良樹編『立憲同志会資料集』第三巻、柏書房、一九九一年、一四―一六ページ）。傍点は省いた。

【解説】桂首相は、憲政擁護運動が盛り上がりを見せると、一九一三年一月二〇日に、新党（立憲同志会）を組織して政局の運営に当たることを発表した。桂は、辛亥革命後の世界情勢に鑑み、新党に国民諸勢力を結集し、その支持を背景に政治に当たることを構想していた。桂が政友会との提携を放棄したことは、非政友勢力にとって、従来から唱えてきた二大政党組織のチャンスであった。国民党の改革派が新党組織に呼応したのみならず、さらに従来の非改革派の中からも参加者が現れた。

3　第一次憲政擁護運動

238 「閥族打破憲政擁護」　一九一二年一二月―一九一三年二月

二月十日（中略）午後七時より紅葉館に於て催したる慶応義塾出身貴衆両院議員の招待会に赴く、（中略）

菊地武徳氏の演説あり。

私は西園寺内閣の瓦解に就て時局に憤慨し、或る時、時事新報の小山君と朝日新聞の某君と交詢社のストーヴの前で、是れでは黙つても居られぬ、先づ輿論を喚起するのは新聞であるから大に歩調を揃えて攻勢を取らんと意見を闘はしました。其後門野幾之進君に逢つて此話をしますと、さう云ふ事はデモンストレーションをするが宜いと云ふので大に勇気を得まして、元と自由通信社を担任して居りました小松啓吾君が私に向つて何か事のあつた時は十分尽力する筈になつて居りましたから、此等の人々と相談して十二月六日に憲政擁護会と云ふのを精養軒で開いたのであります。其時に何でも斯う云ふ場合には題目がなくては妙でない、例へば尊王攘夷と云ふやうな題目を振り翳《かざ》して進まなくてはならぬと云ふので、憲政擁護、閥族打破と云ふ題目を掲げて、更に十九日に新富座に於て演説会を開き又精養軒で集会を催しましたが、人気に投じたものと見えて今日の状態となつたのは交詢社のストーヴの前よりもえ立つた事で、畢竟我が社の意見が天下の政論を一変したと云ふ結果に為つたのは実に愉快に堪へません。

（出典）高橋箒庵『万象録』第一巻、思文閣出版、一九八六年、二三三―二三五ページ。

239 尾崎行雄の桂内閣不信任演説　一九一三年二月五日

本員等ノ提出致シマシタル決議案ハ、唯今桂総理大臣ノ答弁ニ照シ、尚其前後ノ挙動ニ鑑ミテ、茲ニ此決議案ヲ提出スルノ已ムベカラザルコトヲ認メテ出シマシタ訳デアリマス、其論点タルヤ、第一ハ身内府ニ在リ、内大臣兼侍従長ノ職ヲ辱《かたじけの》ウシテ居リナガラ総理大臣トナルニ当ッテモ、優詔ヲ拝シ、又其後モ海軍大臣ノ留任等ニ付テモ、頻リニ優詔ヲ煩シ奉リタルト云フコトハ宮中府中ノ区別ヲ紊《みだ》ルト云フノガ、非難ノ第一点デアリマスル、唯今桂公爵ノ答弁ニ依リマスレバ、自分ノ拝シ奉ッタノハ勅語ニシテ、詔勅デハナイガ如キ意味ヲ述ベラレマシタガ、勅語モ亦詔勅ノ一デアル、（「ヒヤ〳〵」）而シテ我帝国憲法ハ総テノ詔勅――国務ニ関スルトコロノ詔勅ハ必ズヤ国務大臣ノ副署ヲ要セザルベカラザルコトヲ特筆大書シテアッテ、勅語ト云ハウトモ、勅諭ト云ハウトモ、何ト云ハウトモ、其間ニ於テ区別ハナイノデアリマス、（「ノウ〳〵」「誤解々々」ト呼《さけ》フ者アリ）若シ然ラズト云フナラバ、国務ニ関スルトコロノ勅語ニ若シ過チアッタナラバ、其責任ハ何人ガ之ヲ負フノデアルカ、（「ヒヤ〳〵」）拍手起ル）畏多クモ　天皇陛下直接ノ御責任ニ当ラセラレナケレバナラヌコトニナルデハナイカ、故ニ之ヲ立憲ノ大義ニ照シ（「勅語ニ過チガアルトハ何ダ」ト呼フ者アリ）立憲ノ本義ヲ弁《わきま》ヘサ《ママ》ザル者ハ黙シテ居ルベシ、勅語デアラウトモ、何デアラウトモ、凡ソ人間ノ為ストコロノモノニ過チノナイト云フコトハ言ヘナイノデアル（拍手起ル）是ニ於テ憲法ハ此過チノナキコトヲ保障スルガタメニ（「勅語ニ過チトハ何ノコトダ、取消セ〳〵」ト呼フ者アリ議場騒然）憲法ヲ調ベテ見ヨ（「不敬ダ〳〵」ト呼フ者アリ）（中略）

御聴キナサイ、御聴キナサイ、総テ　天皇ハ神聖ニシテ侵スベカラズト云フ大義ハ国務大臣ガ其責ニ任ズルカラ出デ来ル《ママ》デアリス《ママ》（拍手起ル）然ルニ桂公爵ハ内府ニ入ルニ当ッテモ大詔已ムヲ得ザルト弁明シ又内府ヲ出デ、内閣総理大臣ノ職ヲ拝スルニ当ッテモ、聖意已ムヲ得ヌト弁明スル、如何ニモ斯ノ如クナレバ桂総理大臣ハ責任ガ無キガ如ク思ヘルケレドモ、却テ　天皇陛下ニ責任ノ帰スルヲ奈何《いかん》セン（拍手起ル）凡ソ臣子ノ分トシテ己レノ責任ヲ免ガレンガタメニ、責ヲ外ニ帰スルト云フガ如キハ、本員等ハ断ジテ臣子ノ分ニアラズト信ズル（拍手起ル）（「西園寺侯爵ハドウダ」「間違ッテ居ル」ト呼フ者アリ）（中略）

彼等ハ常ニ口ヲ開ケバ直ニ忠愛ヲ唱ヘ、恰《あたか》モ忠君愛国ハ自分ノ一手専売ノ如ク唱ヘテアリマスルガ、其為ストコロヲ見レバ、常ニ玉座ノ蔭ニ隠レテ、政敵ヲ狙撃スルガ如キ挙動ヲ執ッテ居ルノデアル、（拍手起ル）彼等ハ玉座ヲ以テ胸壁トナシ、詔勅ヲ以テ弾丸ニ代ヘテ政敵ヲ倒サントスルモノデハナイカ、（中略）

又其内閣総理大臣ノ位地ニ立ッテ、然ル後政党ノ組織ニ着手スルト云フガ如キモ、彼ノ一輩ガ如何ニ我憲法ヲ軽ク視、其精神ノアルトコロヲ理解セナイカノ一班《斑》ガ分ル、彼等ガロニ立憲的動作ヲ為スト云フ、併《しかし》ナガラ天下何レノ処ニ先ヅ政権ヲ握リ、政権ヲ挾ンデ与党ヲ造ルノヲ以テ、立憲的動作ト心得ル者ガアリマスカ、（「政友会ニアリ」ト呼フ者アリ）凡ソ立憲ノ大義トシテ、先ヅ政党ヲ組織シ、輿論民意ノアルトコロヲ己ノ与党ニ集メテ、然ル後内閣ニ入ルト云フノガ其結果デナケレバナラヌノニ、彼等ハ先ヅ結果ヲ先ニシテ而シテ其原因ヲ作ラントスルガ如キハ、所謂逆施倒行ノ甚シキモノデアッテ順逆ノ別ヲ識ラナイ者デアリマス、（拍手起ル）

（出典）『帝国議会衆議院議事速記録27 第二九・三〇回議会』一四―一五ページ。

【解説】第二次西園寺内閣を倒壊させたことは、藩閥・元老・陸軍に対する世論の厳しい批判を生んだ。一九一二年一二月一四日の交詢社有志（交詢社とは慶応義塾関係者の社交クラブであり、政治家も多く属していた）による時局懇親会を一つの契機として、閥族打破・憲政擁護の運動が開始された。一九日には第一回憲政擁護連合大会が開催され、国民党・政友会の有志も参加して「閥族の横暴跋扈其極に達し、憲政の危機目捷の間に迫る。吾人は断乎妥協を排して、閥族政治を根絶し、以て憲政を擁護せんことを期す」という決議を行った。桂内閣成立後、新聞記者の間で憲政擁護同志記者会が組織され、運動は内閣打倒を目標とし、全国各地に広まった。高橋義雄（箒庵）は、交詢社の会員であり、かつて王子製紙社長をつとめた人物である。

翌年二月五日の衆議院には、内閣不信任案が提出された。尾崎行雄は、この演説の中で、たびたび桂が天皇の詔勅を受けて政治を進めたことを、天皇に責任を負わせる非立憲的行為として糾弾している。この演説がなされたあと、三たび議会は停会となり、停会明けの一〇日、桂内閣は総辞職する。

240　街頭の民衆　一九一三年二月

第一回停会後ニ於ケル議院開会ノ当日タル二月五日、議院附近ハ極メテ混乱不穏ノ状況ヲ呈セリ。初メ今入町埋立地内ニ約四五百ノ群衆集合佇立シ議事ノ結果ヲ知ラントスルモノノ如クナリシカ、是ニ対シ院内新聞記者倶楽部室楼上ヨリ屢々外壁ニ張紙ヲ為シ、大書シテ曰ク、「民軍二百六十四、閥族ノ徒僅カニ九十七、民軍大勝利」「今不信任案提出セリ」、或ハ「尾崎氏攻撃演説ヲ為シ桂公ハ苦シキ答弁中ナリ」ト、群衆之ニ和シ喧騒止マス、遂ニ「解散」ノ貼紙ヲ掲ケ且ツ一人ノ者ハ首ヲ窓外ニ伸ヘテ大声疾呼シテ、「宜シク諸君ハ正門前ニ至リ退院議員ニ対シ万歳ヲ唱フヘシ」ト叫フヤ、衆之ニ応シ疾駆シテ正門前ニ到リ、傍聴人ノ出テ来ル者及通行人亦之ニ加ハリ遂ニ其数五六千ノ多キニ達ス、或ハ歓呼シ或ハ怒号シ、熱狂ノ極屢々門内ニ闖入セントシ、警察官ハ百方之ヲ説諭スルモ肯セス、嘲罵喧囂潮ノ如ク圧迫シ来リ頗フル防禦ニ苦シメリ。議員ノ退院スルヲ見ルヤ、一斉ニ万歳ヲ絶叫シ雪崩ノ如ク押シ寄セ来リ通路ヲ擁塞シテ車馬為メニ進ムコト能ハス、殊ニ幌ヲ蔽ヘル人力車ノ出テ来ルアレハ忽《たちま》チ怒号騒然トシテ威迫シ来リ、警察官ノ制止モ殆ント其効ナク遂ニ溝渠ニ墜落シタルモノ二台、或ル議員ノ如キハ危害ヲ恐レ正門ヨリ出ツルコト能ハス窃カニ裏門ヨリ退出スル者アルニ至レリト云フ。約五百名ノ警察官ヲ配置シテ予メ取締上違算ナキヲ期シタルニ尚ホ混雑不穏ノ状況ヲ呈シタルコト斯ノ如シ。其後八日青年会館ニ於ケル、九日国技館ニ於ケル政談集会ハ共ニ弁論ノ頗フル過激ニ亘レルモノアリ。或者ハ其ノ演説中ニ「白薔薇(1)ノ徽章ヲ附シテ退院スル議員ニ対シテハ万歳ヲ唱ヘテ歓迎スヘシ、然ラサル者ニ対シテハ諸君ノ意ニ任カス」トテ暗ニ或ル種類ノ議員ニ対スル威迫暴行ヲ煽動スルアリ、或ハ会場内ニ「首相桂太郎ノ反省ヲ求ム」ト題スル文章ノ貼付ヲ為シ、又ハ御用新聞非買同盟ノ張紙ヲ十数箇処ニ掲示スルアリ、或ハ討閥ノ歌ナルモノヲ高唱シテ以テ盛ニ示威的運動ヲ試ムル等言動頗ル矯激ヲ極メタリ。

（出典）警視庁「大正二年騒擾事件記録」、荻野富士夫編『特高警察関係資料集成』第一九巻、不二出版、一九九三年、二六ページ。

（1）白は賛成を意味する。桂内閣不信任案に賛成の意。

【解説】尾崎の内閣不信任演説が行われた二月五日、桂内閣に反対する五〇〇〇人以上の群衆が議事堂を取り囲み、議事進行の行方を見守った。ここに掲げた警視庁作成の史料でわかるように、すでに熱狂した民衆は警官と睨み合っていたが、翌日以後も民衆の激昂は高まり、一〇日に群衆は「御用新聞」社を襲い、交番・電車を焼き打ちする騒擾に至った。騒擾を拡大させたものとして、日露戦争前後から急速に読者数を伸ばしていた新聞が、運動をバックアップしていたことが挙げられる。

4　大正政変の終結

241 第一次山本内閣の成立　一九一三年二月二〇日

政界の実況は、当時山本内閣の成立を見る能ハざりしとせば、時局の紛糾は如何なる極点に達したるか之を予断する事頗る困難なりしのみならず、民間党の勢力に一頓挫を生じて、敵党の乗ずる所となり、其極、官僚派を利し、再び官僚内閣の現出せんことは、殆んど疑なかりしなり、此点は素より自ら議論の分るゝ所にして、我々は寧ろ一日も早く、政党主義を基礎とせる内閣を成立せしめ、以て時局を収拾し、上は宸襟を安んじ奉り、下万民の安寧平和を期図し、併せて憲政の基礎を鞏固ならしむるの急要なるを確信し、此確信を持して進みたるものなり（中略）

憲政擁護閥族打破の声は軍閥者流の横暴と桂内閣の非立憲的行動を逞ふしたる時代に於て確かに意義あるものなりき、之は多言を待たずして何人も明白に知悉せる所也、（中略）

桂内閣は策尽きて最後に辞職の已むなきに至れり、桂内閣の辞職は閥族内閣即ち非立憲主義を実行したる内閣の辞職にして憲政も亦幸に破却せらるゝの不幸を見るに至らざりき、之れ確かに閥族打破憲政擁護運動の勝利也、果して然らば之を一段落として今や閥族内閣の倒壊と共に危機を免れたる憲政の為新しき努力を要する時代に進み来れるものなり、新しき努力とは立憲政治下に於て当然為さゞるべからざる幾多建設的国務の進行を期図する事これなり、政治は実事也、空理空談に非ず、紛糾極りなきの時局は既に山本内閣の成立と共に収拾せられ国論の要望は着々実行せらるゝの時運となれり、山本内閣は憲政の発達を策するに於て一の事実を以て百の空言に打ち勝つべき確信を有し且つ其確信の基礎を実現せん事を期す、此時に於て尚憲政擁護閥族打破を叫ぶものありと云ふに至ては其何の意味たるやを解する能ハず、憲政は既に擁護せられて最も安固なる状態を示し閥族は既に実際政治舞台を去て復た非立憲的行動を演ずるものなし、

（出典）原敬「政変真相」『原敬関係文書』第一〇巻、二二二・二二五―二二六ページ。

【解説】政友会幹部は第三次桂内閣成立当初、桂と「不就不離」（原日記）の態度をとっていたが、桂が新党組織を宣言すると本格的に憲政擁護運動に参加した。しかし山本権兵衛が組閣

の命を受け政友会に援助を求めてくると、政友会の主義綱領を施政方針として採用すること、首相・陸海両相・外相以外の入党を条件に内閣に協力することになった。本史料は、政友会幹部側から見た憲政擁護運動参加の理由と、山本内閣援助の理由を示している。しかし党員の一部や国民党は、山本内閣を薩摩閥の復活と見なして憲政擁護運動の継続を図った。

242 陸軍の政変に処すべき態度　一九一三年

［二月二日付］　今日ノ如キ情況ニ際シテ最注意ヲ要スルハ軍部ノ体度《ママ》ト被存候。万一海軍ハ政友会、陸軍ハ新政党ト云フ如キ分野ヲ作リテハ、実ニ国家ノ為メ憂フベキ一大事ト被存候。今日ノ要件ハ陸海軍協同シテ政党圏外ニ屹然タルコト肝要之儀ト存候。又最注意ス可キハ、世間ノ趨向ニ阿附シテ政府ニ権威ナク、政府ニ権威ナケレバ遂ニ皇室ノ尊厳ニ関係ヲ及スベク、世間ハ此欽定憲法ヲ英国流ニ解釈スルニ至ルベシ。又今回桂公ノ政党ハ却テ陸海軍ノ大臣ニ関スル官制ヲ改正スル主張ヲ為スニ至ルベキ懸念有之、目下ハ桂公ノ意思此処ニ存セズト申サレ候得共、将来ハ実ニ逆睹ス可ラザルコト、存候。(中略)此際特ニ必要ナルハ参謀本部ノ活動ニ有之候。又今後ノ趨向ヲ考ヘレバ寧ロ以前ノ如ク動員編制ヲ参謀本部ニ移シ、以テ政争以外ニ堅固ナル基礎ヲ確定シ置クコト肝要ト被存候。然ラザレバ臍《ほぞ》ヲ嚙《か》ムノ悔ヲ将来ニ遺スニ至ルベクト憂慮罷在候。(中略)此外大局ノ上ヨリ考ヘ将来尤モ注意ヲ払フベキハ、六七年ノ後ニハ約三百万ニモ達スベキ在郷軍人ヲ適当ニ指導シ、之ヲ一般ノ青年ニ推シ及ボシテ、国民ノ思想ヲ健全ニ導キ国家ノ基礎ヲ固ムルコトニ御座候。今回ノ教育令(1)ノ如キモ大体其意味ヲ含マセ置キ候得バ、良卒ハ即チ良民ナリト云フ主義ハ教育ニ内務ニ一貫スル様ニ相成候。

［七月十五日付］　併《しか》シ今日ノ如ク政友会ヲシテ横暴ヲ極メシムルモ無論許ス可ラザルコトナリ。新政党ノ離散ハ之ヲ防止スルハ勿論、益発展セシムルノ要アルハ何人モ異論ナカルベク(政党カ世ノ中ニ存スル以上)、因テ小生ハ一時過渡時代ノ便法トシテ大隈ヲ総裁タラシメ、各自寛大ナル交譲的体度ヲ持シテ国民党トモ昔ノ大同団結的ニ収容所ヲ設クルノ外策有之間敷ト被存候。左スレバ之ヲ操縦スルニモ左程困難ニハ無之、又若干歳月ノ後ニハ適当ナル変体ヲ与フルコトモ出来可申、固ヨリ好ム処ニハ無之候得共、是モ一時ノ便法ニハ有之間敷哉、唯大隈ガ政綱トシテ昔ノ如ク政党内閣主義ヲ持スル時ハ新政党ト主義ニ於テ不相容次第ニ候得共、併シ之レハ大隈ノコトナレバ何トカ融通モ附キ可申ト被存候。

(出典)　寺内正毅宛田中義一書簡「寺内正毅関係文書」三一五―13・16(国立国会図書館憲政資料室蔵)。

(1)軍隊教育令(二月五日公布)。これまでバラバラに行われて来た軍隊教育の画一化をめざすもので、また軍隊教育と国民教育とのリンケージが図られた。

【解説】 第一次山本内閣のもとで、二個師団の増設は延期され、陸海軍大臣の現役武官制は廃され予備役にまで拡大される。西園寺内閣の倒壊工作に深く関与していた田中義一は、窮境に立たされた陸軍の取るべき態度に関して、政党の争いに巻き込まれないようにすること、陸軍省(軍政)と参謀本部(統帥)の職掌を調整し直すこと、国民の軍事に対する思想を健全に導くために在郷軍人の指導に注意を払うことの必要性を寺内に進言している。ただし政友会を牽制するためには立憲同志会を発展させ、病床に伏した桂に代えて大隈重信を総裁に据えて操縦することが過渡期の便法であることも述べている。

243 憲政擁護会総会の廃税宣言・決議　一九一四年一月五日

宣言書

憲政擁護会は刻下の時局に鑑み、本会創立の精神を拡充して以て憲政の美果を収めんが為に、茲に左の宣言を為す。財力内に充たざれば国威外に揚らず、世界は実力の競争にして、実力の競争は則ち財力の競争なり、官僚の徒、口に財政の整理を説き産業の奨励を唱ふるや久し、而して未だ嘗て財政経済の禍根を断ち、国民多年の希望に副《そ》ふ所以の道を講ぜず、財政経済の趨向は寧ろ寸進尺退の危険の下にあり、国民の不安蓋し之に過ぎたるは莫けん。財政経済の今日ある、其の因由する所遠し、軍閥の横暴、政商の跋扈、官業の濫設、公債の増発、数へ来れば一々枚挙に暇あらざるも、其の根柢に蟠《わだかま》りて庶政の禍源を為せるものは一言以て之を尽すべし、官僚政治即ち是なり、而して其の財政上に於ける結果は、歳入の誅求と為り、悪税の増徴と為り、国民は之が負担に苦しみ、経済界は則ち萎靡振はず、官僚の徒常に口を日露戦争に藉りて国民負担の過重を弁ぜんとするも、是れ唯戦時に於て言ふべくして、戦後の今日に言ふべきに非ず、官僚政治家及び之に阿附する政党にして、戦勝の機会を利用して其の私を営むことなかりせば、国民の負担は安《いずく》んぞ今日の重きあらんや、此の徒常に減税の国民的要望を目して空論と曰ひ、或は財源無しと曰ふも、財源無きに非ず、国家の歳入を濫費して財源を剰《あま》さゞるに由る、然かも其の政府に便ならざる主張を目して空論と為すに至ては、国事に忠ならざる亦甚しと謂ふべし、若し減税の要望を以て空論と曰ふべくんば、民衆の要望は何事か空論ならざらんや、而して立憲政治も亦遂に一の空論に属せん、是れ豈憲政の本旨ならんや。憲政擁護会は憲政の本旨に遵《したが》ひ、官僚的財政経済策の因襲を打破し、一は以て民衆の利福を増進し、他は以て財政整理の実を収め、経済界の不安を掃蕩して財政の発展を図り、内政の刷新、外交の伸張両々相俟《ま》て帝国の面目を一新せんことを期す、時代の要求蓋亦此に存ぜん。

決　議

本会は宣言の趣意に基き、各種悪税改廃の第一着手として営業税、織物税、通行税の全廃を期す。

（出典）『東京朝日新聞』一九一四年一月六日・七日。

【解説】第一次山本内閣成立を薩摩閥の復活と見た憲政擁護会は憲政擁護運動の継続をはかった。その際の争点は三税廃止であり、一九一四年一月には各種同業組合・実業組合連合会や、前年は憲政擁護会と対立していた同志会も加わり運動は盛り上がりを見せたが、衆議院で廃税法案は否決された。

244　シーメンス事件　一九一四年

二月二十八日（中略）海軍補充費削減理由書決定の事、（中略）削減理由左の如し。

一、国防計画は、固《もと》より陸海両軍を通じて其の須要程度に応じて施設を定めざる可からず。然るに政府は大正三年度予算に於て、特に重きを海軍に置き、陸軍に到りては何等の計画見る可き者無し、是れ頗る偏倚の嫌い有ると認む。

二、目下海軍部内に於ける瀆職問題は、大いに国民の疑惑を醸し、延いて我海軍の威信を傷せしむるに至る。政府は其責任の所在を宣明し廓清の実を挙ぐ可きなり。（中略）

海軍瀆職事件の突発するや、政海の風雲俄然激湧を極め、都下の一大騒擾と為り、下院の大混乱と為り、新聞各社の一大連合と為り、人心は惶惑し国論は沸騰して窮極する所を知らず。満天下、唯首を延べ上院の体度如何を仰望のみ。今や上院各派の体度大定し、正々堂々将に政府に対し一大斧鉞を下さんとす。政府之に対して果して如何の処置を取る乎、特に刮目して之を観る。（中略）

［三月］二十三日（中略）本日は上院対山本内閣最後の決戦日なり。（中略）後四時両院協議会成案日程に加えらる。（中略）採決に及び、下院案に賛成する者僅か十八名、大多数を以て之を否決、総予算全部否決と為る。帝国議会開設以来満二十五年、下院解散に依り予算の不成立を招くこと数回、斯くの如く総予算を否決するは未曾有のことなり。矧《ま》して上院は常に慎重恭敬の体度を持す、一致して政府に抗す斯の如きの激しきは未曾有なり。

（出典）「田健治郎日記」国会図書館憲政資料室蔵。原漢文。

【解説】第一次山本内閣反対運動は、一九一四年二月に海軍軍人の瀆職事件（シーメンス事件）が発覚すると、内閣弾劾国民大会が開催されるなどして活発化した。予算案は衆議院をかろうじて通過したが、貴族院は海軍補充計画費を大幅に削減し、両院協議会成案（衆議院案）も再び貴族院で否決され、予算は不成立となり山本内閣は総辞職する。日露戦争後から、貴族院は政治的影響力を高めており、これははじめて貴族院が内閣を倒したという意味をもつ事件であった。田健治郎は山県系官僚で、この時期に男爵・勅選議員の中心として活動していた。

245　大隈内閣推薦理由　一九一四年四月

[井上]公　先ヅ自分ノ考ニテハ、財政ノ基礎ガ鞏固ニナラズンバ国防ハ効能ノナイコトデアルカラ、一二年延バシテモ宜シイ。此際人民ノ負担ヲ軽クシ、サウシテ国防ハ海陸一致ノ聯絡的方法ヲ執ルガ必要デアルト信ズル。

大隈　如何ニモ国防会議ハ外交ヨリ割出シ財政ヲ顧ミ、斯クテ大蔵・外務・海陸ト内閣ニテ聯絡ヲ取リ、財政ノ調和ヲ図リタイノデス。

[井上]公　即チ君モ我輩ノ意見ト同論ト見ヘマス。ソコデ今回ハ旁々以テ内閣ハ実権アル人ニ委托ノ必要ガ起ツテ来テ居ツタコトカラ君ヲ煩スヤウニナツタガ、就テハ此ノ如キ大方針デヤル以上ハ、其閣員タルベキ人々モ唯世間ノ評判ガ好イトカ悪イトカニテ用ユベカラザルコトハ言フマデモナイ。殊ニ政党ノ弊害ガ中央ノミナラズ、各地ニマデ及ンデ居ルコトノ有様ヤ、就中政友会ノ横暴ニ至ツテハ実ニ容易ナラヌ。

大隈　ヤ、政友会ハ恰《あたか》モ寄生虫ノ如キモノデ、政権カラ離ルレバ直チニ死ニマス。（中略）況ンヤ政友会ハ権力ト経済ノ力ヲ以テ今日マデ其党勢ヲ拡張シタノデアルガ、今度ハ権勢カラ離レテ来レバ、彼等ノ党勢維持モムヅカシクナル。加フルニ新聞ハ皆我味方デアル。（中略）先ヅ以テ国民民意ハ我党ノモノデアル。ソレ故ニ政友会ガ政権ヲ離ルレバ恰モ烏合トナツテクル。（中略）

[井上]井　如何ニモ御同感デ、政党ノ弊ヲ矯正スルコト、国費ノ濫費ノ弊ヲ矯正スルコト、官吏ノ不規律ヲ正スコト、海陸相争フ国防ヲ直シテ行カナケレバナラヌ。（中略）

[大隈]大　ドウダロウ、一体山県ヤ松方ハ本当ニ我輩ヲ推挙スルダロウカ。

[井上]井　イヤ、松方、山県ノ本気ハ勿論、又アナタモ松方、山県ニ対シテ色々ノ感情モアラウガ、総テ過去ヲ一掃シ、皆一致共同シテヤラウト云フ相談ヲシタノデアル。

（出典）「井上侯大隈伯会見要領筆記」井上馨侯伝記編纂会『世外井上公伝』第五巻、内外書籍、一九三四年、三五五―三五七ページ、および山本四郎編『第二次大隈内閣関係史料』京都女子大学、一九七九年、一七―一八ページ。

【解説】　山本内閣辞職後の後継首相選びは再び難航した。井上馨の発議により元老会議は、最後の手段としてジャーナリズムに人気があった大隈重信をかつぎ出すことによって民衆運動の鎮静化を図った。元老と大隈の間には、明治一四年政変以来敵対する因縁があったが、四月一〇日に井上は大隈と会談して、内閣の課題が陸海軍の調整および積極財政の転換と政友会打破にあること、過去の感情を流して協力してくれるよう説得した。内閣は加藤高明が率いる同志会と尾崎行雄が代表する中正会の支持を得て成立し、一九一五年総選挙で政友会の衆議院第一党を奪った。

第四章　大正デモクラシーから金融恐慌へ

第一次世界大戦から一九二〇年代にかけての時期は、世界的には帝国主義の時代であり、国内的には大正デモクラシーが展開して政党政治が定着し、また経済的には独占資本主義の確立や地主制の後退を見た時代であった。この時代をいいかえれば、それは世界の中の日本の位置が鋭く問われた時代であり、自己の「人格」を自覚した「民衆」が台頭して、政治と社会の様々なレベルで「改造」が模索された時代であった。

第一次世界大戦を機として、日本は東アジアと国際社会での発言力を一段と高めようとした。対華二一カ条要求とシベリア干渉戦争、国際連盟での人種差別撤廃問題などには、いずれも日本の思惑が強くあらわれていた。だが、これらには国内外からの批判があり、帝国主義化しようとする日本の動向への警戒心もまた高まっていった。この警戒心や大戦後の世界的なデモクラシーの趨勢は、アジアで民族独立運動のうねりをつくりだし、また東アジアではワシントン体制が結ばれてアメリカの主導する国際協調路線が引かれた。

デモクラシー思想の流入、大戦景気による経済変動、米騒動の勃発などを契機に、市民や学生・教師・労働者・農民・被差別部落民・女性・エスペランチストなど、様々な人びとが登場し、運動をはじめた。それは「民衆の時代」「改造の時代」というのにふさわしく、それまでは容易に動かなかった民衆が動くようになったところにこの時代の大きな特徴があった。この時期の民衆運動の特徴は、「人格」の承認を求める声が各所で聞かれたことであった。たとえば労働運動や農民運動は、それぞれ賃金引上げや小作料減額という経済的要求を掲げた運動であったが、その底流には「下層社会」から脱出して一人前の人間として扱われたいという「人格」承認要求が含まれていた。全国水平社の宣言は、そうした願いをもっとも格調高く表現したものであった。

とはいえ、こうした民衆の動向には、無視しえないいくつかの問題点が含まれていた。その一つは、都市化と大衆文化が進展する一方で、農村では反都市主義の機運が高まり、都市と農村の対立という構図が作り出されたことである。この時期の反都市主義の中には、農民自治会や信濃自由大学のように農村社会の自主的改革を模索した動きもあったが、しかし反都市主義の傾向は一九三〇年代になると分解し、その一部は農村経済更生運動など政府主導の社会統合政策に吸収されていった。地域や民衆の間の格差・対立は、「帝国」日本の中心と周辺の間で、さらには内地と植民地の間にも存在した。前者を象徴するのが沖縄であり、この時期、内地から沖縄への関心が高まるものの、その関心と沖縄の現状との間には容易に解消しえない落差があった。また関東大震災での朝鮮人・中国人虐殺は、内地と植民地の民衆の間にあった対立・分断の状況をよく示す出来事であった。このように見ると、本章の時期はたしかに「民衆の時代」ということができるが、その民衆の間には様々な対立が含まれていた。

　ところで、右のような対立は政府の対応と密接にかかわる事柄であった。政府はこの時期、男子普選を軸にした政党政治を中心にすえ、これに治安維持法や国民教化を加えて支配政策を組み立てていたが、これらの政策は統合と分断の両方の作用を民衆におよぼし、支配を安定化させようとするものであった。それゆえ、一九二七年に金融恐慌がおきて不況色が強まり、また田中義一内閣が第一次山東出兵によって中国への侵略の道を歩み出したとき、対支非干渉運動など、民衆の対立や分断を乗り越える動きがどのようにあったのかはきわめて大事な問題であった。

第一節　第一次世界大戦と世界の日本

1　日本の参戦と対華二十一カ条要求

246　井上馨の提言　一九一四年八月

一、今回欧州ノ大禍乱ハ、日本国運ノ発展ニ対スル大正新時代ノ天祐ニシテ、日本国ハ直ニ挙国一致ノ団結ヲ以テ、此天祐ヲ享受セザルベカラズ。

一、此天祐ヲ全ウセンガ為ニ、内ニ於テハ比年囂々[1]タリシ廃減税等ノ党論[2]ヲ中止シ、財政ノ基礎ヲ強固ニシ、一切ノ党争ヲ排シ、国論ヲ世界ノ大勢ニ随伴セシムル様指導シ、以テ外交ノ方針ヲ確立セザルベカラズ。

一、此戦局ト共ニ、英・仏・露ノ団結一致ハ更ニ強固ニナルト共ニ、日本ハ右三国ト一致団結シテ、玆ニ東洋ニ対スル日本ノ利権ヲ確立セザルベカラズ。

一、東洋ニ対シ英ハ海軍力、露ハ陸軍力、仏ハ財力ヲ以テ之ニノゾメリ。抑モ海陸両力アル日本ハ、宜シク仏ヲ説キ英露ヲ勧メ、仏ト共ニ財力ヲ以テ日本ノ援助トナラシムルノ策ヲ講ゼザルベカラズ。

一、日英同盟ニ対スル英国人ノ近来将サニ冷却セントスル感情ヲ、此時局ト共ニ英国人ヲシテ直ニ悔悛セシムルノ方法ヲ採ラザルベカラズ。

一、日露協約ハ此数年間寧ロ紙上ノ協約タリ。此時局ニ際シ、次第ニ具体的事実的ノ協約タラシメザルベカラズ。

一、以上英・仏・露ト誠実ナル聯合的団結ヲナシ、此基礎ヲ以テ、日本ハ支那ノ統一者ヲ懐柔セザルベカラズ。

一、以上、英・仏・露三国ニ於ケル我外交官ノ撰抜ハ、此時局ニ際シ特ニ一致聯絡ノ十分ナル様、其人撰ノ注意ヲ誤ルベカラズ。

一、欧州ノ三大外交方面ノ人撰ヲ全フスルト共ニ、袁ヲ心服セシムベキ特派員又ハ公使ノ有力ナルモノヲ支那ニ撰任セザルベカラズ。

明治維新ノ大業ハ鴻謨ヲ世界ニ求メタルニアリ。大正新政ノ発展ハ、此世界的大禍乱ノ時局ニ決シ、欧米強国ト駢行提携シ、世界的問題ヨリ日本ヲ度外スルコト能ハザラシムルノ基礎ヲ確立シ、以テ近年動モスレバ日本ヲ孤立セシメントスル欧米ノ趨勢ヲ、根底ヨリ一掃セシメザルベカラズ。此千歳[載]一遇ノ大局ニ処シ、区々タル党情又ハ箇的感情ノ為メ適才ヲ適所ニ求メザルガ如キハ断ジテ国家ヲ憂フルモノニ非ルナリ。

（出典）『世外井上公伝』第五巻、一九三四年、三六七―三六九ページ、一九一四年八月八日の項（原書房、一九六八年復刻）。

（1）ごうごうと読む。やかましい様子。（2）一九一四年、営業税・織物消費税・通行税の廃止運動が全国にひろがっていた。

【解説】井上が第一次世界大戦を「天祐」（天のたすけ）と考えたのは、英仏露などがアジアから手を引かざるをえないこの機会に、「東洋ニ対スル日本ノ利権ヲ確立」して中国への進出をはかるためであった。また参戦することで「日本ヲ孤立セシメントスル欧米ノ趨勢ヲ、根底ヨリ一掃」して日本の国際的地位の向上をはかり、そのためには国内の廃税運動などを中止させて英仏露との交渉を重視すべきだと井上は考えた。当時の外相加藤高明の発言をみれば、参戦が単なる日英同盟のよしみではなく、ドイツ勢力をアジアから一掃して日本の国際的地位上昇をねらったものだったことがよくわかる（『加藤高明』）。なお、この時、大隈重信内閣は、国防充実と国民負担の軽減という相矛盾する政策をかかげており、陸軍の二個師団増設要求と廃税運動との板ばさみになるところであったが、井上がこの手紙を元老山県有朋と首相大隈重信に書いた八月八日、元老大臣会議は第一次世界大戦への参戦を決定した。

247 石橋湛山「青島は断じて領有すべからず」一九一四年一一月

青島《チンタオ》陥落(1)が吾輩の予想より遥かに早かりしは、同時に戦争の不幸の亦た意外に少なかりし意味に於いて、国民と共に深く喜ぶ処なり。然れども、かくて我が軍の手に帰せる青島は、結局如何に処分するを以って、最も得策となすべきか。是れ実に最も熟慮を要する問題なり。

此問題に対する吾輩の立場は明白なり。亜細亜《アジア》大陸に領土を拡張すべからず、満州も宜く早きに迨《およ》んで之れを放棄すべし、とは是れ吾輩の宿論なり。更に新たに支那山東省の一角に領土を獲得する如きは、害悪に害悪を重ね、危険に危険を加うるもの、断じて反対せざるを得ざる所なり。（中略）

戦争中の今日こそ、仏人の中には、日本の青島割取を至当なりと説くものあるを伝うと雖、這次《しゃじ》(2)の大戦も愈よ終りを告げ、平和を回復し、人心落着きて、物を観得る暁に至れば、米国は申す迄もなく、我れに好意を有する英仏人と雖、必ずや愕然として畏るる所を知り、我が国を目して極東の平和に対する最大の危険国となし、欧米の国民が互いに結合して、我が国の支那に於ける位地《マヽ》の顚覆に努むべきは、今より想像し得て余りあり。かくて我が国の青島割取は実に不抜の怨恨を支那人に結び、欧米列強には危険視せられ、決して東洋の平和を増進する所以にあらずして、却って形勢を切迫に導《みちび》くものにあらずや。

這回《しゃかい》の戦争に於いて、独逸が勝つにせよ負くるにせよ、我が国が独逸と開戦し、独逸を山東より駆逐せるは、我が外交第一着の失敗なり。若夫れ我が国が独逸に代って青島を領得せば、是れ更に重大なる失敗を重ぬるものなり。其の結果は、豈に啻だ我が国民に更に限りなき軍備拡張の負担を強ゆるのみならんや。青島の割取は断じて不可なり。

（出典）『石橋湛山全集』第一巻、東洋経済新報社、一九七一年、三七五・三七七ページ（『東洋経済新報』一九一四年一一月一五日号「社説」）。

（1）一九一四年八月二三日、日本はドイツに宣戦布告し、一一月七日に中国におけるドイツの租借地青島を占領した。（2）このたび。

【解説】　第一次世界大戦を機とした日本の中国侵略に対し、日本国内では批判らしいものがほとんどなかった。その中で『東洋経済新報』の石橋湛山は、それを批判する論陣をはった数少ない一人である。史料の社説は、対ドイツ宣戦布告後、二ヵ月余でドイツ領の青島を占領したときに発表された。湛山は日本の行為が欧米列強に危険視され、「極東の平和に対する最大の危険国」となること、また中国人に「不抜の怨恨」をもたらすという二つの理由から青島占領を不可としている。湛山はまた日本の行為が「我が国民に更に限りなき軍備拡張の負担」を求めるとして反対している。しかし現実には翌年早々に二十一カ条要求となり、これに対して石井・ランシング協定の締結となった。中国人の怨恨に対する湛山の予測は、一九一九年の五四運動によって現実のものとなった。

248　二十一カ条要求　一九一四年一二月三日

第一号　（前文略）

第一条　支那国政府ハ、独逸国カ山東省ニ関シ条約其他ニ依リ支那国ニ対シテ有スル一切ノ権利、利益、譲与等ノ処分ニ付、日本国政府カ独逸国政府ト協定スヘキ一切ノ事項ヲ承認スヘキコトヲ約ス

第三条　支那国政府ハ、芝罘《チーフー》又ハ竜口ト膠州湾ヨリ済南《チーナン》ニ至ル鉄道トヲ連絡スヘキ鉄道ノ敷設ヲ日本国ニ允許ス

第二号　日本国政府及支那国政府ハ、支那国政府カ南満州及東部内蒙古ニ於ケル日本国ノ優越ナル地位ヲ承認スルニヨリ、玆ニ左ノ条款ヲ締約セリ

第一条　両締約国ハ、旅順大連租借期限並南満州及安奉両鉄道各期限ヲ何レモ更ニ九十九ケ年ツツ延長スヘキコトヲ約ス

第四条　支那国政府ハ、本条約付属書ニ列記セル南満州及東部内蒙古ニ於ケル諸鉱山ノ採掘権ヲ日本国臣民ニ許与ス

第三号　（前文略）

第一条　両締約国ハ、将来適当ノ時機ニ於テ漢冶萍公司《かんやひょうコンス》ヲ両国ノ合弁トナスコト並ニ支那国政府ハ日本国政府ノ同意ナクシテ同公司ニ属スル一切ノ権利財産ヲ自ラ処分シ又ハ同公司ヲシテ処分セシメサルヘキコトヲ約ス

第四号　（前文略）

支那国政府ハ、支那国沿岸ノ港湾及島嶼ヲ他国ニ譲与シ

若クハ貸与セサルヘキコトヲ約ス

第五号

一、中央政府ニ政治財政及軍事顧問トシテ有力ナル日本人ヲ傭聘《ようへい》セシムルコト

三、従来日支間ニ警察事故ノ発生ヲ見ルコト多ク、不快ナル論争ヲ醸シタルコトモ少カラサルニ付、此際必要ノ地方ニ於ケル警察ヲ日支合同トシ、又ハ此等地方ニ於ケル支那警察官庁ニ多数ノ日本人ヲ傭聘セシメ、以テ一面支那警察機関ノ刷新確立ヲ図ルニ資スルコト

四、日本ヨリ一定ノ数量(例ヘハ支那政府所要兵器ノ半数)以上ノ兵器ノ供給ヲ仰キ、又ハ支那ニ日支合弁ノ兵器廠ヲ設立シ日本ヨリ技師及材料ノ供給ヲ仰クコト

五、武昌ト九江南昌線トヲ連絡スル鉄道及南昌杭州間、南昌潮州間鉄道敷設権ヲ日本ニ許与スルコト

六、福建省ニ於ケル鉄道、鉱山、港湾ノ設備(造船所ヲ含ム)ニ関シ、外国資本ヲ要スル場合ニハ先ツ日本ニ協議スヘキコト

(出典)『日本外交年表竝主要文書』上巻、三八二―三八三頁。読点を付した。

【解説】第一次世界大戦に対する日本の参戦意図をもっともよく示したのが二十一ヵ条要求であり、ここには日本政府が袁世凱政府に提案した原案を掲載した。要求は外務省・陸海軍・関東都督府などを合わせて五号二十一ヵ条となっており、そこから「二十一ヵ条要求」の名称が生まれた。第一号は山東省のドイツ権益処分、第二号が日本政府のもっとも重視した南満州・東内蒙古方面の諸利権、第三号が漢冶萍公司の独占、第四号は中国沿岸の不割譲など、第五号が中国政府そのものを日本の影響下に置こうとしたものである。第五号について日本は希望事項として秘密裡に事を進めようとしたが、中国のみならず、アメリカ・イギリスからも強い反対を受け、のちのワシントン会議でこれを撤回した。しかし日本の主な目的であった第一・二号の要求を貫いて満州進出の足場を固めたことは、その後の日本の中国侵略を方向づけるきわめて大きな出来事であった。ここに掲載された原案は、交渉過程で若干修正されたのち、五月七日に第五号のほとんどを削除して最後通牒とされた。第五号はこの時点で後日の議論に委ねられることになった。なお中国民衆は、袁世凱政府が要求を認めた五月九日を「国恥記念日」と称して、反帝・反日闘争を強化した。

249　二十一カ条要求に対する外国からの批判　一九一五年二月

この要求内容には、日本によるものと、中国によるものの二説があり、互いに大きく異なっている。われわれとしては、もし日本が実際に北京に対して北京側の発表に含まれるような要求を行ったとしても、日本がすでにそれの多くを撤回し、現在は日本側発表に含まれている内容の要求を行っているも

のと考えたい。北京側が発表したリストは非常に恐るべきものだ。日本は中国に対し、山東《シャントン》において日本がドイツから奪った膠州《キャオチョウ》の租借地を含む「すべての権利」の移行を承認するように求め、日本に対して譲与されるべき鉄道の建設と運営の多くの利権を提示し、中国が他の国々に中国沿岸の港湾や島を割譲あるいは賃貸しないことを規定し、一定の外国借款に対する管理権を獲得しようとし、中国政府が「行政、財政、軍事の運営の顧問として有力な日本臣民を雇用」するよう要求した。

一見して明らかなのは、これらの要求が認められれば、中華民国の主権を甚だしく損なうだろうということだ。中国は実質的に日本の管理下に入ってしまうだろう。日本に対して友好的態度をとりそうにない方面の、これらの要求提出に対する解釈は、世界がヨーロッパの戦争に強く気を取られているのに乗じ、中国と西洋諸国の権利を無視して、永遠に中国という偉大な国の運命の支配者であり続けられるように中国に対する管理を確固たるものにしようとする日本の意図を示しているというものだ。(中略)

膠州に関する日本の意図についての世界の理解が最近のいくつかの発言によって大きく修正されたことだ。当時理解されまた宣言されていたのは、日本は膠州を中国に返還するためにドイツから奪おうとしているということだった。日本の首相の大隈伯爵は、八月二四日(1)にインディペンデント紙に電報で送ったアメリカ国民へのメッセージの中で次の保証を行った。

「日本の首相として私は、アメリカ国民と世界の人々に対して、かつて述べた次の言葉をここに再び述べる。それは日本には、いかなる隠された動機もなく、これ以上の領土を獲得したいという願望もなく、中国人あるいは他の諸国民から彼らが現在所有するものを奪おうという考えもないということだ」

彼はさらに、その政府と国民がすでに約束した以上は、「その言葉は日本が常に約束を守る通りに気高く守られるだろう」と述べた。それからほどなくして、日本はドイツの決然たる抵抗のせいで膠州を中国に直ちに返還しようとはしないだろうということが暗示され始めた。今や東京でもわが国においても公然と言われているのは、その港および山東の隣接地域は中国に属していないので、日本にそれを返還する義務は全くないということだ。それらの地域は租借によって九九年間ドイツに割譲されていたのであり、その期間が終了して初めて、日本の誓約は効果を発揮するというのだ。これらの発言は大いに驚きをもって受け止められてきたし、それがつくり出した不愉快な印象は、大隈首相の言葉を注意深く検討することで取り除かれるどころかむしろ深まっている。

（出典）『ニューヨーク・タイムズ』一九一五年二月二一日（『外国新聞に見る日本』第四巻上、四八一―四八二ページ）。

（1）一九一四年八月二四日。

【解説】第一次世界大戦中、日本が世界におよぼした最大の衝撃は、一九一五年一月の対華二十一ヵ条要求であった。この要求に対して世界各国のマスコミは厳しい論評を加えた。その代表的なものがここに掲載した『ニューヨーク・タイムズ』の記事「日本の中国への要求」である。この記事によれば、要求内容について日本側と中国側の二つの説が発表されており、日本は要求の多くをすでに撤回したとしているが、中国が発表した内容はきわめて恐ろしいものだと警戒を発している。交渉過程で発表された二つの説は中国側が正しかったのであるが、この記事はもしこれらの要求が認められれば中国の主権をはなはだしく損なうだけでなく、中国が実質的に「日本の管理下」に入ってしまうだろうと指摘する。「世界がヨーロッパの戦争に強く気を取られているのに乗じ」、「中国に対する管理を確固たるものにしようとする」のが「日本の意図」だと厳しく批判されている。

2　人種差別撤廃問題とヴェルサイユ講和

250　国際連盟委員会最終会合に於ける人種差別撤廃問題　一九一九年四月一一日

（一）　牧野男ノ提案

国際聯盟規約前文ニ挿入スヘキ我案文ニ関シ英国側トノ内交渉ノ成行ハ前電所報ノ通リナルモ、飽迄我主張ヲ宣明シ置ク為メ四月十一日夜最終ノ国際聯盟委員会ニ於テ規約案各条ノ討議ヲ終リ前文ノ討議ニ戻ルヲ待チ

by the endorsement of the principle of equality of nations and just treatment of their nationals

（訳文）

各国民ノ平等及其ノ所属各人ニ対スル公正待遇ノ主義ヲ是認シ

ノ案文ヲ提議シ先ツ牧野委員ヨリ左ノ通陳述シタリ、（原文末尾ニアリ）

「此ノ問題ニ関シテハ余ハ巳〔ママ〕ニ委員会ニ提出スルノ機会ヲ有シタルモ夫ハ他ノ形式ニ於テ又異ナレル意義ヲ以テセルモノナリ、此ノ問題ハ人類ノ著シキ一部分殊ニ余カ代表スル国民ニ取リテハ甚タ重要ニシテ又関係スル所大ナルノ理

由ニ依リ余ハ再度之ヲ諸君ノ考慮ニ託スルヲ以テ余ノ義務ナリト思惟ス

余ノ所見ニ就テハ已ニ前回明ニスル所アリタルヲ以テ今次ノ機会ニ於テハ出来得ル限リ之ヲ簡単ニセムトス、此ノ聯盟ハ正義遂行暴力打破ノ世界ヲ構成セムコトヲ目的トシ最高ノ裁判所タラムコトヲ企図ス、聯盟ハ社会的改革ニ対シテ規定スル所アルト共ニ未タ進歩セサル人民ノ安寧ト利益トヲ顧慮シ其ノ統治ヲ受任国ニ託セムトシツツアリ、過去ニ於ケルヨリモ一層高キ道徳的標準ニ依リ国民及人民ノ共通ノ同意ニ依リ相互間ノ関係ヲ規律スルコト並世界ヲ通シテ一層正当ナル正義ヲ行ハムコトヲ計画シツツアリ、之等ノ思想ハ深ク一般人心ヲ感動セシメ五大陸ニ散在セル多種人民ノ有スル共通ナル感情ヲ旺盛ナラシメタリ、聯盟ハ(不明)〔ママ〕ヲ生シ各人民カ其ノ当然ト認ムル正当ナル要求ニ就テノ意識ヲ強カラシメタリ

最強キ人類感情ノ一ナル「国民」ニ関スルノ意識ハ国際的事件整理ニ際シテ正当ニ認メラレムトスルニ方リ新タニ惹起サレタリ、被圧制的国民ノ不平ト密接関係ヲ有シテ人類ノ大ナル部分ニ取リ深キ憤恚ノ種トシテ尚依然トシテ存在スルモノニ人種的差別ノ非違アリ、軽侮セラルトノ観念ハ永ク或国民ノ不平ヲ醸生シタリ、今以テ各人民及国民ニ対スル正義ノ原則ヲ以テ将来国際的関係ノ基礎ヲ宣言セルハ偶々之等人種ノ正当ナル此ノ熱望ヲ高ムルニ至リ、今ヤ之等人種ハ此非違ノ撤廃ヲ要求スルヲ以テ其ノ正当ナル権利ナリト認ムルナリ

此ノ事業カ現在ノ状態ニ達スルヲ得シハ実ニ世界人類ノ意見カ今次之ヲ提議スル諸政府ヲ援助シタルカ故ニシテ此ノ企図ノ成功ヲ永ク保有スル為ニハ屢変更ヲ免レサル諸国政府ノ援助又ハ行為ヨリモ更ニ多ク関係諸人民カ前文中ニ明ニセル崇高ナル理想ノ準拠及維持ニ俟ツ所アリト言フヘシ、聯盟中ニ在ル各人民ハ将来此ノ事業ヲ為シ遂クヘキ責務ヲ有ス、而シテ之カ成功ヲ確実トナスカ為ニハ各人民間ニ相互的信頼ノ密接ナル調和ノ存スルヲ必要トス

此ノ条件ヲ以テ必要不可分ナリトセハ余ハ今次世界ノ新組織ニ於ケル将来国際的関係ノ基礎トシテ「各国民ノ平等及其ノ所属各人ニ対スル公正ナル待遇」ノ一原則ヲ確立セムコトハ正ニ純理ニ適合スルモノト思惟ス、若シ今此ノ合理的ニシテ且ツ正当ナル要求ニシテ拒絶セラレムカ強テ利害ヲ有スル之等人民ヨリ観レハ是レ自己ノ素質ト地位トニ対スル反影〔ママ〕ナリト認ムルニ至ルヘク規約ノ精神タルヘキ公平ト正義トニ対スル彼等ノ信念ニ動揺ヲ免レサルヘシ

斯カル心事ノ一度構成セラル、時ハ之等人民ヲシテ多種ノ条項ニ予見セル有事ノ際ニ於ケル軍事上ノ寄与ヲ初トシテ諸種ノ責任ノ遂行ヲ喜ハシメサルニ至ルヤモ計リ難ク斯ク

シテ或ハ最悲シムヘキ状態ヲ創造スヘキノ恐ルヘキ危険アリ、今ヤ世界ヲ挙ケテ国際上政府上一層高キ生活ニ向上セムトスルニ当リ是等人民ヲシテ一朝事アルニ当リ自己ニ対シ公平ナル待遇ヲ拒絶セル者ノ防禦ノ為ニ重大ナル義務ヲ負担セサルヲ得ストハ容易ニ首肯セシムルコト能ハサルヘシ、斯カル事件発生ノ恐アルコトハ之ヲ念頭ニ止メ置カサルヘカラス、何トナレハ自負心ハ最強キ時トシテ抑制ス可ラサル人類行動ノ原因ノ一ナレハナリ

余ハ真面目ニ述ヘムト欲ス政治的関係ノ特別ナル時期ニ於テ此ノ問題ノ斯ノ如キ危険ナル発展ノ現実的意義ヲ了解スルハ或ハ不可能ナルヘキモ実ニ余ハ独リ此ノ問題ノ将来ノ結果如何ニ就キ多大ノ危惧ヲ抱クモノナリ

余カ提議スル前文中ノ修正ハ単ニ聯盟諸国家ノ人民間ニ於テ遵守スヘキ〔ママ〕行動ヲ規定セルト同シク少クトモ聯盟中ノ諸国民間ノ関係ニ就テ一原則ヲ規定セムトスルニ他ナラス、如何ナル国民ノ内事ヲモ侵害セムコトハ此ノ修正ノ企図スル所ニ在ラス、単ニ将来ノ国際的交通ニ於ケル一目的ヲ規定セムトスルモノナリ、此ノ原則ヲ実行スルノ事業ハ正当ナル権力者ノ争フ可カラサル権限ニ属ス、此ノ修正ハ吾人ノ意思ト全然一致スルモノニ非ルモ之レ多数人民ノ見解ヲ一致セムトスル企図ニ出ツルモノニシテ之レ現時国際関係ノ多様ナル状態及事実ノ十分ナル考案ノ結果ナリ」

（出典）外務省『日本外交文書』巴里講和会議経過概要、四三—四五ページ。読点を付した。

【解説】　一九一九年一月から六月にかけて、第一次世界大戦の戦後処理をめぐってパリ講和会議が開催された。日本政府はこの会議で太平洋の旧ドイツ領処分問題や中国山東省利権継承問題と並んで人種差別撤廃要求を提案した。その経緯を日本政府側の文書によって示したのがこの資料である。この要求の背景には、アメリカ・オーストラリア・カナダなどにおいて日本人移民への排斥と規制が強まっているという事情があった。日本は排日移民政策と白人中心の人種的偏見を取り除く好機として、この講和会議を位置づけようとした。西園寺公望や牧野伸顕らを全権委員とした日本代表団は、「外国人ニ付与スヘキ待遇及権利ニ関シテハ法律上並事実上何人ニ対シテモ人種或ハ国籍如何ニ依リ差別」されないという一文を国際連盟規約に盛りこもうとした。この提案はとくにイギリスの強硬な反対によって実現されなかったものの、日本政府の提案の背景には日本人移民問題だけでなく、第一次世界大戦を機とした人種平等という大きな世界的流れがあったことは確かなことであった。だが、日本政府がその世界的流れをどの程度真剣に理解していたのかといえば、それはきわめて疑わしいものであり、日本はその後植民地の人びとや捕虜の人びとに対して、この提案とまったく異なる対応を示したのである。人種差別撤廃問題については、大沼保昭「遙かなる人種平等の理想」同編『国際法、国際連合と日本』弘文堂、一九八七年、を参照。

251 人種差別撤廃提案への外国からの批判　一九一九年三月

① 日本は台湾の蛮人に対し絶滅方針をとり、朝鮮に対しては不当な併合をあえて行なっている。これはドイツの虚偽偽善と類似したもので、千古未聞の重要会議であるヴェルサイユ会議に、日本が五大国の一つとして参加することは許されるべきではない。まして人種差別待遇撤廃を提議する資格は有しない。

② 日本が人種問題について、伝えられるような平等決議案を提出するというようなことはあるまい。何となれば、日本が拓植した領土に、他の東洋人が移住するのに同等の権利をもっていると言いがたいのは、日本使節が充分承知しているところであろうし、日本でも、朝鮮人、台湾人等を同等視していないのをみても明白だろう。

（出典）①は若槻泰雄『排日の歴史』中公新書、一九七二年、一四六ページ（『北京デーリー・ニュース』一九一九年三月一一日）、②は、同書、一四六ページ（『シドニー・モーニング・ヘラルド』一九一九年三月一三日）。

【解説】日本の人種差別撤廃提案に対して、外国の論評には厳しいものが多かった。その中には当事国であるアメリカの『ワシントン・ポスト』のように、国際連盟が日本移民の門戸開放を認めることに対して警戒を表明するものもあったが、ここに掲げた『北京デーリー・ニュース』や『シドニー・モーニング・ヘラルド』のように、人種差別撤廃をうたう日本政府が一方で人種差別を助長していることを鋭く見抜く論評もあった。両新聞がともに語るところは、日本は台湾人と朝鮮人に対して不当な対応をしており、その点からすれば人種差別撤廃を提言する資格をもっていないということであった。なお『北京デーリー・ニュース』の記事は元在京イギリス領事C・ワーナーが語ったものであり、『シドニー・モーニング・ヘラルド』は社説である。若槻泰雄『排日の歴史』には、人種差別撤廃問題を含めアメリカにおける日本人移民の歴史がまとめられている。

252 国際連盟規約　一九一九年六月二八日

締約国ハ
戦争ニ訴ヘサルノ義務ヲ受諾シ
各国間ニ於ケル公明正大ナル関係ヲ規律シ
各国政府間ノ行為ヲ律スル現実ノ規準トシテ国際法ノ原則ヲ確立シ
組織アル人民ノ相互ノ交渉ニ於テ正義ヲ保持シ且厳ニ一切ノ条約上ノ義務ヲ尊重シ
以テ国際協力ヲ促進シ且各国間ノ平和安寧ヲ完成セムカ為
茲ニ国際聯盟規約ヲ協定ス

第一条　本規約附属書列記ノ署名国及留保ナクシテ本規約ニ加盟スル該附属書列記ノ爾余諸国ヲ以テ国際聯盟ノ原聯盟国トス右加盟ハ本規約実施後二月以内ニ宣言書ヲ聯盟事務局ニ寄託シテ之ヲ為スヘシ右ニ関シテハ一切ノ他ノ聯盟国

ニ通告スヘキモノトス

附属書ニ列記セサル国、領地又ハ殖民地ニシテ完全ナル自治ヲ有スルモノハ其ノ加入ニ付聯盟総会三分ノ二ノ同意ヲ得ルニ於テハ総テ聯盟国ト為ルコトヲ得但シ其ノ国際義務遵守ノ誠意アルコトニ付有効ナル保障ヲ与ヘ且其ノ陸海及空軍ノ兵力其ノ他ノ軍備ニ関シ聯盟ノ定ムルコトアルヘキ準則ヲ受諾スルコトヲ要ス

聯盟国ハ二年ノ予告ヲ以テ聯盟ヲ脱退スルコトヲ得但シ脱退ノ時迄ニ其ノ一切ノ国際上及本規約上ノ義務ハ履行セラレタルコトヲ要ス

第二条　本規約ニ依ル聯盟ノ行動ハ聯盟総会及聯盟理事会並附属ノ常設聯盟事務局ニ依リテ之ヲ為スヘキモノトス

第三条　聯盟総会ハ聯盟国ノ代表者ヲ以テ組織ス

（出典）『日本外交年表竝主要文書』上、四九三ページ。

【解説】一九一九年二月のパリ平和会議で、ヴェルサイユ講和条約の一部として国際連盟規約が採択され、国際連盟は一九二〇年一月に正式に発足した。第一次世界大戦後の世界平和を維持するため、国際連盟は国際平和維持、国際協力、国際紛争の平和的解決を目的とした。国際連盟は英・仏など戦勝国に有利な状況を維持する役割もはたした。その点で国際連盟の掲げる「公明正大ナル関係」には疑問もあったが、しかし「戦争ニ訴ヘサルノ義務」を明記して国際法の原則を確立しようとした国際協調機関の存在は、のちのパリ不戦条約の締結につながっていった。ここに掲げたのは、一九一九年六月二八日付の規約。

3　シベリア干渉戦争

253　吉野作造「所謂出兵論に何の合理的根拠ありや」一九一八年四月

予輩は必ずしも絶対的出兵反対論者ではない。唯兵を動かすは、陳腐なる言葉ではあるが、国家の大事である。最も慎重なる熟慮深議を尽して後、初めて決行するを許すべき問題である。而して熟慮深議の題目としては、先づ第一に、何の為めに出兵するかの目的を確定しなければならない。第二には、其目的に対して払はねばならぬ所の犠牲の程度を測定しなければならない。第三に夫れ丈けの犠牲は、之に依つて達せんとする目的に照して、甘じて之を払ふに差支なきものなりや否やを講究しなくてはならぬ。更に第四には出兵の結果として、将来に起るべき財政関係、国際関係、其他種々の方面の跡始末に就いても計画する所なければならない。而して凡て此等の問題を慎重に講究した上で、之を国の内外に正々堂々と表明して、然る後に初めて出兵を決行すべきである。然るに今日まで主張せられたる出兵論者の議論には、凡て此等の点に就いて果して十分吾人を満足せしむるものがあるか。

出兵論者の多数の議論に予輩の甚だ遺憾とする所は、何の為めにするかの目的の意識が明白で無い事である。而して彼等の最も喜んで国民に語らんとする所は、出兵の結果として他日帝国の獲得し得べき物質的利益である。或有力なる新聞の如きは、西伯利《シベリア》の占領は以て優に戦費を償うて余りあるべしとさへ放言して居る。西伯利を占領する事に就いては日本国民中何人も異議はあるまい。其豊かなる富源の点より、又日本海の対岸を包容して日本の国防的地位を一層鞏固にし得る点より、殊に日本国力の大陸発展を一層促進せしむる点よりして、此上の望ましい事は無い。併し乍ら西伯利占領はさう無雑作に実現出来るものであらうか。東亜に利害関係を有するものは、日本を除いて支那許りでは無い。仮令《たとえ》戦時の今日欧米諸国が深く東亜の事を顧るに遑《いとま》無しとしても、我日本国は今や世界の一員として立つて居るものなる事を忘れてはならない。世界の大勢に逆行する事は今日決して吾人の執るべき方針では無い。世の偏狭なる論者動《やや》もすれば我国が漫《みだ》りに欧米の思想に左右さるべきにあらずと力む。然し斯くの如きは鎖国的思想家の常に口にする所にして、世界的思想を自らの中に見出し、否、自らの思想を以て世界の大勢を造らんとする大国民の抱負に適《ふさ》はしき態度ではない。吾人は須《すべか》らく進んで世界の大勢を作るの主動的分子たるを期すべきである。此覚悟ある以上、世界の大勢に順行するといふ事夫れ自身は、決して大国の面目を傷けない。而して今日世界の大勢は、故無くして領土的野心を逞うせんとするものを許さざらんとするに在る。米国が日本の出兵に好意を表せざる所以も、畢竟彼の努力して造らんとしつゝある所の大勢が、之に由つて事実上裏切らるゝ事無きやを怖れたる為めではあるまいか。米国の態度の是非は今茲に論ずる問題ではない。唯斯くの如きが今日世界の大勢なる事を念頭に置いて、其上に出兵の問題を研究計画すべきである。訳も無く出兵して相当の地歩を事実上に占めさへすれば、後日何とかなるだらうと云ふやうな根拠薄弱なる楽天観に基いての、帝国此際の出兵は、余りに無鉄砲なる行動ではあるまいか。他国の領土に出兵する事のみが国力を張る所以では無い。講和談判の開催まで十分の余力を蓄へ、所謂満を持して放たざるの態度を執る事も亦、何れ丈け戦後に於ける日本の立場を鞏固にするか分らない。何れにしても出兵の決行には、もつと〳〵精密なる研究を要する点あるは言を俟《ま》たないのである。

一体我国が西伯利に出兵し得るとすれば、如何なる目的を以てすべきであるか。吾人の考へ得べき出兵の目的は尠くとも三つある。一つは帝国の自衛の為めである。も一つは露国を救援する為めである。終りには聯合与国の協同目的を後援するが為めである。此等の点は出兵論者も亦漠然と認めて居る所である。唯此等の目的の為めに、果して帝国は、一部の論者の主張する如く、大兵を西伯利の野に送るの必要ありや否や。之が実に大いなる問題である。

（出典）『吉野作造選集』第五巻、岩波書店、一九九五年、三〇〇―三〇二ページ（『中央公論』一九一八年四月号）。

【解説】一九一八年からの数年間、日・米・英・仏の諸国がロシア革命の干渉戦争としてシベリアに出兵した。一九一八年三月、ソビエトがドイツと単独講和を締結すると、右の各国はロシア革命への干渉に乗り出し、シベリア出兵を企てようとした。日本でも寺内正毅内閣がシベリア出兵を計画したが、それにいち早く反対の声をあげたのが吉野作造であった。この文書はシベリア出兵を批判した吉野の文章としてもっとも早いものである。しかし、七月上旬には右の四カ国が協定を結び、シベリアにいるチェコスロバキア軍捕虜救済を名目にして、総兵力二万八〇〇〇人の派兵に踏み切った。日本はシベリアへの派兵にきわめて積極的であり、三カ月後には協定を無視して七万三〇〇〇人の兵力をシベリアに送った。干渉戦争は結局失敗に終わり、米・英・仏は一九二〇年六月までに撤兵したが、日本のみは出兵を続け、日本内外で厳しい非難を浴びることになった。吉野は先の論評以降もシベリア出兵に対して批判を続け、「青年将校の観たる西伯利出征軍の実情」（『中央公論』一九二二年五月号）などを執筆した。

254　シベリア出兵宣言　一九一八年八月二日

告示

帝国政府ハ露国並露国人民ニ対スル旧来ノ隣誼ヲ重ンシ露国ノ速ニ秩序ヲ恢復シテ健全ナル発達ヲ遂ケムコトヲ衷心切望シテ止マサル所ナリ、然ルニ近時露国ノ政情著シク混乱ニ陥リ復タ外迫ヲ捍禦スルノ力ナキニ乗シ中欧諸国ハ之ニ圧迫ヲ加フルコト愈ヽ甚シク其ノ威圧遠ク極東露領ニ浸漸シテ現ニ「チエックスローヴァック」軍ノ東進ヲ阻碍シ其ノ軍隊中ニハ多数ノ独墺俘虜混入シ実際ニ於テ其ノ指揮権ヲ掌握スルノ事跡顕然タルモノアリ

抑ヽ「チエックスローヴァック」軍ハ夙ニ建国ノ宿志ヲ抱キ終始聯合列強ト共同対敵スルモノナル故ニ其ノ安危ノ繋ル所延テ与国ニ影響スルコト尠シトセス、是レ聯合列強及合衆国政府カ同軍ニ対シ多大ノ同情ヲ寄与スル所以ナリ、今ヤ聯合列強ハ同軍カ西比利亜《シベリア》方面ニ於テ独墺俘虜ノ為著シク迫害ヲ被ムルノ報ニ接シ空シク拱手傍観スルコト能ハス、業ニ已ニ其ノ兵員ヲ浦潮《ウラジオ》ニ派遣シタリ、合衆国政府モ亦同ク其ノ危急ヲ認メ帝国政府ニ提議シテ先ツ速ニ救援ノ軍隊ヲ派遣セムコトヲ以テセリ、是ニ於テ帝国政府ハ合衆国政府ノ提議ニ応シテ其ノ友好ニ酬ヒ且今次ノ派兵ニ於テ聯合列強ニ対シ歩武ヲ斉フシテ履信ノ実ヲ挙クル為速ニ軍旅ヲ整備シ先ツ之ヲ浦潮

ニ発遣セムトス

叙上ノ措置ヲ取ルニ方リ帝国政府ハ一意露国及露国人民ト恒久ノ友好関係ヲ更新セムコトヲ希図スルヲ以テ常ニ同国ノ領土保全ヲ尊重シ併セテ其ノ国内政策ニ干渉セサルノ既定主義ヲ声明スルト共ニ所期ノ目的ヲ達成スルニ於テハ政治的又ハ軍事的ニ其ノ主権ヲ侵害スルコトナク速ニ撤兵スヘキコトヲ玆ニ宣言ス

大正七年八月二日

内閣総理大臣　伯爵　寺内正毅
外務大臣　男爵　後藤新平
海軍大臣　加藤友三郎
陸軍大臣　大島健一
司法大臣　法学博士　松室致
文部大臣　岡田良平
逓信大臣　男爵　田健治郎
農商務大臣　仲小路廉
大蔵大臣　勝田主計
内務大臣　法学博士　水野錬太郎

（出典）『官報』号外、一九一八年八月二日。読点を付した。

【解説】ロシア革命直後から革命への干渉、シベリア分割を狙っていた寺内正毅内閣は、七月にアメリカがシベリア派兵を提案したのを機に、出兵の具体的計画を立てた。その内容はこの史料に示されたように大規模な出兵計画であった。この計画に対して、政友会総裁原敬らが反対し、アメリカも反対したが、結局出兵は実施された。シベリア出兵は何ら得るところのないものであり、最終的に戦費一〇億円、戦死者三〇〇〇人を費やした。

255　シベリア干渉戦争への批判　一九一八年九月

戦争に加わっている両陣営の国々をすでに十分疲弊させた四年間の世界的な大殺戮の後、日本が積極的な進出に踏み切ろうとしている。この介入は意外ではない。実際には戦争に加わっていないこの同盟国に対して、必ずしも常に友好的な態度をとってこなかったイギリスとフランスの外交官たちが長く待ち望んでいたことだ。日本は商業的な判断から、自国の軍隊を無傷のままに保ち、同時に世界戦争の間に何十億もため込んでいたのだ。

今や日本はシベリアに積極的に進出し、仏英米反革命統一戦線を支えようとしている。日本の帝国主義者たちの死活的な利益にとってそれが必要だからだ。十月革命によって大きな打撃を受けた、成金の資本主義の徒党の利益にとって、必要だからだ。

とうの昔から準備されていた日本の干渉には深く根ざした経済的な原因があり、日本は市場の追求においてヨーロッパの自分の教師たちに後れを取っている。

何十億もの軍需注文や日本に流れ込んでくる金は日出ずる国の工場主たちの「健全な」食欲を呼び起こした。これはヨーロッパやアメリカの同業者たちに特徴的なものだった。戦争が布告されるや、イギリスに封鎖された「平和な」ドイツ産業と、思慮深くも長期の戦争に備えたイギリス産業の製品が世界市場に流入しなくなった。日本は特に有利な状況に置かれた。一九一四年までは国内の需要に応じられず、ドイツやアメリカやイギリスの製品の輸入によってそれを賄ってきた日本の産業は急テンポで発展し始める。常に借金の帳尻を合わせようとしていた――ロンドンの金融取引所の大きな債務者だった――日本は同盟国の側に立って「自立し始めた」。だが、これは将来の競争相手の成長と強大化を見守ることを余儀なくされたイギリスの意志には完全に反することだった。

日本の正貨準備は急速に増え、三億三〇〇〇万から八億五〇〇〇万、すなわち二・五倍以上になった。

（出典）『プラウダ』一九一八年九月一五日（『外国新聞に見る日本』第四巻下、一四〇―一四一ページ）。

【解説】シベリア干渉戦争を受けた当事国ソビエトの共産党機関誌プラウダは、日本の積極的なシベリア出兵に対して論評を加えている（「日本の干渉に寄せて」）。それによれば、第一次世界大戦中に巨大な利益をあげた日本資本主義にとって、シベリア出兵は帝国主義の死活的利益だというわけである。外国市場の拡大という点でヨーロッパに後れをとっている日本は、大戦中の利益でその「食欲」をよびさまされた。常に国際的な債務に悩まされていた日本は、これを機に「自立し始めた」のであり、そのねらいがソビエトに及んでいる、というのが日本の干渉戦争に対するプラウダの評価であった。

4　アジアの民族独立運動

256　三・一独立宣言　一九一九年三月一日

宣言書

我等ハ茲ニ我朝鮮国ノ独立タルコト及朝鮮人ノ自由民タルコトヲ宣言ス。此ヲ以テ世界万邦ニ告ゲ人道平等ノ大義ヲ克明シ、此ヲ以テ子孫万代ニ誥〔ママ〕ヘ民族自存ノ正権ヲ永有セシム。半万年歴史ノ権威ニ伏リテ此ヲ宣言シ、二千万民衆ノ誠忠ヲ合シテ此ヲ佈〔ママ〕明シ、民族ノ恒久一ノ如キ自由発展ノ為メニ此ヲ主張シ、人類的良心ノ発露ニ基因シタル世界改造ノ大機運ニ順応并進センガ為此ヲ提起スルモノナリ。是レ天ノ明命、時代ノ大勢、全人類共存同生権ノ正当ナル発動ナリ。天下何物ト雖モ此ヲ沮止抑制シ得ズ。

旧時代ノ遺物タル侵略主義、強権主義ノ犠牲トナリテ有史以来累千年初メテ異民族箝制《けんせい》ノ痛苦ヲ嘗メテヨリ茲ニ十年ヲ過ギタリ。我生存権ノ剝喪シタル凡ソ幾何ゾ、心霊上発展ノ障礙《しょうがい》タル凡ソ幾何ゾ、民族的尊栄ノ毀損タル凡ソ幾何ゾ、新鋭ト独剣〔ママ〕トヲ以テ世界文化ノ大潮流ニ寄与補裨スベキ機縁ヲ遺失シタル凡ソ幾何ゾ。噫―旧来ノ抑鬱ヲ宣暢セムトセバ、時下ノ苦痛ヲ擺〔擺〕脱《はいだつ》セントセバ、将来ノ脅威ヲ芟除(1)セントセバ、民族的良心ト国家的廉義ノ圧縮銷残トヲ興奮伸張セントセバ、各個人格ノ正当ナル発達ヲ遂ゲントセバ、可憐ナル子弟ニ対シ苦恥的財産ヲ遺与セザラントセバ、子子孫孫ノ永久完全ナル慶福ヲ遵迎セントセバ、其ノ最大急務ハ民族的独立ヲ確実トナラシムルニ在リ。二千万各個人ノ方寸ノ刃ヲ懐ニシ、人類ノ通性ト時代ノ良心ガ正義ノ軍ト人道ノ干戈トヲ以テ護援スル今日吾人ハ進ンデ取ルニ何ノ強ク挫ク能ハザル、退ヒテ作スニ何ノ志ガ展ジ能ハザラン。

丙子修好条規以来時々種々ノ金石盟約ヲ食シタリトシテ日本ノ信ナキヲ罪セントスルモノニアラズ。学者ハ講壇ニ於テ政治家ハ実際ニ於テ我祖宗世業ヲ植民地視シ、我文化民族ヲ土昧人遇シ、専ラ征服者ノ快ヲ貪ルノミ。我ガ久遠ノ社会基礎ト卓栄セル民族心理トヲ無視スルモノトシテ日本ノ少数義ナルヲ責ントスルモノニアラズ。自己ヲ策励スルニ急ナル吾人ハ他ヲ怨尤《えんゆう》スルノ暇ナシ。現在ヲ綢繆〔ママ〕スルニ急ナル吾人ハ宿昔ヲ懲弁スルノ暇ナシ。今日吾人ノ任ズル所ハ只ダ自己ノ建設アルノミ決シテ他ヲ破壊スルニアラザルナリ。厳粛ナル良心ノ命令ニヨリテ自家ノ新運命ヲ開拓セントスルモノナリ。決シテ旧怨及ビ一時的ノ感情ニヨリテ他ヲ嫉逐〔ママ〕排斥スルモノニアラザルナリ。旧思想旧勢力モ羈縻〔縻〕《きび》セラレタル日本為政家ノ功名的犠牲タル不自然ニシテ又不合理ナル錯誤状態ヲ改善匡正シテ自然ニシテ又合理ナル正経ノ大原ニ帰還セムトスルモノナリ。当初ヤ民族的不平及統計数字上ノ虚飾ノ下ニ於テ利害相反セル両民族間ニ永遠ニ和同スル能ハザル怨満〔ママ〕ヲ益々深カラシムル今来ノ実績ヲ観ヨ、勇明果敢ヲ以テ旧誤ヲ廓正シ真正ナル理解ト同情トヲ基本トスル友好的新局面ヲ打開スルコトガ彼此ノ間遠禍召福ノ捷径タルヲ明知スベキニアラズヤ。又二千万含憤蓄怨ノ民ヲ威力ヲ以テ拘束スルハ啻ニ東洋永遠ノ平和ヲ保障スル所以タラザルノミナラズ、此ニ因ッテ東洋安危ノ主軸タル四億万支那人ノ日本ニ対スル危懼ト猜疑トヲ益々濃厚ナラシメ、其ノ結果トシテ東洋全局ノ共倒同亡ノ悲運ヲ招致スベキハ明ナリ。今日吾人ノ朝鮮独立ハ朝鮮人ヲシテ正当ナル政策ヲ遂ケシムルト同時ニ日本ヲシテ邪路ヨリ出デテ東洋ノ支持者タル重責ヲ全フセシメントシ、支那ヲシテ夢寝ニモ免レ能ハザル不安恐怖ヨリ脱出セシメントシ、又東洋平和上重要ナル一部ヲナス世界平和、人類幸福ニ必要ナル階段タラシメントスルモノナリ。是レ豈区々タル感情上ノ問題ナランヤ。

嗚呼新天地ハ眼前ニ展開セラレタリ。威力ノ時代ハ去リテ道義ノ時代ハ来レリ。過去全世紀練磨長養セラレタル人道的精神ハ第二新文明ノ曙光ヲ人類ノ歴史ニ投射シ始メタリ。新春ハ世界ニ来リテ万物ノ回蘇ヲ催進シツツアリ。凍氷寒雪ニ呼吸ヲ閉蟄シタリシモノ彼ノ一時ノ勢ナリトセバ和風暖陽ニ気脈ヲ振舒〔マヽ〕スルハ此レ一時ノ勢ナリ。天地ノ復運ニ際シ世界ノ変潮ニ乗ジタル吾人ハ何等ノ躊躇ナク何等ノ忌憚スベキナシ。我ガ固有ノ自由権ヲ護全シ生旺ノ楽ヲ飽享スベク我ガ自足ノ独創力ヲ発揮シテ春満テル大界ニ民族的精華ヲ結紐スベキナリ。吾等ハ茲ニ奮起セリ。良心ハ我ト同存シ真理ハ我ト併進ス。男女老少陰鬱ナル古巣ヨリ活潑ニ起来シテ万彙〔マヽ〕群衆ト共ニ欣快ナル復活ヲ成遂セントス。千百世祖ハ吾等ヲ陰佑シ全世界ノ気運ハ吾等ヲ外護ス。着手ハ即チ成功ナリ。只前頭ノ光明ニ向ツテ驀進スルノミ云爾。

公約三章

一、今日吾人此挙ハ正義人道生存尊栄ノ為ニスル民族的要求ニシテ、即チ自由的精神ヲ発揮スルモノニシテ決シテ排他的感情ニ逸走スベカラス。

一、最後ノ一人迄最後ノ一刻迄民族正当ナル意思ヲ快ク発表セヨ。

一、一切ノ行動ハ最モ秩序ヲ尊重シ、吾人ノ主張ト態度ヲシテ飽マデ公明正大ナラシムベシ。

朝鮮建国四千二百五十二年三月　日

朝鮮民族代表

孫秉熙	吉善宙	李弼柱	白竜成
金完圭	金秉祚	金昌俊	権東鎮
権秉悳	羅竜煥	羅仁協	梁甸伯
梁漢黙	劉如大	李甲成	李明竜
李昇薫	李鍾勲	李鍾一	林礼煥
朴準承	朴熙道	朴東完	申洪植
申錫九	呉世昌	呉華英	鄭春洙
崔聖模	崔　麟	韓竜雲	洪秉箕
洪基兆			

（出典）『現代史資料 朝鮮』1、二八一―二八三ページ。

（1）さんじょ。とり除くこと。

【解説】第一次世界大戦を機に高まった民族自決の風潮の中で、朝鮮では独立運動が急速に高まりをみせた。一九一九年二月八日、東京在住の朝鮮人学生を中心に朝鮮独立大会が開かれ、三月一日には、ソウルの公園に人びとが集まり、朝鮮の独立と朝鮮人の自由人たることを宣言した。かれらはやがて「朝鮮独立万歳」「大韓独立万歳」を叫んでデモに移り、その数はまたたくまに数十万人にふくれ上がったといわれた。「独立万歳」を叫ぶ声はたちまちに朝鮮全土にひろがり、そこには特定の階層や信条・宗教を越えた広範な人びとの姿を確認することができる。独立運動はまた中国やフィリピン・インドなどアジアの民族独立運動に多大な影響を与えた。三・一独立運動が朝鮮の内外で全民族的運動へと発展した背景には、第一次世界大戦後における民族自決の国際世論の高まりがあった。

257 宣教師団の報告　一九一九年

三月五日には上級学校では一人の学生も登校しなかつたし、国の独立が確立するまではもはや学生は一人も登校しないだろうという噂が学校の幹部連に伝わって来た。以後一ヶ月近く、上級学校は一つとして開校する事が出来ない。

三月五日、水曜日、朝九時丁度に鉄道駅前の大通りで騒ぎが起つた。青年達が商店や路地から大勢出て駅の方へ向い、彼らの民族の叫びを口々に叫んだ。その直後、人力車に乗つた一人の男が南大門の方へ通りを上り、群集に囲まれ両腕をさしあげ、赤い流しを持つて門を通り、宮殿へ向う古い町に入つて行つた。このデモはほとんど学生だけで組織され、進むにつれて女子高校生も加わつた。警察は明らかに不意をつかれ、デモは阻止されるまで半マイルも走つた。宮殿前の大きな広場で警察は隊列を整え、群集にサーベルを抜いて突撃し、多数に怪我をさせた。男女の別は省みられず、少女は乱暴に扱われ、殴られ、そして多数の女子学生を含む数百人が逮捕された。学生達は決して暴力に訴えようとはしなかつた。その目的は明らかに示威行進をする事のみにあり、検束される事は彼らにとつて祖国に対する名誉であつた。セヴランス病院の看護学生のほとんどは群集が通過した時すぐ外へ飛び出した。彼女らは包帯を持ち、救急看護の用意をして事に備えていた。看護学生のうち十四人が逮捕され、午後まで警察署に拘留された。彼女らはデモに出る事を病院の幹部(伝道者達)に命じられたかどうかを執拗に尋問された。検束された若い女学生たちの場合はそう簡単ではなかつた。ほとんどが拘禁され、多くはこれから牢獄の苦痛を味わねばならぬと宣告されるだろう。

(出典)『現代史資料 朝鮮』2、三五〇ページ。

【解説】三・一独立運動の一つの特徴は、この運動が平和的・非暴力的性格を基調としていたことである。ここに掲載したのは、ソウルにおける三・一運動の経過をまとめた宣教師の記録であり、これによれば三月五日、運動に参加した学生は「決して暴力に訴え」ず、示威行進をすることのみに徹したとある。これに対し、警察は厳しく弾圧し、少女らにも乱暴を加えて執拗な尋問を行った。この記録では他の箇所で警察の残虐な行為がきわめて具体的に叙述されており、運動に参加した人びとの非暴力姿勢と警察の凄惨な弾圧があまりにも対照的である。三・一独立運動はアジアの独立運動にも大きな影響を与え、独立運動後にはインドでマハトマ・ガンディーによる非暴力運動が開始された。

258 独立運動弾圧への批判　一九一九年四月九日

朝鮮騒擾事件の悪化

　四月五日東京発電報に曰く、近時鮮人は自衛策として棍棒鎌斧等を所持歩行し、或は電線を切断し或は放火を敢行する等益々険悪なる状態を呈するに至れりと。日本人は如斯悪化を以て上海に根拠を有せる過激思想の宣伝に基因せりと為すも、吾人の観る処にては其原因寧ろ日本其れ自身の脚下に伏在せるものと信ず。彼等鮮人は其の要望する所を広く世界に知らせしむべく採りたる手段の穏健なるにも拘はらず、日本官憲は之に一ヶ月に亙る過度の圧迫を加へたるは甚だ拙劣なる手段と謂ふべく、恰も単に蓋を抑ふるのみにて蒸気の噴出を防禦し得べしと信ずるが如し。

　三月二十七日京城通信に曰く「総督府は益々厳酷なる処置に出つる方針を採るに決定せるものの如し」と。而して其後の通信に官憲は愈々此の方針に出て三月二十八日京城に於て千人以上の鮮人殺害せられ、巡査は閉戸せる鮮商に開店を強制しつつあり。其後三日間に亙り各地方に百回以上の騒擾起れり。其の詳細は略す。

　京城に於けるセブランス病院は騒擾に依る負傷者にて充満し、此の事実は益々鮮人の反感を醸成せしめたり。

　此の事件の初期には僅かに三百人乃至六百人の群集なりしも、今や二千乃至三千となり、既に警察権の力を恐れざるに至たれり。

　日本人は如斯手段を以て鮮人を懐柔せむとするの大過失なるを自覚するは果して何時ならむか。

（出典）『現代史資料　朝鮮』2、六八一ページ（『北京デーリー・ニュース』一九一九年四月九日）。句読点を付した。

【解説】　三・一運動について世界各国の新聞が報道した記事には、日本の公表と事実の相違を指摘し、日本の弾圧を厳しく批判するものが多かった。ここに掲載した『北京デーリー・ニュース』も、東京からの通信では朝鮮での「過激思想」による「険悪なる状態」が指摘されているが、むしろ穏健な運動に対する過激な弾圧という方が事実だと報じた。この記事では、日本人がこの「大過失」を自覚するのははたしていつのことか、と結ばれている。世界の中でも三・一運動の報道に熱心だったのは中国の新聞であり、三・一運動の報道は中国を拠点にして世界に配信されたということができる。

259 柳宗悦「朝鮮人を想ふ」　一九一九年五月

　余は以前から朝鮮に対する余の心を披瀝したい希いがあったが、今度の不幸な出来事が起ったため、ついにその期が来て余にこの筆を執らせたのである。（中略）反抗する彼等よりも一層愚かなのは圧迫する吾々である。血の流を見るがごとき暴行を人はいかなる場合においてもなしてはならぬ、しかしこれとともに圧制によって人々の口を閉ざすごとき愚さを重ねてもならぬ。かかる事はかつて一度もいかなる処においても真の平和と友情とをもたらした場合がない。刃の力は決して賢い力を生まぬ。(中略)朝鮮の人々よ、よし余の国の識者のすべてが御身らを罵りまた御身らを苦しめることがあっても、彼らの中にこの一文を草した者のいることを知ってほしい。否、余のみならず、余の愛するすべての余の知友は同じ愛情を御身らに感じて要ることを知ってほしい。かくて吾々の国が正しい人道を踏んでいないという明らかな反省が吾々の間にあることを知ってほしい。

(出典)『柳宗悦全集』第六巻、筑摩書房、一九八一年、二三・二六・三二ページ(『読売新聞』一九一九年五月二〇日―二四日)。

【解説】　朝鮮での三・一独立運動の興奮がさめやらぬ一九一九年五月、柳宗悦は朝鮮支配への反省を述べた「朝鮮人を想ふ」を新聞に発表した。三・一運動は、当時の日本の知識人や文学者、宗教家の中でそれほど重大な事件だと思われていなかった。事実、この運動についてふれた人は多くなかった。柳もこの文の中で、「どうして私が朝鮮の事に関はる様になったかを多くの人は尋ねる」が、「私はその閑かな問ひ」を「もどかしく思ふ」と指摘している。この文はその意味で、日本の朝鮮支配を厳しく批判し、朝鮮民族の心に理解を示そうとした数少ない文章である。柳宗悦は民芸運動の提唱者として知られ、一九一五年に初めて朝鮮を旅行して朝鮮の美術・文化・民族性に関心をもつようになった。柳の書いた「朝鮮人を想ふ」は、英訳されて新聞『ザ・ジャパン・アドヴァタイザー』(一九一九年八月一九日)に掲載され、翌年その朝鮮語訳が『京城東亜日報』(四月一二日)に掲載され始めた。しかし朝鮮語訳は柳が警察から危険人物とされたため、二回で打ち切られた。柳については『柳宗悦選集』(春秋社、一九五四―五五年)がある。

260　五四運動に関する社説　一九一九年五月六日

冷静なれ支那人、山東問題が講和会議においていかに確定したるかは、今なお明白ならずといえども、兎も角大体に於いて日本の主張の容認せられ、支那の要望の斥けられたるの報至るや、不穏の形勢突如として支那に現われ、山東省代表者の陝外交総長代理訪問警告となり、山東省民大会開催計画となり、衆議院の秘密会議となり、国民外交協会代表者の総統府訪問となり、熊希齢、林長民等の徐総統訪問となり、北京大学生一千人の曹交通総長邸宅襲撃となり、捕縛者、遭難者を出だすの椿事を見るに至り、一種の憤慨的示威運動はますます激烈ならんとするの模様あり。いわんや一種の煽動者ありてこれを排日の運動に転化せんとしつつありというに於いてをや。これ支那に取りて重大事なるのみならず、日本においてもまた軽々看過すべからざる事というべし。

吾輩は支那の位置に対し、支那人の心事に対して多大の同情を有するもの、その国家の自主的となり、その国民の自決的となるの一日も速やかならんことを切望せるや、今において贅するを須《もち》いず。これ実に我が帝国の対支方針にして、日支親善の政策はすべて出発点をここに置かざるなし。山東問題の解決、またこの基礎上に立たずんばあらず。ただ物に順序あり事に緩急あり、時夜を要するもこれを卵子に向かって求むべからざるがごときのみ。支那人のこの理を無視し、対手を知らず、自己を知らず、いたずらに空想的結果に到着せんとしてまず中間の障碍を除くに努めず、しかも直ちにその結論を得ざるに失望し、憤慨し、煩悶し、自暴自棄、内乱的暴動に出で、或いは遠図大計を誤らんとするに至っては、吾輩支那のために惜しみ、東亜のために悲しみ、世界の平和のために憂えざるを得ず、支那人に向かって切に冷静なる考慮を求めざるを得ざるなり。(中略)

試みに世界の大勢を察せよ。国際連盟は成らんとすといえども、これアングロ・サクソン人種の覇図遂行の機関にあらずや。モンロー主義の承認せられたる理由いかん、人種差別撤廃主義の排斥されたる理由いかん、日本人、支那人その他いっさいの亜細亜人、有色人の、米英の両国及びその領土に於ける待遇の憤慨禁ずべからざるものある理由いかん。想到してここに及べば、人種差別撤廃の主張に共鳴し賛成せる支那人が、山東に関する契約を破り、米人を延いて日本人を排斥せんとするがごとき区々たる小細工は、元来これあるべからざる矛盾のはなはだしきもの、支那人はかかる詭計の成らざるの理由を以って憤慨すべからず、また日本を怨むべからざるにあらずや。

冷静なれ支那人、誤れる憤慨のために国乱を助け、日支両国を離間し、支那の衰弱に乗じてその管理の手を進めんとする野心ある外人の煽動に駆られ、贔屓《ひいき》の引き倒しを受くるの愚に陥るべからず。静かに考え遠く慮り、国内の統一と治平とを回復し、大亜細亜主義により親日の方策を以って立国の精神とする以外、採るべきの道なきを悟了せざるべからず。憤慨、暴動、いたずらに累を内外に加うるがごときは、婦人のヒステリック、発狂により火を家に放ち、自ら井に投ずるの類のみ。

(出典)『大正ニュース事典』Ⅳ、毎日コミュニケーションズ社、一九八七年、四〇二―四〇三ページ(『大阪毎日新聞』一九一九年五月六日)。

【解説】一九一九年五月四日、中国北京の学生が日本の中国侵略政策に反対して示威運動を行い、それを契機に反帝国主義の運動が中国の全国各地にひろがった。これを五四運動という。直接のきっかけとなったのは、パリの講和会議で二十一カ条要求の廃止など、中国の要求すべてが拒否されたことにあり、これに怒った北京大学などの学生は、「条約調印拒否」「二十一カ条撤廃」などを掲げたデモ行進を行った。これに呼応して中国の全国主要都市で、学生・労働者・商工業者などによる共同闘争が五月から六月にかけて展開された。五四運動に対して、日本では日本の権益確保を主張して運動を侮蔑する言論が盛んにとびかった。ここに掲げた『大阪毎日新聞』の社説もその一つである。

261「北京学生団の行動を漫罵する勿れ」一九一九年六月

去月四日、北京大学を始め高等諸学校の学生団が、巴里に於ける山東問題の失敗に激し、売国の罪を数えて、曹如霖《そうじょりん》君の私邸を焚き章宗祥《しょうそうしょう》君に重傷を負はしたと云ふ一大珍事は、他処《よそ》事ながら吾人の太《はなは》だ遺憾とする所である。

但だ彼等が曹章諸君の罪を鳴らすの傍、山東の直接収回を叫び、延《ひ》いて排日の声を高むるの故を以て、我国の新聞などの頻に之等学生諸君の行動を漫罵する者あるに至ては、吾輩不幸にして之に与《く》みすることが出来ぬ。

吾人は決して彼等の行動を許す可らざるの暴挙でないとは云はない。併し乍ら吾人は彼等の行動を評するに方つて、次の二点に誤つては不可《まず》いと思ふ。一は曹章一派の青年政客を親日派と観ることである。二は学生に依つて代表せらるる中華民衆の排日を目して日本国民其者に対する不抜の反感と為すことである。

曹章諸君は成程従来親日派として知られて来た。併し彼等の所謂親日的行動は、どれだけ日本国民の真の要求を充たしたか。彼等が我が官僚軍閥乃至財閥の親友であつたことは疑ないが、更に日本国其者の友人であつたかどうかは尚ほ攻究の余地はあらう。若し夫れ中華民衆一般の排日に至ては、官僚軍閥乃至財閥に依て代表せらるゝ日本に対する反感に過ぎずして、之が為に如何に多数の国民が迷惑したかは、吾人が多年内に在て彼等の対支政策を事毎に攻撃批難し来つたことに観ても明であらう。隣邦の一般民衆は、恐く我国に「侵略の日本」と「平和の日本」とあることを知るまい。若し知つたら彼等は直に排日の声を潜むる筈である。

故に支那に於ける排日の不祥事を根絶するの策は、曹章諸君の親日派を援助して民間の不平を圧迫する事ではない。我々自ら軍閥財閥の対支政策を拘制して、日本国民の真の平和的要求を隣邦の友人に明白にする事である。

之が為に吾人は多年我が愛する日本を官僚軍閥の手より解放せんと努力して来た。北京に於ける学生団の運動は亦此点に於て全然吾人と共に其志向目標を同じうするものではないか。

願くは我等をして速に這《こ》の解放運動を成功せしめよ。又隣邦民衆の同じ運動の成功をも切に祈る所あらしめよ。官僚軍閥の手より解放されて始めて茲に両国間の鞏固なる国民的親善は築かるべきである。従来の所謂親善は、実は却て本当の親善を妨ぐる大障礙であった。

暴行の形を執ったからとて、吾人は彼等を難じたくない。左ればとて固より彼等の暴行を是認せんとする意思は毛頭ない。

（出典）『吉野作造選集』第九巻、岩波書店、一九九五年、二三七―二三八ページ（『中央公論』一九一九年六月号）。

【解説】国内では五四運動を侮蔑する論調が目立った中で、『中央公論』はこの運動が中国の民族的自覚に発するものであることを認める社論を掲げた。この社論の執筆者は吉野作造であり、ここでは第一に、中国民衆の排日が日本国民に対するものではなく、日本の支配者に向けられたものであること、第二に、五四運動は大正デモクラシー運動と目的を同じくすること、第三に、日中親善は両国人民が軍閥官僚の支配から解放されることによってはじめて可能になること、の三点が主張されている。松尾尊兊は、この社論が「もろもろの当時の論評をはるかに越えて」おり、これは日本が中国への侵略を始めた一九〇〇年以来、「おそらくはじめてあらわれた、日中友好の道を正しく示した文章」であり、「歴史に記録されるべきもの」と高く評価した（松尾尊兊『大正デモクラシーの群像』岩波同時代ライブラリー、一九九〇年、二一六―二一七ページ）。

5　ワシントン体制

262「イギリスの世界政策」一九二一年七月

イギリスが暫定的にせよ大陸の列強であれば、日本との同盟更新の問題がこれほどまでの重要性を持つことはなかっただろう。イギリスは、異常なほど多くの有色人種の臣民、パートナー、友人を抱えた東洋の列強であり、海のあるところならどこでも地元と言える列強である。英日同盟を結ぶ真の理由は、世界大戦の終結時以来、もはや存在しない。ドイツとロシアが競争から離脱したからだ。ボリシェヴィキは中国と結ぼうとしたが、中国も西洋との友好関係をみすみす棒に振るほど軽率ではなかった。中国人はイギリスに、日本と敵対するよう呼びかけた。また、この英日同盟締結の明確な意図が盛り込まれ、後に副次的理由からさほど重要視されなくなった条項にも記されていた通り、同盟が合衆国を仮想敵国としたことはいまだかつて一度もなく、もし同盟が更新されれば、アメリカに対する防衛の意味、ましてやアメリカを攻撃するたくらみが含意されているとは、以前にも増して考えにくくなる。私がここロンドンで人と話して得た感触では、これが大方の確信であり、イギリス人には東洋で戦争をする気持も、東洋に対して戦争を仕掛けるつもりもないことは、この国に来ればすぐ分かるのだ。

通常、同盟政策には、背面援護的要素がつきまとうが、イギリスの世界政策に限っては、共同統治のシステムをつくるという建設的目標のための手段として諸同盟が利用されているのであり、その点を見逃すと誤った解釈をしてしまう。イギリスの意図は、海洋大国の観点からのみ十分に理解し得るのかもしれない。大陸的視角からは、物事もしばしば異なって見えるものだ。イギリスの政治家が他のところで直面している政策的な困難を顧みず、かたくなに日本との同盟更新を図るのには、世界大戦を通じて競争から離脱した強国が将来的にどうなるか分からず、新たな同盟を結ぶより既存の同盟を破棄するほうが容易であるとの思惑があるからだろう。しかしながらロンドンに政策決定を促した重要な要素は、東洋の強国と結んだこの同盟が、互いに衝突する利害をイギリスの考えに沿って調整し、極東での勢力均衡をある程度実現する見通しを開いてくれる点である。日本人も、自分たちがロンドンの希望に友好的に沿うことで同盟を高く評価する姿勢を常に証明してきたと指摘したばかりだ。少し誇張気味とは言えようが、この言明自体、イギリス政府の関心の所在を物語っている。

言うなれば、完全に信頼し合うことのできない人々の間で、強制和議が行われているのだ。しかし、それに正式な同盟が必要なのだろうか。他に誤解のない政治的形式はないのだろうか。この点が、現在かなり多くの政治家を悩ます問題となっている。

同盟更新の反対者がかなり存在することも、更新再考の原因である。まずイギリス国内に反対意見がある。イギリス人がいかに皮膚の色が違う人々に頼らざるを得なくとも、また、黄色い国との同盟が英帝国の有色人種の臣民の感情にとりいかに重要であろうと、イギリス人がこともあろうに黄色人種のために、アングロサクソン最古の植民地との関係を犠牲にすることなど思いもよらないのだ。これは、セシル・ローズ、ミルナー卿、スマッツ将軍、チャーチルと、人は変わっても共通した考え方だ。それに加え、現実的公算もある。はたして日本との同盟が日本の政策を十分穏健なものに変えられるだろうか。この点ですべてのイギリス人が一様に確信していたとは言えない。とりわけ労働者と自由主義者の中には、この同盟が、日本人の自意識、ナショナリズム、はるか広範に見られる帝国主義理念を大幅に増強することで、日本という重荷をイギリス政治や国際政治に課すことになると主張した者が多数いる。中国の陥っている危険、オーストラリアの首相が帝国会議で同盟更新反対を唱えた折に示した、オーストラリアが危険にさらされているという不安感、アメリカ人の大国日本に対する不信、そして最後に、日本の外交官が親切そうに軍縮への構えを見せてはいるが、その一方でせっせと軍拡を推し進めていることに対するロンドンの抱く疑念、これらすべてが原因で、多くのイギリス人が、同盟を継続して世界政治の舞台で日本の引立て役に回るなど不注意も甚だしいと考えている。

いずれにせよ、アメリカとの緊密な協調なしに、日本問題の解決を図ることは許されない。同じ人種としての感情からだけではない。イギリスは今日、アメリカとの関係を悪化させてはやっていけないからだ。イギリスが、世界帝国としての英帝国のごく自然なセンターとして機能し続けるには、世界大戦はあまりにも早く始まり、余りにも早く終結してしまった。マタン紙のようにイギリス国民を怒らせたかったら、ワシントンの吸引力が勝る、と主張してもよいのだが、実はこの主張自体も間違っている。ロンドンはまだ磁石として機能しているし、イギリスが戦後の混乱の中で、化け物のような帝国を拡張し、引き締め、率いていくチャンスが再び訪れているのだ。アメリカに対する債務、合衆国の巨大な貿易量、アイルランド問題、アメリカにおけるアイルランド人とドイツ人の存在、世界大戦を通じた力関係の変化、アメリカの一九一七―一八年に見られた決定的な介入といったネガティヴな要素もその可能性を否定するものではない。しかし、この力関係の推移こそが、以前にも増してロンドンにおける慎重な熟慮と、アメリカの要望と利益を十分配慮する必要性を生み出した。この必要性こそ、アメリカ独立以来絶えてなかったほど両国を緊密に結びつけることになるのではないかと思われる。ここで日本との同盟が最も重要な試金石となる。もし仮に、イギリスの自治領が同盟更新に異口同音に賛成し、カナダが合衆国と隣接してなければ、ロンドンがアメリカの期待に歩み寄ることはないだろう。イギリスが世界大戦による最大の損失国になりたくなければ、合衆国との妥協と友好関係が戦争のひとつの結果にならざるを得ないのだ。

日本(したがって中国も!)をあきらめることもなく、アメリカをぴったりと自分に引き寄せる、これがロンドンの最大の政策目標のようだ。言い換えれば、合衆国と歩調を合わせたアジア政策である。現時点でまだ有効な日本との同盟は、それ自体自己目的ではなく、イギリス、アメリカ、日本の勢力均衡、とりわけ中国およびロシアの大問題の平和的解決といった、いわばより高次の目標への跳躍台なのだ。同盟がロンドンにとっての跳躍台であるのと同じ意味で、同盟更新への激しい抵抗がワシントンの外交的基盤をなしている。国際連盟は、アメリカが連盟に距離をおいている点をとっても、調停不可能であり、会議以外に解決手段を持たない。ロンドンとワシントンも会議賛成の表明をしているが、まだ公式な提案はなされていないもようだ。(そうこうする間にワシン

トンが、会議招集を呼びかけた。編集部）

（出典）『フランクフルター・ツァイトゥング』一九二一年七月一六日（『外国新聞に見る日本』第四巻下、三七二―三七三ページ）。

【解説】　第一次世界大戦後の世界政治再編成の試みは、日英同盟の廃棄とワシントン会議の開催となってあらわれた。ワシントン会議開催前の七月、ドイツの新聞『フランクフルター・ツァイトゥング』は、イギリスの狙いを「日本(したがって中国も！)をあきらめることもなく、アメリカをぴったりと自分に引き寄せる」と表現した。アメリカが国際連盟に距離をおいている現状では、ワシントン会議と日英同盟の廃棄の仕方が、イギリスのアジア戦略を決める重要な手立てになるというわけである。

263 太平洋における島嶼たる属地・領地に関する四国条約　一九二一年一二月一三日

亜米利加合衆国、英帝国、仏蘭西国及日本国ハ
一般ノ平和ヲ確保シ且太平洋方面ニ於ケル其ノ島嶼タル属地及島嶼タル領地ニ関スル其ノ権利ヲ維持スルノ目的ヲ以テ之カ為条約ヲ締結スルコトニ決シ左ノ如ク其ノ全権委員ヲ任命セリ（人名略）
右各委員ハ互ニ其ノ全権委任状ヲ示シ之カ良好妥当ナルヲ認メタル後左ノ如ク協定セリ

第一条　締約国ハ互ニ太平洋方面ニ於ケル其ノ島嶼タル属地及島嶼タル領地ニ関スル其ノ権利ヲ尊重スヘキコトヲ約ス
締約国ノ何レカノ間ニ太平洋問題ニ起因シ且前記ノ権利ニ関スル争議ヲ生シ外交手段ニ依リテ満足ナル解決ヲ得ルコト能ハス且其ノ間ニ幸ニ現存スル円満ナル協調ニ影響ヲ及ホスノ虞アル場合ニ於テハ右締約国ハ共同会議ノ為他ノ締約国ヲ招請シ当該事件全部ヲ考量調整ノ目的ヲ以テ其ノ議ニ付スヘシ

第二条　前記ノ権利カ別国ノ侵略的行為ニ依リ脅威セラルルニ於テハ締約国ハ右特殊事態ノ急ニ応スル為共同ニ又ハ各別ニ執ルヘキ最有効ナル措置ニ関シ了解ヲ遂ケムカ為充分ニ且隔意ナク互ニ交渉スヘシ

第三条　本条約ハ実施ノ時ヨリ十年間効力ヲ有シ且右期間満了後ハ十二月前ノ予告ヲ以テ之ヲ終了セシムル各締約国ノ権利ノ留保ノ下ニ引続キ其ノ効力ヲ有ス（後略）

（出典）『日本外交年表竝主要文書』上、五三六ページ。

【解説】　一九二一年一一月から翌二二年二月にかけて開催されたワシントン会議は、第一次世界大戦後の新しい東アジア秩序を形成する場にほかならなかった。アメリカの提唱で開催されたこの会議では、軍備制限、太平洋および中国の問題が討議された。この会議では、全体としてアメリカの門戸開放政策が貫かれる中で、日本の東アジア進出に枠がはめられることになった。そこで締結された条約の一つが日・英・米・仏の四カ国に

よって締結されたこの条約であり、太平洋地域における日米間の利害対立を調整するためのものであった。この条約により、太平洋方面の島々に対する権利の相互尊重、権利の侵害に対しては、有効な制裁措置の協議を行うことなどが決められた。この条約発効と同時に、日英同盟が廃棄された。

264　海軍軍備制限に関するワシントン条約　一九二二年二月六日

第一章

海軍軍備ノ制限ニ関スル一般規定

第一条　締約国ハ本条約ノ規定ニ従ヒ各自ノ海軍軍備ヲ制限スヘキコトヲ約定ス

第二条　締約国ハ第二章第一節ニ掲クル主力艦ヲ各自保有スルコトヲ得本条約実施ノ上ハ合衆国、英帝国及日本国ノ既成又ハ建造中ノ他ノ一切ノ主力艦ハ第二章第二節ノ規定ニ従ヒ之ヲ処分スヘシ但シ本条中ノ左ノ諸規定ヲ留保ス

合衆国ハ第二章第一節ニ掲クル主力艦ノ外現ニ建造中ノ「ウェスト、ヴァージーニア」級二隻ヲ完成シ之ヲ保有スルコトヲ得右二隻完成ノ上ハ「ノース、ダコータ」及「デラウェーア」ハ第二章第二節ノ規定ニ従ヒ之ヲ処分スヘシ

英帝国ハ第二章第三節ノ代換表ニ従ヒ基準排水量各三万五千噸《トン》(三万五千五百六十「メートル」式噸)ヲ超エサル新主力艦二隻ヲ建造スルコトヲ得右二隻完成ノ上ハ「サンダラー」、「キング、ジョージ」五世、「エージァックス」及「センチューリオン」ハ第二章第二節ノ規定ニ従ヒ之ヲ処分スヘシ

第三条　第二条ノ規定ヲ留保シ締約国ハ各自ノ主力艦建造計画ヲ廃止スヘク又締約国ハ第二章第三節ニ掲クル所ニ従ヒ建造シ又ハ取得スルコトヲ得ヘキ代換噸数以外ニ新主力艦ヲ建造シ又ハ取得スルコトヲ得ス

第二章第三節ニ従ヒ代換セラレタル軍艦ハ同章第二節ノ規定ニ従ヒ之ヲ処分スヘシ

第四条　各締約国ノ主力艦合計代換噸数ハ基準排水量ニ於テ合衆国五十二万五千噸(五十三万三千四百「メートル」式噸)、英帝国五十二万五千噸(五十三万三千四百「メートル」式噸)、仏蘭西国十七万五千噸(十七万七千八百「メートル」式噸)、伊太利国十七万五千噸(十七万七千八百「メートル」式噸)、日本国三十一万五千噸(三十二万四十「メートル」式噸)ヲ超ユルコトヲ得ス

第五条　基準排水量三万五千噸(三万五千五百六十「メートル」式噸)ヲ超ユル主力艦ハ何レノ締約国モ之ヲ取得シ又ハ之ヲ建造シ、建造セシメ若ハ其ノ法域内ニ於テ之カ建造ヲ許スコトヲ得ス

第六条　何レノ締約国ノ主力艦モ口径十六吋(四百六「ミリ

メートル」）ヲ超ユル砲ヲ装備スルコトヲ得ス（後略）

（出典）『日本外交年表竝主要文書』下、一〇ページ。

【解説】　ワシントン会議で締結された三つの条約の一つであり、これによって各国の軍備が制限された。英・米・日・仏・伊の主力艦保有率は五対五対三対一・六七対一・六七と定められ、また一〇年間の主力艦建造停止が決められた。その後、日本は八・八艦隊の建造を中止することになった。

265 中国に関する九国条約　一九二二年二月六日

第一条　支那国以外ノ締約国ハ左ノ通約定ス

（一）支那ノ主権、独立並其ノ領土的及行政的保全ヲ尊重スルコト

（二）支那カ自ラ有力且安固ナル政府ヲ確立維持スル為最完全ニシテ且最障礙ナキ機会ヲ之ニ供与スルコト

（三）支那ノ領土ヲ通シテ一切ノ国民ノ商業及工業ニ対スル機会均等主義ヲ有効ニ樹立維持スル為各尽力スルコト

（四）友好国ノ臣民又ハ人民ノ権利ヲ減殺スヘキ特別ノ権利又ハ特権ヲ求ムル為支那ニ於ケル情勢ヲ利用スルコトヲ及右友好国ノ安寧ニ害アル行動ヲ是認スルコトヲ差控フルコト

第二条　締約国ハ第一条ニ記載スル原則ニ違背シ又ハ之ヲ害スヘキ如何ナル条約、協定、取極又ハ了解ヲモ相互ノ間ニ又ハ各別ニ若ハ協同シテ他ノ一国又ハ数国トノ間ニ締結セサルヘキコトヲ約定ス

第三条　一切ノ国民ノ商業及工業ニ対シ支那ニ於ケル門戸開放又ハ機会均等ノ主義ヲ一層有効ニ適用スルノ目的ヲ以テ支那国以外ノ締約国ハ左ヲ要求セサルヘク又各自国民ノ左ヲ要求スルコトヲ支持セサルヘキコトヲ約定ス

（イ）支那ノ何レカノ特定地域ニ於テ商業上又ハ経済上ノ発展ニ関シ自己ノ利益ノ為一般的優越権利ヲ設定スルニ至ルコトアルヘキ取極

（ロ）支那ニ於テ適法ナル商業若ハ工業ヲ営ムノ権利又ハ公共企業ヲ其ノ種類ノ如何ヲ問ハス支那国政府若ハ地方官憲ト共同経営スルノ権利ヲ他国ノ国民ヨリ奪フカ如キ独占権又ハ優先権或ハ其ノ範囲、期間又ハ地理的限界ノ関係上機会均等主義ノ実際的適用ヲ無効ニ帰セシムルモノト認メラルルカ如キ独占権又ハ優先権

本条ノ前記規定ハ特定ノ商業上、工業上若ハ金融業上ノ企業ノ経営又ハ発明及研究ノ奨励ニ必要ナルヘキ財産又ハ権利ノ取得ヲ禁スルモノト解釈スヘカラサルモノトス

支那国ハ本条約ノ当事国タルト否トヲ問ハス一切ノ外国ノ政府及国民ヨリノ経済上ノ権利及特権ニ関スル出願ヲ処理スルニ付

本条ノ前記規定ニ記載スル主義ニ遵由スヘキコトヲ約ス

第四条　締約国ハ各自国民相互間ノ協定ニシテ支那領土ノ特定地方ニ於テ勢力範囲ヲ創設セムトシ又ハ相互間ノ独占的機会ヲ享有スルコトヲ定メムトスルモノヲ支持セサルコトヲ約定ス

第五条　支那国ハ支那ニ於ケル全鉄道ヲ通シ如何ナル種類ノ不公平ナル差別ヲモ行ヒ又ハ許容セサルヘキコトヲ約定ス殊ニ旅客ノ国籍、其ノ出発国若ハ到達国、貨物ノ原産地若ハ所有者、其ノ積出国若ハ仕向国又ハ前記ノ旅客若ハ貨物カ支那鉄道ニ依リ輸送セラルル前若ハ後ニ於テ之ヲ運搬スル船舶其ノ他ノ輸送機関ノ国籍若ハ所有者ノ如何ニ依リ料金又ハ便宜ニ付直接間接ニ何等ノ差別ヲ設ケサルヘシ

支那国以外ノ締約国ハ前記鉄道中自国又ハ自国民カ特許条件、特殊協定其ノ他ニ基キ管理ヲ為シ得ル地位ニ在ルモノニ関シ前項ト同趣旨ノ義務ヲ負担スヘシ

第六条　支那国以外ノ締約国ハ支那国ノ参加セサル戦争ニ於テ支那国ノ中立国トシテノ権利ヲ完全ニ尊重スルコトヲ約定シ支那国ハ中立国タル場合ニ中立ノ義務ヲ遵守スルコトヲ声明ス

第七条　締約国ハ其ノ何レカノ一国カ本条約ノ規定ノ適用問題ヲ包含シ且右適用問題ノ討議ヲ為スヲ望マシト認ムル事態発生シタルトキハ何時ニテモ関係締約国間ニ充分ニシテ且隔意ナキ交渉ヲ為スヘキコトヲ約定ス（後略）

（出典）『日本外交年表竝主要文書』下、一七一―一八ページ。

【解説】　ワシントン会議において、米・英・仏・伊・蘭・ベルギー・ポルトガル・中国・日本の九カ国間で調印された中国に関する条約。第一条は、アメリカの主張した門戸開放を列国が承認するかたちとなり、中国への各国の資本進出が認められた。また第三条は、軍事力と国家的威圧で進出してきた日本に対して大きな制約を課すものであった。のちに満州事変が引き起こされて日本が中国に侵略すると、各国からこの条約に違反するとして非難された。日中戦争が始まると中国問題をめぐって九カ国会議が開催されたが、日本はこの会議への参加を拒否して九カ国条約を実質的に破棄した。

266　パリ不戦条約　一九二八年八月二七日

独逸国大統領、亜米利加合衆国大統領、白耳義《ベルギー》国皇帝陛下、仏蘭西共和国大統領、「グレート、ブリテン」「アイルランド」及「グレート、ブリテン」海外領土皇帝印度皇帝陛下、伊太利国皇帝陛下、日本国皇帝陛下、波蘭《ポーランド》共和国大統領、「チェッコスロヴアキア」共和国大統領ハ

人類ノ福祉ヲ増進スヘキ其ノ厳粛ナル責務ヲ深ク感銘シ

其ノ人民間ニ現存スル平和及友好ノ関係ヲ永久ナラシメンカ為国家ノ政策ノ手段トシテノ戦争ヲ卒［率］直ニ抛棄スヘキ時機ノ到来セルコトヲ確信シ

其ノ相互関係ニ於ケル一切ノ変更ハ平和的手段ニ依リテノミ

之ヲ求ムヘク又平和的ニシテ秩序アル手続ノ結果タルヘキコト及今後戦争ニ訴ヘテ国家ノ利益ヲ増進セントスル署名国ハ本条約ノ供与スル利益ヲ拒否セラルヘキモノナルコトヲ確信シ

其ノ範例ニ促サレ世界ノ他ノ一切ノ国カ此ノ人道的努力ニ参加シ且本条約ノ実施後速ニ之ニ加入スルコトニ依リテ其ノ人民ヲシテ本条約ノ規定スル恩沢ニ浴セシメ以テ国家ノ政策ノ手段トシテノ戦争ノ共同抛棄ニ世界ノ文明諸国ヲ結合センコトヲ希望シ

茲ニ条約ヲ締結スルコトニ決シ之カ為左ノ如ク其ノ全権委員ヲ任命セリ

（全権委員名略）

因テ各全権委員ハ互ニ其ノ全権委任状ヲ示シ之カ良好妥当ナルヲ認メタル後左ノ諸条ヲ協定セリ

第一条　締約国ハ国際紛争解決ノ為戦争ニ訴フルコトヲ非トシ且其ノ相互関係ニ於テ国家ノ政策ノ手段トシテノ戦争ヲ抛棄スルコトヲ其ノ各自ノ人民ノ名ニ於テ厳粛ニ宣言ス

第二条　締約国ハ相互間ニ起ルコトアルヘキ一切ノ紛争又ハ紛議ハ其ノ性質又ハ起因ノ如何ヲ問ハス平和的手段ニ依ルノ外之カ処理又ハ解決ヲ求メサルコトヲ約ス

第三条　本条約ハ前文ニ掲ケラルル締約国ニ依リ其ノ各自ノ憲法上ノ要件ニ従ヒ批准セラルヘク且各国ノ批准書カ総テ「ワシントン」ニ於テ寄託セラレタル後直ニ締約国間ニ実施セラルヘシ本条約ハ前項ニ定ムル所ニ依リ実施セラレタルトキハ世界ノ他ノ一切ノ国ノ加入ノ為必要ナル間開キ置カルヘシ一国ノ加入ヲ証スル各文書ハ「ワシントン」ニ於テ寄託セラルヘク本条約ハ右寄託ノ時ヨリ直ニ該加入国ト本条約ノ他ノ当事国トノ間ニ実施セラルヘシ

亜米利加合衆国政府ハ前文ニ掲ケラルル各国政府及爾後本条約ニ加入スル各国政府ニ対シ本条約及一切ノ批准書又ハ加入書ノ認証謄本ヲ交付スルノ義務ヲ有ス亜米利加合衆国政府ハ各批准書又ハ加入書カ同国政府ニ寄託アリタルトキハ直ニ右諸国政府ニ電報ヲ以テ通告スルノ義務ヲ有ス

右証拠トシテ各全権委員ハ仏蘭西語及英吉利語ヲ以テ作成セラレ両本文共ニ同等ノ効力ヲ有スル本条約ニ署名調印セリ

千九百二十八年八月二十七日巴里ニ於テ作成ス

（全権委員署名略）

政府宣言書

（昭和四年六月二十七日）

帝国政府ハ千九百二十八年八月二十七日巴里ニ於テ署名セラレタル戦争抛棄ニ関スル条約第一条中ノ「其ノ各自ノ人民ノ名ニ於テ」ナル字句ハ帝国憲法ノ条章ヨリ観テ日本国ニ限リ適用ナキモノト了解スルコトヲ宣言ス(1)

（出典）『日本外交年表竝主要文書』下、一二〇―一二一ページ。

（1）民政党や右翼は、この字句が国体に反するとして田中義一内閣を攻撃し、政府はこの字句が日本には適用されないと保留して批准した。この事件は国体問題が政争に利用された例である。

【解説】　一九二八年八月、パリで英・米・仏・独・日など一五カ国が調印した戦争放棄に関する条約。翌年六月に批准された。パリ条約ともいう。米仏条約の締結を提唱した仏外相ブリアンに対し、米国務長官ケロッグが国際条約にすべきことを回答したのがきっかけとなり、国際紛争の平和的手段による解決を申し合わせた。のちに参加国が六三になったが、制裁条項がなく実効に乏しかった。

6　大戦景気と日本資本主義

267 賀川豊彦『貧民心理の研究』　一九一五年一〇月

嘗て私は貧民窟の子供を集めてその理想を聞いて見たことがある。すると皆等しく貧児らしい理想を云つてくれた。その云ふのが面白い。或者は『鼠捕り』になると云ひ、或者は『漬物売』になると云ひ、『肥汲』になると云ひ、『電車の旗振り』『電車の運転手』になると云つたものが、その中でも一番高尚な理想を持つものであつた。それ等の子供の多くは十二、三の少年少女であつたから児童心理から云へば、両親崇拝の時代が過ぎてもう英雄崇拝時代に移るべき時代である筈であつた。然るに之が無い。私には殆んど之が奇異な現象として受取られた。そして最も驚いたのは十二ばかりの少女が最も真面目に芸者になりたいと云つたことである。その子は淫売婦のうちの子であつたが、芸者はその子に純潔なる天女の如く見えたものらしい。

貧民窟の少年少女は早や十四、五歳になれば、極くあきらめよく凡ての空想を棄てる。そして周囲にある兄や父や、友人が小銭を取つて、女に抱かれて自由な息をして居るのに気がつく、もう勉強などは手につか無い。早く自分も勉強をやめて、小銭を握り、女の多く集る菓子屋に行つて遊びたい。彼等の理想は一軒家を構へて男女逸楽を貪り得る境遇である。彼等は運命的に立派なものになれないと自分で決めてしまつて居る。

然し廿歳にもなると少し夢が醒める。そして成功熱が盛になつて来る。然しその成功熱は教育あるものゝ秩序ある成功熱では無い。彼等はよく「河村瑞軒の様に」と云ふ。それで放浪生活が始まる。そして此放浪が時によると三十歳、三十五歳まで続くのである。此間彼の足跡は日本の隅々隈々まで及び、取付く職業は数十種を数へ、女にも三、四人以上は関係するのだが、まだ瑞軒的理想が醒め無い。この時代に彼等の浮浪を責るならば、彼等は必ず、「見て居つてくれ！」と云ふ。三年目に会つて尋ねても「見て居つてくれ！」と云ふ。

然し之も三十二、三歳頃までゞある。此頃から鯨飲家が多くなる。そして過去を物語る人となる。理想が前方に付いて居らなくて、後方に付いて居るのである。然しもう駄目だと云はない。若い時の元気をもう一度回復して見せると云ふて居る。神の託子のサムソンが淫蕩の結果盲目の囚人と成ていつも如斯云つて居たが之れが又此時代の貧民の理想である。

然し之が四十五歳、五十歳となればもう駄目である。人生が夢であつたと云ふことはしみじみと胸に浸むらしい。唯誰か頼つて行く者を探し尋ねるのが彼等の理想となる。セキスピアのキング・リーアが末娘に頼つて行つたのは即ち此時代である。さうして居る中に、人生で最も悲痛な理想が湧いてくる。『死の要求』がそれである。貧民の中で最もよく自殺するのは五十から先の老人である。「生きて居つても世の中の邪魔になるなら、早く死にたい」と貧しい老人は云ふ。

私の貧民窟で見た自殺の中で私を最も悲ましめたものは大和と云ふ博徒の老婆の自殺で在つた。それは夏の頃蚊帳を吊つてゐた時分で在つた。七十二になる老婆は長く病床について苦しんでゐたが、「死にたい」「死にたい」と云ふので家人も気をつけて居たし、死期も迫つてゐたので、故郷から弐拾円の葬式料を送つて来た。老婆はその金を見て安心してゐたが、息子の賭博者はその金を老母の枕元から盗み取つて敗けてしまつた。聖人の様な老婆は何とも云は無かつたさうであるが、その晩老婆はストイックの学者の様に平然として食を貪つて、翌朝、足腰の立たない身なるにもかゝはらず、二畳敷(その家は二畳敷に一家五人住んでゐた)の隅の蚊帳の吊手の釘に細帯うちかけ縊れて死んでゐた。大和は同じ二畳敷に住んで居て、老母の縊死を朝になるまで知らなかつた。死の憧れ! 之も四十四年の夏のことであつたが摂津武庫郡の香炉園で或貧しい老婆がバケツに首だけをつけて水死を遂げたと云ふことを新聞で読んで同情したことであるが、貧民窟ではこんな事が多い。

(出典)『賀川豊彦全集』第八巻、キリスト新聞社、一九六二年、一八六—一八七ページ(賀川豊彦「貧民心理の研究」一九一五年)。

【解説】　日露戦争後から第一次世界大戦の勃発直後にかけて、日本経済は大きな不況の中にあった。その中で「貧民」についての研究が発表され大きな反響を呼ぶことになった。その一つが賀川豊彦による『貧民心理の研究』である。プロテスタントの若き伝導家であった賀川は、明治末から神戸のスラムに住み、貧民の救済事業と伝導を行ってきた。四年半におよぶそこでの体験をもとに著したのがこの本であった。賀川によれば、少なくとも日本の都市には一割におよぶ貧民がいるとされ、その人びとの生活は明治末から現在にかけて年々悪化し、現在ではマッチ貼りをしている人はまれであって、「まったく乞食」のような生活をしている人が多いという。スラムには、早くから人生をあきらめた子どもが多く、一四、五歳になるとあきらめよく「空想」を捨てて自分の境遇を決めてしまうことが多いという。賀川はしかし、この本の最後で貧民が自らの状態をあきらめる時代はすでに終わったとして貧民による暴動・ストライキにふれ、貧民がやがて「大騒ぎをやる時代が来るのであらう」と結んだ。

268 河上肇『貧乏物語』 一九一六年

夫れ貧乏は社会の大病である。之を根治せんと欲すれば、先づ深く其病源を探ることを要す。是れ余が特に中篇を設け、専ら此問題の攻究に充てんと擬せし所以である。而も纔《わずか》に粗枝大葉の論を終へたるに止まり、説の未だ尽さゞるもの猶多けれども、駄目を推さば畢竟限りなからん。乃ち余は姑く以上を以て中篇を結び、是より直に下篇に入らんとす。下篇は即ち貧乏退治の根本策を論ずるを以て主題と為すもの、自ら此物語の眼目である。

今論を進めんが為、重ねて中篇に於ける所論の要旨を約言せんか、則ち之を左の数言に摂することを得る。曰く

(一)現時の経済組織にして維持せらるゝ限り、

(二)又社会に甚だしき貧富の懸隔を存する限り、

(三)而して又、富者が其の余裕あるに任せて、妄りに各種の奢侈贅沢品を購買し需要する限り、貧乏を根絶することは到底望が無い。

今日の社会に貧乏を絶たざるの理由已に此の如し。されば吾人にして若し此社会より貧乏を根絶せんと要するならば、是等三箇の条件に鑑みて其方策を樹つるの外は無い。

第一に、世の富者が若し自ら進んで一切の奢侈贅沢を廃止するに至るならば、貧乏存在の三条件の中その一を欠くに至るべきが故に、其は慥《たし》かに貧乏退治の一策である。

第二に、何等かの方法を以て貧富の懸隔の甚しきを匡正し、社会一般人の所得をして著しき等差なからしむることを得るならば、これ亦貧乏存在の一条件を絶つ所以なるが故に、其も貧乏退治の一策と為し得る。

第三に、今日の如く各種の生産事業を私人の金儲仕事に一任し置くことなく、例へば軍備又は教育の如く、国家自ら之を担当するに至るならば、現時の経済組織は之が為め著しく改造せらるゝ訳であるが、これも亦貧乏存在の一条件を無くする所以であつて、貧乏退治の一策として自ら人の考へ到る所である。

（出典）『河上肇全集』第九巻、岩波書店、一九八二年、六五―六六ページ（河上肇「貧乏物語」一九一六年）。

【解説】 第一次世界大戦は日本に未曾有の好景気をもたらしたが、人びとがその利益をすべてひとしく享受できたわけではなかった。物価の高騰の中で、人びとの生活水準はむしろ格差をひろげる傾向にあり、成金が作り出される一方で「貧乏」を実感した人びともまた多く存在していた。そんな中で経済学者の

河上肇による「貧乏物語」が、大阪朝日新聞に一九一六年九月一一日から一二月二六日まで連載され、たちまちに大反響をまきおこすことになった。河上の人道主義的で情熱あふれる文章に加えて、何よりも第一次世界大戦中の人びとの実感が河上の連載への共感を作り出したのである。「貧乏物語」の最大の貢献は、貧乏は決して個人的問題でなく、社会構造の欠陥によることだと説いたことであった。貧乏を運命のように受けとめていた人びとに対して、それは鮮烈な印象を与えた。河上はこの段階で富豪がぜいたくをやめれば貧乏は解消できると考えていたが、その後になるとこうした考えの限界を知り、マルクス経済学に接近してマルクス『資本論』の研究に没入していった。

269　内田信也「三井を飛び出してから」一九一八年三月

神戸の船舶界が、東洋一の市場であつたことは戦前のことである。今日では倫敦《ロンドン》に次ぐ世界の市場となつたのである。交戦各国の船舶は悉く御用船となつて居るから、倫敦に船がなくなると、直ぐに我が神戸に向つて船の注文が来る。賃貸借の船舶市場は、倫敦を除くと神戸が世界第一である。故に神戸は資本家も船主も労働者も、それ〲大小の成金となつたので、言葉を換へて云ふと、神戸が全体として成金となつたのである。こんなときには徒らに国内のことなどを考へずに、大いに外国を相手に金儲けをなし、国民挙《こぞ》つて成金になれるやう奮闘するに限る。

（出典）『生活』一九一八年三月。ルビを付した。

【解説】第一次世界大戦による好景気を一方で象徴したのが成金であった。ヨーロッパからの物資がとだえたとき、その間隙をぬうようにして急成長をとげた産業があらわれた。造船・海運業はその代表的分野の一つであり、そこから「船成金」が登場することになった。第一次世界大戦が始まったときには、四五〇〇トンの汽船一隻を契約して船会社を経営していた神戸の内田信也は、翌々年には早くも一六隻の船をもち、実に六〇割の配当を出すという空前の記録をつくった。内田が神戸に建てた大邸宅には、一〇〇畳敷の大広間があり、須磨御殿と呼ばれた。しかしこうした成金の多くは第一次世界大戦後の恐慌や不況の中で放漫経営を露呈し、一九二〇年代になると会社をたたむものも少なくなかった。

270　多額納税者の激変　一九一八年五月

時局以来財界の激変は凄じいもので、昨日の貧乏奮闘者が忽に数千万円の大長者となり、富の分配に大狂ひを生じて、貧富の懸隔が甚しくなるのみか、其富の所有方も大に趣を革めて来て、全国の多額納税者に多数の新顔が現はれて居る。

其著しい実例は東京府であらう。是迄の東京府多額納税者中で相変らずの者は唯僅かに安田善三〔次〕郎氏で、他の十四名は悉く新顔である。新顔の内でも旧家と云ふべきは堀越角次郎氏一人で、其他は鉄成金五名、株式仲買業六名、船成金織物

表 271　西原借款の概要

借款名	契約日	金額	債権者	利率	期限	担保	資金の出所
		千円		分			
(1) 兵器代	1917. 12. 30 18. 7. 31	32,082	泰平組合	7.0*	1920. 9. 22	無	臨時国庫証券収入金特別会計
(2) 参戦	18. 9. 28	20,000	興業，台湾，朝鮮3銀行	7.0*	1カ年	国庫債券	〃
(3) 第1次交通銀行	17. 1. 20	5,000	〃	7.5	3カ年	〃 他	興業，台湾，朝鮮3銀行
(4) 第2次 〃	9. 28	20,000	〃	7.5	〃	〃	預金部
(5) 有線電信	18. 4. 30	20,000	中華滙業銀行経由，興業，台湾，朝鮮3銀行	8.0	5カ年	全国有線電信財産及びその収入	政府保証及び預金部引受興業債券
(6) 吉会鉄道前貸	18. 6. 18	10,000	興業，台湾，朝鮮3銀行	7.5	6カ月毎切替	本鉄道公債募集金中より償還	政府保証興業債券
(7) 満蒙4鉄道前貸	18. 9. 28	20,000	〃	8.0	〃	〃	〃
(8) 山東2鉄道前貸	18. 9. 28	20,000	〃	8.0	〃	〃	〃
(9) 黒吉林鉱	18. 8. 2	30,000	中華滙業銀行経由3銀行	7.5	10カ年	黒竜江，吉林両省の金鉱森林ならびにその収入	〃
合計		177,082					

（注）＊は他に手数料1分.

成金各々一名と云ふ顔触れである。株界には余り成金の現はれないと伝へられて居るのに、株業者より六名の多額納税者を出すとは何人にも意外であらう。

然らば是れ迄の富豪は零落したかと云ふに、決して左様では無い。旧富豪は富力増進に一層の速度を加へて、大々的富豪となりつゝあるのみか、最後の捷利《しようり》は矢張り是等旧富豪に占められるであらうとさへ云はれて居る。唯旧富豪は其資産の所有方を個人より株式組織に移しつゝある。是れが近時銀行会社の計画資本が莫大の数字を現はしてきた一大原因である。随て個人の納税額に一大変革を起した訳である。斯く時勢が移り変ると貴族院に代表者を出させる事にした当初の多額納税者とは性質が次第に変つて来る様だ。

（出典）『ダイヤモンド』一九一八年五月。読点の一部を句点にした。

【解説】第一次世界大戦による好景気は、日露戦後の不況で苦しんでいた企業の経営を好転させる有力なきっかけとなった。この中で旧財閥系の大企業も好成績をあげたが、大戦景気の波に乗って内田信也のような新興の成金が多数輩出したところに、大戦景気の特徴がよくあらわれていた。右の点を多額納税者の構成の変化から指摘したのがこの記事であり、新興企業の急進出と旧財閥系の着実な展開の双方が的確に指摘されている。

271 西原借款の概要（→表271）

（出典）大蔵省理財局「寺内内閣時代成立諸借款（所謂西原借款）関係

書類」鈴木武雄監修『西原借款資料研究』東京大学出版会、二七〇―二七二ページ。

【解説】　寺内正毅内閣は、第一次世界大戦によって欧米各国が中国から後退し、また北京軍閥段祺瑞政府と広東軍政府が対立しているのに乗じて、中国における経済利益を確保しようとした。それがこの西原借款であり、寺内内閣が段祺瑞政府との間で一九一六年から一九一八年にかけて結んだ三四件、二億四〇〇〇万円の借款のうち、寺内首相の私設秘書西原亀三と大蔵大臣勝田主計が取り決めた八件、一億四五〇〇万円を指す（表の(2)〜(9)の合計）。ただし、大蔵省理財局「寺内内閣時代成立諸借款（所謂西原借款）関係書類」では、表の(3)を除く一億七二〇八万二〇〇〇円を西原借款と呼んでいる。先の一億四五〇〇万円の内容は、交通銀行・有線電信・鉄道などの借款であったが、大部分は段政権強化のための経費に流用された。担保が不確実のまま大蔵省預金部資金などを供与し、ワシントン会議の結果中断を余儀なくされ、さらには段政権の権威失墜によって回収不能になったため、国内では債務処理問題への批判が起きた。

272　最盛期の地主経営

［一九一八年］

昨年ノ天候近年無比ノ順当ナリシト農業者ノ精励ニヨリ作徳米七百弐拾七石余ノ増収、一面米価ハ破天荒ノ高値ヲ現シ予算石弐拾弐円替ニ対シ参拾壱円九拾六銭八厘ノ取引トナリ、米代金ノミニテ実ニ拾五万八千七百弐拾弐円余ノ驚ロクベキ巨額ヲ得タリ、麦、大豆又米価ノ好況ニ従フ。コノ結果予算額ニ比シ拾七万弐千八百拾壱円八拾五銭五厘増ノ五拾壱万五千五拾弐円七拾四銭五厘ノ収入ナリ。

［一九一九年］

予算ニ比シ二〇七、〇一五円九五五ノ大増額ヲ示シタルハ昨年ノ天候夏秋ノ候部分的暴水害ヲ受ケタリト雖モ比較的順調ニシテ収納米前年度ト大差ナク且ツ連年ノ豊作ハ一般農家ノ経済状態ニ余裕ヲ生シ、為メニ扶食貸出米著シク減少シ其結果作徳売払米ニ於テ近年ノ豊作タル前年度ニ比シ却テ一三一石余本年度予算ニ比シ二四四石、五六一俵ヲ増シ、加之米価亦遅レ馳セナガラ諸物価暴騰ノ後ヲ追ヒ、出来秋以来昂騰ニ昂騰ヲ重ネ、昨年十二月ヨリ本年一月ニ掛ケ遂ニ一躍五十円台ヲ突破シテ所謂天井不知ノ高値ヲ現出セリ。爾来幾何モナク財界ノ動揺ト金融逼迫トノ打撃ヲ受ケ漸落ヲ続ケツ、現在ニ於テハ辛ウシテ、石四十円ヲ上下スルノ状態ニアリ。然ルニ御当家ノ売払米ハ幸ニシテ昨年八月一重皮石四三円ヲ最初且最低トシ、本年一月最高五三円ノ取引ヲナシ、結局平均石四八円五九九ノ高値売放チヲナシ得タルハ之レ天祐ノ然ラシムルトコロ、其結果、米代金ノミニテ二〇四、三五七円余ノ巨額ヲ増収セリ。

（出典）新潟県農地部『市島家の地主構造』一九六一年、三八三・四一九ページ。句読点を付した。

【解説】　戦前の農村で大きな存在であった地主は、第一次世界大戦期に経営の最盛期を迎えた。米価が低迷していた日露戦後に地主経営は悪化ないし低迷していたが、大戦期になると米価高騰の恩恵を受け、とくに大戦末期に大きな利益を計上した。一九一五年に一四〇五町歩の土地を所有し、新潟県下最大の地主であった市島家では、この間に米穀収入(穀代金)が急増し、一九一五年の一七万円から一九一七年には三一万円へ、そして一九一九年には実に二倍以上の七一万円にまで急増した。一九一九年の米穀収入は戦前のピークに達する数値であった。ここに掲載した史料は、一九一八年と一九一九年の市島家決算報告であり、米穀収入急増の結果、市島家では一九一八年に二三万円、一九一九年には四五万円という、全収入のそれぞれ四四%、五七%にもおよぶ巨額の純益をあげたのである。

第二節　大正デモクラシーと民衆の意識

1　米騒動

273　高岡新報「女軍米屋に薄《せま》る」　一九一八年八月四日

百七、八十名は三隊に分れて町有志及び米屋を襲ふ

中新川郡西水橋町は、全町の大部分は出稼ぎ漁業を以て生計を立てつゝあるが、漁夫の出稼ぎ先なる樺太方面は非常の不漁にして、仕送り金全く杜絶え、反《かへ》つて帰路の旅金さへなく、留守居の家族に向け送金を申込み来る有様なるより、昨今の米価暴騰にて家族は生活の困難甚しく、今や喰ふや喰はずの悲惨の状態に陥れり。果然昨日午後七時過ぎより漁師町一体[帯]の女房連は海岸に集合し、其数百七、八十名に達せるが、忽ち五、六十名宛《ずつ》にて三隊に別れ、一隊は浜方有志方へ、一隊は町中の米屋及び米所有者の宅を

襲ふて現下の窮状を訴へて、所有米は決して他地に売却せざる事、此際義侠的に米の廉売を為されたしと哀願し、尚ほ若し之を聴容れざれば、家を焼払へ、一家を鏖殺《おうさつ》せんと脅迫して、事態穏かならず。斯くと急報に接したる東水橋町警部補派出所にては、安ヶ川主幹以下巡査数名出動、各隊を擁して解散を命じたる為め、夜十時頃に至り漸く離散せしも、一部の女共は尚ほ数名宛隊を組みて米屋の前に張番し、今徹宵に及びたりといふ(西水橋電話)。

(出典)『高岡新報』一九一八年八月四日。句読点を付し、ルビを一部残した。

【解説】一九一八年七月、富山県の魚津で漁師の女房たちは米の船積みを阻止しようとする行動に出た。いわゆる米騒動の勃発である。大戦景気のもとでの物価高騰やシベリア出兵をにらんだ商人・地主の米買い占めにより、米価はますます急騰する気配を見せていた。そんな中でほとんど自然発生的に起きた富山での出来事は、たちまちに全国にひろがった。米騒動については、井上清・渡辺徹編『米騒動の研究』などに史料が収録されているが、ここでは富山の新聞『高岡新報』の記事を掲載し、地域で米騒動がどのように報道されたかを示した。ただし米騒動が起きていた七月段階には、『高岡新報』に報道がなく、新報が初めて米騒動にふれたのは、ここに掲げた八月四日付の新聞からであった。米騒動はその後全国各地にひろがり、警察による新聞報道禁止、警察や軍隊出動による弾圧などをへて、九月に寺内正毅内閣が総辞職することでどうにか決着をみることになった。

274　投書「俺等は穢多だ」　一九一八年九月

俺等は穢多だ、特殊民だ、俺等の仲間が今度米騒動に急先鋒となつて暴動した、それがために政治家だとか社会改良家だといふえらい人達が、今更のやうに「特殊部落教化問題」とか何とかいつて、俺等の身の上を心配し出してくれるのは有難いことだ、有難いには相違ないが俺等の腹の底を打ちあけていふと、こんな人達のしてくれることは俺等にとつては、まるでよそ事に過ぎないのは残念な話だ、あの人達はいつでも俺等にすゝめてくれる。やれトラホームを治療しろ、やれ貯金が肝腎だ、やれ下水の掃除をやれ、やれ仏さまのお話を聞け……といろ〳〵さま〴〵親切にいつてくれる、だがこんなことが俺等の身分をどうするに足るものと思ふのか、俺等が何百年の前から穢多よ、四つよと社会から擯斥され迫害されてきたその怨み骨髄に徹してゐる憤怒はトラホームがなほつたつて、貯金ができたつて、仏教講話をきいたつて、さう易々とは消失するもんではないよ、今度の暴動で俺等の仲間の或者が或は強盗、放火、掠奪なんかの蛮的行為に出たことは俺自身にも甚だ不届き至極なことであつたと遺憾には思つてゐる。だがしかし俺等はかうした蛮的行為の外のどんな方法で俺らの不平や怨恨を晴らすことが許されてゐるのか、どんな方法で抑圧や迫害から免がれることが出来るのか、俺等が官吏にならうとすれば内規だとかいつて採用してくれない、軍人にならうとすれば兵卒以上には中々昇進させてくれない、学問せうとすれば入学が六つかしい、あきらめろ、あきらめろといはれて俺等は何百年間あきらめてきた、しかしさういつまでもいつまでもあきらめて、牛馬扱にされて満足してゐられようか、小供をだますやうな改善策をさう〳〵ありがたく甘受してゐられやうか、俺等は先づ平等な人格的存在権、平等な生存権を社会に向つて要求するのだ、俺等は今日まで奪はれてゐたものを奪ひ返さねばならないのだ、暴動がいけないのなら他の正当な方法をきかしてくれ、正当な方法による要求を容れてくれ。

（出典）『紀伊毎日新聞』一九一八年九月一四日。

【解説】　米騒動は被差別部落の人びとにも大きな影響を与え、その後の部落解放運動の一つのきっかけとなった。それまで部落で影響をもっていたものに大江卓によって提唱された部落改善運動があった。この運動は部落改善を国家の事業とみなし、国家による救済を求めるものであったが、米騒動への被差別部落民の参加は、この改善主義を否定する潮流をつくりだすことになった。その一つの例が米騒動直後の九月一四日、『紀伊毎日新聞』に掲載された「なみ生」による投書である。ここには人間としての権利を自覚し、人格の平等を求める姿がくっきりと描かれていた。それはまた改善主義の限界が認識されたことにほかならなかった。

2　普選運動

275　吉野作造「憲政の本義を説いて其有終の美を済すの途を論ず」　一九一六年一月

民本主義といふ文字は、日本語としては極めて新らしい用例である。従来は民主々義といふ語を以て普通に唱へられて居つたやうだ。時としては又民衆主義とか、平民主義とか呼ばれたこともある。然し民主々義といへば、社会民主党などゝいふ場合に於けるが如く、「国家の主権は人民にあり」といふ危険なる学説と混同され易い。又平民主義といへば、平民と貴族とを対立せしめ、貴族を敵にして平民に味方するの意味に誤解せらるゝの恐れがある。独り民衆主義の文字丈けは、以上の如き欠点はないけれども、民衆を「重んずる」といふ意味があらはれない嫌がある。我々が視て以て憲政の根柢と為すところのものは、政治上一般民衆を重んじ、其間に貴賤上下の別を立てず、而かも国体の君主制たると共和制たるとを問はず、普く通用する所の主義たるが故に、民本主義といふ比較的新しい用語が一番適当であるかと思ふ。

（出典）『吉野作造選集』第二巻、岩波書店、一九九六年、二三ページ（『中央公論』一九一六年一月号）。

【解説】『中央公論』に掲載された吉野作造のこの論文は、大正デモクラシーの思想である民本主義をもっともよく代表するものであった。ここにはデモクラシーを民本主義と言い換えた理由を述べた箇所を掲載した。美濃部達吉らと並ぶ大正デモクラシーの代表的論客であった吉野の思想は、帝国憲法下の主権問題にはふれずに、その枠の中で立憲制の機能をいかに拡大していくかと考えていたところに最大の特徴があった。

276 普選要求の宣言・決議　一九一九年二月

普選促進同盟会全国学生同盟会　（二月一一日）

宣　言

憲法が発布されて三十年、世界大勢の進展とともに帝国国運の隆昌もまた隔世の感がある。君民同治の美果もまたようやく成ろうとしている。けれども、われわれは日本の憲政にたいしてなお遺憾なきを得ない。ことに選挙法においてそうである。みよ、デモクラシーは世界の大勢である。民本主義は時代の潮流である。君民同治は実に徹底的でなければならない。何を苦しんでこの大勢に逆行し、不徹底な制限選挙を墨守するのか。世界は動揺しはじめた。時代はまさに回転しようとしている。われわれは決然立つて全国の青年を糾合し、普通選挙制度の実現につとめ、もつて帝国将来の国際的進歩を確立しようとしている。革新の曙光は東天に輝きはじめた。警鐘は乱打された。立て、天下の青年、立つてわれわれと行をともにしないか。ここに憲法発布三十年を祝賀するにあたり、われわれの趣旨を天下に宣し、あえて世人に訴える。

決　議

われわれは本日の祝賀にあたり普通選挙の実施を期する。

友愛会神戸支部主催「普通選挙期成市民大会」　（二月一六日）

宣　言

われわれ労働者は普通選挙を要求する。われわれは、平時には国を富まし、戦時には国をまもり、われわれは耕し、われわれは蒔き、われわれは人のためにパンをねり、人のために織る。われわれが一票の選挙権を要求するのに何の不思議があろう。われわれは暴動と騒擾に反対する。われわれは、本然の愛にもとづく立憲的手段によつてわれわれの意志を表白しようとする。われわれは選挙権を要求する。われわれは、生命を賭し危険を冒して人のために生産する。そして人はその消費者なるがゆえに投票権を有する。われわれは生産者として投票権を有する。われわれが生産者として投票権を要求するのに何の不思議があろう。われわれは金力による選挙制度を排斥する。金力でおこなわれた選挙制度の悲惨をみよ。われわれは、この金力ある文化の堕落を知るがゆえに、筋肉と頭脳と正義による普通選挙を要求する。生産者は選挙権を要求しなければならない。

決　議

われわれ労働者は、現行選挙法中、納税資格撤廃を要求し、もつて普通選挙の実現を期する。

（出典）信夫清三郎『大正政治史』勁草書房、一九六八年、八六六―八六九ページ。

【解説】　普通選挙権を求める運動（普選運動）は、一九一八年秋から翌年二月にかけて最高潮を迎えた。運動は全国にひろがり、一一月中旬から二月下旬にかけて、演説会一四六、聴衆八万人、示威運動一八回、参加者一万一〇〇〇人余を数えた。ここには、そのときに行われた学生と労働者の宣言・決議を掲載した。一九一九年一月三一日に発足した東京帝国大学の新人会と、早稲田大学の青年普通選挙促進同盟会が母体になり、二月一一日、都下各大学の学生による普選促進同盟会全国学生同盟会が主催した集会が七〇〇名の学生によって開催された。また、それから五日後には神戸で友愛会神戸支部主催による市民大会が尾崎行雄をむかえて開かれた。こうした中で野党の憲政会・国民党も普選案提出に同意し、第四二帝国議会解散まで運動は続けられることになった。

277　石橋湛山「社説」一九一九年三月

去三月一日、普通選挙制要求の大示威行列が東京市に行われたことは、種々なる意味に於て記念すべき事柄であった。我政治運動に、将《はた》た又一般社会運動に一新紀元を画せるものであった。先ず第一に、それは普通選挙制の要求が、如何に我が民衆の間に熾烈なるかを明示した。日比谷の会場に集れる者五万余、一定の胸章を付け、行列に参加せる者一万余、蜿蜒《えんえん》として銀座を経、二重橋に出で、議会に向い、日比谷に帰った。主催者は人数の多きよりは、寧《むし》ろ秩序の整然たるを求めた為め、午後一時の定刻に一分も違えず開会せる為め、遅れて会場に到着せし者は行列に参加することが出来なんだ。若し主催者にして運動の開始を尚お三十分遅らせたら、行列の人数は恐らく三万を超え、或は四万となったであろう。併し乍ら吾輩が、此の行列を見て特に深き感銘を得たは、独り人数の意外に多数なりしことのみではない。吾輩は寧ろ、それよりも、集った人々の質に就て、予期せざる、而して心強き結果を得た。普通、東京に於ける斯くの如き会合に、最も多数を占むるは学生であるが、当日は直接間接政府の干渉もありて、学生の参加者は案外に少なかった。而して集った多数は商人であり、番頭であり、職工であり、勤め人であった。其の年齢は、勿論二十四、五歳から三十四、五歳と認めらるる者が多数であったが、而かも既に四十を超え、五十に近しと思わるる商人や、紳士の、若い者に混じて、等しく胸に赤布を付し、真面目に行列に参加せる者も、少なからず見受けられた。斯くの如きは東京市民の各階級に、如何に熱心に、本気に、普通選挙が要求せられておるかを、最も善く具体的に証明せるものでなくして何であろう。而して当日の会衆が、所謂野次馬の群ではなく、夫《そ》れ夫《ぞ》れ普通選挙に対して相当の考えを持ちて集りたるものなりしことは、其の行列を、警察等の心配に反して、平穏に秩序正しく行われしめし所以であって、同時に其の行列に大なる意義あらしめし点である。政府提出の選挙法改正案を通過したる議会は、此の行列に表示せられたる我が民衆の意志、そは恐らく東京市民のみならず、全国の市民の意志に明かに背反せるものなることを記憶せねばならぬ。

第二に記すべきは此の行列が、東京市内に於て初めて公然企画せられ、公然許されたる一般民衆の政治的示威行列であったことである。否、啻《ただ》に東京市内に於てのみならず、全国に於て実に初めての大示威行列であった。之れが斯くの如き成功を収めたことは、将来の我が民衆運動に、新たなる道を開いたものである。

（出典）『石橋湛山全集』第三巻、東洋経済新報社、一九七一年、二七―二八ページ（『東洋経済新報』一九一九年三月一五日）。

【解説】第四一帝国議会が開催されていた最中の一九一九年三月一日、東京日比谷で五万人というかつてない規模の人が参加した普選要求集会が開かれた。このときの集会に『東洋経済新報』の記者として参加した石橋湛山の文章がここに掲載したものである。石橋は普選運動の意義を率直に認め、参加者のひろがりや意識を的確に報じている。こうした中で、世論も制限選挙から普選へと傾いていった。

278 原敬日記　一九二〇年二月二〇日

今回憲政国民其他より提出せし衆議院議員選挙法改正案（俗に普通選挙と称す）は議場に於ては二十票内外の多数にて之を否決する事を得べしと雖ども、単に之を否決したるのみにては今後一年間此問題を以て国民に鼓吹し、而して次の議会には一層猛烈なる運動となるべく、此時に至りて解散は彼等の恐るゝ所にあらず（自然の任期は来年四月に尽く）、又近来院外の示威運動は固より新聞紙等に吹聴するが如き強大のものには非らざれども漸次に悪化せんとするが故に、是れも一年間放任せば由々しき大事に至るべし漸次に選挙権を拡張する事は何等異議なき処にして、又他年国情こゝに至れば所謂普通選挙も左まで憂ふべきにも非らざれども、階級制度打破と云ふが如き現在の社会組織に向て打撃を試んとする趣旨より納税資格を撤廃すと云ふが如きは実に危険極る次第にて、此の民衆の強要に因り現代組織を破壊する様の勢を作らば実

表279 西日本普選大連合参加団体（1923年5月現在，加盟順序による）

大阪普通選挙期成同盟会	大阪市北区	南海草普選同盟会	和歌山県内海町
大阪向上会	大阪市東区島町1丁目47	鳥取立憲青年会	鳥取市二階町4丁目
大阪純向上会	大阪市北区東野田町1丁目434	鳥取建具工組合	鳥取市二階町3丁目
		城南普選同盟会	京都府綴喜郡三山
大阪鉄工組合	大阪市外十三鏡ヶ池	青年向上会	京都府綴喜郡青谷村山城社
大阪空堀共立会	大阪市南区空堀町111	宇和島普選期成同盟会	愛媛県宇和島市
大阪普選聯合会	大阪市北区船大工町19	西神戸普選同志会	神戸市西代
神戸暁明会	神戸市播磨町16	琴平普選期成同盟会	香川県琴平小松町
暁明会京都支部	京都市上京区今出川小川西入	岸和田民声会	岸和田市宮本町
商船同志会	神戸市栄町5丁目45	泉　北　会	大阪府泉北郡
日本海員組合	神戸市栄町6丁目21-7	奈良友情会	奈良市東城戸町
神戸普選聯盟	同　上	京都普選同志会	京都市猪熊上立売下ル
尼ヶ崎普選促進同盟会	尼ヶ崎市大物町	労働青年同友会	大津市下百石町46
西ノ宮普選即行会	兵庫県西ノ宮町字浜田	大津普選即行会	大津市近江新報社
作東立憲青年党	岡山県英田郡林野	長浜共鳴倶楽部	滋賀県長浜町
岡山労働組合	岡山市天瀬町11-3	公　正　会	同甲賀郡水口町
岡山思想問題研究会	岡山市下ノ町120	民　声　会	同蒲生郡馬淵村
岡山普選同盟会	岡山市天瀬町19	笹山立憲政治党	兵庫県笹山町上河原町
広島立憲青年党	広島市外矢賀村	福山革成会	福山市本町
下ノ関至誠会	下ノ関市吉原町	日本農民組合邑久上道聯合会	岡山県上道郡雄神村
福岡普選同盟会	福岡市住吉町		
呉普選期成同盟会	呉市蔵原通3丁目	同児島聯合会	岡山県児島郡興除村
八幡同志会	八幡市日ノ出町	同北河内聯合会	大阪府北河内郡津田村
同志会戸畑支部	福岡県戸畑郡三六町	同一志郡聯合会	三重県一志郡中島村宇田村
松山普選同盟会	松山市三番町	同三重聯合会	三重県飾南郡松坂町日野町
高松雄弁会	高松市古新町65	同綴喜聯合会	京都府綴喜郡田辺町
香川県普選期成同盟会	高松市大工町		

に国家の基礎を危ふするものなれば、寧ろ此際議会を解散して政界の一新を計るの外なきかと思ふ

（出典）『原敬日記』第八巻、乾元社、一九五三年、四九二ページ。

【解説】政友会の原敬内閣は、一九一九年五月に衆議院議員選挙法を改正して納税額を直接国税一〇円から三円へと引き下げたが、同じ年の後半、第四二議会に向けて普選運動が大きな盛り上がりを見せた。野党の憲政会や国民党もここに普選容認にふみきった。原敬は普選要求には「階級制度打破」という社会主義的な危険思想が含まれているとして、普選を危険視していた。当時、第四二議会には憲政会と国民党が連合して普選案を上程していたが、これに対して原は議会を解散することで対抗する道を選んだ。この日記はそのときのものである。

279 西日本普選大連合の参加団体一覧　一九二三年五月（表→279）

（出典）松尾尊兊『普通選挙制度成立史の研究』岩波書店、一九八九年、二二二ページ。

【解説】一九二三年二月、西日本を中心にして結成された西日本普選大連合は、普通選挙にお

けるゆるやかな連合組織であった。参加団体は五一、三重から福岡までの西日本で三県以外からはすべて参加団体があり、その中には普選に熱心でないといわれていた労働団体が一〇、農民組合も六あった。この大連合を支えていたのは、何よりも新しい政治を求める下層中小資本家層や小ブルジョアジー層などが各地方都市でつくった政治組織であり、松尾尊兊はこれを「市民政社」と名づけた。この市民政社こそ普選運動と大正デモクラシー運動を各地で支えた組織にほかならなかった。

3　労働者と農民の動き

280　福田龍雄「少年の工場生活問題」一九一七年

社会の富の分配は偏重であり、貧しい親には、いつ迄も出来ぬことが多いのではないか。その上、教師は其時代やその境遇や、その資力等とを反省することを教へず、英雄豪傑等の生立や、栄華物語やを児童に聴かせる。さらぬだに助長され易い、児童の突飛なる栄達心は益々増長するばかりである、「勉学すれば誰でも豪《えら》い者になれる」「学校に通へば優れた者になれる」かうとく教師の説は咎むべきでないだらうが、さうさせ得ざる貧家の事情は如何にせむやだ。

茲に於てか、児童の教養された希望と境遇との間に矛盾が生ぜざるを得ない。彼等は富める幼な友達の多くが、進むで高等の学校に入るのを見、自己の工場等に或は実務に就かざるを得ぬ境遇を、いかに悲しく思ふか知れない。さうしてこの考へが、始終少年の心を動かして居る。工場へ来ても真にその職業を学ぶ、学ばねばならぬと云ふ覚悟を、鈍らし勝なのである。あゝ何と恐るべき教育の悲劇よ……。（中略）

皆嬉しさうに中学校へ通ふのに、何故自分だけはかうした悲しい工場に来ねばならぬのか。昨日の友は今日途で逢つても、鍛治屋の黒ん坊などゝ囃し立てるばかりで、もう誰も対手にしては呉れない。あゝ俺はどうなるのか、友は皆豪くなる出世をする。俺は嘲けられつ苦しい骨折をして、余り佳い生活の出来ぬ職人となるのか。あゝ工場を止めたい。学校へ行きたい。どうしたものか、どうしたものかと、心細さと味気なさとに堪へ得ずして、折あらば工場を止め他の職に転ぜむとする様な、いたいけなる考へを抱くものである。

これ実に小学校を出し少年の多くが、その工場生活の初めに於て嘗める初奉公の悲哀であり、この悲哀よりして、三月四月にして、工場を去り行く者は、夥しいのである。

（出典）『労働及産業』一九一七年五月。ルビを一部残した。

【解説】明治から大正にかけて労働者をめぐる問題の一つは、下層社会からの脱出願望がきわめて強いことであった。一九〇三年、一二歳で東京石川島造船所の少年工となり、八年間勤めた福田龍雄が一九一七年に当時を回顧した文章には、小学校卒業後に進学できず、職工として働かざるをえなかった敗残者意識が濃厚にひろがっている。と同時に、一〇歳代前半の少年にとって、当時の工場労働は肉体的にも精神的にも相当に厳しいものであり、就職した少年工の多くは半年ないし一、二年でやめていったという。第一次世界大戦前後の労働運動には、労働者の人格承認要求が強く含まれていたが、その前提にはここで見た下層社会や敗残者意識からの離脱願望の強さがあった。福田龍雄は、のちに初期友愛会の活動家となった。なお福田を含め、当時の労働者意識については、松沢弘陽『日本社会主義の思想』(筑摩書房、一九七三年)が詳しい。

281 友愛会七周年大会宣言・主張　一九一九年

宣　言

人間はその本然《ほんぜん》において自由である。故に我等労働者は如《か》斯《く》宣言す、労働者は人格である。彼はたゞ賃銀相場によつて売買せしむる可きものでは無い。彼はまた組合の自由を獲得せねばならぬ。資本が集中せられて、労働力を掠奪し、凡ての人間性を物質化せんとする時に、労働者は、その団結力を以て社会秩序の支持はたゞ黄金にあるのでは無く、それは全く生産者の人間性に待つものであることを資本家に教へねばならぬ。

特に機械文化が謬《あやま》れる方向に、我らを導き去つて以来、資本主義の害毒は世界を浸潤し、生産過剰と恐慌は交々《こもごも》至る。生産者は其工場より追はれ、然《しか》らざるも、彼は一個の機械の付属品として、その生理的補給を繋ぎ得る程度の賃銀に甘んぜねばならぬことゝなつた。

ゆえに我等生産者は如斯宣言す。我等は決して機械で無いと。我等は個性の発達と社会の人格化の為めに、生産者が完全に教養を受け得る、社会組織と生活の安定と自己の境遇に対する支配権を要求す。

顧みて、わが日本の産業界を見るに、女工は紡績会社にうめき、幼年工は勤労の長きに疲れ、地の底より女坑夫《じょ》の叫び立ち上がる。嗚呼《ああ》今は解放の時である。又労働者の死亡率は増加し、その生活の不安のために嬰児《えいじ》の死亡と、死産流産は著しく増加し、労働者の顔に死の蔭のさゝぬ時が無い。物価は騰貴し、罷工《ひこう》は相継ぎ、組合の自由は認められず、労働者は全く自由民としての権利を否定せられてゐる。今は日本の生産者の嘆きの時である。

世界は産れ変る。そして日本をのみ残して前へ前へと進む。故に我等日本の生産者は世界に向つて如斯宣言す。日本の労働者も国際連盟とその労働規約の精神に生き、地球が凡て、平和と自由と平等の支配する所で有る為めには、我等も殉教的奮闘を辞するものでは無いと。

主　張

一、労働非商品の原則
二、労働組合の自由
三、幼年労働の廃止(十四歳未満者)
四、最低賃銀制度の確立
五、同質労働に対する男女平等賃銀制の確立
六、日曜日休日(一週一日の休養)
七、八時間労働及一週四十八時間制度
八、夜業禁止
九、婦人労働監督官を設くる事
十、労働保険法の実施
十一、争議仲裁法の発布
十二、失業防止
十三、内外労働者の同一待遇
十四、労働者住宅を公営にて改良を計る事
十五、労働賠償制度の確立
十六、内職労働の改善
十七、契約労働の廃止
十八、普通選挙
十九、治安警察法の改正
二十、教育制度の民本化

(出典)『労働及産業』一九一九年一〇月。ルビを一部残した。

【解説】一九一二年に創立され、日本で唯一の全国的な労働組合組織であった友愛会は、一九一九年の七周年大会を機に大日本労働総同盟と改称した。この七周年大会で採択された宣言と主張には、ヴェルサイユ条約にもとづく国際労働会議の精神が流れている。たとえば宣言にみる「日本の労働者も国際連盟とその労働規約の精神に生き」という文章、また主張の一から七、九、十三などである。国際労働会議は当時の日本の労働運動に大きな影響を与えた。これ以降、デモクラシーの思想は世界の大義として日本の労働運動にも受け入れられていった。なおこの宣言は賀川豊彦の手になるものである。

282　社会における小作問題の「発見」　一九二四年

我々の先輩は明治維新の大改革に拠つて国家と資本家とを発見した。欧州戦争に依つて起つた思想革命に依つて社会と労働者(主として都会地の)とを発見した。けれども明治維新以来俄かに台頭した地主階級(土地資本家)の政治的、経済的、社会的勢力の蔭に、長く蔽ひ隠されて居た農村に於ける小作人階級を発見したのは、夫れ以後の極めて最近のことであつた。近頃漸く小作問題が社会の注目を惹き、小作争議解決の対策研究が重要視されるやうになつたのも、畢竟は社会が小作人階級を発見した後のことであつた。否な小作人階級が社会的に出現して運動を開始して以来のことであつた。夫れ迄は国家も小作人階級の存在を問題とせず、一般社会も亦之れを問題としなかつた。其処で小作人階級は飽く迄も小作人階

級として、地主の権力下に従属的雌伏を余儀なくされて居た。地主階級は国家社会が小作人階級の存在を知らずに居たのをよいことにして、彼等の社会的政治的地位を極端に蹂躙して居た。ただある一点に於いて彼等が小作人階級の存在を認めて居たものがある。夫れは経済的搾取の要素若くはその給源として、之れを認める丈けであつた。斯様な状態で地主階級は小作人階級を以て自己の総ゆる方面の勢力の下積みにして於いて、徹頭徹尾封建的服従を強請して居た。若し之れに反抗するものがあれば、その者を以つて危険的要素なるかの如く社会的に総ゆる非難を加へて之れが抑圧乃至懐柔策を行つて居た。斯くの如き地主階級の下に存在して居た、小作人階級が彼等から人間的人格を認めて居られなかつたと云ふことは言を要さずして明瞭である。然し乍ら斯くの如き屈従関係、斯くの如き犠牲道徳が何時までも強制的に継続され可きではない、終に小作人階級の生活にも人間的目覚めの黎明期が来た。社会的最下層の下積みにされて、上から強く圧迫されて居る力に対し、弱い乍らも下から之れを反撥する所の潜勢力を頓みに培養するに到つた。小作人階級と雖も三年立てば三つにならざるを得なかつた。屈従的生活の裡にも一種の勢力を蓄積して地主階級の圧迫に準備する所があつた。従属的生活より独立対等生活のより権威あり自由であるのを知つた。温情主義と云ふ名に依つて体裁のよい拘束を受けるよりも、自由平等生活のより貴重にして、而も快適であることを悟るに到つた。斯くて小作人階級は地主階級の経済的束縛より脱することを努力した。地主の社会的冷遇より解放されんことに努めた。斯くの如くにして彼等の自由への努力が、社会の或る水平線にまで到達するに到つて、国家も亦社会も初めて彼等を発見するに到つた。然し乍ら之れを彼等から言はしむれば彼等自らの努力に依つて漸く社会の水平線に浮び出したものに過ぎないのだ。

（出典）中沢弁治郎『農民生活と小作問題』巌松堂書店、一九二四年、一一七―一一八ページ。

【解説】第一次世界大戦後の社会問題は農村問題、わけても小作問題を大きな柱としていた。農民運動家であり、評論家でもあった中沢弁治郎は、小作問題の歴史的位置を卓抜な表現で示した。明治維新によって国家と資本家が発見され、第一次世界大戦期に社会と労働者が発見され、そしてようやく最近（一九二四年頃）になって小作人が発見されたというわけである。小作人はもちろんそれまで存在していたが、「地主階級」の「勢力の陰」におおい隠され、「人間的人格」を認められていなかった。それが自らの努力により、小作人はようやく「社会の水平線」に浮かび出た。これを中沢は「社会が小作人階級を発見した」と表現した。中沢は一九二二年日本農民組合の創立発起人に名を連ね、一九二六年には中部日本農民組合長となった。中沢のこの文章については、林宥一「解説」『歴史科学大系24

思想運動史』(校倉書房、一九九一年)を参照。

283 農民自治会創立趣意と綱領　一九二五年一二月

農民自治会創立の趣意

ある田舎には、春、夏、秋、冬、汗水たらして作りあげた六俵の米を三俵、四俵、時としては五俵までも地主に収めて不平らしいことも言い得ない小作農民がある。

またある田舎には自分の貧乏は、天道様になまけた罰だと心得て、日の出三時間前、日没三時間後、よけいに働くことを天道様に誓いを立てて働いて働いて働きぬいた果てが、過労衰弱と栄養不良で窮死した老農がある。

帝劇、ラジオ、三越、丸ビル、都会は日に贅沢に赴くに引きかえ、農村は相かわらず、かびた塩魚と棚ざらしの染絣、それさえ、もぐらのように土にまみれ、寒鼠のように貧苦に咽ぶ無産農民の手には容易にはいらない。

もともと、都会は、農村の上まえをはねて生きている。農民の汗と血の塊を横から奪って生きているのである。その都会と都会人とが日に日に栄え、日に日に贅沢になってゆくに、それを養い生かしている方の農民が飢えて死のうとしておる。何という謂われないことであろう。このように、馬鹿にされ、こきつかわれ、しぼりとられながら、我等農民はなおいつまでも黙って居ねばならぬだろうか。

いやいや決してそんな理屈のあろう筈がない。我等農民も人間だ。生きねばならぬ。人間らしい生活を立てねばならぬ。縁の下の力持をすることはもうやめだ。いつまでも他人の踏台にされていてはたまらない。

諸君起とう、みんな手をたずさえて起とう、それは天道様から見て、まっすぐな正しい道なのだ。

大正十四年十一月

農民自治会創立準備委員会

農民自治会綱領

一、農耕土地の自治的社会化
1　他町村人の所有土地漸減
2　他町村人所有地に対する町村費の割増賦課
3　不耕作者土地所有の漸減
4　自発的土地寄進の漸増
5　自治体共有土地の漸増
6　小作制度の漸次的廃止

二、生産消費の組合的経営
1　信用制度による金融機関
2　食料、衣料、日用品、農具、種子、肥料等の共同購買販売

3　農業倉庫の組合的経営
4　組合または組合連合の小工業経営
5　農具、牛馬、水利、電利の共同利用
6　共同耕作の漸次的実施

三、農村文化の自治的建設
1　初等教育の機会均等
（無月謝、学用品、被服等の公給）
2　自治田を設けて、青年団処女会これを耕し、その生産物を費用に充つる農村簡易中学の経営
3　共営土地の収穫を財源とする自由大学の設営
4　図書館、公会堂、研究所の設営
5　娯楽諸機関の公営
6　保健設備の公営

四、非政党的自治制の実現
1　農民の非政党的結束による地方政争の排斥
2　農民自治を破壊する如き悪法の廃止
3　行政組織の地方化

（出典）　渋谷定輔『農民哀史』勁草書房、一九七〇年、一八六―一八七ページ。

【解説】　一九二五年一二月、埼玉県南畑村で農業のかたわら農民運動や文芸にとりくんでいた渋谷定輔と平凡社社主の下中弥三郎、アナキストの中西伊之助らが集まり、農民自治会を創立した。農民自治会は政治権力による中央集権に反対して組合指導による社会の実現をめざした組織であり、「反都市」「自治」を徹底して強調したところに大きな特徴があった。農民自治会の反都市主義は、「帝劇、ラジオ、三越、丸ビル」と「寒鼠のように貧苦に咽ぶ無産農民」を対比させた「趣意」の激しい文章によくあらわれている。だが農民自治会の反都市主義は、当時、同じく反都市主義を標榜した産業組合主義などと一線を画するものであり、それは主張に見られるような自治的改革を社会の広範な領域でめざしたところによくあらわれていた。主張では、経済から政治、文化のあらゆる局面で政党や国家から自立した自主的社会が構想されていた。農民自治会は、埼玉、長野、岡山を中心に一九二〇年代後半に運動のひろがりがみられた。農民自治会については、渋谷定輔『農民哀史から六十年』（岩波新書、一九八六年）、安田常雄『出会いの思想史＝渋谷定輔論』（勁草書房、一九八一年）を参照。

284　中部日本農民組合第三回大会宣言　一九二五年一二月

宣　言

地主と小作人との関係は、自由契約にもとづく対等の関係であるが故に、両者の円満なる協調を欲するならば、同胞隣人として情誼を厚うすれば足る。しかるに、一部の地主及其擁護者中には、依然として封建時代の迷夢にとらはれ、地主

の専制支配下に、小作人を奴隷の如く屈従せしめなければならぬと、考へてゐるものが少くない。殊に、地主小作人間を君臣、父子の関係に擬し今日の地主を昔の君侯視するが如きは、国体をみだり国本を危うする謬想と称して憚らない。小作条件の変更に関する単なる経済争議が、ややもすれば目的外に激発し悪化するにいたるのは、実に、両者に此不自然、不合理の関係を強いんとするからである。

我等は十四年度の争議に当面して、尊敬すべき多くの地主に接し得たと共に、あくまで小作人の人格を無視し、甚しきにいたっては、不当なる土地取上の威嚇手段を弄してまで、自己の専制支配欲を逞うせんとする者を、一部の地主及其擁護者中に発見した。

我等は、愛する日本の、自由と平和との裡における進歩を希ふが故に、これに対する小さな貢献として、かくの如き封建思想と其言行とを、徹底的に排撃せんとするものである。而してこれがためには、国家から我等に許された一切の手段をつくして顧みないものである。

地主と小作人とを、人間として対等に交際せしめよ。其各各の実力の正当な発揮によって、自由に経済上の競争及び協定をなさしめよ。

（出典）農民運動史研究会編『日本農民運動史』東洋経済新報社、一九六一年、七一〇ページ。

【解説】中部日本農民組合は、岐阜・愛知を拠点とし、横田英夫を会長として一九二四年に結成された。横田は、農本主義にもとづいて小作料の減額運動を旺盛に指導した人物であり、横田の思想は創立大会の「主義」にうたわれた「我等は尊皇愛国の大義を奉ず」によくあらわれていた。この点は第三回大会宣言の「国体」をめぐる表現にもあらわれているが、横田の真骨頂は地主に人格的に従属していた当時の小作人の心情をとらえ、小作人の人格確立を繰り返し主張したことである。その点でこの宣言は、一九二五年になってもまだ地主への人格的依存が続く当時の小作人をめぐる状況をよくとらえていた。「人格」をめぐる問題は、農民運動のみならず、大正デモクラシー期の社会運動全般に共通した課題であった。

4　差別撤廃の主張

285　全国水平社の綱領・宣言・決議　一九二二年三月

綱　領

一、我々特殊部落民は部落民自身の行動によつて絶対の解放を期す

一、我々特殊部落民は絶対に経済の自由と職業の自由を社会に要求し以て獲得を期す

一、我等は人間性の原理に覚醒し人類最高の完成に向つて突進す

宣　言

全国に散在する我が特殊部落民よ団結せよ。

長い間虐められて来た兄弟よ、

過去半世紀間に種々なる方法と、多くの人々とによつてなされた我等の為の運動が、何等の有難い効果を齎らさなかつた事実は、夫等のすべてが我々によつて又他の人々に依つて毎《つね》に人間を冒瀆されてゐた罰であつたのだ。そして、これ等の人間を勦《いたわ》るかの如き運動は、かへつて多くの兄弟を堕落させた事を想へば、此際我等の中より人間を尊敬する事によつて自ら解放せんとする者の集団運動を起せるは寧ろ必然である。

兄弟よ。

我々の祖先は自由、平等の渇仰者であり、実行者であつた。陋劣なる階級政策の犠牲者であり、男らしき産業的殉教者であったのだ。ケモノの皮剝《は》ぐ報酬として、生々しき人間の皮を剝取られ、ケモノの心臓を裂く代価として、暖かい人間の心臓を引裂かれ、そこへクダラナイ嘲笑の唾まで吐きかけられた呪はれの夜の悪夢のうちにも、なほ誇り得る人間の血は、涸れづにあった。そうだ、そうして我々は、この血を享《う》けて人間が神にかはらうとする時代にあうたのだ。犠牲者がその烙印を投げ返す時が来たのだ。殉教者が、その荊冠《けいかん》を祝福される時が来たのだ。

我々がエタである事を誇り得る時が来たのだ。

我々は、かならず卑屈なる言葉と怯懦《きょうだ》なる行為によつて、祖先を辱しめ人間を冒瀆してはならぬ。そうして人の世の冷たさが、何《ど》んなに冷たいか、人間を勦はる事が何んであるかをよく知つてゐる吾々は、心から人世の熱と光を願求礼讃するものである。

水平社はかくして生れた。

人の世に熱あれ、人間に光あれ。

大正十一年三月三日　　全国水平社

決　議

一、吾々に対し穢多及び特殊部落民等の言行によつて侮辱の意志を表示したる時は徹底的糾弾を為す

一、全国水平社本部に於て我等団結の統一を図る為め月刊雑誌『水平』を発行す

一、部落民の絶対多数を門信徒とする東西両本願寺が此際我々の運動に対して抱蔵する赤裸々なる意見を聴取し其の回答により機宜の行動をとること

右決議す

（出典）『水平』第一巻第一号、一九二二年七月。

【解説】一九二二年三月三日、京都市岡崎公園に全国の部落代表二〇〇〇人を集めて、全国水平社創立大会が開催された。「全国に散在する我が特殊部落民よ団結せよ」と始まり、「水平社はかくして生れた。人の世に熱あれ、人間に光あれ」と結ばれた大会宣言は、大正デモクラシー期に作成された社会運動の宣言の中でも、もっとも格調高いものの一つであった。この宣言は西光万吉が起草し、平野小剣が手を入れたといわれている。水平社は各地の部落に急速にひろがり、大会決議にもとづく差別糾弾闘争を全国各地で開始した。

5　女性たちの運動

286　平塚らいてう「母性保護の主張は依頼主義か」一九一八年

与謝野晶子氏へ

与謝野晶子氏は婦人公論四月号に於て、母性保護の主張に対し、不賛成を唱へて、いらつしやいましたが、私はそれに就いて多少の抗議を申込まねばなりません。（中略）

欧州に於ける婦人問題の最も重要な中心問題は結婚制度の改革といふことでありますが、この問題の裏面に、若しくはそれに先立つて私生児問題のあることを私共は忘れる訳には行きません。実に今日の結婚制度の不完全は社会に於ける多数の私生児の産出となつて結果してゐるので、独逸《ドイツ》の如きは一年に十八万の私生児を出し、その割合は出生児十二に対する一ださうであります。ところで欧州に於ける是等の多数の私生児とその母とは現に社会からどんな待遇を受けつゝあるでありませう。たとへその母は総ての健康な婦人に与へられてゐる正当な恋愛の権利によつて母となつたものであつても、現在の結婚制度によらなかつたといふ一事によつて、社会は形式的因襲道徳の見地から、彼等を苛酷に非難し攻撃し、道徳的並に社会的の罪人として取扱ふでありませう。そしてそれはまた彼等の経済生活を困難と危険の境地にまで運ばずにはおかないでありませう。その上現行法律は私生児の父に対しては何等の責任も負はせませんから、母のみはあらゆる困難の中にあつて、全部の負担に堪へねばなりません。かういふ状態にあつては、特に財産を所有する婦人でない限り、子供を自分で哺育し、教育することは到底出来難いことでありますから、彼等の多くは止むを得ず子供を他人の手にかけることになります。それ故不幸な私生児は社会の侮辱、虐待に堪へねばならぬ上に、只一人の味方であり、同情者である真の母親の温かい愛をも享けることが出来ないのであります。その結果としてたとへ成長したにしても（私生児には一般に死産多く、且つ幼児死亡率も高い）概して健康が劣等である上に、非社会的な人間や、犯罪者、浮浪人、淫売婦の如き社会の厄介ものとなるものが少くありません。

＊

既に現状がかうであつて見ればこれは社会生活の安寧幸福に、国家の進歩発展に重大な関係あることでありますから、国家はこれを個人の自由に放任せず自ら進んで彼等を保護し、彼等の心身の健全な発達を計ることは国家として当然為すべき義務ではないでせうか。そして子供の完全な保護はその母を保護することであります。すなはち母態［体］に妊娠、分娩、育児期に於ける生活の安定を与へるやう国庫によつて補助することであります。しかもこれは何も私生児に限つたことではありません。たとへ結婚によつて母となつた婦人でも何等かの事情のため、母の職能を尽し得ないほど貧困なものに対しては同様の理由から補助すべきは言ふまでもありません。元来母は生命の源泉であつて、婦人は母たることによつて個人的存在の域を脱して社会的な、国家的な存在者となるのでありますから、母を保護することは婦人一個の幸福のために必要なばかりでなく、その子供を通じて、全社会の幸福のため、全人類の将来のために必要なことなのであります。これほど母の職能は社会的性質をもつて居るのであつて見れば、婦人が子供のために労働の能力を失つてゐる期間だけ国家の保護を求めるのと「老衰者や廃人が養育院の世話になる」のと同一に論ずるのは間違つてゐると思ひます。のみならずたとへ同一だとしても、それをもつて非難の理由とすることは出来ますまい。何故なら保護者のない老衰者や廃人を彼等に代つて世話するのは国家の義務なのですから。殊に生涯を通じて働いてもなほ老後の生活の安全が保証されない、又はそれ丈の貯蓄をなし得るほどの賃銀が得られないやうな経済状態にある現社会では。

（出典）『婦人公論』第三巻第五号、一九一八年五月。

【解説】一九一八年、『婦人公論』を主な舞台として、与謝野晶子・平塚らいてう・山川菊栄らの間で母性保護論争がたたかわされた。母性保護論争により、女性問題は『青鞜』の時代につぐ新たな幕をきっておとした。ここに掲げたのは、与謝野晶子との論争過程で書かれた平塚らいてうの文章であり、らいてうはここで「母性保護」を「母性の権利」といいかえ、それを人間の基本権意識に組込まれるべきものと主張した。これに対し、与謝野晶子は「粘土自像」という表題で鋭い論争を展開し（『太陽』一九一八年三月―九月）、女性はいかなる理由であっても経済的に他に依頼し、保護される立場を拒否しなくてはならないとした。「経済的に独立する」ことこそ女性解放の条件だというのが、与謝野の主張にほかならなかった。

287　治安警察法第五条修正の請願書　一九二〇年二月七日

請願事項

治安警察法第五条第一項中の「五、女子」の三字及第二項中

の「女子及」の三字を削除されん事を謹んで請願いたします。

請願の理由

㈠　婦人が政事上の結社に加入する事、及政談集会に会同し若は其の発起人たる事の自由を禁ずるのは社会的正義に悖る不公平なことであります。

㈡　婦人に政事的知識を与へず、又政事的活動の自由を与へないことは、健全な若は真正な文化の発展を害します。

㈢　婦人が男子と共に改造の大事業に与りその女らしき思想と感情とを家庭に、社会に実現して行かうと思へば、政事にまで関係しなければそれを徹底させることが出来ません。

㈣　婦人に政事的知識を与へるときは、日本婦人の淑徳を害し、家庭の平和を乱すであらうと考へられたのは、今や遠い〳〵過去の時代のことになりました。今日の家庭は政治を理解する妻と母とを、夫のよき相談相手として、子供のよき教育者として要求して居ります。かくして政治を理解するといふことは新しき良妻賢母の欠くべからざる一つの資格となつて居ります。故にこれを欠く時は今日の日本婦人はその淑徳を全うすることが出来ません。

㈤　今日の婦人は家庭生活と共に、社会生活乃至は職業生活を併せ有たねばならぬ必要に迫られて居ります。その善悪はしばらくおいて、此種の婦人は今後益々増加するに相違ありません。彼等にとつて政事的知識はその実生活上の必要事であり、更に進んで政治上、立法上の権利を有たないことは大なる不利であります。

㈥　婦人参政権問題は世界大戦の結果として既に世界的承認を得、今や我日本に於ても民衆の中から男女を問はざる普通選挙要求の声さへ起つて居ります。この時に於てかゝる法律をいつまでもそのまゝ存置する事は、あまりに時代の趨勢に反するものであります。

㈦　先頃我政府が国際労働会議に婦人顧問を送つたことや、又婦人が或種の政談演会に会同したりその発起人となつたりした場合(昨年秋愛労会の西田陶子女史発起人となり神田青年会館に開催せる演説会や、友愛会婦人部が業平小学校内に開催せる演説会等や、亀戸友愛会支部の演説会等に多数の女工その他の婦人傍聴者のあつたことを指す)現に許可してゐることは、明にこの法文が無意義なるものとなりつゝある証拠でなければなりません。

㈧　新聞雑誌の政事記事や政治論を自由に読み得、且貴衆両院の傍聴をも許されてゐる婦人に、他方で政談集会に集ることのみ禁じてゐることや、又尚早論等が理由とするところは今日の日本婦人は、あまりに政事的に無智だといふことであり乍ら、彼等に政事的教養の機会を与へることを拒むが如きは矛盾も亦甚だしいものであります。

（出典）『女性同盟』第一号、一九二〇年一〇月。

【解説】　明治初期には自由であった女性の政治活動は、その後、一八八〇年の集会条例や一八九〇年の集会及政社法、一九〇〇年の治安警察法によって禁止されてきた。一九一九年一一月に創立趣意書がつくられ、翌一九二〇年から活動を開始した新婦人協会は、この治安警察法改正問題をとりあげ、二月七日に治安警察法第五条修正の請願書を第四二議会に提出した。ここに収録したのは、その時の請願書である。この請願書は、しかし議会で審議未了となり、その後も第四四議会で可決寸前まで到達したが最終的には否決された。結局、治安警察法第五条が修正されたのは一九二二年四月の第四五議会においてであった。この修正により、女性の政談集会への参加と発起が認められることになった。

288　新婦人協会　綱領・宣言　一九二〇年三月二八日

綱　領

一、婦人の能力を自由に発達せしめるため男女の機会均等を主張すること。
一、男女の価値同等観の上に立ちて其の差別を認め協力を主張すること。
一、家庭の社会的意義を闡明すること。
一、婦人、母、子供の権利を擁護し、彼等の利益の増進を計ると共に之に反する一切を排除すること。

宣　言

婦人も亦婦人全体のために、その正しき義務と権利の遂行のために団結すべき時が来ました。今こそ婦人は婦人自身の教養、その自我の充実を期するのみならず、相互の堅き団結の力によつて、その社会的地位の向上改善を計り、婦人としての、母としての権利の獲得のため、男子と協力して戦後の社会改造の実際運動に参加すべき時であります。若しこの時に於て、婦人が立たなければ、当来の社会も亦婦人を除外した男子中心のものとなるに相違ありません。そしてそこに世界、人類の禍の大半が置かれるのだと思ひます。

私共は日本婦人がいつまで無智無能であるとは信じません。否、既に我が婦人界は今日見るべき学識あり、能力ある幾人かの新婦人を有つてゐます。しかも私共は是等の現はれたる婦人以外に、なほ多くの更に識見高き、思慮あり、実力ある隠れたる婦人のあることを疑ひません。然るに是等の婦人の力が一つとして社会的に若しくは社会的勢力となつて活動して来ないのは何故でありませう。全く婦人相互の間に何の聯絡もなく、各自孤立の状態にあつて、少しもその力を婦人共同の目的のために一つにしやうといふやうな努力もなく、又そのための機関もないからではないでせうか。私共はさう信ずるものであります。是れ私共が微力を顧ず、同志を糾合し、玆に婦人の団体的活動の一機関として「新婦人協会」を組織し、婦人相互の団結を計り、堅忍持久の精神をもつて、婦人擁護のため、その進歩向上のため、或は利益の増進、権利の獲得のため努力し、その目的を達せんことを期する所以であります。

（出典）『女性同盟』第一号、一九二〇年一〇月。

【解説】平塚らいてう・市川房枝・奥むめおらが中心となって設立された新婦人協会は、創立から五カ月たった一九二〇年三月二八日に東京で発会式をひらいた。その時に採択された綱領・宣言をここに掲載した。新婦人協会は、宣言で「婦人としての、母としての権利の獲得のため、男子と協力して戦後の社会改造の実際運動に参加すべき時」とし、綱領では女性の能力発達のための男女の機会均等、男女同権、婦人・母・子供の権利擁護を掲げた。新婦人協会は、自らを社会改造の担い手に位置づけている点でまぎれもなく大正デモクラシーの洗礼を受けた団体であり、また母としての権利の主張、婦人・母・子供の視点をもつところに平塚らいてうの影響をみてとることができる。その後、新婦人協会は社会主義女性団体である赤瀾会から批判を受けたり、内部対立、財政難などによって一九二二年一二月に解散した。

289 婦選獲得同盟宣言　一九二五年四月

新日本建設の礎石は置かれた。普選案は予定の如く第五十議会を通過した。而してこゝに国民半数の婦人は廿五歳以下の男子及「貧困に依り生活のため公私の救助を受け又は扶助を受くる」少数の男子と共に政治圏外に取残された。我等女性は最早我等が一個の人間として、一個の国民として、国家の政治に参与することの如何に当然にして必要なるかの事由に就いては語るまい。此上はたゞ内、普選獲得の歴史に倣ひ外、婦選獲得の実績に鑑み、一致団結の力によつてその実現を一日も早からしむるように努めねばならぬ。されば多くの婦人がその感情や宗教、思想の別を措いて、唯女性の名によつて協力すると共に目的を参政権獲得の唯一に限り、凡ての力をこゝに集注すべきである。

（出典）『婦選』婦選獲得同盟会報第二号、一九二五年一〇月。

【解説】普選の機運の高まった一九二四年一二月、婦人参政権獲得団体の大同団結をめざして婦人参政権獲得期成同盟会が発足した。理事には市川房枝・久布白落実らが選ばれ、男子普選成立後の一九二五年四月一九日には第一回総会を開いて、婦選獲得同盟と改称した。この宣言はそのときに採択されたものである。婦選獲得同盟はその目的を「婦人参政権獲得とその行使のための政治教育に限る」こと、政治的には「絶対中立の立場を保持する」ことを宣言に唱った。婦人参政権運動の歴史については、市川房枝『市川房枝自伝　戦前編』（新宿書房、一九七四年）を参照。

6　社会改造のひろがり

290　大山郁夫「社会改造の根本精神」　一九一九年八月

世界戦乱の影響を受けて、我国の政治思想が、多少の程度に於てでも内観的に傾いたことは、喜ぶべき現象の一つであるに相違ない。しかしながら、この傾向がその範囲に於て狭く、その程度に於て低いものであるといふ非難にも亦、相当の根拠がある。早い話が、一時あれほどまでに我国の読書社会の注意を鍾《あつ》めて居たデモクラシーの思想が、その論点が未だ討究し尽くされもせず、またそれに対する理解が徹底もしなければ、普及もしない間に、早くも既に幾分流行《はや》り廃《す》たりの気味となり、時としては嘲弄の材料としてさへ用ひられるやうになり、「改造」とか「解放」とかいふ別の標語が、それに代用せられんとして居るやうな模様が見えることなどは、[右]上の事実を適切に例証して居るものと見られるのである。

無論、このやうな軽薄味を帯びた傾向は、総ての事象の皮相を眺めたゞけで満足することが出来るところの、一種の楽天的気分に侵つてゐる人々の間に於て生じて居るものであつて、そうして、さういふ傾向は、無雑作に表面に浮び易いところから、極めてケバケバしく目に附くのであるが、しかし、それと同時に、相当に敬虔真摯な態度を以てデモクラシーの諸相を研究してゐる人々が少からず存在してゐることは、我等の固く信ずる所である。少くとも我等は、我等が実際接触する人々の間に於て、さういふ事実の存在を確認して居るのである。それ故、我等は思想界の表面に浮び出でてゐるところの一種の浮ッ調子な傾向を見ても、それが我国の思潮の傾向の全部であると誤信して、訳もなく悲観に陥る必要のないことを知つてゐるのである。

けれども、同時に我等は、昨日までやんやと持上げたデモクラシーを、今日はそれに見向きもせず、「改造」とか何とかいふ新しい標語の蹤《あと》を追駈け廻してゐるといふやうな、移り気の早い連中に反問して見たい、――「諸君はデモクラシーと改造の精神とを全然別個の観念として取扱つてゐるのか。諸君はデモクラチック・プリンシプルによるもの以外の改造を認めやうとするのか」――と。

我等の立場から見れば、一切の改造は、デモクラチック・プリンシプルによるのでなければ、全然無意義である。それ故、我等が改造を説く時は、常にデモクラシーを以てその前提としてゐるのである。我等は、この二つのものを以て全然無縁のものと見るのでなく、一方を発端と見れば、他方を完成と見、一方を花と見れば、他方を実と見るのである。単に言葉の流行の順序によつて、それに対する評価を上下するやうな態度に向つては、我等は些かの同情をも持つてゐないのである。

（出典）『大山郁夫著作集』第四巻、中央公論社、一九四八年、一三四―一三五ページ（『我等』第一巻第一〇号、一九一九年八月）。

【解説】 大山郁夫は第一次世界大戦後の改造思想を代表する人物であり、ここに収録した論文には大山の改造思想がもっともよく示されている。大山はここで、真正のデモクラシーの実現をめざすべきだとし、そのためには権威から自由な「人間らしく生きる」社会を建設する必要があるとした。こうした社会を建設するための改造について、大山は「決して一つ処に停滞しない」ことだといい、改造とは一つの過程にほかならないことを強調した。大山はこののち政治研究会に参加し、一九二六年には労働農民党委員長に就任、早大教授を辞任して無産運動に専念した。大山については、『大山郁夫著作集』（岩波書店、一九八七―一九八八年）もある。

291　権田保之助「民衆の文化か、民衆の為めの文化か」一九二〇年六月

今や全世界を挙げて、改造の機運にある。而してあらゆる物に、又凡べての方面に改造の斧が置かれて居る。旧い価値判断が倒れて、新らしい価値の創造が提唱されて居る。観念論の焦げ臭い臭気に包まれて、遊蕩的気分に満たされた旧い哲学が、其の権威を失墜して、生活事実に徹した、生々として切実な新らしい哲学が建設されねばならぬ時と成った。文学も、芸術も、道徳も、宗教も、一切を挙げて、清新の機運に、生ける表現をなさねばならぬこととなったのである。斯くて改造期の世界は思想界の根本的改造を要求し、思想の改造を促がした。

然かも思想なるものは、由来極めて退嬰的のものであり、甚だ保守的のものである。思想の革新性、思想の創造性とは、世人が思想なるものに対する買被りの結果に過ぎない。而して自惚れに充ちた知識階級の、己れに都合よき捏造に外ならない。思想は元来、非革新的のものであり、非啓蒙的のものである。（中略）

社会の事実は変化した。第四階級は台頭し、改造運動の烽火は上り、民衆運動は白熱して来た。思想家の思想を待たず、理想家の理想を構わずに、事実は事実として、其れ自身猛進して行く。飽満せる時の快を予想し、生命維持の目的を意識して飯を喰うという「思想家の遊戯」を尊重して居る呑気さは無くて、唯だ腹が空いたから喰うのであるという切実さを以て今日の眼前の事実はどしどしと動いて行くのである。思想家の遊戯が入り込み、理想家の夢が飛び込むには、余りに厳粛すぐる事実である、明日はどうなるか、明日の為めに今日何をせねばならぬかと考うる程、今日の事実は罅隙《かげき》を有して居ないのである。今日の事実は明日の事実を生むであらう。而して夫明日の事実は更らに明後日の事実を起すであらう。

れが一切で万事なのである。

（出典）『権田保之助著作集』第四巻、中央公論社、一九四八年、一三四－一三五ページ（『大観』第三巻第六号、一九二〇年六月）。

【解説】改造思想のひろがりは、民衆を社会の担い手とする考えを台頭させただけでなく、民衆文化についての議論を呼び起こすことになった。民衆文化論の台頭は、さらに民衆文化そのものの研究者・専門家を登場させることになる。その代表者が権田保之助であった。権田は家計調査や娯楽の調査を通じて、生活を通した民衆の文化創造に注目するようになった。権田は「文化主義の一考察」という副題をもつこの評論で、知識階級による啓蒙ではなく、民衆自身の生活の中でこそ民衆文化が培われると強調している。民衆文化における知識階級の役割をめぐって、権田と大山郁夫の間で論争が繰り広げられた。

292　児童自由画趣意書　一九一九年三月

従来、各小学校で行はれた児童の絵画教育は、大体、臨画と写生の二方法でありますが此処に私が『自由画』と称へるのは、写生、記憶、想像等を含む——即ち、臨本によらない、児童の直接な表現を指すのであります。

従来の教導によりますと、児童は粗悪な印刷に附せられた大人の画を模写する時間が、自然から直接に、形なり彩なりを汲み取る時間よりも多いのでありますが、これはいけない事と思ひます。何故ならば、例へば臨本に示された一本の下らない線が、一本の美しい、活きた樹木の線と同じ力を以て児童の頭に働きかけるからです。彼れ等はどんなものをも正直に模倣するのです。ですから、いぢけた臨本を与へれば、児童の眼と手は、其通りいぢけてしまひます。児童の眼を豊富な自然界の方へ誘へば、彼れ等の心と手は活き〳〵として来るのです。これは、学齢期前の児童の画が大概活躍したものである事がよくそれを証明して居ます。

大体、児童の画に、大人のやうな観照力を奨める事は間違つた事です。児童はなるたけ野ばなしにせねばいけません。殊に美術の教養に於て然りです。

美が師伝にのみ培はれたら竟に堕落です。将来の日本の美術及美術工芸を臨本と扮本とで仕上げたやうな旧式な美術家の手から全然取り上げてしまふ事は吾々の任務なのです。一体、小学校で、算術や地理等と一しよに、文章、絵画、音楽を教へるのは何のためでせう。——いふまでもなく、知識と併せて高尚な、人間らしい美の情操を涵養せんが為めです。人類が、皆、逞しい体力と、明快な容貌と、充分な知識と、適応な事業とを有つとしたらすばらしいではありませんか。其上に誰れもが、其情致に於て、詩人であり、美術家であり、音楽家であつたとしたら、実に天国です。左様な天国は、今日の吾々の間では、痴人の夢でありますが、併し、それと反対な方面に好んで脚をむけて居る者は一人もない筈です。それは誰れもが、貧乏の方に好んで脚をむけようとはして居ないのと同じ事です。

要するに、人間は絶えず、産む事と育つ事を欲して居ます。其二つが極めて順潮に進展する処に健かな文化が建てらるゝものと思はねばなりません。

私は、吾々〱の美術、及美術工芸を最も順潮なものにし度いと思ふのです。而して、それは実に、児童の絵画教育から初まらねばならないと考へるのです。

前にも申したやうに、大人は専ら扮本、子供は専ら臨本で画を学ぶ、といふ旧風を一掃してしまはなければいけないと思ふのです。見本を与へて、子供に真似させるよりは、自由に「自然」へ放牧して、彼れ等に産ませねばいけません。其方が大人に取つても興味ある事だし、子供にとつては有意義です。児童等は、『自然』との間に直接に画を産みながらひとりでに美を味解してゆくでせう。美とは実にさういふ性質のものです。性慾が臨本を与へなくとも少年の胸に暗示されてゆくやうに、それは自然の機密なのです。深い、神の智慧なのです。

其処で、私は、諸君に希望するに学童等に自由画を奨める事を以てし、更に、其の成績を蒐めて、児童自由画展覧会を催す事を以てするのでありますが、此事は、昨冬、神川小学校で、私が以上のやうな趣意に基いて一場のお話をした際に、臨席の教育家諸氏によつて協賛され、左のやうな企てが提議されたのでした。

△小県《ちいさがた》郡各学校の児童の自由画を蒐めて、四月下旬展覧会を催す事。

△其成績によつて、本年秋、東京で同じ展覧会を催し、自由画の奨励を全国的なものにすべき運動に導く事。

外国の都市では屢々此様な催しに接します。殊に露西亜では年に一回ペテログラード、とモスクワで定期的の児童自由画展覧会が開かれ、其画集が又頗る立派なものであります。今世界で最も民衆的でそして美術的な工芸品が、実に露西亜人の手に産れて居るといふ事は偶然ではありません。

日本は、過去に富饒なる美術工芸の成績を有し、そして、今東洋一の文明文化の集散地であります。支那、南洋、北米等へ輸出せらるゝ美術応用品は極めて無趣味なものであるにかゝはらず、大いなる輸出額を示して居ります。

私は、其処に興味ある暗示をうけるのです。吾々は、それ等の輸出品の美術的価値に就て、熱心なる注意を傾けねばならぬと思ひます。

其範は手近い処で輸出年額数百万留《ルーブル》に達するといふ有名なる露西亜の「農民美術」であり、其処に一般的になつて居る児童の自由画奨励であります。――潮は遠きより来る吾々は大いなる志望の下に児童の自由画奨励にかゝらうではありませんか。

（出典）山本鼎『自由画教育』アルス、一九二一年、五六―六〇ページ。

【解説】一九〇六年東京美術学校を卒業した山本鼎《かなえ》は、ヨーロッパ留学からの帰途にロシアで自由画と農民美術の奨励にふれ、大きな刺激を受けた。一九一六年に帰国した山本は、長野県小県郡神川村の小学校で児童を指導し、それまでの臨本模写の図画教育を批判して自由画教育運動を推進した。一九一九年三月には児童自由画展覧会趣意書をまとめ、翌月には神川小学校で児童自由画展覧会を開催した。山本はまた同じ年に神川村で農民美術研究所を開設し、農民美術運動にも力を入れた。山本の試みは地域における社会改造のすぐれた実践例であった。なお『自由画教育』は、黎明書房から一九七二年に復刻されている。

293　信濃自由大学趣意書　一九二一年七月

設立の趣意

学問の中央集権的傾向を打破し、地方一般の民衆が其の産業に従事しつつ、自由に大学教育を受くる機会を得んが為めに、綜合長期の講座を開き、主として文化学的研究を為し、何人にも公開する事を目的と致しますが、従来の夏期講習等に於ける如く断片短期的の研究となる事無く統一連続的の研究に努め、且つ開講時以外に於ける会員の自学自習の指導にも関与する事を努めます。

組　織

一、講座の種類

哲学　哲学史　倫理学　美学　社会学　心理学
宗教学　教育学　文学概論　法学　経済学　社会政策

講座は此れを綜合的とし、聴講は此れを完全に聴講する事によつて統一的に文化学的研究をなすを得る様に致しますが、場合によつてはその講座を選定して聴講する事をも許します。

二、開講の時期

聴講生の産業を顧慮して大体次の如く開講します。

十月、十一月、十二月、一月、二月、三月、四月、以上各月の十日以内を一講座の連続開講時期とし、その講義を翌年度に延長します。

三、自学自習

講座の開かれて居ない期間の聴講生の自学自習を尊重し、此れが指導に適当の方策を講じます。

四、講座の年限

一講座は三年乃至四年を以て終ることにします。

五、短期講習

長期連続の講座の外に、別に短期に完結する数講座を並立した講習会を開く事もあります。

経　費

自由大学経営の経費は聴講料と及び寄附金を以て此れに充てます。

聴講生

講義を理解し得る各自の自信に信頼して、聴講生の資格に一切の制限を置かず、且つ男たると女たるとを問いません。単に申込を以て聴講生の資格を得ます。

役　員

一、講師　自由大学の趣旨に賛せられ講座担当を諸せられた学者に講師たることを嘱托致します。
二、理事　自由大学経営に関する一切の事務を担当致します。
三、委員　自由大学経営に関する主要の事務を協議します。
四、顧問　自由大学の趣旨に賛せられ、その経営に声援を与えらるる諸士に顧問たることを依頼致します。

計　画

本年十月より開講し、同学年度中に少くも三乃至五講座を開講し、翌学年度より更にその数を増加する運びに致したいと思います。

経費の一部を蓄積して、将来講師の自由に宿泊せらるべき宿舎を設け以て講師と聴講生との関係の密接を計り、更に講義のための校舎をも設備するに至りたい予定です。

尚おこの自由大学運動を全国に波及して、到る処にその設備を見、以て地方文化の程度を著しく向上せしめんが為めに、全国の青年と提携することを努めます。

大正十年七月　　日

長野県上田市横町(猪坂直一方)

信濃自由大学事務所

（出典）上木敏郎『土田杏村と自由大学運動』誠文堂新光社、一九八二年、七一－七三ページ。

【解説】　長野県で上小地方と呼ばれる上田・小県地方は、山本鼎や自由大学運動、青年団の自主化運動など、民衆の自己教育運動の盛んな地域であり、大正デモクラシー期の改造を実践した代表的地域であった。この地域で養蚕・蚕種業に従事し、青年団の中心的な担い手であった農村青年たちは、当時新進の若手評論家であった土田杏村に哲学の講演を依頼した。農村青年たちの申し出に応じた杏村は、実際にでかけてみてその熱心さに驚き、以後かれらと親交を深めることになった。この交友関係がきっかけになって信濃自由大学の設立に結びついた。ここに掲げた趣意書は杏村の手になるものであり、文部省による「学問の中央集権傾向を打破」し、「自由に大学教育を受けるために」自由大学をつくるのだとした趣意書は、いわば地域の民衆自身による自己教育宣言であった。冬場の農閑期に一週間前後の文化講座を五、六回開催し、講師に東京・京都などの新進の学者や評論家を招いた自由大学は各地で反響を呼び、同じ長野県の松本や飯田、新潟・青森などにひろがり、一九二〇年代における地域での文化創造に大きな役割をはたした。

7　護憲三派内閣

294　加藤高明首相の普通選挙法提案理由　一九二五年一月

先帝ガ維新ノ宏謨[1]ヲ定メ給ヒテヨリ、我国諸般ノ施設ハ駸々[2]トシテ進ミ、明治五年ニハ学制ガ頒布セラレ、六年ニハ徴兵令ニ依ル国民皆兵ノ制ガ創始セラレ、二十二年ニハ終ニ憲法ガ制定セラル、ニ至ッタノデアリマス、惟フニ大憲制定終局ノ御趣意ハ、広ク国民ヲシテ大政ニ参与セシメ、広ク国民ヲシテ国家ノ進運ヲ扶持セシメラル、ニ在リト拝察致スノデアリマス（拍手）学制、兵制、自治制等ノ創始以来五十年内外、憲政施行以来三十有六年デアリマシテ、国民ノ知見能力ニ対スル試錬ハ既ニ相当ニ尽サレタリト認ムルノデアリマス（拍手）今ヤ正ニ普通選挙ノ制ヲ定メ、周ク国民ヲシテ国運進展ノ責任ニ膺《あた》ラシムベキノ秋デアルト信ズルノデアリマス（拍手）将又《はたまた》近時ノ選挙ノ実情ヲ見マスルニ、各種ノ弊害続出シ、憲政前途ノ為深憂ニ堪ヘザルモノガアリマス、是等ノ弊害ヲ匡正シ、選挙ノ公正ヲ完ク致シマスルハ、憲政ノ基礎ヲ鞏固ニスル所以デアルト信ジマス（「ヒヤ〳〵」拍手）仍テ是等ノ目的ヲ以チマシテ、衆議院議員選挙法ノ全部ニ亙ル改正案ヲ本期議会ニ提出センコトヲ期スルモノデアリマス（拍手）

（出典）『帝国議会衆議院議事速記録45　第五〇議会　上』一三―一四ページ。

（1）大きなはかりごと。（2）物事の進み具合いが速いこと。

【解説】　原内閣のもとで普選が実現しなかった後、第二次護憲運動に勝利した護憲三派の加藤高明内閣は、一九二五年三月の第五〇議会で男子普選を成立させた（五月公布）。この史料は一九二五年一月二二日、衆議院本会議で加藤首相が普選法案の提案理由を説明している個所である。加藤がこの説明の中で「国民ノ知見能力ニ対スル試錬」を指摘し、国民に「国運進展ノ責任」を認めたことは、デモクラシー運動の成果として男子普選が実現したことを示している。しかし、普選にはまた「革命の安全弁」（内相若槻礼次郎の議会答弁）という政治的意図があったことを見落としてはならない。この議会では普選法に先だって治安維持法が制定された。なお、普選法の成立により、有権者は三〇〇万余りから一二四〇万へと三倍に増えた。

295　治安維持法　一九二五年四月二二日

第一条　国体ヲ変革シ又ハ私有財産制度ヲ否認スルコトヲ目的トシテ結社ヲ組織シ又ハ情ヲ知リテ之ニ加入シタル者ハ十年以下ノ懲役又ハ禁錮ニ処ス

前項ノ未遂罪ハ之ヲ罰ス

第二条　前条第一項ノ目的ヲ以テ其ノ目的タル事項ノ実行ニ関シ協議ヲ為シタル者ハ七年以下ノ懲役又ハ禁錮ニ処ス

第三条　第一条第一項ノ目的ヲ以テ其ノ目的タル事項ノ実行

ヲ煽動シタル者ハ七年以下ノ懲役又ハ禁錮ニ処ス

第四条　第一条第一項ノ目的ヲ以テ騒擾、暴行其ノ他生命、身体又ハ財産ニ害ヲ加フヘキ犯罪ヲ煽動シタル者ハ十年以下ノ懲役又ハ禁錮ニ処ス

第五条　第一条第一項及前三条ノ罪ヲ犯サシムルコトヲ目的トシテ金品其ノ他ノ財産上ノ利益ヲ供与シ又ハ其ノ申込若ハ約束ヲ為シタル者ハ五年以下ノ懲役又ハ禁錮ニ処ス情ヲ知リテ供与ヲ受ケ又ハ其ノ要求若ハ約束ヲ為シタル者亦同シ

第六条　前五条ノ罪ヲ犯シタル者自首シタルトキハ其ノ刑ヲ減軽又ハ免除ス

第七条　本法ハ何人ヲ問ハス本法施行区域外ニ於テ罪ヲ犯シタル者ニ亦之ヲ適用ス

（出典）『官報』一九二五年四月二二日。

296　治安維持法改正　一九二八年六月二九日

治安維持法中左ノ通改正ス

第一条　国体ヲ変革スルコトヲ目的トシテ結社ヲ組織シタル者又ハ結社ノ役員其ノ他指導者タル任務ニ従事シタル者ハ死刑又ハ無期若ハ五年以上ノ懲役若ハ禁錮ニ処シ情ヲ知リテ結社ニ加入シタル者又ハ結社ノ目的遂行ノ為ニスル行為ヲ為シタル者ハ二年以上ノ有期ノ懲役又ハ禁錮ニ処ス

私有財産制度ヲ否認スルコトヲ目的トシテ結社ヲ組織シタル者、結社ニ加入シタル者又ハ結社ノ目的遂行ノ為ニスル行為ヲ為シタル者ハ十年以下ノ懲役又ハ禁錮ニ処ス

前二項ノ未遂罪ハ之ヲ罰ス

第二条中「前条第一項」ヲ「前条第一項又ハ第二項」ニ改ム

第三条及第四条中「第一条第一項」ヲ「第一条第一項又ハ第二項」ニ改ム

第五条中「第一条第一項及」ヲ「第一条第一項第二項又ハ」ニ改ム

（出典）『官報』号外、一九二八年六月二九日。

【解説】　男子普選法の制定と同時に成立した治安維持法は、「国体」の「変革」と「私有財産制度ヲ否認」する結社を違法とした法律であり、「国体」というあいまいな字句によって思想そのものを取締まろうとした新しい弾圧立法であった。治安維持法成立の背景には、男子普選だけでなく、日ソ基本条約締結による日ソ国交樹立があり、政府は社会主義思想の拡大を恐れてこの法律を制定した。なおこの法律は一九二五年五月、勅令によって朝鮮・台湾・樺太にも適用され、朝鮮では独立運動に対する弾圧にこの法律が利用されて、死刑を含む厳しい罰則が科せられた。一九二八年、最初の普選で無産政党が議会に進出し、非合法の共産党が活動を表面化したとき、政府はこの法律による共産党弾圧を実行し（三・一五事件）、また緊急勅令で治安維持法を改正して罰則範囲を拡大した。

297 清瀬一郎「治安維持法を論ず」 一九二六年

治安維持法案に対しては著者は院内に於て相当の努力を為したにかゝはらず、其効なく、此悪法は極めて僅なる修正を以て両院を通過した。既に法律となつた以上其の解釈を必要とする。本篇は同法の解説を主とし、之に論評を加へたものである。（中略）

第三、本法の三大欠陥

本法の賛否は各自の社会観、国家観、法律観に関係する。今茲に其批評を為すことを避ける。本講第一に於て本法の人文史上の地位を略説した事に依り了解せられたい。こゝには、本法の実体的価値判断を外にして、法律としての欠陥を指摘してみようと思ふ。斯の如き取扱方法は益々本法の意義を明白にすることゝなるものであるから。

（甲）憲法上より観たる本法の欠陥

本法に依れば、私有財産制度の否認は、合法手段に依る場合、即ち議会の立法手段に依る場合と雖も処罰せられるのである。此事は本法審議中、第一条の「私有財産制度の否認」の文字の上に「暴力手段に依り」の一句を冠し、合法的否認の場合は罰条より除外せんとの運動が敗れたる沿革より見るも明白である。しかし乍ら、立憲国に於ては之は矛盾の立法といはねばならぬ。立憲政治はあくまでも議院の理智に信頼する政治である。「議会は男を女と為す外は何事もなし得る」といふのは一の譬喩に過ぎないが、憲法に依り保障せられたる議院《マヽ》の特権は院内の言論につきては責を負はぬ（憲法五二）。如何に議員の任務の広大なるかゞ判る。立法手段に依り私有財産制定に改造を施すの法律案を提出し、決議、建議を為すことは議員の権能である（現に英国労働党は此種の決議案を提出し、正々堂々討論を重ねた事は人の知る所である。）議員が此権能を有する以上、之を政綱とする結社（政党）が成立すべきは当然である。然るに合法手段を前提とする社会改造を禁止することは何といふ訳であらう。是れ錯誤の立法にあらずして何であらうか。（中略）

（丙）条約上より観たる本法の欠陥

一九一八年、巴里に於て成立したる平和条約第十三編、即ち「労働」の部に、彼の労働憲章として知られたる規定がある（第四二七条）。其第二項に「使用者又ハ被使用者カ一切ノ適法ナル目的ノ為、結社スルノ権利」を承認して居る。我国も亦固より締約国の一として之を承認して居るのは勿論である。「一切ノ適法ナル目的ノ為メノ結社」といふ文字に注意を払はなければならぬ。茲に適法といふのは、条約締結当時各国の適法と認めて居るものを標準として判断しなければならぬ。当時、合法手段即ち議会立法に依り社会改造を為す結社を違法と認めた国は一国もない。して見れば合法手段に依る社会改造を目的とする結社の権利は各国の承認したる所、而して日本も亦之に追随して来たものでなくてはならぬ。――近頃或人筆者に告げて曰く、此適法なる目的の結社とは、各国が其国内法に於て認むる適法性ある結社の義であると。よし、仮りに然りとしよう。しかし、此意味とするも、其国内法といふのは条約成立の時に成立せる国内法でなければならない。其後に結社制限の国内法を作つて置いて、之を以て其以前に成立したる条約の解釈を補ふ用に供することは出来まい。さやうな事を許すならば、条約は空文となるであらう。

（後略）

（出典）『現代史資料　治安維持法』一〇四、一一〇―一一一ページ。

【解説】　治安維持法について労農団体は激しく反対したが、議会では実業同志会や革新・中正倶楽部が修正を要求したのにとどまり、新聞などでの反対も少なかった。その中で弁護士であり衆議院議員でもあった清瀬一郎は、治安維持法の制定に反対の論陣を張った。清瀬はここに掲載した史料の中で、憲法・刑法・条約の三点から治安維持法に疑義を呈している。清瀬は京都学連事件や三・一五事件など、治安維持法関係の事件の弁護を担当した。この論文は『清瀬一郎政論集』（人文会出版部、一九二六年）に所収されたものである。

第三節　関東大震災と都市化・大衆文化

1　関東大震災

298　震災日誌　一九二三年九月

［九月二日］

外に出てみると、宅の前の通りから鉄道線路へかけて夥しい避難の人達で、足踏も出来ない有様であった。私達は乞食坂の踏切の近くの、軌条の中の砂利の上に陣取った。上野方面から田端の方へかけて、線路の上の避難民の数は莫大なものである。右往左往目まぐるしいことである。連れを尋ねて歩く人、遠く〳〵と遁れて行く人、それらが紛然雑然として、何等の統一なく、殆ど形容の為やうもない。そんな間にも浅草方面からの火は下谷に攻め寄せてきて、既に上野も危ないなぞと云ふ。何処から伝はるか知らぬが、現場のことが手に取るやうに人々の口から伝はって来る。遂には朝鮮人が爆弾を投ずるのだと云ふ、不安な噂が伝はって来る。併し何うも風声鶴唳《ふうせいかくれい》らしい(1)と私は言って居た。

如何に多数の鮮人が居るにしても、彼等に爆弾の用意があるべき筈が無い。此の不意に起った災害を、鮮人が予知することが何で出来るものか、と私は言って聞かせた。倦み疲れて神経過敏になってゐる人達には、深く考へる余裕が無くなってしまってゐる。一犬虚に吠へて万犬実を伝へて来る。伝へてくる位は可いが、自分は現に爆弾を投げ入れたのを見たやうなことを話してる愚な人さへある。現に火事場の爆音を聞いた私は、それが包装した樽や鑵の破裂する音であると云ふ確信を持てゐたが、それを知らぬ人達は、家の焼けると共に凄じい爆音が轟くのを聞いて、これはいよ〳〵鮮人の仕業に違ひないと推定してしまった。何も知らぬ鮮人こそ好い面の皮であった。

[九月三日]

私が恰度公園の出口の広場へ出た時であった。群集は棒切などを振りかざして、喧嘩でもあるかのやうな塩梅である。獲物を持たぬ人は道端の棒切を拾ってきて振り廻してゐる。近づいて見ると、独りの肥えた浴衣を着た男を大勢の人達が殺せ、と言って擲ってゐるのであった。群集の口から朝鮮人だと云ふ声が聞えた。巡査に渡さずに擲り殺して了へ、と云ふ激昂した声も聞えた。肥えた男は泣きながら何か言ってる。棒は彼の頭と言はず顔と言はず当るのであった。

此奴が爆弾を投げたり、毒薬を井戸に投じたりするのだなと思ふと、私もつい怒気が溢れて来た。我々は常に鮮人だと思って、憫《あわれ》みの心で迎えてゐるのに、此変災を機会に不逞のたくらみを為ると云ふのは、所謂人間の道を弁まへないものである。此の如きは宜しく此場合血祭りにすべきものである。巡査に引渡さずに擲り殺せと云ふ声は此際痛快な響きを与へた。

(出典)　染川藍泉「志んさい日誌」。同『震災日誌』日本評論社、一九八一年、九五―九六、一〇五―一〇六ページ。

(1)おじけづいた人が、ちょっとしたことにも驚き怖れること。

【解説】　東京京橋の十五銀行本店に勤めていた染川は、関東大震災に遭遇した直後から「志んさい日誌」と名づけた詳細な記録を書き続けた。同書には、混乱と不安の内にあった震災後の東京の人びとや避難民の様子、社会の不穏な空気、復興する町の動きなど、多様な内容が書き留められているが、ここでは九月二日と三日の朝鮮人をめぐる流言と町の様子を抄録した。九月二日、雑然として混乱した町を往来する人びとの間に早くも「朝鮮人が爆弾を投ずる」という「不安な噂」が流れた。染川は、この時には冷静に判断して噂に批判的であったが、翌日になり、公園広場で群集がある男を殴りつけていると、「此奴が爆弾を投げたり、毒薬を井戸に投じたりするのだな」と思い、「つい怒気が溢れて来た」という。染川はこの後にも噂やデマに対して冷静なときがあったが、九月三日の記録には、「此ころの不安の念は、我人共に絶頂に達して居った」とも書かれており、朝鮮人をめぐる噂や流言が増幅された背景が推察できる。なお「志んさい日誌」を収録した『震災日誌』には丁寧な解説が付されている。

299 臨時震災救護事務局警備部打合せ　一九二三年九月

大正十二年九月三日決定事項

東京方面に於ける警備事項

第一、宮城、赤坂離宮其の他官邸の警備並に重要官公衙の警護に関する件

右は軍隊及び警察に於て既に厳重なる警衛及警護を為しつつあり。

第二、各避難地の保護取締に関する件

罹災民の避難地殊に丸ノ内、日比谷公園、上野公園、九段坂上、牛ヶ淵公園、帝大、一高構内、其の他集合避難せる場所に対しては、適当なる軍隊並警察官を配置し、以て保護取締の方法を講じつつあるも、尚一層其周到を期することに努むること。

第三、市街及び一般民衆の保護取締に関する件

一、検問所の設置、市の周囲並市内枢要の場所に検問所を設け、軍隊及警察官を配置し、容疑人物の尋問を行ひ、容疑すべき人物は、之を警察官署に引渡し取調を為さしむべし。

二、検問所又は巡邏隊其の他警備に配属せられ居る者に於て、容疑人物を尋問する際には、携帯品に就て検索を行ひ危険物件を所持せる場合には之を領置すること。

三、危険物件を妄に携帯する者は之を領置すること、警邏巡察は成るべく頻繁に行ひ以て査察取締の周到を期すること。

第四、一般朝鮮人の保護に関する件

朝鮮人にして容疑の点なき者に対して、之を保護するの方針を採り、成るべく適当なる場所に集合避難せしめ、苟くも容疑の点ある鮮人は悉く之を警察又は憲兵に引渡し適当処分すること。

第五、要視察人の取締に関する件

要視察人危険なる朝鮮人其他危険人物の取締に就ては、警察官及憲兵に於て充分の視察警戒を行ふこと。

尚一般民衆取締の際、理由なくして拳銃等所持携帯せる者を発見したる時は一応之を危険人物として取扱ふこと。

第六、民衆自衛団の統制に関する件

民衆自衛団の自警に当るは適当なるも、往々にして法規を无《[ママ]》視し矯激に亘り却て秩序を紊すの行為を為す者なきを保せざるを以て、自衛団に対しては通常警察又は軍隊の指揮

の下に、統制監督を行ひ且適当なる任務を与へ、其の範囲内に於てのみ行動せしむること。(後略)

(出典)『現代史資料 関東大震災と朝鮮人』七七―七八ページ。

【解説】 関東大震災直後の臨時閣議で、首相を総裁とする臨時震災救護事務局が設置された。この事務局の中で朝鮮人と密接な関係をもったのが警備部であり、ここに収録したのは一九二三年九月三日、警備部の打合せで決定した事項である。ここでは容疑のない朝鮮人については「保護」し、民衆自衛団についても警察・軍隊の統制下におくことを決めているが、「危険なる朝鮮人」については警察・憲兵が「充分の視察警戒」を行い、「容疑のある」朝鮮人については「悉く之を警察又は憲兵に引渡し適当処分すること」(傍点・引用者)を決めていた。こうした警備部の方針によって、朝鮮人に対する流言やデマが増幅されたことはほぼまちがいのないことだろう。

300 中国人虐殺について発禁となった新聞報道 一九二三年一一月

吾人は本事件のため内外に向って困難の間に立たしめられた内務司法並びに外務の当局に対し十分にその苦心を諒とする。蓋《けだ》しおよそ国民の中に起った事柄は先ずその国民自身が根本の責任を負うべきものであるからである。さりながら政府当局者としては、もちろんその当面の責任をば免れぬ。しかし、本事件に対する政府の責任は他の鮮人事件、甘粕事件同様、我が陸軍においてその大部分を負担すべきはずである。何となればこれらの事件は、すべて戒厳令下に起った事柄であるからである。もし陸軍にして司法内務並びに外務の当局者と十分なる協調を保ち、共同の事件調査と共同の責任分担をなさざる限り、司法内務は行きづまりとなり、外務は立往生となるの外はない。しからばその結果、最後の全責任は我が国民自身が直接にこれを負担せねばならぬことになる。故に吾人は我が国民の名において最後にこれをその陸軍に忠言する。

(出典) 仁木ふみ子『震災下の中国人虐殺』青木書店、一九九三年、九三―九四ページ(『読売新聞』一九二三年一一月七日)。

【解説】 関東大震災のもとでは、朝鮮人だけでなく中国人もまた虐殺の対象になった。現在の東京都江東区大島は、当時東京府南葛飾郡大島と呼ばれた地域であり、中国人労働者が多く働いていた。その大島町で九月三日、中国人の虐殺が行われた。警視庁外事課長の語るところによれば、朝鮮人の放火の疑いに関連して朝鮮人・中国人が軍隊・自警団の手によって三、四百名虐殺された(『関東大震災と中国人大虐殺』)。この大島町事件にさらに中国からの留学生で排日運動のリーダー的存在だった王希天の殺害が加わる。王は当時行方不明とされ、中国側からの問い合わせに対して政府は徹底して隠蔽を決めこんだ。ここに掲げた資料は、政府が隠蔽を決めた一一月七日の五大臣会議に対し、それを批判した読売新聞の社説「支那人惨害事件」の一節である。この新聞は同日朝発禁となり、現在では外務省外交史料館に保存されているのを仁木ふみ子が発見したものである。

301 朝鮮人虐殺への『東亜日報』批判 一九二三年

［九月一七日］

△今回の東京震災について、朝鮮人に対する種々の不祥なる風説が流伝した。

△こうして軽薄なる日人達は、これを好機にして、朝鮮人に対するよからぬ感情を挑発するのに専ら力を傾注した。

△だが、震災中の事実の真状と内幕の正鵠を捕捉できない吾々は、依然、沈黙を守るだけであった。

△意外や、警視総監の発表に依ると、朝鮮人の持っていた爆弾と云うのは、リンゴでなければ菓子であることが判明したし、また、最近帰京した、朝鮮新聞野崎真三君の所説に依ると、所謂、毒薬投井と云うのも、実際試飲した結果、真赤な風説に帰してしまった。

△にも拘らず、過敏性を帯びた一部不逞日人達は、断乎として中傷説を流布している模様である。

△万一、朝鮮に流言蜚語の取締令を適用する必要があると云うならば、この種の不逞日人達に、先づ適用する必要が確実にある。

［一一月一九日］

「人の噂も七十五日」なる日本固有の俚諺あり、然るに七十五日を過ぎたる関東震災中の朝鮮人虐殺事件のみは時日の経過に従ひ漸次吾人の印象を深くす如何に時日を経過するも此事件に対する吾等の牢乎たる記憶は永遠に消失せざるべし。

所謂自警団なる仮名下に血に飢へたる数万の乱民は無拠の朝鮮人を其犠牲に供せり。

平素社会的訓練薄弱なる日本民族の教養を以て大震災てふ非常時に多少常規を逸したるは有り得べき事ながら、如斯大規模的惨殺を猥りにせる事実は彼等の朝鮮人に対する平素の先入主見、如何に冷酷残忍なるかを証明するものなり。弱者には栄辱もなく存亡もなし放火、強姦の各種陋名を被り玉石倶焚の惨禍を被り誰に之を訴へんや。

吾等は隠忍自重、当局に信頼して公明正大なる顛末の発表を要望せしが、未だに疑惑に覆はる、其態度の余りに冷淡にして何等の誠意も認め難きを如何にせん。

（出典）『現代史資料 関東大震災と朝鮮人』五四三・五四八ページ。

【解説】 関東大震災とそこでの朝鮮人虐殺事件について、朝鮮の新聞は当初から大きな関心を寄せ、連日にわたって関連する記事を掲載した。しかし朝鮮総督府は、九月一日から一一月一一日までの間に、東亜日報と朝鮮日報の両新聞を一八回差押さえ、とくに朝鮮人虐殺事件の報道を厳しく規制した。それゆえ新聞には規制を免れた記事だけが掲載されたのであり、関東大震災に関する朝鮮での新聞記事を読む際には、以上のような点を考慮する必要がある。だが、こうした厳しい規制にもかかわらず、朝鮮人虐殺に関する記事をすべて取り締まることは不可能であり、実際にはさまざまなかたちで報道されることになった。ここにはそうした記事の中から、東亜日報に掲載されたものを二つ掲載した。なお東亜日報での関東大震災関連記事については、『現代史資料』のほかに、『朝鮮人虐殺に関する植民地朝鮮の反応』(緑陰書房、一九九六年)にも収録されている。

2　都市化と大衆文化

302　権田保之助「労働者および小額俸給生活者の家計状態比較」一九二六年

我々は右表に現はされたる労働者家計の数字を見て、労働者の一生の縮図をまざまざと見せ付けられた様な気がする。即ち労働者が相当の年配に達して結婚生活に入る。此の時は所帯主たる夫の収入もなほ多きことを望むべからず、且つ新妻は新婚の夢尚ほ暖かであつて内職的労作にいそしむ遑がない。しかし若き彼等に取つては正に人生の黄金期なのである。夫が外にて働いて得たる収入を殆んど唯一の拠所として、彼等は華やかな新婚の甘さを味ふのである。然しながら歓楽の夢は徒らに覚め易くして、跡には収入僅かに五十円未満といふ生活の冷たい現実が残ることを否む訳には行かない。此処に於て花嫁の紅な頬の色は漸く褪せて、何時の間にかほの暗い電燈の下に針を運ぶ女房に化して仕舞ふ。斯くて僅かに五十円台の収入段階に進むことが出来る。然かし其の内には子供が生れる、各種の失費が嵩んで来る。之に反して夫の収入は其の割合に増加することを望む訳には行かぬ。妻は此処に純然たる世話女房に化さゞるを得なくなる。家庭の針仕事、洗張の仕事、子供の始末、間借人の面倒、下宿人の世話に精も根も使ひ尽さねばならぬことになる。斯くて漸く六十円台から七十円台といふ生活水準線に僅かに辿り着いて、或は其の線上に僅かに顔を出したり、或は其の線下に没したりして、つくづく生活の苦がさを味ふのである。而して此の状態が何年を継続するか、思つても極めて長く、極めて陰惨なものである。妻の内職的収入には限度がある。右表によつて見ても、妻の内職的収入によつては、到底七十円台を突破して八十円以上の中位の収入段階には攀ぢ上り得ないことが解る。之に反して妻が主職業を有して、それに依る収入を期待し得る所帯にあつては状態が一変してゐる。斯かる所帯を示すものは実に右表中の八十円台の所帯がそれである。これこそ純然たる夫婦共稼ぎの所帯であつて、成る程前述の所帯に比しては其の収入に幾分の余裕がありとは云へ、此の家庭生活に於ける犠牲に対しては其の報酬は余りに貧弱である。斯かる犠牲を提供してさへ尚ほ百円台以上の段階には達することを得ない状態にあるのではあるまいか。内職的労作に窶れたる妻、弁当を提げ夫の後を追うて主職業的労働に痩する妻を抱えて生活水準線の上を危い芸当をしながら綱渡りして行く何年かゞ続く。労働者の生活の悲惨な時期が何年か続くのである。斯くて何年かの後になつて始めて已が児女が労働に従事することが出来る様になつて、此処に漸く百円台以上の収入段階に昇ることが出来るのである。此の時に至れば、多年の熟練は夫の収入をも増加せしむるであらう。児女の収入も所帯を霑ほすであらう。しかし妻は家事の雑務に追はれて内職的収入すら多くを所期することは出来ない。けれど此の時期こそ、労働者の一生に於ける第二の黄金時代でなくてはならぬ。一家精出して労働し、団欒の楽しみに、老ひたる妻の顔にも輝やかしい色が射すことであらう。けれども此の黄金時代は余りに束の間である。やがては児女は夫々他に出で、他に嫁して、収入は彼等と共に家を去るのである。跡には已に年老ひて労働に取り残された夫と妻とが、たゞ一人の息子に養はれ邪魔者扱ひにされて、転々人生の冷たさを喞《かこ》つ日が続くことであらう。私は第三表の上段の数字を眺めて、ローンツリーと同じく、労働者の一生の縮図を其処に発見し得たのである。

小額俸給生活者に与へられたる運命も、亦以上の労働者のそれと相似たる形貌がある。斯種家計に於ても、収入段階の上昇には、妻女の内職的収入又は主職業的収入に俟つ所のものが甚だ多い。而して夫妻以外の家族の収入即ち児女の働きに依る収入を見得るに至つて、始めて上段の収入段階に到達し得るのである。然しながら斯種家計が労働者家計と異る特異点がないではない。それは斯種家計にありては、家計収入の増高、生活の向上は、寧ろ多く「所帯主の収入」の増高に依拠する所が多いことである。此の所帯に於ては、所帯主の妻の収入は労働者所帯に於けるが如き重要の部分を占めゐるものに非ずして、家計収入の上に極めて寡き寄与をなしゐるに過ぎざる状態にある。此の事実は斯種所帯の生活が労働者所帯のそれに比して幾分の余裕の存するが為めに基くものであるか、或は一種の慣習上或は一種の外聞上、妻女の働くことを回避せんとする為めに依るものであるか、其の何れかを此処に決することは出来ぬのであるが、兎に角、小額俸給生活者の所帯にあつては、労働者所帯に於けるが如く妻女の内職的労作又は主職業的労働が発達しゐざる事だけは此処に断じ得ると思ふ。元来妻女の内職的労作又は主職業的労働なるものが、其の当該家庭の生活に取つて果して幸福なりや否やは遽に断じ去るを得ざるものがありとは云へ、小額の俸給を生活の資源となしてゐる所帯に於て、其の妻女が其の家計収入に寄与する所極めて少きことは該家計の収入を増高せしむる所以ではないのである。然るに極めて最近に至つて、家庭内、特に小額俸給生活者の妻女の為めの所謂「体裁よく優美で収入の多き」家庭内職の問題が盛んに唱へられ、これに従事する者の漸く多からんとする傾向の生じたることは、生活費の騰昂に応ずべく、単に「所帯主の収入」のみを以てしては、到底及ばざるに至つた状態が、斯種家庭の妻女の頭から「慣習」と「外聞」と「体裁」とを取り除かしむるに至つた一表現ではあるまいか。

（出典）『大原社会問題研究所雑誌』第四巻第一号、一九二六年四月。

【解説】　一九一九年、内務省保健衛生調査会第七部会は、都市における衛生状態を明らかにするために、東京市京橋区月島で労働者家族の家計衛生調査を実施した。通称「月島調査」といわれたこの調査は、高野岩三郎をチーフに権田保之助らを加えたメンバーでとりくまれた。この調査結果をもとに、権田は労働者のライフサイクルをイメージ豊かに描いた。それがここに引用した史料である。ここにみられるように、第一次世界大戦後の労働者家族の生活は、決して余裕のあるものではなかったが、しかし、子ども（児童労働）や女性（婦人労働）を含めて労働者家族が一家で働き、どうにかこうにか生活をしてきた明治期とくらべれば、一家の生活をともかく世帯主の収入でどうにかまかなえるようになったのであり、ここに労働者家族の新しい段階を見てとることができる。

303　第一次世界大戦期からその後の余暇調査　一九一七年—一九二三年

「児童と活動写真」

第一　活動写真興行の実際的方面

第一章　フィルム

第一節　総論

第二節　教育上より見たるフィルム

第三節　児童の心理発達上に及ぼす影響

第四節　児童の生理上に及ぼすフィルムの影響

第二章　活動写真館

第一節　東京市内における活動写真館の分布

第二節　浅草六区に於ける活動写真

（A）　特色による活動写真の分布

（B）　浅草六区所在活動写真と児童との関係

第三節　位置による活動写真と児童との関係

第三章　弁士

第一節　数と教育程度

第二節　用語態度および児童との関係

第四章　興行に要する時間

第一節　興行時間

第二節　映写時間

第三節　休憩時間

第五章　興行日と児童の関係
第六章　活動写真館内における児童
第七章　活動写真興行広告
　第一節　新聞紙及貼札に現われたる活動写真興行広告
　第二節　活動写真館の看板
第八章　結語
第二　活動写真と児童
第一篇　小学児童と活動写真
序説
第一章　在籍児童中活動写真を見しことある者
第二章　初めて活動写真を見し時の年齢
第三章　初めて活動写真を見し時の引率者
第四章　初めて活動写真を単独で見し時の年齢
第五章　近頃活動写真を見る度数
第六章　近来の主なる同行者
第七章　近来主なる出入する活動写真館
第八章　浅草の活動写真館へ行く度数
第九章　活動写真を見て身体に障りし事
第二篇　児童の趣味と活動写真
序説
第一章　児童とその記憶せる写真
第二章　児童の趣味性と劇及び写真の種類
第三章　児童と活動俳優
第四章　児童と弁士
第五章　面白しと思ふ個所に関する調査
第六章　真似度しと思ふ個所に関する調査
第七章　写真以外に児童の興味を引く事項に関する調査
第八章　児童読物の調査
第三篇　活動写真と不良犯罪少年
第一章　巣鴨家庭学校
第二章　東京感化院
第三章　横浜監獄小田原分監

「余暇生活の研究」

緒言
一　序説
第一章　余暇利用の意義及価値
第二章　余暇生活と労働時間短縮及週休制の提唱
二　余暇生活の実際
第一編　施設より見たる余暇生活
第一章　民衆娯楽施設
第一節　民衆娯楽の現状
1　興行回数及興行日数
2　入場者及入場料

3　季節と入場者
第二節　常設民衆娯楽場の分布状態及情況
1　分布状態
2　興行回数、興業日数及興行時間
3　入場者及入場料
第三節　民衆娯楽の中心地
1　道頓堀
2　千日前
3　新世界
4　九条
5　天満
6　其他
第二章　遊興施設
第一節　遊廓の現状
1　貸座敷
2　芸妓
3　娼妓
4　花代
第二節　遊客及遊興費
第三節　公娼果して廃すべきか
第三章　料理店遊技場其他の娯楽施設
第四章　文化的施設
第一節　公園及運動場
第二節　動物園、植物園
第三節　市民博物館、市民館及公会堂
第四節　図書館
第五節　新聞社の後援又は主催に依る文化施設
第六節　教会、社寺を中心とする施設　附　縁日夜店
1　基督教会
2　神道教会
3　寺院
4　神社
5　祭礼と賽銭
6　縁日夜店
第七節　各種団体の文化施設
第五章　郊外電車と余暇利用
第二編　人より見たる余暇生活
総説
第一章　年齢及性と余暇利用との関係
1　貴方は昨日の余暇を如何なさいましたか又そのために幾何の費用を要しましたか？
2　貴方は業務終了後の昼間夜間の余暇及休日を如何なさいますか、又そのために一ヶ月約幾何の費用を要しますか？

第二章　職業と余暇利用との関係
　1　同前
　2　同前

（出典）『生活古典叢書8　余暇生活の研究』光生館、一九七〇年、七二―七三、九一―九二ページ。

【解説】　第一次世界大戦後の都市化の趨勢や民衆文化への注目は、余暇に対する関心を呼びおこし、民衆の娯楽・教育・余暇に関する多数の調査研究をうみだすことになった。ここに掲げたのは、当時の二つの調査報告の目次である。前者は一九一七年、帝国教育会が民衆娯楽研究の第一人者であった権田保之助に「児童と活動写真」の実態調査を依頼し、まとめたものの目次である。また後者は、一九二三年に発刊された大阪市社会部調査課編『余暇生活の研究』の目次である。これによって当時の余暇の内容や余暇に対する関心がある程度わかるであろう。なお、前掲『生活古典叢書8』には、第一次世界大戦後の余暇問題・余暇調査についての詳しい解説がある。

304　室伏高信「ラジオ文明の原理」　一九二五年七月

ラヂオ文明とわれ〳〵が呼びなすべきところの時代がきた。それは一つの革命である。一つの世界革命である。今日、われ〳〵の眼前において展開されてゐるところの世界の変動は、言葉の如何なる誇張もなくしていひえられるところの、一つの世界革命である。レニンの世界革命が失敗に終つてから、一つの更に大なる、そしてより根本的なる世界革命がきたのである。（中略）

ラヂオの社会的使命――そしてそれがラヂオの真の使命である――の一つは、社会的独裁である。社会的独裁の要求せられるところの発展の過程において、ラヂオがその使命を満たすべく存在するのである。

ラヂオはたゞなる通信上の革命であるのではない。通信上の革命から出発して世界革命へと発展したのである。

有線は個人的である。無線は集団的である。前者は個人主義を代表し、後者はコレクチビズムを代表する。前者は相互的である。後者は命令的である。前者は自由である。後者は独裁である。

有線の世界においては、人々は相互にその欲するところの言葉を交換するのである。従つてまたその欲せざるところの言葉を交換することを余儀なくされることはないのである。無線の世界においては事態はそれとは正反対である。人々はその欲するところを聴き、その欲せざるものに耳を蔽ふてゐるのではない。欲するも欲せざるもそこに声がある。その声は一方的である。凡ての命令者のそれのごとくに一方的である。ラヂオの前には凡ての人々は聴手である。大衆は聴手である。個人々々としての聴手ではない。演説会場における聴手のごとくに一団としての聴手である。しかもその聴手は何時にても脱退することのできる任意的聴手ではない。ナポレオンの命令を奉ずるところの仏蘭西軍隊のごとくに、聴従か自滅かの二つを撰まなければならないところの聴手なのである。彼には撰択の一つの権利もなく、彼には抗弁の一つの機会もない。唯々諾々として、ラヂオの放つところの一日の声を神の声として、一々に耳を傾けなければならないのである。

ラヂオ的発明界の発達に伴つて、マルコニイ等の企ててゐる如くに電波集中、従ひて特定地域への放送が可能とせられることがあるにしても、それは寧ろラヂオそのものの使命からは遠ざかるのである。時代の求むるところはかくの如き個別化ではない。集団化である。個別化は有線のことである。無線は常に集団化の原理とともにあるのだ。

大衆を聴手としてこゝに少数の語り手がある。少数のもの、そして同時にはたゞ一人のものが語り、そして彼以外の万人が耳を傾けるのである。そしてまたラヂオの発達とともにしばしば一人のものが語りて世界の他の凡てのものが耳を傾けることさへも想像されるのである。ナポレオンと雖もその号令の及ぶところは数十万の兵士であつたのに対して、ラヂオ放送局の壇上に立つものは今や世界を彼の聴手として立つことが可能なのである。Elite の時代がきたのである。少数の撰まれたるものが笛吹き、民衆の駄馬が踊るのである。

（出典）『改造』第七巻第七号、一九二五年七月、三〇ページ。

【解説】　一九二五年三月一日、日本で初めてラジオ放送が流れ、七月から本放送が始まった。この年の受信契約者は、東京・大阪・名古屋を合わせて約二〇万件、一九二八年からは全国放送が開始され、受信契約者も一九三〇年には七八万、満州事変の始まった一九三一年には一〇〇万突破、普及率は八％に達した。その後も受信者は急増し、一九三六年には普及率が二〇％を越えた。評論家の室伏高信は、ラジオの急速な普及ぶりを見通すかのように、ラジオ放送が始まるとすぐにラジオの社会的役割について論じた。室伏によれば、ラジオはもっとも合理的な精神の「盗奪」者であり、民衆を「一団の聴き手」＝群衆にかえて、「思想の独裁」を可能にさせる力を備えたものであった。室伏がここで指摘していることは決して古い問題ではない。ラジオをテレビやコンピューターに置き換えれば、それはそのまま現在の情報化社会の問題にも結びつくことがわかる。なお室伏はこの論文でいち早く「大衆」という言葉を使っており、その後このテーマは「大衆時代の解剖」を論じる著作（『文明の没落 第三巻』一九二八年）へと結びついていった。

305　風刺漫画二題　一九一七年・一九二六年（→図305 AB）

（出典）『大阪パック』一九一七年九月、『時事漫画』一九二六年二月二一日。

【解説】　当時の風刺漫画を二つ掲げてみよう。『大阪パック』に掲載された図305 Aは、農業をやめて都会の労働者に変わっていく近代社会の流れを描いたものであり、第一次世界大戦期の

図305A

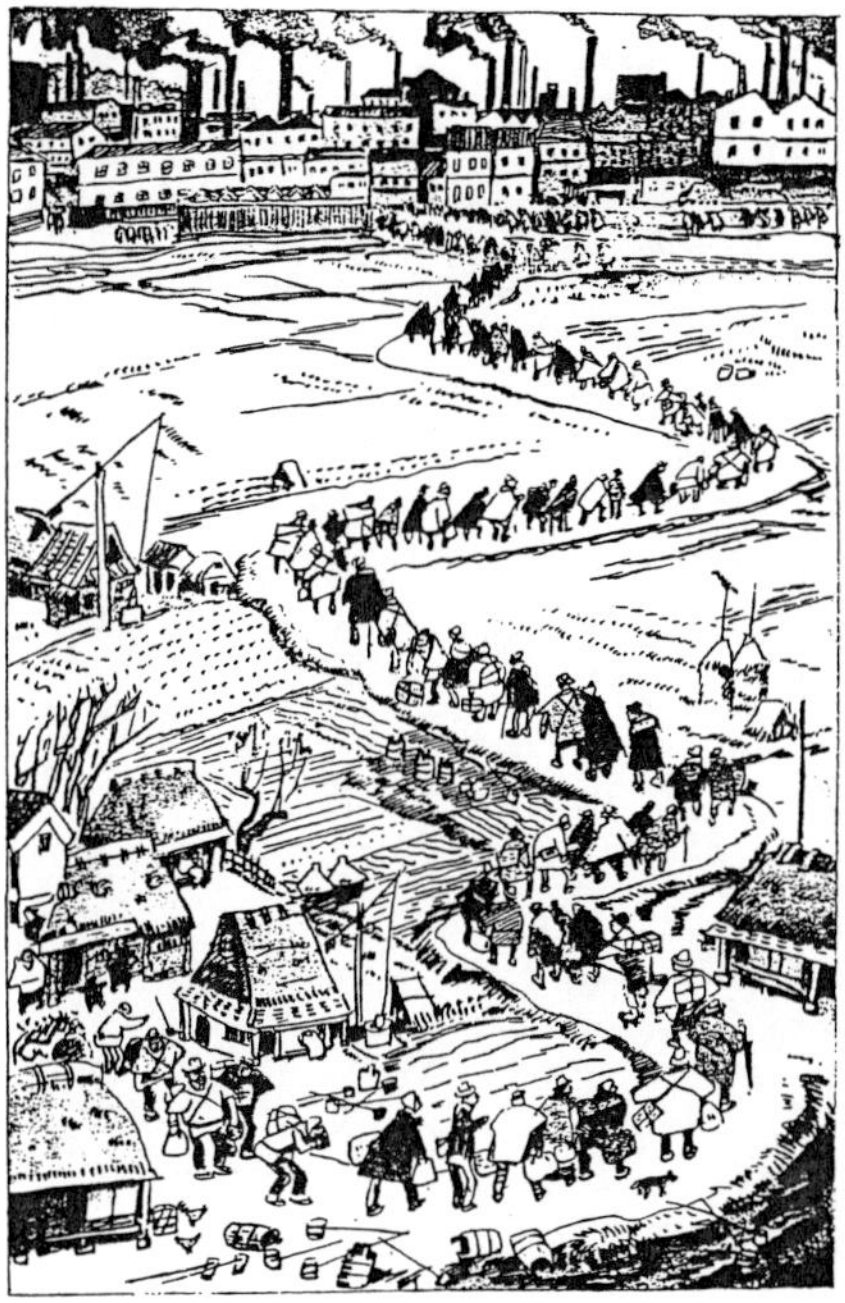

図305B

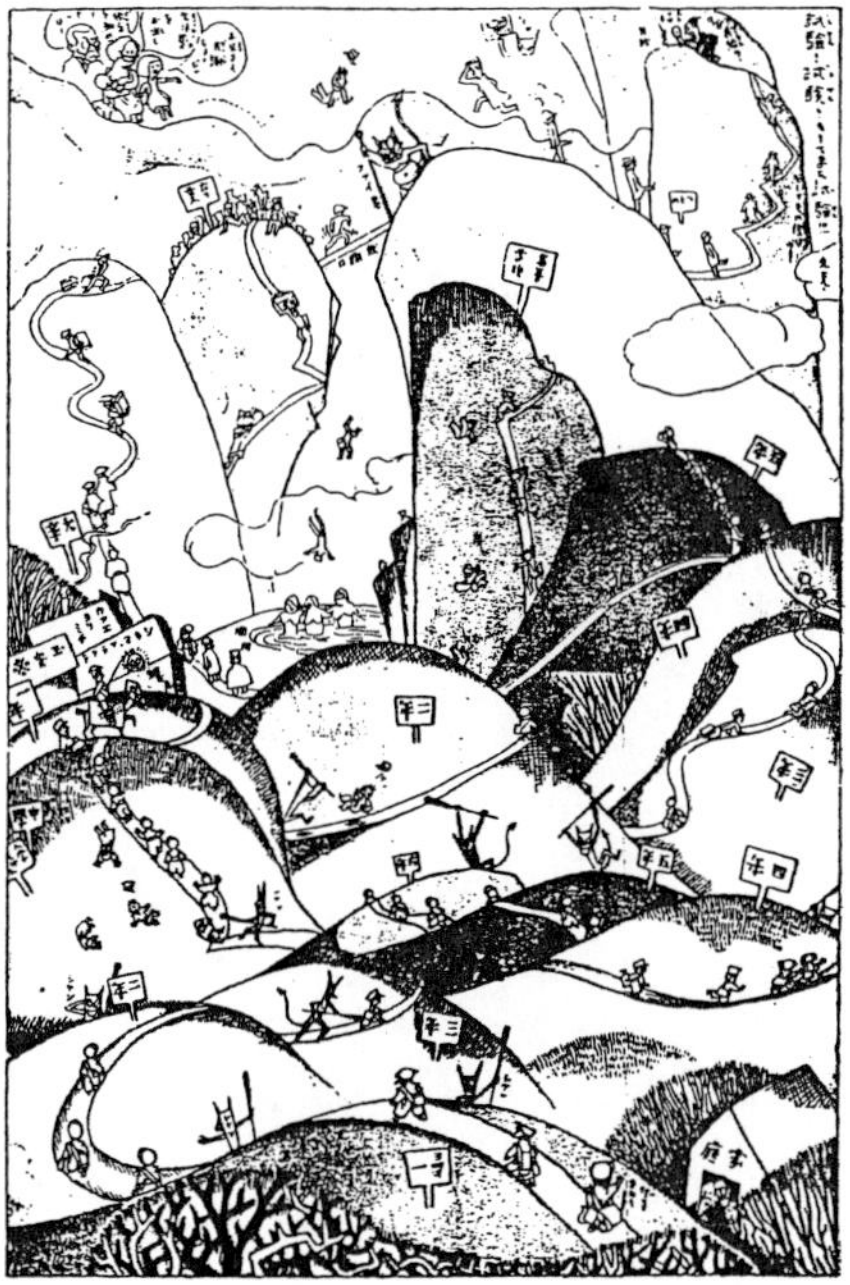

農村から都市への旺盛な人口移動を端的に表現したものである。この漫画の横には、「鋤鍬を捨てゝ浮薄な塵に憧憬れて都会へ堕ちる田舎人の今や陸続絶へざるは寒心すべき社会問題であらねばならぬ。起て心ある人士よ。これ等を訓へて誤らしめざるこそ、真に憂国人士と云ふべけれだ」と書かれている。『時事漫画』に載った図305Bは、「人生は試験につぐ試験」と題されており、試験社会の到来を示唆したものであった。実際、一九二〇年代は高等学校と中学校の受験競争が厳しくなった時期であった。

3　教育と国民教化

306　青年団指導に関する件　一九一八年五月三日

青年団体ハ青年修養ノ機関タリ曩ニ其ノ本旨ノ存スル所ヲ訓令シ更ニ其ノ依遵スヘキ所ヲ通牒セシメタリ爾来時勢ノ進展ハ益之カ振興ノ機運ヲ促進シ経営並指導亦漸ク真摯ヲ加ヘタリト雖組織ノ井然タルモノアルニ比シ内容往々ニシテ之ニ伴ハス其ノ多クハ尚点睛ヲ欠クノ憾ナシトセス

今ヤ世界戦乱ノ衝動ハ汎ク精神上並経済上ノ各方面ヲ掀盪シ殊ニ国民思想上ノ刺戟ニ至リテハ一層深甚ナル

モノアラムトス、顧フニ此ノ曠古ノ変局ニ処シテ嚮フ所ヲ誤ラス更ニ戦後激甚ナラムトスル国際ノ競争ニ応シテ帝国ノ基礎ヲ堅実ニシ毅然トシテ其ノ重キヲ中外ニ為サシムルモノ国家活力ノ源泉タル青年ノ努力ニ待ツ所多シ、之ヲシテ益国体ノ精華ヲ尊重シ心身ヲ研磨シテ将来更ニ規模ノ大ヲ加フヘキ実務ノ負担ニ堪フルノ力ヲ涵養セシムルハ刻下最要ノ先務タリ、青年団体ノ指導ヲ以テ任ト為ス者ハ宜シク立国ノ本義ト世界ノ大勢トニ徴シテ其ノ適順スル所ヲ闡明シ能ク青年ノ心理ヲ諒解シテ理之ヲ誨《おし》ヘ情之ヲ掖《たす》ケ身ヲ以テ範ヲ示シ苟モ其ノ帰趨ヲ誤ラシメサラムコトヲ期スヘシ、若シ夫レ経済ノ変調ニ伴ヒテ華靡頽唐漸ク其ノ風ヲ成スカ如キニ至リテハ国家ノ健全ナル進運ヲ荼毒《とどく》スルコト尠シトセス青年ノ教養亦宜シク此ニ留意シテ其ノ操守ヲ堅ウセシメ益篤実剛健ノ気風ヲ興サシムルニ務ムヘシ

今青年団体ノ現状ニ顧ミ之カ健全ナル発達ニ資スヘキ当今ノ要項ヲ左ニ条挙シ以テ地方ノ実況ニ照シ参酌其ノ宜シキヲ制セシメムコトヲ期ス

一青年ヲシテ実地活用ノ智徳ヲ進メシムルハ補習教育ニ待ツモノ多シ之カ施設ニ勉メ相率キテ学ニ就カシメ以テ其ノ普及ト徹底トヲ図ラムコトヲ要ス

一公共ノ精神ヲ養ヒ公民タルノ性格ヲ陶冶スルハ青年ノ教養ニ於テ闕クヘカラサル要綱タリ、補習教育ノ施設其ノ他適切ナル方法ヲ講シ以テ其ノ目的ヲ達成セムコトヲ要ス

一方今図書ノ刊行セラル、モノ多ク之ニ伴ウテ青年ノ読書趣味ヲ増進スルモノ尠シトセス能ク其ノ選択ヲ慎ミ青年ヲシテ健全ナル識見ヲ広ウセシメムコトヲ要ス

一青年ノ身体ヲ鍛錬シテ其ノ体力ヲ増進スルハ国家ノ活力ヲ養フノ要素タリ心身共ニ堅実ナル素質ヲ大成セシメ平時並有事ノ秋ニ処シ其ノ本分ヲ尽スニ於テ遺憾ナカラシメムコトヲ要ス

一青年ノ修養ハ各自ノ自覚ヲ以テ本トス、而モ之カ指導ノ任ニ当ル者並其ノ中心タル者ノ力ニ待ツ所殊ニ大ナルモノアルヲ以テ適切ナル方法ニ依リ之カ善導ト養成トニ勉メムコトヲ要ス

一青年団体ノ指導方法ニ関シ先進者ノ所見時ニ牴牾《ていご》矛盾ニ渉リ之カ実行為ニ阻碍ヲ見ルコトナキニアラス、能ク其ノ間ノ連絡ヲ図リ其ノ果ヲ成シ実ヲ収ムルニ於テ遺憾ナカラムコトヲ要ス

方今内外ノ情勢ヲ稽《かんが》フルニ根柢アリ活力アル青年団体ハ帝国ノ殊ニ要求シテ已マサル所ナリ、地方当局者ハ深ク此ニ顧ミ今後一段ノ精采ヲ加ヘテ之カ啓発策進ニ努力シ各団体ヲシテ其ノ目標ヲ斉《ひとし》ウシ其ノ歩調ヲ一ニシ相互ニ督励シテ能ク其ノ形体実質共ニ一貫セル鍛成ノ美ヲ済サシムヘシ

（出典）『官報』一九一八年五月三日。読点を付した。

【解説】　明治中期に若者組からの脱皮が強制され、日露戦後には地方改良運動を通じて勤倹貯蓄・忠君愛国を実行する団体へと位置づけられた青年団は、第一次世界大戦後になるとデモクラシーの風潮を受けるようになった。これに対し、青年団に対する国家統制を強化するために内務省・文部省訓令として出されたのがこの史料である。ここでは補習教育、読書の選択、身体鍛錬、指導者の養成などが青年団指導の要点として指摘されている。そしてこの史料に先立つ一九一七年には青年団中央部が、一九二四年には大日本青年団がそれぞれ発足して、団体統制の強化がはかられた。しかし、一九二〇年代に入ると改造の機運が地域でも高まり、長野県のように、校長や村長などの有力者の手を離れて青年団を自主化させる動きが活発になった地域もあった。

307　本間久雄「国定教科書に現われた軍国主義を批評す」一九二二年七月

一

世界大戦以来世界の思潮なり傾向なりが非常な勢ひで変つて来た。従つてこの新しい思潮傾向に応じた新しい国民たるためには、わが国の普通教育は自らそれだけの準備をしなければならない。この意味で、文部省の国定教科書は果してどれだけの抱負の下に編纂されたものであらうか。かういふ問ひを心の中に抱いて、虚心で、国定教科書を私は読んで見た。そして先づ第一に気のついたことは所謂軍国主義が昔しながらに色濃く出てゐることである。

改めて云ふまでもなく、軍国主義はいかなる国にあつても封建制度の遺物であり、又自我的国家主義の当然の産物である。そして後に述べる通り、戦争否定の近代思潮は自らにしてそこに軍国主義の没落崩壊を招いて来たのは否み得ない事実である。然るに幾十万の児童の精神的糧であるべき筈の国定教科書に軍国主義が昔しながらに今尚鼓吹されてゐるらしく見えるといふことは、文化的立場から見て遺憾至極のことゝ云はねばならぬ。左にその一端を挙げて当局者の反省を求めたいと思ふ。

二

封建的軍国主義の第一の特色は自国本位といふことである。自国の利害のためには他国のそれを平気で度外視するといふことである。従つてその第二の特色は侵略的といふことである。侵略であるためには暴力を是認しなければならぬ。即ち“Might is Right”をその標語としなければならぬ。そしてこの標語を実現するためには敵愾心が強烈でなければならぬ。そして自己の実現してゐること即ち力は権利なりといふ考へ方を是認するためには戦争そのものを光栄とし光輝あるものとしなければならぬ。言葉を換へて云へば、戦争を讃美しなければならぬ。封建的軍国主義はかくの如くして結局この戦争讃美に迄至らなければ止まないのは当然なことである。

わが国定教科書に現はれた軍国主義は、表面から真正面に、如上の理を振りかざしたものでは無論ない。いかなる軍国主義者も、恐らく今日の時代において真正面から“Might is Right”を公然と高調力説するだけの勇気はないであらう。表面は飽くまでもそれを否定し人類愛を高調し、世界平和を願求するであらう。それと同じやうにわが国定教科書も表面は世界平和を高調してゐないことはない。「我等臣民は此の国に生れ今の時に逢ひたるの幸運を思ひ、東西文明の融和者として、世界平和の維持者として、益々邦家の隆益を期し、国力の発展に尽すべきなり」(高等小学読本巻四「明治の聖世」)と云ひ、又「気宇闊大にして人を容るゝの量ある。能く他国民と親和し、又能くこれを同化す。」(同巻三、「興国の民」)とも云つてある。又戦争そのものを真正面から讃美したやうなところは毫末もない。しかし、東西文明の融和者、世界平和の維持者たることを裏切るやうな軍国主義的感情が、隠約の間に鼓吹されてゐるのはたしかに疑ひを入れない事実である。例へば次に引く「出征兵士」と題した新体詩を見てもそのことがよく肯かれる。

一、行けや行けや、とく行け我が子、
　老いたる父の望は一つ。
　義勇の務御国に尽し、
　孝子の誉我が家にあげよ。

二、さらば行くか、やよ待て、我が子。
　老いたる母の願は一つ。
　軍に行かば、からだをいとへ。
　弾丸に死すとも、病に死すな。

三、うれしうれし、勇ましうれし。
　出征兵士の弟ぞ我は。
　兄君、我も後より行かん。
　兄弟共に敵をば討たん。

四、親に事《つか》へ、弟を助け、
　家を治めん、妹我は。
　家の事をば心にかけず、
　御国の為めに行きませいざや。

五、さらばさらば、父母さらば。
　弟さらば、妹さらば。
　武勇のはたらき命さゝげて、
　御国の敵を討ちなん我は。

六、勇み勇みて出で行く兵士。
　はげましつゝも見送る一家。
　勇気は彼に、情は是に。
　勇まし、やさし、をゝしの別。(尋常小学読本巻十一)

この詩は全体として、表面的には何等批難さるべきものではない。それどころか、見様によつては、他国と事を構へた場合に、これだけの感情がなければ恐らく戦ひに勝つことが出来ないといふ意味で、或ひは推賞さるべきものであるかも知れない。編者は、恐らくこの一文の意は、国家奉仕の犠牲的精神の喚起にあると云ふかも知れない。しかしそこに裏づけられた感情を何等の成心なく、謙虚に受け入れたと想像したらどうであらう。それは一種の敵愾心を喚起されること以外、果して何物であるであらうか。又、それは戦争そのものを光栄とする誤られた意味のヒロイズムを喚起されること以外果して何物であるであらうか。自国に反対するものはすべて「敵」だと考へることは云ふまでもなく封建的な思想であり感情である。そしてさういふ思想なり、感情なりは、古い意味の愛国心の重要な要素ではあつても、後に述べる通り決して新しい意味の愛国心の要素ではあり得ない。国家奉仕の犠牲的精神は愛国心の重要な要素であつて、無論いつの時代にも高調力説さるべきものであるが、今日に於ては、それは往昔封建時代におけるやうに、徒らに敵愾心や好戦的ヒロイズムを喚起することの中において発露されることを力説されるのでなしに、正当な、平和的過程の中に発露されることを力説さるべきである。

（出典）『中央公論』一九二二年七月臨時増刊号。

【解説】第一次世界大戦後の改造の機運は教育の分野にもおよび、その中から国定教科書を批判する議論が登場した。ここに掲載した本間久雄の論文はその代表例である。本間はここで第一次世界大戦後の世界の大勢を指摘し、その中で「新しい国民」になるためには、「封建的軍国主義」の思想をもった国定教科書を改める必要があるとした。その思想とは、「自国本位」ということであり、「侵略的」ということであった。もともと文芸評論家であった本間は、たまたまスウェーデンの女性解放思想家であるエレン・ケイを読んだことがきっかけで、女性や民衆のために発言するようになった。

308 国民精神作興ニ関スル詔書　一九二三年一一月一〇日

朕惟フニ国家興隆ノ本ハ国民精神ノ剛健ニ在リ、之ヲ涵養シ之ヲ振作シテ以テ国本ヲ固クセサルヘカラス、是ヲ以テ先帝意ヲ教育ニ留メサセラレ国体ニ基キ淵源ニ遡リ皇祖皇宗ノ遺訓ヲ掲ケテ其ノ大綱ヲ昭示シタマヒ後又臣民ニ詔シテ忠実勤倹ヲ勧メ信義ノ訓ヲ申《かさ》ネテ荒怠ノ誡ヲ垂レタマヘリ、是レ皆道徳ヲ尊重シテ国民精神ヲ涵養振作スル所以ノ洪謨ニ非サルナシ、爾来趨向一定シテ効果大ニ著レ以テ国家ノ興隆ヲ致セリ、朕即位以来夙夜兢兢トシテ常ニ紹述ヲ思ヒシニ俄ニ災変ニ遭ヒテ憂悚交〻至レリ

輓近学術益〻開ケ人智日ニ進ム、然レトモ浮華放縦ノ習漸ク萌シ軽佻詭激ノ風モ亦生ス、今ニ及ヒテ時弊ヲ革メスムハ或

ハ前緒ヲ失墜セムコトヲ恐ル、況ヤ今次ノ災禍甚タ大ニシテ文化ノ紹復国力ノ振興ハ皆国民ノ精神ニ待ツヲヤ是レ実ニ上下協戮振作更張ノ時ナリ、振作更張ノ道ハ他ナシ先帝ノ聖訓ニ恪遵シテ其ノ実効ヲ挙クルニ在ルノミ、宜ク教育ノ淵源ヲ崇ヒテ智徳ノ並進ヲ努メ綱紀ヲ粛正シ風俗ヲ匡励シ浮華放縦ヲ斥ケテ質実剛健ニ趨キ軽佻詭激ヲ矯メテ醇厚中正ニ帰シ人倫ヲ明ニシテ親和ヲ致シ公徳ヲ守リテ秩序ヲ保チ責任ヲ重シ節制ヲ尚ヒ忠孝義勇ノ美ヲ揚ケ博愛共存ノ誼ヲ篤クシ入リテハ恭倹勤敏業ニ服シ産ヲ治メ出テテハ一己ノ利害ニ偏セスシテ力ヲ公益世務ニ竭シ以テ国家ノ興隆ト民族ノ安栄社会ノ福祉トヲ図ルヘシ、朕ハ臣民ノ協翼ニ頼リテ弥ヽ国本ヲ固クシ以テ大業ヲ恢弘セムコトヲ冀フ爾臣民其レ之ヲ勉メヨ

　御名御璽

（出典）『官報』号外、一九二三年一一月一〇日。読点を付した。

【解説】大正デモクラシー状況のもとで民本主義や社会主義がひろまり、一九二三年九月には関東大震災がおきて人心の動揺と社会不安が高まる中で、政府は「思想の善導」の必要性を痛感した。そこで発布されたのが「国民精神作興ニ関スル詔書」であった。詔書では、「浮華放縦」「軽佻詭激」を戒め、「臣民の協翼」によって「国本を固く」すべきだと指摘されている。

309　土田杏村「国民精神振作の大詔と大臣の訓示」　一九二四年

九月十二日に開会せられた地方長官会議の劈頭に、山本首相は例により訓示演説を試みたが、其の中でも思想問題に論及し、其処では大詔の中にあつた「詭激」なる語を、最早平気で「思想」の形容詞に使ひ、「政府は一面に於て詭激なる思想の伝播を防ぎ過激なる所為に出る者に対し厳重なる取締を行ふと同時に社会政策上各般の施設を進めたい」と言つて居る。此の如き言葉は代々の首相、内相、文相等により紋切形として言はれて来た、国民の間には最早何の注意をも惹き起さない沈[陳]腐なものであるに拘らず、なほ引き続き何回も其の語を繰り返さうとするのであるか。実に滑稽の至りである。

前にも言つた如く、外来思想の輸入者等が何等か過激なる所以[為]に出た場合といふは従来曾て見られなかつた。今日の思想家や青年が懐抱しつゝあるものは、政治家輩が考へる程浅薄な、基礎の弱いものでは無く、直ちに我々の道徳的良心に結び付いたものであるから、首相の訓示位で思想の動揺を来すことは無いと同時に、詭激なる態度を以て軽佻に活動をしようなどゝは企てない。此の国際的なる社会思想問題が、其れ程容易に、軽佻に決定せられるとは考へて居ないからである。繰り返して言ふが、今日の共産主義やアナアキズムは、単なる流行思想とか反動思想とか言ふものでは無くて、我々

の良心と結び付いた新道徳の問題であることを、思想家や青年は熟知して居るが、老人輩は此れを其れ自身有害なる黴菌か病毒と同じものゝ様に観察し、其れに心酔するものは詭激なる人物であるか、或は病的心理の持主であるかに考へて居る。外来思想の本質に関する批評に、本来此の如き相違があるから、政府は如何なる方法を尽すも、近代思想の伝播と実際政治との間に大なる開きを生じ、互に融和する事が出来ない。

此く言つても私は、首相をはじめ代々の内相文相等が愛国の誠忠を持たないと言ふのでは無い。彼等を誠忠無二なる人物と認める点では、私は余程高く彼等を買つて居る積りであるけれども、唯だ惜しい事には彼等の知識が浅薄なのである。彼等は自らを忠義や愛国の専売特許人の如くに考へ、共産主義者やアナアキストを国家の賊なるかに見て居るけれども、其等の共産主義者やアナアキストも愛社会愛人間の燃ゆる如き道徳的情操を持つものであり、良心の競争では老人輩に少しもひけを取らない。たゞ青年は老人よりも広く深い知識と思索力を持つて居るだけの違ひである。私は甘粕なる男の国家に対する忠義心を疑はうとするものでは無い。たゞ彼の信念の内容や、其の為したことに対する批評が、悉く其の無知より出で、国家や社会を害するに至つたことを或は憫れみ、或は憎まなければならぬのである。（中略）

詭激なる思想が排斥せられなければならぬことは、抑も思想を考へることの公理であり、敢て日本の首相の訓示の中に言明せられる必要を見ない。首相は宜しく客観的に、詭激なる思想の名を挙げ、其の誤謬なる点を指摘す可しである。

従来幾多の訓示に於て、其等の具体的指示の無かつた結果は、歴然として今回の震災に現はれた。各人は自己の主観的判断により、自己の厭ふものを随意に詭激なるもの過激なるもの、国情に合致せざるものと為したから、或る人は鮮人を其れであるとし、他の或るものは労働運動者を、またアナルコ、サンヂカリストを其れであるとし此れに不合理なる危害を加へたのである。甘粕事件、亀戸事件の由来するところは甚だ遠い。代々の首相等が漠然たる口調を以て外来思想の取締を告諭したが為めに、偏狭保守的なる人物等は、国家の為めにとならば、此くの如き不法行為を為すも実は国家の大なる目的には合致するものなるかの如き浅薄なる信念を養成して了つたのである。幾度か言つた如くに、私は社会主義者等が特に激烈なる所為に出でたといふ事実を一つでも知らない。また若し其れがあつたとすれば、国家は既にかゝる人物を厳罰に処した筈である。また其の過激なる言論は法により処分せられた筈である。勿論多数の社会主義者の為す行為であるから、悉く過激で無かつたといふのでは無く、中には法により処罰せられたものもあるが、併し其等は人命に危害を加へるとか、国家の基礎を危ふくするとかいふ程度の過激なるものでは無かつた。然るに其れの反動的保守思想家の詭激残虐なることは、真に戦慄す可きものであり、其れが為めに日本社会運動の歴史には、既に十名に垂《なんな》んとする死屍を築いたのである。此の二の思想の対立に於て、何れか最も詭激であつたかは、今全く争ふ余地の無い問題であると思ふ。

（出典）土田杏村『流言』小西書店、一九二四年、一〇三―一〇八ページ。

【解説】 政府の思想統制を批判した土田は、「思想詭激」を戒めた山本権兵衛首相に対し、我が国の思想界が本当に詭激であるか、社会主義者に「過激なる所為」が本当にあるのかどうかを問うた。「反動的保守思想家の詭激残虐なることは、真に戦慄す可きもの」ではないか、というのが土田の反論であった。土田は詔勅を例にとって首相を批判することで、間接的に詔勅そのものも批判した。

310 女子青年団体に対する訓令　一九二六年一一月一一日

輓近女子青年団ノ設置漸ク全国ニ洽《あまね》ク実績亦見ルヘキモノナキニアラスト雖一層其ノ普及ヲ促進スルト共ニ其ノ適順スル所ヲ明ニシテ堅実ナル発達ヲ遂ケシムルノ要愈々切ナルモノアリ

惟フニ女子青年団体ハ青年女子ノ修養機関タリ其ノ本旨トスル所ハ聖訓ニ本ツキ青年女子ヲシテ其ノ人格ヲ高メ健全ナル国民タルノ資質ヲ養ヒ女子ノ本分ヲ完ウセシムルニアリ之カ指導誘掖ニ関スル方途固ヨリ一ニシテ足ラスト雖特ニ左ノ事項ニ就キテハ深ク意ヲ用ヒムコトヲ要ス

一　忠孝ノ本義ヲ体シ婦徳ノ涵養ニ努ムルコト
一　実生活ニ適切ナル智能ヲ研磨シ勤倹質実ノ風ヲ興スコト
一　体育ヲ重ンシ健康ノ増進ヲ期スルコト
一　情操ヲ陶冶シ趣味ノ向上ヲ図ルコト
一　公共的精神ヲ養ヒ社会ノ福祉ニ寄与スルコト

今ヤ内外ノ情勢ハ女子青年団体ノ振興ヲ促シテ止マサルモノアリ局ニ当ル者克ク古来ノ美風ニ稽ヘ日進ノ大勢ヲ察シ督励指導其ノ宜シキヲ制シ女子青年団体ノ目的ヲ達スルニ於テ遺憾ナカラムコトヲ期スヘシ

大正十五年十一月十一日

内務大臣　浜口雄幸
文部大臣　岡田良平

（出典）『官報』一九二六年一一月一一日。

【解説】 一九二六年一一月一一日、浜口雄幸内相と岡田良平文相の二人の名前による女子青年団体に対する訓令が出され、ここに政府ははじめて女子青年団への方針を明示した。ここでは人格を高め国民としての資質を養う必要性と、婦徳の涵養という伝統的女性観の強調によって女子青年の組織化を進めようとした。この背景には、家制度再編の議論や女性運動の台頭、第一次世界大戦下の欧米女性の活動などがあり、家制度を基本的に維持しながら女性の活力を国家に沿う方向にいかに誘導するかというのが政府の基本的な問題関心であった。この時期の女子青年団については、千野陽一『近代日本婦人教育史』(ドメス出版、一九七九年)を参照。

第四節　金融恐慌と中国問題

1　震災後の日本資本主義

311 日本銀行震災手形割引損失補償令　一九二三年九月二七日

政府ハ日本銀行カ左ノ各号ノ一ニ該当スル手形ニシテ大正十四年九月三十日以前ノ満期日ヲ有スルモノノ割引ヲ為シ之ニ因リテ損失ヲ受ケタル場合ニ於テ一億円ヲ限リ同行ニ対シ其ノ損失ヲ補償スルノ契約ヲ為スコトヲ得、但シ第一号乃至第三号ニ規定スル手形ノ割引ハ大正十三年三月三十一日迄ニ為シタルモノニ限ル

一、震災地(東京府、神奈川県、埼玉県、千葉県及静岡県ヲ謂フ以下同シ)ヲ支払地トスル手形又ハ震災地ニ震災ノ当時営業所ヲ有シタル者ノ振出シタル手形若ハ之ヲ支払人トスル手形ニシテ大正十二年九月一日以前ニ銀行ノ割引シタルモノ

二、前号ニ規定スル手形ノ書換ノ為ニ振出シタル手形

三、前二号ニ規定スル手形又ハ震災地ニ営業所ヲ有スル銀行カ他ノ銀行ニ対シ大正十二年九月一日以前ニ発行シタル預金証書若ハ「コールローン」ノ証書ヲ担保トシテ銀行ノ振出シタル手形

四、前三号ニ規定スル手形ニシテ日本銀行ノ割引シタルモノノ書換ノ為ニ振出シタル手形（後略）

（出典）『官報』一九二三年九月二七日。読点を付した。

【解説】　山本権兵衛内閣の蔵相井上準之助は、関東大震災によって大きな被害を受けた銀行・会社を救済するために、一九二三年九月七日、モラトリアムを発して債務の支払を一カ月猶予し、ついで九月二七日に震災手形割引損失補償令を緊急勅令で公布した。これは、震災前に銀行が割引いた手形で、震災によって決済できなくなったものについては日本銀行が再割引して銀行の損失を補償し、それで日銀に損失が出た場合には、一億円を限度に政府が補償することを定めたものであった。この補償令の適用を受けた手形を震災手形という。しかし、翌一九二四年三月までに日銀で再割引された震災手形は、当初の予想を上回る四億三〇〇〇万円に達し、なおかつこの震災手形はその後もなかなか決済できなかったので、一九二六年末になってもなお二億七〇〇〇万円の震災手形が残った。この震災手形は「財界の癌」といわれ、結局これが一九二七年の金融恐慌の直接的原因となった。

2　金融恐慌

312　震災手形善後処理法　一九二七年三月三〇日

第一条　本法ニ於テ震災手形ト称スルハ大正十二年勅令第四百二十四号第一項第四号ニ該当スル手形ヲ謂フ

第二条　政府ハ昭和二年九月三十日ニ於テ日本銀行ヨリ震災手形ノ割引ヲ受ケ居ル銀行（以下震災手形所持銀行ト称ス）ニ対シ該震災手形ノ整理ヲ為サシムル為本法ノ定ムル所ニ依リ貸付金ヲ為スコトヲ得

前項ノ貸付金ハ五分利附国債証券ヲ以テ之ヲ交付ス

第三条　政府ハ前条ノ規定ニ依リ交付スル為必要ナル額ヲ限度トシ公債ヲ発行スルコトヲ得但シ其ノ総額ハ震災手形損失補償公債法ニ依リ発行スル公債ト通シテ二億七百万円ヲ超ユルコトヲ得ス

第六条　第二条ノ貸付ハ震災手形所持銀行カ其ノ震災手形債務者トノ間ニ其ノ手形債務ヲ更改スル為十年以内ノ年賦償還貸付契約ヲ締結シタル場合ニ非サレハ之ヲ為サス

（出典）『官報』一九二七年三月三〇日。

【解説】　財界整理を課題とした一九二七年一月の第五二議会に際し、第一次若槻礼次郎内閣の片岡直温蔵相は三つの重要法案をもって臨んだ。①銀行に対する指導・監督を強化する銀行法

案、②震災手形損失補償公債法案、③震災手形善後処理法案の三つである。②は、震災当時、政府が日銀に約束した一億円の補償を公債に切り替えるものであり、③は日銀への損失補償を越える震災手形についての法律である。③では回収可能な震災手形の善後策を講じるために、一〇年以内の年賦償還契約を結ぶとした。このうち②と③の震災手形二法案は、金融恐慌後の三月三〇日に公布され、日銀の非常貸出しとともに金融パニックをおさめる役割をはたした。

313　日本銀行「昭和二年三月の金融界動揺について」一九二七年三月二八日

十五日東京渡辺、あかぢ貯蓄両行ノ破綻暴露以来、旬日ナラスシテ中井、八十四、中沢、左右田、村井五行ノ休業ヲ見ルニ至リ、シカモ此等休業銀行ノ内あかぢ貯蓄、中沢ノ両行ヲ除キ其他ノ五行ハ悉ク皆東京交換所社員銀行トシテ相当ノ信用ヲ有シ、従来ノ取引関係ニ於テモ支店各地ニ散在セル為メ其範囲ハ相当多方面ニ亘リ居リシヲ以テ、之カ為メ大イニ人心ヲ刺戟シ金融界不安ノ空気ヲシテ一層濃厚ナラシメ、各所ニ預金取付騒ヲ見ルニ至レリ。

即チ東京ニ於テハ二十二日四行一時ニ休業ヲ見タリシヨリ小口預金者ハ一般ニ警戒ヲ始メ、川崎貯蓄、東京貯蔵等ノ貯蓄銀行カ本支店ヲ通シテ取付状態ニ陥リタル外、休業銀行ノ本支店所在地附近ニ於ケル銀行ニ波及シ、豊国、古河ヲ始メ川崎、第百、十五、日本昼夜、加島、足利等ノ各本支店ニ緩慢ナル取付行ハレ東京近郊ニ於テハ東京中野銀行ヲ始メ其附近ニ在ル浅田銀行モ多少ノ余波ヲ蒙リタリ、横浜方面ニ於テハ左右田銀行ノ休業ニ因リ同行ト関係アル都南貯蓄先ツ危険ヲ伝ヘラレ、第二、横浜興信、渡辺、平沼、日本昼夜支店等ニモ相当預金者ノ動揺ヲ見、埼玉県下ハ中井銀行休業ノ余波ヲ受ケ十九日以来武州、浦和商業ヲ始メ何レモ取付状態ニアリシカ、二十二日久喜銀行ノ休業ヲ見タリ、(尚従来中井銀行ノ浦和、越ヶ谷、粕壁三支店ニ於テ取扱ヒ居タル埼玉県下本行代理店事務ハ同行休業ト共ニ直接本行員ヲ差向ケ之ニ当ラシメ居レリ)更ニ関西方面ヲ見ルニ本行大阪支店ニ於テ二十二日中為シタル貸出額ハ四千三百余万円ニ上リ阪神地方ニ於ケル警戒気分濃厚ナカラ大ナル預金者ノ動揺ヲ見ルニ至ラサリシモ、京都ニ於テハ、村井銀行休業ノ影響ヲ受ケ稍ヽ大規模ノ預金取付ヲ見タル模様ニシテ、川崎、十五、近江、第百等ノ各支店共多少預金ノ引出ヲ受ケ、本行京都支店貸出高ハ二十二日六百余万円ニ上リタル外、同日中東京ヨリ一千百余万円、大阪ヨリ八百余万円ノ資金流入アリ且ツ本行名古屋支店同日及翌二十三日貸出高合計一千六百余万円ノ大部分ハ是亦京都ニ向ケ送金セラレタルモノ、如クニシテ、京都市内ノ山城銀行及郡部ノ桑船銀行ハ二十二日遂ニ支払ヲ停止スルニ至レリ、又金沢方面ハ八十四銀行休業ノ余波ヲ受ケテ大聖寺町ニ於ケル各銀行ノ預金者稍ヽ動揺シ其他大垣市ニ於ケル浅沼銀行ノ如キモ是ハ特種ノ原因ニ基キタルモノナレトモ二十二日休業ヲ発表スル等東京ヲ中心トスル金融界ノ不安ハ近県及各地方ニ迄及ヒタリ。

（出典）『日本金融史資料　昭和編』第二五巻、一九六九年、一五ページ。

【解説】震災手形の処理法案が審議されていた第五二議会の最中に、渡辺銀行の経理問題が発覚し、これが導火線となって京浜間の銀行で取付け騒ぎが起きた。この問題はさらに台湾銀行、鈴木商店へと連鎖反応し、一九二七年三月、十五銀行取付けが全国的に拡大した。ここに金融恐慌が始まり、十五銀行をはじめとして多くの有力銀行が休業・倒産した。金融恐慌について詳しくは、中村政則『昭和の恐慌』（小学館、一九八二年）を参照。

314『金融恐慌秘話』一九二八年

恨の「宮内省御用」　堺　一町人

ツイ一丁ばかり目と鼻の近い所に十五銀行堺支店がある。黒壁作りの頑丈な銀行らしい建物は、三十二国立銀行から浪速銀行となり、更に十五銀行となつた古い歴史と共に信用がついて、市内幾多銀行中の銀行として自他共に許し、殊に門前には「日本銀行堺支金庫」の看板がその信用を裏書してゐるかの様に掛けてある。

支店長初め行員の方々が小薩張りした洋服姿で事務を取つてゐるのも裕福らしく、支店長の胡麻塩頭が勿体らしく見えるのも古い暖簾《のれん》の一徳かと思われる。

宮内省が大株主で、華族様たちのドル箱だと聞いてゐる私どもでは、この銀行にお金を預かつてもらへるだけでも、家門の光栄と心得、店の経済もお台所の会計も、愚妻のヘソ繰りも、子供の貯金も、一切合財十五さんにお預かり願つて、その日〳〵の入用だけをその都度小出しにして賄つてゐました。今度の財界パニックの約一ヶ月ばかり前「近江と十五は危つかしい」と或る人から注意を受けたが、私は「なあに大丈夫だ、十五が閉める位なら他の銀行は悉くへたばつて了ふ」と云つて一向取合はなかつた。

堺の郵便局は日々に繁昌し、貯金係が朝から晩まで大車輪に働いてゐる。これは皆銀行から引出して、万一の用心をしてゐるのだから、宅でも幾らか用意してはと愚妻から注意があつたが、私は依然耳を藉《か》さなかつた。そればかりではない、田舎の親類が用心のため地方銀行から引出して「何処か確かな銀行へ預け度い」と相談に来たのは、忘れもしない四月の十九日だ。無論私は宮内省御用の十五銀行を薦め「我が国では十五銀行が一番確実です、これなら私が保証する、万一の事があつたら引受けますよ」などゝ、余計な事まで云つて、質朴な田舎者の財産までお預り願ふ光栄に浴せしめ、「銀行が危いから暫くお預り願へませんか」と出入りの者から頼まれたお金もそつくりそのまま十五銀行へお預けをした。

四月二十一日の朝、私は例の通り覚め切らない眼に枕許の新聞を取上げると第一面に、

十五銀行遂に閉鎖

と初号活字で書いてある。眼を擦つて見直したが矢張りその通りだ。その刹那私の脳の核がキリ〈〜と痛みを覚えて、咽喉のつまる感じがした。床を蹴つて目と鼻の一丁ばかり馳け出したが、この垣一重が鉄の扉の上に「帳簿整理のため三週間休業」を貼出してある。帰つて金庫の中をさらへて見ると、頼み少なや銀銅貨交ぜて一円七十銭。

水の手が止まつた。どうしやう、まづ明日の米代から考へねばならぬ。他から入る金はモラトリアムで駄目。でも、払ふ金は払はねば生活上の必需品を渡してくれない。「金は銀行に臥して児は飢に泣く」爾来六十日なまじつか預金があるために苦しみ抜いた。

昔の人がお金を甕《かめ》に入れて、地に埋めた愚かさを嘲つたが、今親金に子を産まさうと思つて、銀行に預け、母体諸共損ねたわれ等預金者は、下手な堕胎医者にかゝつたやうなもので、お尻のもつて行きどころがない。

（出典）　大阪朝日新聞経済部編『金融恐慌秘話』銀行問題研究会、一九二八年、五一―五三ページ（段落番号一―五は省いた）。

【解説】　銀行取付けによって各地の銀行が休業に追い込まれる中で、一九二七年三月二〇日、華族銀行といわれた十五銀行がついに休業となった。十五銀行は宮内省が大株主で、四億近い預金高を持つ東京五大銀行の一つであったため、預金者の金融不安はいっそう強められることになった。この史料はそのときの驚きを、大阪堺市に住むある預金者が語ったものである。

3　中国侵略への道

315　「対支非干渉運動」の呼びかけ　一九二七年五月

支那から手を引け‼　出兵に絶対反対せよ国民革命軍北支に迫り田中内閣更に増兵す対支非干渉全国同盟を作れ

反動的田中軍事内閣はとうとう巨大な軍隊を支那に出兵し初めた、二十六日軍艦常盤は青島《チンタオ》に向ひ、山東軍の敗退によつて**徐州が陥れば満州駐屯師団は直ちに済南に出動**する手筈になつて居る。武漢政府の根拠湖北省の真中を流れる長江の九江、重慶間は軍艦嵯峨、安宅が**断えず游弋して威圧し、揚子江下流には十数隻の軍艦、数万の軍隊が活躍**してゐる。それどころではない。姫路から混成族[旅]団が送られ青島済南間全線を封鎖しようとしてゐる。

今や田中軍事内閣は民［居］留民保護の名の下に東、南、北の三方から巨大な軍隊を動かして、革命支那に対して全線的に武力干渉を開始したのだ。田中首相は北方の形勢も安定したからもう出兵の必要はないと云つてゐる。だが若槻内閣の時でもどうだ、政府は口に対支非干渉を称えながら**ひそかに多数の軍艦兵士を派遣して盛に武力干渉をやり国民革命を圧し潰さうとしたではないか！**　まして田中首相は、**公然増兵を主張した張本人だ。**今更、出兵しないと云つてもそれは、嘘にきまつてゐる！　絶対専制的政治機関たる枢密院は政府の出兵策に双手を挙げて賛成した。南支那に於ける国民革命の勝利は最近、北支那に於ける労農大衆を刺戟して急速に階級的に成熟せしめつゝある。彼等は打倒軍閲［閥］、打倒帝国主義の闘争に敢然として参加せんとしてゐる。北支の労農大衆の階級的成熟、これこそ我が帝国主義ブルジョアジーが最も恐れ極力おさえつけようとしてゐるものなのだ！　政府は最早蔣を抑え張を助ける様な事はしない。彼等は裏切者蔣介石と協力して、ひたすら支那労農大衆の自覚その階級的成熟を押し潰さうと企てゝゐるのだ。そのために**数万の軍隊を更に増派せんとしてゐるのだ**、日本の対支非干渉同盟は、出兵反対運動を全国的に起すために三十一日全国協議会を開き、労農党は日労党に対支非干渉運動の共同戦線を提唱した。すべての労働団体は右翼幹部の裏切に抗して出兵反対の抗議運動を起しつゝある。

対支出兵に絶対反対せよ！　帝国主義戦争の誘発に対して戦へ！　対支非干渉運動を出兵反対に集注せよ！　一人の兵士も支那に置くな！　全無産大衆は出兵反対運動に参加せよ！

（出典）『無産者新聞』八四号、一九二七年五月二八日。ルビを削除し、一部句点を付した。

【解説】　一九二七年、国民革命軍が山東に接近すると、田中義一内閣は、在留邦人の保護を理由に五月から翌年にかけて三次にわたって出兵した。この山東出兵に先がけて、無産政党はすでに一月から対支非干渉運動を起こしていた。この運動には労働農民党・日本労農党・社会民衆党の三党が共同で参加したが分裂し、五月に再び対支非干渉全国同盟の結成が呼びかけられた。この全国同盟には労農党・日本農民組合など二二団体が参加し、出兵反対闘争などを行った。

316　東方会議「対支政策綱領」　一九二七年七月七日

東方会議ノ結果ニ付大臣発堀代理公使宛訓令左ノ如シ

（昭和二年七月七日来電合第一八五号並七月十一日附来信亜一機密合第六三六号）

東方会議ハ本大臣主宰ノ下ニ本省幹部、在支公使、在上海、在漢口、在奉天各総領事並陸海軍、大蔵、関東庁、朝鮮総督府各代表者ヲ会シ、六月二十七日開会以来支那時局並之レカ

対策ニ関シ隔意ナキ意見ヲ聴取シタル上、本七日ノ最終会議ニ於テ本大臣ヨリ対支政策綱領トシテ左ノ通訓示セリ

極東ノ平和ヲ確保シ日支共栄ノ実ヲ挙クルコト我対支政策ノ根幹ナリトス。而シテ之カ実行ノ方法ニ至ツテハ日本ノ極東ニ於ケル特殊ノ地位ニ鑑ミ、支那本土ト満蒙トニ付自ラ趣ヲ異ニセサルヲ得ス。今此根本方針ニ基ク当面ノ政策綱領ヲ示サンニ

一、支那国内ニ於ケル政情ノ安定ト秩序ノ回復トハ現下ノ急務ナリト雖モ其ノ実現ハ支那国民自ラ之ニ当ルコト最善ノ方法ナリ。

従テ支那ノ内乱政争ニ際シ一党一派ニ偏セス専ラ民意ヲ尊重シ苟モ各派間ノ離合集散ニ干渉スルカ如キハ厳ニ避ケサルヘカラス

二、支那ニ於ケル穏健分子ノ自覚ニ基ク正当ナル国民的要望ニ対シテハ満腔ノ同情ヲ以テ其ノ合理的達成ニ協力シ努メテ列国ト共同其ノ実現ヲ期セムトス

同時ニ支那ノ平和的経済的発達ハ中外ノ均シク熱望スル所ニシテ支那国民ノ努力ト相俟テ列国ノ友好的協力ヲ要ス

三、叙上ノ目的ハ畢竟鞏固ナル中央政府ノ成立ニ依リ初メテ達成スヘキモ現下ノ政情ヨリ察スルニ斯ル政府ノ確立容易ナラサルヘキヲ以テ当分各地方ニ於ケル穏健ナル政権ト適宜接洽シ漸次全国統一ニ進ムノ気運ヲ俟ツノ外ナシ

四、従テ政局ノ推移ニ伴ヒ南北政権ノ対立又ハ各種地方政権ノ聯立ヲ見ルカ如キコトアラムカ日本政府ノ各政権ニ対スル態度ハ全然同様ナルヘキハ論ヲ俟タス、斯ル形勢ノ下ニ対外関係上共同ノ政府成立ノ気運起ルニ於テハ其ノ所在地ノ如何ヲ問ハス日本ハ列国ト共ニ之ヲ歓迎シ統一政府トシテノ発達ヲ助成スルノ意図ヲ明ニスヘシ

五、此間支那ノ政情不安ニ乗シ往々ニシテ不逞分子ノ跳梁ニ因リ治安ヲ紊シ不幸ナル国際事件ヲ惹起スルノ虞アルハ争フヘカラサル所ナリ、帝国政府ハ是等不逞分子ノ鎮圧及秩序ノ維持ハ共ニ支那政権ノ取締並国民ノ自覚ニ依リ実行セラレムコトヲ期待スト雖支那ニ於ケル帝国ノ権利利益並在留邦人ノ生命財産ニシテ不法ニ侵害セラルル虞アルニ於テハ必要ニ応シ断乎トシテ自衛ノ措置ニ出テ之ヲ擁護スルノ外ナシ

殊ニ日支関係ニ付捏造虚構ノ流説ニ基キ妄リニ排日排貨ノ不法運動ヲ起スモノニ対シテハ其ノ疑惑ヲ排除スルハ勿論権利擁護ノ為進ムテ機宜ノ措置ヲ執ルヲ要ス。

六、満蒙殊ニ東三省地方ニ関シテハ国防上並国民的生存ノ関係上重大ナル利害関係ヲ有スルヲ以テ我邦トシテ特殊ノ考量ヲ要スルノミナラス同地方ノ平和維持経済発展ニ依リ内外人安住ノ地タラシムルコトハ接壌ノ隣邦トシテ特ニ責務ヲ感セサルヲ得ス然リ而シテ満蒙南北ヲ通シテ均シク門戸

開放機会均等ノ主義ニ依リ内外人ノ経済的活動ヲ促スコト同地方ノ平和的開発ヲ速カナラシムル所以ニシテ我既得権益ノ擁護乃至懸案ノ解決ニ関シテモ亦右ノ方針ニ則リ之ヲ処理スヘシ

七、(本項ハ公表セサルコト)若夫レ東三省ノ政情安定ニ至テハ東三省人自身ノ努力ニ待ツヲ以テ最善ノ方策ト思考ス三省有力者ニシテ満蒙ニ於ケル我特殊地位ヲ尊重シ真面目ニ同地方ニ於ケル政情安定ノ方途ヲ講スルニ於テハ帝国政府ハ適宜之ヲ支持スヘシ

八、万一動乱満蒙ニ波及シ治安乱レテ同地方ニ於ケル我特殊ノ地位権益ニ対スル侵害起ルノ虞アルニ於テハ其ノ何レノ方面ヨリ来ルヲ問ハス之ヲ防護シ且内外人安住発展ノ地トシテ保持セラルル様機ヲ逸セス適当ノ措置ニ出ツルノ覚悟アルヲ要ス

終リニ東方会議ハ支那南北ノ注意ヲ喚起シタルモノノ如クナルヲ以テ此機ヲ利用シ各位帰任ノ上ハ文武各官協力以テ対支諸問題乃至懸案ノ解決ヲ促進スルコトトシ、本会議ヲシテ益々有意義ナラシムルニ努メラレタク、将又叙上我対支政策実施ノ具体的方法ニ関シテハ各位ニ対シ本大臣ニ於テ別ニ協議ヲ遂クル所アルヘシ

(出典)『日本外交年表竝主要文書』下、一〇一―一〇二ページ。

【解説】　田中義一内閣は、第一次山東出兵後の対中国基本政策を決めるために、一九二七年六―七月にかけて会議を開いた。これを東方会議という。会議最終日の七月七日、田中兼任外相は対支政策綱領を発表した。この綱領は、英米との対決は回避しつつ、ある程度の英米協調路線をとりながら、「満蒙」における日本の特殊権益を絶対死守することを明示したものであり、これによってその後の田中外交の基本路線が示された。ここに掲載した史料は、東方会議の結果について、田中外相が発した訓令である。

第五節　外からの視点

1　外からみた日本

317　タゴールの見た帝国日本　一九一六年

アジャにおいて、或る日、日本は、欧州が世界を制覇したその同じ力をもって欧州の計画を打ち破ることができる、ということを覚った。日本のこの覚醒がなかったとしたら、アジャは不可抗的に欧州の軛《くびき》の下におかれることになっただろう。そして、かつてそうであったように、欧州の支配者たちの恐るべき把握から、ふたたび抜け出すことが、ほとんど不可能になっただろう。

日本は、このことに目醒めるやいなや、少しの遅滞も忍ぶことができなかった。数年の間に、欧州の技術とその秘密を消化した。アラジンの魔法のランプを使うように、日本は、欧州の砲術と軍隊教練、工業、工場、官庁、法廷、法律、習慣を、ことごとく東洋にもたらした。それは正規の世話をして、幼児を育てるようなやり方でなく、成人した子を自国の親愛なる養子に迎えたのに似ている。（中略）

日本は欧州の教育と軍隊組織を受けいれ、また科学を学び始めた。しかし、私の見たところはヨーロッパと日本の間には、非常に深い相違があることを感ずる。そしてこれは日本人の心の最も奥深いところに存している。ヨーロッパの偉大さが、依って立つところの底知れぬ基礎は、本来形而上学的なものである。この点に、日本とヨーロッパとの根本的な相違が伏在している。天を認識してそれに向って進む人間の完成《サーダナ》、社会的必要と国家的利己主義を超えて、一つの定まった目的に固くすがってゆく完成、その完成の領域では、日本に比較して、インドの方がヨーロッパに近い。日本の近代文明の記念塔は一階建てである。そしてそこには彼らのあらゆる力と器用さをあつめた庭である。そこでは成功が最も重要なことになっている。寺院の中に国家的関係の神が祀られ、ニイチェの本が日本人の間で最も愛読されている。それが、ヨーロッパからは力を愛する現代ドイツ哲学の教説を選んだ。今日でも日本が宗教の必要性を決定できずにいる理由である。

（出典）タゴール「日本の旅」タゴール記念会『タゴールと日本』一九六一年、八九―九〇、九八ページ。

【解説】日本の国際的地位の上昇にともない、国際的な知名人が続々日本を訪れた。一九一六年六月、ノーベル文学賞を受賞してまもないインドのタゴールが日本を訪れ、九月まで滞在した。当時、インドはイギリスの植民地支配のもとにあり、そのインドから来たタゴールの眼にうつった日本の姿がここに記されている。タゴールは日本の発展を評価しながらも、日本の国家主義に懸念を表し、インドに帰国後は「わたしは日本において政府の民心整頓と国民の自由の刈り込みに全国民が服従するのをみた」として、日本への批判的印象を述べた。

318 第一次世界大戦後の日本に対する国際的評価　一九二〇年一〇月

東アジアの現状の、おそらく最も重要で、確かに最も異論のない特徴は、日本人がこの地上で最も忌み嫌われ、不信の念を抱かれる存在として、ドイツ人にとって代わりつつあるということだろう。この二カ月にわたるアメリカ人、イギリス人、中国人との多くのさまざまな対話は、必ず日本人の横暴さについてで締めくくられたが、その結果は、わが日本人の友人たちが国際的な判定に等しい不吉な暗黙の意味にほとんど真剣な注意を向ける気がないことを認識し、絶望的な将来の展望が上塗りされただけだった。日本の政治家たちが、憂慮すべき国内問題を十分過ぎるほど抱えていることは間違いない。なぜなら、この日本でもまた、すべての人間社会の根底を揺るがしてきた強い不満が感じられるからだ。この帝国の政治的、社会的構造の一大変化が、いまだかつて下から発生したことがないのは事実だが、日本国民の大多数の気質の中のかつての従順さが急速に消えつつあり、代わって善良な性格とは正反対の不吉な気配を持たなくもない独断性がその地位を占めつつある。（中略）

この十分に明白な事実によって、反日感情の恒久化が、戦争への絶えざる挑発になる理由が説明できる。卑劣で明白に犯罪的な形態の反日宣伝は、最も浅ましい個人的、政治的目的のために人種的憎悪を意図的にかき立てるものだが、これを計算外に置くとしても、日本に対する国際的な起訴状とでも呼ぶべきものは長大なものになっている。

まず第一にあげられ、かつ主要なものは、日本人が戦争の間にひどい振舞いをしたということだ。日本人は、彼らがドイツの勝利を望まないにしろ、予期しているという考えに、暗黙の同意を与えた。日本人は確かに時を選ばず、アジアや南米の市場がドイツによる供給がもはや可能［不可能］になり、他の諸国も一時的に参入できない状態になると直ちにそれを私物化した。しかし、日本の商人や鉄道や海運会社に対する主な訴状は、一時的な優位を最大限に利用するために不正な手段を用いたということだ。彼らはライバル商品の輸送を故意に差別したし、東アジアへの英米の輸入品の配送を遅延させるだけでなく、損なわれた状態で目的地に到着させるような組織的努力が行われたことの証拠は歴然としており、疑問の余地

がない。(中略)

日本人の性格が、日本人に同情的でない外国人に不愉快な印象を与えることを説明できるような、日本人の性格の一面がある。それは、いわば自信過剰な自己主張とでも呼ぶべきもので、しばしば実に子供じみた形で現れ、相手の外国人が持つ同じ性向の度合に応じて、相手の感情を害することになる。

(出典)『ニューヨーク・タイムズ』一九二〇年一〇月三日(『外国新聞に見る日本』第四巻下、二九九ページ)。

【解説】第一次世界大戦を経過する中で、日本に対する国際的評価はきわめて厳しいものにかわった。『ニューヨーク・タイムズ』に載った「世界と日本」はその代表例であり、そこでは、この戦争の間に「ドイツ人にとって代わり」、「日本人がこの地上で最も忌み嫌われ、不信の念を抱かれる存在」になったと表現されていた。それは「日本人が戦争の間にひどい振舞いをした」からであり、日本人の対応は「自信過剰な自己主張とでも呼ぶべきもので、しばしば実に子供じみた形で現れ、相手の外国人が持つ同じ性向の度合いに応じて、相手の感情を害することになる」と指摘されていた。日本に対する警戒心の高まりが、その後のワシントン会議に結びついていく。

319 洪秉三『朝鮮人の癖に』一九二七年

当然すぎることであっても朝鮮人の口から出れば「朝鮮人の癖にへ理窟を並べる」といい、何か分った事をいえば「朝鮮人の癖にかなりだ」と鼻であしらい、何か間違った事でもあれば、「朝鮮人は仕方がない」と見下し、やれ生意気だの、やれ不逞だの、やれ注意人物だのと罵りくさる。其れらに対する不平不満、しゃくにさわることは腹ふくれるほどあるが、自分の考えを書くと、又例の「朝鮮人の癖に」といわれ、ぐちとしか思われないから、ここに某日本人博士の目撃感想をそのまま挙げてみよう。「南大門駅から車を連ねて大通りを、割当られた旅館に向う。郵便局の付近で後から来た車が威勢よく追いぬく。自分を乗せていた内地人の車夫公、憤然として蛮声を発し、何やら分らぬことを怒号しつつ全馬力を出して其れに追いつく。追いついたが早いか〝何だ朝鮮人の癖に〟と大喝一声、前の車のほろをつかんで引き戻しつつ駆け抜けた。ひどい事をするではないかといえば、〝朝鮮の奴らはこの位にしてやらなけりゃ懲りませんや〟という。自分はもはや口をつぐんだ。何という不らちな態度であろう。……」と。

(出典)梶村秀樹「植民地朝鮮での日本人」金原左門編『地方デモクラシーと戦争』文一総合出版、一九七八年、三四七―三四八ページ。

【解説】植民地において、植民者の側の人間がいかに横柄で横暴であったのかは、実は本人ではなかなか気づかない。ここに引用したのは、「朝鮮人の癖に」という言葉を何度も浴びせられた経験をもつ朝鮮人が、その経験をまとめたものであり、植民する側の人間とされる側の人間の意識の落差の大きさがよく示されている。ここに掲載した史料の著者・洪秉三によれば、車夫に批判的な某日本人博士も、別のところでは、無断で朝鮮人の家に入りこんで煙草一袋で老人を買収し、物珍しげに見物したことをとくとくと述べるなど、車夫と本質的には変らぬ無礼さをもって朝鮮人に接していると指摘している。

2　移民・沖縄

320『海外各地在留本邦人職業別表』一九一九年六月（↓表320）

（出典）外務省通商局『海外各地在留本邦人職業別表』一九一九年。

【解説】外務省通商局は、一九一九年六月末現在で海外に在留する「本邦人」の職業をまとめている（表320）。ここでの「本邦人」には、「本邦内地人」、朝鮮人、台湾人が含まれており、海外とは日本・朝鮮・台湾以外の地域ということになる。「海外在留本邦人」の多い地域は、満州、北アメリカ、関東州であり、ついで南アメリカ、シナ、シベリアとなる。満州・シベリアには朝鮮人が多く、南北アメリカ・シナには本邦内地人が多い。海外で働く本邦内地人の職業では、北アメリカの糖業労働者がもっとも多く、次が南アメリカの農場労働者だ。

321 伊波普猷「琉球民族の精神分析」一九二四年三月

彼等(1)は内地の文化に追付かうとするには、教育其他の設備を比較的完全にしなければなるまい。ところが彼等の租税負担力は殆ど其の極限に達してゐるではないか、兎に角彼等の経済生活は行詰まつてゐるといつていゝ。露骨にいふと現今の沖縄は或意味に於て琉球入《りうきういり》にも劣らない危機に遭遇してゐるに拘はらず、県民は惰眠を貪り、その政治家は党争に日もこれ足らないといふ有様である。彼等の中誰か党争に飽いて、この危機を切抜ける運動を開始する者はゐないだらうか。もしゐたら、おもむろに県民性の由つて来たる所を究めて、直ちにその社会的救済の策を講ずべきである。今となつては、民族衛生の運動も手緩い、啓蒙運動もまぬるい、経済的救済のみが私たちにのこされた唯一の手段である。仲吉朝助氏が三月廿一日『沖縄日の出新聞』の改題号で提唱された「県経済界の根本的改革策」は近頃傾聴すべき議論の一である。氏の意見をかいつまんでみるとかうだ。本県目下の窮状は或国家が内憂外患で滅亡に瀕してゐるのに似通つてゐる。その航路金融の二機関が他県人の頤使の下にある間は県人の経済生活が豊富になる筈がない。現在は航路機関殆ど一会社の独占事業になつてゐる為に、その蒙る弊害は莫大で、諸物価の騰貴も一にこれに原因するから、之を県営にするがいゝ。それから金融機関の方面でいつても、現在のやうな破綻だらけな

表320　海外各地在留本邦人職業別表(単位：人)

北アメリカ(カナダ,ハワイ,中米を含む)	
1　糖業労働者	25,686
2　農　業	17,702
3　工場労働者	14,116
4　農場労働者	11,797
5　家事被傭人	8,137
6　鉄道労働者	5,606
7　商店員その他の事務員	4,137
8　漁　業	3,871
9　料理人	1,766
10　園芸，植木職	1,494
合計(内)	258,452
(朝)	6,625
総計	265,077

南部アジア・太洋州	
1　農場労働者	4,219
2　芸者,娼妓,酌婦その他	3,010
3　真珠貝採取業	2,241
3　鉱　業	2,241
5　ゴム採取業	1,624
6　木挽，大工職	1,444
7　商店員その他の事務員	1,311
8　会社員，銀行員	1,302
9　雑貨商	1,001
10　料理店，飲食店	577
合計(内)	23,079
(朝)	43
(台)	1,024
総計	33,146

ヨーロッパ	
1　会社員，銀行員	285
2　船舶従業者	188
3　官公吏	172
4　視察遊歴者	132
5　学生及練習生	100
6　技芸，娯楽に関する業	38
7　画　工	31
8　工場労働者	24
9　商店員その他の事務員	23
10　料理人	14
合計(内)	1,377
(朝)	4
総計	1,381

南アメリカ	
1　農場労働者	27,273
2　農　業	1,592
3　理髪，髪結業	756
4　料理店，飲食店	665
4　工場労働者	665
6　雑貨商	585
7　ゴム採取業	387
8　商店員その他の事務員	277
9　木挽，大工職	241
10　古物商	230
合計(内)	40,079
総計	40,079

シベリア	
1　芸者,娼妓,酌婦その他	781
2　料理店，飲食店	219
3　洗濯業	125
4　貸席，芸妓屋，見番	114
5　木挽，大工職	107
6　理髪，髪結業	107
7　雑貨商	97
8　和洋服裁縫業	87
9　貿易商	81
10　貴金属，時計商	61
合計(内)	8,295
(朝)	25,835
総計	34,130

アフリカ総計	47	(内)	47
関東州総計	104,672	(内)	104,672
青島地方総計	27,253	(内)	27,122
		(朝)	120
		(台)	11
南洋群島総計	2,173	(内)	1,791
		(朝)	382

満　州(関東州を除く)	
1　鉄道従業員	4,230
2　芸者,娼妓,酌婦その他	3,197
3　鉱　業	2,982
4　商店員その他の事務員	2,246
5　会社員，銀行員	2,120
6　官公吏	1,351
7　木挽，大工職	1,084
8　鉄道労働者	1,069
9　土木建築請負業	691
10　郵便・電信・電話従業者	670
合計(内)	76,534
(朝)	327,540
(台)	11
総計	404,085

シ　ナ(青島地方を除く)	
1　会社員，銀行員	2,671
2　商店員その他の事務員	1,449
3　芸者,娼妓,酌婦その他	1,226
4　工業労働者	453
5　官公吏	419
6　雑貨商	401
7　貿易商	274
8　産婆，看護人	234
9　薬種，売薬業	233
10　理髪，髪結業	225
合計(内)	31,987
(朝)	546
(台)	4,826
総計	37,359

(注)　(内)は内地人，(朝)は朝鮮人，(台)は台湾人．関東州には朝鮮人，台湾人は計上されていない．職業ベストテンの人数は，本邦内地人の本業者のみであり，本邦内地人の家族，朝鮮人，台湾人は含まない．内地人の合計には家族を含め，総計には内地人，朝鮮人，台湾人を含む．

機関と小資本とでどうして事業がやつていけるか。現在の金融機関を合併するか、それが不可能なら、更に立直しをするかして、同時に国庫金を移管しなければならぬ。あれだけの税金を国庫に納めてゐるのにそれに対する報酬が余りに少ないではないか。現今の窮状を脱するには是非共この両方面を改善しなければならぬ。県の経済界の行詰りを云為する人は単に移出入表のみで論じて、航路金融両機関の損害から来る方面を看過してゐる傾きがある云々。もしかういふことが実現されるとしたら、きはめて好都合だが、そこには利害関係や人種的感情などがこんがらがつてゐるので、かういふ意見は排他的といふ悪名の下に、すぐさまかたづけられて了ふから仕方がない。どうせ私たちは底まで沈まなくてはなるまい。前にもいつた通り、もうかうなつた暁には、本県人は全く自治の能力が活かないやうになるから、結句所謂「御手《おて》入処《いれしよ》分《ぶん》」みたいなものを受けるにきまつてゐる。兎に角今のうちにどうにかして救済して貰はなければならないやうな気がする。本県は毎年五百万円の国税を納めてゐるが、本県が受ける国庫の補助金は僅百七十万円に過ぎない。つまり三百万円以上の大金が国庫に搾上げられる勘定になる。搾上げられるといふと語弊があるが、国防や教育や交通など国家に必要な設備に使はれるのだ。けれども本県人はその恩恵に与ることが至つて少ない。もし琉球と鹿児島が地続きだつたら、本県人も他府県人同様に、国家の酒盛りに列なつて、思ふ存分に御馳走を戴けたに相違ないが、七島灘があるためにいつも孤島《インゼルシュメルツ》苦ばかり嘗めさせられてゐる。

（出典）『伊波普猷全集』第一一集、平凡社、一九七六年、二九九―三〇〇ページ。

（1）沖縄県民。

【解説】伊波普猷の思想は、一九二〇年代に大きな転機を迎えた。そのきっかけとなったのが一九二〇年代に沖縄を襲ったソテツ地獄であり、もう一つが一九二一年の柳田国男の来沖であった。ここに引用した文章には、ソテツ地獄にあえぐ県民の窮迫に対しての深い怒りが含まれている。ここにあって伊波には、琉球処分を解放ととらえることはもはやできないことであった。伊波については、鹿野政直『沖縄の淵』（岩波書店、一九九三年）を参照。

322 柳田国男『海南小記』一九二五年

この北太平洋の一角に於て、漸く今始まつたばかりの若々しい運動、即ち島に生れた者自らが、島と島との生活の連鎖を、昔に溯つて考へて見ようとする学問の如きは、仮令それが先生の深く愛した日本であり、且つ先生[1]の感化が暗々裡に、働いて居ることは確かであつても、其悦びを我々と分つことが、最早出来ない迄に弱つてしまはれた。以前先生が名を聞きながら、手を着ける機会を得なかつた「おもろ御草紙」は、伊波普猷君などの辛苦に由つて今、現代に蘇らうとして居る。是がたゞ沖縄一島の宝として羨むべきもので無く、此の如き信仰帰依此の如き情緒を、島に家する者の祖先の心裡に、漲り溢れしむるに至つた最初の力は、独り血を共にする大八洲の国々のみならず、同じ大海の潮に育まれて、北と南とに吹分けられた、遠い沖の小島の荒えびすの胸にも、なほ一様に感じられて居たのでは無いか。之を推究してもらひたいのが引続いての我々の願であるが、久しい孤立に馴らされて小さな陸地を国と名づけ、渚から外をよそと考へた人々の、離れ〴〵の生涯の労作が、果していつの世になつたら融け合うて一箇の完成と為るであらうか。(中略)

海南小記の如きは、至つて小さな咏歎の記録に過ぎない。もし其中に少しの学問があるとすれば、それは幸ひにして世を同じうする島々の篤学者の、暗示と感化とに出でたものばかりである。南島研究の新しい機運が、一箇旅人の筆を役して表現したものといふ迄である。唯自分は旅人であつた故に、常に一箇の島の立場からは、この群島の生活を観なかつた。僅かの世紀の間に作り上げた歴史的差別を標準とはすることも無く、南日本の大小遠近の島々に、普遍して居る生活の理法を尋ねて見ようとした。さうして又将来の優れた学者たちが、必ずこの心持を以て、やがて人間の無用なる闘諍を悔い歎き、必ずこの道を歩んで、次第に人種平等の光明世界に、入らんとするだらうと信じて居る。然らば又事業は微小なりと雖、やがて咲き香ふべきもの丶蕾である。歌ひ舞ふべきもの丶卵である。乃ち新しい民俗学の南無菩提の為に。

(出典)『定本　柳田国男集』第一巻、筑摩書房、一九六三年、二二一ページ。

(1)チェンバレン

【解説】　一九二一年一月、柳田は長い間待ち望んでいた沖縄旅行を敢行し、伊波普猷などと深い交流を重ねる一方で、南の島に日本人の祖先を探ろうとする自らの関心に回答を与えようとした。この思いは、『海南小記』(一九二五年)にまとめられ、さらには南島研究の組織化、戦後の大著『海上の道』(一九六一年)につながっていった。ここには、「ジュネヴの冬は寂しかった」で始まる『海南小記』の「自序」から、その一部を掲載した。

323　広津和郎「沖縄青年同盟よりの抗議書──拙作『さまよへる琉球人』について」　一九二六年五月

自分が本誌三月号に発表した『さまよへる琉球人』については、いろいろな投書を受取つたが、その中で、沖縄青年同盟本部から与へられた抗議書には、自分の心は暗憺とした。

(中略)

抗　議　書

広津和郎氏足下

帝国の南端沖縄県は目下極度の経済的窮弊に陥り、正に瀕死の症状に沈湎《マヽ》してゐることは、足下の疾くに御承知の通りで、中央の新聞雑誌等にも『経済的亡国の好標本』とまで極論され、今や一地方的問題ではなく、国家的問題として取扱はれる程であります。

　本同盟も直接この経済的地獄の底に苦しむ産業青年を以て組織されたる団体であるから、微力乍らも本同盟員は勿論、出来得る限り県民大衆を、この経済苦、生活苦より脱却させんとの熱烈な信念と強固な決意とに燃えてゐる訳であります。

　たまたま今三月雑誌『中央公論』に掲載された足下の『さまよへる琉球人』の一篇を閲読し、足下が帝国同胞として、又社会人類の一員として、本県民の窮状振りに御同情ある観察をなされた事を此処に厚く感謝の意を表するに吝ならざるものであります。然るに翻つて一面この作品に依り、我々県民が或は誤解を受くる虞れが一二無きやとも推察されるため、この点賢明にして正義を愛せられる足下の御考察を煩はすべく、ここに抗議書を提出する次第であります。（中略）

　　主　眼

広津和郎氏足下

　然らば我々がかねて県民大衆の誤解を受くる虞れある点と云ふのは、以下次に述べるやうな点であります。

一、足下の作品中には

（前略）『琉球人はつまり一口に云ふと内地で少しは無責任な事をしても当然だと……（中略）無論全部の琉球人がさうではないんですが』（創作欄一九頁六行七行）又（前略）『内地人に対して道徳を守る必要がないと云つたやうな反抗心が生じたとしても、無理でない点があることはあるな』（同頁九行十行）

又、

『若し自分がさういふ圧迫される位置にあつたら、やつぱり圧迫者に対して、信義や道徳を守る気になれないかも知れない』（二〇頁二行三行）

又、

『内地人に対して信義を重んじようなどといふ心を持つてゐない。無論人によるが、さう云つたやうな傾向が大体ある』（二二頁終りの行）

　そこで足下が『長い間迫害を受けてゐたらその迫害者に対して信義など守る必要がなくなつて来るのも無理はない』（一九頁一二行一三行）と御同情を寄せられた考へ方をされたのも無理はありませんが、前記各項から何人もが直ちに、琉球人は道徳観念が違ふ人間だ、不信義漢だ、破廉恥も平気でやる、信用のおけないものだ、との印象を残さないでせうか。『無論人によるが』ので、『全部の琉球人がさうではない』が『さう云つたやうな傾向が大体ある』とでも誤解されぬと断言は出来ないと思ひます。これやがては足下が『投げやりの自分の生活法に「気をつけ！」』(最後の行)と書かれた文句を借りると、所謂一般『内地人』に対して、『琉球人』を『気をつけ！』と『怒鳴つてやらずにゐられない』(同行)事になりはしないでせうか。(中略)

自分は『さまよへる琉球人』に対する沖縄青年同盟諸氏の抗議の個所に答へるべき言葉が、自分にない事はないのを知つてゐる。例へば、報知紙上でも先日答へて置いた通り、自分は琉球が昔からどういふ悲惨な目に会つてゐたかといふ事、旧幕時代から明治を経、大正の御代となつた今日に至るまで、同じ日本帝国の領域でありながら、他の国がゆたかに治平の恵みを受けてゐるに引換へて、残酷悲惨な差別的取扱ひしか受けてゐない、如何に経済的に破綻の状態に沈湎してゐるかといふ事……それ等の事を背景として考へる事によつて、作中に出て来る二人の琉球人の行為を、少しでも是認しよう、少しでも許さうと思つたがために、自分はあんな風な感想──想像と云ふべきか空想と云ふべきか──を、自分の頭に浮べもし、従つてあの作の中に書いたのである。それがあの抗議書で指摘されたやうに、却つて一般の沖縄県人に累を及ぼすべきものとなつてしまつたのである。

唯自分はこれだけの事だけは認めて頂きたい。といふのは、ああした空想が沖縄県人諸氏に累を及ぼさうなどといふ事を、毫末も予想してゐなかつた事、いや、寧ろ作者は心の底から沖縄県人に厚意を持ち、沖縄県を今日のやうな状態にさせるに至つた外部からの暴力──昔からの引続きの暴力に対して、憤懣を抱いてゐるといふ事を。──自分のさうした心持から浮んだ感想が、動機に於いては厚意であるべき筈のものが、結果に於いて、あなた方を却つて害する事になつてしまつたといふ事は、何としても、自分の不明の致すところです。自分はその結果に対して、何処までもあなた方にお詫びしたいと思ひます。

(出典)『中央公論』第四一巻第五号、一九二六年五月。

【解説】　広津和郎は「さまよへる琉球人」(『中央公論』一九二六年三月)を書いて、沖縄の位置を見つめ直そうとした。そこには広津の社会問題への視点をみてとることもできるが、しかし広津の中にあったのは沖縄に対する同情であり、それが沖縄への偏見を助長することにもなった。広津は、沖縄青年同盟から抗議を受けて、はじめてそうした自分の視線に気づく。ここに引用したのは、広津が自分の問題点を率直に認めた文章であり、ここには本土と沖縄の現在にも通じる関係が示されている。なお、広津の「さまよへる琉球人」をめぐる経緯の詳細は、広津和郎『さまよへる琉球人』(同時代社、一九九四年)を参照されたい。

出典文献

各史料末尾の出典文献のうち、頻出する文献、及び欧文文献については以下に書誌データを掲げる。

外務省条約局『旧条約彙纂』第一巻第一部＝一九二九年／第一巻第二部＝一九三四年／第三巻＝一九三四年。

内閣官報局編『法令全書』明治元年（自慶応三年、至明治元年十二月）＝一八八七年／明治六年＝一八八九年／明治十一年＝一八九〇年／明治十四年＝一八九〇年／明治十五年＝一八九〇年／明治十七年＝一八九一年／明治二十年＝一八八七年／明治二十一年＝一八八八年／明治二十二年＝一八八九年／明治二十三年＝一八九〇年。〔複製版〕原書房、第一巻（一九七四年）より順次刊行されている。

外務省編『日本外交年表竝主要文書』原書房、上巻＝一九六五年／下巻＝一九六六年。

外務省編『日本外交文書　明治期』日本国際連合協会、一九四七—一九六三年。

国際ニュース事典出版委員会編『国際ニュース事典　外国新聞に見る日本』毎日コミュニケーションズ、第一巻＝一九八九年／第二巻＝一九九〇年／第四巻＝一九九三年。

『現代史資料』みすず書房、「朝鮮1」＝一九六七年／「朝鮮2」＝一九六七年／「治安維持法」＝一九七三年／「関東大震災と朝鮮人」＝一九六三年。

板垣退助監修、遠山茂樹・佐藤誠朗校訂『自由党史』岩波文庫、上巻＝一九五七年／中巻＝一九五八年／下巻＝一九五八年。

“Correspondence respecting Affairs in Japan in Continuation of Correspondence presented to Parliament in February 1863”, presented to Both Houses of Parliament by Command of H.M., Harrison and

Sons, London, 1864.（史料29）

“Papers relating to Foreign Affairs accompanying the Annual Part Ⅲ. Message of the President to the First Session 39. Congress”, Washington, 1866.（史料34）

■岩波オンデマンドブックス■

日本史史料 4　近代

1997 年 7 月10日　第 1 刷発行
2010 年 6 月25日　第10刷発行
2016 年 7 月12日　オンデマンド版発行

編　者　歴史学研究会《れきしがくけんきゅうかい》

発行者　岡 本　厚

発行所　株式会社　岩波書店
〒 101-8002　東京都千代田区一ツ橋 2-5-5
電話案内　03-5210-4000
http://www.iwanami.co.jp/

印刷／製本・法令印刷

ISBN 978-4-00-730444-6　　Printed in Japan